A PHOENIX PAPERBACK

First published in Great Britain by Weidenfeld & Nicolson in 1997

Paperback edition published in 1998 by Phoenix,

an imprint of Orion Books Ltd,

Orion House, s Upper St Martin's Lane,

London WC2H gEA

8

Copyright © 1997 Bryan Magee

The right of Bryan Magee to be identified as the author of

this work has been asserted by him in accordance with the

Copyright, Designs and Patents Act 1988.

All rights reserved.

This edition published by arrangement with Orion Pubishing

Group via The Grayhawk Agency Ltd.

哲学
如何塑造了我

[英]布莱恩·麦基 著

郝苑 译

生活·讀書·新知 三联书店

Simplified Chinese Copyright © 2022 by SDX Joint Publishing Company.
All Rights Reserved.

本作品简体中文版权由生活·读书·新知三联书店所有。
未经许可，不得翻印。

图书在版编目（CIP）数据

哲学如何塑造了我 ／（英）布莱恩·麦基（Bryan Magee）著；
郝苑译 . —北京：生活·读书·新知三联书店，2022.8 （2024.1 重印）
ISBN 978-7-108-07366-2

Ⅰ. ①哲⋯　Ⅱ. ①布⋯ ②郝⋯　Ⅲ. ①哲学-通俗读物
Ⅳ. ① B-49

中国版本图书馆 CIP 数据核字（2022）第 037894 号

责任编辑	李　佳
装帧设计	刘　洋
责任校对	常高峰
责任印制	李思佳

出版发行　生活·讀書·新知 三联书店
　　　　　（北京市东城区美术馆东街 22 号 100010）
网　　址　www.sdxjpc.com
图　　字　01-2018-8061
经　　销　新华书店
制　　作　北京金舵手世纪图文设计有限公司
印　　刷　河北松源印刷有限公司
版　　次　2022 年 8 月北京第 1 版
　　　　　2024 年 1 月北京第 2 次印刷
开　　本　635 毫米 × 965 毫米　1/16　印张 31.5
字　　数　562 千字
印　　数　6,001-8,000 册
定　　价　79.00 元
（印装查询：01064002715；邮购查询：01084010542）

献给詹妮、约瑟芬与尼克拉斯

目 录

第1章　童年场景 \1
第2章　我的学院哲学入门 \17
第3章　逻辑实证主义与对它的反驳 \35
第4章　日常语言分析 \56
第5章　语言哲学的缺陷 \75
第6章　知觉问题 \93
第7章　可显示却不可说的 \109
第8章　耶鲁的教育 \125
第9章　发现康德 \140
第10章　职业哲学与业余哲学 \163
第11章　结识波普尔 \179
第12章　结识罗素 \205
第13章　首次尝试研究政治哲学 \215
第14章　探寻生命的意义 \228
第15章　中年危机 \254
第16章　哲学小说 \281
第17章　学院的道路 \313
第18章　对哲学普及的赞颂 \326
第19章　哲学的局限性 \347
第20章　发现叔本华 \362
第21章　叔本华的哲学 \388
第22章　哲学上电视 \419
第23章　当代哲学的主要派别 \428
第24章　遗留的困惑 \447

译后记 \482

本书通过作者本人与哲学和哲学史邂逅的故事,向读者介绍哲学和哲学史。因此这是一本有关思想的书:它的自传要素是表述的手段,而不是表述的主要内容。

第 1 章
童年场景

在五岁以前，我都与我的姐姐同床而眠，她比我大三岁半。在我们的父母关灯之后，我们会在黑暗中不停地聊天，直到入睡为止。但是，我从未能在事后记得我入睡的过程。情况始终是相同的：某一刻我在黑暗中正与我的姐姐聊天，到了下一刻却在阳光照耀的房间中醒来，我发现自己已经睡了一整夜。然而，每晚都必定有这样一个时间点，在那时，我停止聊天并安然入睡。对我来说不可思议的是，我不曾体验过这件事，也从未记得这件事。

当我将自己的困惑向我的姐姐倾诉时，她对此不屑一顾。"没有人记得这种事"，她用定论性的自信腔调说道，就好像对这个困惑的解答仅此而已。我依然感到不满意。她是怎么知道的？我认为，所有这一切都意味着，她并不记得这件事。我敢断定她从来没有将这件事告诉其他任何人。因此，我致力于密切关注我自己，以便于让我知道我是在何时入睡的，就这种关注方式而言，它完全像人们试图在关闭大门时捕捉那些正在冷藏室中消逝的光线一样。然而，这并没有什么用。一如既往，比方说，在周一晚上的某一刻，我在黑暗中与姐姐喋喋不休地进行着谈话，而我所知道的下一件事情是，我在大白天醒来，此时，周二已经过了数个小时。入睡是我每晚都做过，却从未体验过的事情，多年以来，这有效地成为让我感到困惑的根源之一。

我保留了一段关于我自己的生动记忆，那是两三年之后，我在当时是七岁或八岁，站在我们家后门附近的厨房角落的一束阳光之中，我的目光敏锐地聚焦于我右手的食指，我让它在我面前指向上方。我将要数到三，我对我自己说道，而当我念到"三"时，我的手指将弯曲。接下来我就依次数数：一、二、三——果然，我在数到三时，我的手指就弯曲了。我是如何做到这一点的？我再次做了这件事。接下来我产生的想法是：这次我将数到四。而当我数到四时，我的手指将弯曲。下一次我将数到五。我的手指将在数到五时弯曲。我尝试着延长我数数的时间，以便于让我的手指陷入困境：一、二……三……四……［等一下］……五！但当我数到五时，我的手指也毫不意外地弯曲了。我能够在我希望的任何时刻弯曲或不弯曲我的手指，这恰恰是由我来决定的。然而，无论我多么努力地集中精力，我都根本无法理解我是怎样做到这件事的。某种东西如此彻底地在我的控制之中，它只是完全与我自己的有意识的决定相关，但对我来说，它什么都不是，我对它恰恰没有任何经验，它却已经发生，这是如何可能的？自从那天以来，我就着迷于这个问题。

当我在青少年时期学到了"意志活动"这个概念时，我认识到，我弯曲我手指的决定是某种发生于我头脑之中的事情，我试图用我能想到的各种办法来理解它，而在经验中，无论它是什么，它都是在我的大脑与我的手指之间发生的事情。我尝试的结果始终是完全的失败。我会采纳我在头脑中做出的一个弯曲自己手指的决定，与此同时，我的手指就会弯曲；而在我的头脑与我的手指之间存在的是一片空白。这种同时性对我提出了一个额外的问题：为什么没有时间上的延迟？一个决定如何能够成为某种与这个决定自身同时发生的事情的原因呢？

在九岁到十二岁之间，我有两三年的时间沉溺于有关时间的困惑之中。在夜晚的黑暗中，我会清醒地躺在床上，沿着如下路线来思考某些事情。我知道，有一天存在于昨天之前，有一天存在于前天之前，有一天存在于大前天之前，以此类推，直到我能记得的那一天为止。但是，必定也有一天存在于我能够记得的那一天之前。我知道，我出生于1930年4月12日，而必定有一天存在于我的生日之前。因此，必定可以始终以类似的方式往回追溯，永无止境……然而，情况是这样吗？"永无止境地回到过去"这个观念是某种无法被我把握的东西：它似乎是不可能的。那么，归根结底，或许可能在某处有一个开端。但是，倘若存在一个开端，那么，在此之前有可能持续存在的是什么东西？相当明显的是，没有什么东西——根本就是无——否则此处就不可能是开端。但是，倘若无物存在，又如何能够形成开端呢？开端有可能源自何处？时间恰恰不可能突然进入存在之中，即不可能突然就成功地无中生有，开始运作。无就是无，它不是任何存在的事物。因此，开端的观念是不可想象的，而这以某种方式让它看起来似乎也是不可能的。结果是，对时间来说，它似乎既不可能拥有一个开端，也不可能没有一个开端。

我逐渐意识到，我在这里必然错过了某些东西。只存在这两个选项，因此，两者中必定有一个是正确的。它们不可能都是合理的。于是，我会将我的注意力从一个选项转向另一个选项，接下来，当我彻底探究了另一个选项之后，我就会回过头来试图弄明白我在哪里犯下了错误；然而，我从未有所发现。我变得开始受制于这个问题，不仅在夜间躺在床上的时候沉迷于这个问题，而且在白天也越来越多地沉迷于这个问题。起初我以为，成年人或许能够帮助我，因此，我向他们提出了这个问题，但是，他们的回复让我陷入了比先前更大的困惑之中。或者他们承认他们自己也无法解决这个问题，接下来他们会继续谈论其他的事情，就仿佛这个特别的问题甚至没有足够的吸引力来让他们讨论，或者他们主动以傲慢的微笑来蔑视这个问题，并做出类似于此的评论："哦，你不会想要浪费你的时间来为这样的事情烦恼吧？"我无法理解这一点。如果他们也像我一样无法回答这个问题，那么，他们怎么能以傲慢的态度来对待它呢？为什么他们没有感到困惑，为什么他们甚至没有发现这个问题是有趣的？在经历了数次令我茫然的挫折之后，我停止与人们谈论这个问题，而仅仅独自继续思考它。

我几乎立即就意识到，这同一个问题不仅对过去有效，而且对未来也有效。有一天存在于明天之后，有一天存在于后天之后，有一天存在于大后天之后；时间的终结是不可思议的——因为倘若时间不是在时间（或许是另一个时间，或一种不同的时间）之中终结的话，那么，时间又是在什么东西之中终结的呢？因此，人们总是能够追问，在时间的终结之后会发生些什么。另一方面，时间永远能够持续地流逝，这也是不可思议的——因为这就会让现实世界永存，事实上，这或许就是现实世界的永恒性。随着我越来越多地思考这个问题，我想到的并非诸多可能的解答，而是更多的问题。其中的一个问题是，倘若在抵达当前时刻之前势必已经流逝了无限的时间，那么，我们就有可能永远无法抵达当前的时刻。另一个问题是，对于某种存在的东西来说，它必然具有某种同一性，而这意味着必然存在着某些并非是它的事物，它必然拥有诸多界限，因此，它不可能既存在又是没有尽头的，或者既存在又是没有开端的。我转而确信，一种没有开端或没有尽头的时间是不可能的——但另一方面，我并没有进一步去理解开端或终结的可能性。

我又马上意识到，有一个关于空间的相似问题。我记得在我成为马基特哈伯勒[1]的一名伦敦避难者时（我在那时应该是十岁或十一岁），有一次，我背靠草地躺在公园里，试图用我的目光穿透晴朗的蓝天，并以类似于这样的方式思考着某些问题："倘若我笔直地冲上天空，并持续以直线的方式运动，为什么我就不能永远保持这种运动方式呢？然而，这是不可能的。为什么不可能？当然，我最终不得不达

---

[1] Market Harborough，马基特哈伯勒在英格兰莱斯特郡南部，是一座历史悠久的美丽城市。——译注

到某个终点。但为何如此？倘若我最终撞上了某种东西，难道它必定就是某种在空间中的东西吗？倘若它在空间之中，而且还有更大的空间的话，它是否就必定是某种在其他部分空间中的东西？另一方面，倘若没有界限，那么，无限的空间就不可能存在，恰如无限的时间也不可能存在一样。"

在对这些问题进行了大量的苦思冥想之后，我开始认为，我犯下的关键错误或许是，我错误地假定，我无法构想的东西就不可能存在。或许在我能够思考的东西与真实的情况之间存在着差异。归根结底，在某种意义上，我在思考中能够认为，某种事物永远按照某种方式持续运作，因为我总是能够继续追问：接下来存在什么？接下来存在什么？接下来存在什么？但在我看来不证自明的是，这只是我能够思考的某种东西，而不是任何能够真实存在的东西。我能够思考无限，但无限不可能存在。比如，恒星的数目不可能实际上是无限的……抑或是说，我现在又跌回了我试图爬出来的那个错误之中。无论如何，不管与此有关的真理是什么（即便我能够思考的某些东西不可能存在，我不能够思考的某些东西却能够存在），它都不会帮助我解决我的真正问题，因为它并没有真正告诉我，时间究竟拥有一个开端，还是没有任何开端。在这两个选项中，究竟哪一个才是真理？

我关于时间和空间想得越多，增加的问题就越多。让我真正感到非常迷惑的一件事是，对于确定的未来，我们到目前为止却是未知的。由于一场足球赛，我第一次意识到了这个想法。在一个周五的晚上，我最喜爱的两个球队将在次日进行角逐。我过于激动，以至于迫不及待地想要知道明天将贴在告示板上的结果。我起初仅仅是想要让自己冷静下来，我对自己说："明天的这个时候我将知道结果。可能发生的只有三种情况：或者是阿森纳队取得胜利，或者是热刺队取得胜利，或者是两队战平。无论结果是什么，我在此后的人生中都会知道这个结果。"然而，接下来我发现自己的想法是："无论关于这个结果的事实真相是什么，它现在就已经是真实的。倘若热刺队获胜，那么，现在就已经成立的真实情况是，热刺队将获胜。倘若比分是3∶2，那么，现在就已经成立的真实情况是，比分将是3∶2。自时间开始以来，这些事情就已经是真实的。如果一个古罗马人或一位《旧约圣经》中的预言家在数千年前就已经说过这些事情，那么，这些事情甚至在那时就已经是真实的。既然如此，为什么我在那天之前却无法知道这些事情呢？它们从时间的开端起就已经是真实的，它们直到时间终结之时都是真实的，然而，只有在明天下午的某个特定时刻，我才能知道它们是真实的。"

接下来不可避免地给我留下深刻印象的事实是，这同样适用于在整个时间中发生的任何事件：无论真实的事件是什么，它在现在是真实的，它在过去就始终是真实的，它在将来也始终是真实的。在这些真相中，有些真相是我们知道的，有些真相则是我们不知道的，但它们都同样是真实的。也就是说，"我们知道某些真相，而不知道其他的真相"这个事实，是一个与我们有关的事实，而不是一个与真相有关的事实，对于诸多真相来说，它们都同样是永恒的。我们知道那些被我们称为过去的事物，我们并不知道那些被我们称为未来的事物；但这看起来几乎就是我们分割事物的方式。事实上，真正的分割点是我们：我们是在过去与未来之间不断改变的分界线。对于任何生活在过去的人来说，在他的时代与我的时代之间的那段时间是他的未来，对我来说则是我的过去——对他来说是不可知的，对我来说则是可知的。但是，我自己的未来对我来说是不可知的，对生活在未来的人来说则是可知的过去。然而，诸多真相本身的处境都是相同的。为什么我们会处在这样一个奇特的立场上，以至于我们知道某些真相，而不知道其他的真相——不同的人们知道的真相是不同的，不知道的真相也是不同的？它本质上是一个与我们作为个体的处境有关的问题。

我对此思考得越多，我就变得越沮丧。正是在我做出这些反思时，我突然想到了这样一个令人恐惧的想法：倘若任何事物就现在而言就是真实的，那么，我们的所作所为永远无法对它们有所改变。就现在而言已经成立的真实情况是，在我的生命进程中将发生在我身上的每一件事，都将发生在我身上。就现在而言同样已经成立的真实情况是，除此之外不会有任何事发生在我身上。就现在而言已经成立的真实情况是，我将去做我会做的每一件事。就现在而言同样已经成立的真实情况是，除了这些事以外，我从来不会去做任何其他的事情。那么，一切事物似乎现在就已经被固定下来并且是不可改变的。然而，倘若情况如此，就不存在自由意志这样的东西。我是一个受命运支配的无助客体。我发现，这个想法如此惊骇，以至于它对我的平静产生了令人烦恼的严重后果。每当它进入我的头脑中，我就感受到了真实的恐惧，开始试图阻止自己去思考它。

对于那种突然出现于我的沉思之中的问题而言，这是其中的第一个让我在情感上如此不安的问题。我觉得，绝大多数这样的问题虽然令人沮丧却引人入胜，令人恼火却让人着迷；因此，尽管这些问题在本质上是让人不安的，但是，我仍然乐于以某种难以解释的深刻方式去思考它们。

有一天，我在漫无目的地扔球时突然想到，在任何给定的时刻，这个球都必然位于某个真实的地方。在每个单独的时刻，它必定作为一个整体在某个真实的位置上。在任何时刻，它都不会在两个位置上，而且它所在的位置甚至不可能是模糊的或不明确的。但是，假如那样的话，我就无法看出它如何能够运动，尽管它显然的确在运动。情况再度是，在我看来必然会发生的某些事情却没有发生；无论正在发生的究竟是什么，我都无法找到一条让自己想明白的道路。

正是在这同一段岁月里（九岁到十二岁之间），长时间聆听留声机播放的音乐所带来的乐趣，已经变成了我的一项嗜好。有一次我在播放唱片时，发现自己产生了如下的想象：有一个唱臂向外伸出的唱盘，在这个唱臂的一侧末端挂着一个杯子。我想象有一个球在一个高尔夫球钉上，而这个球钉在距离唱盘边缘的恰当位置上，从而确保了当唱盘旋转时，杯子能够接到从唱盘上掉落的球。按照我的设想，球、杯子与唱臂都是由绝对坚硬的物质构成的——或者可以套用我现在的说法，我将它们设想为完全不具备弹性的事物。当唱盘以最高速度旋转并且杯子接住了球时，将会发生什么？这个球是否即刻就从静止变为以那种与杯子相同的速度来进行运动，而没有经过这两种状态之间的任何速度。这似乎是不可能的，它在相同的意义上与先前提及的那些事情一样是不可能的：不可想象，不可思议。另一方面，倘若这个杯子、这个球与这个唱臂百分之百都是坚硬的，那么，就没有什么可替代的选项：不得不发生这样的情况，它是唯一有可能发生的事情。因此，此处再度产生了这样的局面：我发现，对于某件事来说，我既无法设想它发生过，也无法设想它没有发生过。

随着岁月的流逝，情况依然如此。我思考得越多，我产生的问题就越多。但我似乎从未获得任何解答。不过在我看来，必定存在着解答。在这些问题中，每个问题都必然拥有某种相关的解答，只要我能够把这些解答找出来。进而，倘若某些事情在不证自明的意义上确实发生过（如球的运动），那么，对于任何认为它们并未发生过的审视方式来说，这种审视方式必然带有某种错误的东西。对于任何认为它们并未发生过的论证来说，这种论证必然具有缺陷。既然如此，在我看来非常奇怪的是，我从来都无法发现任何这样的错误，无论我以多么努力的方式来思考。我逐渐看到，我生活于其中的日常世界是一个塞满了自相矛盾的命题与神秘事物的地方。无论你思考的是什么主题，这些思考几乎立即就导向了悖论与不可思议的事情。而这让我渴望去追求理解。这种冲动就像我的其他那些最强有力的本能（如身体的饥渴）一样强烈与激动人心。一种时刻存在的好奇心，成为我在大多数时间里最强烈感受到的情感，有时它就是我的生活方式。

有些读者的信仰或童年经验导致了他们就此做出不同的设想，为了避免这种情况，或许我应当明确表示，在我的思维中，这与宗教根本没有任何关系。这样的关联未曾进入我的头脑。困扰我的所有问题，都是那些关于我即刻发现自己置身其中的处境问题。在这些问题中，某些问题与我有关，某些问题与围绕着我的世界有关，然而，这些问题都是实际的问题，也就是说，它们都是关于事物如何存在的问题，某些东西必然构成对这些问题的真实解答，或者在我看来就是这样的。对于这些问题来说，上帝的存在并不能构成一种解答，而无论那时作为孩童的我有多么年幼，我从未感到自己拥有任何相信这种解答的倾向。有一个关于 G. E. 摩尔的故事，有人问他为什么从来不向他自己提出有关上帝的问题，他的回复是，他从未看到任何理由来认真对待这样的问题，而这同样适用于那时的我。在我看来，上帝的假设是一种逃避，它拒绝认真对待诸多严肃的问题；它对那些深深令人困扰的难题做出了一种轻率的、无根据的，尤其是逃避式的回应：它满意地接受了这样一种自我慰藉的幻觉，即我们知道了我们其实并不知道的东西，我们拥有了我们其实并不拥有的解答，由此否定了存在者的真正神秘（其实这才是真正的奇迹）。纯属偶然的是，我幸运地在一个从不提及宗教的家庭中长大。我刚刚已经说过，无论我的年龄是多少，我都不曾信仰过上帝；我更没有当过基督徒。但是，相较于这两件事，或许更为重要的是，我从未感到有任何必要来反抗这种信仰。这是一件让我深深地感到欣慰的事情。在学校里有大量关于宗教信仰的活动，但我对任何与学校——更确切地说，任何由权威组织的活动，如班级服务与宗教服务——有关的活动，都持有一种厌烦的与漠不关心的态度。在我看来，在这些活动中没有什么东西与真实的生命有关，我从不认为它们之中有任何东西是重要的，因此，在课堂之外，我从不为它们给出片刻的思考。正是在课堂之外，一旦下课铃敲响，一切现实的与令人激动的事物就在等待中张开双臂，将我飞快地抱入它们自身的怀中。我也从不认为，我所谈论的任何问题是抽象的或理论性的，更不认为它们是与来世有关的问题。它们是扣人心弦的真实问题，它们是有关实在的问题，它们是有关我生活于其中的那个现实世界的问题，是有关我那活生生的生命的问题，是有关我自身的问题。无论我是否喜欢，我都拥有这样的问题。对此没有其他的选择。我已经产生了这些问题。

尽管在我的头脑中，这些经验与宗教或宗教思想都没有任何关系，但是，在我身上却发生了如下的情况：我在学校的礼拜堂唱赞美诗的过程中，我会突然意识到，倘若我闭上自己的眼睛，在庞大的尖顶建筑中面对我的数百个男孩，连同那些巨大的绘画与窗户所构成的视觉场景，就完全消失了。当然，它们并不曾消失，消失的是它们的视觉形象,即这个场景本身。当我睁开了我的双眼,这个场景就又回来了。它们始终都在那里,即便我根本不在这个礼拜堂中,它们也同样在那里存在,但我对它们的仅有理解存在于对它们的视觉与听觉之中,而这些事物存在于我的头脑之中。如果我停止聆听与观看,它们对我来说就终止了存在。直到那一刻之前,我始终想当然地认为,我与在我外部的人与事物进行着直接的接触,这些人与事物的在场是我以无中介的方式经验到的某种东西;但我此时突然意识到,它们的存在是一回事,而我对它们的意识完全是另一回事。它们就在那里存在,独立于我自身;然而,我对它们能够拥有的所有意识、经验与知识都在我的头脑之中,这种意识可以突然地进入存在或不复存在,而不管相关的人与事物的存在状态是什么,当然,前提是相关的人与事物确实存在。我能够在任何我乐意的时候让这种意识到来和离去,其方式是简单地睁开我的双眼或闭上我的双眼。在一阵可怕的令人作呕的感受中,我意识到,将这一点诉诸语言的自然方式是说:"当我闭上了我的双眼时,它们就消失了。"

即便在这么多年之后的今天,我都无法用语言表达的是,我在洞悉这一点的瞬间感受到了多么不可名状的惊骇,它多么像一个可怕的梦魇。我擅自进入了由恶心、幽闭恐惧与隔离所构成的巨大浪潮之中并被它们吞没,就好像我已经永远与一切存在的事物(除了我自己)断绝了联系,就好像我已经陷入了存在于我自己头脑之中的生活一样。我觉得,我将要呕吐或晕倒。我被恐慌所压倒,我需要逃离这个处境——仅仅是要逃出这个困境。以摸索前行的方式,我步履蹒跚地走出了我的座位所在的那排男生,男生紧密排列于两侧(他们在中间通道的两边以四百人对四百人的方式面对彼此),在整个学校所有人的眼皮底下,我抬起了我的头,心烦意乱地转身走入在他们之间的通道并走出了这座建筑。此后,每个人都提到,我的脸色明显变青了——人们据此推测,我在那时已经得病,因此也就没有人询问我为什么在那时走了出去。

自那天起,我在自己人生的每一天中都至少会花费部分时间来与这些魔鬼搏斗,特别是当我独自一人闲来无事的时候,在绝大多数的情况下,这指的是我在黑夜中躺在床上的时候。前往礼拜堂的预感引起了我的恐慌,当打铃时,我经常会躲到卫生间里。当我确实要去参加礼拜时,我由于紧张不安(有时则是由于真正的惊骇)而遭受了精神上的痛苦折磨。前往礼拜堂的预感经常显得如此可怕,我宁愿接受惩罚来作为替代。我无法就此向任何人做出任何解释。我曾试图对校医做出解释;但他是在旧式公立学校中常见的那类精力充沛的性格外向者,我知道他永远无法理解我。事实上，我担心他会认为我发疯了。因此，我并没有告诉其他人我自己的恐惧。

在某个场合下，我认为我自己将因此而走向疯狂。在学校假期的一个下午，我正走出电影院，在门厅我突然被这样一种认识所吞没：对于我以及我的整个人生来说，在我有可能意识到的范围内，一切——不仅包括我自己的生活、想法与记忆，而且还包括别人的生活、想法与记忆，现代世界整体，我在报纸中读到的任何东西，全部的历史，所有的艺术，宇宙本身，万事万物——都绝对仅仅存在于我的头脑之中；不仅在过去是这样的，而且必定始终是这样的；除了在我头脑中的东西之外，我绝对无法对任何其他的东西拥有任何意识。这个思想并不是唯我论——它并不主张，一切事物仅仅存在于我的心灵之中——而恰恰是唯我论的反面：一切事物（当然，除了我的经验之外）都存在于我的心灵之外，我永远与它们断绝了联系，并始终处于不可救药的孤独之中，我陷入了由我的头盖骨组成的小匣子里，永远、永远、永远不能离开这个小匣子，无法成为存在的其他一切事物的组成部分。再一次地，这是一种完全地、永恒地与无可救赎地隔离于每件事与每个人的感受，与之相结合的是一种不可忍受的幽闭恐惧症，一个在清醒状态下产生的被锁闭于自身之内的噩梦。我试图通过强迫自己转移思考的注意力来逃避这些恐惧，但接着就迎来了第二次打击：你永远无法让自己能够经验到你的意识所做出的诸多判定意见之外的任何东西。对这些判定意见的仅有选择是遗忘。我觉得，让我逃出自身并逃离我自己的诸多界限的唯一方式是爆炸，恰如手榴弹在爆炸时炸裂它自己外壳的方式一样。我确实相信，在那个时刻我将走出我的心灵。

所有这一切都是以特定方式审视实在的结果。我认为，一切事物都在时空框架中以独立于我的方式存在，而时空框架本身的存在也是独立的。作为时间与空间之中的一个客体，我能够认识任何其他客体的唯一方式是，如果某个客体影响了我的一种感觉，那么，它就会把刺激传达到我的大脑之中，大脑就会将之转译为一种感觉形象。因此，我能对实在的任何部分而不是我自身产生的有意识认知，是关于诸多感觉形象的认知——它们不仅始终在我的头脑之中，而且只能永远在我的头脑之中——而我不得不根据这些形象回溯推断它们所表象的诸多客体的存在。这种表象是我能够形成的关于客体本质的唯一设想。对于这些客体本身来说，我没有任何直接的、没有中介的接触手段。它们永远存在于一条无法跨越的边界的另一边，而这条边界是由意识可能性的诸多限定所构成的。

我从这种审视事物的方式推断出来的下一个洞识是，这些客体绝不可能"类似于"我对它们的感知。我是在我父母公寓的客厅首次想到这一点的，那时我大概是十三岁。在这个房间中有两把面对面摆放的扶手椅，而在这两把扶手椅的中间，一边是一张沙发，另一边是一座壁炉，在一把扶手椅的附近有一盏高高的标准灯具。我当时坐在灯具对面的扶手椅上，观看着这盏灯具。它有一个深褐色的方形木制底座，其上的灯杆也具有相同的颜色与素材，在顶部的是一个圆锥形的灯罩，它是由浅褐色的柔软纺织面料制成的。这就是标准的灯具：我无法以其他的任何术语来对之概念化。对于在这个房间的其他地方的任何一个观察者来说，他也只能以此方式来对之概念化，除非——我突然想到——他处于一个独特的位置，即这盏标准的灯具自己所占据的位置。在这个房间里，只有在你作为这盏标准的灯具存在时，你才有可能无法看到这盏标准的灯具。而在没有镜子的情况下，你就不会对你看上去的样子形成任何概念。换句话说，无论你对你自身形成的概念是什么，对我和其他任何人来说，你所采纳的概念形式都不可能是我们会采纳的唯一形式。我坐在那里试图想象，作为一个标准的灯具而存在会是什么样——也就是说，把我自身置于它的位置上。相同的想法再次肯定自身。它能够看到这个房间中的一切事物，除了它自己以外。无论它在哪里，它都永远不能看到它自己。这让我意识到，我知道我自己的脸长得什么样，这仅仅是因为我看到了它在诸多镜子、窗户与照片上反映出来的形象——换言之，因为我看过诸多不同于我自身的形象与无关于我自身的形象。若局限于我的脸的内部，我就没有任何途径来了解我的脸的样子。因此，倘若你是某种事物，你所是的事物就无法按照其他任何人感知它并据此构想它的术语来进行描述。进而，你也不可能是他们所描述的事物。从另一方面来审视这同一种处境，每个人感知或构想任何事物的方式，都无可替代地与这样的术语有关，这些术语不可能让被感知或被构想的事物如其所是。因此，事物本身必定不可思议地不同于我对它们所形成的任何观念。

在两三年里，我不断试图想象，作为一个无生命的客体存在会是什么样的，而且我始终带有这样一种矛盾的想法，即它必定以不可概念化的方式不同于我能够想象的任何东西……作为那幢建筑存在会是什么样的？作为橄榄球靴存在会是什么样的？它们就是这样的东西，它们如此存在，它们拥有这样的存在。存在是什么？这个问题并非它类似于什么，而是它的存在是什么——我首先确定的是，它不可能类似于我能够形成的与它有关的任何形象或概念。尽管我知道，我试图将我自己置身于书本、树木、家具物件的位置上的尝试极其自相矛盾，但我无法让自己停止这种做法。在我看来，存在是一个终极的奥秘，它最终是不可概念化的。然而，不存在的事物都不会存在，一切存在的事物都存在着。因此，存在怎么可能是神秘的？对我来说，此处的定论是在悖论之中：一切真实存在的事物是不可知的，我们经验到的事物整体仅仅是影像，它们的存在都不独立于我们的经验。

大概在我十五岁的时候，我在学校的图书馆无意发现了一本名为《世界圣经》(The Bible of the World)的书，这本书囊括了在这个世界上的诸多著名宗教的主要作品。出于好奇心，我将整本书读了一遍。在这本书中仅有一部分内容真正深刻地激发了我的想象力，即《奥义书》(Upanishads)。在这里我惊讶地发现《奥义书》也认为，整个人类的知识世界与经验世界，都仅仅是由诸多影像构成的，这些影像稍纵即逝，并没有持久的实在，而真正的实在是永远存在的，它是我们无法对之拥有直接认知，因而无法对之形成清晰、明确概念的某种事物。我惊讶地看到我自己的想法记录在我面前的书页之上，而这些文字撰写于数千年之前。《奥义书》接下来提供了一种不曾被我想到的解释。它说，向我们心灵呈现的各种影像的数目是无限的，但这并不是某种对应于诸多分离影像的难以理解的事物的数目，后者仅仅是一个巨大的事物。当我们进入个体的存在时，我们就与它有所区分，当我们死亡时，我们又融入它之中；实际上，它才是最终存在的一切。只有诸多影像本身才是相异的、个体的、分离的。因为影像就是影像，它们是主观的与短暂的，尤其是因为我们拥有一种天生的倾向将它们错误地当作独立存在的事物，因此，就可以合情合理地将它们归类为幻觉。于是，分离的事物——包括人类在内的任何事物都有所分离——是幻觉。实际上，一切都是一。

这种思想激起了我的兴趣，却没有影响我的情绪。我的直觉既没有对它留下好的印象，也没有对它留下不好的印象，我对它抱持的是一种不可知的态度。即便它是真实的，我也没有看出，我们能以何种方式知道它是真实的。但是，它让我充分领会到一个基本的事实：在没有意识到自己这么做的情况下，我就已经在继续假定，实在在一个基本的方面"类似于"我们对它的构想，即它是驳杂多样的——而我没有任何根据来支持这个假设。事实上，经过诸多考虑，在我看来，无论如何，我都没有根据来支持关于终极实在的可能存在方式的任何信念。

尽管如此，无论终极实在以何种方式存在，对我来说，它的不同寻常应当超越了所有的奇迹。令人惊讶的是，竟然有某种东西存在。为什么虚无并不存在呢？根据人们进行预料时所遵循的全部标准法则——最有可能的事态、对所有可能存在的问题的最经济解决方案、最简单的解释——虚无是你会在预料中认定其存在的东西。但实际情况显然并非如此。然而，尽管不可能知道在那里存在的是什么，因而不可能说出它是什么，甚至有可能无法断定在那里存在什么东西，但某些事物无可置疑地在那里持续存在。不过，任何事物如何能够在那里持续存在？在什么媒介中持续存在？在虚无中持续存在？这是不可构想的；但不可否认的是，在那里发生着某些事情。

尽管随着年龄的增长，我越来越多地谈论、探讨与论证了这些问题，但是，多年以来我从未遇到任何人完全像我那样沉迷于这些问题。在我成年之前，我已经熟知了若干对待此类经验的基本态度，绝大多数人，至少是我所遇到的绝大多数人，似乎欣然接受的就是这样的基本态度，但这些态度都根本不同于我的态度。他们似乎主要可以分为三类人。第一类人理所当然地认为，这个世界就是他们所发现的那样：这就是事物存在的方式，显而易见，这就是它们存在的方式，对此的谈论并不会改变它们的存在方式，因此，追问这些存在方式的永恒问题，并不会有助于实现任何目的；对这些问题的讨论实际上就是浪费时间，甚至大量地思考这些问题也是浪费时间；我必须要做的是在生活的实际行业中取得成功，而不是让自己沉溺于大量无用的思辨与徒劳的谈话。这似乎是绝大多数人的大致观点。接下来的一类人认为这种态度是肤浅的，但他们根据的是宗教的理由。根据他们的观点，此生无非是一首前奏曲，是真实事物的序奏。有一个上帝创造了这个包括我们在内的世界，上帝给予了我们不朽的灵魂，以至于当我们的肉体在短暂地居留于尘世之后迈向死亡时，在肉体之中的灵魂就永远在某种"更高级的"领域中持续存在。这类人倾向于认为，在永恒者的眼里，我们目前这个世界完全没有那么重要，每当有人提出有关我们经验的自相矛盾本质的诸多问题时，他们就会一边耸肩一边将之归于上帝高深莫测的工作方式。他们并没有以此来作为所有问题的答案，因为这些人所说的几乎没有回答任何现实的问题；他们没有感受到任何紧迫性来这么做。上帝知道所有问题的答案，而他的本性对我们是不可理解的，因此，对我们来说，唯一要做的事就是让我们信靠上帝，停止用那些在我们死亡之后才有可能知道答案的问题来打扰我们自身。在我看来，这种态度实质上与第一种态度同样缺乏好奇心；它仅仅提供了一种不同的理由来支持人们不提出问题；同样明显的是，它并没有真正感受到这些问题。在第二种态度中，人们并没有意识到这个世界真正的不同寻常之处：恰恰相反，赞成这种态度的人们经常带有某种标志着自满（更不用说自命不凡了）的态度。他们似乎欣然哄骗他们自身与这样一个故事同眠共枕，这个故事或许是真实的，或许不是真实的，而他们并没有严肃的根据来支持他们相信这个故事。

最后，还有一些人对这两种态度都做出了谴责，他们认为，这两种态度既没有理解这些问题，又犯下了许多错误。他们做出这种谴责的根据，或许可被称为理性主义的根据。他们批判性地追问事物存在的方式与传统宗教的信仰，向这两种态度的追随者要求证明（或至少是良好的证据）与辩护（或至少是良好的论证）。这些人在精神上倾向于成为启蒙运动的子女或科学时代的子女，在这两种情况下，他们所抱持的是一种直到17世纪才开始存在的观点。他们似乎相信，一切都可以根据理性来获得解释，理性探究最终将做出所有可取的发现，理性的应用即便现在不能完全解决实践中的全部问题，但也能在原则上解决实践中的全部问题。我的绝大多数朋友与精神同伴似乎都属于这第三种人，而我确实也倾向于赞同他们对其他两种态度的批评。我的问题是，他们自己的确定信念对我来说显然是站不住脚的，而他们的态度——好吧，或许并没有像他们批评的那些人那么轻松自在与自鸣得意，但它仍然是轻松自在的与自鸣得意的。他们似乎认为，这个世界是一个可以凭借理智来获得理解的地方，而我并没有弄明白，他们如何能够根据这种短暂的思考来支持这样的信念。在我看来，不可思议的是，他们对于理性力量的信仰是未经反思的与错位的。我这种观点所根据的事实是，恰恰是理性的应用才不断地孕育出了诸多无法解决的问题，诸多通过思想产生却无法通过思想清除的问题。由于众多持有这种信念的人，对理性力量的信仰就成为一种意识形态。他们无批判地根据原则来相信理性的力量，对任何抱持异议的声音都完全采纳不屑一顾的态度。他们从未严肃地反思理性适用范围的狭隘性，理性自相矛盾的倾向，或理性在解决大多数有关经验的基本问题时所显示的无能。对于我个人（或其他任何人）所做出的任何试图将他们的注意力导向这些情况的尝试，都让他们觉得带有宗教的气息，他们将宗教等同于迷信并倾向于蔑视宗教。对于他们来说不证自明的是，这个经验世界就是存在的全部，我们可以合理地期望，我们迄今在经验世界中尚未理解的任何东西，都将在时间的进程中获得认识。所有的意义与目的都存在于这个世界之中：价值与道德是由人类创造的，而这在实践中就意味着，价值与道德是以社会与历史的方式被创造出来的。对于他们来说，任何主张实在隐藏自身的暗示都是不可理解的，因此，任何认为我们经验的意义或许位于我们理解范围之外的暗示都被他们当作一种没有意义的语言——而且还是一种隐蔽的宗教。让我最为深刻地与这种态度发生分歧的地方（我觉得，这也是我最难以理解这种态度的地方）是，它对于我们的存在缺乏任何惊异感，事实上，它对于任何事物的存在（一切事物的绝对不可思议的奇迹）都从根本上缺乏惊异感。毕竟，你并不需要深刻的反思，甚至不需要超出孩童能够思考的范围，就能意识到，我们的经验的诸多最一般的与最基本的特征，对我们就是难以理解的——然而，我谈论的那种人似乎并没有这样的发现。对他们来说似乎自明的是，对于事物的某种常识性的观点在大体上必然是正确的，而对我来说自明的是，常识有可能是不正确的，因为将之作为出发点的逻辑推理几乎马上就将人们导向不可理解与自相矛盾的泥潭。实际上，用直率而又真诚的话来说，他们觉得，对常识性世界观的拒斥是荒谬的，而我觉得，对常识性世界观的接受才是荒谬的。他们的整个看法只有在他们没有反思其基础的情况下才能得以幸存。这种看法不仅是极度肤浅的，而且是冷漠的、没有根基的、未经证实的与无法支撑的。任何人提出的任何相关的基础问题，都被他们当作无趣的与无意义的东西而加以抛弃。倘若将他们的注意力吸引到这样的事实上，即我们的推理能力似乎根本没有途径来理解这个世界与我们经验的这一个基本特征或那一个基本特征，那么，他们就会将这个事实视为不要提出这种问题的一个理由。他们想要做的是将他们的生命局限于他们能够理解的事物所构成的领域之中。因此，他们仅仅位于略微较深刻与较有批判性的层面上，但实际的结果表明，他们与这三组人中的第一种人共同分享了绝大多数的态度。

尽管我已经长大成人，我仍然被有关这个世界的惊异感所吸引，并沉浸于某些似乎将自身呈现为无法解决的问题之中——特别是与时间、空间、我们关于物体的知觉以及它们的内在本质有关的诸多问题——这在一个较小的范围内产生了将我与其他人相隔离的效果。我不仅从未发现那些我能够与之讨论这些问题的人，而且我认识到，倘若我提出这些问题，我就有可能被视为怪人。我并不孤单，因为在生活的其他方面，我在很大程度上是一个喜爱交际的人——我总是拥有朋友，我在十七岁时就谈了第一场恋爱；我除了是一个难以满足的音乐爱好者与戏迷之外，还非常喜欢聚会——然而，我对于经验的形而上维度的徒劳专注，是某种我已经学会仅仅保留给我自己的东西，虽然我每天都与这种关切一起生活。让这种关切比其他一切都更显得是孤立根源的原因是它的无法抗拒的重要性。这些对于我们的本性以及我们生活于其中的这个世界的本质来说，都是根本性的问题，而我永远无法理解，为什么并不是每个人都会被这样的问题所吸引。让我觉得匪夷所思的是，在我与智慧人士来往的全部时光里，就好像有某种非正规的禁令来制止我们讨论这些最重要与最有趣的问题。

在我就读大学以前，在我的心中，我从未将任何这样的问题与"哲学"这个词语联系起来。我永远不会忘记，在我发现它们就是哲学，在跨越三千年的时间里，人类的某些最伟大的天才就已经提出了这些问题时，我全然感受到的不可思议。我在本章中描述过的每一个问题原来都是一些在哲学史中并不陌生的问题。它们中的某些问题甚至已经被确定了名称：我对球能够运动的困扰，被称为"芝诺的飞矢"。维特根斯坦在论述死亡时，原来也已经涉及那个在我入睡时让我如此困扰的相同见解：我们期望体验死亡，但无法体验死亡，他说，这是因为根据定义，我们不能有意识地经历死亡，因此我们并没有对死亡的意识。特别重要的是，在经过了一段较长的时间之后，我顺理成章地发现，我自己已经自然而然地成长为一名康德主义者，我的出发点是时间与空间的二律背反，进而我又主张事物的不可概念化，因为事物本身独立于我们的经验模式。就我所知，我对于"竟然有某物存在"的永不枯竭的惊异感，是由莱布尼茨最先付诸言辞的，而康德最直接的追随者之一谢林则对这种惊异感给出了最引人注目而又激动人心的表述。这种惊异感遍及康德最具启发性的后继者叔本华的作品，我还发现，其中最为重要的东西是我已经在《奥义书》中偶然发现的相同学说——尽管在叔本华那里的情况表明，就像在我这里的情况一样，这个学说都不是借助于宗教的考虑要素获得的，而是借助于在本质上是康德主义的考虑要素获得的，因此（在叔本华的情形下）就是借助于西方哲学主流中的那种核心思维模式获得的。除了这些问题之外，前文还提到了如下问题：自由意志问题以及"意志活动是一个有意实施的行为的原因，还是理解这同一个事件的不同方式"的问题。叔本华对这些问题也进行了深刻的论述。

休谟在年轻时就体验过神经衰弱，他也意识到了这种神经衰弱与他的哲学反思之间的关联。根据休谟对于这两个主题所说的那些话语，我怀疑，他的那种令人恐惧的心理体验，与我自己的那些体验就有某种相似之处。特别是考虑到休谟哲学的本质，我认为实际情况就有可能是这样。（顺便说一句，令人留下深刻印象的是，有那么多著名的哲学家在年轻时都经历过神经衰弱。）正如让人们感到惊讶的是，莫里哀终其一生都让他的剧中人物以散文体的方式说话，我发现让我自己感到惊讶的是，我终其一生都沉浸于诸多哲学问题之中。我就像伟大的哲学家那样被这些相同的问题所吸引，我们都同样感受到了理解这个世界以及世界经验的需要，我紧随着他们的脚步，也意识到无法根据常识来解释这些事物——恰恰相反，常识在没有保持沉默的地方，就会徒劳无益地产生大量自相矛盾的论题。当然，在我与他们之间的主要差别是，他们为解决这些问题做出了某些贡献，而我甚至无法以一种颇为丰富或精致的方式来表述这些问题，更不用说通过我的工作来为这些问题提供诸多可辩护的解决方案了。结果是，我就像一个饿汉扑向食物一样扑向他们的作品，它们给我带来了大量的营养，并且自此以后一直支持着我。

20世纪50年代早期，我在剑桥大学最先发现，职业哲学几乎不关注任何这样的问题——当然也没有大量论述这样的问题，我们对于物体的感知问题或许例外——它们几乎放弃了哲学试图理解这个世界的传统使命，因此在相当大的程度上背弃了这门学科的过去。不过，这并没有对我造成任何阻碍，它或许仅仅阻止了我成为一个当代模式下的职业哲学家。不同于这个时代的这些职业哲学家，我确实有许多哲学问题，它们是实际存在的哲学问题，这些问题与实在的本质有关，与我和实在的其余部分的关联有关，甚至与我自己的本性有关。而这些问题并不仅仅是由于我对语言的误用而陷入的诸多混淆。

第2章
我的学院哲学入门

我的形而上学问题位于西方哲学的主流传统之中，而牛津的哲学已经正式否认了这个传统，对我来说，这个事实有一个不幸的后果，即在我来到牛津大学过了一段时间之后，我才意识到，我的问题是哲学问题，因此，我并没有选择哲学作为我的第一学位。要是我在当时就已经知道了这一点，我从一开始就会让自己纵身投入哲学研究之中，甚至在我来到牛津大学之前，我就会这么做。然而，实际的情况是，我花费了三到四年的时间才发现了自己真正的学术兴趣是什么。

在我就读的中学里，最有才华的导师无疑是一位历史学专业的男老师，他的名字是大卫·罗伯茨（David Roberts）。他具备的是那种差不多可被称为教学天赋的东西，自此之后，我只见过一个人在这方面超越了他的天赋。恰恰是由于这个缘故，而不是由于这个学科，我才成为一个受过他教导的历史学专家；事实上，我对于历史学的兴趣，并不多于我对其他的某些学科的兴趣。因此，尽管我带着历史学专业的奖学金离开中学前往牛津大学，但是，已经承担的两年历史专业研究对我来说就已经足够，我并不期望在牛津大学再花三年时间来从事历史专业研究。

当时，在中学与大学之间有一个强制性的兵役制度，因此我就被派遣到奥地利服兵役。当我从奥地利回到英国时，我拜访了牛津大学并见到了我们学院的院长。我问他我是否可以研究音乐，在那个时候就像现在一样，音乐始终是我的主要爱好。他试图说服我不要这么做，我却坚持要这么做，他就支吾搪塞，最终他推迟做出决定，直到我应当作为学生前往学院完成学业。然而，到了那个时候，学院拒绝允许我做出这样的变动，其根据是我已经成为一份公开奖学金的候选人，这份奖学金授予的对象是那些有意从事历史学研究的人，因此，倘若我要更改学科，我就必定会被剥夺这份奖学金。结果是，我违背了自己声明的意愿，我用自己在牛津大学的头三年时间来研究历史。我并不认为这在今日有可能发生。某些人想要强迫一个学生将某种他并不想要研究的东西作为他研究的主要学科，人们如今相当正确地将这样的想法完全视为荒谬的。但在当时,这是十分常见的。

因此,当我在牛津大学研究历史时,我主要通过与那些研究学院哲学的大学生交朋友,才首次与学院哲学相识。对我来说出乎意料的是,他们所关注的一个问题是我们关于物体的知觉问题。我甚至更为惊讶地发现,不仅一些数百年前的哲学家,而且还有一些数千年前的哲学家,他们就这个学科所撰写的作品仍被视为天才之作,我的朋友们如今就在研究这些作品,与他们的导师讨论这些作品,彼此之间对这些作品展开争辩,并撰写有关这些作品的论文,这让我深深地感到嫉妒。我被告知,英国也有一些这样的经典作品,撰写它们的作者是洛克、贝克莱与休谟。我在高中时就由于阅读《英国史》而认识了休谟。关于他所描述的英王爱德华二世之死[1]的公众读物常年流行,在一个房间的宽大壁炉中,总是保留着一根尺寸惊人的拨火棍来让历史学专业人士使用,在叙述这件事的过程中,他们会仪式性地挥舞着这根拨火棍。但是,我并不知道,休谟还对于我们有关物体的知觉撰写过相关的著述。

政治哲学的某些作品也是历史课程的组成部分:亚里士多德的《政治学》、霍布斯的《利维坦》、洛克的《政府论》(第二篇)以及他的《论宗教宽容的书信》。除了这些作品之外,我自己开始以一种多少有些零散随意的方式,沉浸到主流哲学之中:柏拉图的《国家篇》与《会饮篇》、亚里士多德的《伦理学》与《诗学》、马克思的《资本论》、尼采的《查拉图斯特拉如是说》、A. J. 艾耶尔(A. J. Ayer)的《语言、真理与逻辑》——而且我期望自己能够获得一种关于哲学的概述,于是就阅读了伯特兰·罗素的《西方哲学史》。我选择了意大利的文艺复兴作为我历史学学位的特定主题,艺术史与观念史很快就主导了我的历史研究的兴趣方向。然而,让我感到遗憾的是,这些历史极少出现于教学大纲之中。我向我的历史导师要求,

---

1 爱德华二世(King Edward Ⅱ,1284—1327)是英格兰国王爱德华一世的第四个儿子,父王去世后登基。根据众多历史记载,可以推测他是一个同性恋者,因宠爱他的同性情人而惹恼了他的妻子——法王腓力四世的独生女伊莎贝拉。1325年,伊莎贝拉带着儿子返回法国,她结识了爱德华二世的政敌莫蒂默并成为他的情妇。1326年,伊莎贝拉联合莫蒂默在英格兰东部的萨福克郡登陆,他们与对爱德华二世不满的贵族里应外合,成功地废黜了爱德华二世。1327年,为了斩草除根,王后与莫蒂默决定处死爱德华二世。根据休谟的记载,凶手处死爱德华二世的方法极其残忍,他们"将爱德华扔到床上,把桌子抛过去用力压住他,通过牛角将烧红的烙铁刺入国王的肛门",尽管这种做法让"国王的体表不会留下伤痕,但国王五内俱焚的惨叫声向所有卫兵和仆役暴露了骇人的暴行",详情可参见大卫·休谟《英国史Ⅱ:安茹王朝、兰开斯特王朝、约克王朝》,吉林出版集团有限责任公司2012年版,第137页。——译注

他们能否特别关注他们向我教授的那些历史的智识面貌与文化面貌,但他们对这个要求感到为难,并拒绝改变他们的惯常方式。在当时的牛津大学中,"历史"就意味着政治与行政管理的历史,几乎没有其他主题的历史。此外,对于这个世界以及在这个世界中体现的历史的诸多见解在一定程度上是欧洲中心的,这在今日似乎是难以置信的:在绝大多数的场合中,"外国史"乃至"世界史"意味着对立于英国的欧陆史。我曾经与一个教我17世纪英国史的人进行了一场激烈的争吵:我抱怨他从未大量提及牛顿(牛顿的工作不仅已经改变了西方人的整个视野,而且通过科学与技术,他还改变了我们自身所居住的这个世界),我们却已经详细地讨论了斯图亚特王朝的女王们,而且我还被要求撰写一篇关于劳德大主教[1]的文章。他不屑一顾地回复道,当然,倘若这是我感兴趣的那种东西,那就没有什么能从根本上阻止我在自己的业余时间里来了解它们。

我对我的那些导师不再抱有希望,转而寻找研究哲学的学生来谈论他们的主题。很快他们也开始来找我讨论,因为当时是所谓的"日常语言哲学"的全盛时期,他们时常想要知道,一个并不是哲学家的人会如何回应诸如此类的问题,或他会将诸如此类的表达理解为什么。由此造成的结果是,我更多地参与了哲学的讨论,而不是历史学的讨论。我的历史学学位获得了二等荣誉,而不是一等荣誉,但这个优秀的成绩足以让我有资格晋升到更高的学位。尽管如此,我最想要去做的是在一种有条理的教导方式下研究哲学;因此,我并没有去获取历史学的更高学位,而是去读了另一门学士学位,即哲学的学位。

不同于剑桥大学,牛津大学明智地不让大学生孤立地研读哲学,而是坚持要求他们把哲学与某个或某些其他的学科放到一起来研究。于是,哲学、政治学、经济学专业(PPE[2])所设立的课程中,我将哲学与政治学、经济学这两门学科结合了起来。在已经获得了一个学士学位之后,我只被允许用一学年的时间来完成实际上

---

1 威廉·劳德(William Laud, 1633—1645),英国坎特伯雷大主教,因在苏格兰强制推行英格兰的宗教仪式而引发1639年的主教战争。1640年以叛国罪被捕,1645年被处死。——译注
2 PPE(Philosophy, Politics and Economics)即"哲学、政治学、经济学专业",被誉为人文社科类最顶尖的专业之一,最先是由英国牛津大学的贝利奥尔学院设立的,距今已有一百多年的历史。该专业涵盖政治、经济和哲学三大领域,是英国政治思想发展的基础,因为它建立了政治与哲学之间的联系。目前这个专业已经成为世界顶级大学最热门也是竞争最激烈的本科专业之一,主要侧重对"领导型人才"的培养,毕业生包括知名的国际政要、业界精英和杰出学者,如英国前首相戴维·卡梅伦、美国第42任总统比尔·克林顿、澳大利亚前总理马尔科姆·弗雷泽以及诺贝尔和平奖得主昂山素季等。——译注

是三学年的课程。但是，我对哲学的强烈兴趣激励了我的学术研究，由此导致的结果是，我在哲学、政治学、经济学专业的考试表现，要优于我在历史考试中的表现（尽管我在那一年还承担了牛津辩论社[1]的主席工作，但这些工作并没有干扰我的学术研究）。

　　用学术的表达方式来说，这就是哲学如何逐渐成为我的"学科"的故事。在我获得了牛津大学的第二个学位的两年之后，我又被耶鲁大学授予了哲学研究生的奖学金。结果表明，我并不是在牛津大学，而是在耶鲁大学接受了那些在哲学中最有价值的训练。

　　在我刚到牛津时，我对于一般的学术追求与学术生活的评价相当低。我的至爱是音乐，我从小就酣畅地痛饮音乐的甘醇——最初我用家里的唱机与收音机来享用音乐；在我还没有成为少年时，我就已经是一个经常去听伦敦的音乐会和歌剧的人了。在我的爱好中，排在音乐之后的是戏剧——我到现场去观看戏剧的次数要多于聆听音乐会的次数，这仅仅是因为可以在现场观赏的戏剧在数量上要远远多于音乐会。在我的爱好中，排在戏剧之后的是诗歌，我喜爱的诗歌大多数是由那时候仍然在世的诗人所撰写的作品，我特别喜爱T. S. 艾略特、W. H. 奥登与狄兰·托马斯[2]撰写的诗歌。在我的爱好中，排在诗歌之后的是小说。除了所有这一切之外，我还是一个着迷于政治讨论与政治论辩的幼稚而又充满激情的社会主义者。因此，当我开始严肃地阅读报刊时，我就相当自然地想要阅读与我的上述爱好有关的文章。《星期日泰晤士报》带给我的一周新闻盛宴包括：恩斯特·纽曼[3]的音乐评论、詹

1　Oxford Union（牛津辩论社），全称Oxford Union Society，是世界上最负盛名的辩论社团，以广邀国际知名人士来牛津大学受访或演讲而空前闻名。辩论社一直致力于提升辩论水平，发展讨论层次，影响范围不仅仅局限于牛津大学，更遍及全球。——译注

2　狄兰·托马斯（Dylan Thomas, 1914—1953），人称"疯狂的狄兰"，英国作家、诗人，代表作为《死亡与出场》《当我天生的五官都能看见》等。狄兰·托马斯的诗歌围绕生、欲、死三大主题；诗风精犷而热烈，音韵充满活力而不失严谨；其肆意设置的密集意象相互撞击，相互制约，充分表现了自然的生长力和人性的律动。狄兰·托马斯的诗歌掀开了英美诗歌史上的新篇章，评论界普遍认为他是继奥登之后英国又一位重要的诗人。——译注

3　恩斯特·纽曼（Ernest Newman, 1868—1959），英国著名音乐评论家与音乐学者，被誉为"20世纪前半叶最著名的英国音乐评论家"，他的批评风格以智识的客观性为要旨，从而有别于其他批评家更为主观的进路。自20世纪20年代起直到去世，他都是《星期日泰晤士报》的乐评家。——译注

姆斯·阿加特[1]的戏剧评论、戴斯蒙德·麦卡锡[2]与其他人的书评——更不用说迪利斯·鲍威尔[3]的电影评论了。在阅读了这些人的文章之后，我只需要向前走一小步，就会去阅读他们评论或提到的某些书籍，接下来我只需要再向前走一小步，就会去阅读那些论述相同主题的其他书籍。不管怎样，我从这些活动中获得的知识与修养，要远远多于我从学校获得的知识与修养。

由于音乐、戏剧与政治看起来简直就是生命中最令人振奋、最有趣与最重要的事物，由于我幸运地出生于一个对它们有着活跃兴趣的家庭，而这个家庭又住在伦敦的中心，所以，我是在多少有些局限于我这个都市人的眼界与设想的条件下长大的。在我看来，一种对公共事务抱有个人的兴趣，并且每天都享受专业的音乐与戏剧的人生，是仅有的一种真正值得拥有的人生；因此，在我看来，仅有一种值得居住的地方，那就是让这样一种人生成为可能的地方。而这意味着，在这个世界上只有屈指可数的几座大城市才能满足我的这种要求。我在十七岁时作为一名交换的寄宿生被派遣到凡尔赛的奥什中学[4]，我在每一次去巴黎的时候都会找机会前往各大歌剧院、法兰西喜剧院[5]以及诸多美术馆。我在十八岁时为了完成一年的兵役而被派遣到奥地利，每当我在当地休假时，我都会直奔维也纳，我在休假期间的每个晚上都会去歌剧院，不管歌剧院在那个晚上是否有节目上演。我对家里给我的一份零花

---

1 詹姆斯·阿加特（James Agate, 1877—1947），英国日记作家，他在两次世界大战之间是一位颇具影响力的戏剧评论家，曾先后承担《周六评论》《星期日泰晤士报》与英国广播公司的戏剧评论工作。——译注

2 戴斯蒙德·麦卡锡（Desmond MacCarthy, 1877—1952），英国记者与周刊专栏作家，因其广博的学识、敏锐的判断与卓越的文学才华而成为他那个时代的一流文学批评家与戏剧批评家。——译注

3 迪利斯·鲍威尔（Dilys Powell, 1901—1995），英国新闻记者与知名的电影评论家，她为《星期日泰晤士报》撰写了超过五十年的电影评论，并以她对电影中的文化变革的敏锐感受著称于世。——译注

4 奥什中学（Lycée Hôche）是一所坐落于凡尔赛宫附近的法国公立中学，它原先是一座由法国王后玛丽·莱什琴斯卡建立的女修道院，但在法国大革命之后的1803年，它成为一所中学，这所中学之所以如此命名，是为了纪念法国大革命时期的著名将领拉扎尔·奥什（Lazare Hôche）。——译注

5 法兰西喜剧院（Comédie-Française），法国最古老的国家剧院之一，位于巴黎黎塞留街与圣·奥诺雷街拐角处。1680年10月21日奉路易十四之命创建，由原莫里哀演员剧团与马莱剧团、勃艮第府剧团合并而成。它实现了莫里哀生前的遗愿，故法兰西喜剧院也被称为"莫里哀之家"。作为法国的戏剧中心，法兰西喜剧院为法国戏剧事业做出了巨大的贡献。——译注

钱的用途进行了调整,将它留给了《指环》[1]在柯文特花园歌剧院的战后首场演出。在所有这些城市中,我最喜爱的是我在那里的活动中留下深刻印象的人文环境:到处都有人的繁忙街道、餐馆、街角的小贩、城市中的河流、广场和公园、基督教堂和天主教堂、公共建筑,以及书店和剧院、音乐厅、歌剧院和美术馆。我觉得自己不仅是一个英国人,而且也是一个伦敦人,我是在战前的一个古老而又著名的集市中长大的,因此,甚至在我没有考虑自身的这些经历的情况下,我对这种人文环境所拥有的感受,就已经多少类似于狄更斯对大城市街道生活的感受。(狄更斯作为小说家说出的最为机敏的话语之一是,他将他的绝大多数角色都视为在街道上随处可见的人。)

对我来说,所有这一切都无关于学院生活,我将学院生活理解为褊狭的、肤浅的和薄弱的,它是一个与真实生活无关的苍白而又无足轻重的世界。我或多或少地把大学当作了中学的延伸,将教授当作下一个水平更高的中学老师,学院中的人在封闭的机构中度过他们的一生,他们将自身的全部工作精力都专注于那些同样也在中学教室中教导的学科:拉丁语、希腊语、历史学、地理学……我发现,这些学科都不难"搞定",但我从未看出,搞定它们对自己有多大的意义。在我看来,渗入生活核心的是对艺术作品的创造与吸收——因此,除了与他人的关系之外,这也是人们的生活最终追求的事物之一。在我看来,就荣耀与重要性而言,艺术经验归属于一种完全不同于其他任何种类经验(不包括性爱经验)的范畴。它是得到了提炼的生存本质。倘若你能够选择你的天赋,那么,你显然就应当成为一位具有创造性的艺术家。倘若你尚未领悟出如何成为这样的人,那么,次优选择是成为一名进行诠释的艺术家——指挥家、某种音乐演奏家或演员。倘若你根本无法成为艺术家,那么,居于其他职业首位的是政治,这种职业本身就是独一无二的。无论你从事的是这些职业中的哪一个,除了本职工作之外,你还可以将大量的时间耗费在你感兴趣的其他职业上——它们几乎可以共同填补你的人生。至于我自己,在我看来,我的前途很有可能是当一个作家;但倘若我发现自己缺乏成为一个足够优秀的作家的创造能力,我就会重新回到政治

---

[1] 《指环》(The Ring)指的是德国著名音乐家理查德·瓦格纳的代表作《尼伯龙根的指环》(Der Ring Des Nibelungen)。这部作品于1848年开始创作,至1874年完成,创作灵感来自中世纪德国民间叙事诗《尼伯龙根之歌》与北欧的神话故事。《尼伯龙根的指环》由《莱茵的黄金》《女武神》《齐格弗里德》与《诸神的黄昏》这四部乐剧组成,也被瓦格纳称为"舞台节庆典三日剧及前夜"。——译注

上。或许我能同时成为作家与政治家——许多人都这么做过。

因此，这就是我在青少年时期的整体立场；从这个立场来审视人生，我无法理解那些有兴趣从事学术工作的人。在我看来，他们肯定拥有某种极大的局限性，因为只有那些认为我所喜好的所有这一切都没有太大意义乃至没有意义的人，才会在自己的设想中让教室与讲堂中发生的事务成为自己人生的组成部分。我记得，在我青少年时期的绝大部分时间里，我都相信，倘若某个人仅仅书写非虚构类的书籍，这必然意味着，他并不胜任小说的写作，他并不具备真正的才华。我所读过的几乎每一位伟大的艺术家——我对他们进行了大量的阅读——似乎都公开地对学者表示蔑视与不屑一顾，他们不仅蔑视学者与自身工作的关系，而且蔑视学者与艺术的关系。

对于我在过去持有的这些态度，我如今的看法是，严格来说，它们是贫乏的。在一种有限的意义上（但也只是在这种程度上），我正确地把握到了人生中最重要的事物，但我专注于这些事物的方式中存在着某些狭隘的东西。其他的事物也是重要的，它们也能充实人生并令人产生深刻的满足。而且，让我们所有人都对相同的事物感兴趣，这既不可能也不可取。不管怎样，在这些态度的众多缺陷中，最大的一个缺陷是完全无法欣赏理智生活的价值与重要性。我在那时完全不明白科学在人类精神冒险中的重要作用，完全不明白学术研究对于任何持久的文化或文明的绝对必要性，根本不明白个体在从事这些活动时所能获得的深刻乐趣。我其实尚未学会将知识分子从艺术家中区分出来——实际上，我曾经以为，艺术家就是知识分子，我将"一位知识分子"这个术语的意思理解为某种对艺术感兴趣的人，或者是更高的标准，即某种积极参与艺术的人——这种人的原型是诗人。我认为，这是该术语在那个时代最为通常的用法；人们惯于谈论"长发的知识分子"，他们用这个措辞主要意指的是诗人与音乐制作人，尽管他们也用它来指称左翼政治家（我适用于所有这一切——我甚至在那时留着长发）。该术语的这种用法会产生一个匪夷所思的后果，即爱因斯坦没有被当作知识分子，但他恰恰就是一个知识分子。

当我来到牛津时，我对它的第一个不可抗拒的反应是，它缺少我在生活中最为关切的那些事物。我感到自己被切断了与它们的联系，我意识到，我在就读期间的所有时间都会被局限于这样一个小镇之中，它是一个郡治的集镇，在这里不会有很多故事发生。为了去欣赏合适的音乐会与戏剧，我不得不前往伦敦；我在一段漫长的时间内仍然是以伦敦来确定方位。这一切都让我感到了巨大的失望。最让我震惊的是，绝大多数学者不仅明显对艺术漠不关心，而且通常对思想也漠不关心。他们的眼界似乎是狭窄的。我只是慢慢地才认识到，牛津大学提供的那些东西确实是有价值的。它最终在智识上为我提供的至为重要的东西或许仅仅是，它教导我明白了那些以独立于艺术价值的方式存在的智识价值，以及这些智识价值是什么；而这让我对它们产生了关切。我在自己的第一学年中就发现，某些有头脑而又富于同情心的个体更加专注于智识价值，而不是其他的任何事物，这对我来说就是一种文化冲击，在很长一段时间里，我由于这个发现而感到困惑：我清楚地看到他们更为专注于智识价值，但我并没有弄明白他们何以会这么做。我只是通过与这些人的日常交往，才慢慢地理解了这一点；直到第三学年，我自己才开始吸收某些智识价值。在吸收这些价值的过程中，我从来也做不到将智识价值与艺术价值置于同等的地位，因为我在那时仍然确信我原先是正确的，但智识价值已经成为我的一个必要组成部分，它永远让我的人生与观念变得更加充实。

随之而来让我想到的是，正是在这种经验的帮助下，我就很容易对这样一些有头脑的人形成一种更为深刻的理解，无论出于什么样的理由，他们都没有获得大学的教育，他们自己也并不去参加这样的教育。我相信，我知道按照他们的方式来审视事物会像什么样；而我会与他们产生共鸣，因为我自己或许会相当容易就成为他们之中的一员。正规的教育能够赐予我们的最大礼物是，在我们之中形成这样一种世界观，它并非仅仅是对我们自己的观点、态度、兴趣与假设的扩大化；就这种情况的本质而言，没有其他摆脱了我们局限性的人们的帮助，我们就无法做到这一点。但不幸的是，据此就会推断出，自我教育者永远只能是接受了部分教育的半成品，这是一个令人遗憾而又无可逃避的事实。

考虑到我随后的发展，当我刚来到牛津时，在我的视野中明确遗漏的一个至为重要的东西就是哲学。我在观念上并没有将哲学作为一门智识的学科，我几乎不知道在诸如康德这样的思想家的作品中，哲学能够做些什么。我现在相信，在那个层次上，哲学确实接近于伟大的艺术，它们都位于人类最可贵与最重要的关切之中，而这是因为二者之间存在相似之处：二者都在人类所能穿透的最深层次上从事着探求真理的活动。二者都试图看透事物的终极本质，存在的终极奥秘；倘若它们失败了，那仅仅是由于它们无法超越人类理解的极限。正如叔本华所言，哲学家抽象地进行活动，艺术家具体地进行活动。哲学家为了要清晰地表述他的发现，他就只能求助于概念，而根据概念不可避免的普遍性，人们或许会推断出，哲学无法像艺术那样产生如此深刻的感染力，然而，存在着某些哲学能够做到而艺术无法做到的事情。艾丽丝·默多克[1]曾经说过："无论好坏，艺术都比哲学走得更远。"[*]当默多克这么说时，她正确地暗示了哲学在某些方面要胜过艺术，她同样正确地暗示了哲学在总体上达不到艺术的感染效果。

哲学史是更为普遍的观念史的组成部分，而观念史又可以被归入"文化史"的概念之中。当然，文化史必然包括了艺术史，而我的研究领域恰恰就位于文化史的范畴之中。我充分意识到，艺术并不是一种智识活动，更不是一种学术活动，但是，关于艺术，有一些有趣而又有价值的东西，它们只能根据艺术史的背景来进行表述。正是由于这一点，正是由于我对一种将哲学史包括在内的哲学观产生了强烈的兴趣，我倾向于学术研究的那方面姗姗来迟的天性才能够形成与发展，并且能与那个多半并不学术化的自我进行缓慢的整合。尽管我形成学术兴趣的时间比较晚，但是在我确实产生了这种学术兴趣之后，这种兴趣让我不由自主地对那些在其他领域中被学术兴趣所驱使的人产生了共鸣。在我看来，自从我在二十多岁时在耶鲁花费了一段时间研究哲学以来，我至少已经有一只脚踏入了学术世界，尽管我同时也可能会从事其他的工作。

在我致力于历史研究的五年里（其中有两年是在中学，有三年是在大学），我获得了一个一般性的遗产与某些特别的遗产。这个一般性的遗产是，我在自己的头脑中拥有了一种关于西方历史的粗略的概要性知识，这种从古希腊到今日的西方历史多少是连贯的，尽管它的某些部分是粗浅的。这种知识需要通过数年时间的阅读才能获得，这个事实不可避免地意味着，大多数人，甚至大多数受过良好教育的人，都不具备这样的知识。这深刻地影响了我理解事物的方式，因为这意味着在我的观点中始终存在着一种历史的维度，无论是关于音乐、戏剧、政治、哲学的观点，还是关于其他任何事物的观点。我至少部分地倾向于根据事物逐步形成的方式与事物可能继续变化的方式来看待万事万物。我还倾向于将过去的人物定位于一种更加宽泛的语境之中——这是为了让我自己弄明白，他们过去曾经生活于何种社会之中；在他们的活跃时期，他们周围以及其他地方发生了什么，没有发生什么，以

---

[1] 艾丽丝·默多克（Iris Murdoch, 1919—1999），英国20世纪最著名的小说家之一，她的小说经常关注哲学的困境，她的哲学思想深受克尔凯郭尔与萨特的存在主义的影响，她的哲学写作又深受西蒙娜·薇伊与柏拉图的影响，其小说创作致力于探讨善与恶、性关系、道德困境与无意识的力量，深入关注与刻画了个体的内心生活，她的主要作品包括《在网下》《黑王子》《独角兽》《大海啊，大海》等。——译注

[*] Bryan Magee, *Men of Ideas*, p. 277.

及他们不可能知道什么。我特别意识到了现实永远在发生变化，我知道，当下并没有什么特权。我并没有像如此众多的人似乎认为的那样假定，整个过去都导向现在，而现在发生的事情具有特殊的重要性。恰恰相反，我认识到，当下就像每一个先前存在的现在一样短暂，它很快就将仅仅成为整个过去中的另一个瞬间。所有的人类——过去的、当下的与未来的——发现他们的人生在某个任意的时刻进入了一条丰富的、错综复杂的、永不停息的历史长河，这条历史长河是不断变化的，并在他们死后仍将继续存在。其中没有一个时刻比其他任何时刻更加具有特权，没有一个时刻比其他任何时刻更加具有真实性。这种意识恰恰切入了我的核心思想，在我对艺术与智识生活的态度中都有所体现。

在作为一个整体的社会中，艺术生活与智识生活多半都受到时尚的束缚。每一代人都倾向于相信，最重要的事情就是被他们自己与他们的同时代人所完成的。我总是将这种信念视为一种幻觉。任何一代人所完成的一切成就几乎很快都被人们所遗忘。倘若有任何事物侥幸在后代中不断延续下来，并成为一个被铭记过去所积累的财富的组成部分，这些事物的数量也相当少。过去的每一代人几乎都拥有那些具备持久的价值与重要性的事物。不值得为了某个时代的时尚而感到困扰，除非这些时尚恰巧与那些具备持久重要性的事物符合一致——无论如何，值得为这些具备持久重要性的事物费心，但这不是因为它们是时髦的，而是因为它们具备持久的重要性。具备持久重要性的事物在它的那个时代里轻易就有可能是不合时宜的，就像巴赫的音乐；或者有可能是守旧的，就像勃拉姆斯的音乐。对于一个艺术家来说，重要的并不是他的作品有多么相关于他的那个时代，而是在不考虑这种关联的情况下他的作品有多好。事实上，他的作品能否存续，这完全取决于并不是他自己的那些时代所推崇的价值。革新、新奇、赶时髦、当代性、与当下关切的相关性，它们都是那些一闪而逝的作家的典型特征。它们并不是价值，它们是无关于品质的特征。一部作品可以拥有所有这些特征却又是微不足道的，一部作品可以完全没有这些特征却又是伟大的。当然，同样地，一部作品也可以拥有所有这些特征而又是伟大的，也可以完全没有这些特征而又是微不足道的。倘若将这一点告诉那些对艺术生活或智识生活有着职业关切的人，那么，尽管他们应当看到这显然是真实的，但在他们中的绝大多数人看来，这显然是虚假的。因为他们不可救药地迷恋于他们自己的时代关切。而我发现，这既适用于艺术，也适用于哲学。

哲学就像艺术一样，它并不进步。正如自莎士比亚以来，没有诗人或戏剧家要比莎士比亚更好，柏拉图也仍然被许多人视为所有时代中最伟大的哲学家——他恰好是第一个在论著中谈论到"我们"的哲学家。怀特海提出了一个著名的说法，西方哲学全都是柏拉图的注脚，他曾经评论道，人们既有可能具有一种地域的狭隘性，又有可能具有一种时代的狭隘性；一个令人遗憾的事实是，几乎总是有一小撮人具有时代的狭隘性。

我从我沉浸于历史研究的岁月里继承的那些更为特别的遗产是有关两三段特定历史的知识以及若干书籍所产生的影响。当我在牛津研读历史学的三年里，有两本书给我留下了特别的印象，正是我在那里的特殊处境，让我在导师没有做出要求的情况下阅读了这两本书。它们是R. H.托尼[1]的《宗教与资本主义的兴起》与卡尔·马克思的《资本论》，后者对我产生了巨大的影响。在第二学年的复活节时，我在牛津东部刻苦地钻研这本书。我在那里至少有两周时间从早到晚没有做其他的事情，而仅仅是按照我自己的方式来亲身感受《资本论》，即按照这本书自身的节奏来理解它，每当我想要认真思考这本书所说的东西，我就会放下这本书。我可以按照自己的意愿，在重新捡起这本书之前随意地继续进行这些反思，为了仔细考虑某些重要的段落而外出散步，即便是晚上我也会躺在床上思考这本书。这是我以全神贯注的方式阅读的第一本书，我觉得在我的生命进程中，让我如此全神贯注的其他书籍不会超过十二本——柏拉图的对话录、《新约圣经》、休谟的《人性论》、康德的《纯粹理性批判》、叔本华的《作为意志和表象的世界》《奥义书》、波普尔的《开放社会及其敌人》、爱因斯坦的广义相对论。这些是曾经改变过我的作品。也就是说，我吸收了这些书籍的思想，这些思想已经进入了我审视事物的方式之中，因此，倘若我没有读过这些书，我如今就会觉得我自己并非我所是的那个人。在我看来，只有为数不多的几本书能让我们中的任何人做出这样的评价。对我来说，至少可以将相应的评价适用于一位剧作者，即莎士比亚，或许还可以将相应的评价适用于七八位作曲家。显而易见，在某种意义上，由一个人阅读的书籍、观赏的戏剧与聆听的音乐构成的整体，对这个人的见解与人格产生了点点滴滴的影响，并以其无法感受到的方式不断改变着这个人；人们可以将在一个人的自我中发生的诸多可感受与可辨识的变化归功于那些创造者个体，然而，那些创造者个体的数量始终都很少。我作为实例给出的那批成文作品中，有一半是由德语世界的作者撰写的，而这

---

[1] R. H.托尼（R. H. Tawney, 1880—1962），英国著名的经济学家、历史学家、社会批评家和教育家，曾先后任教于格拉斯哥大学、牛津大学，并担任伦敦大学经济史教授。他的代表作有《16世纪的土地问题》《贪婪的社会》《宗教与资本主义的兴起》等。——译注

个事实——或许还要补充的事实是,那些让我产生重大改变的作曲家,绝大多数也都来自同一个历史时期的德语世界——也多少表明了我内心生活的本质。

《资本论》的绝大多数内容是英国工业革命的历史,但它是一种进行论证的历史,它为了提出一个论点而做出解释。我对这本书的阅读,并没有让我成为一名马克思主义者:我马上就看到,马克思将之作为他自身体系基础的劳动价值理论,是一个没有任何真实内容的形而上学概念;而且我从一开始就拒绝接受马克思所相信的历史变化的科学预见性。尽管如此,我的思想受到了马克思的巨大影响;尽管我对他的作品思考得越多,他对我的影响就越小,但是,这种影响从未完全消失——而我也不希望这种影响完全消失,因为在我看来,马克思提供了某些具有永恒价值的洞识。他也是一位充满个性的出色作家——即便他的批判性是过度的,但在他的愤怒与审判中有着类似于耶和华的风格。有人认为,《资本论》是一本令人生厌而又难以理解的大部头著作。我无法设想,这种想法是如何得到传播的,或许这仅仅是那些被这本书的巨大篇幅吓退的人为了不去读它而给自己找的一个借口。它是一部伟大的论著。毋庸置疑,它已经成为世界历史中最有影响力的书籍之一。

在阅读了这部论著之后,我又读了马克思的其他一些最为重要的作品。如今人们轻易就可以获得马克思的诸多单卷本文集,而马克思的那些最为重要的作品都收录于这些文集之中。这些作品体现了一个整体的世界观与世界史观,其中,经济因素与阶级因素被赋予了决定性的作用;如今人们已经难以意识到,在马克思之前,人们几乎完全没有将任何重要性给予这些作为历史变化动因的因素。今日的严肃思想家不会再犯下这种盲目的错误——倘若某个人犯了这样的错误,他就不会被视为一位严肃的思想家——而这要归功于马克思。同样地,在马克思出现以前,经济因素与阶级因素都被认为无关于艺术作品的创造与诠释中的审美因素;但今日没有人会认真地坚持这一点。这些就是马克思影响了我们所有人(而不仅仅限于那些是或曾经是马克思主义者的人)的例证,这个世界由于他而变成了一个不同的地方,他不仅客观地改变了这个世界,而且还改变了我们审视这个世界的方式。

我在中学时曾经读过三本书,我在牛津时又重新阅读了这些论著。这三本书已经成为我的终生财富,它们是马基雅维利的《君主论》、雅各布·布克哈特的《意大利文艺复兴时期的文化》与约翰·斯图亚特·穆勒的《论自由》,其中的第一本又是一部受到了大量曲解的作品。它告诉我们的是,关于人们获取权力与保持权力的实际做法的诸多令人不快的事实真相,而不管现实政治的规则是什么。它的洞察力是极其敏锐的，而且在大多数情况下是有根据的。这本书的大量内容是由情境逻辑构成的，而这种情境逻辑具有普遍的适用性。例如，马基雅维利警告我们，倘若某人在将你擢升至在权力上比他自己更高的位置时发挥了关键的作用，他几乎不可避免地会有所不满并将成为你的一个威胁来源。他永远都会想到这个事实，即只有通过他，你才获得了你现在的地位，这将让他觉得他与你一样优秀，却没有被其他人这么认为。因此他觉得，你应当更多地提拔他，对他表示更多的感谢，给他更多的回报，更多地关注他，更多地关注他特别的利益，更多地关注他对你的建议。随着他怨恨的增加，他会在诱惑下认为，他曾经将你置于你现在的位置之上，这就意味着他也可以将其他某个人置于这个位置之上，倘若他想要这么干的话。因此，他最终就有可能开始策划阴谋来反对你，或至少会去支持你的敌人。考虑到所有这些理由，倘若你在另一个人的提拔下获取了权力而又想要保持安全，你就应当在没有他也能安全行使权力的情况下尽早除掉这个人。我在各行各业之中都反复看到了这样的洞识，它不仅在政治学之中有所体现，而且还在办公室政治、学术政治乃至志愿组织的政治活动之中有所体现。尽管《君主论》是一本篇幅不长的著作，但它充斥着这种水平的洞识。作为一种对于现实世界的诸多方面（特别是更加残酷的生存现实方面）的教育，没有哪本书可以超越《君主论》。无论你自己是否会按照它所描述的方式来行动，这本书都让你大开眼界，必定会让你在自己的众多生活领域中对发生在你周围的事情产生新的预期。我认为，即便对于那些自身最为纯粹正直的人来说，他们也需要有这种警惕心，而耶稣在说出以下这句话时所表述的应该就是这个意思："所以你们要灵巧如蛇，驯良如鸽。"（《马太福音》，10:16）倘若我对这句话的理解是正确的，那么，耶稣也会赞同人们阅读马基雅维利。

约翰·斯图亚特·穆勒的《论自由》是一本有缺陷的书，但它的核心论题——个体应当自由地按照他们的意愿生活，应当在不会严重伤害其他人的条件下，最大限度地与自己的意愿保持一致——已经成为我终生持有的基本政治信念。我此后也经历了政治见解的变化，但我改变的仅仅是对我们最全面地实现这个目标的方式的信念。当英国的大多数民众是贫穷的、居住简陋的、缺乏教育的时候，我曾经相信，只有规模庞大的政府供应能够充分地增加民众可能拥有的生存机会的数量与等级。在我的成年时期，有两件与此相关的事情发生了改变：英国的大多数民众不再贫穷，不再居住于简陋的房屋之中；我对众多种类不同的国家干预的功效不再抱有幻想。因此，我已经从一个自由的社会主义者转变为一个并非社会主义的自由主义者。不过，我的观点始终都有一个相同的目标，即个人的自由。我认为，穆勒对个人自由的倡导，不仅对相关的基本理念做出了仍然是最好的简短介绍，而且还对诸多最显著的异议做出了某些仍然是最好的解答。

我在牛津才第一次读到的两本书是亚里士多德的《政治学》与托克维尔的《旧制度与大革命》，这两本书被定为我在第二学期期末面临的历史学预备考试的必读书目。亚里士多德的这部论著将我引入了古代哲学。这是一部多么具有启发性的论著啊！我仍然记得我自己天真地对如下事实产生的惊讶之情：某个生活在公元前数百年的人，能够用如此广博的视野与知识，如此范围广泛的敏锐分析与明智论证来对我直接言说，所有这一切似乎都可以适用于我自己的世界。让我感到震惊的是，这本书的任何内容都绝不是原始的与粗劣的；恰恰相反，它导向了一种更高的智识水平，一种更高水准的世俗教养，这要高于我过去经常遇到的那些在我身边的人。正是通过这条途径，我进入了古希腊的那个不可思议的世界；至今都让我在想象中感到困惑的是，一个成员规模并不大的社会在如此短暂的时期里却获得了如此众多的成就，特别是在那时，几乎没有什么已经完成的东西可作为希腊人的基础，以便于让他们抵达任何可与他们的实际成就相媲美的水平。我逐渐感受到，我自己就深深地扎根于这种文化之中，这种文化并非仅仅由某个人开创，而在其后的两千多年里，人类的文明都没有回到这种文化所设定的水平之上。一个同样让人觉得不可思议的文明是在18世纪晚期到20世纪早期之间的这段并不漫长的时期内的德语世界——这个时期的代表人物包括莫扎特、康德、海顿、贝多芬、舒伯特、歌德、席勒、叔本华、黑格尔、马克思、勃拉姆斯、瓦格纳、尼采、马勒、弗洛伊德与爱因斯坦。

我以往从未听说过托克维尔，他的每一个方面对我来说都是一次发现。任何读过《旧制度与大革命》的人，似乎都会从中获得一个会终生保留的深刻见解，即倘若将发生革命，那么，革命很可能并不会在社会状况最糟糕的情况下出现，而是在长期的剥削与压迫之后社会状况有所改善的时候才会出现——换句话说，革命是在事物正在变好的时候发生的，而不是在事物正在变坏的时候发生的。实际上，那些被革命推翻的制度通常正在贯彻的是快速而又激进的改良规划。托克维尔的作品中就充满了与此类似的诸多违背直觉的精彩洞识，这让托克维尔成为迄今为止仅有的一位真正具有天赋的社会学家（除非人们把马克思也当作一位社会学家）。托克维尔的著述《论美国的民主》以详细而又精确的方式预言了美国将如何显露出自身的面貌，这些预言的精确性证明了他对这个19世纪早期的幼年社会的理解有多么深刻与正确，这就让今日的读者对他产生了深刻的钦佩之情。

在美国（由于他是美国的所有社会分析家中最伟大的一位）与法国（由于他是法国人），人们对托克维尔的评价接近于他的真实价值，但在英国，人们对他的了解还远远不够——我怀疑，这不仅是由于托克维尔所撰写的主题是两个并非英国本土的社会，而且由于对于数代英国人来说，托克维尔的自由主义让他受到了两个在英国拥有大量代表的政治思想团体（保守主义与社会主义）的抵触，托克维尔的《论美国的民主》仍然是我会推荐给任何不想停留于对美国的肤浅理解的人的第一本书。从撰写这本书的年代到今日为止，已经过去了一段相当长久的时间，这种时间间距有助于这本书揭示那些位于美国现代外观之下并支撑着它的深层结构。

我不会如此沉闷乏味地在此列举我作为历史系学生读过的有关观念史的所有书籍——我也不会在此列举我读过的有关哲学的所有论著，即便仅仅是有关政治哲学或社会学哲学的所有书籍。至于我的这些历史知识本身的优点与缺点，它们是以许多随意的方式造成的结果。当我在牛津学习历史时，每个阅读历史的人从一开始就被要求去研究英国的历史；而在我的中学里，历史学专业的学生就必须要专门学习中世纪的历史；因此，我在自己的正规教育中就学了两遍英国中世纪的历史。另一方面，过去的中学结业证书考试允许学生在英国19世纪的历史与德国19世纪的历史之间做出选择，我的中学在没有将这个选择权交给我们的情况下，就为我们所有人选择了德国19世纪的历史（这或许是由于我的那所学校教习的现代语言主要是德语）；而在牛津大学，我的历史老师仅仅教到了1832年就用完了所有的学时，而我也没有进一步去学习这方面的历史；当我继续就读哲学、政治学、经济学专业时，只有一个学年来让我完成相关的学习研究，在我完成的八篇论文中，有超过六篇以上的论文没有时间去接受老师的指导，因此，我只是被视为已经学过了英国19世纪的政治史；但我其实从未被老师教过19世纪的英国史。我所认识的大多数英国人都不是历史学专家，但他们都花费了一两年时间来学习格莱斯顿[1]与迪斯雷利[2]、皮尔[3]

1　威廉·格莱斯顿（William Gladstone, 1809—1898），英国著名政治家，曾作为自由党人四次出任英国首相。格莱斯顿是美国总统伍德罗·威尔逊的偶像，被誉为英国最伟大的首相之一。——译注
2　本杰明·迪斯雷利（Benjamin Disraeli, 1804—1881），英国保守党领袖，两度出任英国首相。在首相任期内，他是英国殖民帝国主义的积极鼓吹者，大力推行对外侵略与殖民扩张政策。——译注
3　罗伯特·皮尔（Robert Peel, 1788—1850），英国著名政治家，英国保守党的奠基人，以废除谷物法闻名后世。——译注

与帕麦斯顿[1]，而我并没有花时间去学习有关他们的历史。当然，在我人生的道路上，我已经获得了关于这个时期的某些知识，但我的这些知识并不具备可以通过漫长的正规研究获得的支撑结构。

牛津大学的历史系学生都必须选择一段"通史"来进行专业研究，于是我选择了最近的一段历史，它包括了第一次世界大战、俄国革命、墨索里尼与希特勒的崛起、西班牙的内战，直到第二次世界大战的爆发为止，而这次世界大战仅仅在我来到这所大学的四年之前才宣告结束。尽管我在那时是一个年轻人，但我研究的诸多事件发生在我自己的人生之中，而我始终对我完成的这些研究感到满意。它极大地丰富了一个人对自己生活于其中的社会背景与历史背景的理解；就我的情况而言，它至少清除了在我头脑中存在的大量偏执的幻觉。

我在一般性的历史研究中学到了许多教训，这些教训都被吸收到了我自己的政治见解之中。其中的一个教训是，国内的暴力革命从来也没有实现它们的目的。这部分是由于陈旧的社团总是继续存在于新社会之中，它们的数目要远远多于革命者希望的或意识到的数目，部分则是由于另一个理由。有一种情境逻辑可以适用于这种革命。不同的群体联合起来推翻了一个先前存在的制度，然而，一旦他们成功地做到了这一点，那么，将他们团结起来的理由就消失了，接下来他们就会为了填补他们自己造就的权力真空而彼此斗争。这些内部的斗争（通常是残酷的）就会在以往的盟友之间发生，它们让社会在革命中长久地处于崩溃的状态，其激进程度远远超出了对旧制度的颠覆，而这又耽误了人们去确立新秩序。大多数人开始感到，这种不断发生的社会混乱本身就构成了威胁，在这种情况下，一个强有力的人能够迫使敌对的派别服从自己并主动将秩序强加给这个社会。于是他就获得了广泛的支持，或至少获得了默许。由此，以公民的自由、平等或终结暴政的名义来实施的国内革命亲自造成的结果，却是将权力给予了一个类似克伦威尔、拿破仑或斯大林的人。所有的国内革命都是难以控制的，所有这样的革命都遭到了背叛。正是由于其本质，这些革命才会产生如此的结局。根据这个事实，可以认为，那种相信暴力革命能够成为改变社会的方法的信念不仅是非理性的与虚妄的，而且还是极其不道德的。

---

1 亨利·帕麦斯顿（Henry Palmerston, 1784—1865），又被译为"巴麦尊"，英格兰第二帝国时期影响最大的帝国主义者，曾两度出任英国首相。帕麦斯顿奉行对内保守、对外扩张的政策。美国南北战争时，支持南方奴隶主集团。——译注

我由此学到的一个相关教训是，法治对文明生活来说是不可或缺的。按照我的理解，英国数个世纪以自上而下的方式发展形成了法律，而它的某些部分恰恰就是个体反对专制权力的唯一有效的防护手段。在政府不受法律约束的社会里，个体就无法获得这种保护。集权主义的所有罪恶都是由于以下这个事实才成为可能的，即支配个体的政治党派所实施的统治凌驾于法律之上。没有法律，任何事情都可以变成由专制权力来决定的问题。

我学到的另一个教训则不那么容易用语言来表达，这个教训就是尊重现实，反对众多想要取代现实的东西——传统的假设、审视事物的流行方式、意识形态、社会的或个人的抱负、畏惧的事物、主观意图、一厢情愿的想法、宗教的主张，等等。无论人们可能写了些什么，说了些什么，希望什么或相信什么，只有实际发生的事情才是现实。T. S. 艾略特在他的著名诗句中写道："那原本可能发生的是一种抽象，只在思辨的世界里才保持为一种永恒的可能性。"对于任何人来说，应当严肃地对待政治，而这就意味着应当根据实际能完成的事情来进行思考。由于意识到了这一点，我首次感受到了自己支持工党的倾向，我迄今为止总是将工党视为一个务实的与折中的政党，因此它实际上并不是一个社会主义的政党。我告诉我的朋友们，我开始支持工党的理由是我已经不再是一个社会主义者，他们以为这是我说的一句俏皮话，但事实真相恰恰就如此简单。

于是我终于意识到，在政治中最为关键的是发生了什么，而不是人们对之说了什么。在大多数情况下，所发生的事情并不取决于我的诸多愿望。特别是在政治中，人们容易让他们的愿望影响他们对现实的评估，甚至在有意识的思维层次上将二者混淆起来。例如，在我的这一生中，我都会在选举的问题上与其他人打赌。在我的这一生中，我都会发现有许多人假定，我正在打赌的事情，就是我希望发生的事情。倘若我对一群人说："我刚刚投了些钱打赌保守党将赢得这次选举"，我就能预料到，他们中最起码会有一个人这么说："我竟然还不知道你是一个保守党。"某些人会进一步发展这个错误，他们断定，某个并非保守党的人不应当在打赌中为保守党获胜的结果下注，这种做法在道德上是不正确的。某些人甚至走得更远，他们断定，如果你支持一个政党，你就应当认为，这个政党将获得胜利，换句话说，你应当积极地让你的实际判断被你的愿望所扭曲。遗憾的是，人类的这种思维倾向甚至延伸到了形而上学之中。我无数次地听到人们这么说，倘若宇宙的存在是一种没有意义的偶然事件，生命没有任何伟大的目的或重要意义，那他们就会感到无法忍受；因此，对生命来说，它必定有某种意义。至少我经常听到人们在倡导对上帝的信仰，其根据是这种信仰将给人们带来慰藉。倘若我对他们说，"真实的情况或许恰恰是，对生命来说根本没有重要的意义；毕竟，我们知道，许多事情的真实情况肯定不是我们希望看到的，我们有时会发现令人惊骇的事物，如酷刑与死亡"，那么，几乎必定仍然会有一些人（通常带着愤怒的语气）说："既然如此，难道你想要过一种没有意义的人生吗？"

历史研究确实非常有助于让我学会对诸多令人不快的真理的尊重。它以生动鲜活的方式让我意识到，真理是什么，这无关于我的喜好，无关于我认为应当发生什么的意见。有人说，这样一群人不可能实施恐怖的统治，不可能屠杀了数百万的其他人，因为这样想实在太可怕了，但倘若事实上这群人确实这么做过，那么，这种说法显然就是错误的；有人说，某些做法是邪恶的，但这种说法并不会让这些做法在事实上得到改变。倘若现实在某种意义上是可怕的与恐怖的，那么，现实就不可能由于这种说法而变得不那么可怕与恐怖，而且也没有什么能让那些可怕而又恐怖的事物不再成为现实。一厢情愿的想法与严肃的思想是不相容的，任何喜好一厢情愿的人都拒绝参与对真理的追求。

根据所有这一切，显而易见的是，我作为历史专业学生的五年时间在我身上留下了永久的印记。我在本书中想要表明的一个最重要的观点是，它们影响了我探究思想（包括哲学思想在内）的进路。即便如此，我在牛津的大学本科时期所理解的"历史"是狭隘的。正是由于我在那个时期是一个热情的哲学研究者，我才获得了自己在观念史中的绝大多数知识；正是由于我是一个热情的艺术爱好者，我才获得了自己在文化史中的绝大多数知识。我在这些领域的训练中获得的最大收益是，它们让我产生了一种想要写作的需求。阿克顿勋爵曾经说过，一个人应当从写作中学到与读书一样多的知识。这是一句深刻的话语。关于一个主题的写作迫使一个人在专注目标的引导下，有条理地研究这个主题；阅读有关这个主题的全部重要文献；论述所有的根据，不留下实质性的缺口；写作甚至让一个人形成强有力的动机来修正最琐碎的细节，并防止谬误悄悄进入自己的头脑。最重要的是，写作迫使一个人去思考这个主题——并将自己的材料与思想组织成融贯的结构。我已经撰写了我的一些作品（而我在电视台与广播台主持的系列节目随后就会被制成相应的书籍），因为我想要精通相关的主题：孕育一本有关特定主题的书，这即便不是仅有的方式，也是最好的方式来让我强迫自己在一段漫长的时间里真正努力地与系统地研究这个主题。我能坐下来思考片刻，但无法连续思考数月——除非我正在写作。

第3章
逻辑实证主义与对它的反驳

在国际上逐渐为人所知的"牛津哲学"的黄金时代，指的是1945年（二战结束的那一年）到1960年（J. L. 奥斯汀逝世的那一年）之间的大致十五年时间。我是在牛津哲学的鼎盛时期投入其中的，首先是我在牛津就读本科的那段时期（1949年到1953年），接下来是我在牛津就读研究生的那段时期（1954年到1955年）。

我不得不从一开始就表明，尽管我受训于牛津哲学，但我从来也没有赞许过它。我已经学会了如何从事这种哲学，而且我似乎与它的某些践行者做得同样出色，但我从来也不相信它作为一种哲学观的有效性——虽然我经常可以感受到，作为一种形式的智力训练，它拥有相当多的优点。它教导学生用一种过于谨慎的态度来对待他们的语言，确保他们在用语言进行意指时已经理解了这些语言；探讨意义的诸多细微区别，就好像这些区别是至关重要的；而且它还试图以清晰而又幽默的方式来完成这些工作。研究这种哲学的人在很多时候都会进行当面的论证，这个事实让它成为一种在公开论辩中提升心智敏锐性的训练，尽管这也有一个不利之处，即这种哲学不适合那些思想深刻却行动缓慢的人：在现场争论中，最有智慧的人经常被淘汰出局，而肤浅的机巧却表现出众。无论何时，若有人说出了任何让我在哲学上产生兴趣的想法，我的自然反应是想在离开现场后再来思考这些想法，而不是当即给出某种现成的回应，接下来就恰恰根据这个回应的立场来继续进行讨论。按照牛津哲学的方式推进的哲学讨论，仅仅是从一个即刻做出的回应转向下一个即刻做出的回应。当然，这些即刻做出的回应宣告的是先前的反思，但它们不可能考虑到新的反思。而这就是在专业圈里的绝大多数哲学讨论的推进方式。我对此感受最深的批评意见是，它训练了哲学践行者的敏锐机巧，却不利于他们的思想深刻性。虽然牛津哲学或许存在着这些缺陷，但它的作用恰恰在于，它是一种让智力变得敏锐锋利的工具。然而，我永远无法理解，怎么会有人认真对待以下这个观点，即哲学的主题是语言，但这就是各种形式的牛津哲学共同持有的观点。

我之所以说"各种形式的牛津哲学"，这是因为"牛津哲学"这个表述其实是一个涵盖了不止一条研究进路的术语。从20世纪初到第二次世界大战，哲学活动在英国的首要中心是剑桥，怀特海、罗素、摩尔与维特根斯坦是那里最著名的人物，围绕着他们的重要人物的数量令人印象深刻，即便这些人的能力略逊。但是，在第二次世界大战之后，这个中心就转移到了牛津。在牛津取得主导权的第一个阶段，逻辑实证主义在影响力上占据了主导地位，而在那时最有影响力的论著是A. J. 艾耶尔的《语言、真理与逻辑》——这本书是在1936年出版的，但战争推迟了它产生全面影响的时间。[1]

逻辑实证主义并非发源于牛津，而是发源于两次世界大战之间的维也纳。艾耶尔在那时是一个相当年轻的研究人员，他在撰写自己最著名的论著时只有二十三岁。艾耶尔并没有做出什么贡献来开创逻辑实证主义，他仅仅是将逻辑实证主义引入英语世界。逻辑实证主义首先在牛津风靡一时，至少在英国的范围内，这所大学此后就始终是逻辑实证主义的中心。逻辑实证主义的影响绝不仅仅局限于哲学，在二战后的几年之内，逻辑实证主义立即达到了自己的最高峰，而恰恰是这种智识风尚将牛津带到了哲学的前沿。

逻辑实证主义者的首要关切是寻求意义与无意义的划界标准。所谓的维也纳学派的最初成员所说的母语都是德语，他们自己相当自然地熟悉德语世界的智识传统与文化传统，他们确信，在德语世界的绝大多数最著名的形而上学家——类似费希特、谢林与黑格尔这样的哲学家及其新近的拙劣模仿者——所谈论的都是夸张的废话。英国的逻辑实证主义者同样确信，19世纪末20世纪初英国的新黑格尔主义哲学家如布拉德雷（Bradley）与麦克塔加特（McTaggart）的研究工作也充斥着这样的废话。在日常生活中，人们知道，一个人即便怀着最美好的意图来说出某些话，他也有可能什么都没有说——我们已经习惯于看到，正派人士在教堂的讲坛中就是这么做的；而空洞的言辞是大众媒体的风尚，即便是那些所谓的"优质报刊"也不例外。考虑到一个人即便拥有高智商与善意，他也有可能在说话时没有说出任何东西，那么，我们应该如何区分真正说出了某些东西的陈述（这个陈述的真假，则是一个不同的问题）与根本就没有说出任何东西的陈述（因而它既不可能是真的，也不可能是假的，因为它们没有任何意义）呢？

逻辑实证主义者以如下方式对此做出了解答。为了解答这个问题，逻辑实证主义者将有意义的陈述分为两种类别。一种有意义的陈述是由于它使用的术语而成

---

[1] 参见 *Men of Ideas*, p. 130。

真的或成假的。倘若我对你说:"那个住在我隔壁的男人是拥有一个妻子与两个孩子的单身汉。"你就会知道这不可能是真的(除非他的绰号是单身汉,而我是在一语双关)。"单身汉"意味着"没有结婚的男人",因此我的邻居不可能既是单身汉,又是已婚的。因而你不需要经过调查研究,就可以发现我说的究竟是真的还是假的;我的陈述所运用的那些术语就告诉你,这个陈述是假的。所以,你不需要离开你的扶手椅就能充满信心地宣称它是假的。这种通过分析陈述自身,即能确定其真假的陈述,就被称为"分析陈述"。逻辑实证主义者认为,所有的定义,所有的逻辑陈述与数学陈述,连同所有根据约定才有效的陈述(如游戏规则或类似纹章学[1]领域中的陈述),都是这种分析陈述。另一种陈述的真假则无法通过分析来确定,而只有通过对事实的检验才能得到确定。倘若我对你说:"在我居住的村庄里有14个头发是红色的人。"这有可能是真的,也有可能是假的。这两种情况都有可能是真的,而这个陈述自身的术语并没有告诉你它的真假。发现这个陈述真假的唯一方式是查看在我的村庄里的所有居民并清点红发者的数量。因为只有通过将这种陈述与外在于它们的现实进行比较,才能确定它们的真假,这种陈述就被称为"综合陈述"。这样一来,对一个真实的分析陈述的否定就是自相矛盾的,而对一个真实的综合陈述的否定就不是自相矛盾的:综合陈述可能出现这样的情况,即它有可能是真的,但恰巧并不是真的。在我的村庄里或许有6个红发者,或许有15个红发者,或许一个也没有。每个候选项都完全有可能是真的,我做出任何这样的论断,都没有什么内在的自相矛盾。然而,在这样的陈述中,真实的陈述只有一个,而我做出的所有这些陈述都有可能是错的,因此,发现其真假的唯一途径是核对数目。

维也纳学派的诸多成员都是(或几乎都是)将自己作为科学家或数学家来接受训练的,而不是将自己作为哲学家来接受训练的,因此他们很有可能并不知道,对分析陈述与综合陈述的区分,可以追溯到哲学史上的一条漫长道路之中。莱布尼茨首次令人信服地详细做出了这个区分(尽管他并没有使用"分析的"与"综合的"这样的术语),接下来休谟在莱布尼茨之后也独立地做出了这个区分。休谟对这个区分的应用是激进的与冷酷的,而逻辑实证主义者如今继续贯彻的做法则与休谟一样激进与冷酷。他们说,倘若你说出了任何确实是直陈式的陈述,它必定是分析陈

---

[1] 纹章学(heraldry)是西方一门研究纹章的设计与应用的学科,纹章的构图、用色都有严格的规定,对它们的研究成为文化史研究的一个组成部分。纹章学有助于人们进行历史考证,例如,用来断定宗谱以及鉴定艺术品年份等。——译注

述或综合陈述。倘若它是分析陈述，我们将通过分析来确定它的真假。倘若它是综合陈述，那么至少在原则上必然存在某种我们能够观察的东西，某种我们能够核实的东西，它们将告诉我们这个陈述的真假。倘若它确实拥有任何现实的内容，它的真假就必定会对某些事物造成某些影响。而倘若你正在谈论的是可能存在的经验世界，那么，必定有某些可能存在的经验会显示出这种影响。倘若没有可构想的经验来服务于对你的陈述的证实或证伪，这个陈述就无关于事物存在的方式，至少在可能存在的经验世界中无关于事物存在的方式——而可能存在的经验世界是唯一可被我们认识的世界。因此，你的陈述从根本上就没有告诉我们任何东西。它既不可能是真的，也不可能是假的，因而是没有意义的。这个语句或许在语法上具有良好的形式，它在外观上欺骗性地类似于其他告诉了我们某些东西的语句，但实际上它是空洞的。

　　由此就得到了著名的证实原则。只有那些在原则上可被观察或经验证实的论断，才能表达事实的信息。那些无法以任何可设想的方式来进行证实的论断必定或者是分析陈述，或者是没有意义的。

　　位于这个学说背后的世界观就是那个时代的科学世界观。事实上，维也纳学派（我已经说过，它的成员本身就是科学家与数学家）毫不隐瞒这一点：维也纳学派发表的宣言标题就是"科学世界观"。这些人倾向于相信，关于这个世界的所有可以发现的真理，都可以通过科学的方法来发现。构成这个世界的物质正在被不断获得成功的物理学与化学加以说明，就现存的生物而言，生命科学可以对之加以说明。人类将被心理学、语言学、行为科学、社会科学、政治科学与其余的科学加以进一步的说明。科学的方法被引入经济学、历史学、人类学等学科之中，并产生了更为令人印象深刻的成果。天文学正在告诉我们有关宇宙整体的越来越多的知识。在可能存在的经验世界中，没有哪个角落是不能用某种科学方法来加以探究的——这恰恰因为它们是经验的领域，而作为对这种探究的回应，我们关于这个世界的认识正以史无前例的速度向前疾驰。这就是获取知识的唯一真正可靠的方式——要成为真正的知识，倘若它的主题是综合的，它就必须满足科学的条件，倘若它的主题是分析的，它就必须满足数学的或逻辑的条件。没有满足科学标准的综合陈述恰恰就是对知识的空洞论断——对于传统信仰、宗教信仰或个人观点的表达，没有根据的假设，思辨性的推测，迷信，一厢情愿的想法，偏见，它们或许是某种感受或情绪，但肯定不是具有任何客观意义或严肃智识意义的知识。逻辑实证主义者用"形而上学"这个表示轻蔑和鄙视的总括性术语来指称这类信念——我认为，这主要是因为他们决心要把所有的宗教思考方式与所有遵循黑格尔传统的形而上哲学都扫入地狱的边境之中，并阻止人们以这些方式来谈论这个世界。逻辑实证主义者始终坚持认为，可让我们做出知识论断的世界仅仅是现实的经验世界与可能的经验世界。

所有这一切产生的效果是，他们将每一句关于世界的有意义的话语都等同于关于直接经验（常识）的话语或在当代科学语言中的话语（后者被当作经过自我批判并具备系统性的常识）。有意义的话语或者是某种科学的东西，或者是能够成为科学的东西，或者仅仅是意见或感受的表达，在这种情况下它是主观的，而不是事实性的。当然，这种世界观并非维也纳学派所独具，而是在19世纪与20世纪的绝大部分时间里受过教育的西方人广泛持有的世界观。逻辑实证主义者所做的是为这种世界观提供了哲学的支柱（至少在他们自己看来是这样的）。

然而，这就产生了一个问题，即哲学在逻辑实证主义者向我们呈现的那个世界里的地位问题，这个世界的任何部分都能接受科学的探究。传统设想的哲学使命是理解这个世界。但倘若构成这项使命的每个基本组成部分被科学所接手，那么就显然没有留下任何东西来让哲学完成。但这是否没有为哲学留下任何存在的理由（raison d'être）呢？是的，逻辑实证主义者说，确实如此，但哲学的使命如今变成了一个二阶的使命。我们不应当继续指望哲学来直接增进我们对这个世界的理解，因为我们应当指望恰当的科学来完成这项任务。尽管如此，科学正在不断发展的过程中，数学与逻辑学也是如此，因此永远需要对它们的任务与方法进行重新评价与重新表述。这也就永远需要在科学方法拓展时对科学产生的新概念进行澄清，就永远需要对我们在每个领域中的话语保持一种批判性的自我意识——我们用这些话语恰恰要表达什么意思，我们这么说的辩护理由是什么，这些话语的逻辑后果是什么。所有这些任务就是哲学家的任务，逻辑实证主义者指出了构成哲学家正当活动领域的范围：方法、逻辑、概念的澄清、意义的阐明。逻辑实证主义自身就是这种意义上的哲学榜样，它表明了哲学能做什么。它已经清除了整座由误入歧途而又毫无成效的思辨构成的图书馆，并明确地澄清了每一种正当的智识活动所依赖的诸多术语。

由此就形成了这样一群人，在他们看来，他们的世界观与知识观具备牢固的科学根基，不过他们又对哲学赋予了高度评价，但与此同时，他们将哲学视为一种二阶的活动。正是在哲学史的这个节点上，经验主义传统中的哲学不再将它的使命视为对这个世界的理解，而是将它自身视为对语言表述的澄清——概念表述、论证的逻辑蕴涵的表述、预设假定的表述、方法的表述、研究纲领的表述以及对它们的诸多结果的表述。逻辑实证主义是一个历史上的转折点。

用这些术语来描述这件事，我或许让逻辑实证主义的所有历史轮廓都显得有点过于清晰，有点过于忽略了最接近逻辑实证主义的史前史在其中发挥的作用和影响。在莱布尼茨和休谟与逻辑实证主义者之间，我留下了一个尚未进行解释的历史缺口。事实上，逻辑实证主义的巨大重要地位是在这两个时期之间发展形成的，其间发生的不仅仅是现代科学的兴起。我所要描述的这种相关的智识发展不仅与伯特兰·罗素的逻辑工作和哲学工作有着极其重要的关联，而且（至少在英国）还与 G. E. 摩尔的相关工作有着极其重要的关联。这个史前史是 A. J. 艾耶尔的一本书的主题，这本书的标题"罗素与摩尔：分析的遗产"（Russell and Moore: The Analytical Heritage）本身就表明了这样的关联。在19世纪与20世纪之交的那段时期里，逻辑学发生了革命性的进展。在对这种进展所做的宣传上，罗素比其他任何个人都做得更多，他不仅用逻辑分析的新技术解决传统的哲学问题，而且用这些新技术分析日常语言的话语。由于这些原因，罗素被世界各地的逻辑实证主义者（包括维也纳学派在内）尊称为精神的教父。但罗素认为，对逻辑学的这些新发展的应用，仅仅是一种令人敬畏的智识技术，它会帮助哲学贯彻理解世界的传统使命。他相信，这些逻辑分析或许能让某些迄今尚未获得解决的哲学问题成为可以解决的问题，恰恰是由于这个原因，它们对于哲学具有至为重要的价值，但是，它们自身肯定不是哲学，它们更不是哲学"围绕"的主题。因此，尽管罗素同情逻辑实证主义者的许多做法，但他从不认为自己是他们之中的一员。罗素总是认为，根据逻辑实证主义者的所有可以察觉到的优缺点，他们的整个哲学观相当粗糙和有限。逻辑实证主义者反过来又对罗素产生了影响，罗素随后感到，这种影响并非完全是积极的。

罗素具有国际性的身份和影响，而摩尔的影响力从未极大地延伸到英语世界之外。不过，在英语世界里摩尔的影响是巨大的。首先必须考虑的是他对罗素的影响。摩尔与罗素彼此在剑桥相识时都是年轻人，他们成为终生的好朋友。在他们那个时代，剑桥的一大特色是某种新黑格尔主义。在这两个人中，摩尔率先与德国唯心论决裂，罗素则紧随其后。他们共同用改变信仰的激情接受了以洛克、贝克莱、休谟与穆勒为代表的英国经验主义传统。摩尔在他的余生中继续对英国大多数最主要的哲学家施加了直接的影响——在我看来（这最终也成为英国大多数最主要的哲学家的看法），这种影响与他作为一个哲学家的价值是不成比例的。事实上，就摩尔的情况来说，他的影响并不局限于哲学世界。他对布鲁姆斯伯里团体[1]的整个精神气质施加了最大的智识影响，整个团体产生了在其他领域中的诸多杰出人物，而其中某些人的能力要比摩尔强得多。

就像逻辑实证主义者一样，摩尔认为，我们人类已经确切地拥有认识与理解这个世界的可靠资源，尽管在他的观点中，这种资源是常识，而不是科学。对摩尔来说，似乎自明的是，常识的世界观在得到恰当限定之后就是正确的，进而，我们在内心深处都知道常识是正确的：例如，我们每个人都知道，自己拥有一具身体，他生活在一个具有时间与空间维度的世界之中，这个世界的存在并不依赖于他是否存在；而这个世界包含着大量的其他物体，其中某些是类似于他自己并具备与他类似的经验的人。因此，倘若有一位哲学家声称，时间与空间是人类的感性形式，我们自身在感知物体行动时无意识地完成了对这些物体的综合过程，我们无法真正确定，在我们自己的心灵之外还有其他的心灵存在，那么，这样的哲学家恰恰就是一个自大的骗子。宣告此类信念的人在他们自己的生活中实际上并不持有这样的信念。那种将时间称为幻象的哲学家确切地知道，他在这个早晨起床之后与离开家之前的这段时间里吃了早餐，他不会认识到比这更加具有确定性的任何东西，而否认这一点就会让他说出虚假的谎言。那种声称我们无法确定外部世界的存在的哲学家，实际上并不怀疑他的房子或他的汽车的存在。那种声称我们无法确信他心的存在的哲学家，无论如何都没有怀疑他的妻子的独立存在。总而言之，这些哲学家声称他们自己知道的全部都是不真实的。摩尔发现，他自己的使命就是要去揭露这种胡说究竟是什么。

因此，严格地说，正是由于摩尔，哲学的使命首次被当作"关于谈话的谈话"，至少在以英语为母语的世界里是这样的。他对牛津哲学家中的两大主流学派（不仅是逻辑实证主义者，而且还有紧随其后的日常语言哲学家）的影响是巨大的。为了证明这一点，只需提及摩尔对这两个学派的领导人的影响。A. J. 艾耶尔曾经说过："我不仅受到摩尔的极大影响，而且还受到摩尔感兴趣的那些问题的影响——例如，他非常关注的知觉问题，而我指的摩尔并不是撰写《伦理学原

---

1 布鲁姆斯伯里团体（The Bloomsbury Group）是英国20世纪初号称"无限灵感，无限激情，无限才华"的知识分子小团体。最初成立时有点像剑桥同学会，其成员中有鼎鼎大名的画家、艺术家、作家、历史学家、经济学家和科学家，如弗吉尼亚·伍尔芙、梅纳德·凯恩斯、G.L.狄更斯、E.M.福斯特等。布鲁姆斯伯里团体的影响已远远超出英国。20世纪的中国，以徐志摩、陈源、凌叔华等为代表的"新月社"，就是以它为模板建立的。——译注

理》的摩尔，而是后期的摩尔。在维也纳学派那里没有解决的一个问题是观察陈述本身的地位问题。他们坚持认为，一切都不得不还原为观察陈述，与科学最终相关的是可观察的东西，但他们对于'什么是可观察的'根本没有取得一致。他们又分成两派，一派的领袖是石里克（Schlick），他想要将一切都还原为所谓的感觉陈述，这种陈述记录的是人们现实的感觉与可能的感觉；另一派的领袖是卡尔纳普（Carnap）与纽拉特（Neurath），他们想要让陈述终止于对物理对象的描述。"*

在逻辑实证主义之后发展起来的是日常语言学派，在这个学派中地位最高的哲学家是J. L. 奥斯汀。我与他的一位最亲密的同事杰弗里·沃诺克（Geoffrey Warnock）进行了如下的交流，后者在奥斯汀死后成为处理他文献的遗嘱执行人之一：

> 沃诺克：根据记录，奥斯汀在某个时刻确实说过"摩尔是我的人"——这句话的意思当然是，摩尔就是他喜爱的那类哲学家，他希望看到人们按照摩尔的方式来从事这门学科的研究。
>
> 麦基：想必这也就意味着，他并不希望看到人们按照罗素的方式来从事这门学科的研究。
>
> 沃诺克：在那个场合下，我认为就是这个意思——相关的对比，恰恰是在摩尔与罗素之间展开的……**

在这一场交谈中，沃诺克出色地对摩尔的总体影响做出了一个清晰易懂的概括："首先我确信，他从事哲学的方式——极其简明、谨慎与清晰，偏好细致的步骤和不起眼的观点——非常具有影响力。绝大多数人最终采纳了这种冷静而又谨慎的哲学论证方式。其次，他的榜样让许多哲学家认为，哲学完全就是分析——可以说，哲学家并不亲自对命题做出论断，而仅仅是对其他人断定的命题进行分析。摩尔自己并没有说过这一点，但其他人这么说过；而摩尔的实践似乎支持了他们的看法。但我认为，事实上，他对常识做出的实际辩护也是非常重要的——我的意思是，他坚持认为，大规模地存在着许多这样的事物，我们事实上都确定地知道它

---

* Bryan Magee, *Modern British Philosophy*, p. 50.
** *Modern British Philosophy*, p. 93.

们是真实的，倘若哲学家似乎否认或质疑这些事物，那必定发生了某些严重的错误……我感到，自摩尔之后，至少在说英语的哲学家中，这恰好就成为一个普遍持有的观点……在我看来，这极其重要地改变了哲学家审视他们正在从事的事业的方式……哲学家的角度发生了重要的变化，这在很大程度上要归功于摩尔的影响。"*

任何人在读过本书第一章之后，不需要进一步的解释就会认识到，我将这种对常识的崇拜视为一场智识的灾难以及我这么认为的原因。完全不同于这种哲学所说的一切，完全不同于其他所有的可被描述为哲学的考虑要素，现代科学已经表明，在我们的日常世界的每时每刻的经验背后，到处都存在着常识完全没有察觉到的诸多真理与实在，它们经常是惊人的与违背直觉的，甚至当我们知道它们是真实的时候，它们有时也让人感到极其难以理解。例如，在我们的环境中，一切物体都是飞速旋转的分子与原子，它们是由亚原子的微粒组构而成，这些微粒以接近光速的速度做着随机的运动。所有这一切都可以转化为能量——每个物体都是充斥着力的空间——而这根本不是常识审视事物的方式。常识也没有察觉到这个事实，即在我们周围的空气中充斥着那种负载着信息的不可见的电波，即电视机与收音机的电波，它们还拥有其他许多可分析的属性。常识甚至没有察觉到某些如此基本的事实，即我们生活于一个围绕着自转轴旋转的巨大星球的表面，它在穿越空间时的表面速度达到了每小时一千英里，这（我在诱惑下会说，这强烈地）违背了直觉，甚至虽然我们知道这是真实的，我们也不可能看到或感觉到这一点，它如此对立于常识，以至于仅仅在数百年之前，第一个提出这种观点的人不是被谴责为荒唐可笑的幻想家，就是被谴责为危险的说谎者，庸常者的谴责是，他们这种疯狂的谎言倘若被人们相信，就会真正动摇所有宗教的基础，（因而）会真正动摇道德的基础。因此，我们知道的事实——它不是一个有关意见的问题——是，常识甚至在任何地方都没有给予我们接近真相的观点，更不用说对我们处境的恰当描绘了。狭义相对论与广义相对论向我们揭示的一切，量子物理学向我们揭示的一切都已经表明，我们当下的物理环境的奇特之处，超出了人类新近可以想象到的任何事物的范围之外，它们如此背离于常识，以至于每个研究这种问题的学生，无论他理解力有多强，在理解这些理论的过程中都会产生严重的困难。在这些情况下，捍卫常识世界观的努力尝试在一开始就注定会失败。常识世界观的那些最缺乏想象力的组成部分，构成了时

---

* *Modern British Philosophy*, pp. 91-92.

代的错误与蒙昧主义。它们是彻头彻尾的过时教条。

我尽可能委婉地对这个问题做出的有节制表述是，常识的世界观或许仅仅是一种尚未经过充分严肃反思的形而上学。罗素比我更为严厉地将之描述为未开化者的形而上学。他在其论著《哲学问题》中如此说道："……常识让我们停留于对物体的真实内在本质的无知之中，倘若有良好的理由将物体视为精神的东西，我们就不能仅仅因为这给我们留下了奇怪的印象而理所当然地拒斥这种意见。关于物体的真理，必定是奇特的。"* 罗素的这段文字的最后一句话，是我援引他的文字次数最多的一句话。

20世纪英语世界的学院哲学的最大悲剧是，它是由这样一种专业发展而来的，在这种专业中多半是这样一些人，对于他们来说，以上这些观点并非显而易见。他们本身并没有哲学的问题，（或许是由于这个原因）他们是在常识世界观的指导下进行活动的，他们将哲学活动等同于概念的分析。一个相关的悲剧在于这个事实，即在这个时期内的那些在哲学上最显著的替代模式，或者包含了宗教的要素，或者属于那种源自黑格尔与尼采的玄奥传统。这就意味着，在好几代认真的学生看来，他们自己面对的这个学科只有这些可替代的形式。由此导致的一个后果是，许多能力最强的学生转身彻底离开了哲学，而他们之中某些留下来的人则认为，通过对比这些替代模式，概念分析的哲学观得到了正当的辩护。

将所有这一切的责任都归咎于摩尔，这或许是不公正的。即便他从未存在，某些这样的发展仍然会发生。我怀疑在维也纳学派中是否真有某个或某些成员熟悉摩尔的作品，即便有，这样的成员其实也并不多。我相信，摩尔在英语世界中确实施加了影响，但这个事实大概是个历史的偶然：他恰好在正确的时间与正确的地点成为那个特定的领导人物。杰弗里·沃诺克在对摩尔的影响与奥斯汀的影响进行比较时所用的措辞，至少显得间接地支持了这一点。"根据历史判断，摩尔产生了更大的影响，但这至少部分是由于他开始工作的那个历史环境；在摩尔碰巧所在的那个历史场景中的哲学，要比奥斯汀所在的那个时代的哲学更加愚蠢与更加离奇——可以说，人们在那时可以产生更多的影响，而这也是我认为摩尔实际上确实产生了更多影响的部分原因。"** 摩尔的影响大概是个历史的偶然，为这一点增添支持的另一个看法是，人们对摩尔的作品主动产生的兴趣，如今已经

---

* *The Problems of Philosophy*, p. 38, 所引文字的字体变化为罗素的原文所加。
** *Modern British Philosophy*, p. 99.

在很大程度上有所减少。尽管对于某些遭受漠视的哲学家的作品来说，可以设想，人们会重新恢复对这样的作品的兴趣，但在我看来，摩尔的情况似乎并非如此。

我认为，我在读过摩尔的全部作品之后认识到，在整个哲学文献中，没有谁能比摩尔更有效地证明，一个高智商的人可以达到多么狭隘、琐碎与错失重点的地步。摩尔在几乎所有的作品中都缺乏想象力。这种特有的组合在学术生活中相当常见，不过，绝大多数人都设法将他们自身最好的那部分（而不是他们自身的整体）投入到他们的作品之中。然而，摩尔有幸具备了非凡的率直心灵，天真无邪且缺乏自我意识——每个认识他的人似乎都同意这一点——由此导致的一个结果是，他在作品中泄露了赤裸裸的自我。他的表述就像一个聪明的未成年人，这个未成年人仍然对这个世界一无所知，他并没有真正认识到，除了他自己的观点以外，还有可能存在着其他人的观点。他在没有自我意识的情况下，用他的那种令人不安的才智来盘问成年人所说的东西，他从未想过，这同一种追问也会转而反对他自己的假设。我曾经对罗素大致说过这些看法，他当然对摩尔相当熟悉，他对此的回应是："摩尔的整个哲学进路都基于以下这个不可动摇的信念，即人们在他六岁之前对他说过的一切都必定是真的。"

现在回到逻辑实证主义。它具有一种诱人的吸引力。由于逻辑实证主义是轮廓清晰的、易于把握的，而且对所有的问题都提供了解答，因而它成为一种巨大的智识时尚。逻辑实证主义为智识世界中的恐怖主义提供了一种现成在手的工具。我在1949年作为新生进入大学时，许多人为了推行这种恐怖主义而掌握了这种工具，他们对此感到自豪。无论任何人对他们谈论任何主题，他们都会重复这样的问题："你会如何着手证实这个陈述？"或"对于这个问题，你想要获得的是哪种答案？"。机灵的年轻人由于这种工具给予他们的征服感而兴奋不已。根据这种学说，产生了大量激动人心的讨论——对于逻辑实证主义的公允评价是，它确实发挥作用清除了大量模糊不清的思想，而且它还给予了人们一个全新的警告，让他们警惕真正说出来的东西的逻辑状态。尽管如此，逻辑实证主义越是让自己受到批判性的考察，它就陷入越多的麻烦。证实原则既不是分析的，也不是在经验上可证实的，因此，根据逻辑实证主义自身的标准，它是没有意义的。进而，哲学陈述一般倾向于是那种既不是同义反复，又不是在经验上可证实的陈述，因此，证实原则产生的结果是，除逻辑学之外，它几乎放逐了整个哲学。一旦人们不再接受逻辑实证主义者的恐吓，他们就既不会赞同，诸如"托斯卡尼尼[1]是一位比爱德华·希斯[2]更优秀的管弦乐指挥家"这样的价值判断的认知意义是空洞的，也不会赞同，通过分析有关过去事件的陈述，就可以将之转化为有关当前可获取的支持这些事件已经发生的证据的陈述。人们开始意识到，这种光彩夺目的新解剖刀在一场又一场的手术中杀死了病人。在某些情况下，它破坏了太多的东西。在某一个时期内，某些最机智的哲学家变得从根本上不情愿谈论任何东西，因为在被他们视为值得谈论的事物中，几乎没有什么东西被认为是值得谈论的，除非它们可获得事实上的证明。

逻辑实证主义者承认，在科学的话语形式之外，还有其他的话语形式存在，但他们倾向于或试图用科学的标准来评价它们。至少在牛津，对逻辑实证主义的霸权的最有影响力的反叛者，在最终出现时所采纳的反叛方式就是拒斥如下观点，即关于这个世界的全部有意义的话语都应当是在大致上接近科学的话语。相反的论断是，存在着许多不同的与有用的方式来谈论这个世界与我们对这个世界的经验，每种谈论方式都有它自己的存在理由（*raison d'être*）。据此似乎可以推断，区分有意义的陈述与无意义的陈述的正确方式，并不是没有限制地应用单一标准，而是对在人类的思考与活动的不同领域中起作用的诸多不同的（有时甚至是相同的）概念进行单独而又谨慎的分析，以便于看到这些概念在被置入每个不同的情境之后，它们的正当用法有可能是什么。倘若你发现，一个概念在某个特定语境下的使用方式，只有在一个不同的语境下才有可能是正当的，那么，在你面前就拥有了一个混淆概念的例证，它可以通过概念分析来获得解决或清除。这成为日常语言分析的基本进路（事实上，这就是日常语言分析学派的整体构想），它篡夺了逻辑实证主义的王座，并在我就读牛津大学时成为在牛津占据统治地位的正统观念，因此我亲身经历了这次转变。

---

[1] 阿尔图罗·托斯卡尼尼（Arturo Toscanini, 1867—1957），意大利著名指挥家，他是"20世纪客观现实主义指挥艺术"的开拓者。他竭力主张总谱是指挥家唯一的遵循原则，应最大限度地忠实于原谱，最大限度地表现原谱。他善于把作者的意图丝丝入扣地传达给听众，他的座右铭是："我不要听那些音符，问题在于音乐的意义，在于音响的灵魂。"托斯卡尼尼的指挥艺术在世界乐坛上影响极大，他与富特万格勒、克伦贝勒、布鲁诺·瓦尔特、埃里希·克莱伯并称为20世纪前半叶指挥界的"五巨头"。——译注

[2] 爱德华·希斯（Edward Heath, 1916—2005），英国军人和政治家，1970年至1974年担任英国首相。他在任内的最大成就，是成功推动英国加入欧洲共同体。希斯特别钟爱古典音乐，他在位期间，成为世界最著名的业余指挥家。他曾经指挥过伦敦交响乐团、柏林爱乐乐团、芝加哥交响乐团、费城管弦乐团与克利夫兰管弦乐团等，并与梅纽因、斯特恩、柯曾等著名演奏家有过亲密合作。——译注

吉尔伯特·赖尔（Gilbert Ryle）的论著《心的概念》是牛津哲学家发表过的一部最有影响力的日常语言分析的作品，它出版于1949年10月，我也在这个月来到了这所大学。与哲学有关的绝大多数人似乎迟早都会在这本书的影响下开始进行论证，并按照它的方向改变他们自己的想法；在两到三年内，它代表的学派几乎将逻辑实证主义逐出了这个领域。那些先前已经在头脑中坚定地形成了逻辑实证主义倾向的个体，仍然处于逻辑实证主义的影响之下。即便如此，我在牛津就读本科的最后一段时间里，曾经在一次考试中遇到了这样一个问题："在逻辑实证主义的影响下，是否还有什么东西幸存下来？"毋庸置疑，在这次考试中设置的这个问题，多少更像是同事之间挑衅的附带产物，但它仍然有力地表明了一种看法。

几乎具有代表性地表明了英国（特别是牛津）哲学家的可笑狭隘眼界的一个事实是，在A. J. 艾耶尔首次将逻辑实证主义引入英语世界之前，就已经有人发表了对逻辑实证主义的完全有效的驳斥。1934年的维也纳出版了一部名为《研究的逻辑》的论著，它的作者是卡尔·波普尔。在四分之一个世纪之后，它的英译本才得以出版，这个英译本在1959年出版时所用的标题是《科学发现的逻辑》。在这本书中，存在着大量针对逻辑实证主义的批评，包括我在前文就已经提到的那些批评，但它提出的最具毁灭性的主要批评意见是，逻辑实证主义主张的首先是一种（真正的）科学世界观，然而，它的核心信条，即证实原则将清除掉整个科学。这个批评倘若最终得到了确定——如今几乎没有人会否认，波普尔的这本书最终确定了这一点——这就意味着逻辑实证主义在整体上失败了。

波普尔的论证可以按照如下方式来进行概述。从牛顿到逻辑实证主义者所在的那个时代，科学的核心任务都被视为对自然律的寻求，众所周知，这些关于世界的不受限制的普遍陈述的真实性是不变的。就此可以举出的例证有："在这个宇宙中，每个物体对其他任何物体的吸引力，与它们的质量成正比，与它们之间距离的平方成反比"（牛顿的平方反比定律）或"在密闭容器中的任何定量气体，在恒温下，气体的压强与体积成反比关系"（波义耳定律）或"$E=mc^2$"（爱因斯坦的广义相对论产生的结果之一）。我选择的是一些熟悉的例证，不过当然，物理学几乎都是由数千个这样的定律、常数与方程构成的，它们的数量是数不清的。当人们问我们如何知道它们是真的，我们给出的答案是，我们首先是通过实际的观察报告来得到这些东西的，而这些实际的观察报告将通过判定性实验来获得确证，接下来无论在何时运用这些观察报告，它们总是会产生精确的结果。说得更清楚一点，人们相信，科学家在工作的过程中累积了大量的数据,从这些数据中或许会开始出现诸多普遍的模式或特征,而这就在暗示,其中可能存在某些不受限制的普遍陈述或某些关于特性的类似定律的恒等式。某些工作中的科学家或许会认识到这种可能性并明确表述一种假说。接下来,他试图设计能检验这个假说的判定性实验。倘若这个实验得到了良好的构造而且没有漏洞,它就会确定这个假说的真假。在这些情况中,绝大多数假说不可避免的命运都是被证伪;但倘若实验确证了这个假说是一条新的科学定律或一种新的恒等式,那么,科学家就做出了新的发现。

这些定律所做出的陈述从来也不是分析性的,事实上,倘若它们是分析性的,它们就不会给予我们任何有关这个世界的信息。演绎逻辑根据其术语的定义,既没有推断出它们的真实性,也没有将它们否定为自相矛盾。恰恰相反,对这些定律的发现,几乎总是以出乎意料的方式来临。它们给予我们的是有趣的,并且经常是具有重大实践价值的经验信息,这些信息与事物在这个世界中偶然存在的方式有关,观察只能提示这些信息,严格的实验只能确证这些信息。然而,让绝大多数理解了波普尔的人感到震惊的是,波普尔在《研究的逻辑》中所论证的是,科学定律在经验上是不可证实的。如今人们倾向于将揭露这个真相的原创性归于波普尔本人,但事实上正如他总是承认的,在两个半世纪之前,休谟就已经揭露了这样的真相;不过,尽管休谟的阐述是清晰明确的,然而,它可能造成的结果就像一个重磅炸弹,以至于此后只有像康德、叔本华与爱因斯坦这样最伟大的思想家才真正完整地吸收了休谟的这个思想。尽管如此,正是休谟首先以其所有作品惯常拥有的清晰方式指出,有限次数的观察,无论其数目有多大,在逻辑上都不支持人们据此得出任何不受限制的普遍结论。倘若我每次松手放下某样东西,它就向下坠落,我就很有可能最终得出结论,所有未受支撑的物体都将向下坠落。然而,即便情况是这样,我根据这些前提得出结论的过程也不是一个逻辑的过程,而是一个心理的过程。倘若你看到一个A,它拥有特性x,在逻辑上无法据此推断出,我看到的下一个A将同样拥有特性x。它或许拥有这个特性,或许并不拥有这个特性——或许有一些A具备这个特性,有一些A并不具备这个特性——当然,除非你通过定义将A与x的这种组合变成真的,也就是说,你规定,只有当某个事物拥有特性x,它才可以被当作一个A。但在这种情况下,"所有的A是x"这个陈述就成为同义反复,它并没有表达任何经验的信息。

根据对A的单一观察,无法推断出"所有的A是x"这个非同义反复的结论,不仅如此,根据两次、两千次乃至二十亿次这样的观察,也无法做出这样的推断。

用来阐明这个观点的最为著名的例证与天鹅有关。在发现澳大利亚之前的几千年中，任何西方人见过的天鹅都是白的，每个人似乎都理所当然地认为，所有的天鹅都是白的——诸如"天鹅白"或"白得像天鹅一样"这样的表述是常见的，而"所有的天鹅都是白的"这个陈述变得耳熟能详，因为在宗教改革及其后的时期中，标准的逻辑学教科书经常运用这个陈述作为一个反复出现的例证。但是，当欧洲人发现了澳大利亚时，他们首次遇到了黑天鹅。此时，他们可以通过这么说来对此做出回应，即由于这些鸟是黑色的，它们就不是天鹅，而是一种不同种类的鸟，他们接下来就可以为它赋予另一个名称。这就是通过定义来让这个陈述成真，但这么做会掏空"所有的天鹅都是白的"这个陈述的信息内容。他们并没有采纳这种做法，而是接受了这些鸟确实是天鹅，"所有的天鹅都是白的"这个陈述是错误的。但这就意味着，无论有多少天鹅在多少场合下被几百万人在几千年的时间里观察到是白的，即便在所有这些时间里都没有单独的例外，人们也永远不能据此推断出，所有的天鹅都是白的。正如休谟所说："无论这个步骤看起来有多么容易，理性永远都没有能力来做到这一点。"但这反过来也意味着，具备"所有的 A 拥有 x 的特性"这个形式的不受限制的普遍陈述，就其本质而言是在经验上不可证实的。而令人不安的事实是，科学定律典型地就是这种陈述。因此，它们不受限制的普遍性让它们永远不可能在经验上获得证实，无论科学家做出多少次观察——无论是一亿次，一万亿次，还是人们能够想到的任意多的次数，情况都是如此。因此波普尔说，根据证实原则可以做出的推断是，科学定律是没有意义的陈述，它们的信息内容是空洞的。证实原则排除了所有的科学定律，因此也排除了整个科学。

　　为了充分理解波普尔，就必须意识到，他并不是一个遵循着逻辑实证主义者的相同探究路线却得出了不同结论的思想家。他走在一条完全不同的道路上。应当记住的是，逻辑实证主义者寻求意义的标准，即一种在意义与无意义之间划界的标准。波普尔始终认为，这种对意义标准的寻求是错误的。他指出，我们拥有许多最有用的知识，这类知识的最大组成部分包含于自然科学之中，然而，科学家并没有为了他们的基本术语的意义来进行争辩。这些术语在种类上极为不同，如物理学、观察、测量、光、质量、能量——更不用提与科学家使用的数学有关的全部术语了（什么是数？——什么是数学？）。科学家多半不讨论这些问题，却能继续从事更多的科学研究。波普尔说，科学家的这种做法是对的。那种认为"倘若我们要进行有价值的讨论，我们就需要首先定义我们的术语"的执着见解，可被证明为自相矛盾。我们每次定义一个术语，就不得不至少将一个新的术语引入这个定义，否则这个定义就陷入了循环之中。但接下来我们就有义务来定义我们的新术语。因此，我们就进入了无限后退之中。澄清我们所有术语的企图不仅必然，而且只能导致诸多有关语词与意义的讨论，而这种讨论在逻辑上永远不可能得出结论。因此，倘若从根本上要让这种讨论发生，人们就别无选择地要利用诸多没有得到过定义的术语。这实际上就为科学家的做法给出了逻辑上的辩护。正如科学家的例证所表明的，无论如何，他们的做法都没有阻碍我们关于这个世界的知识与理解的快速、成功、持续的发展。对于语词意义的讨论所拓展的，仅仅是我们对于语词意义的理解：它没有或几乎没有拓展我们对于并非语言的实在的理解。

在以上这些理由与其他的一些理由的影响下，波普尔从一开始就断定，无论是在事实上还是在逻辑上，哲学家让自己主要关注于语词的意义，这是一种灾难性的错误。它阻止了哲学家着手进行真正具有实质性的问题的讨论。它让参与者陷入了一种永无止境的讨论过程之中，而这意味着，就这种讨论的基本水平而言，它只能是没有成效的。因此，对于不把这种讨论本身当作目的的任何人来说，这样的讨论是令人厌倦的。在实践中，它注定会导向没完没了的咬文嚼字、强词夺理，并最终导向经院哲学。因此，波普尔不仅没有寻求意义的标准，他还认识到，那些已经费力地走进了流沙的人就永远无法摆脱流沙，除非他们放弃了这种研究。

波普尔自己的出发点与语言几乎无关。他的第一份工作是在中学教数学与物理。作为一个在他那个时代的维也纳年轻人，他看到，当时有两种自称为科学世界观的学说：马克思主义与精神分析，在他周围的绝大多数知识分子都深受这两种世界观（或其中之一）的影响。随着时间的推移，波普尔逐渐意识到，二者都非同寻常地富含提示性与原创性的思想观念。但是，它们断定的并不是它们自身所宣称的东西：它们明确地断定自己是科学，但它们与科学并不相同。真正的科学如何有别于不是科学的东西，即便后者或许在某种程度上充斥着良好的思想观念并断定自己就是科学？这就是年轻的波普尔为他自己确定的问题。他追寻的并不是区分意义与无意义的标准，而是区分科学与非科学的标准。

他的同时代人（包括维也纳学派的成员）相信——就像自牛顿以来几乎每个人所相信的那样——科学是确定而又可靠的知识大厦，它是通过逻辑的演绎论证，在诸多得到确定证实的科学定律的基础上建立起来的。而休谟与波普尔则证明，情况不可能是这样，由此得出的结果是令人震撼的，因为这意味着三百年来持续盛行的科学观在整体上不可能是正确的。这拆除了数个世纪以来西方思想所依赖的那个基础。因此，当这种基础被拆除时，就会改变许多问题的立场，我甚至无法着手列举这些变化；但波普尔从事的研究工作提出了一个显著而又重要的问题，而我们也已经介绍了这个问题：倘若科学并不是迄今为止所认为的那种东西，那么，科学究竟是什么？换言之，科学与非科学的划界标准是什么？

在波普尔的思想中，让他引入一种经过改变了的科学观——不仅仅是科学观，而且最终也是一种经过改变了的人类知识观，因而是一种经过改变了的人生观，以至于这种洞识产生了诸多横跨整个哲学领域的后果——的转折点是，他察觉到，在证实与证伪之间存在着彻底的不对称性。波普尔看到，尽管不受限制的普遍经验陈述是不可证实的，但它们是可证伪的。虽然任何次数的观察都不能证明具有"所有的A都拥有x的特性"（如"所有的天鹅都是白色的"）这类形式的陈述的真实性，但只要有一次观察到A并不具备x的特性（如黑天鹅），就能确定地证明它是虚假的。这意味着，科学定律尽管是不可证实的，但它们是可证伪的，而且这还意味着它们是可以获得检验的。这最后一步是至关重要的。倘若一种理论能够解释发生的一切，而不管发生的究竟是什么，那么，这必定意味着，所有可能的观察都与这个理论的真理保持一致。但在这种情况下，就没有什么现实的观察可被援引为对它有利的证据。因此，这个理论不仅无法被证伪，而且也无法被检验。波普尔说，任何这样的理论都不能算作科学的理论。要作为科学的理论，一个理论必须在经验上是可检验的，由于检验的唯一形式是在逻辑上有可能被证伪，这就意味着，只有那些在经验上可证伪的陈述，才能拥有科学的地位。波普尔的结论是，经验的可证伪性是科学与非科学的划界标准。

精神分析等能对有可能发生的一切提供解释，正是这个事实比任何其他的东西更能让追随者确信，这些理论必定是真实的，但波普尔察觉到，恰恰是这一点构成了它们的决定性缺陷。这意味着，它们的真实性永远无法获得检验，这让它们真正变成了信仰的素材：它们具备的是意识形态的本质，而不是科学的本质。它们与真正的科学理论形成了清晰的对照，任何科学的理论都有可能因为与之相矛盾的确凿观察而被淘汰掉。在科学史中与此有关的一个最引人入胜的例证，发生于波普尔的成长年代。爱因斯坦率先发表了他的狭义相对论，接下来又发表了他的广义相对论。在某些方面，这些理论与牛顿的物理学并不相容，而整个西方在超过二百年的时间里都接受了牛顿的物理学，并将之作为决定性的与不容修正的事实——人们通常用"牛顿定律"来指称"自然律"，学校也是这么教导的。但当爱因斯坦出现时，人们意识到，他和牛顿不可能都是正确的。科学家设计了判定性实验来确定谁更接近真理，爱因斯坦的理论预测了诸多并不相容于牛顿理论的结果，以此方式，爱因斯坦的理论将自身赤裸裸地暴露于反驳之前。而在每种情况下，经验证据都有利于爱因斯坦。这并不意味着由此就证明了爱因斯坦的理论是"真实的"，正如先前的观察与实验也没有证明牛顿的理论是真实的——我们现在已经领会到，这是不可能做到的——但它确实意味着，这些经验证据已经表明，爱因斯坦的理论比牛顿的理论更接近真理，而不论真理究竟是什么。

　　这些事件让波普尔感到兴奋，他从中提取出了一些教训，而这些教训成了他形成自身哲学的基础。首先，"知道"这个词被人们接受的传统意义是，确信某些东西并对我们的确定性持有不可撼动的根据。根据这种意义来说，我们一直都不"知道"牛顿的科学。对于"没有限制的普遍经验陈述永远无法得到确定证实"这句休谟的格言，波普尔在此处给出了一种可以想象到的最为精彩的阐述。大多数这样的陈述，都不可能比牛顿科学中的陈述获得更多的确证，或明显为结论性的证实。每台机器都体现了牛顿科学的原理，因而到那个时代为止的整个现代技术（与工业革命）都是以牛顿科学为基础的——因此，在这种意义上，牛顿科学的定律与方程遍及现代世界，它们每天都有成千上万次被应用于实践之中。它已经用同样让人吃惊的精确程度向我们揭示了这个自然世界：它向我们解释了整个太阳系的运作方式，让我们能够以数学的精密性来预测大量完整的自然现象，这些自然现象的范围从潮汐的运动到迄今不知其存在与否的行星轨道。正如蒲柏的这句被如此频繁援引的诗句所言：

　　　　自然和自然法则隐藏在暗处：
　　　　上帝说，要有牛顿！于是一切都被照亮。

　　然而最后的结果表明，甚至在两百多年来获得了在数量上不可想象的明显证实之后——事实上，工业时代这个历史的新纪元，在整体上成功地建立在牛顿的科学基础之上——牛顿的科学自身仍然没有获得确定的证实，它在某些方面是错误的。这让波普尔意识到，我们从根本上永远无法用科学的方式在传统意义上"认识"任何事物。自笛卡尔以来西方哲学的核心关切是对确定性的寻求，但这种寻求是一个错误：它寻求的恰恰是某种在逻辑上永远不可能被我们找到的东西。实际的人类知识，永远都不可能揭示某种客观的与永远为真的事物，永远都不可能确定地把握某种独立地存在于我们自身"之外"的事物。人类的知识是我们在任何给定的时期拥有最好的根据去相信的东西。由于人类的知识就是这样的，它也确实就能为我们的假定与行动提供或许是最佳的基础。但人类的知识仍然始终是我们的信念、我们的猜想、我们的假设、我们的理论；而这些东西是可错的——而且也是人类心智的创造。牛顿的定律并没有成为自然律，它们是牛顿自己的定律。它们是牛顿惊人天赋的产物，是人类智识史（我并没有将艺术史或道德史包含在这个术语之中）中一个最伟大的成就。它们并非包含于这个世界之中，坐等某个具备足够敏锐的感知能力的人来解读，接下来坐等一个足够聪明的人来率先破译：它们都是由牛顿想出来的。无论如何，它们比先前的任何事物都更接近真理，它们构成了先前时代中最大的智识突破。但它们仍然是可修正的，也就是说，它们有可能被更好的理论所取代——它们现在就已经被一个更好的理论所取代了。当然，这个理论本身如今也处于相同的情况之中。爱因斯坦自己对此有着非常清晰的理解，他花费了自己的后半生去寻找这样一个理论，这个理论可以包含并取代他自己的相对论，其方式恰恰与他的相对论包含并取代牛顿理论的方式相同。

波普尔在这整个智识处境中不仅看到了这种知识的范例，而且看到了这种知识的发展方式与发展原因。这个世界以独立于我们的方式存在，但我们关于这个世界的知识并不独立于我们，也不可能独立于我们，因为恰恰是我们构造了这些知识。人类的知识是人类的。它是由我们造就的。它在本质上是猜想，始终可以被现实中的新经验、新观察、新发现所反驳或修正——接下来就会被更精确或更有根据的理论所取代。因为尽管我们永远没有恰当的根据来断定一个理论已经被决定性地确立了它的真实性，但我们可以有良好的根据来抛弃一个理论并赞同一个更好的理论——我们经常这么做，而这种做法永远可以发挥作用。当然，即便是那种更好的理论，它的真实性也并非完全是没有限定的。我们仍然不可能知道这一点，在逻辑上它仍然始终具有潜在的可证伪性。

这些论证不仅大规模地破坏了逻辑实证主义者的学说，而且还大规模地破坏了他们的整个纲领与议程。但这些实证主义者在很长一段时间里都没有理解这一点。他们的做法——就像人们对于任何与自己有着彻底差异的研究进路几乎总是会采纳的做法一样——是根据他们自己既定的范畴与承诺来审视它，因而是根据他们自己目前正在做的事情来理解这些论证，因而也就误解了这些论证。由于逻辑实证主义者向自己提出的问题是："让某些有关这个世界的陈述有意义（即便这些陈述本身是错误的），而让其他的陈述没有意义的东西究竟是什么？"他们就认为，这个与他们持续进行争辩的人，也是就他们对这个问题的解答来展开争辩的。由于他们越来越明确地意识到，在对"将经验的可证实性作为意义标准"这种做法进行辩护时涉及一些困难。在他们看来，波普尔转而通过提议可证伪性，试图巧妙地来应对这些困难。换言之，在他们眼里，波普尔与他们自己参与的是一场相同的游戏，只是波普尔精巧地扭转了思路。逻辑实证主义者多年来对波普尔的引文（包括 A. J. 艾耶尔的《语言、真理与逻辑》的相关引文在内）都体现了这种误解。在纽拉特为波普尔所取的绰号"官方反对者"的背后，也存在着这样的误解。逻辑实证主义者用这种态度来对待波普尔，其目的完全是想要将波普尔充分标上这样的特征，即他仅仅在单一的观点上表现出了他的机智。人们对"波普尔"这个名字的不由自主的反应，就变成了"可证伪性"。

但在这段误解波普尔的历史中，我们现在才意识到，真正被歪曲的是什么东西。波普尔试图让逻辑实证主义者认识到，他根本就没有提出一种意义标准。进而他认为，无论任何人这么理解，他都犯下了严重的错误——波普尔提议的是，将可证伪性作为在科学与非科学之间的划界标准——逻辑实证主义者的回应是，他们断定这两个标准最终都是一回事。这是因为逻辑实证主义者的假设，关于这个世界的有意义话语的唯一形式，是科学（与它的前身，常识）的话语形式，任何人提出的在关于这个世界的科学话语与非科学话语之间的划界标准，就是在意义与无意义之间的划界标准。但在这里，逻辑实证主义者不仅在自己的学说中犯下了错误，而且又一次对波普尔的观点做出了错误的理解。他们错误地假定，所有有意义的话语都具有科学的属性，而波普尔从未与他们共享这个假设。恰恰相反，波普尔指出，作为历史事实的问题，所有科学都是从非科学，从那些被逻辑实证主义者刻画为"形而上学"并将之抛弃的东西中逐步显现出来的；他坚称，科学理论倘若是从没有意义的理论前身中演化而来的，这既在逻辑上是不可信的，又在历史上是不可信的。波普尔从来没有将占星术、炼金术、魔法、神话、宗教或诸如此类的形而上学信念视为无意义的或胡说八道。恰恰相反，在他看来，它们就像科学本身一样，都是由人类做出的想要理解他们的世界与世界经验，从而尽可能地在一定程度上控制他们的世界与世界经验的努力尝试。它们最初是多组观念的集合，在大多数情况下，它们总体上是错误的，但它们经常包含着诸多重要的洞识，它们有时也会转化为——通过数个世纪持续反馈的改变过程，其基础是批评、排除、改写、修正、富于想象力的添加，等等——我们的科学或我们科学的某个部分。进而，波普尔坚持认为，无论我们是否喜欢，我们所有人都不可避免地持有关于这个世界的形而上学信念,他恶作剧般地用他自己的情况给出了一个真实的例证,即他相信在自然中存在规律性。

所有这一切都被人们置若罔闻。逻辑实证主义者继续将波普尔视为他们自己的一个分支,而无视以下这个事实,即在波普尔已经发表的作品中,他撕裂并烧毁了他们的根基。由于逻辑实证主义者与他们的作品多年以来仍然占据着哲学论辩的前沿,他们对波普尔做出的诸多假设就得到了广泛的传播。20世纪60年代,定期参与复兴马克思主义(马克思主义的这次复兴就是在这十年中发生的)的人出于论辩的目的,抓住并利用了这个事实。新马克思主义者渴望通过败坏波普尔的名声来不予理会他的批评意见,他们总是将波普尔称为一个实证主义者——逻辑实证主义在那时被普遍认为处于疲敝不堪的状态,由此带来的暗示是,波普尔就不再能迫使任何人去严肃地关注他的这些观点。这些发展情况与其他发展情况所共同导致的一个普遍结果是,即便在今日(我是在20世纪90年代晚期写下这些话语的),人们也经常能听到,许多来自相当不同乃至相对立学派的哲学家在提到波普尔时都会认为,他似乎是某种实证主义者,他的作品隶属于一种永远无法回归的过去。当某个人将波普尔称为任何种类的实证主义者时,这种做法本身就是那个成问题的人几乎没有严肃地去了解波普尔作品的确定标志。

第4章
日常语言分析

我们已经看到,"牛津哲学"是一个涵盖了不止一条进路的术语,而在它的早期和晚期占据统治地位的分别是两种不同的学说。在早期占据统治地位的是逻辑实证主义,但它最终还是被击倒了,马克思主义者或许会将击倒它的事物称为它自己的内在矛盾。于是,逻辑实证主义逐渐被另一种学说取而代之,后者逐渐以两个具有同等影响力的名称而为人所知,即日常语言分析与日常语言哲学,这两个术语是可以互换的。牛津哲学家与别处的许多哲学家以一种在表面上貌似自然的方式从第一个学说逐步发展到了第二个学说:他们首先接纳的是逻辑实证主义,但随着他们越来越意识到它产生的那些难以解决的问题,他们就转向了一条更加倾向于进行日常语言分析的研究进路。尽管如此,虽然他们在那个时期强烈地意识到二者的差别,如今更让人们留下显著印象的是二者的相似之处。

最主要的是,二者都宣布放弃了哲学理解世界的传统使命。它们都理所当然地认为,哲学的主要工作是分析用言语表达的概念与其他的语言表述。不过,逻辑实证主义有一个支持这一点的论述,日常语言分析则根本就没有这样的论述。逻辑实证主义者相信,哲学无法对我们理解这个世界直接做出贡献的理由(可以说,这也是不可能存在诸如一阶哲学这样的东西的理由)是,这个任务如今在整体上已经以恰当的方式被科学接管了,而这意味着,在一阶的层面上没有留下什么东西来让哲学进行研究。日常语言哲学家拒斥如下这个观点,即我们关于这个世界的知识仅仅隶属于科学的领域,但他们保留了逻辑实证主义的哲学观,因为他们认为这种哲学观仍然有其正当的理由。换言之,他们拒斥了那些支持将哲学当作"关于谈话的谈话"的理由,但他们似乎继续将哲学当作"关于谈话的谈话",并按照这种方式来践行哲学。他们关于这个学科本质的首要假设,在整体上缺乏任何适当的基础。他们不得不寻求其他的某种东西,来填补科学在我们的一阶世界观领域中留下的大量空白,就此而言,他们求助于常识以及伴随着常识的语言用法。彼得·斯特劳森(Peter Strawson)以优雅精确的方式表述了这个作为结果而产生的哲学观:"在我看来，普通人运用的是日常的语言——而对语言的强调在此并非始终是至关重要的——普通人可以自由运用的是人类的日常概念资源，它们并不是一种粗劣的天然工具，而是一种极为精密的思维工具；人们在日常生活中运用这些概念，并未感到有什么特别的困难，而追溯这些概念之间的各种关联，这是一项趣味无穷的重大任务。对于普通人在日常事件的进程中如此轻易处理的整个概念图式的结构，有一些极为困难而又有趣的问题。困难在于说出这种结构是什么，有关感知、行动、个人的身份认同、伦理学的诸多概念——我们能够相当轻易处理的所有日常概念——是以何种方式彼此关联起来的。就我而言，它们的错综复杂性与对这种结构的兴趣似乎完全是不可穷尽的，而我应当说，对于遍及这门学科历史的众多哲学家来说，他们对此的兴趣似乎也是不可穷尽的。"*

在我看来，这种哲学观立即就会面对三个具有毁灭性的异议。首先，这种哲学观假定，我们对概念的正常使用需要一种理论。但真的是这样吗？倘若某个人说，"演奏小提琴有助于让那些有才华的人形成某些最为深刻的经验；因此，对于我们来说，最重要的是，竭尽所能地充分获取有关小提琴演奏的理论理解"，那么，任何人都会马上看出其中存在的混淆。小提琴演奏就其本质而言，是某种不可能被理论用具体例证来说明的东西。任何理论，无论它有多么灵活，多么精细的举例，多么敏锐，都无法公正地评判小提琴演奏：小提琴演奏位于理论无法抵达的领域之中。然而，即便有可能做到这一点，这种有关小提琴演奏的理论对小提琴家所产生的是阻碍的作用，却不会给他带来帮助，而且它也无助于提高听众对音乐的鉴赏力。这种理论有可能既是多余的，又是有害的。绝大多数有关人类最重要活动的理论也是如此：我们并不寻求关于婚姻、父母、爱情、友谊或吃喝睡的系统理论理解（我们正确地没有去这么做）。或许有人会说，倘若一种活动是重要的，我们就应当对它形成一种理论的理解，但这是一种完全不真实的说法。难道还有谁曾经寻求过一种对于性欲的理论理解吗？在绝大多数的情况下，这样的理论无法服务于任何目的，而在更糟的情况下，它会起到阻碍的作用，它会分散人们的注意力。对于任何认为我们需要这种理论的人来说，他的整个人生观中存在着某种错误的东西。那些人没有看到，无论以何种方式都不可能对这样的活动明确地表达一种理论，事实上，任何没有看到这一点的人，都在自己的人生中缺失了某些东西。生活，真实的生活，并不类似于这样的理论——它无法被这样的理论用例证来加以说明。事实上，个体非本真性的一

---

* *Modern British Philosophy*, pp. 136-137.

种最不幸和最耳熟能详的例证，就是那些试图根据这样的理论来生活的个体。

因此，对于斯特劳森的研究纲领提出的前两个要点，第一个要点倡导的是某种不可能做到的事情，第二个要点所倡导的目标倘若被我们实现，它所起的效果将比那些没用的东西更加糟糕。对这个研究纲领的第三个批评意见是，它不仅无关于一阶知识或一阶理解的增长，而且也没有为它自己的这种局限性补充良好的理由来进行辩解。它理所当然地肯定普通常识的概念图式，并将哲学的主要任务视为对其结构的探究。但常识对于理解这个世界来说，是一种不够充分的工具，它困惑地站在那些最基本的经验问题面前。我们是否因此就不应该去提出这些问题呢？信奉斯特劳森的哲学家会说："不应该。我们并不知道如何解答这些问题，因此我们就不应当去提出这些问题。让我们继续研究那些我们知道如何处理的问题。"在实践中，这就意味着：让我们停留于我们已经拥有的观点的局限性之中，并试图推进我们对其结构与含义的理解。倘若在这里被讨论的结构是被我们的生物学所决定的，而且它还无法被改变，那么这种观点或许是有一定根据的。但人们无法严肃地证明情况就是如此。在斯特劳森所给出的那些例证（有关知觉、行动、个人的身份认同、伦理学的概念）中，至少后面三个例证在某种程度上是依赖于文化的（最后一个例证显然是依赖于文化的），而我认为，所有这些概念，甚至知觉概念，都有可能在极为不同的文化中有所差异地将自身表现出来。甚至在我们自己的文化中，有些人对知觉的构想就像贝克莱一样，他们将之作为上帝与观察者进行交流的模式。必须承认，斯特劳森以杰出的才华从事着他的学术研究，但他仍然在某种程度上无法应对这些异议。

在论述这个主题时，我们不能满足于迄今为止对之所做的理解，而是需要去理解日常语言哲学在更大范围内提出的那些在细节上更为精致复杂的观点。

我已经提到，牛津哲学家在日常语言分析中发表的一部最有影响力的作品是吉尔伯特·赖尔的《心的概念》。赖尔在撰写这本书时毫不掩饰地承认，他受到了维特根斯坦后期哲学的影响，赖尔原先与维特根斯坦处于一种友好的关系之中——他们曾经在一起进行过几次徒步旅行。当《心的概念》出版时，维特根斯坦仍然在世——他是在这本书出版后的第十八个月中，即1951年4月于剑桥逝世的——根据记录，维特根斯坦曾经说过，只有两个人真正理解他的哲学，而赖尔就是其中之一。*

---

* Ray Monk, *Ludwig Wittgenstein: The Duty of Genius*, p. 436.

终其一生，维特根斯坦仅仅出版了一本书与一篇论文。《逻辑哲学论》这本书出版于1921年，这既为它本身又为维特根斯坦带来了国际的声誉。但在这本书拥有最大影响力的那几年中，维特根斯坦逐渐得出了这样的结论：这本书从根本上就是错误的。因此，尽管许多国家的哲学家发现了这本书并在某种情况下热心地成为它的信徒，但正是在这个时候，维特根斯坦自己却拒斥了它，并发展出了一种与之相抵牾的新研究进路。或许不足为奇的是，这条新研究进路的出发点，就是维特根斯坦认为他早先提出的那种哲学的出错之处，因此，此处就远比其他任何地方更明显地呈现出这两种哲学的诸多差异。尽管如此，维特根斯坦在世时并没有发表他的任何后期的哲学。关于他转变方向的传闻在私下里流传着，而能够以某种方式知道这种转变内容的仅仅是这样一些人，他们或者可以直接接近他本人或他的那个最亲密的圈子，或者可以直接取得那些确定是他私下分发的手稿。由此产生了第一本按照后期维特根斯坦的方式进行哲学研究的论著，这本书并不是由维特根斯坦本人发表的，而是由赖尔发表并引起了人们的关注——据说，这个事实让维特根斯坦大为懊恼。如今按照正规的说法，"维特根斯坦的后期哲学"指的是维特根斯坦的论著《哲学研究》，维特根斯坦在生前并未将这本书呈献给公众，直到维特根斯坦死后，这本书才在1953年获得出版。

就牛津大学与剑桥大学而言，在很大程度上正是这两本书的影响，在从20世纪50年代到日常语言分析盛行的那段时间里压制了逻辑实证主义的霸权——尽管对于基层的哲学研究者来说，在牛津大学里，J. L. 奥斯汀是主导性的人物，赖尔则不满地扮演了第二小提琴手的角色，而在剑桥大学里，维特根斯坦在他死后仍然占据着统治地位。奥斯汀在他的一生中就像维特根斯坦一样，更多是通过教学与讨论，而不是通过发表作品来施加他的智识影响的，这个事实有助于让他的影响相当紧密地集中于牛津大学。不过当然，他就像赖尔那样拥有一些到别处教学的学生；而英国在那个时候只有二十多所大学。人们始终可以确信地断定，就哲学中的学术任命而言，赖尔曾是整个国家中最有影响力的要职任命者。因此，绝大多数大学都不可避免地受到了他的影响。

日常语言分析的一个基本信念是，可以合理地证明，并没有哲学体系这样的东西存在。因此，倘若有一个人试图描述他们的研究进路，这个人就会发现，并不存在一批有待于解释的融贯学说。奥斯汀始终坚持认为，在任何哲学探究中，我们都不能从理论考虑要素出发，而是必须要从现实，即实际发生的事情，包括人们事实上确实说出来的东西出发。他坚称，倘若我们绞尽脑汁想要弄明白某个论断可能意味着什么，却无法想象任何人有可能说出这个论断的环境，那我们的这种努力就是没有意义的。倘若不可能使用这个论断，这个论断就没有任何意义。反过来审视这条相同的思路，就为奥斯汀的研究进路提供了一个标准的方法。当面对任何表达、命题或语言用法的其他部分时，奥斯汀就会问自己："人们实际上会在什么环境下这么说？"——在接下来确定它的可能用法的过程中，他就认为自己可以确定它的意义。奥斯汀相信，这也暴露出哲学家自古以来就拥有的某种特有的糟糕行径：他们倾向于拿起一个论断或论证，然后将之作为语言中独立自足的表述来孤立地考察它，却没有对语言可能在其中获得使用的那些活生生的环境进行任何思考。或许奥斯汀比在他之前的任何哲学家都更为强烈地意识到，言谈与思考是我们所做的事情。它们是人类行为的诸多形式——在某种意义上，它们是人类行为的最为重要的形式，它们让我们中的绝大多数人有别于动物王国中的其余生物。我们每次说话，就是在做某些事，而我们的日常词汇包含了数目巨大的语词，它们命名了这些不同的行为（包括命名本身也是其中的一种行为）——讲述、提问、重复、暗示、说明、强调、描述、叙述、警告、叱责、命令、推荐、抗议、否定，如此等等。奥斯汀主张，当我们说话时，我们实施的是上千种可通过言辞加以辨别的行为。奥斯汀之所以这么说，就是为了要避免提及一系列进一步的细微区别，这些区别是由每个这样的行为在其语境中的位置、我们所选择的词汇、说话的腔调、身体语言等因素而有效造成的。奥斯汀给出了一种将言语作为行为的概念以及"言语行为"这个术语，它们已经成为哲学中的通用货币。

　　奥斯汀所区分的一个言语类别似乎尤其抓住了人们的想象力，这种言语被他称为"施事话语"。这些话语恰恰是由它们被指派来实施的行为构造而成的，常见的例证有"我感谢你""我承诺""我道歉""祝贺"，或恰恰在结婚仪式的语境中简单说出的"我愿意"。当某人说出这种陈述时，他并没有在描述或报告他在做的某些事情，而是他正在做这些事情。奥斯汀的一个重要的观点是，绝大多数这样的话语都毫无疑问地是完整的、有意义的与在指示中有用的陈述，然而，它们不仅似乎没有被归入分析与综合的区分之中，而且追问它们的真假也显得没有意义。根据大量这样的考虑，奥斯汀形成了他的第一个反对逻辑实证主义者的宽泛的批评意见，也就是说，不同于逻辑实证主义者根据自身的兴趣与实践而做出的所有预设，对于并非分析性的话语来说，并不存在一种最主要的用法，它并不是由那种关于这个世界的必定成真或成假的陈述构成的，指示性的陈述具有数百种不同种类的用法，但它们确实都是正当的用法。

毋庸置疑，无论在哪里存在着可能的用法，那里就存在着可能的误用。奥斯汀认为，哲学的谜团与困惑是以特有的方式形成的，因为我们倾向于将我们的自然语言作为精确而又敏锐的工具来使用，但我们使用它的粗劣方式产生了这些问题。逻辑实证主义者本身就产生了大量这样的例证。由于科学话语是他们的有意义话语的试金石，他们就倾向于将伦理学的陈述或美学的陈述当作没有获得充分证据的科学陈述来对待，但事实上它们根本就不是这种陈述，而是诸多隶属于相当不同种类的陈述，需要以不同的方式来理解它们。逻辑实证主义者大规模地犯下了这类错误，因而让他们自身陷于诸多其实是伪问题的哲学问题之中，而这些伪问题是由于他们自己误用范畴造成的。奥斯汀最终确立了哲学的主要任务，即竭力通过这种谨慎的语言分析方法来清除这样的概念混淆，而这么做的结果与其说是解决了被讨论的哲学问题，不如说是消解了这些哲学问题。换言之，这种做法就是为了表明，哲学问题并不是以恰当的方式形成的。这种研究进路的一个附带好处是，它让我们关于概念的正当用法变得清晰易懂。由于这种做法既不符合一个统一的抽象体系，也无法被便利地归为任何简化的公式，着手处理这种工作的唯一方式是零碎的，这种工作是一个概念接一个概念进行的。"零碎"这个词，经常被奥斯汀和他的追随者作为推荐的措辞来描述他们自己的研究进路。

正是在这样的思想语境中，赖尔的《心的概念》才获得了这种巨大的声望。赖尔才华横溢地撰写出来的整部论著，都专注于我们对某个单一概念的所谓误用。它不仅成为了，而且仍然长期是这种单一分析的一个最著名例证。赖尔在此攻击的是笛卡尔的二元论。自笛卡尔以来，在西方思想的主流传统中稳固确立的是这样一种观点，它将人类视为由两种不同的实体构成，它们以神秘的方式结合起来，这两种实体是身体与心灵。我们倾向于认为，心灵是某种可以在独立于身体的情况下拥有它自己经验的东西——例如，我们可以谈论一个拥有健康身体的个体，但这个人拥有病态的心灵——我们甚至倾向于认为，心灵作为非物质的实体居住于身体之中，并从内部操纵身体，就像某人在驾驶汽车一样。赖尔对此的著名表述是"机器中的幽灵"。根据这种区分，我们就会认为，包括我们自己在内的每个人都拥有一种内在的生命，它不同于这个人的外在生命。我们经常认为，心灵暗藏于身体之中，享有秘密的通道，通向大量与身体无关的、完全是它自己的私密经验。我们假定，心灵是一种存在的实体，它确实在干事并拥有它自己的经验与历史，但它又不同于身体，后者也是一种存在的实体，它确实也在干事并拥有它自己的经验与历史。

我们所拥有的这种常见观点就是赖尔的攻击目标。我对这种观点的勾勒或许让某些读者感到诧异,因为我如此明确地将这种二元论的创始者归于笛卡尔,而事实上,自原始时代以来,这种观点或某种明显类似于它的东西,就已经成为人类对自我的标准构想。在人类看来,他自己几乎总是由一个身体与某种居住于他身体之内的并非身体的部件组成,在不同时期,人类将之称为他的精神、灵魂或心灵;人类几乎总是认为,这种东西在某种程度上能够独立地存在,或拥有独立存在的潜能。我曾经用这个事实来质疑赖尔,而他的回复是:"没有人会认为笛卡尔发明了这个错误。重点在于,他精巧地为它提供了强有力的优势与标签,以至于从他那个时代起,它就成为一种学说或教条。笛卡尔实际上也说过,我的心灵是一种实体,而我的身体是另一种实体,莎士比亚与《圣经》却没有这么说过。他们的说法有时显得情况好像是这样的。笛卡尔的说法则表明情况就是这样的。"*

事实上,我并不认为赖尔的这种说法是真实的,但即便如此,赖尔的核心论题则是,二元论是一个谬误,因为并不存在诸如心灵这样的实体。根据广泛的分析(这种分析构成了他那本论著的主要内容),赖尔表明了我们人类的做法是,将我们自己的行为与经验的特定方面归类为精神的,然后将它们归为一种有别于其他事物的主体——接下来再将这种主体具体化为心灵。赖尔坚持认为,对我们所使用的心智概念的谨慎探究表明,没有任何理由来支持我们这么做,人类其实是单一的实体,一个行为与经验的主体,它具备的是一种单一的身份与单一的历史。我们并非是两种以神秘的方式缠绕在一起的实体。我们犯下的错误被赖尔称为"范畴错误"(他让这个术语在哲学中获得了广泛的流通):我们对心灵概念的讨论就好像认为它指的是一种事物,而事实上它指的是一种相当不同的事物。我们以为,心灵是一种能够干事并拥有经验的单独存在的实体,但它始终仅仅是一个包括了许多组成部分的术语,它在我们的各种行为模式中涵盖了某些行为模式(如执行、处理、体验等),而所有这些行为模式都应当正确地归为一种单一的主体。这种范畴错误在我们关于自身的假设中、在我们的各种思维方式中与我们的各种谈论自身的方式中孕育了整整一大堆其他错误。它是哲学谬误的最佳例证,它感染了我们思想的巨大领域。赖尔的这部论著则是语言分析着手清除这种问题的范例。

可以预料到的仅仅是,在牛津哲学前后相继的不同学派都获得繁荣发展的整段时间里,存在着诸多意见不同的群体与个人,他们尽管与在他们周围发生的哲学

---

* *Modern British Philosophy*, p. 110.

研究有着密切的联系，但他们各自的哲学研究也有着相当大的差异，他们中的某些人甚至将他们自身与周围的哲学研究完全割裂开来。但正如我已经说过的，让所有这些不同的乃至冲突的研究进路都归类为"牛津哲学"的那个共同点，就是对语言的首要关切。所有这些不同种类的哲学家似乎都理所当然地认为，我们是用语词来进行思考的。因此，对他们来说似乎不证自明的是，人们提出哲学问题的根基最稳固的方式是，首先用语言对这个问题做出清晰的表述，接下来则着手对这个表述进行分析。由此产生的结果是，他们处理的主题永远不是直接的经验，而始终是语言的表述。例如，对我来说，由于我对物体的感知而让我猛然面对了诸多生存论的问题，我不时会感到，它们似乎危及了我的理智，而这些让我如此惊骇的问题却被牛津哲学家转译为有关观察陈述本质的谜题，他们接下来则按照如下方式来处理这些谜题。早期的牛津哲学家会提出这样的问题：当我们说我们感知到了某种东西时，我们确切地说出了什么？什么东西可被当作这样的陈述的恰当根据？也就是说，这种陈述从中推断出来的逻辑是否预设了那种有关感觉材料的更为基础的陈述——还是说根本就没有这样的预设？它们推断的逻辑对象是某种真正内在于我们的东西，还是某种真正外在于我们的东西？倘若是前者，我们如何能够有根据地从它们之中推导出有关后者的陈述？这种推断的有效性本身如何得到证实？它们的逻辑是否具备独有的特征？如此等等。后期的牛津哲学家则更多地倾向于提出这样的问题：这些观察陈述通常会在哪种处境下获得使用？普通人在他们的日常生活的自然进程中实际上会如何对它们做出表述？让我们通过诸多特定的例证来考察这种用法，并问问自己，一个如此这般的观察陈述究竟在何种条件下才会被人们以自发的方式说出来？我们在理解任何这样的陈述时是否有任何困难？我们是否混淆了它们的逻辑，并将它们变成了或理解成了一种不同的陈述？倘若任何这样的事情都没有发生，那这个问题究竟是什么？我们能肯定确实存在这样的问题吗？等等。

特别具有奥斯汀式倾向的哲学家会着手提出类似于这样的问题：我们如何在看到、感知、注视、观察和留意之间做出区分？——正如他们也会问：倘若某人不情愿地、不由自主地、不经意地、偶然地、意外地、错误地、疏忽地实施了相同的行为，在这些情况之间有什么差异？倘若有人质疑他们提出这种探究的价值何在，他们就会回复说，这种探究对于道德责任的归属有所影响，它甚至有可能对法庭审判的实际结果产生影响。

无论是哪种"牛津哲学家"，无论他们最初会以何种方式提出问题，这些问题都会在他们的处理下被转译为有关语言的问题，而这些问题接下来会得到"阐述"。

因此，倘若有人在这段时期到牛津大学研究哲学，几乎所有的讨论与探究都与某段语言的说话方式有关。在实践中，他们倾向于将少量范围狭窄的特质归于语言表述：首先是意义，其他的还有意谓、指称、真理与日常用法。"你用……要表达的恰恰是什么意思？"这个问题已经成为那种挑衅性质疑最常见的开场白，而"假定我想要说的是……"这个表达已经成为引入猜想的最常见方式；而在这两种情况下，接下来进行的是有关言语或言语形式的讨论，由此就在讨论中引入了这些言语或言语形式。"我不理解你的意思是什么"已经变成了"你无法让你刚刚所说的观点站得住脚"的简短表述方式（也就是说，无法用没有自相矛盾的方式来进行表述，因而也就无法以恰当的方式来进行理解）。

至于这种专门按照语言学的方式展开的哲学研究进路的有效性，年轻的吉尔伯特·赖尔早在他发表于1931年的论文《具有系统误导性的表述》中就已经对之做出了经典的论断：

> ……毕竟，存在着这样一种意义，我们可以恰当地探究它，甚至说"它就是如此这般地说出来的话语的真实意思"。因为在被讨论的表述隐藏或伪装了这个形式，并且没有适当地展示这个形式时，我们可以追问被记载下来的事实的真实形式。我们经常能够用言语的新形式来成功地陈述事实，在言语的诸多新形式中，有些确实展示了事实的真实形式，而其他的则无法展示事实的真实形式。就目前而言，我倾向于相信，这就是哲学分析，这就是哲学仅有的完整功能。

我相信，那个将哲学作为"关于谈话的谈话"，并据此创造了哲学的著名定义的人，恰恰也是赖尔。

在一代人之后，哲学不可避免地逐渐被人们广泛视为有关语言的活动，而它的主要活动是按照概念在言语中的表达来阐述概念。结果是，哲学的所有正当问题，都逐渐被视为与语言及其用法或误用有关的问题，这样的问题可以通过逻辑分析或语言分析来获得解决或消解。从事这种活动的哲学家真诚地相信，他们正在做的是明确的工作：真理是陈述的一种属性，一旦你得到了一个在语言中获得清晰表述的问题或立场，你就能用整个逻辑宝库来让它有所进展——逻辑学自身在20世纪已经获得了惊人的发展。这种分析通常会揭示，那些传统上被认为是一个问题的东西，是在单一描述下被聚集在一起的一些问题，人们需要分别处理这些问题。在某些时候，当问题以足够清晰的方式表述出来时，问题的解答就会变得相当明显——换言之，这根本就称不上是一个问题。有时会出现的情况是，曾经被认为是一个问题的东西无法获得清晰的表述——换言之，它并没有得到前后一致的考虑，因此它仍然不是真正的问题，尽管这是由于一种不同的原因。同时代的欧陆哲学家所制造的大量夸张的修辞材料在这种处理下被消解了，并被揭露为空洞的立场。绝大多数牛津的哲学家相信，这同样适用于过去的某些最为著名的哲学人物。当他们写到了他们赞同的那些已经去世的哲学家时，他们就会将这些死者在当代的模具中进行重铸，并通过将这些死者揭示为牛津哲学家的先驱而为之赋予巨大的声誉。最引人注目的是，许多牛津哲学家都真正相信，他们通过永远解决了哲学中的那些突出问题而最终清除掉了他们自己的学科。在他的成熟时期，彼得·斯特劳森以令人钦佩的超然态度谈到了他年轻时的自己与他的同事们："当人们转向知识论问题，转向知觉、记忆、想象、自由意志与决定论的本质以及诸如此类的问题时，人们会产生这样的感觉，即这种新技术的运用真正消解了这些问题，它们恰恰就消失了……"*类似地，伯纳德·威廉斯此后也谈到了这同一群人在相同时期内持有的信念，他说，"[当你]用分析的方式来拆解这些问题时，你就会发现，许多传统的哲学问题并没有被解决，而是消失了。你不再需要提出这些问题。由此提供的前景相当伟大——而且极其令人振奋。确实有人说过，整个哲学将在五十年内宣告终结。到那时，所有的哲学研究都将被终止"**。

　　由于本书的第一章所给出的那些理由，显而易见的是，当我来到这个场景中并遇到了持有这些态度的人时，在我看来，他们就像某些不付钱就偷偷溜进音乐会的人，而这些人本身却并不热爱音乐。他们在两个彼此独立的问题上无法满足他们所在学科的入门条件。他们在研究哲学的过程中相信，哲学是某种相当不同于它所是的东西，他们根本就不理解哲学问题的真正本质。会出现这样的情况，是由于事实上，他们本身并没有什么哲学问题，他们也从来不曾有过哲学问题，或从来都不知道，一个人一旦有了哲学问题就会表现出什么特点。尽管如此，由于在他们看来，他们自己所做的无非就是清除掉西方哲学在两千五百年来累积下来的问题，他们的活动就吸引了许多在智识上野心勃勃的人。语言分析哲学就成为机敏的大学生进入的最为时尚的领域。由于它的绝大多数内容采纳的是讨论与论证的形式，它就给予

---

*　*Modern British Philosophy*, p. 117.
**　*Men of Ideas*, p. 139.

了那些在这方面有才华的人一种无与伦比的炫耀自己的机会。因此，从事这门学科的就是那些具有非凡天赋的人，其中最杰出的人拥有相当强大的分析能力与辩证技巧。他们通过崭新的技术正在解决哲学的所有传统问题，这个事实意味着，他们之中有许多人觉得，他们几乎不需要或根本不需要去关注以往的那些所谓的大哲学家。其中的某些人甚至公开表明了他们对过去哲学的无知（维特根斯坦就惊人地表现出了这种无知——他在这方面树立的榜样，就像他在许多其他事情上树立的榜样一样，与其说被人们遵循，不如说被人们仿效）。

考虑到所有这一切，特别是由于这些哲学家对于他们正在从事的活动的构想，以及这些讨论与论证的公开的固有本质，他们就形成了一种声名狼藉的傲慢自大态度。牛津哲学家倾向于假定，倘若某人并不与他们共享他们关于自身活动的见解，这仅仅意味着这个人并没有理解他们的见解。这种假定被公开宣扬，而牛津哲学家的一位主要代表，杰弗里·沃诺克在1973年年末发表的一篇有关奥斯汀著名的"星期六早晨"主题的文章中就重申了这一点。尽管这篇文章带有讽刺的腔调，但它透露了牛津哲学家实际持有的态度，因此值得从这篇文章直接导向我们正在讨论的观点的地方开始详尽地引用它的相关文字。

> 我们对比与比照诸如"工具""器械""器具""用具""装备""设备""仪器""装置""成套工具"这样的名词——甚至还会对比"装置"与"机关"。我在此回想到，奥斯汀要求我们对剪刀进行分类；我认为我们的想法是，厨具剪刀是用具，园艺剪刀则有可能是工具（或器具？），但比方说裁缝使用的那种剪刀则是某种成问题的东西（用来缝合的"设备"或许包括剪刀在内，但这不完全是对这个问题的解答）。我记得，奥斯汀提出的问题是，为什么在等待一场手术时，倘若外科医生说，"好的，我正要去取我的用具"，人们就会感到不安。接下来，一旦逻辑学家使用了"种类"，这就让我们专注于一连串诸如"群"、"集"、"集合"（人们必须要做哪种事，才能成为收集者？）、"组合"、"范围"乃至"一批"与"一堆"这样的词语——我确实无法肯定我们这么做的原因何在，我们这么做究竟怀着什么希望。
>
> 我必须坦白的是（毫无疑问，我对"坦白"这个防御性词语的运用，是时代有所改变的一个迹象），我始终发现，这种事情让我产生了巨大的乐趣，恰恰就符合我的趣味。我并不相信，它有可能为解决战后世界的问题做出贡献；我并不相信，它肯定或必然会为任何哲学问题的解决做出贡献。但它能

让某些人产生巨大的乐趣；它不是可以轻易完成的；它锻炼了智慧；有些人自以为它不可能具有让人们增长知识的教育价值，但这仅仅是因为他们没有在这方面做过尝试，或者根本就不擅长做这种事。*

在最后一句话中赤裸裸地暴露出来的态度，是牛津哲学家共同拥有的特征。这种毫不掩饰的志得意满让他们"简单地"认为，任何质疑他们所做之事的价值的人都是无知的，或都没有能力来亲自从事这样的分析，这些质疑者只不过对在其他研究领域中的同事心怀不满，许多这样的质疑者觉得自己与牛津哲学家一样聪明，而他们自己从事的工作才具有更加稳固可靠的价值。在牛津哲学家与他们的质疑者之间的恶意又由于以下事实而进一步加剧，即许多牛津哲学家并非仅仅具有自命不凡的潜在倾向，而且他们还具有主动的攻击性。他们为了智识恐怖主义的目的而使用他们的辩证技巧，包括公然在他们的对手乃至外行的面前扬扬得意地对诸多概念进行区分。倘若有人亲眼目睹了一个这样的场景（我目睹了许多这样的场景），他就不太可能认为，对真理的追求在这些哲学家所追求的事业中占据多大的分量。牛津哲学家自身的行为方式在其他学科的那些有才华的人中间播下了对哲学的持久敌意，准确地说，在我看来，他们之中已经有许多人怀疑乃至注意到，牛津哲学家是自欺欺人的，牛津哲学家的绝大多数工作是肤浅的和不相关的；牛津哲学家从事的所有这些活动更多涉及的是公开的自我炫耀，但它们并没有触及严肃的问题。若说那个时期的牛津哲学家由于自身的行为而在他们自己大学的某些领域内受到憎恶，这种说法也并不过分。在数十年之后，那些本身在智识上获得巨大荣誉的人，仍然会向我吐露他们自成年以来的绝大部分人生中累积下来的对牛津哲学家的敌意。对于人性的研究者来说，这是一个有趣的现象。与之相关的最不同寻常（与最具悲剧性）的地方是，如此众多的具有一流才华的人错误地用一种并不重要的活动来取代了一种重要的活动，并为之耗费了他们的整个人生。

我在观念史中能够想到的与之最类似的学说是在中世纪哲学中发展形成的那种堕落的逻辑诡辩，它们被称为经院哲学。众多在智识上才华横溢的人也将他们的整个人生都献给了这种哲学。相当有趣的是，他们也为他们那个时代的哲学招来了持久的恶名，而这种恶名牵连了那些没有过错的中世纪哲学。对中世纪哲学的一个诋毁是，仅仅将这些经院学者作为中世纪哲学的代表。在中世纪，许多真正深刻而又

---

* "Saturday Mornings" by G. J. Warnock, in *Essays on J. L. Austin*, pp. 38-39.

有原创性的哲学是由有别于经院学者的其他类型的哲学家来完成的。

在中世纪与20世纪哲学之间,我并不认为,任何在历史上留下了自己名字的哲学家在头脑中会认为,哲学的主题就是语言学的主题。甚至伯特兰·罗素(他无意中创立了这条研究进路,某些最著名的语言哲学家相信自己就是他的继承者)也不曾如此认为。对于他自己,罗素写道,他在四十五岁左右就已经完成了他的所有最重要的工作,"我已经认识到,语言是透明的——也就是说,它是一种不需要关注就可以运用的媒介"[*]。我确信,几乎所有以往的大哲学家都是这么认为的。当苏格拉底提出"什么是正义?什么是勇气?"等问题时,他并不认为自己问的是这些词语的定义。苏格拉底的想法是,他正在探寻的是这些独立于语言而存在的现象的真实本质。

作为一个在牛津哲学如日中天时就读于牛津的大学生,我由于在以下两方面之间的不一致而感到震惊,一方面是我的老师在他们自己发表的作品中所做的与他们训练我去做的那些事情,另一方面是那些过世的哲学家所做的事情(我的老师在教导我的过程中,有时会漫不经心地提到他们中某些人的名字,有时则会在表面上对这些人的作品进行解释)。我们会被告知,贝克莱用某种方式来对特定种类的命题给出分析,并以此来反对洛克,洛克则用一种不同的方式对那些种类相似的命题做出了分析。而我的老师永远都会通过参照新近的英国哲学家来指出,对于命题的这两种分析模式的支持者与反对者,都已经被新近的英国哲学家,特别是那些生活于牛津的英国哲学家所击败。但当我打开洛克与贝克莱的作品时,我发现自己处于一个难以辨认的不同世界。洛克与贝克莱所做的,并非仅仅是我的老师所说的那些事情;他们更不是在做我的老师所做的那些事情。他们试图理解的是实在的本质,我们人类能够获取的有关实在的知识范围,这种知识的本质与局限性。在某种程度上,这两种活动的差别被某些人不负责任地用如下事实掩盖起来,即二者都被称为"哲学",而他们的实践者都被称为"哲学家",尽管造成这个事实的原因,部分是由于历史的偶然,部分是为了管理的便利。在前一种哲学中,人们(虽然这些人中的绝大多数都已经去世了)热情地参与了试图加深他们对世界的理解的活动之中,在后一种哲学中,人们带着无可否认的巨大激情参与了探讨意义与精致区分语言用法的活动之中。在我看来,二者显然既不是相同的,也不是对等的,因为事实上前者无比重要,而后者几乎相当于一种智识训练,就像发明了一种困难的填字游戏一

---

[*] Bertrand Russell, *My Philosophical Development*, p. 14.

样。正如填字游戏的类比所清晰表明的，在我看来同样显著的是，某些活动需要参与者非常聪明，但这个事实本身并不会让这些活动变得重要起来。我同时代的哲学研究者在他们的哲学活动中找到了他们自己的乐趣，我确实也不时能参与到这种活动之中并找到乐趣，但他们的哲学活动即便产生过一些最轻微的影响，这种情况也很少发生。每当我试图在讨论中转向实质问题时，他们就失去了兴趣。他们认为这种东西"并非哲学"。

我认真地意识到了我自己的问题，即我从传统的哲学以及它提出的那些问题中感受到了深刻的智识激情，而在我周围正在进行的哲学研究都是对传统哲学的背叛。伯特兰·罗素——我是在20世纪50年代末与罗素相识的——对这种新的哲学也采纳了与我相同的观点。在他于1959年发表的《我的哲学的发展》中，罗素写道：

> 我最严肃的反对理由是，对我来说，这种新的哲学已经毫无必要地放弃了历代哲学到目前为止都在追求的那种庄严而又重要的使命。自泰勒士以降的哲学家都试图理解这个世界……我无法认为，这种新的哲学延续了这个传统。[*]

事实上，它确实没有这么做。有些人断定，它实际上延续了这个传统，只是以一种不同的方式，这种论断是难以理解的，我随后将回过头来讨论这种论断。实际上，这种新的哲学已经放弃了哲学。即便是在这种情况下，这种新哲学仍然蛊惑与捕获了我周围那些人的心智，并最终蛊惑与捕获了其中某些人的一生，而他们就是以这样的方式被智识时尚所掌控的，这也给我带来了一种经验教训。我在阅读一段取自康德的作品节选时，首次公开表达了我从一开始就拥有的感受。我在这段节选中被告知，康德哲学的关键在于，他断定存在着先天综合命题，因此康德的中心问题是，他所断定的这种情况是否属实。我可以自信地宣称，康德被人们最为广泛地公认为自古希腊以来最伟大的哲学家，但这不太可能主要是由于他断定存在这种命题，才让他获得了这样的名望。自此以后我都相信，我的这个声明是有根据的。

在绝大多数哲学史的记载中，哲学最早的问题都是：最终存在的是什么？这是前苏格拉底哲学的主导问题，而当它不再是主导问题时，它也成为此后绝大多数最佳哲学的基础。在追问这个问题时，哲学家提出了大量附属的问题，如物体的本质是什么？空间是什么？因果关系是什么？时间是什么？由此在哲学探究得到自然

---

[*] Bertrand Russell, *My Philosophical Development*, p. 230.

推进的过程中，哲学家深深地迷惑于人类知识的可能性：我们如何能够发现这些事物？我们能够确定地认知它们之中的任何事物吗？如果可以，可以确定地认知哪些事物？当我们进行认知时，我们如何能够确信我们已经获得了知识？在20世纪之前，所有这些都是哲学的中心问题。不用说，还存在许多更为精细与专门的问题，它们不仅存在于知识论与科学哲学之中，而且还存在于道德哲学、政治哲学、宗教哲学、历史哲学、社会学哲学、法律哲学、教育哲学、数学哲学之中；在逻辑学、美学与哲学探究的其他任何领域中都存在着诸多问题——人们曾经倾向于认为，作为一个整体，哲学探究与人类经验都具有共同的外延。我们可能拥有的一切经验的本质都可以被哲学质疑，哲学寻求的是对经验的更加深刻的理解。对于那些在两千五百年以来的绝大多数从事这种研究的哲学家来说，他们会觉得，若称所有的哲学问题最终都是语言用法的问题，那么，这个观点即便不是无法理解的，也是荒谬的。在这些哲学家中有一两位（如洛克）相信，对语言的思考在哲学探究中发挥着极其重要的作用，但他们中没有任何人在头脑中想到，这种思考本身构成了哲学的首要主题。

　　一方面是牛津的哲学，另一方面则是由诸如柏拉图、亚里士多德、笛卡尔、莱布尼茨、洛克、休谟与康德这样的人物所从事的哲学，这两种哲学不仅并不是相同的活动，而且从根本上就没有重要的关联。牛津哲学对于真正哲学的仅有贡献是在以下这一步上做出的：对于那些在其中获得训练的人来说，它赋予了这些人一种对语言用法的有所加强的批判性自我意识，倘若这些人接下来将他们的注意力转向哲学问题，他们或许会有所收获。那些永远让自身逗留于牛津哲学界限之内的人，却从来也不会涉足于真正的哲学王国。我在大学时就已经意识到了这一点，而我在1955年至1956年才充分理解了这一点，我在这段时期前往耶鲁大学进行为期一年的研究生学习。我发现那里的哲学家沉浸于其中的任务是，挖掘爱因斯坦的狭义相对论和广义相对论以及量子力学对于我们理解世界本质（例如，我们对于时空的理解，我们对于时间和空间之间的关系的理解，我们对于物质的理解，我们对于物体本质的理解，我们对于存在问题的理解，或者是我们对于因果关系的理解）的完整影响。他们的问题是，爱因斯坦取代了牛顿，这对于我们所采纳的有关世界本质的见解提出了什么要求，对于我们所采纳的有关知识本质的见解提出了什么要求？除了所有这些任务之外，在耶鲁大学中还有两位才华最为出众的年轻逻辑学家，他们过去常常在假期前往华盛顿并在那里为政府发展计算机的性能，而计算机在那个时候尚且处于它们的发展初期。在耶鲁哲学家中间的普遍氛围包含了某种东西，它让我生动地感受到，哲学与它自己的过去存在着连续性，而那个时期的牛津就几乎完全缺乏这样的感受。牛津哲学的一个最明显的特征是，它对以往哲学的评价并不高——他们这么做的真实理由（尽管他们并没有给出这样的理由）是，这两种活动在很大程度上是不相关的。在牛津以教授哲学为业的人明会以自鸣得意乃至傲慢自大的态度宣称，他们从未读过某些最伟大哲学家的作品。我知道还有一些牛津哲学家声称自己没有读过康德的《纯粹理性批判》。而在耶鲁，人们会认为，这种做法就像教导基督教神学，却没有读过新约全书。在那里，科学家在讨论爱因斯坦时甚至也会恰当地提及康德，更不用说哲学家了。我却从未听到牛津的哲学家讨论过爱因斯坦。

对我来说，我在耶鲁学习的那一年中最有价值的一个收获是，它让我能够从外部来审视牛津，以及根据其他类型的同时代哲学家的立场来审视牛津哲学家。只能说，如此看来，牛津哲学家就显得是褊狭的、肤浅的、孤芳自赏的，尤其在智识上是不严肃的。而表明了所有这些特征的一个实例是，对于那些想要在牛津大学获得哲学、政治学与经济学专业学位的学生（甚至也包括那些和我一样专门研究哲学的学生）来说，在要求他们阅读的哲学家之中，只有一位哲学家没有在英国从事过研究，这位哲学家就是笛卡尔（倘若你愿意的话，还可以加上康德，尽管学校只要求阅读康德论述伦理学的一本小书）。其他哲学家或许会作为选项或特殊的主题来加以研究；但对于一个在哲学、政治学、经济学专业获得一等学位的荣誉学位，并且专门研究哲学的学生来说，不仅有可能，而是经常会发生的情况是，他根本就没有读过斯宾诺莎、莱布尼茨、康德的《纯粹理性批判》（这是一个专门的选项）、黑格尔、马克思、叔本华、尼采、胡塞尔、海德格尔或在不列颠群岛之外从事哲学研究的其他任何哲学家。在哲学史的试卷上出现的绝大多数问题，都只与四位哲学家有关：笛卡尔、洛克、贝克莱与休谟。除了康德之外，学生需要知道的过去的道德哲学，就只有英国的功利主义。至于其他需要学生研究的作品，都属于在世的英国哲学家或摩尔和维特根斯坦（这二者都是已经去世的英国公民）。我过去总是认为，这是狭隘的做法，而我现在发现，这是可笑的做法。当我向一群耶鲁哲学家描述这种情况时，他们中的一位哲学家俏皮地唱出了《永远有一个英格兰》（*There'll always be an England*）这首歌曲的第一句歌词。

我在1956年回到英国，在那里只有一位知名的哲学家用我在耶鲁遇到的那种方式来研究哲学，这位哲学家就是卡尔·波普尔。由此导致的一个直接后果是，他不仅遭到了孤立，而且还受到了强烈的歧视。牛津大学与剑桥大学都拒绝为他颁发教授职位，而不顾他事实上已经在伦敦大学拥有教授的职位并享有国际声誉。波普尔在1957年发表了他的论著《历史主义的贫困》，[1]其中数章前后相继的内容是由几篇相关的论文构成的。这几篇论文都被英国的主要哲学期刊《心灵》所拒绝，因为这本杂志的编辑工作是由吉尔伯特·赖尔主导的——而赖尔在不让波普尔进入牛津大学的过程中发挥了决定性的作用。[2]在这个粗鄙得令人反感的情况中最令人反感的一件事是，牛津大学的一些最有能力的哲学家倘若被迫面对质疑，他们就会在私下里承认，波普尔是那个时期在英国从事研究的优秀哲学家。他们知道波普尔比他们自己更优秀，却不希望波普尔进入他们自己的领地。甚至赖尔与艾耶尔也将波普尔视为可与他们匹敌的对手，在他们看来，在他们的同时代人中，总共只有不超过六个人才享此殊荣。但他们并不希望波普尔成为自己的同事。

我在1958年年末或1959年年初结识了卡尔·波普尔，我们成了终生的朋友，尽管我们在个性上有着极大的差异，我们在主要的兴趣乃至我们共同热爱的东西（特别是音乐、哲学与观念史）上有着深刻的分歧。除了伯特兰·罗素，波普尔在智力的类型上完全不同于我所知道的其他任何人。我发现，在我花费了数年时间到牛津学习哲学之后，我自己在枯燥乏味的50年代末，坐在他的那个并不远离牛津的家中与他讨论哲学，这就像多年在撒哈拉沙漠中艰辛跋涉后步履蹒跚地进入了一片绿洲。我仍然记得我在圣马里波恩（Marylebone）上火车前往佩恩（Penn）的那段旅途中产生的那种让我感到脸红的兴奋感。波普尔自己在佩恩过着隐居的生活，以便于让他自己能够全力以赴地工作。他在漫长的岁月中都遭到了拒斥与孤立——首先是在他的出生地维也纳，波普尔在那里生活到35岁，却没有获得任何大学的职位（他通过在中学教书谋生——几十年后，一位来自同一个时期的维也纳的牛津教授曾经尖刻地对我说："波普尔？他只不过是一个中学教师。"）；接下来在整个二战期间，他在新西兰与欧洲切断了联系（当波普尔以教书谋生时，那些在大学里对他拥有直接管理权限的人反对他花费大量时间来撰写《开放社会及其敌人》）；如今在战后，他在英国再度遭到了拒斥与孤立——这让波普尔产生了这样一种坚定的信念，即他不应当从他的环境中期待任何东西，他应当做的仅仅是继续从事他的工作，而不管其他人的想法是什么。由于这种孤立，他似乎并没有意识到，在美国有

---

1 当这本书出版时，亚瑟·库斯勒（Arthur Koestler）在《星期日泰晤士报》就此写道，"在今年出版的所有作品中，它或许是仅有的一部能够存活到下个世纪的论著"。
2 这是赖尔亲自向我暗示的，艾耶尔则毫不含糊地确证了这一点。

某些人也在沿着相似的路线工作——尽管他比这些美国人中的任何一位都更优秀与更具备原创性——由此导致的结果是，他容易产生这样的幻觉，即他所有的思想都是他自己独有的。在我们最早进行的那些谈话中，我由于波普尔的如下假设而遭受折磨，即每当我提到我在耶鲁吸收的思想时（在某些情况下，它们甚至有可能是我自己思考出来的），波普尔就觉得这些思想应当是我从他自己的作品中获得的（而在那个时期，我还没有读过波普尔的绝大多数作品）。波普尔并不像他如此频繁地被指责的那样以自我为中心：他是不切实际地以他自己的作品为中心。但波普尔对他工作的热爱是无私的，尽管这些工作让他孤立，在这一点上他再度以一种与众不同的方式有别于牛津哲学家。牛津哲学家是在表演：在那里存在的是一种对卓越才智的狂热崇拜，个人通过炫耀自己的才华来让自己出名。对于他们中的绝大多数人来说，哲学是一种手段，他们从事哲学的目的是促进自身的利益。波普尔在这一点上恰恰是他们的对立面：他为了他的工作而完全放弃了自己，并将他生命中的一切都奉献给了他的工作。波普尔冷酷无情地碾压任何妨碍他的人，毫不关切他们的感受或实际利益，人们普遍将波普尔理解为一个傲慢自大的人，但事实上，波普尔不假思索地用对待他自己的方式来对待其他任何人。波普尔作为一个榜样表明，一个人能够以何种方式将他的创造性工作变成他人生最重要的组成部分，并将社会上的繁文缛节变成相对不重要的东西。在与波普尔讨论哲学时产生的诸多乐趣中，有一种乐趣是观察到一个特别自大的自我在讨论问题的过程中逐渐被消解与消失，而这是我从未在牛津领略到的一种乐趣。波普尔会失去所有对自己的关切，失去他正在感受到的所有感觉印象，并沉迷于我们正在讨论的主题之中。

在20世纪60年代，牛津哲学在发展到了顶峰之后开始衰退。我并不认为将来有任何人会突然再次想到要以奥斯汀的方式来着手研究哲学。非常明显的是，这是一条死胡同。这条死胡同是一条导向诸多富有成效方向的道路的分支路线，奥斯汀却背弃了那些富有成效的道路。奥斯汀选择的这条道路则是由G. E. 摩尔的工作所鼓励的一条特殊的发展路线，与之相关的是一种对日常语言陈述的哲学分析，伯特兰·罗素在1905年发表的摹状词理论首先让这种哲学分析闻名于世。相较于在奥斯汀工作中的贫乏反思，罗素的这个理论具有更多的思想，并且在整体上拥有更加广泛的影响，事实上，它的那种决定性的影响遍及英语世界。直到今日，人们都可以说，那种在历史的意义上仍然保持为"分析的"最常见的哲学研究进路，可以追溯到罗素的理论。但值得弄清楚的是罗素自己所认为的哲学分析的重点所在。罗素理所当然地认为，哲学的核心任务是理解这个世界。正如他看到的，这个核心任务涉及我们能够为之辩护的诸多信念，而这转而又让我们承担了两个在哲学上必须完成的工作：第一，分析我们最重要的信念，以便于既精确地向他人表明，又明白地向我们自己表明，这些信念的意义是什么，这些信念蕴含的推论是什么；第二，提供相信这些信念的恰当根据，而这就意味着要制造支持它们的良好证据或形成支持它们的有效论证，以便于能够有效回应诸多反对这些信念的批评意见。正是在这种研究纲领的框架中，分析与论证才在罗素的哲学中获得了它们各自的地位。日常语言哲学家将罗素对日常语言陈述的分析发展成一种对熟悉词汇的讨论，这种讨论逐渐变成了一种为了它自己的缘故而进行的活动，最终蜕变为一种吹毛求疵地针对任何司空见惯话语的剖析。

在除了牛津大学之外的其他大学中，特别是在美国的大学中，某些哲学家应用罗素技术的目的就是罗素自己想要实现的目的，即探究我们的那些关于实在本质的最为重要的信念。在这些哲学家的手中，它被证明是一种有力的工具，但这正是因为它仅仅是一种工具，它永远都不是它自身的目的。我所勾勒的这种情况在整体上产生的后果是，英语世界的绝大多数哲学都变成了某种意义上的分析哲学，尽管在某些情况下分析成了服务于严肃活动的侍女，而在其他的情况下分析则成为自身的目的。我的这种概括有三个至为重要的例外，它们是苏格兰大学持久而坚定地致力研究的德国唯心论，在20世纪60年代复兴的马克思主义传统中成长出来的那批哲学，以及人们在20世纪的德国哲学与法国哲学的发展影响下开始从事的哲学研究。但甚至在这些例外中，最好的哲学也受到了分析哲学的影响，而且它们还从这种影响中获得了巨大的收益。

因此在某种意义上可以说，"分析"哲学仍然是一条最常见的研究进路。但在70年代到80年代，甚至在剑桥大学那里，人们也开始避免让自己局限于分析哲学的语言学约束，并越来越多地将之应用于解决诸多实质性的问题。首先是在乔姆斯基的影响下，接下来是在其他人的影响下，分析哲学对语言的应用也采纳了一种更为科学与更为有趣的形式。在同一段时期内，分析哲学开始在欧洲大陆重新确立了它自身的地位，而这是自30年代以来它首次做到了这一点。

第 5 章
语言哲学的缺陷

在20世纪50年代到60年代之间,牛津哲学家经常面对的指责是,他们将哲学这门学科变得琐碎。他们对此倾向于给出的一种最为常见的回应,A. J. 艾耶尔多年之后对我说的这些话就是这种回应的典型例证:

> ……我认为对这种指责的回答是,在"关于语言"和"关于世界"之间的区分完全并非如此鲜明,因为世界就是我们所描述的世界,世界出现于我们的概念系统之中。在探索我们的概念系统的同时,你就在探索这个世界。让我们举一个例子。假设有人对因果关系的问题感兴趣,我们肯定相信,因果关系是在这个世界中发生的某种东西:我被疟蚊叮咬,因而我感染了疟疾——以此类推,一件事引起了另一件事。人们可以将这个问题表述为:"什么是因果关系?"这是一个完全可敬而又重要的哲学问题,事实上,它也是一个传统的哲学问题。但你还可以将这个问题表述为:"我们如何分析因果陈述?我们说,一件事引起另一件事,我们这么说要表达的意思是什么?"尽管目前在你看来,你似乎正在提出一个完全是语言学的问题,但事实上,你提出的恰恰是同一个问题。你仅仅是用一种不同的形式来表达这个问题。现在,绝大多数哲学家都会认为,这是一种更加清晰的形式。*

在艾耶尔就这个问题又做出了一些评述之后,我接着说道,"你刚刚所说的,可以归结为这样的说法,即对我们语言用法的探究,就是对人类所经验到的世界结构的探究",而艾耶尔在他的答复中完全肯定了我的这个理解。

如今我会断然地否定这种说法。倘若有两个人关于因果关系发生争论,他们争辩的是那些在这个世界中发生或没有发生的事情;倘若他们关于因果陈述的分析发

---

* *Men of Ideas*, p. 127.

生争论，他们争辩的则是以何种方式来理解人类构造的语言中的一个命题。进而，关于世界的争论与关于人们对于世界的说法的争论，是两个在不同逻辑层面上进行的争论。用逻辑学的技术性语言说，相较于前者，后者是高阶的论证。这在某种程度上是无法否认的，它并不是一个有关意见的问题。在逻辑的意义上，独立于人类的实在，人们对于这种实在的经验，人们对于这种实在与经验的说法，构成了话语的三个或四个不同的领域。用波普尔的术语来说，它们是世界一（由物质性的东西构成的客观世界）、世界二（由心智状态构成的主观世界）与世界三（客观存在的抽象世界，构成这个世界的是人造实体——语言、数学、知识、科学、艺术、整个文化遗产）；因此，根据波普尔的观点，关于因果关系的论证，是关于世界一的论证，而关于因果陈述的论证，是关于世界三的论证。正如所有这些不同表述清晰阐明的，关于世界结构的论证，不能简单地被认为等同于关于语言结构的论证。那种主张二者能够等同的观点的经典表述——我们能够谈论世界这个事实必定意味着，语言的结构符合世界的结构——包含于维特根斯坦的《逻辑哲学论》之中，这一文本也许比最初的逻辑实证主义者或其他任何哲学家的相关论述更有影响力。但维特根斯坦自己逐渐认识到这个观点是错误的，并最终否定了这个观点。

即便如此，艾耶尔对于这个问题表达的观点仍然是他那一代哲学家所特有的，这代哲学家的视野是在逻辑实证主义的影响下形成的。[1] 接下来的那一代哲学家，即日常语言哲学家的视野则是在后期的维特根斯坦与 J. L. 奥斯汀的主导影响下形成的，他们以一个在总体上更加彻底与更加精致的观点来应对我向艾耶尔提出的质疑，这个观点认为，语言是由经验构成的。约翰·塞尔（John Searle）犀利地表达了这个观点：

> 我并不是在说，语言创造了实在。远非如此。相反，我要说的是，什么算是实在——什么算是一杯水、一本书或一张桌子，什么算是同一个杯子、一本不同的书或两张桌子——这是一个与我们强加于这个世界的范畴有关的问题；这些范畴多半是语言的范畴。进而，当我们经验这个世界时，我们是通过语言的范畴来经验它的，语言的范畴帮助我们形成这些经验自身。呈现于我们面前的世界并非已经被切割为诸多对象与经验：什么算是一个对象，

---

[1] 例如，参见蒯因（他就像艾耶尔一样，在20世纪30年代初参加了维也纳学派召开的某些会议）对此不得不说的那些话，*Men of Ideas*, pp. 178-179。

这已经成为我们的表象系统的一种功能，我们如何在我们的经验中感知这个世界，这深受这个表象系统的影响。错误的是这样的假定，即将语言应用于这个世界所包含的活动，就是将标签贴到所谓的自动识别的对象之上。在我看来，这个世界被分割的方式，就是我们的分割方式，而我们分割事物的主要方式是在语言中进行的。我们的实在概念是一个与我们的语言范畴有关的问题。

不仅哲学家仍然在主张这样的观点，而且其他领域的专家也仍然在主张这样的观点，特别是文学专家与语言学专家，甚至还包括了某些社会学家与人类学家。

塞尔认为，"什么算是一个对象，这已经成为我们的表象系统的一种功能，我们如何在我们的经验中感知这个世界，这深受我们的表象系统的影响"，我会赞同塞尔的这个观点（因为我认为任何人都必定会赞同这个观点），但我是按照一种康德式的意义来理解它的（参见本书第145—151页）。而我无法接受的是，我们的表象系统的诸多范畴，在基本的或最初的意义上是语言的范畴。我理解这个观点，而我尚未理解乃至永远无法理解的是，人们如何能够持有这样的观点。因为我发现（我并不相信，我在这方面是以有别于其他人的方式构造出来的），它直接与我的当下经验相矛盾。

倘若我在撰写这句话的过程中抬头向上看，在我的视野中马上就会出现这样一个房间，其中的一半空间所包含的是拥有多种颜色的物品，这些物品在彼此之间形成了杂乱无章的关系，它们即便不到数百个，也有数十个之多。我完全是以清晰、明确、轻松的方式立即就看到了这个房间。这种简单而又统一的视觉行为，无法以任何可想象的话语形式来进行表述。在我处于清醒状态的绝大多数时间里，我的知觉意识主要就是这种视觉经验——恰如费希特所言，"我生动地看到"——但没有语词来描述我看到的绝大多数对象的不规则外形，没有语词来描述我直接看到的，在这些对象之间彼此成立的那些多样的、共存的三维空间关系；没有语词来描述我看到的永远都有差异的阴影与颜色的不同之处，没有语词来描述光影的各种强度。我无论在何时有所观看，语言所能做的仅仅是用最显著与最粗糙的措辞，以最为普遍的方式指出我看到的究竟是什么。甚至诸如"毛巾掉落于浴室地板之上"这样简单而又常见的场景中的某些东西，也是语言无法通达的——我们可以同时通过众多视角来看到语言对这些东西的不可通达性：没有语词来描述毛巾掉落时的形状，没有语词来描述毛巾颜色的深浅程度，没有语词来描述毛巾折痕的诸多差别，没有语词来描述毛巾与浴室中的所有其他物体的空间关系。我立即就以极为精确的方式看到了所有这些事物，并以清晰而又确定的方式看到了在这些事物之间的错综复杂状况。我在直接经验中完整而又稳固地把握了它们的所有情况，然而，我就像任何其他人一样，完全无法将这个经验用语言来表达。因此，尽管根据语言哲学家的观点，"世界就是我们所描述的世界"，我"通过语言的范畴来经验世界，语言的范畴帮助我形成这些经验"，我"分割事物的主要方式是在语言中进行的"，我的"实在概念是一个与我们的语言范畴有关的问题"，但这些说法显然并不属实。

通过我们所有人都拥有的五种感觉，诸多事物才有可能与我们的直接经验相符合。不妨将我在上一段文字中援引的那些话适用于我在吃晚餐时所拥有的那些经验之上。进食就像观看一样，是我们接触这个物质世界的活动中最基本与最常见的组成部分，对于我们的生存来说，它甚至比观看具有更大的必要性。我马上就能轻松而又愉快地辨别肉的味道、马铃薯的味道、各种蔬菜的味道、冰激凌的味道、葡萄酒的味道。进而，我立即就能轻易分辨出不同种类的肉（牛肉、猪肉、羊肉、小牛肉等），不同种类的马铃薯（烤马铃薯、煮马铃薯、马铃薯条、马铃薯泥等），等等。是否有任何人会严肃地坚持认为，我在这些经验中意识到的范畴是语言的范畴，或我区分它们的主要方式是语言的方式？即便有人能够描述煮马铃薯的味道、羊肉的味道、欧洲萝卜的味道，是否有人能在他品尝了这些味道的经验之后，以这样一种方式将这些经验用语言表达出来，以至于任何没有品尝过这些东西的人，都可以从这些描述中了解到这些东西的味道各自像什么？

按照我所说的方式，我们同样能对其他所有的感觉都做出这样的论证。我了解我的每一个朋友的嗓音，在绝大多数的情况下，我在电话中只需要进行少量对话，就能分辨出对话者的身份，但是，我用来分辨这些朋友的范畴，并不是语言的范畴，将我每个朋友的每个独特品质都用不同的语词来表述，这是语言不可能做到的。我对他们的任何描述，都肯定无法让你马上就能据此辨别所有这些人，这个事实也表明了语言的这种局限性。事实很明显，我们的任何直接经验，都无法用语词来进行充分表述。这不仅适用于我们有关外部世界的感官经验，也适用于我们的内部经验。在我内部一直存在的是一些以复杂的动态方式流动的事物，如永远在变化的意识、情绪、响应、反应、感受、情调、对于包括背面关系与侧面关系在内的诸多关系和差异的知觉等，伴随着它们的是闪烁的想法、模糊的感觉、部分的记忆，它们以各种相互交织的方式忽隐忽现，所有这些东西都永无止境地在某个不断在回响的回声室中持续流动，而这个回声室充斥着诸多共鸣、隐含的意义与暗示。我或许能够想象，我们的这些内部经验可以被转译为某种交响乐，但它们肯定无法被翻译成语词。恰如我们的外在经验，甚至我们的那些最敏锐而又最生动的私人经验也是无法用言辞来表达的。谁能描述一次性高潮？谁能描述我们对一件伟大艺术作品的反应？谁能描述噩梦的恐怖特性？

大家不妨试着告诉某人一段音乐。在新近的哲学史中有一个著名的评述，它是一个最显而易见的错误，但人们通常都以赞同的方式援引它。这就是F. M. 拉姆塞（F. M. Ramsay）做出的如下评述："我们无法说出我们不能说的东西，我们也无法用吹口哨的方式来吹出这些东西。"在我看来，这就是某些常见的哲学家所特有的那种相当令人震惊的盲目性（而在这个例证中存在的或许应当是失聪性）。能够用吹口哨吹出来的一切，都是某种能够用口哨吹出来，却无法说出来的东西。难道拉姆塞能说出一段曲调？他或许能够大声读出这段曲调的音符，但这并没有唱出一段旋律。而人们也考虑一下，自己是否有可能说出勃拉姆斯的一首交响曲或莫扎特的一首钢琴协奏曲……当然，对于其他的艺术来说情况同样如此。一个人又能以何种方式说出达·芬奇创作的《蒙娜丽莎》或《最后的晚餐》？语言哲学假定，一切重要的东西都能被经验、认知或交流，都能用话语说出来。但这个假设过于荒谬，倘若不是因为它事实上构成了20世纪如此众多的哲学理论与文学理论的基础，它甚至不值得成为人们在短暂消遣中的话题。

我正在表述的观点，对于任何坚称经验知识必定导源于经验的哲学都会产生根本的影响。因为这意味着，我们彻底拥有的知识，仅仅是这种永远无法用语词来进行充分交流的直接经验。这就是我们关于这个世界的唯一真实的、纯粹的、直接的与当下的知识形式，它彻底被我们所占有，仅仅属于我们自身。这种经验丰富的人，就拥有充满活力的丰富人生。但是，若将直接经验用语词来进行表达，这种做法就把直接经验转译为某种二阶的事物，某种派生的、稀释的、抽象的、概括的与可公开分享的事物。对于那些根据在语言中可表达的事物来度过他们绝大多数的外在生活或内在生活的人（例如，生活在概念层面上或理念世界中的人）来说，在他们经历的人生中，一切都是简化的与贫瘠的，他们失去了让人生变得充满活力的东西，清除了让人生变得对他们来说是独一无二的东西。不过，尽管鲜活经验的独有特性无法通过概念来交流，但它本身是可以交流的：可以通过艺术作品来进行交流。这也就说明了为什么不可能说出一件艺术作品的"意义"是什么，不可能说出它"表达了"或"传递了"什么，即便这件艺术作品本身是由语词构成的。

我迄今所谈论的仅仅是，直接经验（那种当下被给定的事物）是无法用言辞来表达的。但同样属实的情况是，那些对我们的个性施加了最重要影响的事物也无法用语词来表达——例如，恋爱、我们对于朋友的感情、音乐对于我们生活的意义、我们与自己子女的关系，或我们对于哲学的激情（可以是对任何事物的激情，哪怕是对高尔夫球的激情）。接下来还包括这样的事物：我们对于自身持续存在的意识，我们对于我们自己的整体融贯性与我们自身知觉的统一性的理解，我们对于正确与错误的感受，我们对于自己必死命运的暗示。在我看来，在一切层面上，在对于我们来说最重要的事物中，没有或几乎没有任何事物能够用语言来进行充分的表述，恰如我们关于内部世界与外部世界的直接经验也无法用语言来进行充分的表述一样。

因此我只能断言，我所体验的生活与世界，和那些以语言为导向的哲学家和文学批评家习惯谈论或假设的观点完全相矛盾，因为我所体验的生活与世界多半是无法用语言来表达的。虽然我一直都在思考——我不断地观察各种情况并感知运动和变化，留意对比和关联，形成预期，做出选择，采纳决定，感受不确定性，并经历了懊悔与上千种其他的事情——但这些思考在大多数情况下都没有使用语言。对我来说，所有这一切都是一个与我直接理解的经验有关的问题，我立即就能按照我认识事物的方式来确定地认识这种经验。乔姆斯基曾经说过："我确定，每个进行过反思的人马上就会知道，他的许多思考并不涉及语言。"*要不是事实上有如此众多的以语言为导向的不同学者或者否认这一点，或者在推进他们的研究时似乎将之作为不真实的观点，我早就应当认识到这是不言而喻的。

"用语言来表达某个事物"这个日常的措辞连同它的所有常见变种——"我不知道如何表达这一点""他拥有一种相当好的表达事物的方式"，如此等等——对应的是我自己直接理解的经验。在通常情况下，我每时每刻都专注于我的那条川流不息的生命之流，而它始终包含了这样一条支流，即在没有语言的条件下仍然不断向前流动的思想之流。除非在必要的情况下，我很少试图将这些思想用语言来表达，而这种必要的情况最常见地发生于我想要与其他某个人进行交流的时候。在那时，我思想的某些部分不得不离开它沉浸的当下经验，并从我全神贯注的事物之中抽身而去，以便于通过扫描公共的语言来找到说出我想说的意思的诸多途径。在这个过程中总是会涉及这样的步骤。有时结果来得不费吹灰之力，有时我无法找到让我满意的语言，但始终存在着一种"用语言来表达某个事物"的行为，在我的直接理解

---

* *Men of Ideas*, p. 218.

中，它是这样的行为——将带有具体特征的鲜活生命、感知到的观察、感觉到的感受、思考过的想法，转化为普遍化的、非个人的公共语言。它必定始终是一种不充分的翻译，因为前者是独一无二的，而后者是普遍性的。这意味着，倘若人们要从根本上说出任何东西，他们不得不宣布放弃的恰恰就是那些经历过和感受过的东西——那些在此处与此时为我独有的东西。那些在现实中经历过、感受过、思考过的东西，永远无法在语言中找到等价物，因为语言在本质上不可避免的普遍性妨碍了人们做到这一点。人们在语言中被迫进入的是诸多简陋的近似关系，而人们通过语言能够得到的最多也不过是这种近似的关系。

语言与现实生活之间的这种差距似乎有一种物理学的基础。早在1970年，得过诺贝尔奖的遗传学家雅克·莫诺在他的论著《偶然性和必然性》中写道："我肯定，每个科学家必定都已经注意到，在更为深刻的层面上，他的精神反思并不是语言意义上的反思：它是一种想象的经验，它是在诸多形式、诸多力量与诸多互动的协助下进行的模拟，这些东西一起勉强构成了一种在视觉意义上的'形象'……无论这些反思有可能是什么，在日常实践中，这种模拟的过程完全被那些说出来的话语所掩饰，它们几乎紧随其后而且看上去无法与思想相分离。但是，正如我们所知道的，许多观察证明，人类的认知功能，甚至那些最为复杂的认知功能，并不直接相关于话语（而且也并不直接相关于任何其他形式的符号表达）。"[*]我将最后这句话改成了楷体字，因为倘若它陈述的情况是真实的，那么，由塞尔提出，并仍然被许多哲学家广为倡导的那个立场，早在一代人以前就已经被人用科学的方式反驳了。

我们没有必要用语词的方式来进行思考，这个事实不仅以私人的方式获得了证明，而且还以公开的方式获得了证明。我们都拥有这样的经验，即有时无法想到我们想要用来表达某种东西的精确词语。我们犹豫踌躇并吞吞吐吐，而与我们说话的那些人则向我们提示某些词语，或许他们所提示的那些词语都是在字典中接近我们所寻求的那个词语的近义词，但我们对所有这些词语不断地说"不"，直到最后某人说出了那个正确的词语，接下来我们就惊呼："就是它！我寻找的就是这个词！"倘若对于我们想要说出来的东西，我们认识的精确性并没有超过语言的清晰明确性，我们就会接受一个无比接近我们最终选择的词语。但我们并没有接受这样的词语。这是因为即便在没有想到这个词语的情况下，我们也知道我们想要说的是什么，我们的这种认识就像语言所能表明的一样精确与恰当；我们知道有一个且只有

---

[*] Jacques Monod, *Chance and Necessity* (English edition), p. 146.

一个词语能够精确恰当地表达我们的意思，进而我们还清楚，它是我们知道的一个词语，但在那个时候我们无法想到这个词语。这表明，我们确实能够以最精确的方式考虑，哪些语言能够表达我们的意思，即便在那时尚未运用这些词语。

我们彼此关联的大量行为都类似于动物的行为，但没有人认为，动物是用语言来进行思考的。一条狗即便没有经过任何人的训练，也会通过它自发的行为来表明它知道，某个不在场的人马上就要到达这里并将带它出去散步。它一听到来自外面的花园大门的某个特殊的声音，它就会知道，它所关注的那个人为了带自己出去散步，已经来到了大门口。它将叼着自己的牵狗皮带，在开门前就将它带到门口并交到那个人的手中。由此可以表明的是，这种行为不仅需要在一个不在场的事物与另一个不在场的事物之间做出有效的关联，而且还需要经常激起针对这些关联的行动，并准确地协调不同生物在共同的时间范围内做出的诸多行为，而就这种行为的整体层面而言，在没有使用语言的情况下就能毫不费力地完成这些要求——正如我所说的，这就是人类行为与动物行为在其中大量发生的那个层次的实际情况。

我希望读者能原谅我来谈论一段让我更为坚定地理解这个要点的个人回忆。我多次参加议会的选举活动，我的前两次参选活动发生在分布范围很广的乡村选区。几十年前，在这些区域中的政治机构虽然是善意的，但没有什么计划性。在大多数情况下，只有候选者提出了明确的要求，人们才能可靠地做完一件事。有一天晚上，在一场让人精疲力竭的活动将要结束时，我正要走上公共讲台来为这漫长的一天进行总结性的演讲。就在这时，我被告知，我最亲密的助手这一家人都被食物中毒所击倒。这意味着第二天的所有活动任务都不得不重新分配——我不得不重新考虑，谁在第二天的不同时间段内负责会议室的工作，谁来主持不同的会议，谁在不同的时间里将我从一个地方带往另一个地方，如此等等。这些有所变化的要求既琐碎又繁多，由于现成可用的助手数量有限，这些要求难以彼此协调；而且我还必须在傍晚散会前告知所有的相关人员——然而，许多人并不知道这些情况，一旦我结束了演讲，他们就会从集会中悄悄溜走。因此，我一边继续在观众面前发表我的政治演说，一边在我的头脑里重新组织第二天的日程安排。正如在日程安排时经常会出现的情况，我起初试图以一种方式将某些事情归并到一起，接下来则发现这种方案行不通，因此我就会抛弃这种方案并重新开始尝试另一种方案，在经过多次努力之后，我终于发现了一条让所有必须具备的要求都获得满足的途径。接下来，我在结束自己演讲的时候，要求我的那些受到突发情况影响的活动助手们在集会之后停留几分钟，以便于让我为他们重新分配第二天的任务。

如今我承认，从纯粹是实践的观点看，在这次活动将要结束时发生的这件事不仅与我正在论述的主题是相关的，而且还具有决定性的重要地位：在进行这次特别的演讲之前，我多次处理过其中蕴含的所有问题与所有论证，正是凭借这个事实，让我能在自己清晰有力地发表演说的同时，有条理地思考某些与演讲无关的事情。但事实仍然是，我曾经同时完成了这两件事。在我看来，任何人不管怎样都无法坚持认为，我的大脑同时产生了两批无关的语言，这两批语言都严谨地体现了有条理思想的诸多结构形式。事实上，我根据直接经验就知道，实际情况并非如此。我认识到，在我的心灵中，我在没有使用任何语言的情况下就重新组织了第二天的日程安排。

此外我还知道，我能够做到这一点的能力并不是独一无二的。伯明翰大学的演说家约翰·霍尔[1]在他自己的职业生涯中期变成了盲人，他根据这种经历撰写了一部名为《触摸岩石》的感人论著。在这本书中，他告诉了我们他在自己失明之后的许多经历，其中的一段经历是，他如何学会在没有使用笔记的情况下发表那些经过恰当组织的长篇演讲。他对此的描述包含在以下这段文字之中：

> 我现在似乎已经形成了一种在我的头脑中向前浏览的方式，我凭借这种方式想出我将要说的是什么。每个人在日常交谈中都做到了这一点，否则我们就无法完成一个句子。我用某种方式，毫不费力地形成了一种更为长远的视角，如今在我发表演说时，我就能看到诸多段落从我心灵的隐秘之处涌现。这有点像自己在依靠一架扫描仪来阅读这些段落。当我正在演讲时，我的另一部分心智正在整理的是我将在接下来的几分钟内说出来的那段文字，而我更偏远的那一部分心智则正在从一种素材库中选择诸多可供选择的论证路线。这似乎让我的演说风格比先前具备更强大的秩序感，而人们在我的演说中似乎也能更方便地跟上我的思路。*

---

1 约翰·霍尔（John M. Hull, 1935—2015），伯明翰大学宗教教育的荣休教授，他对于宗教教育、应用神学与残障等主题撰写了大量的论著与论文。霍尔在1983年失明，他在失去视力后潜心探索黑暗，决意赋之以意义。他留下了一系列语音日记，描述了失明之后他所寄居的那个全新世界。这些语音最终被整理成书，全名为《触摸岩石：失明的经历》(Touching the Rock: An Experience of Blindness)，此书是有史以来对失明世界做出的最精准描述的作品之一。——译注

* John Hull, *Touching the Rock*, p. 93.

霍尔提出的重要观点是，倘若我们不知道我们尚未说出的东西，我们就无法完成一个句子，他的这个观点是对如下事实的另一个良好的证明，即思想与知识先于用来表述它们的语言。有人也许会说，这种先行具备的知识也需要人们先行具备相关的语言，任何想要用这种说法来否定霍尔的这个观点的人，都会发现自己或者陷入了无穷后退，或者承诺于这样一种观点，即当我们着手进行一个紧密相关的漫长论证时，我们在论证的开端就在自己的头脑中立即同时具备了组成这个论证的所有语言。

这些过程总是可以在普通对话的具体例证中得到展示。当我们与一位阿姨谈论她花园的详细情况时，我们想要知道她是在明天还是后天离开她的住宅。我们就会试图根据我们不得不做的各种其他的事情来设计出最便利的解决方案，我们会参照便利的火车发车时间来考察每种可能性——而所有这一切，都是在我们的那一连串有关这座花园的有意义的、相关的与彼此关联的句子中毫无停顿地表达出来的。当一个陌生人粗鲁地迫使我与他进行对话时，我发现自己会怀疑他正在试图拖延某件事。我想要知道，他试图拖延的是什么。他是否仅仅努力想要给我留下某种深刻的印象？他也许试图卖给我某些东西，试图向我借钱，或试图做其他某种事？在每种可能发生的情况下我将对他说什么？我考虑着诸多可选项，形成推测性的预期，做出暂时的决定。虽然我与他的交谈没有任何间断，但我的思绪却有可能充满活力地徘徊于海外度假或房屋的价格。所有这类事情无疑都是熟悉的经验，我们对这种经验的熟悉程度并不亚于我们对于其他任何常见事物的熟悉程度。肯定没有人会认为，这需要彼此无关的两批经过合理组织的语言同时在我的头脑中持续运作。

我在哈罗德·威尔逊[1]执掌权力的鼎盛时期对他进行了一场电视采访，这是一次有趣的经历，因为威尔逊似乎同时就能察觉到，他对每个问题所给出的各种解答可能引发的所有后果。他不可能在他的头脑中用语言来浏览这些可能的后果（"倘若我说出{一段漫长的表述}，它将给工会带来如此这般的麻烦，而倘若我说出{另一段漫长的表述}，它将给内阁的X带来困扰；另一方面，倘若我试图通过说出{第三段漫长的表述}来避免这些困境，我将无法与我前几天在下议院说过的{第四段漫长的表述}相一致……"，如此等等）。吉尔伯特·赖尔对于在他自己与伯纳

1　哈罗德·威尔逊（Harold Wilson, 1916—1995），20世纪著名的英国政治家，他在1964—1970年与1974—1976年担任英国首相，就任首相后尽力与欧洲大陆保持紧密联系，并努力支撑衰落的英国经济。威尔逊于1976年被伊丽莎白女王封为爵士，1983年被封为终身贵族。——译注

德·威廉斯之间进行的哲学讨论曾经做出了这样的评述:"他比你自己更好地知道你将说些什么,而且在你想到如何结束你自己的语句之前,他就已经看到了对它的所有可能异议,以及对所有这些可能存在的异议的所有可能解答。"这些评述也明显地让人联想到威尔逊的特点。但我并不相信,伯纳德·威廉斯这位在我写作这本书时依然在世的最为著名的语言哲学家会认为,在赖尔完成一个语句的过程中,他在自己的头脑中都是用语言来表述这些进行证明与反驳的漫长推理链条的。

我自己作为一个政治家,曾经无数次在公共场合面对那些棘手的质疑,这些质疑经常经过了狡猾的设计来让我犯错误,我在内心经历的就是那种威尔逊式的反应。这种有意识的经验同时察觉到了大多数这样的陷阱,这就类似于人们在正常的视觉行动中同时察觉到许多事物的方式。人们肯定不是用语言来做到这一点的,事实上无法设想人们用语言来做到这一点的可能方式。我们在此还要说的是,难道还有人没有体会过比方说艰难论证的相关经验?倘若一个对我们说话的人着手展开一段令人费解的推理链条,我们有时就看不到这段推理导向何处,但接下来我们突然明白过来,整个论证立即就以完全清晰的方式呈现于我们面前。我们并非在我们的头脑中默默地以超快的速度,用语言的方式来浏览这个推理论证。它恰恰就在那里:我们突然在自己的脑海中把握了这个论证。人类能够在单一行动中理解的漫长而又复杂的发散结构,其形式并非仅限于论证这样的事物。莫扎特曾经说过,当他构想一部新作时,他有时会在突然间同时想到这部作品的所有结构。

莫扎特的上述说法提出了这样一个重要的观点,即就那种有条理的、错综复杂的、高度精密的思维而言,存在着许多不同的思维模式,这对于某些个人来说就是日常的现实——为了证实这个观点,并不需要有很多这样的个人——可以肯定的是,在这些思维模式之中并不存在任何语言:作曲家在他的头脑中谱写音乐,音乐老师评价不同小提琴演奏的细微差别,参与赛车的车手在比赛的过程中察觉与把握那些未曾预料到的机会,因而改变了他预先准备好的策略,足球教练不露声色地制定一个新的策略,百老汇演出的舞蹈教练为一段新舞蹈考虑在巨大合唱队中需要的独奏家与歌手的可能数目,某人在一大批合格的作品中选择符合展览会要求的画作——即便时间并非相关的要素(因为时间这个要素存在于我的某些例证之中),这些东西也无法用语言来进行表述。

此类例证如此丰富的一个原因是,我们的思想或生活只有一小部分需要借助语言来运作。然而,倘若实际情况是这样,怎么还会有那么多无须怀疑其智力的人做出相反的论断并全心全意地相信他们自己做出的这种论断呢?这就是我在大学本科时第一次遇到那些以语言为导向的哲学家时所产生的最初反应。他们怎么能相信他们所说的？他们的内心生活会是什么样的？他们自身会表现出什么特点？我认为，接下来我就可以给出那个唯一可能成立的解释的关键所在。倘若相信他们是真诚的（而我确实就是这么认为的），那么他们必定与我们这些人中的绝大多数在内心生活的本质与体验内心生活的方式上有所不同。他们所主张的观点是，我们用语言来进行思考，这个世界与我们关于这个世界的经验都可以通过语言来获得充分的描述，我们的经验范畴就是语言的范畴。任何觉得这种论点是完全合理的人，他们或者是根据他们自己的直接经验而将合理性赋予了这些论点，在这种情况下，他们必定是一种相当不正常的人，他们局限于语言之中，没有任何与语言相矛盾的内心生活。他们或者从未足够仔细地关注他们自己的直接经验，以至于没有注意到这些观点与他们的直接经验相矛盾。我想，这两类人我自己都接触过。毋庸置疑，他们拥有的或许是任何人可能想到的最高智商，但我们在此谈论的并不是智商的差别。吉尔伯特·赖尔这个人具备了一种能够提升自身生活质量的智力才华，但他并没有值得谈论的内心生活。（我这么说的根据是我自己对他的私下了解，但这也是在他朋友中间长期存在的一个笑料。*）

尽管绝大多数以往的大哲学家（并非全部，但这种比例高得惊人）都是从数学与诸多自然科学转向哲学的，但几乎所有的牛津哲学家都是从语言学研究转向哲学的，我不认为这是一种巧合。对于之前的数代人来说，英国绝大多数最好的中学都想当然地认为，那些在自己学校里最聪明伶俐的男生都会去专门研究拉丁语和希腊语。当这些男生来到牛津大学时，他们发现自己要学习一门被称为"古典人文学科"的课程，他们经过较短时间迎来的第一次考试所测试的内容是希腊文学与拉丁文学，而这门课程的期末考试所测试的内容则是希腊罗马的历史以及希腊哲学与现代哲学。因此，那些来自所谓的"一流"中学的绝大多数最聪明伶俐的男生倘若前往牛津学习，他们就会发现自己研究哲学并不是由于他们选择了哲学，而是由于他们在专门研究古典语言的同时学到的相关课程。A. J. 艾耶尔曾经对我说过，他以前未想过要选择哲学来作为自己的研究，倘若哲学是作为古典人文学科课程的组成部分来展现给他的，他肯定不会做出这样的选择。我强烈地怀疑，这种说法也适用于绝大多数学过古典人文学科课程的人，但许多这样的人后来都成了职业哲学家——绝大多数最著名的职业哲学家都学过古典人文学科的课程。我认为，在牛津

---

* 参见 *Modern British Philosophy*, p. 107。

职业哲学家中存在的这个重大的比例带来了一些有害的后果。

第一，它意味着在牛津的绝大多数最好的哲学家，是在多年沉浸于对已经死去的语言的精细研究之后才转向哲学这门学科的，这种处于中学教师水平上的研究通常缺乏想象力，而在最糟糕的情况下有可能让研究者变得吹毛求疵与没有灵魂。第二，更为重要的是，他们从事哲学并不是由于他们选择了哲学或对哲学有任何兴趣，而是由于古怪的英国教育体制要求他们这么做的。我的强烈印象恰恰是，他们中的绝大多数人从未拥有那种在传统意义上的哲学问题，从未拥有那种我早在童年时期就形成的哲学问题。我相信，这就足以解释为什么他们没有向自己提出这样的问题，为什么他们反而将哲学转向另一个更为复杂的语言学研究领域。

无论如何，我基本上都会保留对他们的这些抱怨，即便我承认了他们的研究进路。就这些哲学家而言，始终存在这样一个显著的事实，即尽管他们自己声称，他们关注的核心是语言（他们还会补充说，他们并不是以排他的方式来关注语言的），但他们的解释遗漏了人们在描述与沟通上得到了最成功运用的语言。关于诗歌、戏剧与小说，他们没有说过任何东西。一个严肃的文学艺术家，不管他在其他方面可能呈现出什么样的面貌，他都是一个真理的探寻者，他在探索中试图获得对于我们周围的这个世界与我们关于这个世界的经验的更为深刻的洞识，试图对我们、我们彼此之间的关系以及我们对于不同现象的回应方式产生影响；他将以某种方式通过语言来传达这些东西。最伟大的文学艺术家无比优秀地实现了这些追求。因此你或许会认为，那些宣称他们的核心关切是语言的认知功能、描述功能与交流功能的哲学家，会将伟大的文学放到他们关注对象的最前列。但他们根本就没有这么做。恰恰相反，他们在谈到文学与哲学的关联时倾向于对文学不屑一顾。在一段时期内，人们甚至经常可以听到，"诗歌"这个词被用来作为一个贬损性的术语，诗歌语言被赋予了情感表达的目的，而在逻辑实证主义者看来，情感表达是某种特别不值得进行哲学分析的东西。这也符合我在私人交往中注意到的一个事实，即在我正在谈到的这类哲学家中，绝大多数对艺术几乎都没有什么兴趣。或许并不奇怪的是，在更为优秀的哲学家之中，才有可能存在一种喜好艺术的倾向。

如此众多的牛津哲学家仅仅是因为在一股自中学开始就已经裹挟了他们的潮流的推动下才成为哲学家的，这个事实带来了两个更加具有破坏性的后果。绝大多数的牛津哲学家不仅是在班级中经常获奖的数一数二的男生，他们还比他们的老师更加聪明，他们经常受到老师的称赞，甚至有可能获得老师的钦佩与尊敬。因此他们在具有高度可塑性的年龄里，由于这些经验的影响而成为这样的人，倘若他们能够用他们的机敏来唤起老师的注意,由此赢得他们那个世界的权威人士的尊重与赞赏,他们就会在这样的荣耀中不断获得满足。他们将这种倾向显著地延续到了他们的成年生活之中。显而易见,这些职业哲学家倾向于从事任何主题的研究,只要那些研究能让他们从这个职业的最高地位者那里获得最热情的赞许。这意味着他们是时尚的奴隶,即便这是一些高级的时尚;当这些时尚发生改变时,他们的工作也就会发生改变——实际上,他们的兴趣也会发生改变。他们撰写的并不是他们自己形成的问题,而是他们最钦佩的同时代人所撰写的任何主题。尽管如此,他们还意识到,为了让自己崭露头角,他们不得不将自身表现得比他们的绝大多数同事更聪明。在他们看来,表明这一点的正常途径是,在同一个学科中研究一个其他人没有能力研究的主题,或至少是其他人尚未研究过的主题。然而,除非这些人的个体能力达到天才的级别,否则他们在用重要的术语提出重大的问题时,就不可能不重复先前哲学家已经说过的思想。因此,他们的情境逻辑驱使他们转向相反的方向,去从事那些精微而又细致的工作,这种工作能够获得其他人的欣赏,但其他人又无法处理或尚未做过这样的工作。许多牛津哲学家通过阐明诸多迄今无人察觉的区分来赢得自己的个人声誉。倘若将这些成就谴责为毫无价值的东西,这必定是一种庸俗的反智主义,但事实仍然是,大多数这样的哲学家将他们的职业生涯埋葬于这门学科的附属细则之中,而不是像我刚刚所说的那样,亲自用重要的术语来提出重大的问题。甚至当他们写到以往那些大哲学家时,他们在荒唐的冲动下经常觉得自己有必要回避这些最显著的人物,因此他们在自己撰写的论著中花费了大量篇幅来表明,就笛卡尔、洛克或其他任何大哲学家而言,他们真正重要的东西并不是人们在过去始终想到的那些思想,而是某些别的东西。有人或许会提出这样的异议,即牛津哲学家的这些诡辩固然做得很好,但对我们真正重要的基本上都是诸多长期存在的问题,那些被称为大哲学家的人才对这些问题的讨论做出了众多重要的贡献。但在牛津哲学家看来,这些异议者之所以认为大哲学家做出了重要的贡献,主要是因为人们过去经常这么说。因此牛津哲学家就会贬低这些异议者,认为他们的头脑是简单的,他们的研究进路是不专业的,对于这些问题本身在多方面表现出来的微妙差异无动于衷,没有能力欣赏牛津哲学家当前完成的那种工作在智识上真正具备的复杂性。

  我在牛津的那段时间里,经常与哲学家讨论他们研究进路的正当性或他们的工作价值,并不时陷入争论之中。我的主张是,哲学家应当做的工作是试图理解这个世界,每当这个时候,我总是会提到关于时间与空间的诸多二律背反,并将之作为哲学家应当处理的那种令人困惑的问题的例证。我接下来会坚持认为，这些二律背反表明了常识的世界观是不能成立的。在我所能想起的回忆中，这些哲学家毫无例外地就像我在童年时期求助的成年人一样做出回应。他们会说，这种问题是无法解答的，因此，我们不应当浪费我们的时间来提出这些问题。他们间接地表明了他们对这种问题完全缺乏兴趣，他们会转变主题。试图理解实在，这（尤其）不是他们感兴趣的事情。

按照这些从个人出发的考虑因素，我发现了这样一个显著的情况，即在活跃于20世纪英国的哲学家中，我会毫不犹豫地认为，某些哲学家的地位要高于最好的牛津哲学家，而正是这些哲学家，他们都是按照自己的意愿来主动选择哲学的，他们都是从那种并非专注于学习已经死去语言的教育背景中转向哲学的。罗素与怀特海从数学转向哲学；维特根斯坦从工程学转向哲学；而波普尔在成为职业哲学家之前是一位数学与物理教师。在这方面，尽管他们不同于牛津的哲学家，但他们类似于绝大多数以往的大哲学家。

由于我接近于在使用人身攻击论证，这也就为语言哲学家创造了一个翻盘的机会，他们可以对我说："在你所撰写的有关人类思维特征的论断中，你对你自己的经验进行了普遍化的推广。这让你误入歧途。恰恰是我们才更接近常见的经验。你的那些经验是一种特殊的例外。"对于我迄今为止所撰写的这一切论断，还有两个额外的理由来支持我确信，实际情况就是这样的。第一，我自己运用文字的经验是非同寻常的，在某种程度上我的整个生活都是依靠众多不同方式的语言运用来谋生的：我在大学与中学里教书，发表过数百次演讲，主持了数百次电视节目与广播节目，出版了大量的论文与16本书。在我的所有生活中，我直接就可以意识到，我并不是用语言来进行思考的。我所做的是首先形成思想，接下来将这些思想用语言来进行表达。我用前语言的意象来进行思考，这种说法或许会被人们理解为是在暗示，这些意象要比语言更为模糊，但实际情况恰恰相反。当我正在聚精会神地思考时——例如，正在试图解决一个问题，正在写作，或正在准备一次演讲或广播节目——我的思想就像音乐一样，相较于语言，我的思想不仅更为具体与更为明确，而且还能够更为牢固地聚焦于某个事物之上；我就是以如此直接的方式对思想产生经验的，因此在我与这种经验之间没有为其他任何东西留下空间。思想的本质是直接的与即刻的，对思想的经验也是如此，我对思想的认识要比我对语言的任何认识都更为确信与肯定。但令人遗憾的是，我不得不承认，在将思想翻译为语言之前，我无法用语言来表述思想是什么样的。

我的第二个理由是，文盲或半文盲在人类中占据了一定的比例，而即便在一个教育得到最佳普及的社会里，也仍然有许多人虽然自己并非文盲或半文盲，但依然无法用语言进行清晰明确的表达，当我们考虑到这些情况时，我们就难以相信，数亿人时时刻刻都是用语言来进行思考的。即便有人对我说"你或许是一个作家与谈话者，但你并不是一个很好的作家或谈话者：你使用的语言是不敏锐的"，我也会向他们指出以上这些情况。我可以有根据地提出这样的问题：当你想到"绝大多数"真正涵盖的范围时，难道我使用的语言真的不如绝大多数其他人所使用的语言敏锐吗？

自伯特兰·罗素以来的绝大多数哲学家都相信语言在人类的生活与经验中具有重要性，但他们不合理地将一种与它本身不相称的重要性赋予了语言。在同一个时期里，其他领域的许多以语言为导向的知识分子也对语言的重要性持有这种相同的见解。现代主义的文学运动的特点恰恰就是，迄今为止被视为媒介与形式的东西逐渐变成了它们自己的主题：在最深刻的层面上，书籍、诗歌与戏剧并没有被理解为对世界、人物或关系的描述，而是被理解为对语言的描述，有时甚至是对于其他的书籍、诗歌与戏剧的描述，而并非罕见的情况是，它们还有可能是对自身的描述。与其说是它们的作者以这样的方式来看待它们，不如说是各种学派的文学理论家（如结构主义者与解构主义者）以这样的方式来看待它们。我们经历的是这样一个时代，它自己比以往几乎所有的时代都更加专注于语言，并在论述中将语言作为一种以自身为目的的兴趣对象，而先前几乎任何时代都不可能以这样的方式来对待语言。但我相信，这个时代正在终结，它不仅将在哲学中宣告终结，而且还将在文学中宣告终结，而支持这一点的理由是相同的：有一种相同的谬误存在于这二者的根基之中。二者在处理自己所运用的媒介时，似乎都把它当作了自己想要表达的思想主题。即便在受过良好教育的人中间，也只有一小部分人才会在错觉中认为这种研究进路是可靠的。

人们经常会用两个批判性的隐喻来形容语言哲学家，而语言哲学家在听到这两个隐喻的时候就很容易被激怒。一个隐喻是，语言哲学家就像一个时时刻刻都在整理他自己工具的木匠——将这些工具擦拭得更加明亮，让它们的尖端熠熠生辉，让它们的刃口变得更加锋利——但他从未用这些工具来执行任何其他的任务。另一个隐喻是，语言哲学家就像一个始终坐在那里擦拭自己眼镜的人，但他从未戴上这副眼镜并透过这副眼镜来审视这个世界。我相信，这两个隐喻都是恰当的。语言肯定在许多方面都是成问题的，语言的运用对我们施加了诸多限制，但除了这些需要考虑的东西之外,语言首先是一种用来表达、交流、描述、说明、描写、叙述、论证、记录的媒介,它可以服务于艺术作品创造、科学理论表述与其他这样的实践任务或创造性任务;它正是为了诸如此类的目的而存在的。在哲学中,语言的主要功能是具体展现有关实在的终极本质的诸多洞识与理论(既展现实在的架构,又展现包括我们自身在内的实在内容),表述被我先前作为哲学典型实例的各种哲学问题,为这些问题设计解答,对这些解答提出批评,并对这些批评做出回应。语言就是执行这样一种公开活动的媒介,这种活动的恰当焦点始终应当是实在,或实在的某些方面(如果你愿意的话,你也可以将语言作为实在的某个在细节上更为复杂的方面)。

正是在这一点上,叔本华反复指责康德,而在我看来,他的指责是有根据的。康德将哲学刻画为经过学科训练的概念考察(*Wissenschaft*,这个词通常被译为"科学"),叔本华对此的回应是,尽管哲学活动只能在概念中进行,尽管任何可能的结论只能用概念来表达,但哲学是一门使用概念的科学,而不是一门(或某种)属于概念的科学。概念是哲学的媒介,而不是哲学的主题。哲学的主题是实在,哲学的目的是加深我们对于实在本质的理解。

哲学对语言的探究固然在哲学研究中占据一席之地,但这种哲学探究的学术地位也就仅此而已,恰如哲学对其他任何主题(心灵、逻辑、科学、艺术、道德、政治、社会学)的探究也在哲学研究中占据一席之地一样。某些语言哲学家认为,哲学对语言的探究比(比方说)哲学对音乐的探究更加重要,在我看来,这种想法是错误的。至于那种研究哲学的语言学进路(它有别于哲学对语言的探究),我认为,除了将它作为一种给其他任务做准备的心智训练之外,它在哲学研究中并没有其他的任何地位。

任何真诚地相信哲学的真正使命是澄清语言意义的人都必定相信,并非语言的实在没有向我们提出任何哲学问题。这恰恰是奥斯汀、后期的维特根斯坦与他们的追随者确实持有的信念。在我看来,这始终是一个明显错误的信念,至少对我来说,它总是与直接的经验相抵触。在我心中,我确实无法理解,怎么会有人真正相信,任何关于时空本质、物体、因果关系或自由意志的哲学问题,都是与语言有关的问题。在通常情况下,这个成问题的观点或许会主张,我们对这些事物的日常理解基本上是正确的,我们需要做的仅仅是对之予以澄清(实际上,这就是绝大多数日常语言哲学家所持有的观点);这个成问题的观点或许会认为,发现有关这个世界的新真理是科学的职责,因此完全按照这种理解形成的哲学多半是科学哲学(这就是绝大多数逻辑实证主义者所持有的观点）。这些态度在思想上是如此贫乏，以至于如今人们已经充分表达了反对它们的批评意见，继续攻击它们是没有挑战性的。然而，尽管孕育了这些态度的学派不再被公认，但这些学派产生的哲学观，即将哲学限定于澄清语言意义的哲学观，一直都留在我们身边，许多著名的职业哲学家自觉地坚持这样的哲学观。例如，迈克尔·达米特（Michael Dummett）在20世纪90年代公开发表的作品中曾经说过："哲学并不试图发现关于这个世界的新真理，而是试图对我们已经获得的关于这个世界的知识与信念形成一种清晰的见解。"人们轻易就可以从其他的同时代哲学家的作品中找到无数表达的意思大致相同的引文。1995年出版的《牛津哲学研究指南》（The Oxford Companion to Philosophy）为"哲学"提供的第一个定义就是"关于思想的思想"。

我将这种态度视为对哲学的拒斥，我反过来也拒斥这种态度。由于那些我希望到目前为止已经充分解释清楚的理由，我相信，并非语言的实在向我们提出了许多哲学问题，它们对于这个世界的本质以及居住在这个世界的我们的存在本质来说是根本性的问题，它们不需要根据我们所使用的语言来得到解释。由于这种情况，这些问题就不可能通过分析来获得解决。分析所能做的无非是澄清我们已经拥有的东西。当然，在我们试图解决问题之前，我们应当尽可能清晰地表述我们的问题，这几乎总是一种明智的做法，但澄清本身并非解答的组成部分，而是解答的准备工作。解决真正具有实质内容的哲学问题，需要形成一种发挥解释作用的理论，形成一种构成审视事物的崭新方式的思想观念，它能让人们进一步认识这些问题，阐明这些问题，而且它自身始终是可以用理性来进行批判与辩护的。这样的思想观念在本质上是创造性的个人成就，它们构成了有价值的哲学的主要内容。只是因为哲学这门学科在最近的历史中所经历的职业化，在这种背景下这门学科就充斥了许多这样的人，他们被归类为哲学家，但他们没有能力产生有价值的哲学思想，因而就不得不从事一些其他的工作，并将这些工作作为他们的首要活动——由于它们是最专业的哲学家所从事的活动，于是这些活动就逐渐被公认为哲学。尽管这种活动是额外添加在传统哲学旁边的东西，但我发现，甚至最专业的哲学家也错误地将它当作真正的哲学。在我成年生活的道路上，我恰恰是在哲学专业之外，而不是在哲学专业之中遇到了那些对真正的哲学抱有更加严肃兴趣的人。

第 6 章
知觉问题

作为一名在牛津大学就读哲学的本科生，我被正式要求参与各种论辩，这些论辩的主题除了语言哲学之外，唯一具有实质内容的问题是知觉问题。这是一个始终困扰着经验主义哲学家与他们的遗产继承者的问题，而之所以如此困扰着这些哲学家的原因是，根据经验主义的诸多假设，这个问题是无法解决的。

这个问题可以按照如下方式来进行表述。假定这个世界是由除了我自己的身体之外的其他所有物体构成的，不仅这个世界本身独立于我的存在，而且它的空间与时间的维度也独立于我的存在；假定我关于这个世界的知识事实上导源于这些物体，它们以某种方式对我身体的感觉有所影响，以至于在我的头脑中产生了某种或许可被描述为心智状态的效果，而那些物体就是在这种心智状态中被表象的；倘若是这样，那么我究竟如何能够知道，这些表象符合那些物体（换句话说，即我的知觉符合实在）？人们检验复制品精确性的唯一途径是，将它与原型进行比较，但在这种情形下，我们无法独立地接近原型，因而无法做出这种比较。我们接近的仅仅是复制品——事实上，只有根据这些复制品，我们才推断出了原型的存在。这个问题由于以下这个事实而变得更加尖锐，即我们知道，我们的感觉不时会欺骗我们。倘若我的视觉看到的景象是，在我前方六步之外有一扇门，那么我就会推断，在我前方六步之外有一扇门存在，但至少我偶尔会犯错误——我曾经发现，在墙上有一幅具备出色的错视效果的图画（*trompe l'oeil*），它描绘的恰恰是一扇门。还有其他的原因来让我可能犯下这同一种错误：我或许被光线在阴影中产生的影像所欺骗，我或许产生了幻觉，或许正在梦游。事实上，错误的知觉在日常生活中是不足为奇的——在开车时，在玩游戏时，以及在其他的各种环境下都有可能发生错觉。进而，每个客体的外观在不同的光线下呈现出不同的色泽，因而在一天的不同时间里也就呈现出不同的色泽；而且从不同的角度看，每个客体都会呈现出不同的形状；因此我们或许会问，这个客体真正的颜色是什么，这个客体真正的形状是什么——而我们又是怎么知道的？为什么应当将这个客体在某种特定光线下（而不是在其他任何光线下）的颜色称为它"真正的"颜色，为什么应当将这个客体在某个特定角度下（而不是在其他任何角度下）的形状称为它"真正的"形状？我们知道我们有时会犯错。我们怎样才能确定我们在每个个别的场合下没有犯错？

这个问题还可以变得更加激进。倘若我所经验的一切事物与我能够经验的一切事物都是心智的状态，那么，我有什么根据相信，在心智状态之外还有其他的事物存在？我甚至可以追问，我有什么根据相信，除了我的心智状态之外，还有其他的心智状态存在？我永远无法直接通达于其他任何人的心灵之中，因此，我如何能肯定，除了我自己的心灵之外，还有其他的心灵存在？

数百年来，人们提出这些问题，强调这些问题并研究这些问题，如今存在诸多与这些问题有关的重要文献。在这些重要文献中，笛卡尔、洛克、贝克莱与休谟各自试图解答其中的某些问题，并且他们在做出这种努力的过程中创造了诸多天才之作；尽管他们提出的解决方案并没有顶住随后提出的所有批评意见，但是，他们的作品都为这些问题带来了某种启发。休谟特别深刻与细致的地方在于，他真正理解了这些问题的困难程度，因此他逐渐被哲学研究者公认为一位用英语写作的最伟大的哲学家，尽管休谟的作品所产生的影响事实上并不像洛克那么广泛。

倘若直接陈述这些哲学家得出的结论，那么，它们经常显得是幼稚的与令人失望的。通过研究这些哲学家获得的启示，来自针对其论证的彻底而又详尽的研究工作——这种研究工作让人们处于探求的状态之中，而且有助于人们在这种探求中获得巨大的推进，因为人们在这种研究过程中不仅受益于这些哲学家不得不说出来的思想观念，而且还受益于人们在阅读这些哲学家时激发自身产生的批判性回应与反思——笛卡尔相信，仅仅根据他自己的意识内容，他就能证明，必定存在着一个无限的、全能的与完美的存在者。他相信这一点，因为他认为，等级较低的存在者不可能构想出等级更高的存在者。因此，我这个有限的、弱小的与不完美的存在者就不可能仅凭我自己来形成一个关于无限的、全能的与完美的上帝的清晰概念。我拥有这样的概念，这个事实意味着，必定存在着某种符合这个概念的事物，这种事物必定给了我一种理解它自身的能力。一个完美的存在者不可能是一个欺骗者，因此，它不会命令物质以这样一种方式存在，让我虽然能够清晰而又明确地意识到某个事物，这个事物却不在那里存在；因此，当我认真关注事物时，这个世界就必定是按照我理解它的方式存在的。这也就是在承认，人类经验本身无法直接保证外部世界的存在，更无法直接保证外部世界符合我们的知觉。我们获得的保证是间接的，它来自我们拥有的关于上帝存在的无可置疑的知识。伴随这个结论而来的是一系列更加重要的后果：人们或许想当然地认为，客观的就是确定的，主观的就是不确定的，但实际情况远非如此。我们能够无可置疑地确信的，仅仅是我们自己的意识直接判定的东西。

笛卡尔是通过应用后来被称为"笛卡尔式怀疑"的方法来得出这个结论的。这个方法是，为了论证的目的，悬搁对于任何可能是错误的命题的信念。我在这里将这个方法的要点用七个楷体字来表述，是因为人们对于笛卡尔的这个方法的要点产生了特别多的误解。甚至许多在其他方面表现优异的作者在写作中似乎也认为，笛卡尔真正怀疑的是他的绝大多数基本的常识信念，或试图欺骗他自己与其他读者相信笛卡尔怀疑的正是这些东西，这些作者进而断定笛卡尔的这种怀疑是荒谬的。但笛卡尔并没有做过这样的事情。倘若让我用自己的话来表达笛卡尔所做论证的要点，这个解释或许可以按照如下方式进行。

我们可以在我们拥有的数学中找到那种无可置疑的有用知识的范例。数学的整个知识结构在每个层面上都特别令人印象深刻，从最抽象的层面到最普通的日常应用层面都是如此。倘若我们能够将我们的那些并非数学的知识也置于一个类似的稳固基础之上，这就让我们能够在人类的能力范围内最大程度地控制实在，无论是在实践意义上的控制还是在智识意义上的控制。接下来让我们考察，究竟是什么东西赋予了数学如此不可抗拒的确定性，并看看它能否为那些并非数学的知识也带来如此的确定性。我们通过考察发现，整个数学是用那种具有不可抗拒之必然性的演绎逻辑推断出来的，演绎逻辑根据的是一些数量少得惊人的前提，它们如此短小、简单、基本与明显，因而是无可置疑的。如果我们能够为我们的经验知识找到这种无可置疑的前提，那么就可以认为，我们能在这种前提的基础上构造整个世界。接下来让我们审视我们的经验信念，看看其中是否存在任何不可能受到怀疑的东西。

令人遗憾的是，我们知道，我们的感觉提供的直接证据是有可能受到怀疑的，因为我们知道，我们的感觉有时确实欺骗了我们：教堂的塔尖在日落时看起来就像是金色的，但实际上它是灰色的；一根笔直的棍棒在水中看起来就像是弯曲的；如此等等。有时我们由于受到感觉的欺骗，就会认为我们正在感知某些东西，但我们实际上根本就没有感知到任何东西：这发生在我的梦境之中——我自己以为我在研究中做了这件事或那件事，但我醒来以后发现，整件事只不过是一个幻觉，而我一直都躺在床上。这尤其令人困惑不安，因为这意味着，我甚至无法百分之百地确定，尽管我有把握自己现在正坐在我的书桌旁写下这个句子，但我仍然有可能是在做梦，我会发现自己确信的东西是一个幻觉。于是根据反思，任何经验就其本质而言似乎都有可能欺骗我。尽管如此，确实有某种东西是我不可能去怀疑的，那就是我当前拥有的有意识经验，虽然我对其起源的理解或许完全是错误的。这也就解释了我先前已经提到的一个说法，即主观的东西在某种意义上是不可怀疑的，而客观的东西永远不可能在这种意义上是不可怀疑的。因此，倘若我并不是根据我的意识判定的假定起源来得出那些演绎性结论的，那么我就是仅仅根据"我拥有这些经验，它们不可能是错误的"这个毫无掩饰的事实来得出那些结论的。然而，是否有可能存在任何这样的推论呢？是的，这样的推论是可能存在的。例如，根据"我完全拥有知觉意识的经验"这个事实，就可以推断出我必定是存在的，进而，存在的至少是那种拥有此类经验的存在者：我至少必定是一个正在思考的存在者。

因此，我就能肯定地说："我思故我在；或用学究的方式精确地说，我直接地经验到了知觉意识，根据这个事实我就能无可置疑地推断出，我是某种经验到了知觉意识（这或许并非必定意味着，知觉意识就是我认为它所意指的那种东西）的存在者（这种存在者并非必定就是我认为我所是的那种存在者）。"但我还能进一步认为，由于我是有意识而又有限的，而我却拥有一种关于有意识却又无限的存在者的概念，根据这个事实就可以推断出，这种存在者必定存在，它必定会给予我们这样的概念，因为有限者无法凭借它自身之内的资源来孕育无限者。

这个论证的其余部分则可以按照先前就已经阐明的方式进行。在阅读哲学的过程中，几乎没有哪位哲学家比笛卡尔更有吸引力。笛卡尔是法国仅有的一位大哲学家，而笛卡尔的作品展示了这个国家最引人入胜的语言：他的文章清晰明确，但其中渗透着他极其与众不同的性格；尽管他坚定地用第一人称的方式来撰写他最重要的作品（《谈谈方法》与《沉思录》），但其中并没有蕴含那种让人感到疏远的自我中心态度。恰恰相反，读者会发现自己将在不知不觉的情况下完全认同笛卡尔探究的紧迫性："是否存在任何我能百分之百确定的东西？"这种探究自始至终都以清晰的风格与步步为营的耐心，寻求那种能够让通常的世界观可靠地奠基于其上的坚如磐石而又不可动摇的基础。这种探究的清晰风格也让笛卡尔的作品成为一流的普通哲学导论。笛卡尔的这些作品的特质，连同他通过自己的文字表现出来的尖锐个性是如此伟大，以至于一旦你读过笛卡尔的作品，这些作品就会像伟大的音乐一样，成为一份永远属于你的财富：对于你的余生来说，笛卡尔就像某个你认识的人一样。这就与康德这位更加伟大的哲学家有了显著的对比：你可能花费了多年时间来研究康德，却没有感受到他通过文字表现出任何特别的个性。由于所有这一切（而且还由于笛卡尔被人们正确地视为现代哲学的开创者），笛卡尔就成了整个西方文化的核心人物，甚至某些最伟大的哲学家也没有成为这样的人物。人们会觉得，所有受过良好教育的人都应当读过笛卡尔。在法国，所有受过良好教育的人确实都读过笛卡尔。

在西方哲学的主要传统中，笛卡尔的直接继承者是洛克，洛克无疑是英国式的哲学家，恰如笛卡尔无疑是法国式的哲学家一样。在他的《人类理解研究》中，洛克倾向于赋予常识以超越演绎逻辑的优先地位；在洛克看来，他自己得出的最终结论完全是暂定的和可错的，而并不是不证自明的。洛克赞同笛卡尔的是，一个人不可能怀疑他自己的意识的诸多判定，不管他自己的意识判定的究竟是什么，因此，这至少是某种无可置疑地被人们直接认识的东西；洛克承认，我们的意识的诸多判定就是这样的，以至于我们自动地将我们自身作为世界的主体，而世界是由这样的客体组成的，它们存在于我们之外的空间与时间的维度之中。但在洛克看来，可以证明的是，恰如笛卡尔所指出的那样，我们的感觉有时会在物体的真实本质上欺骗我们，不仅如此，我们的感觉在某些相当重要的问题上总是系统性地欺骗我们，而这种被笛卡尔所否认的处境是可以与全能上帝的仁慈相并存的。例如，洛克认为，在独立于任何正在感知的主体的情况下，客体就既不可能拥有颜色、声音，也不可能通过嗅觉与味觉来描述自身。在我们看来，所有这样的性质都在描绘客体本身的特征，但事实上，这些性质只有在被感知的客体与正在感知的主体之间发生互动时才能存在。因此，它们无法在独立于被经验的东西的条件下如其所是地刻画客体本身。洛克将这些性质称为第二性质。按照洛克的观点，第一性质是那些无论是否被主体感知到，客体本身都能拥有的特性。物理学讨论的恰恰就是客体的第一性质，它们全都可以被客观地测量或分类——客体的位置，客体在时间与空间中的运动，客体的大小、重量、质量、物质构成，等等。

怀疑论者可能会对洛克说："你告诉我们，客体拥有所有这些性质，无论是第一性质还是第二性质；但你还认为，我们有可能理解的仅仅是客体的性质。至于那些性质所描绘的客体，它们是存在于这些性质之中，构成事物基础的实体，而你又认为，客体是我们永远无法通达的某种东西。用你自己的话来说，它是'某种我不知道的东西'。但是，既然客体事实上永远无法出现于经验之中，你究竟如何能知道它是存在的呢？你断定客体的存在，难道就不会明确违背经验主义的基本原则吗？"对于这一点，我认为，洛克大概会按照如下方式做出回应："诸多存在的性质是某些可以被我们无可置疑地直接经验的东西。我无法相信，这些性质是完全凭借它们自身存在的抽象概念（可以认为，这是一种'浮现在半空中'的抽象概念）。

我更无法相信，这些性质以固定组合的方式自由地浮现于我们的相关经验之中。让我单独举一个例子，无论我在何时'吃苹果'，我总是会拥有一连串彼此联系非常紧密而又同时存在的多重经验，而在这个狭小的经验范围内包括的是大小、形状、颜色、密度、味道、气味、湿度、手上与嘴里的感受以及其他所有的相关性质……难道你会告诉我，存在的恰恰是成千上万结合为簇群的性质，这些性质在四周浮现，永远按照某种固定的方式彼此结合，但这些性质的结合又是偶然的，我们在受蒙蔽的情况下才用'苹果'这个名字来为它们命名？难道你还会继续认为，对于在这个世界中被我们理解为物体的无数其他事物，它们也都符合这样的情况？肯定没有人相信这一点。按照我们的理解，某些事物必定是由诸多性质按照固有的方式结合而成的，必然存在这样一种实体，它构成了一切物体的基础。"

但在逻辑的意义上这并不是一个解答。即便洛克的这个回应得到了人们的接受，但它也意味着，根据洛克自己的描述，物理实在的终极本质是我们无法解决的一个谜团，事实上洛克也相信我们解决不了这个问题。进而，同样可以通过推理表明，经验主体的终极本质也是神秘莫测的。我们知道客体影响我们的方式——客体在视觉、听觉、触觉以及其他感觉上对我们产生了影响，我们对此都拥有不可置疑的直接经验。然而，客体以此方式影响的究竟是什么？拥有这些经验的主体的独立本质是什么？主体本身是某种永远不可能出现于经验之中的事物。在此会产生这样一个逻辑问题，即倘若我们只能直接认识经验，那么我们就不可能独立于这些经验，直接认识拥有经验的主体，而不管主体究竟是什么。因此，我们在其中生活的那个世界，仅仅是由诸多影响和效果组成的。这些是我们直接经验到的东西。但那种产生诸多效果的实体永远位于经验的所有可能范围之外，而那种受到诸多影响的实体也是如此。我们据此可以提出的实在观是，实在最终是由两种不同的实体构成的，它们是心灵的实体与物质的实体，这二者的内在本质都是不可知的。我们有可能认识的仅仅是二者之间的互动。

这种整体实在观打动众多读者的地方是，它符合许多人在实践中的信念。虽然它充满了漏洞，但这些漏洞被常识堵了起来——当然，物体是存在的，虽然我们无法提供证明；当然，我们是诸多持续存在的自我，虽然我们的自我是某种我们永远无法直接经验的东西。它是第一个公开表明自身并不信奉（至少并不需要信奉）宗教的世界观，而它仍然获得了人们的广泛接受。在这种意义上，洛克可以被视为第一个现代人。作为一个政治哲学家，洛克获得的普遍赞誉（在我看来，这是正确的赞誉）是，他奠定了自由民主制的思想基础，当人们添加了这个事实之后，洛克的成就显得是巨大的。倘若洛克逐渐被人们视为一位多少有点单纯的、讲究实际的，甚至还有点平淡乏味的思想家，这是因为洛克说出来的思想已经变得如此熟悉，以至于对于如今的我们来说，我们可能会错误地将这些思想视为某些显而易见的东西；但事实真相是，当洛克提出这些观点时，它们是极具原创性的，而根本不是显而易见的。它们如今能让人们觉得如此显而易见，这个事实恰恰体现了洛克的影响。人们确实可以严肃地认为，洛克是自亚里士多德以来最有影响力的哲学家。

洛克的思想形成了自亚里士多德以来的第一个并不信奉宗教的世界观，它迅速传遍了信仰基督教的西方世界，并获得了广泛的认同。我没有必要在这里继续指出，洛克通过伏尔泰、孟德斯鸠与法国的百科全书派而对欧洲大陆施加的影响，或通过美国的国父以及他们制定的美国宪法而对美国社会产生的持久影响。我从康德与叔本华这两位哲学家那里学到的东西最多，而他们反复向洛克致敬，因为洛克开辟了那条让他们的工作成为可能的智识发展道路。事实上，在通常归功于康德的哲学思想之中，有许多哲学思想已经被洛克清晰地陈述过，而这样的哲学思想甚至要多于职业哲学家通常归功于洛克的哲学思想。最令人遗憾的是，洛克的写作如此缺乏文学才华，而这也就意味着，尽管洛克的作品是深刻的与重要的，但除了学者与他的学生以外，其他人很少会去阅读他的这些作品。这些作品并没有直接成为大众文化的一个组成部分，尽管它们在塑造我们的文化遗产上做出了如此众多的实际贡献。我认为，缺乏文学的魅力还导致人们低估了洛克作为一个哲学家的地位。他的智识才华更接近于休谟，而不像哲学研究者通常倾向于对洛克做出的评价。

根据洛克的观点，所有持久存在的实在都是隐秘的。但根据贝克莱（在这个伟大传统中，他是在时间上最接近洛克的后继者）的观点，实在所采纳的形式，恰恰就是在我们看来它所采纳的那种形式，也就是说，实在采纳的恰恰就是经验的形式。洛克通过求助于常识来对怀疑论者做出回应，而他的这种做法其实已经放弃了论证。不同于洛克的做法，贝克莱认真地对待怀疑论者提出的异议。进而他还赞成这种异议。贝克莱实际上认为，我们并没有根据来假设两个彼此独立却又彼此同源的世界，一个是经验的世界，另一个是客体的世界，客体并不是经验，但它们在一切细节上都类似于经验，只有间接地根据这些经验才能推断出客体的存在。贝克莱说，整个被推断出来的物质实体的世界是一个多余的假设。我们永远无法真正拥有恰当的根据来断定这个世界的存在，因此即便这个世界确实存在，我们也永远无法知道这一点，因为无论如何，在我们的经验之中，没有什么东西会由于这个世界的存在而有所不同。既然我们能够理解的一切仅仅是经验，那么，我们也就只能拥有恰当的根据来断定经验的存在。我们何必对这个结论感到犹豫，何必认为这个结论向我们呈现了新的问题呢？

贝克莱令人不安地指出，这个结论不会给普通人带来这样的问题。不参与哲学研究的普通人理所当然地认为，所谓的物体就是它的诸多可观察特性的总和。倘若你对某人说："你怎么知道我手上戴着皮手套？"他或许会非常不耐烦地回答："哎呀，别犯傻了，我能看到它。而且就在这里"——他伸出手来——"我能触摸它并感受它。而且"——他拿起手套并将它放到自己的鼻子下面——"我还能分辨出这双手套的皮革所散发出来的气味"，如此等等。当他将他自己的诸多感觉可以通达的一切特性都归于这双手套之后，他会认为，除此之外，他就无法对这双手套再说些什么。通常而言，他不太可能会想到这样的假设，即真正的手套本身是一种不可见的和不可表述的基础，它永远无法被他的观察所通达，虽然它负载的是他观察到的诸多偶然特性。恰恰相反，普通人会将手套视为他可能观察到的诸多特性的总和。而贝克莱说，普通人的这种做法是正确的。贝克莱哲学在这方面表现出来的一个最令人惊奇的特点是，初看起来他的哲学完全对立于常识，但经过接下来的考察之后，他的哲学又显得与常识保持了一致。

然而，对于任何种类的唯心论哲学家来说，他们不得不回答的一个关键问题是：他如何能解释，我们人类事实上生活于一个共同的世界之中？任何人走进我坐在其中撰写这些文字的房间时，都能按照你关注的任何细节要求，依靠他自己的知觉来具体描述这个房间：他将看到我坐在这张书桌前面，当他在房间中四处徘徊时，他将和我一样在相同的地方看到相同的事物，而他看到的这些事物的大小、形状、颜色等方面的可观察特性，也和我看到的相关特性是相同的。倘若不存在由物质实体构成的独立世界，存在的仅仅是属于每个个体的经验，那么，唯心论者将如何解释不同个体经验之中的相同事物呢？贝克莱通过求助于上帝的存在来回答这个问题。他说，所有这一切都存在于上帝的心灵之中，上帝在每时每刻都存在于一切地方。这就解释了为什么我们所有人在任何给定的地点上经验到的都是同一个这样的实在，这也解释了为什么这同一个实在在时间的流逝中依然能够保持稳定。由于一切事物都存在于上帝的心灵之中，而它们有时也存在于我们的心灵之中，正是在这种意义上，存在的恰恰是精神，并没有附加于精神之上的其他存在模式。存在的是一个无限的精神与诸多有限的精神；无限的精神创造了诸多有限的精神，并永远与有限的精神进行交流。我们是有限的精神，我们的经验是上帝与我们进行交流的模式。其他种类的实在是不存在的。

我确信，虔信宗教的人如今仍然会持有某种类似的信仰。但我猜想，绝大多数人无法接受按照这种方式对实在做出的任何解释。我当然也不能接受，尽管我承认这是一个大胆而又美好的理论。贝克莱始终坚持的观点是，经验材料是我们知识的唯一可能对象，他驳斥了这个观点最初遇到的一些显著的异议，并对整个西方思想产生了持久的影响。在贝克莱逝世多年之后，仍然有数代人保留了贝克莱的这个观点，并将它变成了科学的主要正统观念。卡尔·波普尔曾经发表过一篇标题为《谈贝克莱是马赫与爱因斯坦的先驱》的著名论文，他在其中表明，我们可以认为，在贝克莱的哲学中至少有二十一个论题在现代物理学的特征之中有所表现。甚至对于那些并不相信上帝的哲学家来说，贝克莱的哲学与当代也有关联，并且还继续让当代人对这种哲学产生兴趣：伯特兰·罗素是一个无神论者，他撰写了那本被称为《哲学问题》的哲学导论，有许多人发现，罗素在这本名著中提出的立场与贝克莱有着密切的关联。不管怎样，贝克莱都对20世纪的思想产生了相当大的影响。

　　我在牛津大学就读哲学、政治学、经济学专业的那段时间里被强制要求阅读四位"大哲学家"，其中的最后一位"大哲学家"就是休谟。在这四位哲学家中，休谟如今从其他哲学家那里获得的评价最高。在某种意义上说，休谟是贝克莱与洛克的混合产物。他赞同贝克莱的是，我们能够直接通达的仅仅是我们自己的经验，经验永远在我们的内部，人们会根据经验来断定独立于我们并位于我们外部的世界的存在，但我们没有任何途径来证实这种推断的有效性——换言之，我们不能证明外部世界的存在。不过，就像洛克一样，休谟采纳的是一种有别于贝克莱的常识观：休谟坚称，除非我们做出紧张而又刻意的努力来成为哲学家，否则我们无法阻止我们自己相信外部的物质世界的存在，虽然这个世界是无法得到证明的。尽管如此，休谟所求助的常识难以理解那种认为外部世界的存在是无法证明的立场，因此休谟比洛克更加实际，但又不如洛克那么自信。休谟否认有任何根据支持人们对上帝存在的确定信仰——因此，请贝克莱先生与笛卡尔先生见谅，休谟不承认上帝可以保证任何独立于我们经验的事物的存在。但与此同时，对我们来说显然自明的事实是，我们生活于我们自身之外的物质世界中，倘若这个事实既无法被经验证实，又无法被逻辑证实——而休谟通过论证表明，这个事实是无法被证实的——那么请洛克先生见谅，人们就没有任何根据来支持自己相信，这种世界的存在是已知的。休谟说，怀疑论者提出的这些论证是有效的，但它们仅仅在理论上有效。在承认它们作为论证的有效性之后，休谟向人们阐明的一个重要观点是，任何人实际上都不可能按照怀疑论者的方式来生活，因为为了继续我们的生活，我们必须永远不断地做事，这就需要做出选择与决断，我们只能以诸多关于自身处境的信念作为我们行动的根据。进而，我们的行动经常会带来较高的风险，因为我们的行动在实践中会产生诸多后果：我们每天都会遇到无数次机会来让自己走向死亡，如在行走时遭遇车祸、遇到火灾、触电、煤气中毒、过量饮酒，或被锐器刺穿身体。因此在我们的生活中，我们每时每刻都不得不根据我们关于现实的重要信念来采取行动，尽管事实上我们永远无法对这些信念的真实性拥有百分之百的把握。这就让休谟倡导他那个所谓的"温和的怀疑论"。他说，明智的行动方式是，回避所有形式的教条主义，并永远准备根据经验来修正我们的预期，为了最大化地完成我们的生活要求，我们应当尽可能大胆而又果断地采取行动。我们不可避免地会在某些时候遭受彻底的失败，但当我们确实遇到这种情况时，唯一要做的事情是，在跌倒后慢慢站起来并再次做出尝试——而且我们还应当试图从这些经验中吸取教训。倘若人们在实践中采纳这样的方法，就肯定会产生一些重大的后果。其中的一个后果是让人们形成一种强大而又富有同情心的宽容态度。另一个后果是让人们坚定地拒斥发挥解释作用的统一思想体系，甚至拒斥建造这种思想体系的可能性——因而完全拒斥诸如此类的宗教体系、意识形态体系与形而上学体系——因为倘若几乎完全不存在任何可以被我们确定的东西，那么声称我们已经解释了一切的论断就是极其荒谬的。

　　休谟思想中最令人不安的地方在于他精致完成的破坏工作。他提出的那些非常精致有力的论证不仅试图表明，我们无法证实在我们自身之外的世界的存在，而且试图表明，我们无法确证在任何领域中的因果关系的存在；并不存在归纳逻辑这样的东西；我们甚至既无法肯定我们的自我是持续存在的，又无法肯定上帝是存在的。他的写作几乎总是能够令人吃惊地洞察到我们诸多确信的隐秘角落，并通过拆解工作来破坏这些信念。我认为，休谟真正成功地表明，我们所相信的或理所当然认为的几乎每件事，事实上都处于未知的状态，而它们几乎永远不可能被人们所认知。我相信，休谟已经表明，严格的证明在数学之外的人类生活中根本就没有发挥任何作用，在他看来，这种证明活动虽然是有趣的，但它是次要的。然而，必须要理解的是，休谟并没有断定，我们理所当然相信的常识世界是不存在的，他的论断仅仅是，不可能通过理性的证明或论证来确认常识世界的存在。由此可以表明，在一种重要的意义上，休谟所倡导的是对我们人类的局限性的批判，特别是对人类知识的批判——而在康德那里倡导的是对理性的批判。休谟阐明的是，绝大多数的理性论断是无效的。我们几乎一无所知。我们的思想多半不是靠逻辑联系起来的，而是诸多观念的联结。引导我们行动的东西，并不是对现实的真实理解，而是习惯的预期与惯例。有必要说明的是，休谟对这些结论的态度是完全乐观的，他并不认为自己对于人类处境的看法是沮丧的。恰恰相反，他是一个心地善良而又颇为快乐的人。他对生活的态度既是务实的，又充满了感恩之情。休谟是用一种随和而又和善的方式进行思考的，他认为，人们错误地将自己不知道的东西当作自己知道的东西，这种错误不仅充斥于他们头脑的绝大多数空间之中，而且充斥于他们的书本与教育体制的绝大多数内容之中。倘若人们能够让自己从这种错误之中解脱出来，人们就会变得更加快乐。与休谟处于同一个时代的某些人认为，休谟应当是沮丧的与担惊受怕的，他们无法理解休谟为什么不是这样的人，但事实上，符合这些描述的仅仅是他们自己，而不是休谟。

休谟是一位作家，他的写作风格是：谦逊而又诙谐，优雅而又富有个性；严肃却朴实无华；休谟比绝大多数的哲学家更为深刻，但他始终是清晰的。倘若人们普遍有机会接触他的作品，那就会有更多的人通过阅读他的作品而获得快乐与收益。休谟的作品是哲学家写作的楷模，事实上，自休谟那个时代以来，某些最优秀的哲学家就有意模仿休谟的方式来进行写作。我从休谟那里学到的一件事是，我自己的某些问题要比我所能意识到的更为深刻。当你带着一个问题去请教休谟的论著时，他会在自己的作品中告诉你的典型说法是："这个问题遭遇的困境比你所认为的更加恶劣。"我带着我的问题向休谟的论著求助，而在离开休谟的论著时，我的问题变得比先前更加难以对付。但这也意味着，休谟帮我极大地加深了自己对这些问题的理解，而我为此始终对休谟抱有感激之情。

但我并不赞同休谟的一个重要学说，即他有关自我的学说。休谟认为，当我们进行自我反省时，我们能够意识到的仅仅是内在经验的内容：感官知觉、意象、思想、记忆、心情、感受以及其他的内在经验。自我是我们还缺乏认识的某个其他种类的实体，它拥有以上这些东西。按照休谟的说法，"痛苦与快乐、悲伤与喜悦、激情与知觉彼此接替，它们从来也没有在相同的时间内共存。因此，无法根据任何这样的印象或任何其他的印象来推导出自我的观念；由此导致的结果是，并不存在这样的观念"（《人性论》，第一卷；在这个语境下，休谟用"观念"这个术语来意指的是任何重要的心智内容）。休谟预先假定，所有的直接经验都是由关于某个客体的知觉构成的，无论这个客体是抽象的客体还是物理的客体。当我们正在考虑的是关于外部世界的知识时，这或许确实是某个可以证实的假设，但我并不认为它可以适用于内在的经验。正如哲学家在从事认识论研究时总是倾向于认为的那样，休谟错误地认为，我们仅仅是正在认知的存在者，仅仅是世界的旁观者。在我看来，与这个假设相矛盾的是我们的能动性。我们不仅仅是一种正在认知的存在者，我们还是一种有所意愿与有所行动的存在者。我们并非仅仅是世界的旁观者，我们还是世界的参与者，（正是在这两种意义上）我们的活动也是这个世界的组成部分。每当我参与到有所意愿的活动之中时，我就拥有了正在做某件事的意识经验，而这样的经验并非必定拥有一种认识论的对象。例如，当我着手处理一个重要的决定时，我或许会花费数日或数周的时间对之苦苦思索，整晚躺在床上为之担忧，并与朋友讨论这个决定，如此等等。在这段时间里，我直接意识到的是，我正在做某件事，我正在卷入某件事，我正在参与某件事；但我或许并不知道，我将要做出的决定是什么（它甚至有可能尚未形成，根本就无法得到表述），直到我抵达了这个决策过程的终点。换句话说，对于主体的活动，有一种直接而又当下的意识，这种意识是长期的与持久的。我相信它就是对于自我活动的有意识的与直接的知觉。这并不是说，人们对自我已经了如指掌（恰恰相反，人们轻易就能证明，实际情况永远不可能是这样的，否则我就不需要在此为自我问题操心了），但我确实认为，这表明，持续存在的自我是某种我们直接就可以理解的东西。当然，这并不是说，自我是某种与人类的生存有关的实体；它或许在本质上更像一种过程。

  有一位哲学家严格地把握了我刚刚提出的那个论证——尽管我在发现他作品的多年之前就已经提出了这个论证——这位哲学家就是费希特，他在此基础上构造的学说比我更为博大。费希特承认（事实上，他相当细致地重述了支持这个结论的诸多论证），认识论的分析或论证无论有多少，也无法证明在我们自身之外的世界的存在；但他进一步得出的论断是，尽管如此，这个世界的存在还是得到了证明，其证明的手段是某种明确有别于认识论的分析或论证的东西，某种根本不是论证的东西，即我们的能动性。倘若除了我们自身之外就没有其他的事物存在，我们就不可能做出行动；由于我们对于我们自身的能动性拥有直接的、无可置疑的经验，这就意味着，我们拥有无可辩驳的证据来证明在我们自身之外的世界的存在。费希特甚至将他最大的攻击投向了一个更为狭隘的立场。在与康德的《实践理性批判》产生共鸣之后，费希特断言，我们凭借直接的与无可置疑的方式就可以知道，我们自己是道德的存在者。但倘若我们永远不能以不同于我们实际的方式来行动，也就是说，倘若我们永远不能进行实际的选择，那么就不可能存在道德的事物；倘若对于在道德上正确的行动来说不存在任何障碍，那么就不会存在非道德的事物；根据这些理由，就必定存在一个包含了诸多并非我们自身的实体的行动区域——换言之，就必定存在一个在我们自身之外的真实世界。费希特甚至进一步发展了这个论证，但我们不需要在超出这个问题的范围之外继续追随他。费希特是一位在其作品中孕育了许多犀利洞识的哲学家。令人遗憾的是，他也是最难阅读与最难理解的哲学家之一，他在这方面的难度可与黑格尔和海德格尔相媲美。由此导致的结果是，就像那两位哲学家一样，费希特有时会被一些真正有才华的哲学家当作一个江湖骗子，他们因为费希特冗长费解的行文风格而对他的哲学置之不理。费希特在他的一本书中以他少见的清晰性陈述了他的绝大部分主要立场，这本书就是《人的使命》(*Die Bestimmung des Menschen*)，它的标题被翻译为 The Vocation of Man，但对它的更好翻译或许应当是"人的召唤"(Man's Calling)。

我并不认为，我那个时代的牛津大学生会被要求阅读费希特。事实上，牛津大学关于认识论的强制性教学大纲是以休谟开始的，它完全忽略了康德与19世纪的哲学，径直跳到20世纪在英国出生的那些哲学家（外加维特根斯坦），他们被视为与洛克、贝克莱和休谟一样，仍然在努力克服相同的问题。然而，伟大的经验主义者用认识论的术语来表述这些问题，与他们相对应的这些现代哲学家却将这些问题转译为有关陈述逻辑的问题，并以这种方式来论述这些问题。对于这些问题的实质内容，人们无法认为他们取得了重要的进展。正如伯特兰·罗素在他发表于1945年的《西方哲学史》中所说的："[休谟]根据洛克与贝克莱的经验主义哲学，得出了它的逻辑结论。这个结论虽然与这种经验主义哲学是前后一致的，但它也让人们难以相信这种哲学。在某种意义上，休谟代表的是一条死胡同：沿着他的方向不可能获得进一步的发展。自从休谟写完了这些作品之后，反驳休谟就成了形而上学家喜爱的一项消遣活动。对我来说，我发现他们的反驳没有一个是令人信服的；尽管如此，我不得不有所期盼的是，或许可以发现某种并不像休谟的体系那么具有怀疑论色彩的哲学。"许多重要的思想家发现，他们无法接受贝克莱与休谟的哲学，但与此同时又无法反驳他们的哲学，在某种意义上，这个事实正是证实贝克莱与休谟是两位伟大哲学家的标准。这个事实表明，他们让我们面对的确实是根本的问题。

在我看来，伯特兰·罗素的上述引文同时在几个方面都是富有启发的。首先，它呈现了由摩尔和罗素开创的分析哲学传统的一个引人注目的古怪特征，也就是说，甚至是它的那些最有能力的践行者也不认为，他们自己已经让哲学极大地超越了哲学在两百年前就已经获得的成就。罗素根据20世纪40年代的实际情况，清晰地表述了分析哲学与传统哲学的差异："我已经概述了以分析为导向的现代经验主义，它有别于洛克、贝克莱与休谟的经验主义，它与后者的不同之处在于，它吸收了数学以及那些根据数学发展而成的有力的逻辑技巧。"*在罗素看来，他与他的同事已经重制

---

* *History of Western Philosophy*, p. 862.

了这种工具。在同一段文字的最后一句话中，罗素清楚地表明了他们设计这种工具所意在完成的任务："我并不怀疑，在哲学知识的可能范围内，哲学所寻求的必定正是这样的方法；我同样毫不怀疑，借助这些方法，许多古代的哲学问题完全是可以解决的。"但迄今为止，他们并没有完成这样的任务。我能说的仅仅是，在罗素写下这些文字的半个世纪之后，我们仍然在等待着出现这种解决方案的迹象。

在罗素之后的绝大多数分析哲学家并没有做出任何超越休谟的实质进展，但他们在面对这个事实时似乎特别镇定。对于某些分析哲学家来说，这是因为他们相信，休谟已经将哲学拓展到了它可能抵达的最远范围，因此除了某些特定的澄清工作之外，休谟几乎没有留下其他任何有待完成的工作。A. J. 艾耶尔就是这种态度的典范。艾耶尔曾经被问及，他的《语言、真理与逻辑》的主要学说是什么，他的回复是："我的主要学说非常简单，它们在很大程度上导源于休谟。事实上，逻辑实证主义就像它的名字所暗示的，是休谟激进的经验主义与由罗素等人发展形成的现代逻辑技巧的混合产物。"* 在他的作品中，艾耶尔通常总是会告诉我们，他要说的东西或刚刚说过的东西，在本质上都已经被休谟说过。我特别喜爱其中这样一段拥有多种用途的引文，它大致的意思是："我们对于这个观点的推理，恰如我们对于许多其他观点的推理一样，是与休谟的推理符合一致的。"** 除了艾耶尔之外，还有一些哲学家也像他那样乐于承认这一点，不过他们这么做是出于不同的理由。他们承认，哲学并未极大地超越休谟，但他们并没有对此感到担忧，因为他们相信，哲学能够解决的仅仅是一些并不重要的问题。表述这个观点的最为著名的陈述，出现于维特根斯坦的《逻辑哲学论》的序言之中。维特根斯坦在其中断言，他的这本书已经解决了哲学的所有基本问题，而他接下来做出的评论是，当这些问题已经解决时，所完成的事情是多么少。

这也是日常语言哲学家所普遍持有的观点，但他们也是出于不同的理由才这么认为的。他们甚至并不认为存在着哲学问题这样的东西，因为他们相信，那些被我们错误地当作严肃问题的东西，只不过是由于我们错误地使用语言而陷入的困惑；一旦人们识别与澄清了这些对语言的误用，就可以认为，这些表面问题已经被消解了。因此，一方面，正如我在先前所描述的，他们激动地声称，他们自己已经解决了在两千五百年中累积下来的诸多哲学问题，但另一方面，他们又认为，他们自己能够做到这一点，仅仅是因为这是一种相对不怎么重要的任务。这个运动的一个激

---

* *Modern British Philosophy*, p. 49.
** *Language, Truth and Logic*, second edition, p. 126.

进分子,彼得·斯特劳森随后也做出了这样的表述:"相较于这种对真实语言实践的精致考察,传统哲学的许多理论研究就显得极其粗陋,它们恰如一堆庞大而又粗劣的错误。当然,令人极其振奋的恰恰是,亲眼目睹这座庞大而又壮观的思想大厦在一种相当有节制的笛声中崩溃或倒塌。"*

相应地,日常语言哲学家的这种态度通常依赖于他们所接受的常识世界观。日常语言哲学家明确地将日常用法作为他们衡量正常说话方式的标准。不妨让我再引用一次斯特劳森的说法:"奥斯汀对我施加了巨大的影响,当然,出于部分类似的理由,赖尔也对我施加了巨大的影响。在那个时期,他们的方法有某些共同之处,尽管他们的风格极其不同。他们都密切关注的两个问题是:什么东西能够(或不能)以自然的或并不荒唐的方式说出来?我们在其中能够(或不能)以自然的方式说话的情境是什么?由于诸多一经指明就显然可以看到的理由,这种方法是一种可以极其富有成效地提供哲学素材的资源。"**正是这种方法,让它的践行者马上就可以用嘲弄的态度来拒斥许多哲学命题。比方说,他们能以如下方式拒斥那种否认时间存在的命题。他们会一边眨眼一边问:"不过,你不会真的否认昨天我在起床之后与早餐之前修剪了我的胡子吧?你不会真的否认,昨天我的午餐晚于我的早餐,却早于我的午茶吧?你不会真的否认,昨天早于今天却晚于前天吧?"倘若人们承认自己并不想否认任何一个这样的命题,他们就会认为,无法相信会有人完全认真和真诚地否认时间的存在,他们就会认为,自己已经通过这种方式驳倒了那种认为时间是不真实的观点。

他们的这种处理方法所针对的不仅仅限于这个问题,而是所有的哲学问题。倘若这种笛声确实是有节制的,那么人们就想要知道,为什么他们还会为了吹笛时必要的吸气量而感到担忧。当然,他们的这种做法就是在反对哲学,因为他们理所当然地认为,先前熟悉的常识是所有事物的仲裁者——而罗素已经注意到,这种常识正是野蛮人的形而上学——事实上,人们会质疑常识或探求常识的诸多逻辑结果,而恰恰在这种情境下,才会产生最为典型的哲学问题。

实际上,那种认为常识基本正确的假设遍及整个经验主义哲学之中,而求助于常识的做法可以在整个经验主义的传统中进行追溯——正如我们已经看到的,我们甚至可以通过休谟与贝克莱,将这种做法追溯到经验主义传统的奠基者洛克那里,尽管

---

*　彼得·斯特劳森的相关论述,参见 *Modern British Philosophy*, p. 49。
**　*Modern British Philosophy*, p. 116.

所有这些哲学家在构想这种求助的方式上要比现代哲学家更加老练与更加富有洞察力。对于所有这些哲学家来说，他们都受制于一种未经反思的形而上学，又由于经验主义传统的所有功过，经验主义首先导向了休谟的死胡同，接下来则停留于休谟的死胡同。事实上，常识显然不可能是正确的。只要用时间与空间的二律背反，就足以证明这一点。因为尽管有可能证明，爱因斯坦已经消解与清除了这些二律背反，但不可能证明，常识能够消解与清除这些二律背反。在常识世界观的构架中，这些二律背反完全是无法解决的。这些二律背反表明，无论实在是什么，它只能是这样一种秩序，它彻底有别于常识向我们心灵呈现的事物结构。其实，正如我们在第1章中就已经看到的，常识对事物的解释充斥着悖论与自相矛盾。对于任何善于反思的人来说，即便他仅仅是个孩子，他也会在自己的经验中感受到，仅仅在这个世界中生存，就会让自己产生许多深刻而又令人困惑的哲学问题，这些问题或许是无法解答的。自从我在自己的成长时期拥有了这些经验之后，我发现不可理解的是，任何经过思考的人竟然会认为，根据常识就可以理解这个世界。倘若你告诉我，许多聪明人无疑都是这么认为的，那么，我对此唯一能给出的坦诚意见是，这些聪明人将自己的高智商与缺乏好奇心的接受能力结合起来，由此导致了一种特别与众不同，但又并不陌生的浅薄态度：机敏的浅薄——扬扬自得、志得意满，这些人将对头脑的自信与狭隘的心胸结合在一起。而我不得不承认的是，这就是所谓的牛津哲学家的一个最为普遍的特征。正如以赛亚·伯林（他曾经处于牛津哲学家的中心）多年之后在撰写如下文字时所坦承的：

> 我们过于以自我为中心。我们希望说服的仅仅是我们自己欣赏的同事……我们觉得没有必要发表我们的想法，因为令人满意的观众仅仅是生活在我们附近，并与我们有规律地进行愉快会面的少数当代人。不同于摩尔在本世纪初的那些追随者（凯恩斯在论述他早期思想的回忆录中谈过这些人的情况），我觉得，我们之中没有任何人认为，在我们之前没有人发现过有关知识或其他任何事物之本质的真理；但与摩尔的这些追随者一样，我们确实认为，在这个举足轻重的圈子之外——就我们的情况而言，这个圈子包括了牛津、剑桥、维也纳——没有什么人给我们带来了大量的教诲。我毫不怀疑，这是自负的、鲁莽的，并激怒了其他人。但我觉得，那些从未迷上这种错觉的人（即便只是在片刻之间）就无法意识到真正的智识乐趣。*

---

* "Austin and the Early Beginnings of Oxford Philosophy" by Isaiah Berlin, in *Essays on J. L. Austin*, p. 16.

第 7 章
可显示却不可说的

在牛津大学获得了哲学、政治学与经济学专业的学位之后,我终于可以自由地研究我选择的任何主题。我马上着手探寻的是,在当代哲学中是否还存在某些具有智识严肃性的东西。(我在那时还没有发现波普尔的知识理论。)我认为,决定了我的这个审视方向的原因是,牛津哲学家不仅忽略了有关时间和空间、物质及其运动的本质的基本形而上学问题,而且还忽略了对我来说是最深刻、最有启发、最引人入胜的人类经验,只有在我迫切需要的内心生活、感觉回应与私人关系中才能找到这种经验(艺术的经验)。即便我可以接受他们的语言关切施加于自身的诸多局限性,但我仍然无法接受的是,他们漠视了一种至为深刻地渗透于人类经验以及我们对它的理解之中的语言,这种语言可以在这个世界上最伟大的戏剧、诗歌和小说中被人们发现。因此,我最迫切的需求是,找到这样一些哲学家,他们向自己提出的诸多问题导源于以上这些被忽略的事物。倘若我能够做到的话,我想要在我已经研究过的东西与我觉得重要的东西之间架构某座桥梁,即首先建造这座桥梁,接下来则跨过这座桥梁。

我无意中发现了第一个满足我的这个需求的哲学家,她就是在那时仍然在世的美国人苏珊·K. 朗格(Susanne K. Langer)。当我回顾这段经历时,我发现自己是在无人指引的情况下发现这位哲学家的,因而在我看来自己在这件事上拥有一种非凡的好运。我在此之前从未听说过她,但我可以回想到的是,我自己某一天在马尔默(Malmö)的一家书店里浏览了她的论著《哲学新解》(*Philosophy in a New Key*)的简装本,对我来说,她的语调如此有吸引力,以至于我一时心血来潮买下了这本书。在我读完这本书的不久之后,她出版了一部后续作品,即《感受与形式》(*Feeling and Form*)(对我来说,这本书的出版可谓恰逢其时),它从《哲学新解》致力于论述音乐的那个章节中逐步发展出了一种美学理论。

这两本书通过某些具有持久效果的方式丰富了我的视野。第一本书包含了朗格在"话语形式"与"表现形式"之间做出的区分。为了阐明这种区分是什么,人们可以用一个哲学论证或一个数学证明作为例证。二者都能用符号语言来表达：在前一种情况下，符号语言是语词与标点符号；在后一种情况下，符号语言是阿拉伯数字、罗马字母与希腊字母，再加上代表恒定的逻辑关系的符号。在这两种情况下，倘若人们在推进论证时要保持正确性，那么人们就必须按照某种顺序（而不是其他顺序）书写这些符号，存在着诸多支配这种书写顺序的规则。在哲学的论证中，人们必定会同时观察到两组特性完全不同的规则，而人们可以用几乎无限复杂而又精致的方式来运用这两组规则。第一组规则是有关语言（不管得到应用的语言是英语、德语、古希腊语，还是其他任何语言）的规则：它的词汇、拼法、语法、句法、习语、日常用法与技术用法，如此等等。第二组规则是有关逻辑的规则。无论是诸多语句，还是它们之间的相互关系，都必定会体现这两组规则。每组规则都是朗格所谓的"话语形式"的一个例证，话语形式是一种结构，人们通过依照重要的顺序逐个放置符号而形成话语形式的意义并相互交流。在一种顺序与另一种顺序之间的差别是本质性的，因此话语形式只有通过循序的方式（因而只能在时间的维度中）才能存在与获得理解。它们有可能同时成为（或无法成为）大量有趣事物的载体——话语形式承载的最明显的有趣事物是意义、真理与重要关系。不仅如此，话语形式还承载着情感的态度、客观的精确性、经济状况、风格、意外惊喜、话语形式提出者的独特个性，乃至诸多关于提出者的社会阶层或所处历史年代的象征；除此之外，话语形式还承载着许多其他的东西，如审美的价值。朗格说，人们一旦完成了如此构造而成的哲学论证（或数学证明，或如此构造而成的其他事物），这个哲学论证在我们面前就成为一种已经完成的结构，接下来它呈现给我们的就是一个在种类上完全不同的形式，一种格式塔的完形（Gestalt）——一个有机而又统一的整体，一个单独的抽象客体。这就是被她称为"表现形式"的东西。由于它被感知为（事实上它不仅必然而且只能被感知为）一个统一体，被理解为一个整体，它的构成内容就没有包括时间的维度。表现形式同样有众多不同的属性——追求原创或遵循惯例的倾向、复杂性或简单性、平衡性、简约性、平稳性，等等——但由于这些属性是整体的属性，就可以认为，表现形式拥有这些属性的方式，就有别于话语形式拥有那些相同属性的方式。例如，一个哲学论证作为一个论证或许是充分协调的，但构成这个论证的诸多语句则不够协调——反之亦然。它论证的观点或许具有高度的原创性，但它的文字则是陈旧乏味的。构成这个论证的语句或许是文雅的，但这个论证则是粗糙的，如此等等。表现形式有一个特征是，尽管它是被展示出来的，但它无法以任何其他的方式来进行交流，而它的这个特征造成的后果最多。一个哲学论证的表现形式是某种通过论证的整体展示出来的东西，而不是某种通过语句陈述出来的东西，换言之，它不是用构成这个论证的任何语句陈述出来的东西。除了重复整个论证之外，我几乎无法用其他的方式来告诉你它是什么。你不得不亲自"看出"表现形式，倘若你看不到它，除了向你指出这种表现形式之外，我能帮你做的事就极其有限。

朗格对这种区分的一个最富有成效的应用是对艺术的应用，她不仅将之应用于诸如戏剧、诗歌和小说这样由语言构成的艺术作品，而且将之应用于音乐——这在她的全部应用中最具有独创性和最为深刻。她的一个核心论题是，在所有的艺术中，无论是视觉艺术还是其他的艺术，一件作品首先是关于感受的象征性表现形式，这就是它传达的东西从来都无法用语言表达出来的原因。我赞同朗格的这个观点，即艺术作品就是她所说的那种意义上的表现形式，我认为，她对于艺术所做的这种区分是一项重要的哲学成就。我同样赞同她的这个说法，即表现形式在艺术中存在的理由（raison d'être）并不是为了传达情感，而是为了传达理解，即对于某种事物的本质的深刻见解。她认为，"某种事物"指的是情感，我认为它或许指的是其他的某些东西，但我们都同意，艺术的认知性优先于艺术的表现性：艺术首先向我们传达的是与事物的存在方式有关的某些东西——排在第二位的才有可能是传达艺术家对事物存在方式的某些情感回应。倘若我们是正确的，艺术哲学就需要在一种研究事物本质的范围更加广泛的哲学中找到它自己的位置。在多年之后，我才发现了一种按照这种方式完成的艺术哲学，尽管它拥有诸多缺陷，但在我看来它处于正确的道路之上，这就是叔本华的哲学。

在叔本华与朗格之间存在着一种联系，这种联系就是维特根斯坦的早期哲学。叔本华对维特根斯坦的早期哲学施加了一种最大的智识影响，他转而又给予了朗格一种思想来支持她在话语形式与表现形式之间做出区分。我无法肯定朗格完全意识到了这种联系。她在自己的作品中承认，她是从维特根斯坦的《逻辑哲学论》中理解了在可说的东西与只能显示却不可说的东西之间的基本区分，这个基本区分是这本书最著名的学说（意义的图像理论）的核心所在；但我并不认为，她已经意识到《逻辑哲学论》完全是一种叔本华式的哲学。朗格并没有这么说过，我自己在那时也丝毫没有察觉到这一点。直到在阅读朗格的多年之后，我才对此有所意识。

朗格给我带来的另一个帮助是，将我引向了她的导师恩斯特·卡西尔（Ernst Cassirer）的作品，特别是他的《人论》（*Essay on Man*）与三卷本作品《符号形式的哲学》（*The Philosophy of Symbolic Forms*）。卡西尔在这些作品中持有的最重要见解是，人类是一种创造符号的动物——不仅包括那些构成语言的符号，而且还包括其他各种符号——这些符号的整个范围与对符号的使用，比其他任何事物都更好地界定了人类，并让人类有别于动物王国的其他生物。就像许多真正伟大的思想一样，这个思想在被陈述时似乎是不足为奇的。人类运用的符号不仅包括了每一种自然语言，而且还包括了数学与逻辑，每一门科学，每一种理论学科，每一项艺术，每一种伟大的宗教，每一种伟大的意识形态，每一种伟大的神话，而它们都向我们呈现了一个世界，一种审视事物整体的方式；在每一种情况下，人造世界都是由符号构造而成并用符号来交流的；在每一种情况下，符号的主要目的是帮助我们来表现、理解、诠释、妥协，甚至有可能帮助我们控制自己的经验与环境，帮助我们自身适应于这些经验与环境，帮助我们与自己的同伴就此进行交流。倘若我们要增加对于我们自身与我们环境的理解，就只能通过某些重要的方式来扩展这些系统（或者建构新的系统，或者在诸多系统之间确立新的关系）；丰富我们已获取知识的方式是，对这些系统本身以及在系统中得到表述的东西进行反思与分析。我们可以用极其丰富的方式来审视我们对这个世界的理解，以及我们表述自己的经验与知识的尝试，我们的审视方式如此丰富，以至于整个语言哲学揭示的仅仅是它们的一个角落。

由于苏珊·K. 朗格特别受益于维特根斯坦的《逻辑哲学论》，我就仔细地研究了这本书。尽管在牛津大学时，人们时常提到这本书，但人们并不鼓励大学生去阅读这本书，因为人们倘若想要理解这本书，就需要掌握较高水平的逻辑技术。不过，逻辑学是我在学位考试中的两个主要研究方向之一（另一个主要研究方向是政治理论），因此，我觉得自己已经可以处理这些与逻辑有关的问题。在阅读这本书的过程中，我惊讶地发现了这本书所主张的那种思想立场，而在此之前与之后我都没有产生过如此强烈的惊奇感。在牛津时，人们总是向我们举起《逻辑哲学论》这本书，并将之作为逻辑实证主义的"立宪文件"。而当我第一次按照恰当方式来阅读这本书时，我却发现大体上可以认为，它的核心论题恰恰对立于逻辑实证主义。

逻辑实证主义者倾向于将所有探寻世界真相的活动都吸收到科学之中，由此导致的结果是，他们根据支配科学活动的诸多标准来判断所有探求真理的活动，并根据适合科学话语的规则来判断所有话语的有效性。在这个世界中只有那些能够被观察或经验证实的东西，才有可能被认知，只有那些我们能够形成有效根据来做出陈述的东西，才有可能用有效的或正当的方式来表述。但至少在原则上，一切重要的东西都能被说出来。凡是可说的，就都可以用清晰的方式说出来。《逻辑哲学论》

几乎与逻辑实证主义者相信的所有这一切都形成了直接的对比，它坚持认为，几乎一切最为重要的东西都无法被说出来，它们最多只能通过我们对语言的使用来得到显示。它们或许能被显示，但不可说。《逻辑哲学论》对科学的评价较低。所有的命题语言都适于清晰地表达经验的真理与分析的真理，也就是说，清晰地表达有关事实与逻辑的问题。在这些领域之外，它更有可能误入歧途，而不是行之有效，因而它更有可能带来损害而不是带来好处。因此，所有对我们最紧要与具有至高重要性的问题都超出了命题语言的有效范围之外。关于伦理、道德和价值的问题，关于生活的意义问题，关于自我与死亡的本质问题，关于这个世界整体的存在问题，它们都是既无法通过观察也无法通过逻辑来解决的问题，因而是这种命题语言无法处理的问题。结果是，倘若我们坚持试图用命题语言来处理这些问题，我们就会陷入混乱。因此，在《逻辑哲学论》中提出的整体实在观是这样的：语言中重要的话语在两个较不重要的领域中是可能存在的，但在剩下的领域中自始至终是不可能存在的。与这个观点相一致的是，整本书几乎都致力于论述这两个领域——事实的话语与逻辑的话语——而它向自己提出的主要问题是，这些话语的本质是什么？（也就是说，它们在何处有意义？）运用这些话语的界限是什么？尽管如此，产生这些问题的领域甚至也是如此狭小，对于我们来说，重要的是不要失去我们的均衡感，不要遗忘当这些问题得到解答时，我们所取得的成就却那么少；因此，维特根斯坦在这本书开篇的序言中就强调了这一点。

人们可以清楚地看到，逻辑实证主义者与日常语言哲学家对《逻辑哲学论》的误解究竟是什么，但让人们仍然感到几乎难以相信，他们怎么会犯下这样的错误。这种误解的本质已经被保罗·恩格尔曼（Paul Engelmann）充分地表达出来："整整一代信徒都能将维特根斯坦当作一个实证主义者，因为他与实证主义者共同持有某些极其重要的观点：他就像实证主义者所做的那样，在我们可说的东西与我们必须保持沉默的东西之间划出了界线。不同之处仅仅是，实证主义者并没有任何需要沉默的东西。实证主义者坚持认为——这是实证主义的本质所在——我们能够说出在生活中的一切重要事物。然而，维特根斯坦强烈地相信，在人类生活中所有真正重要的东西，恰恰就是在他看来我们必须保持沉默的东西。"*

尽管如此，人们觉得几乎难以相信的是，维特根斯坦在这一点上受到了如此广泛的误解，而让人们产生这种感觉的原因是，维特根斯坦已经在《逻辑哲学论》这

---

* Paul Engelmann, *Letters from Ludwig Wittgenstein*, p. 97，楷体字为该书作者所加。

本书中坦率而又明确地陈述了他的这个立场。"伦理学显然是无法表述的。伦理学是超验的。"还有什么能比这一点更加清晰呢？至于科学："整个现代世界观的基础是这样一种错觉，即所谓的自然规律是对自然现象的一种解释"；而且"我们觉得，当所有可能的科学问题都获得解答时，生活问题仍然完全没有被我们触及"。维特根斯坦对于这种基本问题的态度是，它们永远不会被科学所触及，这种态度至少部分是一种神秘主义的态度，而维特根斯坦再次如此说道："神秘的并不是世界怎样存在，而是世界竟然存在。"

在我从牛津大学毕业后的短短几个月中，我就读完了这部作品，我被这样一种感觉所困扰，我只能将这种感觉描述为我在回顾过去时产生的怀疑感受。我无法理解，所有那些不断谈论或撰文论述《逻辑哲学论》的人是以何种方式阅读这本书的。直到今天我都觉得难以相信这一点。我认为，在所有逻辑实证主义者中最有才华的成员是鲁道夫·卡尔纳普，他在思想自传中的某些论述对我解决这个疑惑提供了某些暗示："当我们在［维也纳］学派中阅读维特根斯坦的这本书时，我错误地相信，维特根斯坦对待形而上学的态度是与我们相似的。我并没有充分注意到他书中有关神秘的陈述，因为他在这个领域中的感受和思想与我有太多分歧。只有通过与他的私人接触，才帮助我更为清晰地看到他在这一点上的态度。"*倘若这段文字暗示的解释是正确的，那么，它意味着整整一代的聪明人、严肃的哲学研究者与学者，虽然坚持对这本书致以最高的敬意，但他们认为这本书所说的观点，直接对立于这本书实际上说出来的观点，而他们这么做是因为他们如此牢固地受制于他们的先入之见，以至于他们无法看到正在他们面前闪耀的东西。智识时尚具有强大的迷惑力，我从中已经学到了许多教训，而上述经验又让我学到了一个新的教训，这个教训对我的余生都产生了持久的影响。我不再认为，在这个领域中的专业人士用来描述一本书或一个思想家的通常方式（乃至普遍方式），必定至少在大致上近似于这本书或这个思想家的实际情况。我在瑞典的隆德（Lund）教书一年之后回到了牛津，接下来我就与牛津的专业人士对《逻辑哲学论》的理解方式展开了讨论（或毋宁说，我试图与他们进行这样的讨论），而我在那时又学到了另一个教训。他们完全不想用我的方式来讨论这本书。当我开始说出我的想法时，他们就强烈地感到局促不安，而正是我让他们感到如此局促不安。对他们来说似乎不证自明的是，我必定完全是错误的。我怎么可能是正确的，而他们的朋友又怎么可能是错误的？我

---

* *The Philosophy of Rudolf Carnap*, ed. Paul Schilpp, p. 27.

的这个想法就是荒谬的。我不断强迫他们谈论这本书,我的这种做法是可笑的——而且也是令人尴尬的。他们不情愿去考虑的是,他们与自己的同事所达成一致的意见或许是错误的(他们甚至不情愿去承认这种可能性)。实际上,有效标准这个概念本身就采纳了一种自相矛盾的形式,因为他们关于有效标准的工作假设正是他们与他们最钦佩的同时代人所达成一致的东西。这个学派的稳定局面不可能被一个局外人所打破:它容易受到的影响仅仅来自这个学派内部的变化。

我读过许多遍《逻辑哲学论》。它是一本深刻的书,但在那个时期,我错误地相信,它还是一本具有高度原创性的书。我可以看到,那些构成其基础的预设前提虽然没有被维特根斯坦详细说明,但它们形成了某种融贯的思想架构,我一直试图突破这本书的各种障碍,把握维特根斯坦没有用文字写出来的那些思想。这就是我反复阅读这本书的主要缘由。事实上,这个预设的思想架构就是叔本华的哲学,但当我意识到这一点时,时间已经过去了将近二十年。维特根斯坦在这本书的序言中提到了这一点,他写道:"我并不想判断,我的努力与其他哲学家符合到何种程度。事实上,我在这里所写的东西并不要求在细节上的独创性,而我没有给出任何参考资料的理由是,我所拥有的想法是否已经被其他某个在我之前的人所想到,这是一个我并不关心的问题。"至于维特根斯坦在所有领域受惠于叔本华的思想,我最终在自己的论著《叔本华的哲学》(The Philosophy of Schopenhauer)中公之于众,而我的这部论著是在1983年出版的。

维特根斯坦受惠于叔本华的思想,在本质上可以按照如下方式来得到简要的概述。叔本华赞同康德的地方是,为了认识论的目的而将整个实在划分为两个部分,通过我们附带拥有的装置,我们潜在地有可能通达于一部分实在,而对于其余的实在来说,根据定义,我们永远不可能直接通达。因此,我们不可能根据个人经验而对这部分实在形成任何直接的认知——尽管我们或许能够对它们做出间接的推断。以此方式,我们有时就可以根据我们能够看到的东西来增进我们的认识,推断出那些由于处在视野之外而无法被我们看到的东西。至于我们能够直接获取的知识,必定永远成立的一个事实是,尽管这种知识首先被存在的事物所限定,但它们接下来还会受到我们拥有的相关认知装备的限定。只有我们的认知装备能够处理的东西,才是我们可知的东西。从笛卡尔到康德的几乎所有的哲学家,都将这个得到如此理解的世界在本质上视为一种认识论的构造。某些哲学家认为,我们能够通过运用理性来直接认识实在,其他哲学家则认为,心灵需要加工的所有原料,首先必定是由感觉传递过来的;不过在这两种情况下,那些哲学家都相信,通过认知而在我们的心灵中装配而成的是一种对于实在的表象，这就是我们的经验世界。康德与叔本华则拥有一种彻底新颖的方式来通达这个世界，但我不想在这里对此深究——我在这里需要说的仅仅是，他们都将这个世界的某些否定特征视为它最重要的特征，例如，将这个世界作为客体的主体，是无法在这个世界的任何地方找到的；在这个世界中也无法找到价值判断的任何根据，无论这种价值判断是道德判断还是审美判断；因此，倘若这些事物真正存在，它们的根据必定存在于这个经验世界之外，即存在于超越了我们可知范围的那部分实在之中。

所有这一切都被维特根斯坦从叔本华那里接收过来。但维特根斯坦相信，相较于叔本华，弗雷格的新作（它在时间上更接近维特根斯坦）让他能够在更为深刻的层面上理解我们的整个经验世界。我们能够向自己表象实在，这个事实必定意味着，在实在与我们关于实在的表象之间存在着某种共同的东西。维特根斯坦相信，这就是它们的逻辑结构，这个逻辑结构以对应的方式在实在与语言中都有所显现。逻辑的可能性为实在设置了它无法逾越的界限，正如逻辑的融贯性同样为有意义的话语设置了它无法逾越的界限。并非所有的事实组合都是可能的（例如，某个事物不可能既存在又不存在），而在语言中反映这一点的事实是，并非所有的词语组合都是有意义的。接下来的情况仍然是，并非一切可能的事物都是真实的，在语言中反映这一点的事实是，并非所有有意义的话语都是真实的。这些事实产生了经验命题（或可能的经验命题）的三种类型：(i)在实在中没有任何东西可能与之相符合的陈述——这些陈述是没有意义的；(ii)有可能与实在相符，但又恰好没有与实在相符的命题——这些命题是有意义但不真实的；(iii)与实在相符的陈述——这些陈述是真实的。在有意义的命题与实际的可能性之间成立的是一种图像关系，无论命题能否与实在相符，这种图像关系都是相同的，但它并不对应任何真理。它自身是无法被表象的。需要顺便指出的是，这并不仅仅适用于语言中的表象，一个画家能够描绘一幅符合真实场景的图画，但他无法描绘这种图像关系。这种关系是他的每件作品所表现与例示的某种东西，但它自身永远不可能被描绘。有意义的经验命题也是类似的情况：在这些经验命题与它们的表象之间的可能关系只能在命题中显示自身，但这种关系无法用语言来表达，也就是说，这种关系无法用其他命题来表达。正是在这种意义上，尽管事实上这种关系可以被展示，但它是不可表达的。

意义的图像理论自从被维特根斯坦提出以来，就遭受了大量的嘲笑，但事实上它是深刻的。在《逻辑哲学论》中，只有这个理论才是维特根斯坦原创的。在这本书中其他的一切思想都有别的来源：绝大多数的内容来自叔本华与弗雷格，有一小部分内容来自罗素。我从不赞成维特根斯坦勾勒的这种图像理论，因为对我来说始终清晰的是，甚至那些狭义的描述性命题语言也拥有除了描述之外的其他用途——尽管我必须要说，如今的人们似乎相当容易遗忘语言在很大程度上是被用来表象的。在几乎每个言语行为中，都存在着一种表象的要素：我们看到、听到、感觉、期望、怀疑、恐惧（等）的对象是某些实际存在的事物，因此，意义的图像理论吸引了我们中的某一部分人。作为一种理论，它真正拥有深度。然而，尽管意义的图像理论是由维特根斯坦原创的，但不断以最有启发的方式运用这个理论的，并不是维特根斯坦，而是苏珊·K. 朗格。虽然如此，但我珍视《逻辑哲学论》，这既因为它出色地表达了诸多深刻见解，又因为它是清晰的散文作品，它拥有接近于尼采的强烈激情。这些叔本华式的深刻见解并非维特根斯坦的原创，但我在最初阅读这本书的时候并没有认识到这个事实，对我来说，无论如何，这丝毫没有减少这些见解的价值，因为它们在那时对我来说就是新颖的观点。维特根斯坦从叔本华那里取得了这些深刻见解，他自己整理了这些见解，并用他自己的语句表达了这些见解，而这些语句能够在读者的心灵中点燃在他们的余生中一直燃烧的火焰。

  最值得注意的是，维特根斯坦随后在他影响最大的论著《哲学研究》（出版于1953年）中恰恰否定了意义的图像理论。正如《感受与形式》恰好在我刚读完《哲学新解》之后出版，《哲学研究》也是在我沉浸于《逻辑哲学论》的兴趣已经达到一个饱和状态时才出版的，这个合适的出版时间给我带来了不少便利。在这部新作品中，图像的隐喻被工具的隐喻所取代：语言的意义被视为存在于它的可能用途之中，因此，语言的意义就是语言的可能用途的总和。维特根斯坦不再谈论由语言能够或不能与之符合的事实构成的独立世界。语言的用途来源于多种多样的人类目的，因此它们最终导源于不同的生活形式。人类使用语言的每种方式都只有在特定的语境下才能得到理解，它们都拥有一种或许只适合自己的逻辑。哲学问题就是我们在概念上产生的混淆或混乱，它们是在我们不恰当地使用一个词语或一种语言形式时出现的，也就是说，我们理解特定语言的语境，并不是可以让其拥有恰当意义的那个语境或那些语境；消解哲学问题的方式是，为了解决由此造就的概念难题而耐心工作。这同样需要敏锐的眼光、精细的工作、持久的投入与耐心，乃至善于创新的智慧，因为有待于解决的那些棘手难题处于一团乱麻的状态之中。

  《哲学研究》将若干术语与概念首次引入了哲学的某些广为接受的观念之中，接下来又将它们引入了其他学科的某些广为接受的观念之中。其中的一个术语是我在上一段文字中就有所使用的"生活形式"。另一个这样的术语是"家族相似"，这个术语针对的是一个词语的不同意义。当我们谈到一个家族的诸多成员是家族相似的时候，我们通常并不意味着（我们确实可以表达这样的意思，但我们一般不这么认为），存在着一个被他们所有成员都共同拥有的面部特征，而是意味着，他们就好像从一个共同的特征库中提取出了各种不同的特征组合。维特根斯坦提出的观点是，（通常）并没有一个单一特征被一个词语的所有正当用法所共同拥有，在一个词语的诸多用法中存在的是一种家族相似。这个观点如此重要的原因是，人类总是强烈地倾向于相信，意义是固定的，相同的词语倘若得到恰当运用，它就始终代表一种事物，这或许是由于人类拥有一种想要如此的心理需求。例如，最著名的哲学家苏格拉底四处走动，向人们提出类似这样的问题：什么是勇气？什么是美德？什么是美？毋庸置疑，苏格拉底相信，存在着被这些词语所代表的真实实体——它们当然不是物体，而是真正存在的实体：人们或许会将它们称为真实的本质。自古以来，对于这种实体的信念就根深蒂固地存在于许多人的心灵之中，而维特根斯坦攻击的恰恰就是这种信念。

　　维特根斯坦使之流行的另一个论证大致上主张的是，不可能存在私人语言这样的东西。在维特根斯坦之前有两种意义理论，其他的意义理论都不像这两种理论那样被人们广泛持有——一种意义理论认为，一个词语的意义被这个词所指称的东西所确定；另一种意义理论则认为，一个词语的意义被使用这个词的人的意图所确定——维特根斯坦决定推翻这两种理论。词语的意义既不导源于它们的使用者的精神状态（如他们的意图），也不导源于在语言之外的固定实体。只有在它们的用法受到诸多标准支配的范围内，词语才有意义，而这种标准要成为标准，它们就需要是一种主体间的标准，也就是说，它们必须拥有一种社会的维度（因而也就是一种公共的维度）。我们用语言来表达的经验无论在表面上显得多么"内在"与"私人化"——梦境、毒品引起的幻觉、疼痛、记忆，或其他类似的经验——但事实仍然是，我们用来描述这种经验的语言在我们来到这个场景之前就已经存在，这些语言来自其他人，我们从其他人那里学到了这些词语以及运用它们的方式。因此，甚至当我向你讲述我自己的梦境时，我对语言的使用也是一种受到规则支配的社会活动。倘若情况并非如此，你就无法理解我说的是什么。正是通过将这个事实的结果逐步向更加广泛的范围拓展，维特根斯坦最终将意义的根源归于"生活形式"。这也导致他相当详细地将语言的使用与另一种受规则支配的社会活动进行对比，这种社会活动就是游戏。维特根斯坦创造了"语言游戏"这个不太恰当的术语，因为维特根斯坦并不认为我们在玩弄语言，而是认为恰如任何游戏中的活动、术语和意图都是从支配这个游戏的规则（这些规则是在人与人之间制定的）中获取它们的意义，语言的意义也是从使用语言的特定语言游戏（哲学的语言游戏、科学的语言游戏、艺术的语言游戏、宗教的语言游戏、学术的语言游戏、对话的语言游戏或其他可能的语言游戏）中获取它们的意义。例如，在法庭中被视为"证据"的东西所拥有的逻辑与结构，不仅普遍不同于在物理实验室中被视为"证据"的东西所拥有的逻辑与结构，而且也相当不同于被历史研究者视为"证据"的东西所拥有的逻辑与结构：对于历史学家来说，传闻可以被当作证据，事实上传闻经常是历史学家仅有的证据，而对法官来说，将传闻作为证据是不可接受的，对于物理学家来说，甚至不会考虑这种问题。因此，"证据"这个词意味着某种在各个语境中都具有实质差异的东西。由于这一点，倘若我们发现自己对于"什么能构成证据，什么不能构成证据？"这个问题陷入了混乱，那是因为我们试图在某一种情境下应用这个概念的方式，其实仅仅适用于另一种情境。由于意义具有家族相似的特性，人们就容易犯下这种错误，而维特根斯坦相信，这解释了哲学困惑出现的原因。哲学家的任务就是通过耐心地研究人们对语言的误用来追溯哲学困惑的根源；当哲学家发现了对语言的误用并将之公开时，这种问题就对我们消失了——恰如根据弗洛伊德的观点，当精神分析学家追溯到了神经症患者迄今为止都没有意识到的冲突根源并将之公开时，就可以认为，精神分析学家已经治愈了患者。（这个被人们如此频繁提到的类比来自维特根斯坦自身，维特根斯坦将他自己描述为弗洛伊德的一个"门徒"或"追随者"。*）

对《哲学研究》的任何评论都不可避免地会谈到这本书的写作方式。就像《逻辑哲学论》一样，《哲学研究》并不是在内容上前后连贯的作品，而是许多彼此间隔而又有编号的段落。不过，相较于《逻辑哲学论》，《哲学研究》是以远为松散的方式由两个部分构成，它达到了如此松散的程度，以至于几乎每位读者都会不时觉得难以看出在一段文字与先前的一段文字之间的关系；这些语句是清晰的，但读者最初经常感到难以理解的是，某些语句何以出现在这样的位置上。这部作品尽管是与众不同的和令人信服的，但它一点都不像《逻辑哲学论》那样具有强烈的激情。

我认为，维特根斯坦的独一无二之处在于，他在整个一生中创造了两种不同的与互不相容的哲学，而这两种哲学都各自影响了整整一代人。关于这两种哲学相对彼此的地位的各种可能的评价方式，人们如今都不会感到陌生。因为在《哲学研

---

* 参见 Ray Monk: *Ludwig Wittgenstein*, p. 438。

究》获得发表的多年以后，在英语世界中普遍持有的观点是，这两种哲学都是才华横溢的作品。然而，随着时间的流逝，后一种哲学越来越多地被人们视为已经取代了先前的那一种哲学，人们普遍持有的观点就变为，维特根斯坦后期的哲学确实是才华横溢的作品，而他的早期哲学却不是。不过，总有一些人持有对立的观点（在这些人中最著名的一位哲学家就是伯特兰·罗素），他们认为，维特根斯坦的早期哲学是才华横溢的作品，而他的后期哲学则不是。最后，有一些人（如卡尔·波普尔）始终认为，这两种哲学都不具备真正的实质内容或持久的重要性，而像安东尼·奎因顿[1]这样的一些哲学家，在经过了一段时间之后也转而赞同波普尔对这两种哲学做出的评价。

在这四种可供选择的评价中，我自己的观点始终倾向于第三种评价——我的想法类似于罗素的见解——尽管还需要对罗素的见解做出某些限定。我并不完全像罗素那样，将维特根斯坦的后期哲学判断为空洞的与没有价值的。在我看来，它包含了某些激发思想的观念与暗示。但我认为，人们不得不用多少有些孤立的方式来吸收与运用这些有价值的思想观念，因为这些思想观念所处的语境，错误地理解了语言在人类的生活与思想中发挥的作用。因此，以个别的方式采纳这些思想观念是有益的，而这些思想观念又是不连贯的。维特根斯坦在从早期哲学转向后期哲学的过程中完全丢掉了最有价值的东西：对并非语言的实在世界的直接承认，对这个世界的存在所包含的神秘性的洞察，对重要生活所具备的超验性的意识，以及对所有的价值、道德与艺术的重要性的意识；正是由于这个原因，维特根斯坦的后期哲学就不可能用这些事物的语言来令人满意地解释那些对我们最重要的东西。在维特根斯坦丢掉的这些洞识中，每一个洞识都是有根据的且具有深刻重要性的。在《逻辑哲学论》中，它们得到了精湛的把握与表述。但在此之后，维特根斯坦似乎对于实在的这两个方面（事实的世界与超验的领域）都丧失了他的可靠感受，并让自己在由随意浮动的语言构成的"马尾藻海"[2]上随波逐流。如今，他仅有的指称框架是交流的手段，它几乎被当作存在的一切，而没有提到交流的对象或在交流者与交流对象

---

1 安东尼·奎因顿（Anthony Quinton, 1925—2010），英国著名哲学家，主要研究方向包括政治哲学、道德哲学、形而上学与心灵哲学，在20世纪70年代担任亚里士多德学会主席与剑桥大学三一学院院长。——译注
2 马尾藻海（Sargasso Sea）位于北大西洋环流中心的美国东部海区，海上大量漂浮的植物主要是由马尾藻组成的。这种植物以"大木筏"的形式漂浮在大洋中，直接从海水中摄取养分，并通过分裂成片、再继续以独立生长的方式蔓延开来。厚厚的一层海藻铺在茫茫大海上，由此形成了一片类似草原的风光。——译注

之间的任何事物。维特根斯坦变得就像是一只在捕蝇瓶中嗡嗡乱飞,无法找到出路的苍蝇。

由于维特根斯坦的后期哲学不仅无关于任何传统意义上的哲学问题,而且否定了它们的真实存在,因此它只能有力地吸引那些没有哲学问题的人。这解释了两个与此相关的事实(否则或许就难以对这两件事同时做出解释):它对学院哲学家的巨大吸引力以及它对哲学研究的局外人的吸引力。在这种意义上,它就像那种仅仅对五音不全者(不管他们是在音乐专业之内还是在音乐专业之外)有吸引力的音乐。

就在我阅读《哲学研究》的同一时期(1954—1955年),我第一次阅读了一本由卡尔·波普尔撰写的论著,即《开放社会及其敌人》。在我的一生中我首次发现,我阅读的这部哲学论著虽然是由一位仍然在世的作者撰写的,但这部论著仍然具有某种伟大的品质。到那时为止,在我读过的所有在世哲学家中,除了伯特兰·罗素与苏珊·K.朗格之外,他们几乎都将概念分析当作哲学的主要任务。然而,波普尔直率地宣称,我们对自己与对彼此应当提出的问题,并不是有关概念的问题,而是有关事物存在方式的问题;而这意味着,使用我们的洞察力与想象力来创造让我们更加接近真理的理论,而不是让我们更加接近我们已经占有的理论;在我们追求真理的过程中,我们应当像科学家在追求真理的过程中所采纳的做法,以这样一种方式来参与讨论,这种方式并没有严重地依赖于我们使用语言的方式;即便我们对某些术语的使用或理解变得更加敏锐,也无法让我们获取关于这个世界的重要知识;没有任何正当的理由来认为,定义在哲学中比在物理学中更为重要;不应当陷入关于语言意义的漫长讨论,这种讨论不仅乏味而且有害,因为它让我们陷入了无穷后退,在这个过程中,我们发现自己在永无止境地夸夸其谈与咬文嚼字,进而陷入一种无创见的经院哲学的泥潭之中,它会让我们偏离于我们真正的使命。所有这一切仅仅是波普尔在这本书中顺便提到的见解。而这本书的主要问题是,创造与维持一种对立于"封闭"社会的社会,这种社会被作者称为"开放"社会,也就是说,它是一种由自由个体组成的联盟,他们在法律的框架下尊重彼此的权利。这本书是在第二次世界大战的巅峰时期撰写的,在那时这次世界大战的结果仍然是不确定的,在这个世界上有史以来最为庞大的两支军队彼此对峙:苏联与纳粹德国。不仅在那时,而且在此后的一段时期内,在这个世界的诸多国家中,只有少数国家是开放社会,而开放社会的未来在二战的巅峰时期似乎已经处于危境之中。由于所有这些缘故,这位作者带着狂暴的热情撰写了这本书,他相信自己面对的是新黑暗时代来临的现实可能性。我相信，这本书囊括了人类曾经写下的支持自由社会的最佳理由。

在第一次阅读这本书时，我对这本书的品质留下的最深刻印象是它宽广的涉及范围，这不仅体现于它的宏大关切，而且还体现于遍及整部作品的宽宏的心灵与精神。这本书所面对的是最重要的政治问题与社会问题；这本书用理智的与讲究实效的方式审视了这些问题，其审视的背景包括了从前苏格拉底的古希腊时期到20世纪的历史。这本书还横跨了诸多学科，既包含了自然科学的知识，又包含了社会科学的知识。然而，它的任何内容都不缺乏逻辑的严格性，它的任何精力都没有浪费在修辞的姿态上。恰恰相反，在我读过的书中，几乎没有哪本书像它那样主题如此集中，论证内容如此丰富，或知识与思想的基础如此可靠。这本书的眼界与我曾经遇到的那些伟大哲学一样宽广，但在这本书中的所有比例都是相称的，细节的把握是确定的。波普尔在撰写这本书时所产生的情感力量，使我体验到一种在很长时间内难以再次体验的兴奋感，因为我已经多年习惯于阅读这样的哲学家，他们用高超的智慧与强烈的激情来详细说明在"换句话说""相当于""即""也就是"与"那就是说"这些表达之间的诸多差别。阅读这本书给我带来的感受，就像一个被监禁的人刚从恶臭的露天厕所逃到了令人激动的清新空气之中，并发现四周耸立着巨大而又秀丽的群山一样。

波普尔对付反对者的方式对我印象最深，并在此后始终对我有所影响。我总是热爱辩论，多年来我已经变得相当擅长于在反对者的辩护中确认他的弱点并集中火力攻击这些弱点。这是自古以来几乎所有的辩论家（甚至包括那些最著名的辩论家）都会试图采纳的做法。但波普尔的做法恰恰相反。他找出他对手最强有力的理由并对这些理由进行攻击。事实上，倘若他能做到的话，他还会在进行攻击之前改进这些理由——在前几页的先行讨论中，波普尔会帮助他的反对者清除可以避免的矛盾或弱点，堵住漏洞，忽略较小的缺陷，让反对者的理由在一切可能的怀疑中处于优势地位，并用他可能发现的最严格、最有力和最有效的论证来重新表述这些理由中最有吸引力的部分——接下来波普尔才会对它们进行猛烈反攻。当波普尔成功的时候，他攻击反对者的结果就是毁灭性的。最后，除了波普尔已经做出的致敬与让步之外，就再也说不出什么东西来支持反对者的立场了。这种方法对于人们的思想具有一种不可思议的刺激作用。波普尔恰如苏珊·K.朗格那样（虽然波普尔的水平处于更高的等级），尽管他是一位仍然在世的哲学家，但他撰写的问题是我有所感受的问题，是通过我的生命、我的人格、我的思想而向我呈现的问题，这些问题如此犀利,以至于总是让我在思想上遭受痛苦的折磨。在这里最终存在的是真实的事物,这种当代哲学把握到了生命本身,它是真实世界的哲学。

自此以后的许多年时间里,每当牛津哲学家断定哲学的主题是语言时,我都会做出以下这个标准的回应:"倘若哲学的主题仅仅是语言,那么应当如何看待《开放社会及其敌人》?它毫无疑问是一本哲学论著,但它的主题肯定不是语言。"为了公正地对待这些牛津哲学家,我必须得说,他们之中没有任何人否认《开放社会及其敌人》是哲学,他们之中没有任何人断定这本书的主题是语言。但他们之中也没有任何人对我的问题曾经给过一个哪怕可以算是部分令人满意的答案。他们最常见的反应是,根本不对我做出任何解答,而是故意以模棱两可的态度皱眉,在表情上装作若有所思,但同时又保持沉默——接下来他们不是转换主题,就是转身离去。

在瑞典停留了一年之后,我在1954—1955学年的初期就返回了牛津,并在彼得·斯特劳森的指导下攻读博士学位。我潜心研究的问题与隐喻有关,而我打算就这个问题撰写我的博士论文。当人类试图表达最深刻的经验(如坠入爱河或面对死亡)时,他们几乎总是求助于隐喻。为什么?难道这不是因为人们通过隐喻比通过直接的表达能说出更多的东西吗?实际情况或许就是这样,这个观点也获得了如下事实的明显支持,即在诗歌中,特别是诗剧中使用的最有穿透力与表现力的语言,全部都运用了形象化的比喻。然而,关于一个形象的整个关键所在是,它意味着某种不同于在表面上说出来的东西。与此有关的一个特别让人感到困惑的东西是,尽管隐喻传达的意义并不是它在表面上陈述的东西,但在实践中,这通常并不会造成混乱:在正常的情况下,我们立即都能理解隐喻的意思,而且都是根据相同的意义来理解隐喻的。这是怎样发生的?为什么间接传达的东西无法直接陈述?倘若到目前为止所暗示的东西都是真的,如下这个问题就具有了根本的重要性:是否可以支持人们将隐喻作为论证的前提或论证的环节?倘若不可以,这是否就意味着语言的这种最能让人增长见识的用法在理性的论证中没有任何地位?

博士研究生在那时就像现在一样,会被询问想要让谁来指导自己。由于不可能强迫一位导师来接纳一个学生,学生在一开始就会被要求提出第二个选择。这将我置于进退两难的困境之中。对于我想研究的语义学问题与逻辑学问题,人们几乎没有发表过任何专业的哲学论文。我起初在学术期刊上只发现了两篇相关的论文,它们都出自一位年轻的、几乎无人所知的牛津大学教师,她就是艾丽丝·默多克。因此,倘若我想要让任何重要的哲学人物来教导我,我就会不得不接受某个对我想要研究的主题从未写过任何东西的导师。我犹豫不决——但最后，我提名作为我的第一选择的那个人，就是被我视为在那个时期的牛津哲学家中分析思维能力最强的哲学家彼得·斯特劳森，而艾丽丝·默多克则成为我的第二选择。我最终得到了斯特劳森的指导，这是我的荣幸；但有时我也想知道，艾丽丝·默多克教导我哲学时会表现出什么特点？

斯特劳森运用了牛津哲学的恐怖策略作为教导哲学的方法，我猜想，他自己的导师 J. L. 奥斯汀就是这么做的。每当我向斯特劳森做出任何完整的论断，无论这个论断有多么不重要或微不足道，我立即就会发现自己面对着一堵墙，子弹嗖嗖地从我的脑袋周围擦过。在我刚刚从一个麻烦的困境中走出来，我就发现自己又进入了另一个困境。每次指导的全部内容是斯特劳森向我开火，我为了保全自己的生命而与他斗争。在每次指导结束时，我都会在紧张的颤抖状态中走出他的房间，并确信他必定已经将我视为一个彻头彻尾的白痴。但实际情况是，这些指导给我带来了许多帮助，因为它们让我深刻认识到了以下这个事实，即我对于任何哲学主题可能持有的任何思想观念，都必须经得起这种批评；否则它们就仍然不够令人满意。

在接受了两次或三次如此令人难忘的指导之后，我在下一个学年中获得了一份在耶鲁大学学习哲学的研究生奖学金。对我来说，正常的做法是在这里继续完成我的博士学位论文。幸运的是，我预先就已经意识到，这将会忽视耶鲁大学能够提供给我的绝大多数机会。存在着一种可供选择的替代性方案。我与斯特劳森在一起的经验尽管让我感到恐惧，但也让我感到振奋，我就好像参与到一场战斗之中，它让我确信，我的认识还不够，因此需要接受更加彻底的指导。简单地说，我感到需要让自己的研究走向更为辽阔的战场，不能仅仅研究我顺其自然地想到的那些让我产生兴趣的哲学，如朗格、卡西尔、维特根斯坦与波普尔的作品（我自愿沉浸于这些作品之中），而是要根据在我的界限之外的某个立场来研究哲学。我无意于成为一个职业哲学家，因此，博士学位对我没有任何用处。而在我接受了耶鲁大学的教育之后，就不会有什么事情来阻止我撰写我的博士学位论文或与此相关的其他作品。因此，我决定将我攻读博士学位的计划暂且放到一边，用一年时间来让我自己沉浸于一般的哲学研究之中。这是我在学术研究上曾经做出的一个最佳选择。

第 8 章
耶鲁的教育

耶鲁大学哲学专业的研究生教育是以研讨班为基础的：其中会有八个人或十个人共同围坐在圆桌旁，研讨班每周举行两次，每次持续时间为两个小时，并有一位教授来担任主持人。在一个学年中，绝大多数研讨班持续两个学期，但有些研讨班持续三个学期，还有些研讨班仅仅持续一个学期。在研讨班中，参与者依次开始发言，其方式是阅读一篇短文，这篇短文的主题先前已经告知了每个参与者。接下来，人们对这篇短文的讨论就会耗费这两个小时的剩余时间，在研讨班之后，学生还会在咖啡馆、俱乐部、酒吧、餐馆、散步的街道与包间中继续相关的讨论。这些学生是来自美国各地的其他大学的某些最聪明的大学毕业生，他们几乎没有例外地下决心要让自己在职业生涯中成为专业的哲学家。

选择研讨班是一件让人为难的事，我在对这些研讨班逐个比较之后，最终定期参加的研讨班包括对于经验主义认识论传统的最高水准的评价、康德哲学研究、科学哲学、数理逻辑、符号逻辑、法哲学与外交政策的概念分析（最后这个研讨班对我来说是一项消遣活动）。我还体验了其他的一些研讨班，但我随后就退出了。那些有关经验主义传统与外交政策的研讨班要求我额外阅读一些材料，但这些材料的数量并不多，因为我已经熟悉了与之相关的绝大多数基本材料；这两个研讨班所要求的几乎所有的逻辑学作业都能在聚会期间完成；因此，我承担的阅读量是我可以设法完成的。无论如何，这些研讨班对我有极大的价值，除了花费在这些阅读上的时间之外，我还不得不花费很多时间沉浸于那些有关我已经吸收的材料的讨论。

布兰德·布兰夏德（Brand Branshard）主持经验主义认识论的研讨班，在他身上体现出了一种特定的传统。他信奉的是理性的分析与论证，而这些分析与论证的形式并没有隶属于语言的考虑要素，这让我想起了伯特兰·罗素。就像罗素的作品一样，布兰夏德的作品是清晰的、简洁的、新潮的与诙谐的——对于哲学中的风格，他做过一次著名的演说，这次演说的内容如今被改编成了一本已经出版的小书。就布兰夏德本人而言，他是一位保守的绅士。在他看来，美国最重要与最有趣的经验主义者是美国的实用主义者，而我在牛津大学时几乎没有听说过这些哲学家；因此，我在那时第一次着手学习了某些有关C. S. 皮尔斯、威廉·詹姆斯与约翰·杜威的学说。尽管如此，我在牛津学过的绝大多数学说也被包括在内，因此，布兰夏德的研讨班整体向我展现的是，对于一个完整传统的所有优势与诸多未解决问题的清晰评价——这个传统包括了语言分析的发展阶段，但在布兰夏德看来，它是一个疏远的局部现象。布兰夏德的教学方法给我留下的第一印象是令人沮丧的琐碎，但接下来我意识到，这是我遇到的第一种思想并不狭隘且有助于交流的哲学教学。牛津哲学家对于一切事物的解释，有一些共同的倾向：盲目崇拜、好战、煽动式的宣传、不宽容、赤裸裸地以自我为导向与一边倒。布兰夏德则与他们完全不同。尽管他自己对立于他正在讨论的那个传统，他却用可敬的公正态度，通过将之置于与其他传统的关系中来呈现那个传统。我们对于各种可供选择的哲学与它们着手处理相同问题的不同进路进行了漫长的讨论。我们谈论理性主义者、唯心主义者与存在主义者，比较他们的每一个观点，比较他们的做法与经验主义者的做法。牛津哲学家始终会假定，经验主义的传统就是哲学。我在某个场合下提出了一个有关存在主义传统的问题，这个传统是由克尔凯郭尔、尼采与海德格尔这样的哲学家代表的，而牛津哲学家对我做出的解释仅仅是，这些人"并非哲学家"。布兰夏德的研讨班为我带来了诸多实际的教益，他不仅教导我具备了学术的公正性，即便对于我认为自己已经熟悉的哲学，他也指出了一条具有启发性与温和智识导向的道路。

某些基本问题在经验主义的传统中是无法解决的，它们构成了康德后来的批判哲学的出发点。我参加的由乔治·施拉德尔（George Schrader）主持的康德研讨班，将自己的任务设定为在一年内通读康德的三大批判——《纯粹理性批判》《实践理性批判》与《判断力批判》——其通读的方式是一学期一本书。参加这个研讨班，永远是我在耶鲁所做的最充实的一件事，它或许是我曾经拥有的最有价值的一次教育经验。在那一年里，我的智识兴趣始终聚焦于这个研讨班的主题。我撰写了一篇论文来论述康德对唯心主义的反驳，而这是我发表的第一篇哲学作品。时至今日，我已经不再相信康德是正确的，但他以某种方式设法让自己把握到了正确的理解，无论关于我们的经验世界的真理是什么，几乎可以肯定，它位于康德向我们指明的那个方向的某个位置上。我回过头来将更为详细地阐明这一点。

科学哲学的研讨班是由一位才华横溢的年轻人（虽然他在思想上不那么宽容）来引导的，他的名字叫阿瑟·帕普（Arthur Pap）。帕普是一个重构了逻辑实证主义的哲学家——在美国的逻辑实证主义者似乎都对这个学说进行了某种重构——他将自己称为一个逻辑经验主义者，这或许既可以通过相关事实表现出来，也可以通过他对这种重构的强调而表现出来。帕普从一些仍然活跃的年长哲学家那里学到的东西最多，这些年长哲学家包括蒯因与卡尔纳普，这两位具有不同能力的哲学家曾经参加过最初的维也纳学派召开的会议，如今他们在美国教学。蒯因在过去是一个在自己的旅行中拜访过维也纳的美国大学毕业生，卡尔纳普是维也纳学派最有智识才能的成员。通过这两位哲学家，帕普将他自己导向了一个仍然有生命的传统，这个传统可以追溯至马赫，如今帕普成为这个传统的积极宣传者。他处理这些问题的方法具备牢固的科学基础与数学基础，在这方面，他与最初的逻辑实证主义者相一致，他们都是作为科学家或数学家，而不是作为哲学家来获得训练的。参与帕普研讨班的人们中间，有一半是正在从事研究的科学家，他们着迷于他们学科的方法论。所有这一切都与牛津大学形成显著的对比，在牛津大学，逻辑实证主义的教学完全是以语言为基础的，而执行教学的人几乎不熟悉任何科学。帕普的研讨班恰恰让我深刻地认识到，那时的牛津哲学家处于多么自相矛盾的处境之中，绝大多数的牛津哲学家教导说，科学的话语是人们有意义地谈论世界的范例，留给哲学的唯一未来是成为科学的婢女，与此同时，这同一批哲学家不仅不知道科学知识的任何瑕疵，甚至没有充分的兴趣来认识某些这样的瑕疵。事实上，不少牛津哲学家在私人交谈中表现的态度，只能被描述为在思想上对科学的蔑视，虽然这是一种基于无知的蔑视。存在主义者用"非本真性"意指的恰恰就是这些牛津哲学家的整个生活处境。倘若他们真正理解、相信、感受到了他们自身所教授的真理，他们就会以不同的方式来生活。他们的哲学探究是自欺欺人的。

我首次使用最初的逻辑实证主义者自身所表述的术语，逐渐理解了他们面对的诸多问题。他们最关注的是科学的逻辑基础，以及诸如观察、测量、计算这样相互联系的基本活动，这些活动对科学来说是基础性的。正是在这种探究的语境中，诸多在表面上不同的哲学问题（如知觉问题与数学的逻辑基础问题）就相互关联起来。尽管如此，我相信，我从这个研讨班中得到的最大启发，并不是按照那种并非以语言为基础的形式真正理解的逻辑实证主义的科学观，而是对于科学方法论中的特定问题（例如，当我们测量某物时，我们真正在做什么）的某些精致解决方案。

帕普向我介绍了哲学中许多富有成效的观念。仅举两个例子，就我所知，他是第一个详细说明如下论证的人，即倘若没有使用时间概念的定义，就不可能对空间概念给出一种恰当的定义，反之亦然。而这意味着，时间概念与空间概念必定在逻辑上是相互依赖的，而不管在二者之间是否可能拥有其他的关系。就我所知，他也是第一个证明了如下观点的人,即每个讨论都必定会利用未经定义的术语,因为想要界定我们所有术语的尝试将导向无穷后退。(当然,这个事实的暗示,对语言分析的哲学观相当具有毁灭性。)在接近于第二次世界大战的时期里,他指导研讨班的方式仍然被认为是日耳曼式的,也就是说,他是一个使用好斗而又干脆的独断方式来进行指导的独裁者,他冷酷无情地碾碎任何异议。然而,在他身上充溢着活力、热情与思想,他始终坚定地用清晰的方式进行表达,我们其余人都会为这种方式感到振奋,无论我们是否喜欢他的方式,我们都从他那里学到了大量的东西。帕普只活到三十几岁,他在得了一场血液病之后很快就去世了,留下了他的妻子与一些子女。(我想,他有四个子女——但这种说法让我想起了帕普自己曾经说过的一个故事,他曾经问过一位上了年纪的耶鲁教授,这位教授到底有多少子女,而他得到的答案是:"我想大概是五个吧。")这既是一种个人意义上的悲剧,又是一种智识意义上的悲剧。

我参加的数理逻辑研讨班是由一位杰出的哲学家来指导的,他是阿兰·安德森(Alan Anderson),但他也在年岁不大时就死于癌症。他具有一种坚强而又有魅力的个性,他热爱论证并鼓励学生发表异议。在耶鲁大学,有两位逻辑学家会在华盛顿特区休假时为美国政府开发早期的电脑,他就是其中之一。安德森有一个特别的论证(尽管就我所知,这个论证或许不是他发明的)留在我的头脑之中,这个论证是这样进行的:请想象一堆彩票,其中的每张彩票上都有一个数字,你可以随便想象这堆彩票有多大——倘若你愿意的话,这堆彩票即便没有比这个宇宙更大,也可以与它一样大;它也可以无限大,倘若你认为这个想法是融贯的。我将我的手插入这个彩票堆并从中挑选出一张彩票,这一点都没有问题。没有什么比这更容易办到。无论我挑选出什么样的彩票,在它上面都有一个数字,在整堆彩票中只有这张彩票才拥有这个数字。每当这个时候我就会用手拍自己的脑袋并大声叫喊道:"我的上帝,这彻头彻尾是不可思议的!我挑选出这个数字的概率无限接近于零,而我却已经挑选到了它。这是不可能的!"我或许会感到自己惊讶地瞪大了眼睛,但事实上,这种惊讶感完全放错了地方,因为无论我挑选出哪张彩票,我恰恰都能说出这些相同的话语。而挑选一张彩票,这一点都不困难。因此在这里有某种令人感到惊讶的东西,但这一点都不古怪。可以说,这是一种概念的幻觉。现在的要点是,这种考虑可以适用于这样一些问题,它们全都与从范围更广的可能性(无论这种可能性的范围有多广)中产生出来的事物有关——由此会让人们产生这样一种非凡的感受,即这个特定的人应当存在,甚至这个特定的宇宙应当存在。即便有无数不同的可能宇宙，以此为根据，也几乎不可能让人们为这个特定宇宙的存在而感到惊讶。让人们感到惊讶的唯一有效的根据是，竟然有某种东西存在——例如，诸多彩票从一开始就在那里存在（因为一旦它们在那里存在，就没有留下什么有待解释的东西）。在我的小说《面对死亡》（*Facing Death*）中，我就利用了这个令人着迷的论证，我让其中的一个角色说出了这个论证。

通过阿兰·安德森的数理逻辑研讨班和弗雷德里克·菲奇（Frederick Fitch）的符号逻辑研讨班，我从事这种关于形式逻辑的研究，仅限于我觉得自己易于把握的范围。我这么做的理由是，在每种逻辑中我逐渐感到，我追随着这些逻辑就会达到这样的地步，它们在那里与哲学相分离，成为独立的学科。逻辑学最近的发展对于理解一般的哲学具有无可争辩的重要性，这门学科的发展主要与这些名字联系在一起：弗雷格、怀特海、罗素与青年维特根斯坦，或许还包括卡尔纳普与蒯因。在此之后，逻辑学就变成了专门的研究。

无法将外交政策的概念分析称为哲学的分支，尽管位于它核心的是情境逻辑，而在一些哲学作品中预示了情境逻辑这样的概念。阿诺德·沃尔弗斯[1]指导了这个研讨班，他是杜鲁门政府的主要外交政策顾问之一，我觉得不乘此机会向他学习是相当愚蠢的，特别是我期望自己有朝一日也能成为一名政治家。

人们如今很容易忘记的是，在20世纪50年代中期，美国在世界上占据了一个多么无法令人抗拒的优势地位。它创造的经济产量超过了世界经济总产量的一半，人们可以深信不疑地说，任何一件事物在美国的数量，都要多于它在世界剩余地区的数量总和——这不仅仅指的是物质商品，而且还指的是任何意义上的财富：奖学金、科学研究、交响乐团……从世界其余地区的观点来看，美国是商品与服务的一个无法想象的宝库——事实上这确实是无法想象的，因为绝大多数其他地方的人既不知道，也拒绝相信在他们自身与美国之间有那么大的差距。由于美国拥有了巨大的权力，因此在那段时期美国支配国际事务的范围，既超过了先前任何国家所能做到的，或许也超过了此后任何国家所能做到的。

沃尔弗斯的教学方法毫不掩饰地具有一种操纵性，但高度有效。他所说的几乎完全是抽象的，但悖谬的是，这些话的具体含意都因此而变得更加有力。他在指导一个研讨班时，通常会以如下的某种类似方式来进行。沃尔弗斯会说："让我们假

---

1 阿诺德·沃尔弗斯（Arnold Wolfers, 1892—1968），美国知名律师、经济学家、历史学家与国际关系研究专家，古典现实主义的国际关系理论先驱。——译注

设,在欧洲大陆上有一个巨大的政权。"在这时,他就在黑板的一侧故意以粗糙的方式画了一个大圆。"让我们假设,在大洋的另一边有另一个在规模上与之相当的政权。"于是,他又会在黑板的另一侧画出另一个大圆。"让我们假设,欧洲大陆的那个政权在它的边境存在大量的小国,而另一个政权由于它的地理位置,它在边境没有任何小国。"此时他就会在他画的第一个大圆的边缘画上一些小圆。这些图案如今看起来就会像这样:

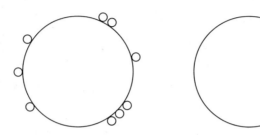

"现在,"沃尔弗斯会说,"无论它们是哪种社会,无论它们拥有哪种政府,对于我在此描绘的这些国家的外交政策,你们能看出任何不可抗拒的考虑要素吗?"

我们都会坐下来审视这个示意图并努力思考。接下来,有人或许会说:"在这些小国中的任何一个国家都完全不可能独自卷入一场反对它庞大邻国的战争之中。否则它整个就会被吞并或被粉碎。因此,它若要作为一个独立国家生存下来,这必定需要让它自己不卷入这种冲突之中。"

"正确,"沃尔弗斯会高兴地说,"现在你们能否看出这个小国或许试图避免的另外一些情况?"——我们就会休息一会儿,接下来则讨论这个新的问题,沃尔弗斯在讨论的每个环节中,都会将我们导向我们先前没有注意到的某些新的考虑要素。在两小时结束前,我们就会讨论这些圆所代表的每个国家根据其情境逻辑,让自身表现出来的对待其他的某个国家、某些国家或所有国家的各种不同的可能方式。在这个研讨班结束时,沃尔弗斯还会说:"在我们现在这次会面与下次会面之间,我希望你们思考的问题是,我们已经提出的考虑要素中有哪些可以在实践中适用于中国以及在她周围彼此相关的诸多国家,有哪些可以适用于美国?"——当然,它们中的每一个都是可以适用的,与此同时我们总是在苦苦思索诸多有关苏联的暗示。因此,我们在那时就发现,我们自身开始用崭新的方式来理解中国的各种政策的潜在理由——这个政府或那个政府当前贯彻执行这个或那个政策,是由于它的情境逻辑让它采纳了这样的做法。仅仅通过对我们粗糙示意图的沉思,我们就已经认识到，不管这个国家的组成或意识形态是什么，它的任何政府至少都必定会考虑诸如此类的某些政策，即便它最终仍然驳回了这样的政策。虽然我们相信，还有其他更好的政策，但我们如今已经理解了施加于这个政策之上的诸多压力与贯彻实施这个政策的人们在头脑中想到的主要考虑要素（以及在他们放弃这个政策之前他们必须保证的东西）。所有这一切让我们从根本上深刻认识了一个有力的教训：不管掌权的政府是什么，外交政策在很大程度上（但并非完全）是根据情境逻辑的应用来获得理解的，而情境逻辑服务于政府在现存环境下的自身利益。有许多事是政府不能去做的，否则它就会承受给自己造成严重损害的风险，还有许多其他事是政府不得不去做的，不管它是否喜欢；在这二者之间没有为政府留下太多空间，让它可以根据自己的愿望来独立地进行操纵控制。当然，某些这样的空间是存在的，政府对这种空间的各种利用就是我们讨论的主题之一。无论如何，我逐渐将这个研讨班视为一种特别的高等教育方法的模范：它首先旨在让我们严厉地、合乎逻辑地、有条不紊地进行思考，接下来让我们将我们的思考应用于实际的处境。它有助于清除偏见与情绪对我们判断的影响，并让我们理解，根据相关国家的不同观点来看，同一个处境会显得多么不同，因此就能让我们理解，为什么根据我们的观点来审视某些这样的国家所采取的行动，这种审视就会变得如此不便的原因。在我看来，它不仅是外交政策中的一个教训，也是人生中的一个教训。

　　沃尔弗斯的教学才华体现于他的教学方法之中，而不体现于他实际说过的任何话语之中。作为一个名人，沃尔弗斯是谦虚的，而他参与的几乎所有教学都采纳了苏格拉底式的追问形式。几乎所有的相关讨论都是由研究生来完成的。相较之下，我参加的法哲学研讨班的几乎所有讨论，都是由指导这个研讨班的人来完成的，他就是F. S. C. 纳托普（F. S. C. Northrop）。虽然在纳托普的教学中几乎谈不上有任何方法。但在我曾经遇到过的老师中间，我只想把两个人称为教学天才，而他就是其中之一（另一个是我的中学历史老师，大卫·罗伯茨）。我从未遇到任何人像纳托普那样对思想感到如此兴奋；他不仅能传递思想，而且能传递这种兴奋感。他会一走进房间就开始说话，自那时起，完美形成的语句就会从他的头脑中喷涌而出，就好像一个说话滔滔不绝的人在大发雷霆一样。我们其余的人提出各种问题。他欢迎提问，我们提问的唯一方式是打断他，而他也同意我们这么做；但事实上，我们任何一个人都没有坚定地打断他的力量，都没有借提问的机会说许多话。即便如此，由于我们每个人都轻易能让他谈论任何主题，正是我们让他做出相关的谈论，让他听取我们提出的批判性问题，并让他对我们的问题详细地做出回答，因此，我们中没有任何人觉得不满意。恰恰相反，我们得到了鼓舞与激励，而我从未得知任何其他老师会以这种方式来鼓舞激励他的学生。聪明的年轻研究生会出现于他的研讨班之中，他们由于刚刚模糊感受到的前景而感到激动，接下来就会急切地去追逐这种前景——纳托普不仅仅是一个鼓舞者，还是一个激励者，那些研究生会直奔图书馆并强烈地渴望阅读相关的书籍。多年以来，纳托普强烈的智识激情与他不可思议的活力结合起来，让他的专业影响延伸到了数个领域之内——不仅仅是哲学与法学（他已经获得了耶鲁大学的这两个学科的教授职位），而且还包括国际政治学、社会学、物理学以及观念文化的比较史。纳托普是一个博学的人，人们可以将他与伯特兰·罗素和卡尔·波普尔归为一类人。他虽然缺乏罗素和波普尔的原创性，但他确实拥有一种交流的冲动——交流知识、观念，尤其是有关诸多学科的关系的深刻见解。让我们试举一例，他曾经引人入胜地阐述了自17世纪以来的数学物理学、相同时期的经验哲学的发展，以及自由民主制的发展是如何有机地相互关联的，这种相互关联并非仅仅指彼此引起关注，而且还有其他的方式。他还用现实的知识与理解力详细地谈论了西方的这种智识发展如何不同于在其他文化中出现的这种智识发展，西方的这种智识发展尤其不同于印度和中国的智识发展，而印度与中国这两者在智识发展上也彼此有所不同。纳托普在结束时指出了所有这一切以何种方式关联于他的研讨班的主题。他会不断地花费几乎令人难以置信的时间来着手讨论起初显得离题的东西，这些主题具有令人惊异的多样性，但他在结束时始终能展示它们与他手头上的问题的关联。

可以相当简单地说明纳托普研讨班的主题。对于每个人类共同体，纳托普都区分了两种法律，一种是实在法，另一种则被他称为"活的法"（living law），而他关注的是这两种法律的复杂关系。实在法是由政府颁布并由行政机构执行的。法律在某些地方是由个人随意规定的，除了这些地方之外，实在法是人们有意识的思考与讨论的产物，实在法被置于较高的地位，并以某种此后指称它的语言来将之公布，而且实在法能相当快速地被改变。但与此同时，每个共同体中的民众都会在教育中以特殊的方式面对大量与实在法无关的东西：它们是一些内容丰富的混合物，其中包括确定的程序、风俗、习惯、共同的期待、假设、共同语言、家庭结构、民族的记忆、流行的艺术与娱乐、社会惯例、礼仪，甚至可能还包括宗教信仰，如此等等，所有这一切都交织成诸多复杂的模式，它们在一代又一代之间传承。这些事物并不是通过任何理性思考或理性辩论的过程而开始存在的，在大多数情况下，它们并没有在语言中获得明确的表述，它们无法被任何个体所改变，倘若它们从根本上要有所改变，就只能以缓慢的方式来改变。这就是纳托普用共同体的"活的法"来表达的意思，相较于其他任何事物，它更能把独特的身份赋予一个共同体。纳托普认为，人类对于他们的"活的法"的忠诚，总是要比他们对于实在法的忠诚更为深刻、更加有力，并且拥有更多的情绪感受，由此导致的结果是，倘若这两种法发生冲突，民众的自发反应是，在他们能够逃避处罚的范围内大量违背实在法。倘若实在法过于持久地与"活的法"发生冲突，结果就会造成社会的分裂与动乱。我们对于"活的法"这个概念的分析，将我们导向了社会心理学、比较社会学、人类学与文化史。我们对于实在法的分析，将我们导向了政治学、法理学、比较宪法学、科学技术的发展历程与观念史。在这一年的过程中，我们在这个研讨班中的讨论具有一种非凡的附带效果，即让我意识到，在我的所有其他研讨班之间存在着一种有机而又深入的相互关联。它就像一个将其他研讨班都强有力地共同联系起来的研讨班。

我认为，纳托普让我首次深刻认识到了科学在文化中的中心地位。显然，由于技术带来的诸多社会后果，我总是能够意识到技术在文化上的广泛重要性，但纳托普让我意识到某种相当不同的东西，即西方人永不休止地寻求着关于自身及所处的世界的深刻认识与理解，在这场精神冒险中，纯粹的科学几乎与艺术一样拥有基础性的地位；已经存在的科学知识与科学洞识的宝库如此丰富，以至于超过了纯粹艺术宝库的令人惊叹的价值；此外，科学与艺术有大量共通之处——例如，二者都是严格自律的寻求真理的活动，它们都试图探索实在（包括关于我们自身的实在）的本质，都试图将这种探究及其发现用公众可以通达的方式明确表述出来；二者的成功都取决于杰出个体的原创性，尤其取决于他们的那种凭借直觉跃入未知领域的勇敢想象力。科学及其历史是令人兴奋的，艺术及其历史也在类似的意义上是令人兴奋的，这二者在多个层面上都相互关联。倘若没有认真地了解这二者，人们对于自身与这个世界的认识就不可能超越最肤浅的理解。

我从纳托普那里学到的另一件事是，20世纪物理学的两大革命——相对论与量子论——如何与为何迫使我们不仅需要重估我们的科学本质观，而且还需要重估我们的人性知识的本质观；进而，他也让我们学到了沿着康德的方向来寻找解答，因为如此众多通常被理所当然地认为位于独立于我们的外部世界之中的东西，如今则被理解为是由我们自身形成并具体化的诸多解释结构组成的：这些解释结构不仅包括科学中的解释模型，而且还包括这些解释模型所具体表达的数学，它们的论证逻辑，以及表述它们的自然语言的诸多范畴。当然，这与我从卡西尔那里学到的思想观念相一致,不过纳托普是沿着一段源自独立出发点的心路历程才抵达了这个结论。

　　总的来说,我感到自己受益于纳托普的地方是,他帮助我解放了自己进行综合的倾向,我的这种倾向在牛津时被残忍地禁止,其实是遭到了迫害。我相信,正是柏拉图说过,良好的判断既表现为能看到相似事物的不同之处,又表现为能看到不同事物的相似之处。当然,这是两种互补的解释形式,如今它们分别被称为"分析"与"综合",而柏拉图的这个评论是深刻的。在我与牛津哲学相遇时它有这样一个削弱智识能力的倾向,即它仅仅专注于分析,它积极对抗综合。这个传统在整体上具备一种激进的分析性与批判性,并排斥所有其他的东西。我不仅是哲学专业的学生,而且也是史学专业的学生,但每当我试图做出任何种类的对比时,我就会遭到指导教师的怒喝,他会逐条列举诸多被我已经充分意识到的区别——就好像这些区别的存在否定了所有的相似之处。这种反应体现的是以下这个荒谬的假设,即任何人在某个方面对两个事物进行比较,这就意味着这两个事物在所有方面都是相似的。这个荒谬的假设延伸到了私人交谈之中。有一次有人问我,在我离开牛津之后我想干什么,我的回答是,我希望自己能够将撰写哲学和小说的活动与我积极参与的政治活动结合起来——例如,就像让-保罗·萨特在那个时期的做法那样。向我提问的人就带着嘲弄的态度轻蔑地说:"难道你不觉得把你自己比作萨特有点荒谬可笑么?"我不得不马上说:"我并没有将我自己比作萨特。我说的仅仅是,我希望自己能够像他一样将这三种活动结合起来。"

　　我始终认为,学习历史让我获得的一个最有价值的帮助是,它让我意识到,在某种程度上,情境逻辑本身是在实际的处境与个人的生活中用独特而又具体的术语形成的。人们在不相似的处境中反复看到相似的结果跟随着相似的原因。实际上,仅仅由于这种情况,人们就能对世界、社会、政府与民众形成任何普遍化的理解。毋庸置疑,人们也始终需要留意重要的差异,人们永远都不应该不考虑这些差异。但在牛津,我根本就从未被允许"侥幸成功地"(正如他们总是使用的这个惯常表述——"哦,你不可能侥幸成功地做到这一点!")做出任何比较,因为还存在着诸多差异。任何进行比较的人被假定为并不知道这些差异,根据这种假定,倘若进行比较的人已经知道了这些差异,他们就会提到这些差异。因此,历史研究被视为仅仅是批判性的与分析性的,而将事物彼此关联的尝试则被视为注定会失败,因为两个事物永远不可能是完全相同的。在其他地方的历史学家会用比较的术语来写作,但在牛津哲学家看来,这种写作方式即便不是虚假的，也具备内在的不恰当性，这是因为他们在相似性的表面滑行，却没有充分地意识到在相似性下面的诸多差异——由此总是会产生这样的暗示，即倘若你更为严密地考察这些潜在的差异，你就会发现它们的数量如此众多，以至于你不再会觉得有正当的理由来做出这种比较。

倘若我在自己的一篇史学论文中读到了这样一个陈述，它的大致意思是，在比方说18世纪中期的伦敦，大多数X是y，我几乎可以相信，对于这个陈述，导师就会插嘴说："关于一个并非y的X的情况又会是什么？"接下来在我们之间就会发生如下交流：

我：与这个人有关的情况是什么？

导师：他是一个X，但他不是y。

我：我知道。

导师：但你刚刚所说的暗示，恰恰是与此对立的。

我：不，我并没有这么暗示。

导师：那就再读一遍最后那句话。

我："大多数X是y。"

导师：就是这个。正如我所说的，某人是一个X，但他并不是y。

我：我并没有说过他是y。

导师：但你刚刚读出来的那句话似乎暗示了这一点。

我：相反，事实恰恰是，我写的是"大多数"X是y，这清楚地意味着并非所有的X都是y。而我知道某人并不是y。

导师：好吧，但我认为，倘若你在你的考试中这么写，主考人并不会假定你知道这一点。

我：恰恰正如我已经说过的，我所说的话究竟有什么地方站不住脚？大多数X是y，这肯定是真的吧？或者你会拒绝承认这一点？

导师：哦，不，倘若你坚持以类似于此的方式来进行表达——我认为，X中的绝大多数确实是y，但其中有不少X并不是y。

我：我知道，关键是，我写的是"大多数"，而不是"全部"。

导师：我能够看出你已经有所理解。虽然如此，插入一个关于这个时期的某个并非y的X的注释，以便于让人们意识到，你知道这样的一个人，我觉得这是个好主意。

我：但关于这个人的注释在这里可能是完全不合适的——他与我正在试图提出的观点无关。事实上，正如你所说的，他是某个相当不同的种类的一个实例。

导师：好吧，我所能说的仅仅是，倘若你不提及这个人，你的读者就会假定你不知道这样的人，你正在做出错误的概括。

当我从牛津的历史学走向牛津的哲学时，我发现牛津的哲学家对任何种类的概括也做出了同样混乱的、粗劣的与不合逻辑的回应，他们同样缺乏自我批判地沉溺于分析，并排除了其他的任何事物。这些哲学家坚持这样的做法，几乎就好像他们的职业工作仅仅是做出区分。事实上，他们确实将他们自己称为"分析哲学家"，并宣称这种哲学概念是对这个学科的唯一恰当的研究进路——按照赖尔的说法，这就是"哲学唯一的与全部的功能"。他们不仅声称，在哲学中任何形式的体系构造都是不合法的，这种做法注定要失败，而且他们还敌视在任何层面上系统阐述的解释理论。这种研究进路在根源处的自相矛盾在于以下这个事实，即只有通过参照某种标准，才能做出任何种类的区分，而这需要拥有某种解释的框架，即便这解释框架并不存在于最突出的位置上，但也至少存在于背景之中。在实践中，牛津哲学家参照的解释框架或者是"日常用法"，或者是"常识"，或者是二者的混合；他们对这二者的无批判态度既是不寻常的，也是没有经过解释的。他们想当然地认为，我们都知道这二者是什么，而事实上，人们只需要进行不多的反思就能意识到，诸多个体对于这二者注定拥有不同的概念。他们还想当然地认为，我们都接受与赞同这二者。当我指出这些问题时，我仅仅被他们所忽视——然而，当我抵达耶鲁时，我恰恰发现，这些东西就是对牛津哲学的标准反对理由，这对那里的每个人都是显而易见的。当我回到英国时，尽管我的这个论证得到了丰富与提高，但我仍然和以前一样，并没有更多的人来聆听我的这个论证。数年之后，当怀疑他们自身的分析哲学家开始说出这些相同的观点时，他们的这种开拓精神却获得了他们同事的极大钦佩。伯纳德·威廉斯在如下访谈中公开放弃了原先的观点并恰当地提出了这样的立场：

所有[哲学革命]在短时期内都容易遇到它们自己的方法问题，语言分析在这方面也不例外。我认为分析哲学的基本局限性在于低估了理论的重要性。它尤其低估了在哲学之内的理论的重要性（尽管在维特根斯坦那里，这几乎不能称为低估——更确切地说，是全盘拒斥）。此外，它还倾向于低估其他学科中的理论的重要性。我认为，甚至对于科学中理论的重要性，它都没有一个非常清晰的意见……我认为，我们往往会采取的做法是，找出某些区别或对立，非常谨慎地探究它，详细考察或许从属于它的各种细微差别，整理它们或陈述它们，却对造成这组区别，而不是其他某种有趣的或重要的区别的背景，没有进行充分的反思……"零碎"是一个褒义词。奥斯汀曾经打过一个有启发性的比方。当人们抱怨区分的增多时，他指出昆虫就被区分为数千个种类，并且问道："为什么我们就不能发现有关语言的同样数量的区别呢？"对这个问题的回答当然是，我们区分甲虫种类的基础植根于某种对于造成物种差异的东西的理论理解，这种理解是由进化论给出的。但除非你已经拥有了某些相关背景的理论理解，任何事物都会和你随意挑选出来的其他某个事物有所不同……人们确实在不同程度上谈到，你可以一点一点地研究哲学，但我认为应当承认，仅仅是由于某种更加具有理论性或系统性的理解背景，这些问题才能被设置，这些区分才能被给定——我想，这个要点被人们更为普遍地忽视了。*

威廉斯的这些话语描述的恰恰就是我在牛津就读时的哲学环境，而我永远在与这种哲学环境进行对抗。我的不幸在于，我所具备的那种心智寻求阐明诸多事物之间的相似之处，有时则是彼此相距甚远的事物之间的相似之处，而我还试图寻求我所拥有的实际问题的解答。对我来说始终清晰的是，除非这些区分关联于更为宽泛的解释框架，否则它们就没有重要的意义，因此，我更感兴趣的是对解释框架的系统表述、验证或批评，而不是对包含于其中的东西做出区分（尽管我对这些区分也有兴趣）。然而，我几乎没有被允许开口论述任何这样的问题，每当此时，总有某个人会提出抗议，他抗议的并不是我正在做出的陈述是错误的，而是我根本就不应该做出这种陈述——粗俗的比较在智识上是声名狼藉的、低级的、仓促的、乏味的（"就像那些归属于奥登公司旗下的电影院一样"，某人对我在一次讨论中的发言做出了这样的描绘），而这揭示的事实是，我并不理解真正的哲学是什么。对我来说幸运的是，我从来都没有丧失我的最终信念，事实恰恰相反——缺乏严肃智识态度的人恰恰是他们，而真正理解了哲学是什么的人恰恰是我，虽然我对哲学做出的

---

* *Men of Ideas*, p. 144.

贡献不一定比他们更多。但是，我只有自己一个人孤单地与我的这种信念保持一致。我不得不用其他人的术语来参与讨论，因为它们是仅有的可利用的术语，而讨论对哲学是重要的；但我从来没有发现任何人乐意用我的术语来谈论那些令我烦恼的问题。任何对于解释框架的讨论都是禁忌，我无法找到任何人乐意着手讨论解释框架。事实上，我甚至无法让我的哲学家朋友们思考类似马克思主义和弗洛伊德主义这样的思想体系，它们在当下的世界中，在我们自己的文化中，在文学中，乃至在学院自身中拥有巨大的重要地位。这些思想体系被上述哲学家用烧红的烙铁打上了"并非哲学"的烙印，而这就是这些思想体系的终结。大多数哲学家并不阅读弗洛伊德或马克思，因为弗洛伊德或马克思的作品"并非哲学"，因而无法承受关于这些作品的严肃讨论。

就所有这些方面而言，从牛津到耶鲁的转换，就像一个人从黑暗的地下室步入了阳光之中。我在我自己这代人中首次遇到了某些具备较高能力，经历过一流哲学训练，并热爱基本哲学问题的人。他们中的某些人此后成了名人，有一两个人甚至具备了国际的知名度。我在耶鲁所享受到的某些在智识上最令人满意的时光并不是在研讨班的教室中度过的，而是与类似的朋友一起度过的，我们谈论着任何让我们感兴趣的话题。不过，这些研讨班本身也充满了大量的思想养料；让人感到美妙的是，置身于这样的环境之中，哲学问题被受过良好训练，见多识广的人认真对待，而不是仅仅被当作"由诸多巨大而又粗劣的错误构成的一个集合体"。同样让人感到美妙的是，置身于这样的环境之中，每个人都意识到，对哲学的追求会让我们都卷入科学，特别是数学物理学之中，而且我们还必须认真对待诸如存在主义、马克思主义与弗洛伊德主义这样的当代思想体系。尤其是纳托普，他如此具有解放性的地方在于，他清楚地意识到，所有这些事物，其实是由人类做出的理解自身及其世界的全部尝试，它们都不可避免地在彼此之间拥有深层的关联，这是由于它们都是为了完成同一件事的不同尝试。例如，倘若弗洛伊德主义的解释实际上接近于正确，那么，存在主义者认为个体拥有创造自身个性的自由的论断就必定是错误的。我们在任何领域所采纳的几乎每一个信念，都对我们与其他信念系统的关系产生了影响。因此，倘若我们在智识上是严肃的，我们就不可避免地按照彼此的关联来思考它们。这施加给了我们一种实际的责任，即以跨学科的方式进行思考：其他任何东西都无法与这种智识责任兼容。无论我们是否喜欢，我们都被迫接受这个事实，即在某个地方做出任何论断，都将让我们承诺于在其他地方接受或排斥某些论断。倘若一个人不直面这一点，那么这个人不是无知的，就是草率的。有人或许会认为，这种跨学科的思维形式本身是草率的，但这种想法并没有领会到关键所在，这种想法实际上是愚昧的，因为它没有看到诸多智识现实。当然，这种跨学科的思维方式有可能以草率的方式来完成，但其他的任何思维方式都有可能以草率的方式来完成，或许也包括分析思维在内（谁知道呢？）。尽管如此，我在牛津时，人们不仅鼓励我不信任这种跨学科的思维方式，而且鼓励我将之视为在本质上是做作的与虚假的东西。我从未完全相信这一点，但纳托普帮助我从牛津给予我的某些禁令中解放出来。我在牛津的训练让我在做出关联的问题上过于谨慎，这种训练仍然是理解的一个障碍。

我必须向纳托普表示感谢的最后一件事（我受惠于纳托普的都是对我影响甚为深远的大事）是，他让我意识到，我迄今为止与他讨论的一切都可以关联到关系的形而上学问题，他惯于将之称为一与多的关系。并非所有宗教的教徒都相信，存在的一切事物都是终极统一体的组成部分，尽管我认为可以正确地说，在这个世界上的所有主要宗教都断定这一点。完全相同的物理定律在整个已知的宇宙中自始至终都成立，在这个宇宙中的每个原子都像其他任何原子一样拥有相同的基本内在结构。我们每个人的主观经验都被康德刻画为统觉的先验统一性：尽管充斥着大量归属于无数不同种类的在表面上无关的要素，但在某种意义上，它们被我们经验为一个统一体。（康德特别深刻之处在于，他说出了这种统一体存在于什么东西之中。）根据人们谈论与写作的方式，可以清楚表明的是，即便不是大多数人，也有许多人假定，存在的整体在某种意义上是统一的。然而，通过思考，任何这样的统一体都有两个神秘之处，第一个神秘之处在于，它竟然从根本上是存在的，第二个神秘之处在于，它是由无数在表面上不相干的事物构成而成的。这两个神秘之处中的第一个始终让我特别着迷，而其中的第二个则始终让纳托普特别着迷。我认为，情况并不像某些人相信的那样，纳托普首先不由自主地对大量事物产生兴趣，仅仅在此之后他才开始寻求在诸多事物之间的关系，以便于让他的观点不会成为一片混沌。我认为更有可能的情况是，纳托普从一开始就有某种直觉认为，一切事物最终都是有所关联的，因此这就让他去追求所有他感兴趣的事物，直到这些事物开始揭示出它们之间的相互关联。他不仅在发现新关联时始终会产生他的兴奋感，而且他对这样的关联始终保持他的惊异感。为了从纳托普身上学到最多的东西，你需要已经对你自己有了相当多的认识，但作为一位在高等教育上层的教师，没有人比得上纳托普。倘若纳托普的原创性与他的知识处于相同的等级，他就会置身于爱因斯坦那个阶层之中；不过在那种情况下，他最佳的精力就必定会被倾注到研究之中，而不是被倾注到教学之中。仅仅是由于纳托普并不具备原创性，他才成为一位无与伦比的教师。

第9章
发现康德

正如我已经说过的,我在耶鲁获得的最有价值的独特教育经验是,我被引进了伊曼努尔·康德的批判哲学。耶鲁的教师介绍这种哲学所采取的方式有着重要的影响:他们并非仅仅采取让学生独自学习的方式(尽管我独自做了大量的相关研究),而且还采取了让热心爱好者进行小团体聚会的方式,在整整一年的时间里,这种聚会每周举行两次,每次至少进行两个小时的讨论。

倘若你研究哲学的时间足够久,你就会抵达这样一个阶段,你自己通常就能在某个人的作品中看出许多重要的东西,而其他人也能向你指出这些重要的东西。在此之后,你就能在二手资料中继续获得无数有价值的细节,但显然,你对一位大哲学家的研究工作的最重要的看法,是你自己所拥有的看法。尽管如此,在你摸索自己道路的早期阶段,情况并非如此:其他人有可能向你指出极其重要的东西,而你以其他方式或许看不到这样的东西。而这就意味着,讨论在哲学训练的早期阶段是不可缺少的组成部分。无可否认,许多大哲学家孤立地完成了他们的创造工作,但绝大多数的大哲学家并不是以孤立的方式经历创造工作前必需的学习过程的。

我相信,初学者或许会错误地认为,他们在研究哲学时凭借自己就可以走得很远。对于初学者来说,这个过程的一个必要部分是,他们所真诚持有的信念——以及更重要的是,他们有时无意识做出的假设——应当接受那些和他们同样聪明、同样见多识广的人的挑战;他们应当正面应对这些挑战,恰当地处理这些挑战,或相应地调整他们的信念与假设,或完全放弃它们。倘若他们独自学习,无论他们的学习强度有多大,都不可能发生这样的挑战。独自一人,他们就过多地停留于他们自身局限性的界限之内。有人或许会提出异议:"但初学者阅读的大哲学家始终可以大规模地打破这些局限性,大哲学家从外部带着令人振奋的崭新观念侵入了这些学生的头脑。"但这种说法并不恰当。学生对这些哲学家的理解与诠释最初几乎必然是不恰当的,有时甚至是错误的;没有批评,学生就没有途径来得知他犯下的错误。根据我自己向资质在平均水平以上的学生教授哲学的经验,不仅他们都会犯下严重的错误，而且他们拥有犯相同错误的显著倾向，因而若他们没有从某个比他们自身更有经验（并非必定比他们更加聪明）的人那里获得指导，他们就会彼此强化这些错误。过了一段时间之后，当他们就像在森林中居住多年的猎犬一样，获得了只能导源于经验的智识技巧的整个军械库时，他们就将位于不同的处境之中。但他们现在尚未位于这样的处境之中。

　　发现康德，就像发现我的居所一样。康德在开始陈述他的哲学时就指出，由于我们理性的本质，我们不由自主地就会提出有关这个世界的问题，对于这样的问题，我们的理性本质让我们永远无法得知答案。接下来康德着手处理时间与空间的二律背反，他认为，既无法证明时间必定拥有一个开端，也无法证明时间不可能拥有一个开端，既无法证明空间必定是无限的，也无法证明空间不可能是无限的。我并不认为，康德对这些论证的独特表述非常令人满意，事实上，我已经看到了它们可能得到改进的方式。无论如何，相较于以下这个事实，这些表述的缺陷就显得没有那么重要：在这里的是这样一位哲学家，他在自己的出发点处理的问题，就是我在整个一生中与之斗争却尚未找到解决方案的问题。正如歌德所描述的他阅读康德的经验，我就像步入了一间明亮的房间。我最终发现了我向哲学寻求的东西。

　　康德在早期就提出的一个观点是，倘若理性将我们导向自相矛盾与死胡同，那么，实在就不可能与理性相符，因而我们甚至在原则上就不可能仅仅通过理性来理解实在。这破坏了在他之前的理性主义哲学家的纲领，这些哲学家包括笛卡尔、斯宾诺莎和莱布尼茨。但康德继续说，经验与理性一样，都不能给予我们关于独立实在的知识，因为我们的感觉与外部对象的一致从来也不可能被证实；此外，那种认为我们的感觉以独立于经验的方式，如其所是地"类似"客观对象本身的整个见解，通过分析被证明是不融贯的与难以理解的：独立于经验与思想的诸多范畴，我们就不可能形成任何有关客观对象的概念，它们都依赖于主体。然而，最后这个事实让康德进入了一条处理这些问题的完全新颖的道路。

　　在康德之前的绝大多数哲学家似乎假定，客观对象或多或少以我们感知它们的方式存在，但它们的存在又独立于我们，而且它们存在于其中的空间与时间也是独立于我们的。此外，人们或许会将这些假定称为事物的常识观。但康德意识到，这些假定不可能是正确的。我们所拥有的所有感知对象的方式——视觉、听觉、触觉、味觉、嗅觉——都不可能独立于感觉与神经系统而存在；我们所拥有的所有思考对象的方式即思维方式，它们恰恰不可能在没有大脑的情况下发生，就像观看不可能在没有眼睛的情况下发生一样。倘若我们从我们的客观对象概念中抽取出所有依赖于感觉与依赖于心灵的内容，留给我们的最多是关于某个东西，某个x的概念，对于这个概念，我们无法赋予它任何可观察的或可概念化的特征。根据定义，这样的对象不可能出现于经验之中，在这种意义上，这种客观对象的概念是形而上学的概念。康德相信，为了让我们拥有我们确实拥有的经验，这种形而上学的客观对象必定作为这种经验的原因而存在。洛克同样相信这一点，并且明目张胆地由于相信它而违背了经验主义的基本原则（不能正当地假定，在这个世界中存在着任何无法用经验来检验的东西）。事实上，在我看来，普遍观察到的情况是，许多持有常识世界观的人同样相信这一点。尽管如此，康德的情况所涉及的是一种不同于洛克的内在矛盾。

在青年与中年时期，康德作为数学物理学的教师，为他自己建立了杰出的声誉。他同样对这个领域做出了原创性的贡献：在31岁时，康德发表了他的《天体理论》(*Theory of the Heavens*)，他的第一本书对物理宇宙给出了这样的解释，物理宇宙是演化而成的，它的存在并非自始至终就拥有那种多少类似当下的形式（这既是亚里士多德主义的观点，也是托马斯主义的观点）。康德就像他那个时代几乎每个人所理解的那样相信，17世纪的新科学已经将人类置于理解这个宇宙的最佳途径之上。康德也像其他人那样推断，科学知识拥有一种独特的确定性，而给予科学知识的独特确定性的东西在于，科学知识是由两种不可能让谬误出现的过程结合而成的。第一种过程是直接观察，它并非仅仅是由一个人在一个场合下进行的，而是由某个人系统地反复进行观察，接下来再由其他人系统地进行检验。第二种过程是根据那些以上述方式得到的观察陈述做出的逻辑演绎。因此，按照康德的理解，整个科学是由已知的绝对可靠而又真实的东西构成的，这或许是由于它们是经过训练的有能力观察者在众多不同场合的可控条件下做出的直接观察（与测量，倘若这么说是恰当的话），或许是由于它们是根据如此观察到的东西而通过在逻辑上必然的方式得出的。换句话说，科学完全是由直接的观察与逻辑构成的，这两个过程倘若得到了仔细而又恰当的执行，它们就会产生或许是最高水准的确定性。

康德后来将这种心智状态描述为"教条主义的沉睡"。他说，阅读休谟，特别是阅读休谟对于因果性不得不说的那些见解，将他从这种状态中唤醒。休谟教给康德的见解是，因果关系是某种这样的东西，它的存在不仅是不可观察的，而且不可能合乎逻辑地导源于任何可观察的事物。当我们谈到事件A引起事件B时，我们并不仅仅意味着在事件A发生之后，事件B发生。我们的意思是，事件B是由于事件A的发生而发生的。然而，我们所能观察到的仅仅是两个事件：我们并没有观察到第三种实体,其采纳的形式是在两个事件之间的必然关系。我们无法断定,我们知道存在这样一种关系(虽然这种关系是无法被观察到的),因为曾经观察到的归属于类型A的每个事件,都总是被归属于类型B的每个事件所跟随。我们之所以无法做出这样的论断,是因为无论人们观察到多少归属于类型A的事件被归属于类型B的事件所跟随,这并不意味着下一个事件A必定被事件B所跟随:这意味着此处不存在任何必然的关系。于是,必然的关系无法被观察到,它的存在也无法合乎逻辑地根据观察到的东西而被推导出来。但必然的关系不同于恒常的结合,它是被原因概念所蕴含的。因此,我们的因果性概念既不是在经验上恰当的,又不具备恰当的逻辑基础。康德看到了这些论证的有效性。但他同样看到,倘若不存在因果关系这样的东西,经验世界就不可能存在,无论它是日常经验与日常观察的世界,还是通过科学探究向我们呈现的世界。然而,我们确实知道存在这样一个世界,因此我们就知道存在因果关系这样的东西——因此我们就知道,经验世界不可或缺的特征既不是可观察的,也不是可用逻辑推导出来的。这立即就向我们提出了如下问题:这些特征是什么?我们如何可能获取关于这些东西的知识,倘若它们既不是可以通过观察获取的,又不是可以通过逻辑推导出来的?

甚至在那些最伟大的哲学家中间,康德的智识理解力的开阔性也是独一无二的,事实上,他在阅读休谟时就必然已经察觉到,时间、空间与科学定律的概念就像因果概念一样,它们都处于相同的困境之中。任何无限的东西在其无限状态下,都不可能归属于人类经验的范围,因此,由常识的反思与牛顿的物理学向我们呈现的时间与空间——一种均匀的、无限的时间,它既向前又向后无限地伸展,以及一种均匀的空间,它沿着三个维度无限地向外伸展——都既不能通过观察来确立,又不能根据我们曾经观察到或经验到的东西合乎逻辑地推导出来。类似地,休谟已经证明,任何关于这个世界的不受限制的普遍陈述(如所有的科学定律),都不可能被任何有限次数的观察所证实,无论观察的次数有多大,这种普遍陈述的真实性也不可能被人们依照逻辑过程,根据无论多少次的观察报告而推导出来。简言之,康德从休谟那里学到的是,所有看似是科学基础的东西——科学定律、因果关系、绝对空间、绝对时间——都既无法在经验上证实,又无法在逻辑上证实。对于这个令人震惊的认识,康德并没有得出那种认为科学是无效的结论,尽管其他某些人就是这么做的。在康德看来,这种结论是胡说八道,其根据是如下事实:可以证明,科学给予我们的东西最多,科学给予我们的是人类曾经拥有的,在实践上最有用的知识。不同于那种悲观的结论,康德提出了这样一种见解,其大意是(这些是我的话,而不是康德的话):"我们认识到,我们居住于一个由空间与时间构成的世界之中,在空间与时间之中,诸多事件以因果的方式相互关联。倘若我们将科学定律适用于可观察的事实,我们就能精确地预见诸多事件。但是,休谟已经表明,我们不可能根据观察与逻辑的任何结合来推导出这种知识。因此,在获取这种知识的过程中,我们必定使用了某些不同于它们的东西。所以,观察与逻辑推导不可能是可靠的知识的仅有基础。"

在那里还有什么其他的东西呢?在他的《未来形而上学导论》的导言中,康德告诉我们,他的整个《纯粹理性批判》试图解决的是"最广泛意义上的"休谟问题。这种尝试让他对知识理论进行了比任何人都更为彻底的重构。在导言的结尾处,康德宣称,我们所经验的这个世界的整个本质,依赖于我们的经验器官的本质,由此产生的一个不可避免的后果是,向我们显现的事物,与这些事物本身并不相同。

我们的经验所拥有的最典型特征是偶然性:一个知觉对象有可能是以这种物质构成的,也有可能是以那种物质构成的,有可能具备这种颜色,也有可能具备那种颜色,有可能具有这种体积,也有可能具有那种体积,如此等等。我们通过对它们的观察以及从我们的观察中读取它们的特征来发现它们是什么;我们既在我们常识的判断活动中,又在我们的科学研究中来做到这一点。但是,对于某些特征,我们可以先于任何经验对象就确定地认为,倘若经验对象要成为经验对象,它就不得不拥有这些特征。例如,倘若我们没有将某个对象感知为某个这样的东西,它能够以因果的方式对其他事物发挥作用,它在三维的空间与一维的时间中有所定位,那么,我们就无法感知任何对象。这些东西就是我们通过读取我们的经验而习得的关于这个世界的特征:它们是我们在先于所有可能经验就确定地知道的东西。它们是在任何事物从根本上有可能成为经验之前就不得不满足的先决条件。在这个事实中,我们发现了休谟问题的解决方案。物理同一性、空间的定位、时间的定位、因果相互作用的倾向——这些都既不是导源于经验的概念,又不是逻辑的概念:它们被应用于经验,这是因为它们构成了诸如此类的经验,倘若经验要从根本上成为经验,就必定会用它们来刻画自身。由于拥有这种特性,它们就构成了确定的知识。因此,它们正是我们正在寻求的人类知识的第三种组成部分:对于我们来说,想要拥有关于我们周遭世界的知识,除了经验的可观察性与逻辑的融贯性之外,这第三种组成部分是必不可少的东西。它们是所有可能经验的形式。倘若我们根据"用经验之网来捕捉事物"这个隐喻来进行思考,这些东西就是我们网络的网格。只有能够在网格中被捕捉的东西，对我们来说才是可获取的知识。任何在没有被触及的情况下就穿过网格的东西就无法被我们获知，而任何完全超出了我们网络的东西也无法被我们获知。只有被这些网络所捕捉到的东西才是我们的知识，只有这些网络能够捕捉到的东西才有可能是我们的知识。它们实际上捕捉到了什么东西，这是一个根据偶然情况而有所变化的问题，取决于在那里存在着什么有待于被捕捉的东西，但它们能够捕捉到什么，这取决于这些网络自身的本质，而我们永远生活于这些网络的能力与局限性之中。

既然如此，倘若我们费力地对所有可能经验的形式都进行了审慎的探究，我们就将发现经验或知识对我们可能存在的界限；任何超出这些界限的东西，就不可能成为我们的经验或知识。这并不是说，在这些界限之外不可能存在任何东西，而仅仅是说，即便这些东西确实存在，但我们没有理解它们的途径。

语言哲学家理解与表述所有这一切的方式是认为，在康德之前，哲学分析就已经达到了这样的发展阶段，其中区分了有意义的话语的两种形式。第一种形式是关于经验世界的话语。这些是始终偶然的综合命题；也就是说，任何这样的命题既有可能是真的，也有可能是假的，因此它的真实性只有通过后天的方式（需要获得经验的确证）才能被认识到。接下来的第二种形式是分析命题，它的真实性可以通过先天的方式（先于经验的方式，因为倘若它们是真的，它们就必定是真的，而不依赖于经验对它们的确证）来获得认识。根据休谟的观点，所有重要的命题必定或者是（i）综合的与后天的，或者是（ii）分析的与先天的。但现在康德沿着这条思路告诉我们，存在第三种重要的命题，即先天综合命题。这种命题只有在应用于经验世界与可能经验时才是有意义的，因此它们是综合命题；但人们在先于所有可能经验之前就知道它们是真的，因此它们是先天命题。所以，在语言哲学家的心中，康德哲学提出的关键问题是：先天综合命题能否存在？语言哲学家对这个问题的思考让他们导向的结论似乎是，不可能存在这样的命题，这转而让他们认为康德的整个批判哲学是一个死胡同，任何学生（或其他任何人）都没有必要前往这样的死胡同。他们承认休谟提出了有关人类知识基本特性的问题，他们承认康德已经对这些问题提供了一个解决方案，但他们否认康德的解决方案是有效的，因此在他们看来，康德让我们回到了原点，我们应当继续寻求休谟问题的解决方案。

倘若我们在审视康德的分析时认为，他告诉我们的主要并不是有关命题的某些东西，而是有关世界的某些东西，那么康德在这种分析中主张的重要观点就是，我们人类是具身性的，我们的身体配备了某些心智装置与感觉装置，所有这样的经验必定都是通过这些装置而向我们呈现的。因此，可能经验的世界不可逾越的界线是由我们拥有的装置本质来设定的，无论我们可能拥有什么装置，它们都会如此设定这样的界线。尽管我们拥有的装置是偶然的，但"这些装置为我们的可能经验设定界线"这个事实并不是偶然的，而是必然的。这些装置无法传达的东西就不可能成为经验。重复一遍，这从根本上与如下说法不同，即这些装置无法传达的东西就不可能存在——如此推想是常识与科学思维所犯下的最常见的谬误，经验主义者与实在论的哲学家也会犯下这样的错误。无论如何都没有任何根据来做出这样的推断。与此相关的真相仅仅是，就我们的认知能力而言，在我们知识的可能范围之外，并没有那种可以确定事物能否存在的界线。当然，由于对此不存在界线，在无数可能性中的一种可能性是，在我们知识的可能范围之外无物存在。但这是一种极其不可能存在的情况。为了让它具备最低限度的合理性，就需要做出一个额外的假设，这个假设就是，所有的实在都是我们的心智产物。康德坚决不相信这一点。康德就像其他某些人那样确信，在所有可能经验的世界之外有一个独立的实在。他将之称为本体的世界，即诸多事物按照它们自身的方式存在的世界，实在按照它自身的方式存在的世界。康德将向我们显现的世界——可直接认知的界线不明的现实经验世界，以及可能经验的假定世界——称为现象世界。对于我们这些在盎格鲁-撒克逊传统中成长起来的人来说，至为重要的是永远不要忘记，当康德与他的后继者谈论现象世界时，他们正在谈论的是我们通常认为的那个现实世界，在空间与时间之中存在的物体世界，常识的世界与科学的世界；而我们惯于将之称为经验世界。

  关于这个世界的可能知识，康德为我们留下了三个而不是两个组成部分：经验观察、逻辑推导以及诸多形式，这些形式的所有实例都是由我们的心智装置与感觉装置传达的。在这些形式中最重要的是时间、空间、客观对象概念、因果关系概念，以及关于不受限制的普遍性特征的所有经验假设。这些形式刻画了经验世界，它们也只能刻画经验世界，我们同样必须记住的是，这种经验世界是表象的世界，而不是事物按照它们自身的方式存在的世界。我们正在谈论的是经验的结构特征，它们不可能独立于经验而存在，就像一个人的体型不可能独立于他的身体而存在一样。

  所有这一切都产生了许多后果，其中之一是导致了康德的因果概念，按照这种因果概念，因果关系只能存在于现象世界与可能经验世界的诸多客观对象之间，这反过来意味着，在一个可能经验的对象与某个永远位于经验可能范围之外的事物之间，绝不可能存在任何因果关系。倘若客观对象本身确实以独立于我们的方式存在，它们就不可能是我们经验的原因，而这是与康德其余部分的哲学相一致的。但要这么说，也就放弃了仅有的理由来支持人们假定不可观察的形而上对象的存在。在这种情况下，哲学家至少一定会提出这样的问题："我们究竟有什么正当理由来相信这些客观对象是存在的？"

倘若我们放弃了"独立存在的客观对象"这个概念，这就会让康德的哲学看起来非常像贝克莱的哲学——这种可能性让康德如此不安，以至于当他发表他的代表作《纯粹理性批判》的第二版时，他为了强调自己与贝克莱的区别而相当不必要地把这本书搞得面目全非。康德始终坚持认为，整个实在是由两个世界构成的，一个是由按照它们自身方式存在的事物组成的世界（请贝克莱先生见谅），另一个是由向我们显现的事物组成的世界。后者就是经验对象的世界，它们在三维的空间与一维的时间中显明自身。空间与时间本身仅仅是表象世界的特性：其中没有任何东西出现或存在的绝对空虚的空间，其中没有任何东西出现或存在的绝对空虚的时间，它们两者都根本无法与虚无相区分。空间仅仅"存在"于有空间关系的范围之内，而时间仅仅"存在于"有时间关系的范围之内。但由于彼此相关的实体不可能以独立于经验的方式存在，空间与时间也不可能以独立于经验的方式存在。它们被康德称为我们的感受性的形式，被我们当作思维之网；或许人们会将之称为框架，我们在其中将尚未加工处理的粗糙的经验素材搜集起来，共同形成一个有序而又连贯的世界，这就是我们现实经验到的世界。独立于这种加工处理的过程，它们就不会存在。

通过这种路线，康德对诸多在经验主义中心的问题就有了一种原创的解决方案，而根据经验主义的假设，这些问题永远也无法得到解决。倘若我们经验到的对象是独立存在的，我们就永远也无法正当地确信我们的经验与它们相符，我们对它们进行了精确的表象。事实上——在最著名的经验主义者中，似乎只有贝克莱彻底领悟到了这一点——我们的表象根本无法以任何可理解的方式被视为"类似于"这种对象，因为我们只能根据依赖于概念或感觉的范畴来形成关于这种表象的概念；而向我们显现的对象完全是用这些依赖于主体的术语构成的，倘若要对这种对象或许拥有的独立存在性形成某种构想，就必须完全不用这些术语，而根据这些事物的本质，我们永远无法对这种独立存在性形成任何构想。每当人们听到一个哲学家挑衅地逼问，为什么按照它们自身的方式存在的客观对象，就不应当以符合我们对它们的理解的方式存在，人们就可以将这个哲学家视为没有理解这一点。康德对这一点的证明，是对哲学做出的最为深刻的贡献。构成这种贡献的基础，就被康德描述为他自己在哲学中发起的哥白尼革命。

数千年以来，绝大多数人似乎理所当然地认为，地球是宇宙的中心，行星围绕着地球运动。当然，完全有可能继续坚持用这种方式来审视事物，但是，这让行星的真实运动变得如此复杂，以至于几乎不可能想象它们的运动，甚至在用数学计算时都变得极其困难。虽然如此，当哥白尼出来指出，倘若我们放弃了那个认为地球是宇宙中心的最初假设，这些问题就将迎刃而解，人们仍然难以接受这种做法。教会谴责这种做法是有罪的，其根据是，它违背了《圣经》。倘若这种做法是有效的，《圣经》记载的某些内容就必定会成为谬误。然而，在抵御了包括积极迫害在内的所有障碍之后，以下这个思想最终证实了自身，即月球围绕地球运动，而不是地球围绕月球运动，其余的行星则围绕太阳运动。一旦我们按照这种方式来审视我们的行星系统，太阳（而不是地球）就成了它的中心，曾经存在的许多困难就都消失了。一切都逐渐得到了理解并获得了自明的意义：这些行星的运动变得容易设想起来，对它们运动的计算则变得简单起来。

然而，在生活经验的层面上，所有这一切仍然深刻地违背了直觉。对于我们人类来说，太阳就像它以往的情况那样，仍然看起来像是在围绕着地球运动，时至今日，我们都不可能感觉到我们自身一直都在一个旋转球体的表面以每小时数千英里的速度在空间中飞驰（虽然我们知道，事实上我们就是处于这种运动状态之中）。虽然这种知识是知识，但它对我们来说仍然是抽象的，我们拥有的任何现实经验都根本没有包含这种知识，甚至没有对这种知识有所暗示——事实上，第一个公开这么说的人会被当作想法古怪的人或疯子而不被周围人理睬。康德如今主张，所有这些东西加上必要的变更，就可以适用于他建议的那种针对人类知识的革命性研究进路。数千年来，人类普遍理所当然地以为，物体拥有一种在空间与时间中的独立存在，而空间与时间同样拥有一种独立的存在。但是，根据这种看似自明的出发点，他们发现永远不可能解释我们是如何能够获取有关这些客观对象的知识的，或者即便我们占有了这样的知识，我们也不知道我们已经占有了这样的知识。康德并没有假定知识必定符合客观对象，他转而指出，倘若我们从另一端来审视这个局面，并根据客观对象符合知识的思路来进行思考，我们就会发现，诸多不可能性与自相矛盾都消失了。接下来，一切事物都逐渐得到了理解并获得了显著的意义。尽管如此，这种研究进路仍然是违背直觉的。我们发现，我们不可能感到，似乎是客观对象符合我们的知识，而不是我们的知识符合客观对象。然而，这不应当妨碍我们认识真实的情况。

毕竟，康德会说，在现实中的认识——在实际的经验与实际的生活中的认识——并不是从客观对象开始的，接下来才以某种方式成功地变成了主体的经验。在现实中的认识是以主体的经验开始的。换句话说，我们毫无选择，只能从我们所在的地方开始。我们从经验开始，接下来寻求对经验的解释。这就是真实发生的认识。现在康德说，倘若我们明白了这个事实，即我们只有通过心智装置、感觉装置与其他我们用来认知的装置，并根据这些装置所传达的诸多形式、模式与范畴，才能经验到客观对象，那么，由此不可避免地推断出来的观点是，只有完全用这些术语，我们才能想起我们经验到的东西。当康德说，客观对象符合我们关于客观对象的知识，他想要表达的就是这个意思。一位作家能够用话语来描述一个场景，接下来你拥有的关于这个场景的表象就是一种言语的描述。但照相机对相同场景所能做出的表象仅仅是一张照片或一系列的照片；照相机不可能做出其他种类的表象，尽管对于这个相同的场景，在原则上可以做出无数种彻底不同的表象。录音设备能对它做出的表象仅仅是录音，它不可能照相，如此等等——这也适用于我们的大脑、我们的神经系统与我们的感觉：它们根据它们自己的本质所决定的方式来表象实在；这就是它们所能做的一切；而这构成了我们所能拥有的仅有的经验与知识。倘若我们从这种考虑要素出发，我们就发现自己能解释经验主义最终无法解释的问题，即我们的知识如何能够符合它们的客观对象？真正发生的是，向我们显现为我们经验对象的东西，是我们凭借我们的经验装置产生的，其产生的方式就是照相机产生一张照片或一件录音设备产生一个录音的方式，这就是它们为什么确实拥有它们的特性的原因。物自体并非如此，物自体也不是照相或录音，但我们所拥有的所有表象事物的方式必然都是表象的方式，它们并不是物自体。

在对这种认识论做出回应的过程中，经验主义者特别容易产生一个巨大的错误（而且他们还不断产生这样的错误）。他们将康德的哲学描绘成这样一种说法，即我们自身对实在进行综合，我们将实在都放到我们的头脑中进行组合装配，实在是由我们构造而成的。康德并没有专门说过这样的观点。恰恰相反，他始终坚持认为，实在以独立于我们的方式存在。康德所说的是某种完全不同和完全无法与上述观点相容的东西，是某种关于经验本质的东西，即经验不得不通过那些本身并非经验对象的装置来传达，进而，经验必定不可避免地会采纳由这种装置的本质所决定的形式，因此由经验形成的表象在范畴上不同于它们的客观对象。无可否认，经验的对象"类似"经验，但这是因为它们就是经验，它们就是我们用"经验"这个词意指的东西。不过，它们并不是独立存在的客观对象，它们也并不是按照自身方式存在的实在的组成部分,恰如照片并不是被拍摄的对象,录音并不是被录制的声音。就我们的经验而言,经验的对象有别于经验,我们永远不可能感知到它们或对它们形成任何构想。没有我们的感觉装置与心智装置的中介,我们就无法理解经验的对象;鉴于其中介性,这些装置的判定就是最接近我们意识的东西,这些判定或许都是直接的。康德说,尽管我们知道客观对象本身是存在的,但是,它们在理解的可能范围之外。康德哲学的核心是这样的学说,即正是由于实在以独立于所有可能经验的方式存在,它永远保持隐秘的状态。

对于已经理解了当今世界主要宗教的核心学说的人来说,他们应该都不会觉得难以理解这种思想,尽管肯定有一些人不赞同它,但这是另一个问题。如此众多的经验主义者误解康德的主要原因是,在经验主义者自身构想哲学与践行哲学时,他们将独立存在的客观对象(因而是实在)与经验对象相等同。这对经验主义者来说,是一个如此基本的哲学教条,以至于他们无法将自身从这个假说中解脱出来,因此,经验主义者将这种教条引进了他们对康德哲学的理解之中,而在同样基本的意义上,康德的哲学恰恰就不存在这种教条。正如人们最终将清晰认识到的是,我绝非在一切问题上都赞同康德;但我确实赞同康德的是,无论独立实在的本质可能是什么,它必定永远处在经验的所有可能范围之外,经验的所有形式都不可避免地是依赖于主体的;因此,我赞同康德的是,通常理解的经验主义研究进路在根本上是错误的。经验主义者或许想要说出类似于这样的反驳:"但康德断定,我们的直接经验整体,因而是我们实际上知道的一切,都并非在真正的意义上是真实的,而在真正意义上真实的东西是某种永远无法被我们认识的东西,这种论断肯定是荒谬的。这难道不是把一切事物都颠倒了吗?"我对此的回答是:"不,并非如此,支持我这么认为的一个简单理由是,我们在直接经验中能够遇到的一切都是经验,而诸如此类的经验是依赖于主体的。内在于这种逻辑的事实是,诸如此类的经验并不是客观的。根据康德向我们提供的那些不可思议地具备了深刻见解的理由,我们认识到,这样的经验不可能是独立的实在。事实上,正是由于它是经验,它就不可能是独立的实在。经验永远不可能是独立的实在。整个经验主义传统的核心谬误是,它将经验错误地当作实在,将认识论错误地当作本体论,你或许会将这种谬误称为'经验的物化'。"

康德有一些著名的追随者,而事实上,经验主义者对康德哲学的上述见解虽然是不恰当的,但这些见解可以适用于这些追随者的研究工作。费希特、谢林与黑格尔都认识到,独立存在的客观对象不可能是我们经验的原因,这是与康德哲学的其余部分相一致的；他们所采纳的观点是，由于这样的事物永远不可能出现于我们的经验之中，我们就没有根据来假定它们的存在，进而我们也就不需要这么做。因此他们试图各自沿着不同的道路去创造一种哲学，这种哲学导源于康德，但没有包含康德最显著的错误。对于他们的工作，人们可以如实地说，他们将整个实在视为经验、思想或意识的特性，整个实在是被我们的心灵或某种普遍心灵（在黑格尔的情况下是绝对精神，它位于心灵与精神之间）合成的。因此，他们就是这种意义上的唯心主义者，而康德并不是这种意义上的唯心主义者。我发现，人们广泛地假定，叔本华也是这种类型的哲学家，并将他特别的意志概念置于黑格尔的绝对精神的位置之上。这种假定注定是不着边际的。叔本华从根本上不同于这些哲学家，这尤其是因为——他像康德一样——他相信独立实在的存在。因为这种信念是他的基本观点，他从经验主义者那里学到了大量的东西，但他并没有成为经验主义者中的一员——他仅仅是向他们学习：叔本华颠倒了洛克与休谟（在这一点上他仍然像康德一样），并有意识地试图以休谟的英语写作方式来书写德语。在某些方面，人们可以富有启发性地将叔本华视为仿佛是归属于英国经验主义类型的哲学家，叔本华赞同康德，但又认识到了康德的错误，接下来叔本华继续前进，他并没有撤回到休谟的立场之上。

到目前为止，在我对康德思想的勾勒中，我论述的仅仅是康德的认识论。康德坚持认为，经验恰恰就是将自身向我们呈现为存在的东西，而这种东西就是经验。倘若经验是其他任何东西，那么，经验就会包含一种深刻的神秘之物，这或许是一种难以解释的神秘之物，因为经验就其本质而言只能存在于主体之中，它又怎么可能同时是其他的某种独立于任何主体存在的东西呢？幸运的是，照目前的情况看，我们没有必要让我们自己为这种荒诞的想法而烦恼，我们可以将经验视为它看起来好像是的东西，而不是某种与经验不相容的东西。

这个与我们的经验有关的世界，就是经验世界，它并非一片混沌，而是有序的。在经验世界中的每个事件都是先前事件在因果意义上的结果，这些相互关系具有如此可靠的一致性，以至于在每个等级层面的大量事件，从雪花的构造到我们宇宙的整个银河系的运动，不仅可以预测，而且可以用数学公式来表述。无论我们在哪个层面探究我们的宇宙，我们发现它都渗透着结构，以至于我们在开始审视它之前就已经相当清楚地知道我们将发现结构。康德相信，在这个世界中发生的事情，完全被科学定律所支配；事实上，他相信这一点已经被牛顿毫无任何疑意地证明。康德的大量作品致力于系统地与详细地证明这是如何形成的。但这也给他留下了一个具有爆炸性影响的特殊问题。倘若在空间与时间中的所有物体的运动都具有因果意义上的相互关系，它们都是被科学定律所支配的，那么这是否意味着，由于我们人类的身体是在空间与时间中运动的物体，我们人类就没有行动的自由？这种新科学是否不相容于意志自由？始终有某些人坚持这么认为。相较之下，康德做出了某些相反的论证，在他看来，这些论证可以积极地证明人类并不会因此而丧失自由。

康德的论证无论在出发点上还是在方向上都具有一种令人不安的原创性，他起始于一个被他当作不可否认的事实，即道德概念与道德范畴是存在的，它们被我们视为有意义的东西。康德试图表明，倘若这种情况属实，我们就必定会在实际上相信我们拥有自由意志（无论我们相信我们所相信的自由意志可能是什么）。康德认为，在论证这一点的过程中，他已经证明，无论我们是否愿意，我们都仍然会承诺于这样的信念，即整个实在要多于经验的世界——必定存在这样一个领域，其中会发生影响物质运动的自由决定，但这些自由决定本身在科学定律支配的范围之外。换句话说，我们人类不仅仅是肉身，而且还是某种其他的东西；我们存在的某种构成要素自由地引导我们身体的某些运动，但这并不在经验世界中发生，尽管我们的身体在经验世界之中。这就是我们将要检验的论证，倘若这个论证是有效的，它就对我们理解自身具有最深远的重要意义。关于这个论证的一个重要特征是，它没有利用任何宗教的概念或假定，它并没有让我们承诺于任何种类的宗教推论：它仅仅由理性的论证组成，它起始于我们知道其成立的实际情况。这个论证是以如下方式进行的。

我们拥有道德概念与道德范畴，这是一个我们大家都熟悉的不可否认的事实，此外还有一个不可否认的事实，即存在着这样的时刻，我们大多数人都会发现自己无法忽略道德概念与道德范畴，即便我们想要这么做。那些迫使自己违反他们最深刻持有的道德信念的人，将他们自身置于某种人格崩溃的真实险境之中，如酗酒成瘾、精神崩溃乃至自杀。令人非常痛心的是，所有这些状态都是人们对于强烈的内心冲突的熟悉回应方式。然而，对于我们的道德概念与道德范畴来说，如果它们要进行任何应用，就必须在诸如应当和不应当、正确与错误、责任、选择、义务、诚实这样的概念中具备某些有效的成分。而这就意味着，人类在某些时候——并非必定是我们每次思考道德时，而是在某些这样的时候——有可能选择做或不做某些事情；因为倘若他们永远没有自由来采纳或回避他们所追求的行动路线，就没有任何熟悉的道德概念能够正当地被适用于任何人或任何行动。因为康德自己要证明的是"应当意味着能够"——这在哲学中已经变成了一句名言。倘若我不可能做到某件事，那么，说我应当做这件事，这是没有意义的，倘若认为这种说法有意义，那就犯下了错误。由于这个原因，倘若没有人曾经拥有行动的自由，所有的道德命题就都会是虚假的。

在这个时候，面对这个论证的任何人都有可能会说："没错，就是这样——我相信，没有人曾经有过行动自由，我相信所有的道德命题都是虚假的。"于是，这在逻辑上就将这个人置于这样的义务之下，即在他自己的谈话与思想、事实上是他的整个世界观中删除每一个这样的虚假命题——关于公平、正义、荣耀或耻辱、善与恶、正确或错误的所有概念。所有用来道德评价的术语，不管它们是什么，只要它们曾经被个体与公共机构用来评价人类与他们的行为，就都应当被删除。在我曾经听说过或读过的决定论者中间，还没有任何人敢于面对这种做法所牵扯到的全面后果。在我认识的人中间，肯定没有任何人试图这么做。倘若有人这么做并且获得了成功，他就会成为一个精神变态者，因为我们用精神变态者意指的就是某个没有任何正确感受和错误感受的人。我完全确信，倘若你让任何决定论者（他不是一个精神变态者，不管他的生活有多么不道德）遭受粗暴而又残忍的虐待，他就会对你感到愤怒，并抗议你不应当以这种方式来对待他。于是，对他来说，应当与不应当就会突然爆发出生命，他会坚持将那种可以按照其他方式行动的能力归于你。总之，我完全不相信，任何人确实能在实践中前后一致地否定存在于其他人之中的所有自由意志要素，即便他否定了存在于他自身之中的自由意志要素。甚至邪恶的人也并不把他们自己仅仅视为没有任何权利或没有任何种类的道德主张的事物，并不把他们自己仅仅视为类似椅子或桌子这样的物体。每个人都想要按照符合道德体面的方式来被其他人对待，甚至那些在对待其他人的行为中没有显示道德体面的人也想要被如此对待；为了让这种愿望可能实现，就必定要让其他人至少在某些时候可以进行选择。

任何不准备继续前后一致地将他自己与其他人视为完全没有权利或道德主张，甚至不可能对之进行称赞或责备的人，就只有一种可供替代的选择，那就是接受道德概念与道德范畴在某些时候确实是可以满足的。要接受这一点，就是要接受人类在某些时候确实可以进行真正的选择，也就是说，他们有时能够做出不同于他们所做的事情；而这反过来意味着，他们在空间与时间中的肉身运动，至少在某些时候是依照意志活动自由地发生的——"自由地"在这里的意思是，并非仅仅被科学定律所决定。但是，倘若在经验世界中发生的一切都受制于科学定律——而康德将此视为一个不可避免的真理——那么，我们正在讨论的那些意志活动就不可能在经验世界中发生。这意味着我们进行选择和决定，发起物理运动（至少是那些我们将之定名为意志活动的运动）的那个部分，在某种意义上并不是物理世界的组成部分。由于这个论证在康德的哲学中具有如此重要的中心地位，叔本华后来才会说，康德在他的眼皮底下把握到了这个深刻的见解，即康德证实其存在的先验领域的内容即便并非真正的意志，但它在本质上拥有意志的特征；然而，康德并没有认识到这一点，虽然它是康德自身的哲学内在包含的观点。

一旦在经验世界中引起了一个物理运动，根据科学定律，它的后果将不可避免地发生。倘若我抛出一个球，它划过空中的轨道是一条受到空气压力修正的抛物线，而这条抛物线是由一些组合因素决定的：球的质量、我抛球的角度与力量。我在选择了以这种方式抛球之后，这个球的运动轨迹就不可能不被描述为一条抛物线。我可以决定的仅仅是我是否抛球。我可以选择抛球，也可以选择不抛球，而这就是我选择的内容。一旦我已经抛出了球，诸多物理学定律就接管了这个球，不可能阻止物理学定律将对这个球的支配贯彻到底。自由决定的想法或选择行为可以干涉被我们如今称为科学定律的东西的运作，这是相信魔法与奇迹的人的基本预设：它假定了自由意志是在经验世界中运作的。我们之中已经有许多人不再相信魔法或奇迹，我们相信，自由决定与选择行为并不发生于科学定律在其中运作的相同领域，而是栖居于与该领域有着共同边界的另一个领域，我们相信，在那条边界上发生了某些跨越边界的重要相互作用。

因此，这个论证的完整链条是按照如下方式进行的。我们拥有道德概念与道德范畴，我们也知道我们拥有道德概念与道德范畴。在实践中，我们不可能怀疑这些东西至少拥有某种重要性。但为了要让它们拥有某种重要性，人类在他们的某些行动中就必定要拥有某种程度的选择自由。而在经验世界中，物体的运动不可能是自由的，也就是说，物体的运动不可能不受科学定律的支配。因而人类对自由的运用（我们知道，人类至少在某些时刻会拥有自由）不可能发生于经验世界之中，尽管人类对自由的运用在经验世界中会产生诸多不同的后果。因此，一个人的所有组成部分并非都在经验世界之中，这个人在选择中运用自由的那个组成部分在经验世界之外。根据这些考虑，我们就可以认识到，整体实在的某些部分并不属于经验世界，进而我们就可以认识到，每个人都有一部分隶属于这种实在；我们甚至已经模糊地感受到其中的某些持续存在的东西，即决定、选择，以及或许一般地被称为意志活动的东西。而所有这一切都可以根据"道德概念存在并拥有意义"这个事实，通过理性论证而推断出来。这是一个令人震惊而又产生了许多后果的深刻智识见解。因为根据康德的观点，以此方式，先验领域的存在，整体实在的某个部分并不属于经验世界，这些事实都可以用理性的方式来进行论证，因此我们就可以确定地认识这些事实。

尽管如此，无论其他领域可能拥有什么事物，这些事物本身都不可能是我们知识的对象。它们在因果关系支配的领域之外，这意味着，对于它们，永远不可能有类似因果解释这样的东西，因此我们永远不能"理解"它们。不能将"引起它们的原因是什么？""为什么它们会出现？""它们究竟如何产生？"这样的问题应用于它们之上，因为它们居于这样一个领域，为什么、如何与原因在其中都没有任何牢固的立足点。为了要提出有关这些事物的问题而犯下的错误，被哲学家称为"范畴错误"：这就像在问绿色是否是三角形的，以及三角形吃了什么一样。我们迄今已经考虑的有关这些事物的仅有实例是意志活动，我们对关于意志活动的真理并不陌生。意志活动的问题相关于我们的这种直接而又当下的经验，即我们决定、选择并引起身体的运动，这种经验拥有最大程度的直接性与当下性，我们在我们整个处于清醒状态的时间里几乎自始至终都在做这些事情；然而我们对于我们自己如何做到这些事情的认识却微乎其微。那些对我的某些部分所施加的作用，似乎永远是从虚无中形成的。无论我们试图多么仔细地用最敏锐而又集中的注意力来洞察这些作用的根源，我们发现我们自己所遇到的完全就是虚无——没有解释，没有与其他任何东西的因果关系，而是有一种空虚感。我在本书开始几页中就描述过这种状况。人类在思想史中始终对之困惑不解。正如诺姆·乔姆斯基所说："我们怎样才能说出新的，但不是任意的内容，它们对于具体的情境是恰当的，但又不受刺激物的控制？当我们提出这些问题时，我们就进入了一个神秘的领域，人文科学至少迄今都没有触及这个领域（甚至可能在原则上无法触及这个领域）。我们能对让我们可以按照标准的创造性模式行动的诸多原则达成某种理解，不过一旦出现了有关意志、决定、理性、行动选择的问题，人文科学就几乎束手无策了。就我所能看到的范围而言，它几乎没有述及这些问题。这些问题仍然处于自古典时代以来就笼罩着它们的晦涩状态之中。"*

尽管没有人能够解释这些事情是如何发生的，但康德对于这些事情无法获得解释的原因给出了一个理性的说明。倘若他是正确的，人们就永远不可能对这些事情做出解释：不存在"怎样发生"的问题。（因此这就是上文插入的乔姆斯基的那段

---

* *Men of Ideas*, p. 214.

话的意思——乔姆斯基认为,他自己就是一个自觉的康德主义者。)对于我们这些经验世界的居住者来说,这些事情在所有可能的解释或理解范围之外。倘若在人类可通达的理解方式之外还有其他的理解方式,那么,只要我们还是人类,我们就不可能知道其他的理解方式是什么。倘若除了"构成我们身体的物质不灭性"这种意义之外,我们死后还将在其他的某种意义上继续存在,那么,我们或许就有可能以某种有别于我们现在可以利用的方式来进行理解;但倘若没有这样的意义,我们也就永远不可能以那样的方式来进行理解。

对于读者来说,他必须明确的事实是,每当康德在"存在什么"与"我们永远不可能知道什么"之间进行划界时,他从来没有说过或以任何方式暗示过,在我们可能存在的知识领域之外无物存在。恰恰相反,康德认为,那里必定存在某种东西,但那是某种永远不可能成为我们知识对象的东西。尽管我们知道,整体实在的某个部分并没有包含于经验世界之中,"并未包含"这个事实恰恰意味着,我们永远不能直接认识这部分实在的内容。这是人类处境的一个固有组成部分,而不是某种恰巧如此并有朝一日可能改变的处境,不是我们总有一天或许能突破的障碍。只要我们是人类,我们就永远不可能突破这个障碍。在康德哲学得出的所有结论中,这个结论具有最大的历史影响力。它永远排除了任何有关先验上帝的直接认识或直接理解,永远排除了任何关于我们灵魂的知识——更不用说死后的灵魂了。康德提供了极其有力的论证来证明,不可能存在明确的宗教知识或神学知识,事实上不可能拥有任何真正有关实在的知识,这样的知识是由那些试图超越经验可能性的思维模式所完成的。在这么做的过程中,康德的哲学就破坏了过去三千年来众多至为重要的宗教论断与神学论断——以及许多至为"重要"的哲学。这种令人敬畏的智识成就,让康德被他的一个同时代人授予了"碾碎一切的人"(*Der Alleszermalmer*)的称号,这个词的意思是摧毁一切的人,粉碎一切的人:"破坏一切的人"。在人类思想史中,这个称号的真实性达到了独一无二的程度——但与此同时,康德在所有的大哲学家中是最有建设性与创造性的,他是最好的体系建造者,最宏大规模的建筑师。在我看来,康德对人类经验的哲学问题有着精湛的理解。虽然他在某些重要问题上犯了错误,但他将哲学置于正确的道路之上。他是一位最高超的思想净化者——并就此而言是一位卓著的思想解放者。

不过,康德的思想如此激进,以至于我们在他死后将近两百年时都仍然没有赶上他的思想,恰如最有教养的人在爱因斯坦发表相对论将近一百年时仍然无法理解他的理论。我相信我的这个说法是正确的,即罗马天主教的官方学说仍然是,上帝的存在是可以被证明的。我可以理解为什么教会不希望公开放弃这个官方学说的理由，但教会知道这个官方学说是错误的。而显而易见的事实是，康德已经摧毁了对上帝存在的传统"证明"。然而，无神论者不可能从中获得慰藉，因为同一个论证也摧毁了无神论的思想基础。由于这些相同的理由，我们永远不可能知道存在上帝，我们也永远不可能知道不存在上帝，那些认为自己知道不存在上帝的人，与那些认为自己知道存在上帝的人一样，他们恰恰都犯了同样的错误。康德哲学的一个最重要的成就是，它证明了在人类知识延伸的范围之外，永远存在这样一个可能的领域，而任何关于在这个领域中可能存在的事物的论断既有可能是真的，也有可能是假的，假如做出这种论断的陈述并不自相矛盾，我们人类就没有任何途径知道这样的陈述的真假。但康德继续指出，倘若有关经验世界的陈述没有经过经验或观察的正规检验，相信这样的陈述即便不是彻头彻尾的迷信，也是不科学的，而关于这个可能存在的领域的陈述，由于可能存在领域的不可检验的本质，它就只能成为信仰的对象。倘若我们对这个可能存在的领域持有任何程度的信任或怀疑的态度，那么我们或者肯定它的存在，或者否定它的存在。换句话说，信任某种能够被认知的东西，这是一种暂时的态度：它并不是我们的信仰所能达到的最大与最好的极限。但信任某种可能是真的但无法被认知的东西，这确实是我们的信仰所能达到的最大极限；因此，倘若我们拥有更好的根据来相信这个可能存在的领域是真实的，那么，对这个领域采纳某种程度的信仰，这并不是非理性的。这种态度没有任何不科学的性质，因为这个被讨论的问题是不可检验的，它并不是一个科学的问题。它并不是一个与可能存在的知识有关的问题。对于这个与上帝的存在或不存在有关的无比重要的问题，我们或许会发现，不管怎样，我们都不可能不倾向于抱持一种信仰，虽然我们或许清楚地认识到，我们不仅不认识这种信仰，而且也不可能认识这种信仰。在一段著名的箴言中，康德说，他限定知识，为信仰留下地盘。人们通常断言，康德虽然摧毁了我们想要知道上帝确实存在或我们确实拥有不朽灵魂的希望，但康德本人相信上帝的存在，相信我们拥有不朽的灵魂。

就我自己而言，相较于康德的这种说法，我会更坦率地承认自己是一个不可知论者，我不怎么倾向于让自己在众多可能成立的信仰中更相信某一种特定的信仰——或许这部分是由于宗教在我的童年没有扮演任何角色，而宗教在康德的童年扮演了如此重要的角色。就我的自然倾向而言，我更倾向于支持反对信仰上帝的立场，而这恰恰对立于康德的立场。但我觉得，相较于任何这样的信仰倾向或怀疑倾向，我更积极与更有力地倾向于相信一个或许不可知的实在。我对此有一种永久不变的生动感受。在我看来，在某种意义上，它是我们这种人的生活中最重要的事物。对我们来说，最重要的一切都是不可知的——特别是我们无法知道，在死亡以后我们将被抛入没有时间的毁灭状态，还是以某种方式继续存在。而在我们尚未死亡时，我们都无法对这种死后的存在状态进行概念化的处理（或许在死亡之后也是如此）。诚然，我们或许拥有不朽的灵魂，但我倾向于怀疑这一点。诚然，或许存在上帝，但我更倾向于怀疑这一点。诸如此类的存在者是不可知的，这对我来说是始终存在的现实。当然，从我个人的角度来说，我更多地依赖于这些存在者，而不是其他任何事物：首先是我的生存或毁灭取决于这些存在者；接下来，我的生存最终是有意义的还是无意义的，这个问题的答案也取决于这些存在者。让我始终感到困惑的是，有那么多的人明显不关心这样的问题。但让我几乎同样感到困惑的是，有那么多的人认为他们已经知道了答案。

  至于那些认为自己知道上帝不存在，死后没有生命，在经验世界之外没有实在的人，我在理智上几乎没有什么耐心来对待他们。某种无神论的人道主义已经成为西方人自启蒙运动以来相信的一个典型观点，它在那些有能力又有智慧的个体中间特别常见。我认为，在我生命的绝大多数时间里，我周旋于其中的绝大多数人际圈中，它都是一种盛行的观点。它完全缺乏这样一种神秘感，这种神秘感围绕着我们的生命并努力地推进我们的生命：无神论的人道主义通常否认这种神秘感的存在，但它的这种否定其实是错误的。它强烈地缺乏对人类局限性的任何真实理解，因为对于所有能被我们经验到的东西，我们的身体器官必定不可避免地会为之浇铸与设置相当狭隘的界限——因此我们的世界观几乎肯定是微不足道的，存在的绝大多数东西几乎肯定位于我们的世界观之外。它是盲目乐观的，因为它将我们不可能认识到的东西当作已知的东西。它是狭隘的与缺乏想象力的，因为它漠视了在所有问题中最为紧迫的问题。我认为，我就像康德那样走得那么远，因此我会说，人们或许相信，在经验领域之外没有实在，但这种信念肯定是错误的，我们知道肯定存在这样的实在，虽然我们不可能对它形成恰当的理解。总而言之，同时根据一些不同的立场来看，这种无神论的人道主义也是一个不恰当得令人绝望的世界观；然而，它恰恰容易将自身等同于理性本身，并根据它自己的老于世故来称赞它自己。在我的整个一生中，我发现，无神论的人道主义的绝大多数拥护者都无法理解，真正的理性思考将导向相当不同的结论。恰恰相反，这些人容易想当然地认为，任何采纳不同于他们观点的人所根据的是一种不恰当的立场，或者根据的是一种缺乏充分的理性、反思或智慧的立场——这些异议者也许已经被习俗、宗教、迷信或某种更加现代的非理性信念所蒙蔽；他们不是考虑不周，就是明显的糊涂愚昧。无神论的人道主义者的这种态度，被叔本华称为"肤浅头脑的理性主义"。我已经发现，由于无神论的人道主义的拥护者已经将自身等同于理性（与具备了真理和启发作用的合理性），拒斥它的一切言论都被它的拥护者所误解，他们以为，这些言论都来自一种并非合理得出与无法得到理性辩护的立场。

正如伏尔泰曾经做出的评论，"对于真正的天才，特别是开启了一条新道路的天才来说，犯下巨大错误而不受惩罚是他们的特权"。我认为，康德带来的哥白尼革命是哲学史中最重要的一个转折点。由于这个原因，自此以后，在那些赞同康德工作的人与那些不赞同康德工作的人之间，存在着一道理解的分水岭。对于康德揭示的许多问题，康德提出的诸多解决方案并没有经受住时间的检验，但是，康德对这些问题的揭示，仍然是哲学完成的最具启发性的研究工作。由于这些问题的基本特性，由于康德并没有解决这些问题，对抗这些问题就成为自此以后的哲学的最重要挑战。

托尔斯泰——他对人类经验的复杂性拥有天才水准的理解，虽然他走的是一条相当不同于康德的道路——曾经指出，"真正的哲学使命是解答康德的问题"*。我同意这个观点。在我看来，康德拥有一个特别优秀的后继者，他用具备最深刻意义的洞识推进了康德的哲学，这个后继者就是叔本华。（托尔斯泰也接受这个看法。）从叔本华那里有一条直接延续到尼采的路线，这条路线通过尼采又延续到现代的存在主义；另一条是直接延续到维特根斯坦的路线，通过维特根斯坦又延续到现代的分析哲学；第三条路线则延续到波普尔，并通过波普尔延续到一种在本质上是批判的、以科学为基础的理性主义。**其他可以追溯到康德却没有经过叔本华的思想流派则导源于黑格尔，它们或者直接导源于黑格尔，或者通过马克思导源于黑格尔。卡西尔与朗格就像乔姆斯基一样，他们都是自觉的康德主义者。自康德以来，只有一种思想传统的研究纲领无法在任何重要的意义上导源于康德主义，那就是新休谟主义的经验论；尽管这个思想传统产生了诸如穆勒与罗素这样具有极高才华的有趣

---

* 这句话载于托尔斯泰在1875年11月30日写给N. N. 斯特拉霍夫（N. N. Strakhov）的信中——托尔斯泰在那时正在写作《安娜·卡列尼娜》。

** 波普尔是一位重构的康德主义者，但他要比这个描述所暗示的更加具有原创性。波普尔曾经向我谈道："正是通过叔本华，我才理解了康德。"由于维特根斯坦也是通过叔本华理解了康德，这意味着，叔本华是对20世纪施加了最重要影响的人物之一，尽管他自己由于绝大多数职业哲学家没有阅读他的作品而饱受煎熬。

个体，但它如今似乎已经陷入了困境。

在康德的这些问题得到令人满意的应对（我并没有说解答——当实际情况表明这些问题的解答没有出现时，人们就应当去审视，是否存在更好的方式来提出这些问题）之前，这些问题就仍然会处在哲学工作议程的首要位置。在我看来，大致上说，我们面对的仅仅是两个可供替代的选择。或者我们将康德的基本洞识视为有效的，在这种情况下，我们必须试图在考虑到这些基本洞识的基础上取得进展，或者我们需要表明为什么这些基本洞识不是有效的，在这种情况下我们能够期望的是，形成一种成功地解释了这些基本洞识的错误与不恰当性的研究进路，并以这种研究进路为基础向前推进。倘若我们回避这种挑战，我们就不可能取得进展。但对我来说，新休谟主义的经验论传统似乎总是回避这种挑战，时至今日它还在继续回避这种挑战——结果是，依循这条路线来完成的最充满智慧的工作甚至都在某种意义上没有切中要害，因为尽管完成这些工作的人是有才华的，但他们无法应对那些在我们能做出重大进展之前必须应对的挑战。在极其深刻的层面上，我们对于人类处境的理解在许多方面都仍然是由康德与叔本华留给我们的思想遗产。

读过本书第1章的读者会了解到，在我对康德有所耳闻之前，或在我能将任何精确的意义赋予"哲学"这个词语之前，我就是作为一个天生的康德主义者成长起来的。当我发现康德时，我第一次遇到了一位亲自提出了我所拥有的最深刻问题的哲学家。其他的许多哲学家忽略了这些问题，而康德却承认这些问题的存在，他无比精彩地分析了这些问题，这些分析比我自己所能做到的更为优秀。不仅如此，在我看来，康德提出的某些解决方案是有说服力的，而康德提出的其他解决方案则似乎是有道理的，即便在我不赞同康德的地方，康德的哲学也几乎总是发人深省的。换句话说，康德是一位用我的语言来说话，按照我曾经做过的方式来审视事物，让我觉得舒适自在的哲学家。康德不仅对我说话，而且经常让我感到惊讶的是，康德还替我说话。在我看来似乎不言而喻的是，在我试图在众多观点上超越康德之前，我不得不先学习康德可以教给我的东西。在康德之后的哲学家的帮助下，我已经行进了一段相当漫长的道路，但我旅途的方向是康德向我指明的。在一种可以识别的意义上，我的世界观的众多智识基础导源于康德主义。让我在这里尝试表述其中的某些智识基础。

我相信，对于经验世界，即由在空间与时间中的物体构成的世界，科学解释的原理是可以适用的。科学并没有解释一切，但在科学可以适用的层面上，科学解释的局限性，仅仅来自科学解释能够帮助我们理解的这个世界本身的限制，而我们应当积极地利用科学解释来尽可能地让我们触及更遥远的范围。然而，经验世界是一个有关现实的经验与可能存在的经验的世界，诸如此类的经验是依赖于主体的。如其所是的实在本身与我们无关，它不可能具有经验的特性，因此，由于我们理解实在的唯一途径依赖于这种形式的经验，我们就不可能对它有所把握或理解。因而独立的实在是隐秘的。这反过来意味着，经验世界不可能是存在的全部。我们由于与此无关的另一个理由而知道了这个事实，这另一个理由是，我们都拥有"按照意愿激起我们的身体运动"这种不会弄错的直接经验，而这意味着我们肯定知道，对于在这个世界中的某些物体的某些运动，无法根据物理学定律来对它们做出完整的解释，尽管我们仍然困惑不解地想要知道它们将如何获得解释。就我个人而言，我认为，我们当下的经验并没有为那种针对这些直接经验的怀疑态度留下任何余地，但我不得不考虑这样一个事实，即有一些人认为，我们对于自己拥有自由选择能力的确信是一种幻觉；由于存在着一些这么认为的人，我就有必要指出，我们对于自由意志的存在的确证，独立于我们对于自由意志的直接经验，因为我们要将任何重要性归于指称人类行为的道德术语或评价术语（而我相信，在实践中人们不可能不这么做），而这个事实本身就让我们承诺于去断定自由意志的存在。因此，我们之所以能够认识到经验世界并非整个实在，这是由多种因素决定的。由于这个缘故，特别是由于我对此能够不断地感受到直接的经验，在我清醒的生活中，我自始至终都将这种认识作为事实，我无法认真地将之视为某种可疑的东西。

迄今为止，康德的这种解释是对实在的一种清晰可辨的描述，而我发现，这样的实在就在我直接的生活经验中。包含于这种直接经验的是这样一个事实，即我们自身作为人类，部分地在经验世界之中，部分地不在经验世界之中。然而，我们自己的某个部分能够独立于物理学的定律（当然，这并非对立于物理学的定律），按照意愿激起我们的身体运动，因此，这个部分必定在经验世界之外。我如何做到这一点——在作为意愿的我与作为身体的我之间的关系——是一个自人类开始探究以来就困扰着理解力的谜题。尽管我并不知道我是谁，但我却知道我不可能仅仅是我的身体。我知道我自己是一个以某种方式将经验世界与非经验世界结合起来的存在者。事实上可以说，我就是一个在经验世界与非经验世界之间的具身性界面。在我所是的那个存在者的某个地方，经验世界与非经验世界相互作用，传递主动的行动，或者与这两个世界存在共同的关系。这种关系的本质问题——紧跟其后的是非经验世界的本质问题——是我们在研究康德哲学之后留给我们面对的一些最紧迫与最引人注目的问题。它们是叔本华继续研究并试图解答的问题。叔本华所做的工作与他完成这个任务所具备的原创程度与成功等级，让他成为康德的法定继承人。

在康德那里有一些我并不赞同的重要理论。我并没有提到康德的伦理学，因为在我看来永远无法相信的是，理性有可能成为伦理学的基础，而这是康德道德哲学的基本原理。按照我的看法，康德的美学也远远不足以让我们产生兴趣。我的科学本质观彻底不同于康德。尽管根据康德的观点，先验形而上学的三个最重要的主题是上帝、不朽与自由，但我从来也无法感到自己能够非常认真地从事前两个主题的探究。我从未拥有康德对上帝的那种信仰，我无法看出，这样的信仰能解释什么，因为上帝的存在本身就需要进行解释。我最为深切地热爱的一个信仰是，我拥有不朽的灵魂。或许我确实拥有这样的灵魂，但我从来也没有办法说服自己相信这一点，我甚至无法做到半信半疑。然而，我确实觉得有必要让自己相信，某种程度的自由是存在的，我刚刚已经给出了支持这种立场的理由。在我看来，康德的实践哲学大声宣告的主要洞识是，康德意识到了任何接受这种自由的信念，都会让我们在形而上学上承诺诸多可能的结果。在我看来无可回避的事实是，我与其他人在某些时候拥有自由选择的能力，即便仅仅是这一点，也迫使我在论证的层面上得出这样的结论，即整体实在的某个重要部分不受科学定律的支配。我不得不承认，我始终确信我们拥有某种程度的自由，除了上述理由之外，这也是由于我的知觉意识的直接经验，执行选择与决定的直接经验，激起意志活动的直接经验，私人关系的直接经验（我在心里特别想到的是，对我来说，完全不可能将其他人仅仅视为物体），性爱的直接经验，艺术（特别是音乐）的直接经验。在我看来不证自明的是，当我清醒的时候，我一直部分地生活在本体世界之中，当我入睡的时候，我或许还有更多部分生活在本体世界之中。我可能获得的关于本体世界的知识如此之少，这让我产生了一种几乎无法忍受的挫败感。

第10章
职业哲学与业余哲学

1956年9月标志着我人生的一个转折点。正是在我有所延期的正规教育结束时,我并不归属于学院的生活开始了。在我抵达伦敦之后,我第一次作为独立的成年人在那里生活。自从我离开中学以来,我花费了一年时间在奥地利,花费了一年时间在瑞典,花费了一年时间在美国,花费了五年时间在牛津。我在那时已经26岁。我的感觉是,我首次进入了成年人的现实生活之中,这种感觉由于如下事实而有所加强:在我从耶鲁返回英国的数周内,苏伊士运河危机爆发,紧接着发生的是苏联入侵匈牙利。自此之后,这两个事件被视为战后世界史的转折点,它们让我马上投入到了那种高度紧张的政治活动之中。

在英国内部,这两次在同一时期发生的侵略暴露了许多个人真正的政治效忠对象,或至少在我看来实际情况就是如此:那些为英国入侵埃及辩护,却又对苏联入侵匈牙利感到愤慨的人盲从于右派,那些为苏联入侵匈牙利辩护,却又对英国入侵埃及感到愤慨的人盲从于左派。而那些诚实的心智则对于这两次侵略都感到愤慨。社会主义者似乎并不具备这样的心智,让许多人痛心的是,社会主义者总是在表面上兜售自由与民主,但如今他们拒绝批评苏联这次公然发动的侵略行为,在社会主义者中有许多人求助于马基雅维利式的策略,他们旨在阻挠或混淆左翼组织和工会对苏联侵略行径的谴责。正是在与这些事件的关联中,我作为工党的一名成员,发现自己从美国回到英国后,几乎马上就被政治活动与政治激情的浪潮所裹挟。毫无疑问,部分是由于这些事件,我在18个月后被选为工党议会的候选人。

我必须马上面对的一个问题是如何谋生。而我在这里意外地碰到一个难题。我根本就不想要一种标准意义上的职业。写作与政治是两种艰辛的工作,我是出于自己的兴趣才想让自己参与这两种工作的,我所期望的仅仅是,从事这两种工作的任何一种,并凭借这种工作附带产生的成果让我自己逐渐能够谋生。但在此期间,除了这两种工作之外,我不得不从事第三种工作。无论第三种工作是什么,在我看来,它注定会侵占我的大量时间,而这些时间本可以让我去从事我的"真正"工作。我认为，无论这第三种工作是什么，思考它的长期前景是没有意义的，因为一旦我能够离开这种工作，我马上就会这么做。因此，我随意地——我说"随意地"，这是因为我的最佳精力都一直专注于政治活动和我早期论著的写作活动——从事了电视教学的兼职工作，我发现，我的这个兼职工作所赚取的收入，与我朋友的全职工作所赚取的收入一样多；而这意味着，我可以享受与他们相同的生活标准，并且仍然可以将我的部分工作时间用来从事写作与参加政治活动。根据这个基本原则，我就逐渐形成了一种承担义务的模式，它仍然是我从那时到现在的绝大多数职业生活的基础。我在电视行业获得了某种程度的成功之后，我就面对着金钱与名望的诱惑，它们想要让我用全部时间来从事这项工作，但我从来都不觉得自己会接受任何这样的诱惑。对我来说，电视行业是一种我幸好可以利用的用兼职时间来赚取全职工作收入的途径，这让我可以自由地运用另一半时间专注于我自己选择的工作，即我觉得自己具备强有力的动机去做的工作。倘若我没有赚钱的需要，我就根本不会花费任何时间来从事电视行业的工作。

我有点羡慕那些能够自给自足地过上一种反对世俗陈规的幸福生活的人，我愿意成为他们中的一员。但我发现，我其实想要做的是，可以舒适地生活在伦敦中心，能够时常地前往音乐会与剧院；拥有足够的财富来购买书籍与唱片；到国外去旅行，每隔几年就可以去参加拜罗伊特音乐节与萨尔茨堡音乐节。对我来说至关重要的是，可以将这些活动与我自己选择的那些在我的大多数时间中专注的工作相结合。我在电视行业的兼职工作对我的吸引力是，它让我能够以这样的方式来生活——而我不敢肯定，我可以从事的其他任何形式的工作能够做到这一点。因为随着岁月的流逝，我在学院世界中的朋友们越来越强烈地表现出来的感受让我认识到，我比他们拥有更大的自由来追求我的智识兴趣。这不仅仅是因为他们被束缚于教学和管理的单调工作之中：他们所教导的东西并非出于他们的选择。他们对于他们的学生承担着道德上的职责，他们肯定觉得自己有义务帮助学生准备他们将要面对的考试，而这就意味着要根据已经制定的教学纲要来尽心尽责地教导学生。当然，倘若我的朋友们必须教导某些主题，他们就不得不了解这些主题的最新发展情况，而这就意味着他们不仅要追踪不断发行的学术期刊，而且还要追随在他们关注的某个领域中制造了轰动的每一本新书。因此，他们的绝大多数读物甚至也不是他们可以自由选择的东西。相较之下，我在那些或许可被称为"我的学术工作"的活动中却得到了最可贵的自由，即不将我的任何时间或精力专注于解决并非由我选择的问题的自由。我根本不花费任何时间来从事教学工作或学院管理工作，我阅读的每本书都是我想要读的书。在每年我都能有超过一半的时间，将我的工作时间与精力都倾注到我自己热衷的事物之上，而我热衷的事物不仅包括哲学与政治，而且还包括音乐、戏剧、旅行与其他的一些兴趣爱好，由此导致的结果是，它们之中的绝大多数兴趣都得到了迅速的发展。

倘若我有充分的决心，那么在伦敦中心的学院工作或许也能让我过上大致相同的生活；但我如今的这个生活方式有两个巨大的优势，而我只有在学院之外才能保持这样的优势。一个优势是，它让哲学不再被划分为一门"学科"，而是成了我生活的部分基础，成了其他一切事物的本质的内在组成部分。另一个优势是，我拥有了独立的智识风格。跟随我到此处的读者会理解，为什么这两个优势对我都是重要的。关于第二个优势，我始终都记得杰弗里·沃诺克（在他的整个职业生涯中，他都是牛津的哲学家，他如今已经成为这所大学的副校长）的这个说法："哲学家非常倾向于在他们所发现的哲学状态中从事这门学科的研究，他们心满意足地沿着潮流趋向的方向游动。"*做其他人正在做的事情，这是通常的学院生活最显著的特征之一。

在任何给定的时间里，在任何主要的学术中心之中，某些主题、问题或（在人文学科中的）作者是流行的，而其他的主题、问题或作者则是过时的。最好的工作必然给予那些在时尚领域具备良好工作声望的人。无论一个人可能对此有多么漠不关心，倘若他从事的是职业哲学，他就仍然不可能忽略这种流行的趋势，因为他不得不帮助他的学生准备考试，而考试内容并不是由他来决定的，而是由设置问题并判定答案的其他人来决定的。无论如何，他的学生会非常自然而又正当地想要知道当代的讨论和争辩，他们想要参与这种讨论和争辩。因此，即便对这些东西抱有敌意的老师也将被迫了解相关的最新情况——而对于某些觉得当代的讨论与争辩是无趣的与不重要的老师来说，这是一种令人沮丧的负担。

一般而言，在相同领域内的同事讨论必然会获得大学的支持。在这种氛围下，包括我在内的绝大多数人发现，自己会不由自主地去吸收某些共识所优先考虑的东西。以下这个事实就可以表明这一点，即在初次体验了一阵独立的喜悦之后，我仍然觉得自己有必要去了解在我曾经就读本科的大学里哲学的最新发展状况，尽管我在那所大学时就已经对这种哲学持有强烈的批判态度。只有在经过一段时间阅读那些其生命显然如蜉蝣般短暂的东西并对它感到厌倦之后，我才意识到这些东西是

---

* *Modern British Philosophy*, p. 88.

完全没有价值的，于是我心安理得地摆脱了它们。倘若需要为我的这个决定给出某些辩护理由，那么，它可以通过如下事实来获得辩护，即在那个时期要求学生阅读的几乎所有的奥斯汀的哲学与在维特根斯坦之后的哲学，如今几乎没有任何人会去阅读。我自己虽然对这些哲学进行了大量的阅读，但我几乎没有从这些阅读中获得任何具备持久价值的东西。

我不再阅读那些最终被我当作哲学新闻报道的东西，我开始逐个阅读我尚未读过的那些在以往哲学史中的伟大人物。与此相关的是，我在这几年中形成了这样一种习惯。倘若我发现自己有一个完全自由的漫长周末，而我恰好也处于平稳的情绪之中，我就会关起门来阅读某些篇幅不长的哲学名作，并让自己在整整一天或两天的时间里沉浸其中。让我感到便利的是，许多哲学经典作品的篇幅都比较短，例如，柏拉图的绝大多数对话，笛卡尔、莱布尼茨、洛克、贝克莱、休谟、马克思和尼采的某些最重要的作品。在随后的几年中，我在旅行时会带上篇幅更长的作品，并在每次旅行中用数周时间沉浸于其中：在马略卡岛核心地带的六周旅行中，我阅读了康德的《纯粹理性批判》，我在萨尔茨堡阅读了柏拉图的对话文集，在拜罗伊特阅读了海德格尔的《存在与时间》，在西西里岛阅读了圣奥古斯丁的《忏悔录》，在瑞典阅读了休谟的《人性论》，在加尔达湖阅读了莱布尼茨的作品，在英格兰的西部阅读了帕斯卡尔。这成为我阅读任何重要读物的最喜爱方式：将我的全部时间都致力于这种阅读，在整个上午毫不分心地进行阅读，在下午的早些时候出去散步，在下午的晚些时候则继续阅读，接下来在晚上就轻松地享受各种娱乐活动。

正是在这个持续存在的背景下，我在20世纪50年代末忙于追寻两种特殊的兴趣，其中的一种兴趣是政治哲学。它是我在牛津的两个主要研究方向之一，但我在那时觉得有必要对政治哲学进行重新考察，因为我在那时也沉浸于政治活动之中，我想要澄清我对于我所从事事务的智识基础的思想。除了波普尔的作品（我重新阅读了《开放社会及其敌人》，而波普尔在1957年出版了《历史主义的贫困》，我在那一年就读过了这本书），学院哲学家在政治哲学中创造的新作品并没有多少价值。事实上，"政治哲学已死"是那个时期的学院哲学家的一个著名口号。学院哲学家的想法是，诸如此类的政治理论的名声如今已经败坏，意识形态的时代已经终结，实践政治学的主题变成了在不断改变的制度框架下寻求解决问题的方案，已经没有什么东西留给理论家来继续工作，除了通过对某些更加重要的政治概念进行语言分析来做出某种进一步的阐释。甚至（或许会被你当作）官方的观点也认为，这个学科已经变得微不足道。鉴于此，毫不令人感到奇怪的是，在这个时期的政治哲学中几乎没有完成任何重要的工作，而有才华的年轻人也并没有被这门学科所吸引。某些相当聪明的人走上了那条道路，但人们再也没法听到关于他们的消息。从他们热衷的事物中并没有产生任何了不起的东西，而他们热衷的事物也不可能在现实中产生任何了不起的东西。

尽管如此，所有这一切都没有影响到政治哲学的经典著作。它们就像昔日的宏伟建筑那样矗立着，就像它们在以往的时代那样仍然可以有效地得到应用。由于在它们周围形成的浅薄的那些现代垃圾，这些经典著作更加令人印象深刻。我从积极参政者的观点来阅读这些经典作品，这让我从它们那里获得了更多的启发。我从中收获最多的那些经典作品是柏拉图的《理想国》、亚里士多德的《政治学》、马基雅维利的《君主论》、霍布斯的《利维坦》、洛克的《政府论》（下篇）与《论宗教宽容的书信》、卢梭的《社会契约论》、柏克的《法国革命论》、约翰·斯图亚特·穆勒的《论自由》、马克思的《资本论》与波普尔的《开放社会及其敌人》。

我另一个特殊的阅读兴趣是伯特兰·罗素的作品。罗素是一位与我处于相同时代的人，他在许多政治事件中的活动获得了较多的关注。他在那时对哲学做出的最新贡献是《人类的知识：其范围与限度》（*Human Knowledge: Its Scope and Limits*），这本书刚刚在不久之前，即1948年出版发行。在我还是大学本科生的时候，人们在哲学讨论中就经常提到罗素的名字，然而，老师并不要求学生去阅读他的论著——除非学生的专业恰好是逻辑学，而这些学生阅读的也不是罗素撰写的有关一般哲学的作品。罗素轻蔑地对牛津哲学表示不屑一顾，他公然宣称牛津哲学是琐屑的与枯燥的，牛津哲学家反过来委婉地对他表示不屑一顾。他们不可能质疑罗素在这门学科中的重要历史地位，但他们对罗素的谈论，就好像罗素的某些研究工作在一段时期内是重要的，但如今他已经无法赶上最新发展的哲学研究并将被新的哲学家取代，而哲学的这种新发展就是牛津哲学家自身所从事的研究工作。

我们最好还是逐步地来理解罗素作为哲学家的事业。他起初是一位数学家。在他的自传中，罗素讲述了一个他如何成为数学家的迷人而又有启发性的故事。当他11岁时，他的哥哥弗兰克开始教他几何学（罗素在他15岁之前接受的都是家庭教育），弗兰克按照通常的方式以公理作为教学的出发点。年轻的伯蒂[1]马上就要求对这些公理给出正当的理由。弗兰克说他无法对它们进行辩护，它们仅仅是必须被接受的东西。伯蒂则对此踌躇不前。弗兰克恼火地声明，倘若伯蒂拒绝接受这些公

---

[1] 伯蒂（Bertie）是罗素的小名。——译注

理，他们就无法继续进行教学。因此，伯蒂最终同意暂时服从这些公理，出于好奇心，他恰好想要看看，从这些公理中会推导出什么东西。而那些推导出来的东西是"我生活中的一件大事，就像初恋一样令人陶醉。我从来没有想象到，这个世界上还有如此美妙的东西……从那时起直到我38岁，怀特海与我完成了《数学原理》，数学是我的主要兴趣，是我幸福的主要源泉"*。罗素在剑桥的第一学位考试是数学，他将自己对数学的兴趣直接保留下来，就好像数学是一位归属于他的孩子。事实上，罗素告诉我们，这些数学工作"决定了我接下来的工作道路"。他深刻地（与有创造性地，倘若可以这么说的话）对数学基础产生了困惑。正是在这个领域中，罗素做出了他第一个真正重要的哲学贡献。

包括一切数学证明在内的任何种类的论证，都不得不从某个地方开始。它不仅必须拥有前提（或诸多前提），而且必须拥有推理步骤的规则（或诸多规则）。这些前提与推理步骤的规则本身，不可能被这个论证所证实，因为倘若它们被这个论证本身所证实，那么，这个论证就会是循环的——它会想当然地认定它意在证明的东西。这意味着，一切论证，一切证据，一切逻辑证明，无论它们多么严格，它们都不可避免地会至少假定一个前提与一个推理步骤的规则，而它并没有对这些前提与规则提供辩护的理由。某些人或许会说："的确如此，但这些前提与这些推理步骤的规则并非仅仅是任意的。它们并非仅仅是无中生有地随意得出的结论。在一切严肃的智识活动中，人们都是带着自我批判的谨慎态度将它们选择出来的。它们被这个论证所假定，这完全是真的，但它们最初是作为其他人先前论证的结论而被人们获得的，在先前的论证中，有一种坚实可靠的推理基础在支撑着它们。"但我对这种说法的回应是，先前的其他论证本身必定是从诸多没有得到证明的假定开始的，它们本身使用的必定是诸多未经证实的推理步骤规则。因此，我们发现自己处于无穷后退之中。不存在完全确定的基础——至少在论证的层面上是不存在的。部分的理由是，在经验主义传统中的哲学家断定，我们关于真实情况的所有有效的推理，最终都可以追溯到直接的观察或经验，也就是说，可以追溯到某种已知是真实的东西，但这并不是由于一系列的推理所得出的结论，而是由于直接被经验到的东西。根据这个观点，任何意在描述实在但最终无法追溯到经验的东西，可以说都是悬而未决地漂浮于半空之中。正如叔本华在一个类似的情况下所说的："最终并不导向

---

* *The Autobiography of Bertrand Russell*, vol. i, p. 36.

知觉的概念与抽象，就像树林中的一条没有任何出路的小径。"*对于接受了这种描述并将之适用于经验陈述的人来说，还有一个独立的问题：这种描述是否适用于数学？它是否主张，数学最终也导源于经验？倘若是这样，就会产生这样的问题：这种经验是什么或可能是什么，而这是一个深深地令人困惑的问题。另一方面，倘若这种主张并不成立，那么，数学的基础是什么——鉴于没有自足的前提，没有可以为自己辩护的推理步骤规则，数学能否被一系列的数学推理或其他任何种类的论证所确立？

这就是罗素向他自己提出的第一个伟大的问题。当他开始研究这个问题时，他还没有听说，比他年长一代的德国数学家弗雷格，多年以来在耶拿大学就以几乎完全晦涩的方式对这个相同的问题进行了研究——因此，年轻的罗素数年来专注于这项让人筋疲力尽的工作，并取得了开创性的发现，但他不知道，弗雷格已经做出了这样的发现。这两个人独立地会聚于在本质上相同的结论，即整个数学最终可以追溯到逻辑的基本原理。他们起初都试图在算术中给出一个支持该结论的实际示范，他们希望最终能在所有的数学中都展示这一点。事实上，罗素公开宣称，这就是他的目的。因此，倘若他们的想法是正确的，这种思想就会提供证明来有效地确证，整个数学作为一批可进行演绎推理的必然真理，它们不可改变地逐步导源于纯粹的逻辑前提。

罗素在他发表于1903年的伟大作品《数学原则》(*The Principles of Mathematics*)中奠定了这个理论的基础。在这本书出版之前，罗素已经发现了弗雷格。尽管他发现弗雷格的时间有点晚，但他还是在这本书中向弗雷格致敬。即便如此，宣称所有的数学都可以还原为逻辑是一回事，通过实际完成这种还原来证明数学的这种可还原性则是另一回事。罗素试图与他先前的导师阿尔弗雷德·诺斯·怀特海合作，在三卷本的作品《数学原理》(*Principia Mathematica*)中贯彻后面这个规划。他们共同工作了大约十年，创作了三卷本厚重的作品。他们计划想要出版第四卷，但第四卷从未出版。虽然这部作品没有完成，但它是一部划时代的论著，随着时间的流逝，人们能在哲学的整个范围内，而不仅仅是在技术性的逻辑学领域中感受到它的影响。

要完成这个研究工作，并非只有一条道路。至少直到19世纪为止，逻辑学的基础仍然停留于亚里士多德在两千多年前所遗留下来的状态之中。康德在《纯粹理

---

* *The World as Will and Representation*, vol. ii, p. 82.

性批判》第二版的序言中证明了这一点。"逻辑学自古以来就已经走上了可靠的道路,这可以根据如下事实来得到证明,即自亚里士多德以来,逻辑学不曾被要求后退一步,除非我们实际上关心的是,将删除某些不必要的细节或对已经公认的教导做出某些更加清晰的阐述作为对逻辑学的改进,与这种改进的特征相关的与其说是这门科学的确定性,不如说是这门科学的简洁性。同样值得注意的是:时至今日,逻辑学也未能前进一步,因此显然可以认为,它是一种已经封闭和完成了的学说。"尽管如此,倘若可以表明,整个数学不可避免地是根据逻辑原理推导出来的,那么就不得不认为,整个数学将被吸收到逻辑学之中。但这是以另一种方式来主张,亚里士多德的逻辑学在以往的世纪里都被人们认为构成了这门学科的整体,而现在却被揭示为只不过构成了这门学科的一个角落。在这种意识的推动下,在国际上发生了对逻辑学的兴趣的复兴,这种兴趣的复兴一直持续到今天。这种以崭新方式理解的逻辑学是由弗雷格与罗素开创的,如今在世界上每所重要的大学中,都有人积极地从事有关这种新逻辑学的研究。

我认为,罗素自然会迈出的一步是,将他的新逻辑技术应用于日常语言的陈述,也就是说,罗素向他自己提出了这种形式的问题:"当我们这么说时,我们正在说出的意思究竟是什么?"举例来说,当我们说"法国的国王是秃子",而法国的国王并不存在时,我们正在说出的意思究竟是什么?我们是否说出了任何东西?尽管这个例子是琐碎的,但是,在这里有一个严肃的问题,它与最常见的一种经验论断形式有关;从医学研究者到核物理学家的所有种类的科学家,都希望能够谈论那些迄今无法被他们确定为存在的实体。倘若我对这个问题的解答是:"没有法国国王这样的人,因此,这个陈述根本就没有指称任何东西;因而它是没有意义的。"那么你或许会合理地提出抗议:"但请看,瑞典国王是秃子这个陈述是假的,因而它必定是有意义的。难道你要告诉我,在一个人能够完全理解这个陈述,换言之,在这个陈述有意义之前,这个人还需要知道(显然许多人并不知道),瑞典是否有一位国王?这明显是胡说八道。事实是,我们都很好地理解了这个陈述,无论我们是否恰巧知道瑞典有一位国王。"但接下来,倘若我承认法国的国王是秃子这个陈述是有意义的,我就会面对一个新的两难困境:这个陈述是真的还是假的?我无法看出,倘若不存在任何法国的国王,又怎么能说"法国的国王是秃子"这个陈述是真的。但我也无法直接看出,怎么才能说这个陈述是假的。这是否意味着,我将被迫导向这样的观点,即可能存在一种既不真又不假,却有意义的事实陈述?倘若人们承认任何这样的可能性,都将带来棘手的问题,而我会避免这样的想法。长话短说，罗素分析了所有采纳了其形式为某人是如此的陈述，他是在发表于1905年的论文《论指谓》中完成这个分析的。罗素在这篇论文中得出的结论是，这些陈述的隐蔽的逻辑结构可被表达为："存在一个是法国国王的人，而且他还是一个秃子。"当这个陈述以这种方式表述时，倘若不存在法国国王，这个陈述本身的虚假性就会被揭露。因此，罗素的分析揭示了一种常见的表达形式的真实逻辑结构，而这种逻辑结构起初远非显而易见。通过这种方式，罗素的这个分析就将我们置于能够确定该陈述真假的立场之上，而先前我们无法做到这一点。

对于我们试图表达关于这个世界的真实陈述的尝试，这种新分析所产生的影响具有历史的重要性。它为我们澄清与验证我们信念的努力尝试打开了全新的可能前景。它激起了这样一种智识发展，它在20世纪的绝大部分时间里支配了英语世界的哲学。这种智识发展是，对诸多陈述进行分析，以便于让诸多陈述包含的不显著的逻辑结构或意义区别浮出水面。在这种意义上，伯特兰·罗素是现代分析哲学的创建者。即便他曾经提出的一切建设性的哲学学说都被拒斥或遗忘了，他仍然会由于这种贡献而成为哲学史中的一位重要人物。但让罗素与他众多的后继者形成鲜明对比的是罗素的两个重要的观点，而人们有必要理解这两个重要的观点。首先，罗素从未将分析视为目的本身。他提出的分析是作为一种方法和一种途径，它会让我们的陈述真正意指的东西或我们在接受陈述时所承诺的东西变得对我们自身清晰透明，以便于我们在接受或拒斥某些陈述时能够更加充分地意识到，我们正在做的是什么。罗素理所当然地认为，只有当分析的是重要的陈述或那种让我们感到困惑的陈述时，这种分析才是有价值的，罗素的目标始终是，澄清我们对这个世界或实在的理解，澄清我们对于事物存在方式的理解。只要一个陈述的真假对我们是重要的，我们将这种严格的技术用来分析这个陈述就是有意义的，因此，这个陈述的重要性位于这种分析过程本身之外，否则整个活动就成了一种恶性循环。实际情况不可能是，仅仅因为我们正在分析这个陈述，这个陈述就对我们是重要的；我们只能是由于这个陈述对我们是重要的，我们才会去分析它。重要性不可能导源于分析，尽管分析能够显示重要性。倘若一种活动是由分析构成的，而在分析之外没有任何目的，这种活动就不具备重要性。

这就导向了罗素的第二个需要被人们理解的重要观点：他从来也不能理解那种将哲学的构成要素仅仅视为分析的哲学观，他从来也无法弄明白，任何严肃认真的人何以会采纳这样的观点。在他的那个时代将要结束时，罗素相信，哲学的目的就是哲学始终被认为拥有的目的，即理解包括我们自身在内的实在的真实本质。不同智识领域的诸多研究工作，在很大程度上都对这种理解做出了贡献：科学、历史学、多种语言的文学、心理学，以及众多其他的学科。因此，罗素自发地对这些学科与其他许多学科产生了兴趣，他是一位自然的，不矫揉造作的博学者。事实上，在他一生的绝大多数时间里，罗素长期被这样的想法所困扰，即他应当成为一位科学家。当罗素看到，爱因斯坦的工作彻底拓展了我们对于实在理解的范围，他就对他自己的成就感到不满意。不过，尽管罗素轻易就能成为科学家——他对现代物理学的理解是深刻的，他像任何物理学家那样精通数学——但他事实上仍然没有选择去当科学家。而我认为，罗素没有成为科学家的原因是，事实上，他最终寻求的是哲学的理解。倘若他成了科学家，我认为，他迟早会对他研究的科学开始贯彻相同的研究纲领，就像他对于数学所贯彻的研究纲领那样，即尝试去发现和确立这门科学的理论基础。罗素或许能成为一位伟大的科学哲学家，但我不太相信他能完成爱因斯坦所完成的那种工作。

罗素清楚地意识到（而今天仍然有许多人没有意识到），科学本身并没有，而且永远不能确立一种特殊的关于实在的终极本质观。科学所做的是，将一切它能够处理的东西都还原为某种处于最基本层面的解释——这不仅是人类的智识成就，而且也是人类所拥有的至高文化之一。例如，物理学将它处理的现象都还原为有关能量、光、质量、速度、温度、重力与其他科学概念的恒等式。但是，物理学就让我们留在了这样的解释之中。倘若我们接下来要追问这种处于最基本层面的解释自身的基础，科学家就会困惑地无法做出解答。这并不是由于科学家在某些方面有做得不够充分的地方，科学家在科学中从事的是他们能够完成的任务。倘若人们对一位物理学家说："现在请你告诉我能量究竟是什么？你一直在运用的这种数学的基础是什么？"这位物理学家无法回答这些问题，但这并不会败坏他的名声。回答这些问题并不是物理学家的职责，物理学家将这些问题交给了哲学家。我们想要理解那些我们为之寻求最终解释的事物，而科学对我们的这种理解做出了无可逾越的贡献，但科学本身不可能是最终的解释，因为科学是根据诸多术语来解释现象的，而科学接下来并没有对这些术语做出解释。

对于许多工作中的科学家来说，科学似乎非常明显地暗示了一种最终的解释，即一种唯物主义的解释；但关于整个实在的唯物主义观是一种形而上学，而不是一种科学理论。无论什么科学都不可能证明它或反驳它。事实上，虽然它被许多科学家持有，但这并没有让它成为一种科学理论，就像比方说有一种理论虽然（无疑）被许多经济学家所持有，但不能仅凭这一点，就让它成为一种经济学理论。诸多形而上学观极其不同且无法彼此共存，但科学可以与诸多形而上学观共存。包括爱因斯坦在内的某些最具开创性的20世纪科学家都相信上帝。量子力学的奠基人薛定谔被佛教所吸引。对于科学家个人来说，在他完全接受的科学论断与他持有的那些并非唯物主义的信念之间，不仅没有冲突，而且永远不会有冲突。我察觉到，这种观点如今终于开始传播，尽管持有相反观点的人的数量仍然不少。对于罗素来说，这个现实的处境意味着，无论一个人获得的科学成就有多少，这些科学成就也不会将这个人带到他希望达到的理解水平之上。我确信，这就是罗素保留他自己的哲学家身份的原因。因此罗素花费了他生命的一半时间，试图为如下观点提供令人满意的基础，即哲学对于已知实在的最终解释所根据的是科学哲学与逻辑哲学。罗素从未成功地做到这件事。事实上，他不仅在科学上遭遇了失败，而且也在逻辑学上遭遇了失败。

1931年，哥德尔发表了他的著名定理，即在任何自洽的形式系统中，在没有参照外在于这个系统的标准的条件下，就无法表述诸多可以判定其真假的命题。我们不仅希望建立一种关于某个事物的融贯而又自足的解释，而且还希望建立一种关于一切事物的融贯而又自足的解释，而哥德尔的这个论述对于我们的这些希望造成了致命的一击。虽然罗素与怀特海已经成功地将所有数学都还原为逻辑原理，但仍然遗留下来的任务是，确证在这个系统之外的逻辑学原理。事实上，罗素与怀特海在哥德尔发表他的定理很久以前就已经知道，他们并没有成功地实现他们的目的。尽管如此，每种伟大的哲学都是错误的理论，尽管它们有很多不恰当之处，但它们仍然有许多东西可以教给我们。这种说法肯定适用于《数学原理》中的研究工作——这甚至可以更为恰当地适用于他们对自然语言的陈述所做的分析。

由于罗素在40岁之前几乎都专注于数学与逻辑学的研究，直到他40岁那年，罗素才出版了他论述一般哲学的第一本书。这本篇幅不长的作品就是《哲学问题》（*The Problems of Philosophy*），这本书由霍姆大学文库在1912年出版，它意在对哲学进行通俗的介绍。按照我的看法，这本书在某种特定的意义上来说是普及哲学的典范：它对初学者来说是明白易懂的，而且它还包含了诸多新的思想观念，因此对专家来说，这也是一本有趣的与重要的论著。不过，对于我来说，罗素的下一本书——它出版于1914年，它的整个标题是《我们关于外间世界的知识：作为哲学上科学方法应用的一个领域》——仍然是他论述一般哲学的最迷人的一本书。罗素继续创作了一本又一本的哲学论著（1921年出版的《心的分析》特别有趣），经过一段漫长的时期之后，他的精力从哲学转向了对左翼社会政治思想的普及活动。在这个时期，罗素继续写书，但这些书的内容是诸多为了社会改革而在报刊上发表的文章。它们拥有巨大的影响，有助于正在崛起的那一代人中的某些最有能力者的人格发展；但就其本质而言，它们并不具备持久的魅力。在他智识生涯的后期，罗素又回到了哲学的领域并创作了三部优秀的论著：《意义与真理的探究》（1940）、《人类的知识：其范围与限度》（1948）和《我的哲学的发展》（1959）。

哲学家撰写一本关于他自己的论著的书，这并不新奇。人们最熟悉的例证或许是尼采的《瞧，这个人》（Ecce Homo），但就我所知，这类书中最好的一本是罗素的《我的哲学的发展》。我在阅读这本书之前以为它是一本浅薄的作品，一次普及哲学的尝试，一个年纪很老的人的怀旧沉思。（在这本书出版的那一年，罗素已经87岁了。）我的这些预料都不准确。它是一本结构牢固、写作方式新颖、内容充实的论著，它针对的是严肃的哲学研究者，尽管整本书都体现了罗素享有盛名的清晰性，但它并没有对读者可能具备的无知状态做出妥协。在这本书中，罗素回顾了他整个一生的工作，并对之做出了一种清晰而又生动的审视。罗素并非仅仅精确地概述了他自己的这些哲学工作，而且还清晰地追溯了这些哲学工作的发展，并以罕见的洞察力对它们做出了评述。这本书不仅包含了罗素超过六十年非同寻常的艰辛思考的成果，而且它也充满了思想的养分。这本书在以下这方面还具有一种无可取代的权威性：倘若罗素说，他试图在某本书中讲清楚的东西是p，或他说过的某段话的真实意思是q，这些说法的权威性就要高于其他某个研究罗素的学者的不同说法，而罗素的这些说法在通常情况下，应当能够结束那些与罗素意图有关的问题的争论。这是一本被低估了的论著，我相信，随着时间的推进，这本书终将获得远比现在更高的评价。

另一方面，罗素在1946年出版的《西方哲学史》却获得了过高的评价。即便考虑到这本书有限的篇幅，它对每位重要哲学家的工作的解释也是不充分的。这种探讨自始至终都是肤浅的，更不用说轻率了——例如，这本书中有数不清的挖苦嘲讽哲学家的玩笑，它们虽然是有趣的，但对挖苦嘲讽的对象并不公正，尽管这种玩笑在日常对话中或许是极其令人愉快的，但在向初学者介绍这种主题时，这么做并不合适。罗素在这本书的任何地方都没有努力去把握诸多思想，甚至没有用恰当的严肃认真的智识态度去论述这些思想。尽管罗素在哲学上是有才华的，但他根本无法理解康德，因而也就无法从整体上理解从康德的工作中形成的哲学传统。罗素论述叔本华的整个章节表明，他从未读过这位哲学家的主要作品。无可否认，只有一个拥有大量的历史知识与哲学知识的人才能写出这样的一本书，但这本书是一个大杂烩。

罗素自己对于这本书取得的成功而感到惊讶。他只是随意地创作了这本书。当他撰写这本书时，他在头脑中从未想过它是一本重要的论著。他将之视为自己仓促完成的一部作品，在撰写的过程中，他进一步利用了自己为了进行成人教育所累积的大量笔记。罗素有一段时间滞留于美国，由于第二次世界大战，他无法返回英国，但他又无法在美国大学找到工作，因为法院已经判定，罗素公开发表的关于性行为的看法，让他不适合教导年轻人。罗素需要谋生，因此他被迫在费城从事成人教育。罗素从事成人教育而产生的成果之一，就是他的《西方哲学史》。在我看来，罗素从一开始就考虑到将之用于成人教育的课堂，而这就解释了关于这本书的几乎所有的一切：它在智识上的肤浅，它甚至正面回避了严肃性；它不断地让人们发笑；它宣称的计划是，将哲学关联于它在其中形成的政治环境与社会环境（而这本书从未贯彻过这个计划，也永远不可能实现这个计划）；篇幅以极其不成比例的方式被分配给了基督教的哲学（我猜想，基督教或许以某种方式相关于这本书的笔记在其中得到汇编的社会环境）；以及它在全世界的畅销。这本书不严肃的态度，再加上它的那些有趣而又清晰的特点，或许就吸引了成千上万其实并不准备认真对待哲学问题的读者。对于其他的一些人来说，它可能仅仅是一本发挥过渡作用的书籍：它的作用是将某些人引向了哲学。另一方面，它或许还让另外的一些人相信，为哲学而困扰是没有价值的，它进而给予了他们这样一种错觉，即既然他们已经读过了这本书，他们就已经了解了哲学。通过权衡这本书的诸多优缺点，可以认为，它实际上不值一读。

罗素在《我的哲学的发展》中回顾了他创作的所有作品，而在此之前，罗素创作的最后一本严肃的哲学论著是《人类的知识：其范围与限度》。我认为，罗素毕生探求的是一种支持经验主义实在观的可靠基础，而这本书有意总结的就是他在这种毕生探求中所抵达的最终立场。罗素在这本书中承认，他的这种探求已经失败。我并不确定，罗素是否有意识地用这本书的标题来提及康德，但我无法抗拒地认为，这个标题就是对康德的召唤。罗素花费了他漫长生涯的绝大多数时间来摒除康德主义，并试图从休谟遗留下来的观点出发，推进哲学研究的发展。但在此之后，罗素感到他最终被迫违背他自己的意愿，承认了康德的正确性，尽管他在这次坦白中意味深长地没有提到康德的名字，而仅仅提到了康德最基本的学说。罗素承认（用他自己的话来说），获取世界知识的尝试是根本不可能实现的，除非我们将某些"因果性原理"或"基本原理"置入这个世界之中，而这些事物既不是先天的，又不可能导源于经验。恰恰只有在我们已经完成了这一点之后，我们才能仅仅根据经验原则，前后一致地建构世界的体系。罗素在这本书的最后一段文字的开头说道："但是，尽管我们的基本原理能够以这样的方式，符合一个或许具备了诸多被我们称为经验主义'口味'的东西的框架，然而，仍然不可否认的事实是，我们关于基本原理的知识，在我们确实对它们有所认知的范围内，不可能建立在经验的基础之上，尽管它们所有可证实的后果都将被经验所确证。在这种意义上，必须承认，经验主义作为知识理论已经被证明是不恰当的。"

康德去世已经将近155年，而罗素这位极具才华的经验主义哲学家在拒斥了康德之后，他自己在超过半个世纪的漫长时间里进行原创性的思考，最终却得出了这样的结论。让这一切显得如此具有悲剧性的是，罗素花费了他大半生的时间到达的地方，恰恰是康德的批判哲学的出发点，而罗素只能违背他自己的意愿来接受这一点。要是罗素在年轻时就将康德纳入他的思考范围之内，那么，罗素的哲学家生涯就有可能以他自己的终点作为出发点。恰如在数理逻辑中，罗素将数年艰辛、独立而又具有深刻原创性的思考奉献给了弗雷格已经完成的研究工作，在一般哲学中，罗素在整个出色的职业生涯中最后得出的结论竟然是，经验主义从根本上是不恰当的，而康德早已给出了支持该结论的理由。让人们最苦涩地感到具有讽刺意味的是，康德自己将这个洞识直接归功于哲学家休谟。

我认为，罗素的这个惨败部分地可以根据思想史来进行解释。无论在任何历史时期，康德的哲学都没有获得英国哲学家的普遍接受。在19世纪晚期支配了剑桥哲学的德国唯心主义是黑格尔主义，而不是康德主义，诸如麦克塔加特这样的显著人物被人们正确地称为新黑格尔主义者。罗素与摩尔就是在这样的传统中成长起来的。我们很容易就会忘记，罗素第一本出版的作品就属于新黑格尔主义。有一个极为重要的事实是，当罗素与摩尔背叛他们的智识背景时，他们拒斥的恰恰是黑格尔与新黑格尔主义，但他们不曾吸收过康德的思想。罗素与摩尔都认为，他们已经穿过了德国唯心主义的障碍，并来到了德国唯心主义之外的阵营，但事实上，他们从来也没有按照新陈代谢的方式将康德吸收到他们活跃的思想之中。他们拒斥德国唯心主义的批评适用于黑格尔的哲学，但在本质上并不适用于康德的哲学。因此，在这整个过程中，康德就是连同洗澡水一起被泼出去的婴儿。由于年轻的罗素并没有学到康德能够教给他的那些思想，罗素就只有通过他自己的独立思考来抵达康德的出发点，而罗素为了这些独立思考花费了他毕生的时间。由于这个原因，我怀疑，人们在将来是否还会要求哲学专业的学生去阅读罗素的任何论著。甚至罗素在数理逻辑中的开创性工作，也不可避免地将被逻辑学的后续发展成果所取代。

然而，不管所有这一切的不足之处，阅读罗素的作品，这既让人感到快乐，又让人受益匪浅。第一，这是因为罗素的作品完全是令人愉悦的，在这方面几乎没有任何哲学家可与罗素相比（自古典时代以来，或许只有叔本华与尼采才可与罗素相媲美）。无论罗素论述的主题所包含的内容可能有多么困难，他的写作始终是清晰的，有时这种清晰性令人感到惊讶，而这种清晰性并没有让他在自己的作品中变得谦逊：恰恰相反，在这些散文中始终存在着一种犀利的人格。无论罗素撰写的是什么主题，他同时也传达了那种可以审视他当前说法的更为宽泛的背景，以至于他在自己的这些作品的每个地方都呈现了一种整体的世界观。这些作品总是优雅的与潇洒的，经常是有趣的——而有趣的哲学会受到人们更多的欢迎。总而言之，罗素的绝大多数作品都是令人欣悦的。任何有志于撰写严肃主题的人，都能从罗素那里学到某些东西。无论罗素要讲述的主题多么具有技术性或多么深刻，他都能巧妙地讲述这些主题。

第二，在20世纪的那些试图构造经验主义纲领的具有最高才能的哲学家中，罗素是一个显著的例证。虽然在他之前已经有洛克、贝克莱、休谟、穆勒与美国实用主义者的伟大成就，但罗素仍然在他自己的一部又一部的论著中，英勇地为经验主义纲领进行奋斗。罗素首先会以一种方式来追求他的目标，接下来又以另一种方式来追求他的目标，而每次他都被迫导向这样的结论，即这个特定的尝试将他导向了诸多不可接受的立场或矛盾——因此，罗素就在接下来的一本书或一系列书中改变了自己的方向。他承认并直面他自己的观点产生的诸多困难，由此展现的智识诚实堪称典范。事实上，在这些旅途中有罗素相伴，这对于任何对哲学感兴趣的人来说都是一种有教育意义的经验，由于这种经验是令人愉快的，所以它更能发挥教育的作用。就其本质而言，罗素的每本书都是一种并未达到罗素自己期待发现结论的探求，因此，罗素的每本书都没有表述出一种站得住脚的立场，它们甚至没有抵达这位作者在随后的绝大多数情况下想要主张的立场。然而在许多方面，罗素的这些作品都构成了一个整体，它们给出了从事哲学探究应当遵循的实际教训——它们还给出了那些证明经验主义站不住脚的明确而又详细的理由。毕竟，任何在盎格鲁-撒克逊世界的经验主义传统中成长起来的人，都有必要知道经验主义必须被放弃的理由。

第三，迄今为止，罗素是20世纪最有影响力的哲学家之一。他是分析哲学的创立者。他"发现"了在那时罕为人知的弗雷格的研究工作，宣传了弗雷格研究工作的相关知识，并在全世界激起了人们对这些研究工作的兴趣。正是罗素的工作将维特根斯坦引入了哲学——年轻的维特根斯坦为了到剑桥追随罗素进行哲学研究，他放弃了他自己在曼彻斯特大学的航空工程专业的学习。正如我已经说过的，罗素是维也纳学派的思想教父，在维也纳学派的诸多成员看来，为了让他们在正确的道路上前进，罗素所给出的帮助比其他任何哲学家都更多。维也纳学派中最有能力的成员是鲁道夫·卡尔纳普，他向自己提出的任务是构造一种理性思想能够在其中得到贯彻的人工语言，这种人工语言并不具备自然语言所拥有的任何逻辑杂质；在这么做的过程中，卡尔纳普认为自己正在实现的是罗素所创造的一种需要实现的可能性。蒯因开始他职业生涯的规划是，以充满想象力的方式拓展卡尔纳普的工作，他始终对卡尔纳普与罗素保持着崇敬之情。当卡尔·波普尔发现他自己在面对挑战时不得不停止用他的母语德语写作，转而开始用英语撰写论著时，他将罗素的散文风格作为他写作的榜样。A. J. 艾耶尔将罗素作为他的英雄来崇拜，他不仅有意识地模仿罗素的散文风格，而且有意识地模仿罗素的生活风格。于是，在英语世界中，罗素对于在他之后出现的每个最重要的哲学家，都产生了直接的影响。

第四，罗素是他那个时代的一个显赫的著名人物。就像法国18世纪的伏尔泰一样，罗素自己就是他生活于其中的社会需要理解的专有名词之一。罗素是首相的孙子，他继承了首相的伯爵爵位，他从一开始就在英国社会中占据了一个拥有特权的位置，在这个位置上，他惯于接触各行各业中最著名与最时尚的人物。罗素是某些激进的自由主义社会态度的著名倡导者，他持有这种态度的最佳例证或许是，他基于和平主义的理由反对第一次世界大战，他对于性爱自由与废除审查制度的信念。这些态度直到20世纪60年代才开始盛行，而罗素在那个时候作为一位年长的老人，成了激进年轻人的英雄；但他实际上在此之前就已经用数十年的时间来为这些态度进行宣传。罗素经常如此超前于他的那个时代，以至于让他的同时代人不仅感到震惊，而且还感到无法接受。罗素确实利用了每一条向他开放的途径来为这些激进的态度进行宣传：通过在他的那些范围异常广泛的私人交往中对人们不断进行轰炸，而他交往的许多人都颇具社会影响力；通过教学与演讲；通过撰写书籍与文章；通过广播节目，起初是收音节目，随后是电视节目；通过议会代表；通过创办学校；通过将人们的注意力吸引到任何持有相似观点的人的工作上。罗素完成了所有这些宣传，他凭借的不仅仅是一种似乎不可动摇的自信，而且还有一种热情的时尚，连同他具备的精妙的清晰性与始终存在的幽默感。就这种生活方式而言，罗素是一位精湛的预言家与代言人，在他看来，这种方式已经成为20世纪最后三十年的英国自由社会的典型特征。未来会有一些历史学家来研究那个时代，但在他们没有熟悉伯特兰·罗素之前，就难以看出他们如何能够理解那个时代。

第 11 章
结识波普尔

正是在1959年，我结识了两位哲学家，他们是伯特兰·罗素和卡尔·波普尔，他们被我视为英语世界在那时最优秀的在世哲学家。当我遇到波普尔时，他已经56岁，而我是28岁。当我遇到罗素时，他已经87岁，而我是29岁。这种年龄的差距影响了这两段关系的发展。波普尔成了我终生的朋友。我在三年或四年的时间里多次拜访了罗素，但接下来，我与其他许多人一样，由于拉尔夫·舒恩曼（Ralph Schoenman）而切断了与罗素的联系。罗素于20世纪70年代去世，享年97岁，但在此之前我们早就失去了联系。

1958年10月13日，波普尔在伦敦的亚里士多德学会组织的一次会议上发表了主席演说，我在那时第一次见到了波普尔。我在一本哲学期刊上看到了这次会议的公告，我非常想要观看波普尔的演说活动。在那时，波普尔用英语只写了两本书（接下来他又用英语写了十几本书）：《开放社会及其敌人》与《历史主义的贫困》。这两本书让我认为，虽然波普尔是伟大的哲学家，但他仅仅是一位政治哲学家。对于《开放社会及其敌人》这本书，我已经读过两遍，它对我的政治思想的影响，已经超过了其他任何作家的作品。我非常希望能够亲眼见到波普尔本人。

这次会议的听众几乎完全是职业哲学家，他们中有许多人是众所周知的，他们坐在那里等候演讲，接下来演说者与主席并肩进入会场，他们从礼堂后方取道前行，沿着中心通道来到讲台之上。在那一刻我意识到，我并不知道这两个人中谁是波普尔。我细致地审视这两个人，我知道其中的一个人就是对我产生了如此巨大影响的波普尔，但我并不知道他是哪一个人，这是一种令人不安的经验。尽管如此，由于其中的一个人体形庞大而又自信，而另一个人矮小而不惹人注意，前者似乎必定就是波普尔。我现在已经知道，后者才是波普尔，也就是那个没有存在感的小个子。然而，只有在没有发言的时候，波普尔才缺少存在感——即便如此，接下来吸引我注意力的并不是波普尔发言的方式，而是波普尔发言的内容。我全神贯注地聆听他的论文——但接下来发生的讨论是难以置信的与令人沮丧的。

这篇演说的标题是"回到前苏格拉底哲学家",波普尔接下来在1963年出版的论著《猜想与反驳》之中收录了这篇演说。它的主要论点是,拓展人类知识的唯一可行方式,是通过永无止境地对批评做出回馈的过程来实现的。这种说法或许让人觉得是不言而喻的,但这个论题真正的影响力在于它否定的东西。它否定的是,倘若我们试图根据观察与实验来拓展我们的知识,我们就不会取得重大进展。它主张,观察与实验所发挥的是与批判性论证相同的作用;也就是说,它们能被用来检验理论、挑战理论乃至反驳理论,但只有当它们构成了对理论的潜在批评时,它们才能发挥重大的作用。我们增添知识的方式是,对于迄今尚未得到解释的现象构想出诸多貌似合理的解释,或对问题构想出诸多可能的解决方案,接下来检验这些解释或解答,以便于确定它们是否恰当或有效。我们让它们接受批判性的检验,我们让其他人来检验它们,以便于确定是否有人能够指出它们之中的缺陷,而且我们还会设计观察或实验来揭示它们可能包含的谬误。相关的情境逻辑是这样的:我们以一个问题为出发点——它有可能是实践问题(并非必然如此),也有可能是纯粹的理论问题,是某种我们希望理解或揭示的东西;接下来我们凭借自己对这个问题的理解,再加上我们的洞察力与想象力,构想出一个可能的解决方案;在这个阶段,我们提出的这个可能有效的解决方案是一个或许为真或许为假,迄今尚未得到检验的理论;因此,我们接下来就让这个猜想得到检验,既通过批判性的讨论来进行检验,又通过观察与实验来进行检验——所有这些举措倘若要从根本上成为有效的检验方法,它们就必须成为对这个理论的潜在反驳。因此,"猜想与反驳"这个标题就已经压缩了整个认识论的主题内容。

前苏格拉底的哲学家是以这样的方式被牵扯到这个主题之中的。波普尔断言,正是这些哲学家开创了这种批判性讨论的传统,并有意识地将之作为拓展人类知识的手段。波普尔说,在前苏格拉底的哲学家之前,所有的社会都将知识作为一代人传给下一代人的某种不可侵犯与不可玷污的东西。为了这个目的而形成了诸多机构——古代举行秘密仪式的宗教、教会,而在更高级阶段出现的是学校。伟大的导师与他们的作品被当作不容争辩的权威:事实上,只要表明某些话语是由他们说出来的,这些话语就可以被证明为真理。在原始社会中的异议者通常都被判处死刑。由此导致的结果是,一个社会的知识与学说的核心部分几乎都倾向于保持在静止的状态之中,特别是当它们被铭刻到了那些被人们视为神圣的文字之中时。正是在这种历史背景下,古希腊的前苏格拉底哲学家引入了某种全新的与革命性的东西:他们将批判变成了一种习俗。自泰勒士以降,每位前苏格拉底的哲学家都鼓励他们的学生进行讨论、争辩与批判——并在可能的情况下形成更好的论证。按照波普尔的观点，这就是理性与科学方法的历史开端，他们是造成人类知识迅速发展的直接原因，这种发展不仅刻画了古希腊的特征，而且刻画了自文艺复兴以来的整个西方文化的特征，后者将它自身视为古代世界的遗产继承人。

当然，在这里有两个论题，一个论题推荐了一种方法，另一个论题提出了一个历史性的论断，它们各自的重要性是极为不同的。最重要的问题是，这种被波普尔推荐的方法是否具有波普尔所说的力量。相较之下，"谁首次使用了该方法"这个问题的重要性则相当有限，它甚至在逻辑上无关于前面那个主要的问题。前苏格拉底的哲学家是否从根本上用过这种方法——或他们确实用过，但在他们之前是否还有其他某些人用过这种方法——这对该方法的有效性或力量并没有什么影响。倘若这种方法是有效的，那么它就推翻了在哲学中数百年来成立的经验主义传统，这种传统的一个最重要的信条是，我们关于这个世界的所有知识都必然以经验为出发点。因此，不管波普尔提出的这个理论在表面上呈现出什么特点，它都是激进的——它在历史的意义上是革命性的，它的影响是宏大的。它几乎是顺带地摧毁了数百年来的哲学探究。在那个房间中的绝大多数人（包括我在内）首次遇到了这样的理论。必须要牢记的是，《科学发现的逻辑》在那时尚未用英语出版发行；尽管波普尔已经在其他的演讲中详细阐述了其中的某些思想，但这些演讲的内容尚未成为可以让人们普遍获得的出版物。多年之后发生了我将要描述的那件事，直到那时，这种情况才有所改变。我由于波普尔提出的这个观点而感到兴奋——当然，我不可能马上就不假思索地知道，我自己是否会赞同这个观点，但我发现这个观点得到了精彩的论证，它并非完全是不合情理的，我能感受到它可能产生的许多后果，我渴望人们能够讨论这些可能存在的后果，我热切期望某些特定的听众对这个论点发动突然袭击，其中包括某些最著名的英国哲学家（不仅其中的绝大多数哲学家被人们等同于经验主义者，而且他们也将自己等同于经验主义者）。

我简直无法相信，在提问与讨论的阶段，没有一个人提出或提到这样的问题。在整个讨论变得狂热的时候，人们突然转向了这样一个问题，即波普尔是否正确地描绘了这个或那个特定的前苏格拉底哲学家。人们转而又对如下问题进行了争辩，即一段重要的文本能否通过不同的方式来得到更好的理解，在希腊原文中的某些意义含糊的关键词是否得到了恰当的解释。当人们以这样的方式进行讨论时，我不可置信地环顾了这个房间。这些人就像泰坦尼克号上那些为帆布躺椅小题大做的乘客，他们却不知道这艘游轮正在驶近冰山。刚刚呈现给我们的是不断前进的哲学史中的一个可能的转折点，它可能产生的效果是，将我们许多人持有的某些最重要假设所依赖的基础变成已经过去的历史，但在这个房间中甚至没有人具备足够的兴趣来讨论这个转折点。随着傍晚的临近，显而易见的是，人们绝不会对它做出任何讨论，我逐渐感到愤怒。这种愤怒始终伴随着我，以至于我回家后就给波普尔写了一封信。我在信中说，尽管这些观众在智识上的浅薄草率是不可原谅的，但波普尔自己也对这次会议发生的情况负有部分责任。他没有直接介绍他的革命性思想，而是间接地通过一种关于前苏格拉底哲学家的历史论断来介绍他的思想观念，这就让听众误以为他的主要论题是某种与前苏格拉底哲学家有关的理论主张。我继续写道，在撰写《开放社会及其敌人》时，波普尔也犯下了类似的错误，并由此导致了类似的结果。波普尔并没有直接提出那些最重要的论点，而是在讨论其他人（主要是柏拉图与马克思）的思想的过程中提出那些论点的，由此导致的结果是，绝大多数专业学者似乎离开了主题，认为这是一本论述柏拉图与马克思的书。我说，波普尔实在应该停止这种做法。波普尔的思想拥有巨大的重要性，但他提出这些思想的方式，几乎让它们注定会被人们误解。

波普尔在一封给我的回信中写道，他目前正在为《开放社会及其敌人》的新版本而修订这本书，他说，倘若我恰巧对这本书有任何批评意见，他会乐于看到这些批评意见，而他的修订工作或许可以吸取我的这些意见。波普尔和我显然都知道，无论他有多么倾向于赞同我对这本书的基本批评意见，倘若他自己接受了这个基本批评意见，那就需要对这本书进行彻底重构，而这是不可行的。因此，我寄给波普尔几张纸，上面写满了我详细的批评意见，而这本书的第四版吸取了这些批评意见。在此之后，波普尔写信告诉我，他愿意与我会面，并邀请我去参观他在伦敦经济学院的工作室，他在那里教授"逻辑与科学方法"。

在我们先前的几次会面中，我对波普尔留下的主要印象是，他是一个在思想上拥有攻击性的人，我先前从未遇到过这样的人。对于我们有分歧的一切主题，波普尔都会毫不宽容地与我继续争论下去，而这超出了人们在谈话中可以接受攻击的界线。正如恩斯特·贡布里希（Ernst Gombrich）——他是波普尔最亲密的朋友，他喜爱波普尔——曾经对我说过的，波普尔似乎不能接受不同观点的继续存在，他会持续不断地用一种不宽容的态度来与抱持不同见解的人进行争辩，直到这个人（打个比方说）在他的供状上签名保证他自己是错误的，而波普尔是正确的。实际上，这意味着波普尔正在试图征服别人。他做出这种尝试时所具备的活力与强硬态度，多少让人感到恼火。不间断的狂热，凝聚的焦点，就像一团火焰，我仿佛置身于一个类似喷火灯的心灵之中，而这个形象就是我多年来形成的关于波普尔的主要形象，直到他随着年龄的增长而变得温和。

所有这一切可能都公然违背了波普尔在作品中例示与倡导的自由主义精神。正如自由主义这个词本身所暗示的，自由主义的核心就是自由；倘若你真正发自内心地相信自由，你就会接受，其他人拥有权利去做许多你并不赞同的事情，包括持有许多你并不认同的意见。换句话说，多元主义———种接受诸多互不相容事物的共存的信念——基本上就是自由主义。作为一个在这种意义上的自由主义者，我主张自己拥有批评其他人以及与他们进行争辩的权利；但倘若我们的论辩达到了这样一个阶段，我们在这个阶段开始重复自己的论断，那么在此时我们通常必定会同意，我们发生了意见的分歧。在我的整个一生中，我都是这种自由主义者——这是由于个人的性格，由于教育和个人的发展，由于幸运的民族传承（我成长于这样一个国家之中，它理所当然地肯定，一切个人都拥有权利来持有他自己的意见）。从情感上说，波普尔对这样的自由传统几乎没有形成什么理解。他的行为似乎表明，他认为应当做的是，根据理性的标准谨慎地思考解决问题的途径，尽可能以尽责的与批判的方式想出正确地解放思想的观点，接下来则不断地运用意志来将这种观点强加于人。波普尔从来也没有停止这种强加的行为，甚至达到了为所欲为的程度。"集权的自由主义者"是他在伦敦经济学院的一个绰号，而想出这个绰号的人显然具有敏锐的洞察力。

我并不赞同波普尔的这一点，因此在波普尔早先与我进行的所有讨论中，他都会产生某种恼怒，而不管相关的讨论主题是什么。幸运的是，我的性格特点是，波普尔越恼怒，我就越冷静，我的思维就越敏捷。我相信，正是这一点让他最终改变了对我的行为表现，因为他发现，尽管他拥有更多的知识与更大的智慧，但通常都是我在最后控制了局面。仅仅是为了让自己不在这种意义上处于劣势（这对波普尔来说是无法忍受的），波普尔终于有所让步，他接受了"我拥有思想的独立性"这个基本的事实。自此以后，他与我在交往中表现出来的友好态度，超过了他对绝大多数的朋友表现出来的友好态度。波普尔在晚年时说过，在我们最早的那几次会面中，我对待他的态度经常是粗鲁的，但我并不相信这是真的：我在成长的过程中已经摆脱了我在学生时代的不成熟心态，此后我很少在争论中表现出我个人的粗鲁态度。我认为，事实真相是，我勇敢地面对波普尔在智识思想上的恃强凌弱，并且强硬地对之进行了反击。波普尔感到吃惊的是，这种反击来自某个年龄仅仅是他一半的人，而他对此感到恼怒——由于他对此感到恼怒，他也就将我的这种反击视为一种冒犯。

让我不管波普尔粗暴的支配企图而不断前去拜访他的原因是，他这个人的性格纯粹是宽宏大度的，而他所说的一切都是重大的主题。正如维特根斯坦与罗素的传记作者瑞·蒙克（Ray Monk）在他第一次遇到波普尔的三十三年之后对我做出的描述："你知道，你正在谈论的是一位伟大的哲学家，而不仅仅是一个非常聪明的人。"波普尔与我谈论我们拥有的诸多问题，并设法解决其中最大的问题，而这是因为我们拥有这样的问题，而没有任何不自在或做作的感觉——在这里丝毫没有我在牛津时感受到的不自在。我们正面应对每个问题，将它们置于自前苏格拉底哲学家以来的西方思想语境中来审视这些问题。西方思想的这种活生生的传统就像一个在场的参与者那样，在我们进行讨论的那个房间里陪伴着我们。在每场交谈中都有一些看不见的参与者：就好像柏拉图、休谟、康德与其他的伟大哲学家都在参与我们的讨论，因此，我们所说的一切自然都提到了他们，反过来我们又经常对他们做出意见不一致的批判性回应。正是在这种情况下，波普尔发挥了一个独立思想家的作用：可以说，他如鱼得水。他所说的一切都是根据他的生存经验而得出的结论，都是他为了他自己而思考的某种问题，因为他关心这些问题；接下来，在这同一种关切的驱使下，他就会自下而上恰当地对之进行透彻的思考。我与波普尔的这些讨论在整体上拥有一种我前所未知的不同特点，我觉得这种情况就好像某个人在热情地沉醉于勃拉姆斯的某些钢琴作品之后，他或许会去拜访勃拉姆斯，而在这次拜访中他发现，勃拉姆斯正在谱写一个新的作品，他焦躁地想要让这个拜访者尝试聆听这个新作品，并期望获得批判性的回应。这位拜访者发现他自己正处在这样一个位置之上，他甚至有可能通过他所说的话来对勃拉姆斯施加影响。我让波普尔注意到了柏克所写的这样一段文字，而波普尔将这段文字放到了《开放社会及其敌人》的后续版本的扉页之上："根据我的标准，就我所知，我在我的道路上与诸多伟大人物进行了合作；而我发现，任何计划都有可能被地位低下者的评述所修正改善，虽然他们在理解力上远不如那些在事务中发挥了领导作用的人。"

我刚才相当自然地想到了一个与音乐有关的类比，因为我最终发现，在波普尔与其作品之间的关系更类似于艺术家，而不是理性主义者（这尤其是因为波普尔本人在性格方面的缺陷）。相当常见的情况是，一位艺术家的作品是以某种深刻的方式来对他自己做出补偿，因而体现了这位艺术家自身所缺乏的某些东西。例如，当瓦格纳决定谱写《特里斯坦与伊索尔德》（*Tristan and Isolde*）时，他在致李斯特的信中写道："由于我从未在自己的人生中享受到爱情的真实幸福，我想要在这个自始至终都处于最美好状态的梦境中为之建立一座纪念碑，我所追求的这种爱情至少在这一次得到了恰当的满足。"瓦格纳谱写《特里斯坦与伊索尔德》，并不是由于他陷入爱情，而是由于他未曾陷入爱情。这是大量伟大艺术得以创造出来的典型方式（这有助于解释，认为"艺术家表现的是他们的个人经验"的流行见解何以没有把握到艺术创作的要领）。在波普尔与他的作品之间存在的就是这种极为类似的关系。他的作品就是他诸多缺陷的纪念碑。波普尔哲学的核心主张是，批评比其他任何事物都更有效地增进与改善了我们的文明，包括增进与改善了我们的知识；但是，波普尔这个人无法忍受批评。他的政治作品以最佳方式陈述了支持人类事务中的自由与宽容的理由；然而，波普尔这个人是不宽容的，他也不曾真正理解自由。任何人的无意识都对他自己的智识工作产生了巨大的影响，但在波普尔的情况中，无意识的影响完全是异乎寻常的；但波普尔相信，我们应当相信理性，并将理性作为管制我们的最高理想。我确信，无意识对他工作的高度影响不仅与他高昂的激情有关，而且还与如下事实有关，即波普尔的激情具有天才的品质。波普尔无法按照他自己的思想来生活，这并没有让他的思想变得无效，恰如绝大多数基督徒并没有按照基督教所倡导的方式生活，这个事实并没有让基督教的信仰变得无效。批评这些思想所根据的不应该是信奉这些思想的人的缺陷，而应该仅仅是这些思想本身的缺陷。正如叔本华所言，实际上只有一种非常古怪的学说才会认为，一个人除了推荐他自己践行的道德，就不应当推荐任何其他的道德。

波普尔的思想如此深刻，他的思想所导致的革命性后果却如此不显著，很少有人能对此做出令人满意的解释。无论如何，其他思想家易于了解波普尔的大致情况，却不易于理解这位思想家——在哲学专业的世界中，绝大多数人显然都没有读过波普尔的大多数论著，尽管他们认为，他们对波普尔的认识已经满足了他们的需求。有两个或三个重要的思想观念经常与波普尔的名字联系起来——可证伪性、否认存在归纳逻辑这样的东西、对柏拉图等人的攻击——但职业哲学家对波普尔研究工作的认识很少能够超出以上这个范围。波普尔从未被那些追求智识时尚的人放在眼里；尽管波普尔拥有巨大的声誉，但他的时代尚未到来。我认为，波普尔的时代还是会到来的。恰如维特根斯坦的研究工作在他逝世的半个世纪之后，成为在世界各地的诸多大学的专业研究对象。因此，我觉得，波普尔的研究工作也将拥有这样的未来。波普尔的哲学思想非常适合成为这种细致研究的对象，因为它最引人注目的特征是丰富性与广泛性。

波普尔认为，一位思想家若仅仅让他自己从事一个主题的研究，那就是在浪费时间。倘若这位思想家是这么做的，那么他接下来选择论述的任何内容都与这个主题相关。结果是，人们经常会对他产生的是一种"那又怎么样"的感受，因为他既没有解决任何特别的问题，也没有回答任何特定的问题。整个过程都是武断的。因此，波普尔提出了这样一个普遍原则，即一位思想家不应当让他自己从事一个主题的研究，而是应当让他自己从事一个问题的研究，他对问题的选择是出于该问题的实际重要性或它内在的趣味，他应当尽可能以清晰而又重要的方式来表述这个问题。于是，这位思想家的任务就是表明应当如何去解决这个问题，或至少表明应当如何更好地去理解这个问题。这提供了一些相关的评价标准，它们将阻止人们会对某个主题说出的绝大多数空泛之谈，根据这些标准，我们还可以让自己处在这样一个位置上，以至于我们能够说明这些讨论最终是否获得了任何成绩。这位思想家的工作就是分辨有价值的问题，接下来对这些问题提出可能的解答，并构想他自己的建议所造成的诸多更为宽泛的结果，确认人们有可能对这种建议提出的最有力的反对理由，并对这些反对理由提供令人信服的回答。这就是波普尔书写自己作品的方式，因此他的每一页作品，至少是他的每一页最优秀的作品都充满了论证，而且始终拥有明确的目的和方向感。波普尔在写作时总是对诸多挑战做出回应，而且他自己也提出挑战。阅读他的作品不仅令人振奋，而且发人深省。波普尔论述的主题虽然范围特别广泛，但他在自己论述的每个主题上都取得了某些成就：知识理论、政治学、社会学、历史学、观念史、科学哲学、物理学、量子力学、概率理论、逻辑学、进化生物学、身心问题。

"定位"波普尔的最佳方式是，将他视为一个重构的康德主义者。在他已经发表的作品中有一段内容翔实的文字，波普尔追溯了自己导源于康德的直接传承——他还追溯了在他看来自己与康德的最重要差异，倘若不是由于这段文字，为了证明波普尔是重构的康德主义者，或许就需要我进行冗长的阐述。这段文字恰好证实了这一点，而它本来的目的并不是为了证实这一点，当我向波普尔指出它证实了这一点时，波普尔也感到惊讶，不过他赞同我的观点。尽管这段文字在原书中占据了两页多的篇幅[*]，但我觉得有必要将这些文字完整地援引过来。（也许我应当说明，收录这些文字的章节起初是波普尔的一次广播访谈的内容，正是这一点解释了如下这个或许令人困惑的事实，即数量如此众多的词语与语句被变为不同的印刷字体：波普尔想要用这种方式来提醒自己在演讲时强调这些文字。）

---

[*] Popper, *Conjectures and Refutations*, pp. 190-192.

为了解决经验之谜，为了解释自然科学与经验是如何可能的，康德构造了他的经验理论与自然科学理论。我赞赏这个理论为了解决经验悖论而做出的真正英勇的尝试，然而我相信，它解答的是一个错误的问题，因此它在某种程度上是不相关的。康德这位经验之谜的伟大发现者在某个重要的地方犯下了错误。但我要立刻补充说，他的错误是完全不可避免的，这个错误丝毫无损于他的辉煌成就。

这个错误是什么呢？正如我已经说过的，就像几乎所有进入20世纪的哲学家与认识论家那样，康德确信，牛顿的理论是真实的。这种确信是无可避免的。牛顿的理论做出了最惊人与最精确的预言，所有的预言都被证明拥有惊人的准确性。只有无知的人才会对牛顿理论的真实性表示怀疑。甚至亨利·彭加勒（Henri Poincaré）这位在他那一代人中最伟大的数学家、物理学家与哲学家（彭加勒在第一次世界大战爆发的前夕去世）也像康德那样相信，牛顿的理论是真实的与不可反驳的。这个事实最好不过地表明，我们几乎丝毫也不能去责备康德拥有他这样的信念。只有少数科学家像康德自身那样强烈地感受到了康德的悖论，而彭加勒就是其中之一；虽然彭加勒提出了多少不同于康德的解决方案，但它仅仅是康德的解决方案的一个变种。不过，重要的是，彭加勒犯了一个与康德完全一样的错误（这个错误被我称为康德式的错误）。它是一个无可避免的错误——也就是说，在爱因斯坦之前是无可避免的错误。

甚至那些并不接受爱因斯坦引力理论的人也应当承认，爱因斯坦的理论是一个真正具有划时代重要性的理论。因为爱因斯坦的理论至少可以确定，无论牛顿的理论是真实的还是虚假的，它都肯定不是唯一可能成立的一种以简单而又令人信服的方式来解释现象的天体力学体系。两百多年来，牛顿的理论首次变得成问题了。在这两个世纪中，牛顿的理论已经变成了一种危险的教条——一种几乎具有令人麻木不仁的力量的教条。我并不反对那些根据科学的理由来对抗爱因斯坦理论的人。但即便是那些反对爱因斯坦的人，他们也像最赞赏爱因斯坦的人一样，他们都应该感谢爱因斯坦将物理学从那种麻木不仁地肯定牛顿理论之无可置疑的真实性的信仰中解放出来。多亏了爱因斯坦，我们现在才将牛顿的理论视为一种假说（或一种假说的体系）——它或许是科学史中最壮观与最重要的假说，它接近真理的程度肯定是惊人的。

现在倘若我们不同于康德，而是将牛顿的理论视为一种其真实性成问题的假说，那么我们必定会彻底改变康德的问题。接下来并不奇怪的是，康德的解答不再适合于这个问题在爱因斯坦之后的新表述，我们必须相应地对这个解答做出修正。

康德对这个问题的解答是广为人知的。我认为他正确地假定，我们所知道的这个世界，是我们根据我们自己创造的理论对观察事实做出的解释。正如康德所言："我们的理智并不从自然中提取出它的规律……而是将规律强加于自然之上。"尽管在我看来，康德的这个表述基本上是正确的，但我觉得它有点过于极端，因此我想用如下得到修正的形式来对之做出表述："我们的理智并不从自然中提取出它的规律，而是试图——成功的程度有所变化——将它自由创造的规律强加于自然之上。"差别就在于此。康德的表述不仅暗示，我们的理性试图将规律强加于自然之上，而且还暗示，我们的理性在这么做时总是成功的。因为康德相信，牛顿的定律是由我们成功地强加于自然之上的：我们必然要用这些定律来解释自然；康德据此得出的结论是，这些定律必然先天为真。这就是康德审视这些问题的方式；彭加勒则以类似的方式来审视这些问题。

然而我们已经认识到，自爱因斯坦以来，诸多极其不同的理论与解释也是可能的，它们甚至有可能比牛顿的理论更为优秀。因此，理性就能做出不止一种解释。理性就不可能将它的某个解释一劳永逸地强加于自然之上。理性通过试错来发挥作用。我们创造了我们的神话与理论并检验它们：我们试图看看它们会将我们带到多远。倘若有可能，我们就会改进我们的理论。更好的理论是拥有更大解释力量的理论：这种理论解释更多的东西，解释得更为精确，并让我们做出更好的预言。

由于康德相信，我们的任务恰恰是解释牛顿理论的独特性与真实性，他就被导向了这样的信念，即这个理论是根据我们知性的规律，不可避免地在逻辑上必然推导出来的。我按照爱因斯坦的革命提出的对康德解答的修正，将我们从这种强制中解放出来。以此方式，理论可被视为我们自身心智的自由创造，是一种几乎具有诗意的直觉的结果，是一种以直觉的方式理解自然规律的尝试的结果。但是，我们不再试图将我们的创造强加于自然之上。恰恰相反，我们就像康德教导我们的那样拷问自然；我们试图根据她否定的回答来窥探出我们理论的真实性：我们并不试图证明或证实我们的理论，而是试图通过驳斥、证伪或反驳来对它们进行检验。

以此方式，我们理论创造的自由与大胆，就能通过自我批判与我们所能设计的最严格的检验来得到控制与调和。正是通过我们的批判性检验方法，科学的严格性与逻辑性才从这里进入了经验科学。

正是在这种有关科学哲学的研究中，波普尔想到了他最基本的思想：对于任何有关这个世界的不加限制的全称陈述，我们永远都无法确定其真实性，因此我们也无法确定任何科学定律或科学理论的真实性（重要的是要明白，波普尔在这里谈论的并不是单称陈述，而是不加限制的全称陈述，人们有时可能确定一个直接的观察，却不可能确定用来解释这个观察的解释性框架：直接观察与单称陈述总是容易受到不止一种解释的影响）；由于在逻辑上永远不可能确定一个理论的真实性，任何想要这么做的尝试都是一种在逻辑上不可能做到的企图，因此不仅必须抛弃主张证实主义的逻辑实证主义，而且还必须抛弃所有需要追求确定性的哲学与科学，而对确定性的寻求已经支配了从笛卡尔到罗素的西方思想；由于在"认识"这个词的传统意义上说，我们永远不可能认识到我们任何科学的真实性，我们所有的科学知识不仅过去是，而且将来始终是可错的与可修正的；科学知识的增长并不像数百年来人们所相信的那样，是通过不断增加一批现存理论的确定性来实现的，而是通过更优秀理论反复推翻现存理论来实现的，所谓的更优秀理论，主要指的是能够解释更多现象或形成更精确预言的理论；我们必定会预料到，这些优秀的理论有朝一日将依次被更为优秀的理论所取代；这种过程是永无止境的；因此，被我们称为知识的东西，或许仅仅是我们的理论；我们的理论是我们心智的产物；我们可以自由地创造任何理论，但在这个理论能被接受为知识之前，我们必须表明，它相对于什么理论来说更为可取，或者倘若我们接受了这个理论，它会取代什么理论；这种可取的倾向只能通过严格的检验才能得到确立；尽管诸多检验无法确定一个理论的真实性，但这些检验能够确定这个理论的虚假性——或揭露这个理论中的缺陷——因此，尽管我们永远不可能有根据来相信一个理论的真实性，我们却能够有决定性的根据来让我们宁愿选择一个理论，而不是另一个理论；因此，合理的行动方式是，根据"我们的最佳知识"来做出选择与决断，与此同时则寻求某种更好的理论来取代现有的最佳知识；因此，倘若我们想要有所进步，我们就不应当誓死捍卫现存的理论，而是应当欢迎人们对现存的理论进行批评，并通过替代这些理论来让它们走向死亡。

波普尔将这些有关自然科学的思想发展到了一种高度复杂的水平，在此之后他才意识到，可以将这些思想同样令人信服地应用于社会科学。一个政治的或社会的政策是一种规定，它在某种重要的程度上以经验假设为基础——"倘若我们想要实现x，我们就必须完成A，但倘若我们想要引起y，我们就必须完成B。"我们永远不可能确定，这样的假设是正确的，它是一个有关普遍经验的问题，这些假设几乎总是有缺陷的，有时则是完全错误的。理性的做法是，在将真实的资源交付给这些政策之前，让它们遭受环境所允许的最为严格的批判性检验，并根据有效的批评来对它们做出修正；接下来在发布了这些政策之后，就应当警惕地密切注意这些政策的实际执行，看看它们是否会产生某些不想要的后果，并随时准备根据这种负面的检验结果来改变这些政策。波普尔的这种思想所主张的仍然是，宁可牺牲假设，也不要牺牲人类或（包括时间在内的）珍贵资源。相较于禁止对其政策进行批判性的讨论，或禁止对政策的实际后果进行批判性评论的社会，以上述方式运作的社会将更为成功地实现政策制定者的诸多目标。压制批评不仅意味着在规划政策时察觉不到更多的错误，而且还意味着在错误的政策得到实施之后，它们将长期继续存在而不会被修改或放弃。以此为基础，波普尔构造了这样一个结构宏大的论证，其大意是，甚至从纯粹实际的角度看而不管道德的考虑因素，相较于任何形式的独裁统治，一个自由社会（或波普尔所谓的"开放社会"）将长期取得更快与更好的进步。构成波普尔的政治哲学基础以及认识论与科学哲学基础的思想是，我们容易犯错，但我们永远不可能确定我们是正确的，批评则是改进的手段。

在政治学（相较于经济学）中，这是一个具备深刻原创性的论点，它在实践上的重要性是不可估量的。在波普尔之前，几乎每个人都相信，民主制注定是低效的与缓慢的，即便人们不管这一点而选择了民主制，那也是由于考虑到自由与其他的道德成效；理论上最高效的统治形式是某种形式的开明专制。波普尔表明实际情况并非如此；他为我们提供的更为深刻的全新理解是，在这个世界上实现了最成功物质文明的社会是推行自由民主制的社会，而他的这种全新的理解阐明了这是如何发生的。这并非像绝大多数人先前所相信的那样，是由于这些社会的繁荣让它们能够负担得起那种被称为民主的代价昂贵的奢侈品，而是由于民主发挥了至为重要的作用，让这个社会的绝大多数成员摆脱了贫困的处境，而在开始推行民主时，几乎所有的社会成员都曾经处于这样的贫困处境之中。

甚至这个简短的概述也会让人们在某种程度上认识到，在波普尔的政治思想与科学思想之间存在某种关系。但在我遇到波普尔的时候，这一点并没有被人们普遍认识到，我自己在那时也并未理解这种关系。这是因为波普尔在科学哲学中的重要论著由于战前模糊的德国印刷工艺而几乎无法阅读，相关的英译本一直没有出版，直到1959年的下半年，波普尔的这部论著才以《科学发现的逻辑》(*The Logic of Scientific Discovery*)这个书名获得出版。这个英译本的出版，恰恰距离这部论著在维也纳的最初出版时间有四分之一个世纪之久；但只有在这部论著用英语出版之后，二战后的哲学家才能普遍熟悉这部作品。

这部论著现在流通的德文版是将它的英译版重新译回德语的产物，它所包含的内容仅仅略多于英文版的一半内容。这种令人不满的出版情况是波普尔作品的普遍特色。他的第一本书《认识论的两个基本问题》(*The Two Fundamental Problems of Epistemology*)甚至在完成之后的56年内都没有用德语出版过，而直到我在撰写目前这本书时，它也没有用英语出版过，因此在英语世界中，它仍然不为人所知。波普尔在他的创作能力达到顶峰时用英语撰写了三本书——《实在论与科学的目标》(*Realism and the Aim of Science*)、《开放的宇宙：赞成非决定论的论证》(*The Open Universe: An Argument for Indeterminism*)与《量子理论与物理学的分裂》(*Quantum Theory and the Schism in Physics*)——这三本书出版前的校样被冷落了四分之一个世纪。波普尔的某些书迄今都没有出版。波普尔的思想没有被及时地公之于众，但这并不是因为他的思想没有得到人们及时的理解与赏识。甚至我这个特别熟悉波普尔思想的人，在我私人结识波普尔之前也不了解他的科学哲学——因此只有在我与他结识之后，我才能够充分地理解他的政治哲学，尽管事实上我先前就对它抱有高度尊重的态度。波普尔并没有令人满意地宣传他自己的思想，可以认为，波普尔在不止一种意义上是他自己最糟糕的敌人。

尽管我将波普尔视为一位伟大的哲学家，但我不仅在那时拥有，而且始终拥有与他的基本分歧——正如对其他任何伟大的哲学家而言，我也拥有与他们的基本分歧。波普尔认为，在所有哲学问题中，最重要的哲学问题是在唯心论与实在论之间的问题，他是彻底的实在论者，而我是某种先验唯心论者，虽然我不肯定自己是哪一种先验唯心论者。我们人类在生活中最重要的经验——首先，我将之视为我们对自身存在的意识，其次是我们彼此的关系，特别是涉及性爱经验及其诸多后果的关系，接下来则是我们的艺术经验——在波普尔的作品中几乎都没有得到论述；因此，波普尔撰写的仅仅是我最感兴趣的问题。就像康德一样，波普尔也相信，理性是伦理学的基本根据，而我并不这么认为。于是，我们的思想在诸多方面都相隔一段漫长的道路。而我研究政治问题与社会问题的进路却具备了最多的波普尔式的特点：对我来说，我的这方面研究从波普尔那里学到了大量的东西，这并非言过其实。我可以肯定，波普尔是一位具有天赋的政治哲学家。我认为，波普尔同样极为深刻地对经验知识理论，特别是科学哲学做出了贡献——事实上，我赞同彼得·梅达沃[1]的如下评价，即在过去的科学哲学家中，波普尔是最好的科学哲学家。我会说，这些综合成就让波普尔成了20世纪的一位出色的哲学家。但在对波普尔做出这种评价之后，我将试图指出，在我看来他的局限性在于何处。

我坚持认为，哲学史上最伟大的一个成就，应当是康德在本体与现象之间做出的区分。它体现了一个从根本上是新颖的，但实际上具有革命性的构想，这个构想表明了人们应当如何去理解自己可理解的事物的局限性；尽管康德的这个构想本身并不正确，但它处于正确的道路之上。由于它构成了有史以来在理解人类处境的过程中的最大进步，几乎毫不奇怪的是，康德在他首创的系统阐述中犯下了重大的错误。在康德之后，哲学最紧迫的需求是，纠正康德的主要错误，进一步阐明本体与现象之间的关系。恰好有一位哲学家为我们提供了这种阐述，他就是叔本华，我在多年以后才发现了他的著作，而在此之前，我对叔本华归属于哪种哲学家拥有一个完全错误的看法——我将叔本华设想为某个类似于黑格尔的哲学家。由于在英国几乎没有任何职业哲学家读过叔本华，叔本华就几乎不会被职业哲学家提及，因而我的这个错误的假定多年以来一直没有被纠正。在研究过康德之后，我知道了我正在追求的是什么问题，但我没有意识到，这些问题的解答在多大程度上已经可以被我找到。显然，波普尔并没有提供这些解答。他纠正了康德的一个非常重要的错误，在前几页的大段引文所论述的就是这个错误；在一种重要的意义上，波普尔对于认识论的独创贡献在于，波普尔就像他自己充分意识到的那样拓展了康德的深刻见解。但波普尔在写作时似乎都不相信那种康德意义上的本体的存在。事实上，波普尔确实相信，实在是隐蔽的，而且实在永远是隐蔽的，但他相信，这种隐蔽的实在在先验的意义上是真实的。

康德是一位经验实在论者，而不是一位先验唯心论者；波普尔既是一位经验实在论者，又是一位先验实在论者。他的认识论所聚焦的关系是，在被他当作先验真实却又不可直接通达的物质世界（它以独立于我们的方式存在）与我们人类所拥有的关于物质世界的知识（它们是人类的创造产物）之间的关系。由此，波普尔对在

---

[1] 彼得·梅达沃（Peter Medawar, 1915—1987），20世纪最伟大的生物医学科学家之一，他揭示了器官移植排斥的免疫学性质，他发现的获得性免疫耐受现象，为用诱导移植耐受的方法最终彻底解决移植排斥奠定了基础，并因此获得了1960年诺贝尔医学奖。——译注

经验主义中心的那个难以解决的经典问题给出了一个新颖的表述。因为我相信，经验世界几乎肯定拥有先验的理想，我并不相信波普尔实际上表述的是他认为自己正在表述的观点。我相信他所做的是，为经验知识的本质提供一种具有深刻原创性与本质上正确的分析，而波普尔没有意识到的是，经验知识正是位于一种更大的经验实在论/先验唯心论的指称框架之中，但波普尔必定不会承认这一点。换言之，我认为，波普尔更好地完成了年轻的维特根斯坦在《逻辑哲学论》中着手从事的任务之一，而维特根斯坦更为自觉地意识到了他所从事的任务嵌入其中的那个更宽泛的语境。维特根斯坦有意识地从叔本华那里接受了康德对于整体实体的经验实在论/先验唯心论的见解，维特根斯坦承认，几乎所有对我们最重要的东西，都寓居于实在的那个先验理想的组成部分之中，但其中没有什么东西能够被人们认识，因此无法对它们断定任何事实性的命题。在这整个指称框架中，维特根斯坦试图根据在哲学上可辩护的基础来让经验世界的人类居民可以获取这种认识。维特根斯坦完全承认，即便他做到了这一点之后，他所完成的工作仍然是相当有限的，但尽管如此，他并没有成功地做到这一点。波普尔更为成功地完成了这个相同的任务，然而波普尔并没有将之视为相同的任务，因为他并不接受这个形而上学的框架。与其说他拒斥康德所做的这个区分，不如说他忽略了康德所做的这个区分，而我将这个区分视为康德最伟大的成就。

波普尔的认识论能够如此成功（尽管在我看来，它拥有一种不恰当的与错误的形而上学）的原因在于如下事实，即波普尔就像康德与叔本华一样，充分理解了终极实在是隐藏的与不可知的。波普尔由于各种缘故，认为他的这种观点完全不同于康德与叔本华的观点，这个事实本身是无关紧要的。至关重要的事实是，在波普尔看来，知识并非隶属于实在，知识甚至并非与实在拥有直接的联系，正是这一点，让他对知识的解释既能毫不费力地去除那种将终极实在视为先验理想的框架，又能毫不费力地被吸收到那种将终极实在视为先验理想的框架之中。在波普尔看来，这种终极实在是以独立于我们经验的方式存在的物质世界，知识的不完善在于，它永远无法抵达这种终极实在，而康德与叔本华都将终极实在视为无法理解的非物质实在，它位于物质世界之后，它是物质世界向我们隐藏起来与掩蔽起来的某种事物，而与此同时它又会做出某种显示，对于我所要达到的目的来说，波普尔与其他两位哲学家的这些差别并不重要。波普尔认为，独立的实在是人类的知识只能以渐进方式着手处理的某种东西，人类的知识永远无法把握独立的实在，永远无法与之发生直接而当下的接触。正如我所说，这让波普尔的认识论可以与经验实在论/先验唯心论的指称框架相适应，在这种框架中，人类知识无法触及的终极实在就可以被视为某种不同于波普尔所理解的东西。在这个重要的方面上，作为波普尔认识论基础的康德主义拯救了这个认识论，此外，康德主义也是这个认识论强大的解释力量的主要来源。

用波普尔自己的话来说，波普尔所做的是，将一种基本上是经验主义的实在观与一种基本上是理性主义的知识观相结合——将一种经验主义的本体论与一种理性主义的认识论相结合。因为波普尔尤其相信，所有的知识都是我们心智的产物，知识就必须在面对独立存在的经验实在时顶住所有的检验并存活下来，因此，波普尔为他自己的哲学创造的一个术语是"批判的理性主义"。它在如此广泛的范围与如此缜密的细节中都获得了成功，它成为一种跻身前列的智识成就。它是一种发展到了最高水准的哲学，但它似乎将这样一种信念吸收到了自身之中，即对在独立时空之中的那个独立存在的物质世界的信念。它是一次超越了罗素的巨大进步，体现了一种完全在罗素范围之外的深刻的原创性与想象力。任何下决心坚持经验主义传统的人都将发现，波普尔的哲学是在不断发展的西方哲学中我们迄今可以利用的经验主义传统的一个最丰富与最有力的实际例证。我们如今马上就要进入2000年，在这个时候，倘若要成为一个有自知之明的与老练的经验主义者，这就意味着会成为一个波普尔主义者，或成为一个批判的与重构的波普尔主义者。倘若要成为任何种类的先验唯心论者，就应当支持波普尔对经验实在做出的某种类似的解释。无论是将波普尔作为经验主义者，还是将波普尔作为先验唯心论者，波普尔都是这个时代最重要的哲学家。根据前面这一个假定，波普尔的研究工作本身就是当代哲学发展最重要的组成部分。根据后面这一个假定，波普尔多少显得是顺便取得这些成就的（"当他完成这些工作时，他取得的成就却那么少"），但波普尔的这些成就仍然是重要的，它们对《逻辑哲学论》做出了巨大的改进。

我最努力地试图想让波普尔去做的事情是，将他的思想吸引到有关现象与本体的交界面的问题之上，甚至让他沉湎于仅仅根据自己的性格特质来对本体做出推测，但我并没有获得成功。我必须承认，无法让一个具有创造性的人去做不同于他正在做的事，除非这个人觉得自己已经有了改变方向的冲动。波普尔的创造力并不受他自己意志的指引，更不可能受其他人意志的指引。我这么做的动机（虽然它可能是错误的）是：在我看来，康德哲学特别伟大之处在于，他首次描绘了所有可能经验的局限性，康德表明，尽管我们的经验内容是由偶然存在的事物与偶然发生的事情决定的，但它的形式、结构与局限性是由我们认知装置的本质所决定的；只要我们从根本上还属于人类,所有这一切都是永远不可超越的局限性。康德错误地确定了某些发挥限制作用的要素及其运作的方式,这些错误虽然让人们有必要对康德的哲学进行修正,但它们无损于康德的基本洞识。自从康德以来,哲学中最显著的问题是可理解事物的界限问题。人们可以对这个问题给出无数例证——它是维特根斯坦的《逻辑哲学论》的主题,是逻辑实证主义者的主要关切,是罗素在他的哲学水平达到巅峰时发表的最后一部哲学论著《人类的知识:其范围与限度》的标题所涉及的问题。作为西方哲学的核心问题,"我能知道什么?"这个问题可以追溯到笛卡尔,但康德为审视这个问题确立了一种新的观点,自此之后,康德的思想为这个问题带来了绝妙的启发。在我看来,倘若现在可以说,哲学拥有一个最重要的使命,那么这个使命就是理解这种局限性,并且丰富我们对于"这种局限性是什么"和"它们为什么是局限性"等问题的理解——通过增进这种理解,我们或许可以取得的最大回报是,占据接近这种局限性的新领域(我们目前没有占据这个领域是因为我们不知道这种局限性位于何处),并根据最大的可能性来拓展我们的哲学知识。归根结底,这就是叔本华所完成的使命;这种使命曾经被叔本华完成,这个事实所提供的希望是,这种使命或许将再次被某个人完成。它或许将不止一次地被某些人完成:在哲学中可能出现多次这样的伟大进步,它们每次都恰恰表现为这种哲学知识的拓展。当然,在哲学中也可能存在其他种类的进步。

  我认为,波普尔是唯一或许具备能力来完成这项使命的同时代人。因此,我试图劝说他从事这项使命。但我的尝试是徒劳的。由于波普尔哲学的基本信条为实在是不可知的,他所认同的立场是,必定存在某种真空地带,其中,我们的知识将走向尽头而实在则开始存在;至于这种界线(就像康德所相信的那样)实际上是一条固定的边界,还是(就像波普尔所相信的那样)一条不断在移动的边界,这是另一个独立的问题。但仍然显而易见的一个事实是,在康德(就此而言,在创作《逻辑哲学论》时的维特根斯坦也这么认为)看来,对于我们所有人来说最重要的事物——生命整体的意义、死亡的意义、道德、价值、艺术的重要意义——扎根于不可知的世界,而波普尔在写作中并没有论述这样的事物,或至少论述得并不多。波普尔不仅承认这些事物对我们的至高重要性,而且还维护它们的重要性,某些所谓的哲学家否认这些事物在哲学上的重要性,波普尔对他们的这个观点是不屑一顾的。波普尔曾经说过,其他的哲学家很有可能对这些事物说过某些新颖而又重要的思想,只不过他本人对这些事物并没有什么新颖而又重要的思想可说。因此,波普尔研究的是他确实有某些思想要说的问题——无论如何,这样的问题才是让波普着迷的问题。我想，正是这一点最终阻碍了波普尔成为一位与康德和叔本华处于相同等级的哲学家。不同于康德和叔本华，波普尔并没有向我们提供这样一种整体实在观，其中，经验实在是一个组成部分而非整体。波普尔的所有研究工作都被限定于经验领域可以抵达的范围之内。他甚至没有向他自己提出"在这些范围之外是否有任何事物存在"这样的问题，他相信这样的问题就其本质而言是无法解答的。因此，波普尔就让他自己跻身于这种哲学家的行列之中，他们在进行哲学研究时似乎认为，经验世界就是存在的一切。在对波普尔做出这样的评述之后，我必须补充说，在我看来，波普尔几乎与这种哲学家中最优秀的成员一样出类拔萃（我认为，这些哲学家中最优秀的成员是休谟与洛克）。

是否有任何东西永远在所有知识的可能范围之外？波普尔在走完自己的道路时，仍然坚定不移地对这个问题抱有不可知论的态度。他说，我们完全不可能知道这个问题的答案，不管怎样，对这个问题发表意见是没有意义的。显然在那里可能存在某种东西，任何否定这种可能性的人都是错误的；但在那里也有可能什么都不存在，任何否定这种可能性的人也是错误的。进行这种推测是没有意义的，因为我们甚至并不具备与这种推测有关的概念。概念的本质是这样的，倘若要对存在的或可能存在的实际情况做出具备真正内容的论断，它们就需要导源于某个人的经验（即便仅仅以间接的方式），而在我们正在谈论的这些概念中，没有任何概念是如此推导出来的。

从这一点开始，波普尔与我的分歧就变成了个人性格的分歧。我不可抗拒地感受到了一种想要努力克服这些无法解答的问题的迫切愿望：无论我是否喜欢，我都会对这些问题感到困扰与迷惑，我无法对这些问题泰然任之；由于这个原因，我不由自主地陷入了这些问题的困境；这需要高度耗费精力。对于波普尔来说，我的这些情况并没有出现在他的身上。波普尔满足于相信，某些问题是不可解答的，接下来他就能以佛教徒的冷静态度来不理睬与不思考这些问题。波普尔的性格让他倾向于根据可以认识（在他的那种可以检验的猜想意义上的"认识"）的东西来向前行进；因此，他前进的过程所表现的立场似乎是，整个实在都只不过是那些可以认识的东西。例如，他在前进的过程中似乎认为，所有的道德与价值都是人类的创造——波普尔最具康德色彩的那一面是，他坚持认为，道德体现了理性。虽然如此，波普尔不仅承认，而且相当详细地论证了最终不可能将合理性本身置于理性的基础之上。当所有的分析都结束时，我们对理性的信念就是一种信仰的行为，而信仰的行为是不可辩护的。即便可以辩护，这种辩护也仅仅是根据我们在应对批评与通过检验时获得的成功来进行的。波普尔并不相信道德、理性或知识拥有最终的基础，他的哲学断定，任何这样的领域都不需要假定最终的基础。"人类创造了新的世界——语言的世界、音乐的世界、诗歌的世界、科学的世界；而在这些世界中最重要的是道德要求的世界……"*这意味着，波普尔不得不准备解释人类创造物这样的东西的存在。事实上，波普尔确实相信，这些人类创造物的发展就像人类的知识一样，是通过否定性的回馈过程来实现的。在这种回馈过程中，人们持续地修正相关的态度与期望，并不断地将它们暴露于与经验的对抗之中，接下来再做出修正；这种过程并没有开端，恰如对"鸡与蛋谁先出现"这个问题并没有答案一样；这种过程也必定没有终点。因此，尽管在波普尔看来，价值例示了人类的决定，但价值并非最终可以用理性的术语来进行辩护，波普尔并不信赖简单的功效分析。恰如波普尔推翻了逻辑实证主义者的证实原则，并提出了证伪原则（它并不是证实原则的替代物，而是一个关于其他某个问题的原则），波普尔也推翻了"最大多数人的最大幸福是道德与立法的基础"这个功利主义的原则，并提出了"最小化可避免的痛苦"原则，后者并不是任何事物的基础，而是不断在进行规划的公共政策的第一经验法则，因为波普尔并不相信任何基础。

  对于某些不可知的事物，波普尔确实持有否定的信念，我这么说的意思是，倘若波普尔没有看到任何根据来相信某些东西，他就不会相信这些东西。正是在这种意义上，他并不相信上帝的存在，他也不相信我们的自我在我们死后仍能继续存在。就他自己而言，波普尔说，他并不希望他自己在肉体死亡之后还能继续存在；他认为，那些渴望死后继续存在的人是相当可悲的自我中心主义者——或许可以说是集体的自我中心主义者，他们无法领会人类在事物的宇宙图式中接近虚无的状态。

  倘若可以认为，有一个深刻的见解在整体上渗透了波普尔的形而上学观，那么这个深刻的见解或许就应该是："我们对任何事物都一无所知。"波普尔认为，这就是苏格拉底特别伟大的地方，诸如色诺芬尼（Xenophanes）这样的人物的伟大之处，也就在于他们把握到了这一点。尽管波普尔拥有如此高超的才华，但他没有向自己提出某些最为重要的哲学问题，倘若有人想要弄明白他没有这么做的理由，那么这个理由就在于：波普尔并不觉得他对于这些问题有什么要说出来的思想——或者他要说的思想不够充分，不够新颖。波普尔曾经评论过摩尔与数学的关系，他的这个评论也可以适用于他自己对于许多重要主题的态度。"首先，摩尔对数学有一

---

* *The Open Society and Its Enemies*, vol.i, p. 65.

些了解。摩尔的作品没有以数学为主题,因为他对数学的了解不够充分,他在这个领域并没有原创性的思想。但摩尔对数学的了解,让他足以理解罗素的许多工作,他甚至对罗素的逻辑学发表了一些批评意见……"*[就波普尔的情况而言,并非是由他自己,而是由伊姆雷·拉卡托斯(Imre Lakatos)最富有成效地将波普尔的思想应用于数学。波普尔在他的思想传记中清楚地表示,他关于音乐的思考在他形成解决问题的基本思想时发挥了重大的作用,有人挑衅地问道,为什么波普尔对于艺术的主题撰写的内容那么少?波普尔对此做出的回应是,相较于他自己在这方面可能完成的任何工作,恩斯特·贡布里希以更加广博而又富于想象力的方式,将波普尔的思想应用于艺术。]

多年以来,我都与波普尔进行着面对面的交谈,而关于以上这些问题的讨论与论证,是在其中最有趣的几次交谈中进行的。我与波普尔的最初几次见面,都在伦敦经济学院波普尔的办公室之中。此后,波普尔邀请我去他家拜访(他住在白金汉郡的佩恩),我们在那里能够更为详尽与更为悠闲地进行交谈。每过三个月或四个月,我就会去那里,我往往在午餐前后抵达,并在午后或傍晚离去。在这些会面之间,我们频繁地通过电话交谈,有时一周多达数次。

当波普尔第一次指导我如何去他家的时候,他告诉我,我应当从圣马里波恩坐火车到哈瓦肯姆(Havacombe),接下来坐出租车就可以抵达目的地。我从来也没有听说过哈瓦肯姆,但我在当时没有理由让我提前预知到任何困难。尽管如此,当我在圣马里波恩试图买票时,他们告诉我,没有站名叫哈瓦肯姆的火车站。接下来与他们进行的谈论才让我明白,波普尔说的是海威科姆(High Wycombe)。从海威科姆火车站租用出租车,就可以直达波普尔的府邸。在接下来的许多年里,驾驶我租用出租车的驾驶员都是一个在希腊出生的人,他的名字叫柏拉图(Plato)。他总是带着极大的兴趣向我探问波普尔"那位教授"的情况。他与我之间的交流通常是这样的:

"那位教授这些天在忙些什么?"
"他正在撰写一部自传。"
"真的吗?这部传记怎么样?"

---

* *Modern British Philosophy*, p. 137.

通常发生的情况是，我一进入波普尔的住宅，波普尔就会用手臂抓住我，带着几乎令人生畏而又激情洋溢的活力，将我们投入到他当前正在与之斗争的任何问题之中。除非正在下雨，否则波普尔就会在毫不停息地说出一连串话语的同时带我径直走入花园，我们会缓慢地在那里踱步。他经常会拉着我完全停下脚步，当他竭尽全力敦促我接受某些观点时，他就会紧紧地抓住我的手臂，站在那里严厉地凝视我的双眼。波普尔对这些研究的情感投入是某种奇特的现象：用"燃烧的激情"这个措辞来描述他的这种现象，这并不过分。不仅他的生存已经卷入了这些问题，而且这些问题已经左右了他的生活，他发自内心地生活在这些问题之中。他对这些问题的阐述，他对这些问题的重要性的极力主张，都是令人振奋的。但他对自己解决这些问题的初次尝试的批评也是毁灭性的。尽管如此，倘若我批评他，或不赞同他的观点，我就会触怒他。在同一场对话中，波普尔不会让步，尽管在数周或数月之后，他有时会回到我已经说过的立场之上，并且会就此评论道，在这里存在着某些有趣的和深刻的东西有待我们进一步讨论，就好像我们先前没有讨论过这个立场一样。波普尔偶尔会接受我的观点。但更常见的是，他会（像他在书中所做的那样）对我的观点做出实质性的改进，接下来再去凶猛地攻击我的观点。显而易见，他花费了大量的时间来思考。当发生这种情况时，我经常会产生这样的印象，即波普尔正在表述的是他希望自己能在我们第一次交锋时就想到的东西——可以说，他在第一回合中并没有对我的观点造成足够的伤害，而他现在则可以将这些攻击我观点的想法正确地表述出来。这些讨论让我最大限度地运用了我的能力，我毫无顾忌地用我所能召集到的所有火力来攻击波普尔。不用说，在这些战斗中我败多胜少。在竞争性的游戏中，我们最喜欢与之对弈的对手，是一种能够迫使我们将自身的力量发挥到极致，但我们通常都能将之打败的对手，我相信，波普尔在我身上看到的就是这种对手。我对他做出的反抗程度恰好就是他需要的：我迫使他全力以赴，但我很少让他遭受他觉得是重要的挫折。尽管波普尔几乎每次都将我们的讨论转变为口头上的吵架，他似乎由于愤怒而几乎失去控制，并且会由于生气而颤抖，但毫无疑问，波普尔发现所有这些讨论都深深地让他感到满意。他总是渴望我们能有更多的机会再次会面。

在这些拜访中我发现，倘若我提出的问题并不是波普尔在他自己人生的某段时期内有所涉及的问题，我就几乎不会有任何收获。倘若我谈论的是我自己目前正在做的某些与哲学无关的事情（如朋友、音乐、戏剧、旅行、当前的政治形势等），波普尔就毫不掩饰他自己对这些话题缺乏兴趣的态度，倘若我继续谈论这些话题，他就会找借口提前结束我们的会面。波普尔需要谈论的是与他直接相关的事物，只有对于他自己在某个时期做过的事情，或当下正在做的事情，波普尔才会对这个主题保持兴趣。在很长一段时间里，我以为波普尔的这种态度并没有给我们带来任何重要的损失，因为波普尔狂热的投入态度总是会让他热衷的对象激发出我的强烈兴趣，即便这些主题并不是我自己主动研究的主题。例如，我对科学哲学的兴趣是被耶鲁的帕普与纳托普激发的，他们帮助我打下了科学哲学的基础，但当我遇到波普尔时，我并没有积极地去从事科学哲学的研究。尽管如此，多年以来我与波普尔就科学哲学所展开的讨论，再加上我对波普尔论述科学哲学的作品的研究，以及他的作品所提到的相关资料，它们逐渐让我获得了一种有关科学哲学的一流教育。但从长远来看，我意识到，尽管我从波普尔那里学到了那么多东西，但我们在智识关系上的排他性让我们付出了高昂的代价。事实上，我们的关系在很大程度上聚焦于波普尔的关切，而几乎没有聚焦于我的关切。即便在会面三十多年之后，波普尔也几乎不知道与我的生活有关的任何事情，几乎没有与我的任何朋友会面，从来也没有拜访过我家。除了他终生的朋友贡布里希，波普尔对待他认识的每个人几乎都是这样的态度。然而，波普尔似乎并没有意识到他的这种自我中心切断了许多关系。当他阅读了我发表的有关德瑞克·库克（Deryck Cooke，他运用惊人的技巧整合了马勒勾勒的第十交响曲遗稿之后就英年早逝了，他整合工作的成果如今已经成为马勒第十交响曲的标准演奏版本，而马勒的第十交响曲大概是马勒最伟大的交响曲）的回忆录之后，波普尔惊讶地说道："这个人显然是一位大师，为什么你从来也没有向我介绍过他？"而事实真相是，波普尔总是轻蔑地对马勒表现出一种不屑一顾的态度（"马勒的心智年龄从来也没有超过16岁"），倘若我向波普尔提起德瑞克的工作，他就会表现出他的厌倦态度并转换主题。恰恰是我这些与波普尔有关的经验教导我，不要去向波普尔介绍这个人。

　　波普尔不止一次说过，他全年都住在英国，他从未收到邀请去任何人的家中做客。我知道真实情况并非如此，因为我自己就曾经邀请过他，而我知道其他人也邀请过他。波普尔的妻子亨尼（Hennie）告诉我，人们频繁地邀请波普尔去自己的家中做客，但波普尔从来也不想前去拜访，因为他更喜欢将他的时间花在工作上。在我所认识的人中，波普尔是一个最热衷于工作的人。在正常的一天时间里，他很早就会起床，认真地工作一整天，直到他再次上床睡觉。在工作期间，波普尔会由于相当简单的进餐以及外出散步而中断几次工作。他拒绝在自己的房屋中放置唱片机或电视机，因为它们会浪费他的时间；他拒绝邮递员递送报纸，因为这有可能打扰他的思考。波普尔认为,倘若有任何重要的事情发生,他的朋友们都会告诉他,而且他们也始终是这么做的——我经常打电话告诉波普尔新近发生的某些重大的公共事件。恰恰在波普尔80岁以后,通常每周都有一个晚上,他会如此兴奋地陷入他的工作之中,以至于他无法放下工作上床睡觉;在那段时期,电话铃声多次在上午8点左右将我从自己的深度睡眠中吵醒,波普尔在电话的另一端充满兴奋之情地告诉我,他整夜都在工作,现在则突然想要与某些人谈论他在昨晚从事的那些工作。

为了他的工作,波普尔做了他所能想到的一切来孤立自己。他在佩恩的房屋位于一条私人道路之上,在短距离内就存在着诸多人工减速带,这让驾驶体验变得不那么令人愉快。波普尔告诉我,他故意选择住在距离伦敦市区数英里之外的一个他能够找到的偏僻之处,以便于阻止人们去拜访他与回避那些随意的走访。当波普尔退休时,他在伦敦经济学院的同事赠送给他一份告别礼物,但波普尔说,他前往伦敦经济学院的次数不够频繁,或在有关这个学院的诸多事务上发挥的作用不够积极,因而没有理由来接受这份礼物,接下来波普尔就退还了这份礼物。在亨尼去世之后,波普尔搬到了萨里郡的肯利,他再次购买了一幢偏僻的房屋,它位于一条私人道路之上,并配备了许多减速带。波普尔还故意做了其他的一些事情来给那些想要见到他的人制造困难。在波普尔的晚年,他在维也纳大学定期召开研讨班,他坚持在周末举办研讨班,研讨班的地点设定在这所城市的外部边缘,以便阻止(波普尔是这么告诉我的)那些下决心来参加这个研讨班的人。

数十年的自我孤立,让波普尔在认识与理解他周围世界的过程中付出了巨大的代价,由于波普尔在他45岁之前都没有在他移民的国家里定居下来,这就给他带来了一种更大的孤立。就波普尔的社会交往而言,在他的早期生活与晚期生活之间有一种最为显著的对比。作为一个维也纳的年轻人,波普尔是社会民主党的积极支持者,是在心理分析学家阿尔弗雷德·阿德勒[1]的指导下专注地帮助精神失常儿童的志愿工作者,是勋伯格[2]创立的私人音乐演出协会的唱诗班歌手与排练的初级助

---

[1] 阿尔弗雷德·阿德勒(Alfred Adler, 1870—1937),奥地利精神病学家,个体心理学的创始人,阿德勒在接受了叔本华与尼采的意志哲学之后,对弗洛伊德的学说进行了改造,将以生物本能为导向的精神分析转向了以社会文化为导向的自我心理学,对西方心理学的发展产生了重要的影响。——译注

[2] 阿诺尔德·勋伯格(Arnold Schoenberg, 1874—1951),20世纪著名现代音乐作曲家,他首创了"十二音序列"的无调性音乐,培养了许多"十二音序列"的作曲家。勋伯格与他的学生贝尔格、韦伯恩被称为"新维也纳乐派",即"表现主义"的音乐流派。——译注

手（他在那里结识了韦伯恩[1]）；除了所有这一切，他还是在那个时期的维也纳蓬勃发展的哲学的最热情与最杰出的年轻参与者之一。他向一位以美貌著称的学生求爱并赢得了她的爱情，他们两个人经常与他们的朋友一起去登山。无论如何，他自己与他同时代的其他人一起，都卷入了一种不断参与活动的生活之中，让人们感到惊讶的是，波普尔的这种生活跨越的范围如此广泛。这是为一种具备了非凡丰富内容的生活所做的准备。但在波普尔的人生超过一半的时间里，他内心的情感已经远离了这种生活方式。波普尔在1937年就放弃了这种生活，转而前往新西兰，这个决定挽救了他的生命；但波普尔觉得，在整个第二次世界大战期间，他与这个世界的其余部分都切断了联系。接下来在1946年，他前往英国定居，而他在那里的生活方式恰如我刚才描述的那样。波普尔变得如此超凡脱俗，这本身并不奇怪，尤其是对于一个具备如此巨大创造力的人来说更是如此。至少对我来说感到奇怪的是，波普尔并没有意识到这一点。《开放社会及其敌人》与《历史主义的贫困》是波普尔将那种持久而又细致的思想应用于这样一些素材所形成的产物，这些素材包括了波普尔在20世纪20年代到30年代获得的丰富的社会经验。在此之后，波普尔不再拥有如此大量的社会经验；因为波普尔将他的心智主要导向了科学哲学的诸多问题，他也不再根据先前涉及的范围来思考诸多社会问题。结果是，他对于这种主题不得不说的话语就变得贫乏与薄弱起来。但这并没有阻止波普尔以同样强烈的自信态度滔滔不绝地谈论这些主题，就好像他知道自己正在谈论的是什么。波普尔还有一个倾向，即对于人们的职业或私生活给出听起来颇为坚定可靠的建议，尽管他几乎不了解这些人的职业或私生活。当然，所有这一切都直接违背了波普尔公开承认的（而且也是他确实真正持有的）哲学信念与哲学实践。

卡尔·波普尔在1994年9月17日（星期六）逝世，享年92岁。波普尔逝世后的第二天，英国四家在周日发行的主要报纸中有三家将波普尔描述为（或在引文中将波普尔描述为）20世纪的杰出哲学家。在波普尔逝世的那个月的月底，那些对波普尔做出了相同评价的文章已经遍布了整个世界。当然，不可能最终让报纸来决定谁可以被视为20世纪最伟大的哲学家。但真正有可能被评选上的最终候选者名

---

1 安东·韦伯恩（Anton Webern, 1883—1945），奥地利作曲家，新维也纳乐派的代表人物之一，在老师勋伯格的影响下创作了大量无调式音乐。在纳粹占领奥地利期间，因受纳粹迫害，韦伯恩不得不过起了隐居的生活。1945年，韦伯恩前往萨尔茨堡看望女儿和女婿，他在灯火管制时于户外吸烟，被一名美国士兵误杀。——译注

单其实相当简短：罗素、维特根斯坦、海德格尔、波普尔——在我看来，波普尔并非完全不可能成为其中的一员。无论如何，我认为，波普尔的工作在将来的很长一段时间内会成为人们越来越感兴趣的研究对象，因为他的许多思想具有彻底的原创性，而相较之下，它们仍然几乎没有得到探索。

到目前为止，在人们看来，波普尔主要是一位批评家。这并不奇怪，因为波普尔是最令人生畏与最令人印象深刻的批评家，他对不止一种盛行于20世纪的大规模正统观念做出了批评。他的两卷本杰作《开放社会及其敌人》让其获得了国际声誉。波普尔驳斥了弗洛伊德将科学地位赋予精神分析的思想的论断，这也让波普尔获得了声誉。在职业哲学的世界中，波普尔第一个真正富有洞察力地批评了逻辑实证主义，逻辑实证主义最终被波普尔一直在提出的论证所摧毁。波普尔随后对语言哲学所做的绝大多数批评意见都没有被他公开发表，但他年轻的同事欧内斯特·盖尔纳（Ernest Gellner）以一种多少有点仓促的形式将之公之于众，而这些批评意见最终被语言哲学家所接受。对于这个批判性成就的清单，还可以添加更多的东西。波普尔与爱因斯坦这两个人比其他任何人都更为有力地摧毁了一种在20世纪初几乎被人们普遍持有的科学本质观，这种观点认为，科学知识是以直接观察与直接经验为基础构造而成的，让科学变得特别的东西是科学的不可修正的确定性。这似乎仍然是一种被那些并非科学家的人最广泛持有的科学观，尽管在科学家与哲学家的一流人物中，这种科学观已经被取代。

20世纪的任何思想家都几乎无法与波普尔相比的地方是，波普尔在广阔的范围内如此有效地破坏了在这个时代中占据主导地位的诸多神话，仅凭这一点就能让波普尔成为一位具有历史重要性的人物。但在各种领域中，波普尔都对他攻击的思想体系提供了一个替代方案——在政治学中、在逻辑学中、在科学哲学中、在心理学中、在科学中、在波普尔积极活动的每个领域中都是如此。在波普尔的生命行将终结之际，他令人吃惊地产生了丰富的新思想。尽管如此，相较于人们对他的批评所给予的注意力，他正面的观点仅仅获得了少量的关注。然而，这些正面的观点具有非凡的创造力、原创性与丰富内容。我所期待的是，波普尔思想的主要前景恰恰在于，人们对波普尔的正面学说所进行的那些有所延误的发现、发展与批评。

对此只需要举出一个例证，波普尔发展的人类知识理论拒斥了英语世界中的绝大多数认识论的基本前提，即我们所有的经验知识最终都是由我们的感觉经验构造而成的。在这么做的过程中，波普尔打破了一个可以追溯到亚里士多德，并且在最近几个世纪以来支配了绝大多数重要的西方哲学理论的传统。波普尔的这种否定对于许多用英语写作的哲学家来说仍然是难以想象的。倘若波普尔的这种否定是有根据的（我认为他是有根据的），那么，它就会给西方哲学带来诸多影响深远的后果。波普尔自己就分析出了大量这样的后果，并发展了一种彻底新颖的认识论，哲学家迟早将不得不与这种认识论达成妥协。

如今有许多职业哲学家在很长一段时间内都相信，哲学的真正任务是分析，即澄清我们的观念，阐明我们的概念与方法。无法指望采纳这种观点的哲学家会提出规模如此巨大的建设性思想。这就解释了为什么波普尔的同时代人在关注波普尔时，几乎完全聚焦于波普尔的批判工作。但波普尔自己在整体上拒斥这种哲学观。他相信，这个世界向我们呈现了无数真正具备哲学本质的问题，而任何具有实质性内容的哲学问题都不会仅仅凭借分析来解决。我们需要的是具备解释作用的新思想，它们将形成有价值的哲学的主要内容，而且有价值的哲学始终是由这样的新思想来完成的。由于波普尔相信这一点并践行这一点，所以他总是在他那个时代的主要思想体系之外，他从来也没有变得流行起来。由于波普尔花费了如此大量的时间来进行攻击，并严重伤害了他不赞同的人的思想观念，他从来就不曾受到人们的广泛欢迎。但重要的是波普尔的这种工作本身的品质——相较于如今仍然在世的任何哲学家，就其纯粹的实质与分量、原创性与涵盖范围而言，波普尔的工作完全是无与伦比的。

第 12 章
结识罗素

绝大多数人终其一生也不会结识任何天才,因此我觉得,自己能够结识两位这样的天才,是我的巨大荣幸。1959年,我为了谋生而成了联合电视公司的节目制作人,联合电视公司是一家独立的电视公司,英国在1955年开始出现商业电视时,这家电视公司就已经成立了。我在此之前都没有上过荧幕:公司分配给我的工作是编辑,我的工作是思考专题片与纪录片的主题与撰稿,收集必要的节目内容,并将它们交给制片人,以便于制片人在并不怎么了解这个主题的情况下,也能将我给他的一揽子建议转变成一个节目。在这一年的年底,公司首次让我准备一个时长为一小时的纪录片,而我先前准备的节目时长只有半小时。我决定将这个节目专门用来讨论全球人口过剩所带来的威胁。在我看来,在如此漫长的一个节目中,重要的是变换内容与节奏,因此,我不仅额外收集了大量引人注目而又非同寻常的影片,而且试图借助精致的图表,让相关的统计资料变得生动有趣。我还决定让这个节目包含两个在工作室进行的访谈,我选择的访谈对象是朱利安·赫胥黎[1](他在那时是英国最有名的生物学家)与伯特兰·罗素。

在12月的某一天,我给罗素打电话,他那时住在威尔士北部的家中。罗素亲自回复了我的这个电话,这让我略微感到吃惊。在我们对话一开始就显而易见的是,罗素对这个计划感兴趣,但在做出承诺之前,罗素想要确定,我本人和这个活动都是严肃认真的。在那个时期,所谓的有教养的人都深深地怀疑商业电视——实际上,他们一般都不看商业电视。这在如今听起来是不可思议的,但事实真相是,绝大多数中产阶级与上层社会观看的是英国广播公司提供的电视节目,而绝大多数工人阶级观看的是英国独立电视台提供的电视节目。罗素最后说的大致意思是(我

---

[1] 朱利安·赫胥黎(Julian Huxley,1887—1975),英国著名作家与生物学家,他是动物行为学的开拓者,综合进化论的领军人物,科学人道主义的旗手。他曾经担任联合国教科文组织第一任总干事,并为达尔文主义的公共传播事业做出了巨大的贡献。——译注

已经记不清他的原话了):"在我做出肯定答复之前,我希望与你当面讨论这件事。"我对此表示同意,罗素又说,由于他已经87岁了,他觉得自己在冬天前往伦敦的旅程颇有压力,他想要知道,我是否乐意来威尔士拜访他?我对这个建议也表示同意;结果是,在1959年圣诞节与1960年元旦之间的那一周的某一天,我乘坐火车到威尔士,并拜访了罗素在彭希登德雷斯的宅邸。

我在早餐后不久就抵达了目的地。我对罗素外表的第一印象是短小精悍。波普尔并不比罗素高,但波普尔给我的第一印象是结实,波普尔在运动时展现出了某种强大而又迟缓的坚定力量,而罗素则是轻快敏捷,骨骼轻盈,精力充沛,动作敏捷。在他那个年纪的人中间,罗素在他自己的身体活动与心智活动中表现出来的敏捷性是非同寻常的。

罗素对我解释说,他的妻子由于感冒卧病在床,并为了她没有接待我而替她向我道歉。接下来,罗素颇为专注地招待我,而我在当时错误地认为,这是罗素为了他妻子的缺席而想要做出的补偿:罗素帮我脱去外衣,由于悬挂外衣的位置与悬挂外衣的方式而忙作一团。罗素将我引进客厅,他放下了沙发垫,以便于让我尽量舒适地在沙发上坐下来。经过一段时间之后,我发现,罗素拥有的是维多利亚时代的宫廷礼仪,他的行为总是让人觉得,他正在招待的似乎是某个重要的大人物。我们在对彼此都有帮助的范围内详细讨论了这个电视节目,而罗素同意参加这个节目。当我们离开这个主题之后,罗素又向我提出了几个关于我自己的问题,当我表明自己是一个充满热情的哲学专业的学生时,我们的这场对话就焕发出了新的生命火花。

罗素长时间地向我盘问了我在牛津与耶鲁亲自碰到的哲学家,他听说过这些哲学家却从来也没有见过他们。接下来我开始向他打听他与之亲密工作并且相识甚笃的哲学家,尤其是维特根斯坦、怀特海与摩尔。从罗素口中倾吐而出的是一些尖锐的评论,它们通常是刁钻刻薄的,但又是温和亲切,而且始终是风趣的——其中充满了犀利的言辞和精彩的趣闻。有些人试图让他们所说的一切都变得滑稽可笑,并以此来让人们大声发笑;罗素完全不同于这些人,他所说的一切或多或少都是风趣的。他标准的说话方式是,为了有趣的讽刺而运用某种文学描述,结果是,他的几乎每一句评论都既让人增长见识,又诙谐幽默。我认为,在我聆听其他人说话时,没有人能比罗素带给我更多的快乐。罗素拥有这样一种能力(在我的经验中,他的这种能力是独一无二的),即他能够用一种具备了完美平衡与简约形式的语句来表达他自己的思想,而这种语句显然是令人满意的,倘若它们被写下来并获得发表，它们就会构成一篇优雅、结构严谨、几乎无可修改的散文。我后来在罗素的作品中无意发现了许多与他的谈话相同的语句，当然，我也发现了他作品中的许多观点和逸闻趣事，与他谈话所包含的某些观点和逸闻趣事相同；但我们中的绝大多数人都会觉得，用相同的话语来重述我们最好的故事是不对的，无论如何，罗素作品中的所有这些相同的话语，都仅仅是他的一部分谈话：我谈到了许多事情，罗素也会以不可能现成的方式来做出回复，但他的回复所使用的语句，就像他在谈论其他任何事情时所使用的语句一样简洁、清晰并具备完美的结构。罗素对此略感自负，他告诉我，数十年以来，他口述了他所有的信件与他发表的一切作品。"自从第一次世界大战以来，我的钢笔除了用来签名以外，没有做过其他的任何事情。"事实上，我觉得罗素在整体上有一些虚荣心，但他的这种虚荣心是敏感的与讨人喜欢的，就像一个聪明而又有魅力的孩子在寻求人们的认可。

我们在许多基本问题上达成了共识：维特根斯坦的早期哲学才是体现了他才华的研究工作，而他的后期哲学在思想上具有极其令人迷惑的轻率形式；当前哲学的正统观念所犯下的深刻错误是，将分析当作哲学的仅有的与全部的功能，这似乎将一种哲学工具当作了哲学本身，这种做法不仅是对哲学的滥用，而且还是对这种工具的滥用，倘若更好地运用这种工具，它原本可以拥有巨大的力量；哲学的主要使命始终是理解这个世界或理解我们关于这个世界的经验；在人们做出这种努力尝试的历史过程中，他们迄今获得了两种或三种特别成功的关于世界的描述，其中之一就是科学，因此科学必定与任何恰当的哲学研究有着一种特别重要的关系，事实上，倘若一个人对科学没有严肃的兴趣，他就根本不可能成为一个严肃的哲学家。罗素说，他经常觉得他或许错误地成为一位哲学家，而他原本应当成为一位科学家。

在当代哲学的背景下，与罗素保持着最亲密私人关系的人是A. J. 艾耶尔。罗素带着友好而又忠实的态度谈到了艾耶尔，尽管他将艾耶尔视为一个聪明而又机敏的人，但他显然认为，艾耶尔并没有做出任何原创性的贡献。罗素喜欢艾耶尔这个人，在他看来，艾耶尔在绝大多数有争议的问题上都站在了正确的立场上。在他的评价中，艾耶尔是一个出色的对话者、论辩者、批评家与教师，但罗素发现，艾耶尔并没有任何由他自己原创的重要思想。罗素与波普尔曾经有过短暂的会面，罗素确实将波普尔视为一位具备原创性的哲学家，但罗素仅仅知道，波普尔是他高度赞同的《开放社会及其敌人》的作者。罗素并没有读过波普尔有关科学哲学的任何论著，而罗素认为，在通常的语境下，波普尔的科学哲学不会与波普尔的政治哲学有明显的区别。当我谈到《科学发现的逻辑》（这部论著在当时刚好首次用英语出版）

时，我发现，罗素显然已经接受了一种常见的错误观点，即波普尔所倡导的是，将可证伪性作为一种意义的标准，并用可证伪性来取代可证实性，许多论著都接受了这种对波普尔的误解，其中就包括艾耶尔的《语言、真理与逻辑》。当我们将要结束这部分谈话时，罗素说，我激发了他去阅读波普尔的科学哲学的冲动，但我不知道，罗素此后是否确实去读过波普尔的这些作品。

在数小时之后，我们仍然滔滔不绝地进行着对话，此时有人叫我们去吃午饭。这顿午餐是由一对为罗素工作的夫妻准备的，而我在此前并没有见过他们。在餐桌上摆放的是一盘分量很少的煮火腿，两盘蒸熟的蔬菜，一瓶已经开封的红葡萄酒。罗素把他的一只手放到我的肩上，坚决让我在一张木质椅子上坐下来，接下来则用某种华丽的姿势开始切割火腿，并不间断地继续与我对话。罗素与食物都位于我的右侧，由于他坚持从我的左侧为我上菜——首先为我呈上火腿，接下来依次为我呈上各种蔬菜——他就需要不断地在我椅子的背后来回移动。作为一个体格健全的29岁的年轻人，我却坐在那里让一位87岁的老人精心地招待我进餐，这让我感到尴尬。我承认，我想到了我与罗素之间的地位的相对差距，而这种想法也和我的这种感觉有关：在我看来，一个在哲学上具有历史重要性，享有世界声誉并赢得了诺贝尔文学奖的人，却以如此殷勤的方式来招待一个在年龄上完全可以成为他孙子的陌生年轻人，这是不太恰当的。我认为，我至少应当为他提供某些帮助。因此我想要为他端上一些蔬菜。罗素为此严厉地责备了我。他说，这是主人应当做的工作。

"好吧，那至少让我给您倒酒"，我一边说，一边伸手去拿酒瓶。

"不可以，不可以"，罗素以强调的口气说，而在我的手还没有碰到酒瓶之前，罗素就断然抢走了酒瓶。他一边倒酒一边说："倘若主人有什么必须要做的事情，那就是倒酒。"

对此，我在心中涌现了一股不快之感。我的想法是，罗素这个人完全不顾及他人的感受。他肯定意识到，他的这种行为只能让我感到尴尬。倘若他真正考虑到了我的感受（而不是象征性地考虑我的感受），他就不会这么做。我大声表达出了我的这个想法，他不为所动地给出了这样的回答："我知道，我知道。年龄的差异有可能产生这种相当没道理的效果。在我17岁的时候，我就曾经独自与格莱斯顿共进晚餐……"[1]

---

[1] 根据罗素的作品可知，他的这个说法经过了艺术的夸张。实际发生的情况是，在这次晚餐结束时，诸位女士离开之后，就只留下了17岁的罗素与格莱斯顿一起喝酒。

在共进午餐时，我们的对话改变了主题，我谈到自己有望成为工党议员的候选人。这让罗素又兴奋起来，我们就开始谈论有关政治事务与社会事务的话题。我们在对话中回到了客厅，并在这个下午的其余时间里继续在那里进行交谈，直到晚上6点，虽然我们的这次交谈已经超过了八个小时，但我们仍然意犹未尽。在这段时间内，我知道了许多有关罗素的情况，而这些情况在他的作品中并没有明显地表露出来，例如，罗素对于那些富有想象力的英语文学、法语文学和德语文学都拥有广博的知识，他能够引用这三种语言的大量诗句。音乐是他的一个盲点（罗素说，这是最让他感到遗憾的一件事），但在智识活动的主要领域，他所拥有的知识与那些被当作该领域专家的人一样多。罗素所认识的世界知名人物特别多。罗素的父母在罗素四岁时双双去世，因此罗素是在他的祖父（一位英国前首相）的家庭中长大的，他习惯于在不拘礼节的环境下见到那些国际知名人士；而罗素在成年后获得的显赫声誉，让他认识了更多的国际名人。罗素自然而然地提到了他认识的这些知名人士，而丝毫没有炫耀攀附的意图——他完全没有必要这么做——这仅仅是因为我们的讨论自然地让我们想到了这些人物。当我提到康拉德的时候，我得知康拉德是罗素的一个儿子的教父，罗素有两个儿子在取名时都用的是康拉德的名字，如此等等。罗素似乎与"每个人"都见过面，而考虑到他长寿的一生，这也相当自然。

我发现自己很有兴趣与罗素进行交谈，因为罗素亲见过那么多我只能在学校里听说过的人物。这种谈话以新的方式将最近的历史活生生地展现在我面前，并让我觉得自己与这段历史有了亲密的接触。我可以问罗素，他对于托洛茨基、爱因斯坦、T. S. 艾略特等一大批彼此相当不同的人的看法是什么？罗素在现实生活中就认识他们，我可以得到一些以私人亲密关系为基础的答案，有时我得到的答案的涉及面非常广泛，出人意料。比如，罗素在哈佛时曾经教过艾略特哲学，这位诗人随后到英国就住在罗素的家里。我接下来发现，罗素并没有告诉我，当艾略特夫妇住在他家里的时候，他与艾略特的妻子有一段婚外情。不管怎样，过去八十五年的绝大部分历史，似乎都以某种方式贯穿了他的私人生活。我认为，这种情况是由诸多以独特方式结合的因素所导致的。罗素出生于英国少数几个最有政治权势的家庭之一，而那时的英国正处于其权势的最高峰，这个政治权力遍及全世界的帝国统治了全世界四分之一的人口；这些得天独厚的优势都汇聚到了罗素这个人的身上。特别应当指出的一个事实是，罗素的祖父曾经担任过首相，而这意味着，来自世界各地的政府首脑都拜访过他们的家，罗素将这些首脑的拜访视为理所当然。与此同时，年轻的罗素拥有他自己的世界级能力，而这种能力在非政治领域的活动中也有所表现。因此，罗素在三个国际级别的世界中达到了最高水准：政治世界、社会世界与智识世界。

维多利亚女王在罗素29岁那一年逝世，因此他不折不扣地是一个维多利亚时代的英国人。更精确的说法是，罗素成年之后的第一个十年是19世纪90年代，因此他还是一个世纪末（*fin de siècle*）的英国人。由于他并不是那种为了迎合他人而改变自己的行为方式或口音的人，他在表面上简直是一位19世纪的贵族——毕竟，他是一位伯爵，尽管相较于他的能力，这个事实是如此微不足道，以至于人们轻易就会忘掉这件事。在这个涌现了民主与现代政党、工会权力、大众媒体等事物的时代里，罗素是一个来自别处的生物，尽管他不仅获得了成功而且享有名望，但他仍然像一个被放逐者。他保留了原有的国籍，却在收留了他的国家里达到了最高的水准。我觉得，他因此就应当获得巨大的荣誉。

岁月在罗素身上留下的一个最与众不同之处是他说话的方式。他对字母 o 的发音时靠前的开口呼，不是封闭在嘴里，而是向外突出自己的下颚。在他对"文明"（civilization）这个词的发音中，他对前三个 i 的发音是相同的，就像是 ee 的发音。罗素将某个人的家庭成员称为"属于他的那些人"，将某个人的密友圈称为"属于他的那伙人"。在他的舌尖上活跃的是维多利亚时代小说强劲有力的语言。他的嗓音实际上是高调的、尖利的与带有鼻音的，但也始终是精力充沛的、沉着有力的。在那个时期，人们大量模仿这种说话方式，人们不仅模仿罗素，而且还认为罗素代表着哲学家的原型，甚至对罗素的拙劣模仿也立刻就能辨认出来。

我仍然能在自己的心里听到罗素在我们第一次会面时，用他的嗓音向我诉说的那些话语，他经常用简单的一句话来概括整个论证或观点。"宗教教育始终是有害的，因为它意味着教导儿童去相信没有任何证据的东西"……"安奈林·贝文[1]认为，相较于人类的存亡，更重要的是要让他自己成为外交部长"，如此等等。我问罗素，他认为谁才是他遇到的最聪明的人，他毫不犹豫地回答说："凯恩斯。"我继续问道："你确实认为，凯恩斯比你自己更聪明吗？"他也毫不犹豫地说道："是的。我每次与凯恩斯进行争辩时，我都觉得自己在玩命。"我表示，我对他的这个回答感到惊讶，因为我多半期待他会说"爱因斯坦"，罗素回答说，爱因斯坦并没有以这种相同的方式展示出纯粹的智慧，而是展示出了某种与具备伟大创造力的艺术家天赋相似的东西：爱因斯坦的工作源自深刻的想象力，而不是深刻的智慧。我

---

[1] 安奈林·贝文（Aneurin Bevan, 1897—1960），英国政治家，左翼工党在国会的领袖。——译注

又问罗素，在他遇到的人之中，哪一位会被他视为最伟大的人物，他对这个问题思考了很长时间才做出回答。罗素最后提出，这个最伟大的人物应当是列宁。当我追问原因时，罗素说，这是因为列宁将杰出的头脑与天才水准的行动能力结合起来，这让列宁这个人具备了一种非同寻常的声望与效率。而且列宁改变了世界历史的整个进程，只有少数几个人有能力做到这一点。

在我经历的所有谈话中，我首次与罗素交谈的那一天，是我最难忘的一天。数十年来，每一期《读者文摘》都会刊登一个名为"我遇到的最难忘人物"的特色栏目；而罗素始终是我遇到的最难忘的一个人。

在我们第一次会面之后，我们又见过几次面，我们通常是在罗素位于伦敦哈斯克街的家里见面的，罗素在那里（还是会按照维多利亚时代的规矩）邀请我喝早茶，而我们在那里见面的原因是，罗素到晚上会犯困，他很早就要上床睡觉。说到罗素的活力问题，我一直都对他的精神活力感到惊奇，而对于他的身体活力，我只会感到更加惊奇。倘若罗素在表明一种见解的过程中想要从一本书中援引某几句话，他就会从自己的椅子上一跃而起，猛然扑向他的书架，踮着脚尖往上爬，将一本书从书架高处取下来，掠过沙发迅速回到他自己的椅子上。所有这一切都在一条流畅的运动路线中完成，而在我们谈话的过程中丝毫没有显露出费劲乃至犹豫不决的样子。他的双腿如此轻快，他的行动如此流畅，以至于在我的头脑中，我始终会联想到"翩翩起舞"这个词。我相信，所有这一切的力量都导源于他的智识活力以及他对自己表述的思想的不懈热情。

我在一次前往哈斯克街拜访罗素时提到，罗素曾经鼓动过人们用核武器轰炸苏联，以便于让人类免除继续受核战争的威胁。罗素否认自己曾经做过这样的鼓动。他说，他自己的意思被误解了：他所倡议的是，在苏联发展核武器之前，西方应当通过垄断核武器来迫使苏联人放弃发展核武器的企图。倘若苏联人拒绝放弃这种企图，这就肯定需要对苏联人进行核攻击的威胁，以便于迫使苏联人同意这个要求，但由于苏联人没有选择只能同意，实际上就不会发生任何核攻击。不过，这个建议却让人们简单地认为，罗素倡导的是用核武器轰炸苏联，而罗素说，这完全是造谣。在我们的下一次会面时，我向罗素展示了一份原始材料，他在那份材料上就鼓动用核武器轰炸苏联。我从未见过罗素如此慌张。他说，他确实完全忘记了自己曾经这么说过，他承认，这肯定是一种弗洛伊德式的遗忘。但罗素坚持主张，他或许只说过这么一次，而他当时的谈话态度是极其轻率的，在所有其他的相关场合下，他说的是他先前主张自己说过的观点，而那才是他深思熟虑的观点。但我觉得，真实情况恐怕也不是这样的。罗素曾经在许多场合下都鼓动人们用核武器去轰炸苏联,为期长达两到三年之久。

最后,这就成了我对罗素持有极大保留态度的一个例证。罗素所处理的是概念、语言与思想,而他无法根据并非语言的现实来完全恰当地理解它们的意义。在面对人类的任何问题时,罗素寻求的是思考这些问题的正确方式,而不是感受这些问题的正确方式,因此他倾向于根据思想理念,而不是根据有血有肉的人以及对他们的影响方式,来看待这些问题与解决方法。这让他经常会相信并提出某些不明事理的建议——所谓的不明事理,是在这种意义上说的,即这些建议无关于生活实际存在的方式,无关于人们实际生存的方式,根本不可能在现实中让人们去做这样的事或获得人们的赞同。关于罗素的这个事实,最显著地体现于他在晚年公开活跃呼吁的那个单方面裁减核武器装备的事业之中。(在我看来,罗素是我所见到的唯一鼓动过用核武器轰炸苏联的人,而他后来恰好又是对于单方面裁减核武器装备事业的最为著名的公开支持者,而这两个立场都是不明事理的。)这让许多观察家认为,罗素随着年龄的增长而变糊涂了,但事实真相是,他的年龄与此少有关系乃至根本就没有关系:罗素自始至终都是这个样子。在第一次世界大战期间,他曾经谴责那些在上议院的主教支持这场战争,因为英格兰的教会持有军工厂的股份。他在两次世界大战之间创立并运营了一所可笑的"皮肯·希尔学校"(Beacon Hill School),他自己后来也说,他已经"由于理论而变得盲目"。当遇到实践问题时,他从一开始就容易说傻话与做傻事,而这总是由于相同的基本原因:他似乎把实践问题当作了理论问题。事实上,我认为他不能辨别二者的差异。我甚至可以进一步说,他不知道在二者之间存在差异。(罗素从未进入议会从事政治活动,这对他自己与其他人来说都是好事,因为他的家庭曾经期望他从政,而罗素到中年时也觉得自己应当从政——他参加过两次或三次竞选议员的活动。)实际上,对此的解释相当简单,罗素这个人在某些方面是个天才,而在其他方面则是如此愚蠢。罗素的全部天赋都善于解决理论问题,而且他倾向于将所有问题都视为理论问题,无疑这部分也是由于他擅长解决理论问题。当一个问题确实是理论问题时,他就可以精湛地解决这个问题,但当它不是理论问题,而是一个有关私人生活或公共生活的问题时,他就变成了一只糊涂虫。由于他的实践智慧如此有限,他几乎没有从经验中学到任何东西。就实践问题而言,他在年老时就像在年轻时一样糊涂(但并没有比年轻时更加糊涂)。

在罗素的晚年生活中,出现了一个名叫拉尔夫·舒恩曼的美国人,他曾经是协助罗素公共活动的一位志愿者,后来被提拔为他的直接助理,最终完全接管了罗素的生活。我的私人经验可以表明,这个人是如何接管罗素生活的。多年以来,我都可以轻松愉快地与罗素联系,交换信件,偶尔与他会面,不时打电话闲聊,突然之间,一切都发生了变化。倘若我给罗素写信,我收到的回信却来自舒恩曼,显然,罗素并不知道我写给他的那封信。倘若我试图通过电话来与罗素交谈,舒恩曼就会接我的电话,他已经搬到罗素的家里与他一起生活。舒恩曼会问我,我想要和罗素谈些什么。无论我的答复是什么,他都会说,罗素过于繁忙,因此无法来答复我的电话,我应该在其他的时间里打电话或写信。倘若我拒绝与舒恩曼对话,而是想要与罗素交谈,舒恩曼就会说,他不可能将我的这个意思传达给罗素,除非我准备告诉他我打算和罗素说些什么。倘若我写信,我就会收到舒恩曼的另一封回信。倘若我再次打电话,我发现自己仍然是在和舒恩曼说话。这个局面在整体上都具有一种卡夫卡式的特点。我从未见过舒恩曼这个人——对我来说,他仅仅是电话里传来的一个声音。但是,我与罗素的所有联系渠道都被他有效地掐断了,而罗素显然并不知道正在发生什么。我自然想要知道,这是否只不过是罗素私人授意的——或许罗素得出的结论是,他不想再继续见到我,于是就吩咐舒恩曼这么做——但我从自己认识的罗素的其他朋友与熟人那里,也听到了一些相似的故事。事实上,在社交舆论中也开始出现这样的故事。我推测,我遇到的情况就像其他人一样,于是我最终放弃了与罗素的联系。

在这段时期内,开始出现了一些有罗素签名的公开宣言,它们不可能是罗素撰写的(这不仅仅是因为它们缺乏文采),它们无法代表罗素的观点。阿兰·瑞恩(Alan Ryan)在他的论著《伯特兰·罗素:政治生涯》中逐项列举了这些宣言,他用如下语言描述了这个噩梦开始发展的情况:"许多英国读者怀疑,罗素是否读过,更不用说写过这些签上他姓名的宣言;这些宣言读起来就像一个左翼学生发出的咆哮,而不像罗素自己撰写的那些完美无瑕的散文……罗素开始不时地发出这样的声音,就像阿亚图拉·霍梅尼[1]在谴责'魔鬼撒旦'——就其本身而言,有理由怀疑,所有这些被罗素签上了自己姓名的文章中,有多少是他亲自撰写的。"[*]对于一位具有如此出色才华的哲学家来说,这是一个可怕的结局。值得为这个主题谱写一部古

---

[1] 阿亚图拉·霍梅尼(Ayatollah Khomeini, 1902—1989),伊朗什叶派宗教学者,1979年伊斯兰革命的政治领袖和精神领袖。这次革命推翻了伊朗国王穆罕默德·礼萨·巴列维。在经过革命及全民公投后,霍梅尼成为国家的最高领袖。——译注

[*] *Bertrand Russell: A Political Life*, pp. 196-197.

希腊的悲剧，因为事实上正是罗素这个主要人物，才对他自己的衰败负有责任。

　　舒恩曼是一个令人毛骨悚然的阴险人物，就像瓦格纳的《尼伯龙根指环》中那个邪恶的侏儒，而他的动机无疑受到了某些人的算计与操控。我永远也不会知道，这些动机是来自极端的左派还是极端的右派，但这在实践中几乎不会带来什么差别，因为正如通常的情况，他们最终导致的都是完全相同的结果。许多人认为，激发了舒恩曼的东西，是后来被人们称为疯狂左派的观点，再加上他对自己祖国（美国）的那种精神错乱般的憎恨。这些东西肯定可以刻画出罗素在舒恩曼控制下，以自己名义发表的那些作品的某些特征。但至少也有一些人怀疑，舒恩曼是被中央情报局安插到罗素身边的，他的任务是败坏罗素的国际声誉，因为罗素是单方面裁减核武器装备事业的最为重要的世界代言人——当然，舒恩曼操控罗素所产生的一个直接后果就是实现了这个目标。倘若让我下注判断，在这两个可供选择的解释中哪一个才是真的，我宁愿选择后者，但对我来说，这已经不再是一个重要的问题。

第 13 章
首次尝试研究政治哲学

我已经说过,我在1956年的夏末从耶鲁回到英国,我在那时由于苏伊士运河危机与匈牙利危机而立即投身于政治活动之中。我第一次参加了工党在布莱顿召开的一次年度会议。工党在1957年召开的这次会议成为一次著名的历史性会议,在这次会议上,安奈林·贝文发表了呼吁不要"毫无准备地走进会议室"的著名演说。作为在工党之中出现的最有魅力的人物,贝文凭借自己在战后工党政府担任部长时创建的国民医疗服务体系而增加了他的声望。他接下来辞去职务,这不仅部分是由于他反对在国民医疗服务体系中引入收费的政策,在他看来,这种政策对立于它自身所依据的原则,而且还部分是由于他知道,倘若他继续留在内阁,他就不得不支持朝鲜战争爆发后重整军备的规划,而他并不打算这么做。由于贝文不同于政府的新立场,他就成了工党中左翼异议分子的一位无可争议的领袖,以及这些人最热烈支持的事业,即单方面裁减核武器装备事业的一位杰出代言人。在1957年的工党会议上,贝文找机会公开放弃了这项事业与他的这些左翼追随者,他决心与新的领导人休·盖茨克尔[1]站在一起,并担任了工党的二把手与影子外交部长的职务。

在一个政治年度中,工党只有用年度会议的名义才能进行整体集会。来自偏远地区的代表会利用这次会议来服务于自己所属的地方性党派的利益,倘若失去这次独特的机会,他们的利益就会被忽视,而他们倾向于用投机取巧的方式来这么做——例如,他们会邀请碰巧与他们在酒吧一起喝酒的国家知名人物到他们偏远的家乡去演讲。正是出于这个目的,贝德福德郡中部的选民代表在那个秋天到布莱顿寻找有可能代表他们利益的议会候选人。他们所代表的选民并不是来自规模较大的城镇,而是来自方圆250平方英里的村庄,据说这些村庄总共有72个。这些代表得出的结论是,他们这个地方性的党派并没有任何具备足够才干的人来成为议会候选

---

[1] 休·盖茨克尔(Hugh Gaitskell, 1906—1963),英国政治家,他在1955年12月开始担任英国工党领袖,直到他在1963年突然去世为止。——译注

者，他们将不得不到党外去寻找一位候选人。尽管如此，贝德福德郡的中部总是被保守派控制起来，这导致他们认为，有能力成为国会议员，能够认真地进入下议院，而且准备接管贝德福德郡中部政治事务的只能是这样一种人，他必须是一位拥有足够强烈意志的年轻人，他不会心甘情愿地在选举中失败。他们认为（而这无疑是正确的），在这次会议中注定会有许多这样的人，于是他们就在参与这次会议的过程中寻找这样的年轻人。最后，他们的目光落到了我的身上。

当然，我必须通过选举程序。1958年年初，在贝德福德郡的选举会议上，在包含了六名候选者的简短名单中有一位名叫贝蒂·布斯罗伊德（Betty Boothroyd）的女士，她在三十四年之后成为下议院的第一位女性发言人。尽管如此，这个政党的关键活跃分子已经决定，他们将把选票投给我，而我也就如期被选拔了出来。

从那时起直到1959年的普选，我在每个周末都会与这个选区的选民待在一起，而且我还相当频繁地会在一周中的某天晚上前往这个选区。与此同时，我仍然是我所属的那个地方性党派在伦敦中心的一位活跃分子。[1]因此，在那一段时间里，我了解到不同种类的地方性政党的运作方式，以及候选人在选举活动中的种种斗争方式。在1959年的普选中，我在贝德福德郡中部遭遇了失败。但在此之后不到一年的时间里，我的那个获得成功的对手前往上议院任职，因此，在1960年的秋天举行了一场补缺选举。我再次以工党候选人的身份参加选举。在补缺选举中的斗争，是一种完全不同于普选斗争的经验。相关的金钱与助手来自广泛的阶层，国会成员每天都会前来拜访，国家级媒体突出了关于我们的报道。从那时起，每当我回顾自己1958—1960年的经历，我就会将之作为我的党派政治活动的学徒期，在这几年里我认识到了基层政治的现实。

这些年的经历既富有教育意义，也让我的幻想破灭。了解日常政治活动，学会如何让自己作为其组成部分而有效发挥作用，这完全是件好事，但让我感到沮丧的是，我发现，理念与理想在所有这些政治活动中扮演的角色是微不足道的——而对于绝大多数政治活动来说，某些理念与理想确实在一定程度上发挥了作用，但这些理念与理想是粗鄙不堪的。大多数政治活动实际上是根据情境逻辑来谋求私利，它们的特征就是机会主义，而对工党来说，激发它的动机是物质利益，尤其是工会的

---

1 工党在圣马里波恩的中坚力量是帕特·卢坎与凯特·卢坎这一对夫妻。许多会议都是在他们的家里举行的，在这些会议上，我经常会碰到他们的那个正处于青春期的儿子，他们的儿子后来成为卢坎勋爵，据说他犯下一桩谋杀案之后就失踪了。

物质利益，接下来则是不那么富裕的五个或六个社团的物质利益。得到明确表述的绝大多数理念是对这种活动的合理化，它们并非事先公开的发挥指引作用的灯塔，而是事后的辩护。在这些用于辩护的基本原理中，绝大多数所依据的是诸如共同的人性、正义与公平这样的基本概念，普通党派成员所公开表述的是一种软弱的自由主义。至少，这是大多数党派成员的情况。在他们身边有少数很有分量的党派成员，他们在实践中更加顽强，在理论中更加严厉，他们是持有不同政见的左派。他们的指路明灯是马克思主义，许多知识分子显然是以马克思主义为指导的，尽管人们经常更倾向于认为，马克思主义以某种不明确的方式，对那些主要不是知识分子的人产生了影响——马克思主义的许多有组织的团体所做出的行动，是在支持共产党的政权。

我丝毫无意于让工党遵循某个在我看来正确的不同理论。我能够认识到，让理论来支配自由社会的政治活动，这既无法做到也不令人向往。任何这种政治的绝大部分内容，都始终自然地与无可争议地体现为，在不断变化的处境下，根据宽泛的道德框架与法律框架，解决诸多观点与私利的冲突；而同样正确的是，这些相关的道德始终是在这个社会中得到普遍认可的道德。尽管如此，在我看来值得追求的是，应当承认这种道德，应当终结那些不断倾吐而出的哗众取宠的废话。

在我看来，为此所需要的许多智识工作都已经由卡尔·波普尔完成。波普尔在《开放的社会及其敌人》中提供了一种解决问题的哲学，这种哲学旨在为下决心快速变革的社会民主党的实践活动提供一种并不具备意识形态的指导。因此，这种政治哲学恰恰就是工党需要放到手头备用的东西。根据工党内部的立场，我撰写了一本书来批评工党当前的思想与实践，并且建议这个党派采纳波普尔的思想——不用说，我希望我的这个建议并不仅仅适用于工党。我的这本书的标题是《新激进主义》(*The New Radicalism*)，它在1962年由塞克与瓦伯格出版社（Secker & Warburg）出版发行。许多专业学者认为，它是我的第一本"严肃的"论著，但实际上它是我公开出版的第四本书。在就读大学本科时，我就通过财富出版社（Fortune Press）出版了一部名为《耶稣受难与其他诗歌》(*Crucifixion and Other Poems*)的作品。在我从美国回到英国的那段时间里，我撰写了一本介绍我在美国长途旅行的书，它的名字是《年轻人去西部》(*Go West Young Man*)。1958年，艾尔与斯波蒂斯伍德出版社（Eyre & Spottiswoode）出版发行这本书。我接下来出版的是一部名为《在险境中生活》(*To Live in Danger*)的间谍小说，1960年，哈钦森出版社（Hutchinson）出版发行了这部小说。而我如今出版的是《新激进主义》。

在撰写这本书的过程中，我采纳了这样一种做法，在我接下来的写作过程中，我多半都延续了这种做法，也就是说，我会将完整的第一稿交给我谨慎挑选出来的一些朋友，并要求他们无情地批评这部手稿，我坚定地告诉他们，我并不想被他们告知这部书稿有多么精彩：我需要发现它存在什么错误。无论如何，当它出版时，它都会遭受批评，因此我宁可在还有时间更正的情况下被朋友告知它现在包含的错误或我能够改进它的方式，这总好过在覆水难收的情况下才意识到这些错误。我极大地受惠于这种做法。它不仅让我避免了许多错误，而且还向我表明，甚至那些持有赞同态度的读者，也有可能对这本书的某些特定段落提出异议或保留自己的意见（而这并非必定是由于事实的不准确导致的），这种做法让我有机会在这本书中承认这些异议，并试图对这些异议做出回应。通常而言，这些批评的用处不同于那些刻意做出的批评。经常会发生的情况是，一位朋友实际上由于他自己的误解而提出了一种异议，但在这种情况下，我永远不会忽略他所说的异议，我也不会认为，这个误解是他的错误，而不是我的错误。考虑到他是一位对我有所赞同的聪明读者，我就会理所当然地认为，倘若他误解了某一段文字，那么，其他某些读者也会产生这样的误解，因此我就会修改这段文字。有时我会修改原有的文本，有时我会原封不动地保留原有的文本并插入数段新的文字，比方说，我会这么开始，"对于这个观点，读者或许会提出这样的异议……"接下来我则会开始做出这样的论述："但这种理解并未抓住这个观点的关键所在……"所有的作品都有可能被误解。倘若作者在自己的文本中确认可能存在的误解，并对这些误解做出回应，那么，这位作者就可以出色地澄清自己的作品。

我让五位朋友以这样的方式来批评《新激进主义》，其中的三位是职业哲学家——R. F. 阿特金森（R. F. Atkinson）、尼尼安·斯马特[1]与伯纳德·威廉斯。其他两位朋友是安东尼·克洛斯兰德[2]与蒂勒尔·伯吉斯（Tyrrell Burgess），前者后来成为工党政府的外交部长，后者是将波普尔的分析应用于制度研究的先驱。这五位朋友所提出的批评完全是有帮助的，这在我此后的实践中都获得了确证。

《新激进主义》的主要章节是第三章与第四章，它们的标题分别是"我的论点

---

[1] 尼尼安·斯马特（Ninian Smart，1927—2001），苏格兰作家与教育家，世俗宗教研究领域的先驱。——译注

[2] 安东尼·克洛斯兰德（Anthony Crosland，1918—1977），英国作家与政治家，作为一位著名的支持社会主义的知识分子，他反对工党的传统学说，倡导将结束贫困与改进公共服务作为工党政治实践的主要目的。——译注

的理性基础"与"我的论点的道德基础"。我在完成这本书的其余部分的同时,将第三章的打字稿寄给伯特兰·罗素。罗素告诉我,他同意这本书的观点,但他给了我一个重要的反对意见:他认为,这本书恰好属于激进自由主义的传统,在过去数百年间,这种传统通过约翰·斯图亚特·穆勒,最起码可以追溯到约翰·洛克,因此罗素认为,在这本书标题中的"新"这个词是不符合实际情况的。我对罗素的回复是,我在这本书中强调的是,我主张工党应当将自身与欧洲理性主义的核心传统相认同,这个传统实际上可以追溯到苏格拉底;工党从来也没有按照这样的方式来思考过它自身;而这需要否决传统意义上的社会主义本身;就我所知,没有人曾经有过这样的主张;在波普尔的影响下,我形成了许多新的批判意见,而我在导言中对波普尔表示了充分的感谢。我的建议是,工党应当做些对它自身来说是新颖的工作。在我看来,自由主义是一种致力于积极活跃地改变社会的激进信条,而英国的政治就需要这样的信条;所谓的自由党并没有提供这样的信条,无论如何它都没有获取权力的前景;鉴于此,仅有的选项是,或者开创一个新的党派,或者让一个现存的党派改变信仰。在那个时期,就成功的机会而言,第一个选项明显小于让工党转而信奉激进的自由主义。因此,我就将赌注押到第二条路线上。

当我将所有这一切都告诉罗素之后,尽管我所说的都是真实的情况,但事实上我仍然觉得,罗素的批评是有根据的。不过,我保留了这个标题,因为我严肃地思考了那些支持这种表述的理由:倘若我们能有希望来让一个党派在变革中改变它自己的观念,那么我们就只能坚持主张,那些用来替代的观念是新颖的,我们甚至不应当将我们提供的观念描述为古老的。而且,我敦促工党接受的是一位仍然在世的哲学家的某些思想观念,而工党的绝大多数成员从来也没有听说过这样一位哲学家。在我看来,这是一个合情合理的理由来让我将自己敦促的观念描述为新颖的。

波普尔读了这本书的校样,他提出了一些不怎么重要的建议与一个颇为重要的建议。这个颇为重要的建议所针对的是我对休·盖茨克尔提出的广泛批评意见。我将盖茨克尔视为一个笨拙的领导,他在党派内部造成了一种有害于他自己事业的分裂;在我看来,他在性格上过于保守,以至于无法领导我所倡导的那种激进政党。就后面这个看法而言,我反对盖茨克尔的理由是基于以下这方面的考虑:他不会希望工党做出激进的变革,即便他希望做出激进的变革,他也没有能力来做到这一点,而且他也不可能成为任何这样的党派的优秀领导者。我将他完全视为我希望工党遵循的那条道路上的主要障碍。我将所有这些话都在这本书中表达了出来,这些表述或许过于强硬，或许过于带有个人的色彩。波普尔觉得他自己从根本上反对我所说的这些观点——波普尔根据的是某些非同寻常的谨慎考虑。在他看来，相较于其他任何反对盖茨克尔的理由，更为重要的是，盖茨克尔为了工党的灵魂而与信奉马克思主义的左派进行斗争。波普尔似乎认为，至关重要的是，盖茨克尔不仅应当在这场斗争中获得支持，而且应当赢得这场斗争——当然，任何减弱盖茨克尔声望的言论，都有可能减少他获胜的机会。倘若盖茨克尔不再是工党的领袖，他就会被某个比他更左的人所取代，而这个人就根本不会去进行这样的斗争。因此，波普尔说，倘若我寻求的是工党的长期利益，我就不应当发表任何足以危害盖茨克尔立场的文字。

波普尔与我都在某种急躁的情绪下对这个问题进行了争论。我自己的立场由于安奈林·贝文的过早逝世而惶惑不安地有所弱化，他的逝世发生于我正在完成这本书的那一段时间里——根据我所倡导的观点，安奈林·贝文是我在心中想到的最佳领导人。在工党的历史中，贝文是唯一一位具备了一系列的才华，拥有最伟大人格与最佳演说技巧的政治家，他在那时已经成为这个党派的副职领导，几乎毋庸置疑，要是在盖茨克尔离开职位以后贝文仍然在工党之中，贝文就会成为工党的领袖。鉴于贝文已经证明了自己拥有从经验中获取教训的能力，以及在他的中年人生中继续发展的能力，他在左派中的经历成为他的一项额外的优势。贝文以崭新的方式来审视事物与独立思考的能力是罕见的，而这种能力构成了他的激进本能的基础。如今由于他出人意料的死亡，我的这些期望都落空了。在我与波普尔的争论中，我已经失去了几张最强有力的底牌。确定无疑的是，倘若盖茨克尔不再担任工党的领袖，他的继任者就会是哈罗德·威尔逊——我鄙视这个人，我几乎不可能对这个人有任何期待，至少他根本不可能与左派进行持久的斗争，而正是这一点在让威尔逊成为这个党派领袖的过程中发挥了不可或缺的作用。我被迫承认，对于我所期望的在工党党派内部发生的任何改革来说，当下最实际的希望是，它们将在休·盖茨克尔的持久领导下发生，但我仍然会不由自主地期待，激发这些变革的不是盖茨克尔，而是由于工党已经能够看到为了它自身的长期生存所必须具备的东西。

我与波普尔的争论，让我的思想产生了分歧。我的这本书按照实际情况，在校样稿中表达了我相信的那些未经掩饰的真理，但我并没有考虑包括我自己在内的任何个人利弊。我甚至不允许自己在任何一段文字中由于策略性的考虑而缓和立场，在我看来，如此表述一个观点，实际上就是一种智识的堕落；而这恰恰是我希望在这本书中避免发生的情况，因为工党就充斥着这种智识的堕落，我在这本书中表达的一个主要控诉，就是反对这种智识的堕落。另一方面，我无法对波普尔的论证做出有效回应：他所说的情况是真实存在的。最终，我缓和了我反对盖茨克尔的语调，而这仍然以某种方式违背了我的最佳判断。在我与波普尔仍然保持亲密关系的这段时期内，我只有在这一次才由于他的影响而做出了某些对立于我自己本能的事情，而我从不觉得这种做法是正确的——事实上，我感受到了对自己的愧疚，因为我的这种感受恰恰就像某人在做出他知道是错误的事情之后所拥有的感觉一样。我很快就尝到了这种做法的恶果。盖茨克尔几乎马上就在欧洲翻了船，当他在工党会议上发表了那个鼓吹荒唐的英国本土主义的演讲之后，波普尔就对我说，我在这个问题上自始至终都是正确的，他后悔劝说我更改我曾经撰写的那些文字。波普尔的这个说法远远没有给我带来安慰，这让我想在伦敦的街头巷尾公开严厉责备自己，我发誓永远不会再次犯下相同的错误。我会犯错，这是不可避免的，我自己犯错就已经够糟了，而倘若我还会在其他某个人的影响下犯错，那就更加糟糕了。

出版商确信，《新激进主义》的出版会引起公众的骚动。他们以为，这些针对工党的措辞激烈的内部批判，不仅注定会在工党自身中唤起兴趣与争辩，而且还注定会在普遍的政治活动与新闻界唤起兴趣与争辩。在他们的预期中，他们尽情期待会爆发一些超出我想象的公开谴责，他们坚持让我准备在一段时间内进行备受瞩目的公开辩论。但这样的辩论从未发生。许多主要的期刊在显著的位置上都刊登了对这本书抱有善意的长篇评论——接下来则是一片沉默。这些评论者自身与出版商犯了一个同样的错误，他们都想当然地认为，这本书会捅马蜂窝。《观察家报》的评论是以这样的文字开始的："这本书是一剂应当被工党大口吞下的泻药，在这剂泻药的冲击下，工党的那副已经堵塞了的陈腐内脏将得到清洗。"《经济学人》对这本书的描述是，它"具备出色的精准嘲讽，在无数段落中呈现的冷酷分析让人们乐于阅读并永远不会忘怀"。《新社会》(New Society)将这本书描述为"基本读物"，而《金融时报》称，迄今为止，这本书"是对那些将塑造工党未来的男人们与女人们的信仰与抱负的最佳表述。就其本身而言，它是一份具备极高的趣味性与重要性的文献"。

为什么他们都对这本书可能造成的影响做出了错误的判断？总的来说，接下来几年发生的事件证实了这本书的批评意见的正确性，因此人们想要知道，为什么这本书在出版时没有吸引更多的注意力——特别是这本书从评论家们那里获得了如此众多的高度评价。不管评论家说了些什么，这本书的某些缺陷必定与我的写作方式有关。但我猜想，那些参加工党政治活动的人还普遍缺乏严肃的态度：除了仅有的几个人以外,他们中的绝大多数人对任何相关的基本问题的讨论都不会感兴趣,而不管这些问题是以何种方式表述的。这些人对待党派联盟的态度,是一种类似于球迷的态度——这种态度假定,一个人需要为他自己那一方喝彩,为对手喝倒彩——而这些人的人数远比我想象的要多,这些人也远比我想象的要聪明。许多人问我,作为工党的一名活跃成员,我究竟为什么要撰写一本批评工党的书?他们质问我,为什么我不去撰写一本批评保守党的书?其他人则质问我,既然我认为工党拥有我提到的所有这些缺陷,我为什么还要继续留在工党?这些人似乎完全没有想到,一个人批判性地评价一个组织,是因为他深深关切着那些能够改进这个组织的观点。他们非常简单地认为,我的这本书攻击了工党。他们经常公开宣称的观点是,倘若有可能,就应当完全忽视我说出的那些批评意见,倘若无法忽视,就应当对我进行反击。几乎没有人会想到,通过实际考虑我所说出的观点,或许能在其中发现某些真相。在这些工党成员中,有一位是工党在帕丁顿郡的选民主席,他组织了一次会议来让我发表演说。根本就没有人出席这次会议,一个人都没有。为了对在伦敦中心举办的这次得到良好宣传的晚间会议在整体上进行联合抵制,这必然让他们花费了相当大量的组织工作,尤其是鉴于这样的事实,即在那段时间里,我定期出现于每周时事新闻的电视节目之中,因而在所有的工党成员中,我的观众群体规模最大。

尽管如此,《新激进主义》确实对个别人产生了影响,它甚至有可能对一代大学生产生了影响。在或许可以被称为具有社会主义民主倾向的工党成员中,他们的当前或未来的大多数领导人都读过这本书——其中有一个人在多年以后告诉我,这本书对他政治观点的影响超过了其他任何论著。这本书还被翻译成德语,并在维也纳以《改变思想的革命》(*Revolution des Umdenkens*)为标题出版发行,相较于它在英国的影响,这本书在奥地利的影响似乎更大。

《新激进主义》产生的一个结果是我的下一本书《民主革命》(*The Democratic Revolution*),它在1964年出版发行。在《新激进主义》出版后不久,在我参加的文学俱乐部中,有一个完全陌生的人走到我身边,他向我提出了一个出版的建议。他告诉我,他编辑了一系列的书籍,它们大多数都在第三世界的大学里被人们阅读,而英语是那里的工作语言——他说,他编辑的那些书通常被那些"穿着裤子的非洲人"[1](此后我一直觉得这个措辞颇为风趣)阅读——他邀请我也撰写一本书。他

---

[1] 穿着裤子的非洲人(the trousered African),指的是受过欧洲教育的非洲人,他们经常受到抵制英语教学、倡导非洲文化完整性的非洲文化保守主义者的强烈批评。——译注

对我的迫切要求是，在《新激进主义》中，我撰写的内容几乎仅仅是英国国内的政治，但我的《民主革命》这本书的核心主题是倡导对立于保守主义的民主激进主义，这是一项迫切需要在第三世界推进的事业。我是否愿意根据第三世界的知识分子所面对的问题，撰写一本继续推进我的核心理念的论著？这个提议对我有强烈的吸引力，因此我就撰写了这本书。它在1964年由鲍利海出版公司（The Bodley Head）出版发行，而这个公司也出版了这个系列的其他论著。除了在国外销售的英语版本，这本书已经被翻译成汉语、印度语、乌尔都语、韩语、西班牙语和德语。

在《民主革命》这本书完成后不久，我再次接受了一家出版商的提议，这次我要撰写的书与一个名为《迈向2000年》（Towards 2000）的系列电视节目有关。这个系列节目的主题是，我们生活于其中的这个世界在何种程度上被科学技术的发展所改变，它将在何种程度上继续被科学技术的发展所改变。这个节目的制作与我无关，事实上，在出版商请求我撰写这本书之前，这个节目就已经在播放了；这个节目获得了如此巨大的成功，以至于它们将被电视台重播，出版商要求我撰写一本书，以便于让这本书的出版同步于这个节目的重播。我通读了这个节目的文字记录，我发现，根据我的观点，这个系列节目包含了大量优秀的素材，但也有两个显著的缺陷。第一，它提出的科学观是前波普尔式的——我相信，这种科学观已经被波普尔打下了地狱。第二，它根本没有提及这个事实，即探究与批评的自由对于科学的成功管理模式来说是必不可少的，因而对于现代社会的物质繁荣来说也是必不可少的，而这个事实在政治与社会的范围内不可避免地具有自由主义的意蕴。我看到了一个机会来为这两个贴近我心意的论点进行辩护，因此我同意撰写这本书——但条件是，我的写作必须不受约束，包括不使用半数以上节目素材的自由。这些条件均获得了同意，而这本名为《迈向2000年》的书就在1965年由麦克唐纳出版社（Macdonald）出版发行。在这本书中，我的主要关切是要表明，我在《新激进主义》中对国内政治所倡导的基本观念，与我在《民主革命》中对国际政治所倡导的基本观念，是如何难分难解地与理性传统关联起来的，而这种理性传统可以追溯到古希腊的批判思维与苏格拉底式的追问，自此以后，这种理性传统最重要的化身是在科学中体现的理性。我将这种批判理性视为西方思想的最基本与最突出的特征，我想要形成一种将它自身定位于理性主流之中的政治学。尽管我知道，这三本书有可能被不同的人群所阅读，但我仍然认为，《新激进主义》《民主革命》与《迈向2000年》分别在国家的、国际的与历史的维度上对这同一条研究进路做出了概要性的论述。《迈向2000年》是我撰写的第一本可以归为"观念史"范畴的著作。在这本书中,我有意识地不仅试图论述观念及其历史,而且还试图将我对这两者的论述与人们更为广泛接受的通史观结合起来。不过,我的历史叙事实际上关注的也是观念,更为明确的是诸多观念运作的一条因果链条:"关于这个世界的基本观念→科学→技术→社会变化→社会与政治观念。"

显而易见,在我生命的这个阶段——当《迈向2000年》出版发行时,我的年龄是34岁——我所拥有的电视记者的经验对我的观点产生了重要的影响。毕竟,我曾经乘坐快车进行过全球旅行,而我这么做的目的是探索诸多重要事件(我探索的某些重要事件甚至具有历史的意义),揭露隐藏于表面背后的真相。我觉得,这就像在向这个世界学习;这种学习方式相当不同于根据阅读或追随媒体来认识这个世界。尽管数百万的民众从类似于我这样的记者那里获取他们关于诸多事件的看法,但我自己并不是从电视报道中获取我的看法,而是不得不根据直接的观察与经验来形成我自己的观点。这两者之间存在显著的差别,这种差别在各个方面都有所体现,既在我所持有的大量态度中有所体现,又在我对公众生活中的个别男人与女人的评价中有所体现。我的朋友和熟人惯于对他们仅仅在电视上看到的政治家形成确定的看法,而我通常都知道,那些政治家颇为不同于他们在荧幕上表现出来的形象。

我的这些亲身经历让我知悉了许多内幕,这些内幕不仅与国际事务有关,而且与我生活于其中的这个社会有关。在数年时间里,我制作了一些电视节目,它们的主题包括:老年人的贫困、失业者的生活、监狱的生活条件、精神病院、综合学校、教会、法官、小农户、造船工业以及其他的一些主题,某些主题是古怪离奇的;这些节目总是让我陷入紧张的努力尝试之中,我想要去发现相关的事实真相究竟是什么——而我的努力工作经常导向那些已经获得证据支持的结论,但它们不同于人们普遍的假定。对于我在电视上讨论的那些迄今被列为禁忌的主题(如堕胎、通奸、卖淫者与嫖客、同性恋等),我逐渐形成了一种新颖而又坦率的讨论方式。在这方面,我成了变革20世纪60年代的典型社会态度的助产士之一。我总是发现,无论我深入研究的是什么社会问题,这种社会问题都比大多数人通常认为的要更加常见,不仅如此,这些社会问题的本质也不同于大多数人的假定。正是在这种情境逻辑中,对于每一个这样的纪实电视节目,我都应当做出更多的研究,而不应当仅仅满足于找到制作这类节目的途径,因此,我并不仅仅局限于传递这些主题的信息,而是从这些主题中学到了大量的知识。在某种程度上说,我的这种做法容易遭受挫折，因此我更倾向于从诸如《新社会》(New Society)这类期刊的长篇论文中寻找可以使用的素材。

据说，在那个时期最能刺激英国观众态度的两个节目都与同性恋有关，一个是在男性之间发生的同性恋，另一个是在女性之间发生的同性恋。在某天早晨播放了一个关于女同性恋的节目之后，这个国家最流行的报纸之一发表了一篇社论，它呼吁这个国家的荧屏应当避免出现这种污秽的主题，由此却极大地增加了这个节目的观众。《新政治家》邀请我在特别增刊上撰写一篇关于女同性恋的文章，于是我就写了一篇有关这个主题的文章，而这个周刊在它发行的那个上午的11点之前就全部卖完了，这种情况在以前从来也没有发生过。名为"塞克与瓦伯格"的书籍出版公司邀请我撰写一本关于同性恋的书。我拒绝了这个邀请，因为到那时为止，我的写作主题已经够多了，而我不情愿承担撰写这本书所需的额外几个月的工作。大卫·法雷尔(David Farrer)是这个出版公司的合作者，他通过媒体看到过我撰写的《新激进主义》，他恳求我重新考虑这个问题。他向我吐露了他自己的秘密，他是一位同性恋者，他感人地（而不是自怨自艾地）告诉我，像他这样的同性恋者何等不幸地永久生活于监禁与勒索的威胁之中。他认为，在此关头撰写一本关于这个主题的书，或许会为同性恋的合法化做出贡献。因此我同意了撰写这本书的请求。

我试图通过口述来完成这本书，从而避免让我自己在这本书上花费太多时间，但结果证明，我的这种做法是错误的。凭借整日进行的口述，我（轻易）就能在一周内完成这本书的初稿。在完成初稿时我感到颇为得意。"多么令人惊喜！"我以为，"我竟然用一周就完成了整本书！"这种事情过于美好，以至于不可能是真实的。实际情况就是这样。当文稿从打字员那里返给我时，我发现这些文稿在几乎所有可以设想的意义上都是不令人满意的。这些语句的结构是松散的，充斥着各种习惯用语；诸多章节没有任何结构，它们恰恰就像可以将篇幅随意拉长的散文；这本书所使用的词汇是贫乏的；存在大量错位的语言习惯，如重复强调。它或许是一次生动的谈话，但并不是一篇可以发表的文章。我开始着手进一步编辑这个文稿，力图将之变成某种可以接受的作品，对于其中的每一句话，我不是进行删减就是进行改写。因此，我亲自逐页对这个文稿进行改写，当我完成了整本书的改写时，我已经花费了三个月的时间。对我来说，不幸的是，这种工作方法牺牲了锻造新语句这个相对有趣的任务，转而将之变成了进一步编辑糟糕撰写的文本这个枯燥沉闷的任务。而在这种处境下，我无法从我开始编辑的这些文本中解脱出来，因为我的这些工作一直都是以这些文本为基础的，而最终成果则是我能够用这些文本转化而成的最佳成果——毕竟,你无法用低劣的材料创造出精致的产物。

这本书在1966年以《二十分之一:关于男同性恋与女同性恋的报告》(*One in Twenty: A Report on Homosexuality in Men and Women*)这个书名出版发行,在那时,这本书由于它的内容而得到了不切实际的称赞,但事实真相是,不仅这本书的整体与它的某些个别章节都没有良好的结构,而且这本书的诸多语句也没有得到恰当的书写。只有一两位评论家表达了对这些不足的保留态度,但他们是最具有洞察力的评论家。当法律的变化需要对这本书的内容进行广泛更改并据此发行修订版时,我就抓住这次机会再次改写了这本书。毫无疑问,这本书的第二版是质量更好的版本,但我从未对这本书感到满意。尽管如此,这本书所产生的实际后果是令人愉快的:人们普遍称赞这本书有助于相关的法律的改变。这本书或许对其他的社会也做出了某些贡献,因为它被译为德语、法语、意大利语、西班牙语、荷兰语与丹麦语。当我在这本书出版后短期访问意大利的那段时期里,我发现,这本书在我所到之处的书报摊与书店中都有所展示。我最后向意大利的出版商询问,他们是否可以向我支付一些版税,他们却告诉我说,这本书没有任何销量。

我在同一段时期内用相同的方法撰写了两本书。麦克唐纳出版社自从出版了《迈向2000年》之后,就逼迫我撰写另一本书,最终我同意,我将撰写的是电台采访的艺术,以及我参与的那类节目的制作方式。公众对这些采访的回应是引人注目的,但绝大多数电视观众几乎都不知道这些采访是如何拼凑在一起的(他们对这个问题的有限认识通常也是错误的)。因此,当我完成了《二十分之一》的初稿的口述工作并将相关录音带寄给打字员去打成文稿的同时,我口述了《电台采访者》(*The Television Interviewer*)的初稿——接下来,当打字员按照我的录音带的内容去打印《电台采访者》的初稿时,我就着手修改《二十分之一》的文稿。我就以这种方式,在这两本书之间来回工作。于是,我就花费六个月的时间同时创作了这两本书。我曾经提到的关于《二十分之一》的所有缺陷,以及我对这些缺陷的修正尝试,都可以适用于《电台采访者》。自此以后,我再也不口述任何想要发表的作品,无论它的篇幅有多么短小。信件、备忘录、笔记以及所有其他类似的文稿,我都相当乐于进行口述;但对于任何用来发表的作品,我总是谨慎地亲手写下这些文字——即便我今后仍有可能去口述这样的作品。

《电台采访者》仅仅在《二十分之一》出版后的第二个月,即1966年5月就得以正式发行。它是我第一本同时用精装与平装的形式出版的书。我制作的绝大多数电视节目,都属于联合-丽的呼声公司(Associated Rediffusion),它将这本书送给了每个国会议员，并在数年时间里将这本书发给它雇佣的每个新工作者，因此在某种意义上，这本书多少已经成了电台从业者的工作手册。

在从1962年到1966年这五年的时间里，我出版了五本书，与此同时我还参加了电台的工作，包括电台工作要求完成的大量的国外旅行事务。为了完成这些工作，我做出的安排是，我用六周的时间与我的电台同事待在一起，我在接下来的六周时间里则离开我的电台同事。这让我能够完全掌控我的一半时间，让我能够提前知道我的独立生活可以在何时到来。这种安排还可以对我产生更加广泛的影响，因为它让我能够拥有真正的私人生活。在我为电台工作的那六周时间里，我并不清楚，在从某一周到接下来的第二周（有时则是从某一天到接下来的第二天）的这段时间里，我将处于何种程度的克制状态。我有可能在某一天的早上带着我的手提箱来到我的办公室，在那天下午，我就会打点行装飞往德国。对于某些一直按照这种方式生活的人来说，他们可以没有正常的私人生活：当你设法安排自己去会见朋友，去预订戏院的入场券，或做出其他的社交安排时，你就会发现自己不得不在最后一分钟取消这些安排，而这种情况并非仅仅是偶尔发生的，而是经常发生。甚至连与另一个人见面这种最简单的安排，也有可能陷入无法解决的困境之中。这就给普通的友谊增加了负担，而我无法确定，绝大多数的友谊能在这种负担中幸存下来，而它甚至对亲密关系增添了一种危险的负担。我已经看到这种状态对我周围的那些人的生活所造成的影响：他们几乎都与他们最坚贞不渝的朋友失去了联系，其中还有许多人的婚姻遭遇了失败。我自己就像全职工作那样生活了一年，我发现这种状态是不可忍受的。我发现，对我来说不可或缺的是一种不间断的私人生活，位于这种私人生活中心的是真正的亲密关系与友谊，工作应当处于这种私人生活圈之外，而不是处于这种私人生活圈的中心。我的要求无非是，我必须拥有时间来吸收经验、思考、写书、聆听音乐、前往剧院——而倘若涉及哲学的话，我就必须拥有时间来研究哲学。

第 14 章
探寻生命的意义

就像许多人一样，我在自己35岁到40岁的那段具有灾难性影响的时期内，也经历了中年危机。毋庸置疑，我在表面上似乎已经拥有了我可以合理期待的一切事物——身体健康、充满活力、富于冒险性的生活、有益的友谊、令人欢欣的爱情、我在工作上获得的成功、令人兴奋的旅行，来自音乐、戏剧与阅读作品的持久滋养——但几乎可以毫不夸张地说，在所有这些事物之中，我仍然为之感到不知所措的是一种必死的宿命感。这种领悟就像拆卸起重机一样打击我，让我意识到自己会不可避免地死去。当这种感觉来临时，它并不是一种普通的恐惧或焦虑，而是极度强烈与异常有力。我就好像处于噩梦之中，我感到自己陷入了困境，但又无法从某种我无法面对的东西中逃脱出来。死亡，我的死亡，我真正的毁灭是完全不可避免的，死亡在我开始存在的那一瞬间就已经是不可避免的。无论是现在还是其他任何时刻，我都不可能做任何事来对我的死亡产生任何影响，不仅如此，我在自己一生的任何时刻都不可能改变我的死亡结局。无论是勇士还是语无伦次的怯懦者，他们对于死亡来说都是没有差别的。[1]我发现这个尚未到来的事实是难以接受的。我

---

1 多年之后，我无意中发现了菲利普·拉金（Philip Larkin，1922—1985，英国诗人，他被公认为是继 T. S. 艾略特之后20世纪最有影响力的英国诗人。——译注）的如下几行诗句：

> 多数事情或许永远不会发生：这件事却会，
> 对它的领悟犹如怒涛奔涌
> 冲出恐惧的熔炉，每当我们陷入
> 无人或无酒的境地。勇气毫无用处：
> 它意味着不去恐吓他人。胆量再大
> 也没有谁能不进坟墓
> 死亡一视同仁，不管你哀号还是反抗。

整首诗的名字是《晨歌》（Aubade），它恰好表达了我体验到的那种对死亡的恐惧。无疑是由于这个缘故，在我看来，这是拉金最好的一首诗。它也是拉金最后一首重要的诗歌——他写完这首诗之后，诗歌艺术就抛弃了他。这个事实让我怀疑，这首诗是拉金用他整个人生的心血来完成的一部作品。

觉得自己在面对这种彻底毁灭时,我的内心由于被恐惧吞没而陷入瘫痪的状态——在我的想象中,这恰恰就像许多人在面对行刑队时必然会经历的感受。在许多年的时间里,我的标准生存模式就是一个噩梦,由于我在这个噩梦中已经处于清醒的状态,因此这就是一个我无法醒过来的噩梦。

我在数年间沉浸于这种领悟之中,这种经验改变了我的生活,此后我再也没有回到这种变化发生之前的状态。这种领悟提出了许多基本问题,其中的第一个基本问题是有关生命意义的紧迫问题。在面对死亡时,我渴望我的生命拥有某种意义。我发现,生命或许根本就没有任何意义——或许根据一种长远的观点来看,生命完全是虚无的——而这样的想法是令人恐惧的。尽管如此,我远远没有为了这个理由而假定生命必定有某种意义,我仅仅是意识到,生命也有可能是没有意义的。整个生命或许恰恰就是偶然的、随机的、意外的、没有意义的。我渴望生命拥有意义,但根据我渴求的事实,大概无法推断出任何结论来让我们认为,生命确实拥有意义。真正存在的可能性是,一切事物都是没有意义的。面对这个事实,我体验到的感受只能被描述为一种生存的恐惧,一种对虚无的惊骇。

对于任何在这种思维结构中的人来说,人类几乎所有的追求看起来都完全是一种无法形容的徒劳之举。在永恒的目光里,人类的寿命仅仅是弹指一瞬。在我们知道我们位于何处之前,死亡就会降临到我们头上;一旦我们死去,我们就永远在死亡的状态之中。当我此后永远进入完全的虚无之中时,我所完成的任何事情又能对我有什么意义或重要性呢?当任何其他人也永远地归于虚无时,又有什么事物能对他们产生重要的意义呢?倘若空虚是我们所有人的永恒命运,那么,所有的价值与意义就仅仅是为了让我们继续参与微不足道的人类游戏的装扮,就像为了让孩子穿上盛装而必不可少的装扮一样。当然,这是人们心甘情愿穿戴的装扮:我们无法让自己面对永恒的虚无,因此我们就让自己忙于经营我们琐碎的生命,忙于从事各种无意义的追求,并让自己被各种习俗所包围,而这些习俗是我们自己创造的,我们假装认为它们是重要的,它们会帮助我们不去感受包围我们的那种永无止境的黑夜。最终,一切都是虚无——无论怎样都是虚无。我在生物层面上被设定的程序,让我想要继续活下去,因此我就会去做一些能让我继续活下去的事情:我会进食、饮水、睡眠、试图规避风险,并去做其他任何能让我活下去的事情。但那种认为生命拥有意义的想法,仅仅是一种可悲而又短暂的自我欺骗。

对于任何这么思考的人来说,只有一种人类活动似乎从根本上拥有重要的地位,即对生命意义的探寻。但除非这种探寻是诚实的,否则探寻的结果就有可能是虚幻的。一种在智识上诚实的探寻不可能以"生命的意义是什么?"这个问题作为出发点,因为这么做不仅想当然地假定了一个问题的答案,而且还想当然地假定了三个先行问题的答案:能否存在任何类似"生命意义"的东西?倘若有可能存在,我们人类是否有可能找到生命的意义?倘若我们有可能找到,我们应当如何着手去寻求生命的意义?只有我们具备良好的根据来相信,我们可以对于这三个先行的问题做出精确而又肯定的解答,我们才能成功地向我们自己提出第四个问题:生命的意义是什么?倘若我们所接受的对于前三个问题的解答是误入歧途的,我们剩余的哲学旅程就将全都变得徒劳无功。

正是在这种思维结构中,我阅读了或重新阅读了诸多大哲学家的主要代表作——毕竟,这些代表作的数量仅仅在十二本到二十本之间——我阅读它们的方式仿佛表明,我的生命依赖于这些作品。我还阅读了某些在哲学上的边缘人物,但他们的主题通常都接近于在论述"生命的意义"(诸如圣奥古斯丁、帕斯卡尔、克尔凯郭尔、尼采与托尔斯泰这样的作家)。从他们的作品中似乎只要再向前走上几步,一个人就会自然而然地成为神秘主义者,在这些神秘主义者之中,我发现安格鲁斯·西勒辛思[1]最有启发。接下来只要从神秘主义者的作品中再向前走上几步,就会来到神秘主义者频繁援引的宗教基本文献:我重新阅读了《奥义书》《新约圣经》与《旧约圣经》最有反思性的部分。我的这种阅读活动持续了数年时间,它绝对不是我事先策划的阅读方案。相反,它是一种匆忙的、不顾一切的探寻,仿佛我的生存已经危如累卵。我抓住我觉得有可能帮助自己的书籍来狼吞虎咽地阅读。这几乎完全不是一种智识活动,而是一种实践的、现实的、几乎归属于动物本能的活动。这些阅读活动就是这么发生的——我在那时是这么认为的,而我现在仍然这么认为——以至于我读过的这些书籍成了对我来说最重要与最有价值的散文作品;但除此之外,我在阅读它们的过程中产生了完全是情感上的亲和力,这就让它们具备了对我来说独特的重要性。我在那时读过的许多论著都已经被我转化成了我自己的体系,并在此以后成为我的一个组成部分。任何想要概括这些阅读体验,借此引导其他人,乃至述说我从中获得何种启发的尝试,都会是枯燥乏味与不可救药的,这就像音乐爱好者试图逐首列举在他看来是伟大音乐的交响曲一样。

---

[1] 安格鲁斯·西勒辛思(Angelus Silesius, 1624—1677),德国天主教牧师与医生,著名的神秘主义者与宗教诗人,海德格尔经常援引他的如下诗句:"玫瑰不问因由,盛放只因盛放。不在乎它自己,不问他人注视",以此来生动地解释人的生存的被抛状态。——译注

从一开始,我就知道自己做出了某些相关的假设,但我发现自己在心理上也必定会做出这样的假定。我的一个假设是,无论存在者整体是什么,我都是这个整体的一个组成部分。无论关于实在本质的真理可能是什么,我都必定是实在的一个组成部分,因此我必定在人们对实在做出的解释中占据一席之地。我并不是一个从外部审视实在的冷漠而又超然的观察者,实在并不是某个与我自身相分离的存在者:我是在这个世界之中的一种物体,不管这是我的部分本质还是我的全部本质,在我看来似乎不言而喻的是,倘若实在有一种精神的维度,那么我也会分有这种精神的维度。由于这一点,我从一开始就深深地确信,对自我的理解与对这个世界和整个实在的理解是同一种哲学反思的相关组成部分。这并不是说我认为,我作为一个人,就必定是一个特别重要的人物。远非如此。我非常清楚,我的整个存在或许仅仅是在一座空房子最偏僻房间的最阴暗角落里闪现的一粒微尘,就像任何可能存在的事物那样近乎虚无。实际上,这就是我恐惧的东西,我多半认为自己其实已经处于这种虚无的状态之中。但倘若情况是这样,这仍然是由于我的生存在整个环境中占据的地位,以及我的这个地位与范围更广泛的诸多事物组合之间的关系。因此,甚至我的这种不重要的地位,也只有根据我与实在其余部分的关系才能理解我的这种地位的本质,因而只有根据其他事物才能理解我的这种地位;所以,为了想要知道关于我自己与我的处境的真相,我就需要在某种程度上理解这些关系。

　　我发现的另一个在心理上必定会做出的假设是,就我的实际本质而言,我如今基本上是作为一个人存在的,以至于在形而上学的意义上,我与其他人都在一种相同的处境之中。在所有向我呈现的形而上学问题中,最基本的形而上学问题都自然而然的不是以单数第一人称的方式提出的,而是以复数第一人称的方式提出的:这些问题并非"我是什么""我死后会发生什么",而是"我们是什么""我们死后会发生什么"。起初我试图告诉自己,在提出这样的问题时,我正在形成一个巨大的假设,我从我自己的中心向外迈出了一大步:至少在理论上,我能够确定的事物仅仅是我自己的经验,因此我的问题所采纳的形式就应当是:"我是什么"以及"我死后会发生什么"。尽管如此,当我这么做时,我发现我就不再对这些问题持有相同的兴趣。只有当这些问题具备复数第一人称的形式时,它们才牢牢地抓住了我的注意力。当我试图分析会出现这种情况的原因时,我发现,倘若这些问题仅仅是关于我自己的问题,我就绝对不可能将它们自身视为具有任何趣味或重要性的问题——这些问题对我是重要的,但除了对我而言的重要性之外,就没有其他任何重要性。相较之下,我发现自己不可能将那种有关其他人的问题视为没有任何重要性的问题,虽然（就通常的情况而言）绝大多数人对这些问题几乎都没有任何兴趣。因此，可以简单而又明确地说，我觉得，复数第一人称的问题在本质上就让我感兴趣，而单数第一人称的问题则无法让我感兴趣：根据以上分析而显露出来的结果是，这些问题只有在复数的形式下才有可能拥有某种客观意义上的重要性。

我强调，这两个假设——我面对的最紧迫问题并不是关于我个人的问题，而是关于人类本身的处境问题，对于人类处境的任何哲学理解，都必然需要我在范围更广泛的实在背景下来审视这些问题，而我自己恰恰就是这个范围更广泛的实在的一个组成部分——是我在不知不觉中形成的。在实践中，我无法在摆脱这两个假设的情况下进行思考。这并没有妨碍我对它们进行分析；但相关的分析似乎确证了这两个假定所蕴含观点的有效性。

因此，无论我是否愿意，我发现自己与他人都卷入了一项具备共同本质的事业，这项事业试图理解实在是什么，而我们发现，人类自身就是实在的一个组成部分；那些和我一样卷入了这项事业的人，是一群可以追溯到数千年之前的人，他们彼此之间具有广泛的差异。没有人要求我参与这项事业，而我恰恰发现自己已经卷入了这项事业。在我整个成年生活中，特别是在我自己专注于阅读以往最伟大哲学家作品的那段经常出现的周期里，我都会拥有这样的感受。可以说，我每天都与休谟或康德一起生活，我觉得他们比我的朋友更加亲近，我觉得自己更了解他们，因为我了解他们的内心，即他们通过自身的论著而被揭示出来的灵魂。他们已经成为我的终生伴侣。为了他们给我带来的意义，为了他们给予我的思想，为了他们给我的生活带来的改变，我对他们抱有感激之情。我对他们的态度非常不同于学者的态度。按照我的理解，研究康德的学者试图理解的是康德，研究柏拉图的学者试图理解的是柏拉图，如此等等。在这种意义上，这些作者并不是我最终有兴趣理解的对象。我试图理解的是我发现自己在其中生活的那个世界与我自己。我阅读伟大的哲学家，因为他们对我不断试图理解的主题带来了启发，经常会给予我极为深刻的洞识，没有他们的帮助，我就无法获得这样的洞识。但在最后的分析中，对我来说重要的并不是这些伟大的哲学家相信什么，而是我相信什么。至于他们的作品，我感兴趣的是其中有可能为我带来收益的潜在思想资源。因此，我不像学者那样，将他们当作凭借他们自身的头衔就拥有正当地位的研究对象，而是将他们当作有助于提升生命的同伴与向导，当作在我们共同参与的发现之旅中比我自己更为谨慎的同船水手。至于学者，我尊重他们的劳动，并从他们的劳动中获得了巨大的收益，但事实上，在哲学的盛宴上，他们既不是厨师也不是美食家，而是在这两者之间来回奔波的服务员。

在真正的哲学背后的基本冲动是对于这个世界的好奇心，而不是对于哲学家作品的兴趣。我们每个人都是从婴儿时期的前意识状态中成长起来的，我们只不过突然发现自己存在于此，存在于这个世界之中，而仅仅是这种经验，就让某些人感到惊异。所有这一切是什么——这个世界是什么？我们是什么？从人生的最初阶段起，某些人就拥有强烈的冲动来追问这些问题，他们感受到了寻找这些解答的渴求。这就是诸如"人类的形而上学需求"这样的术语所真正意指的含义。

对于这些问题，人们最初似乎是根据精神来进行解答的——人们或者认为，这个世界是一个精灵或是由精灵创造的，人们或者认为，在每个个别的事物或自然的每种活动中都有精灵存在，或有一些数量有限的精灵，它们让一切事物得以运作——它们有可能共同发挥作用，也有可能彼此对抗。人们或许会理所当然地认为，原始人起初只不过简单地将对象当作对象，而在很久之后的一个更为成熟老练的先进阶段中，他们才逐步形成了这样的观念，即不可见的精灵居住在这些对象之中或支配着这些对象。但事实刚好相反，认为根本不存在这样的精灵的观念，是一种高度先进的观念，在人类的历史中，只有经过了数千年的智识发展之后，人们在新近的时代里才有可能获得这样的观念。我们不能由于唯物主义所给出的解释是简单的，就在这种误导下认为，唯物主义无论是在历史的意义上还是在智识的意义上都是原始的。实际情况完全相反。至于实际情况为什么会是这样，我的猜想是，我们知道我们自己是具有知觉意识的物体，我们是在意志、激情、思想的作用下进行活动的；因此，归根结底，我们有可能自然地假定，其他的物体就会在这些方面与我们类似，特别是这个假定又为我们提供了一种理解其他物体运动的方式，这种方式对我们来说是容易把握的，因为这恰恰是根据我们自身做出的类比。时至今日，孩子们仍然容易变成一种相当迷信的人，他们相信各种魔法与精灵的故事；只有随着他们逐渐成长，他们才慢慢地不再相信这种迷信。

人们对世界的取向，不可避免地依赖于他们所采纳的世界观；因此，当每个人的世界观都是根据精灵而形成的，每个这样的人对世界的取向，如今或许就会被我们称为宗教的取向。同样不可避免的是，这种取向的构架是逐渐形成的社会组织形式的基础——为了有效地与实在打交道，甚至是为了部分地征服实在，人类将自身组成群体的方式，必然相关于他们对于实在的理解。由于任何惹怒了精灵的人，都有可能招致精灵对整个部族的愤怒——当然，除非这个部族能够明确地将自身与这个人切割，并对这个人进行惩罚——在持有这种信仰体系的人看来，以显著的方式惩罚任何异议者，就必定是完全自然的做法。

正如我在先前就已经暗示过的，如今被我们称为哲学的东西，肇始于人类社会开始允许异议者存在之际。当人们被允许对盛行的世界观进行批判，提出理由支持他们的批判，并由此激发相关的讨论与争辩时，就会出现哲学的最初萌芽。尽管就我们所知，哲学最早似乎是在前苏格拉底时期的希腊发展起来的，但我认为，从哲学的观点（不同于历史的观点）看，哲学的萌芽存在于何处，这几乎不重要。无论哲学是在何处发生的，它都是人类发展的一个转折点，正是在哲学开始出现时，人们才开始进行批判性的思考，表达他们的批评意见，并在彼此之间进行争论。论证的实践不仅激发了理性的发展，而且还产生了其他的许多后果。人们在实践中发现，某些形式的论证能够比其他形式的论证更好地承受批评意见。人们试图尽可能优秀地做出他们的论证，并找出他们的对手在论证中的弱点。根据这些形式，人们就可以越来越敏锐地判断出哪些论证是优秀的，哪些论证是拙劣的。人们相信一个论证的判断标准之一是，这个论证能够承受什么批评意见，也就是说，这个论证能够经得起批评。从哲学的出发点开始，人类对于世界的理解与人类的理性在每个阶段都携手发展，彼此互动。

在超过两千年的时间里，在如今被我们称为哲学的事物与如今被我们称为科学的事物之间，最初是没有任何区分的。人们仅仅试图理解这个世界——并在这个学习过程中学习他们自己是如何学习知识的。同样地，哲学家从一开始就忙于思考的是这个世界整体。因此活跃于公元前580年前后的泰勒士，在传统上就被人们视为第一位哲学家，他的教诲是，这个世界漂浮于水上。泰勒士似乎是根据这个教诲，将这个世界等同于大地，将大地等同于陆地；无论如何，他的理论是智慧的与充满想象力的，但更为重要的是，他对一个有趣的基本问题提出了一个解答，这个问题是：什么东西让这个世界保持在一个恰当的位置之上？接下来泰勒士要求人们对此进行批判性的讨论。阿那克西曼德是泰勒士的一个学生，他是一个具备了几乎不可思议的洞察力的人，他拒斥了泰勒士的理论，并对这个基本问题提出了一个惊人的不同理论："大地……并不是由任何东西支撑起来的，它保持静止应当归功于这样的事实，即它同等远离于其他所有的事物。它的形状……就像鼓一样……我们在它平坦表面的一侧行走，而其他人则在相反的一侧行走。"阿那克西曼德有一个学生名叫阿那克西美尼，阿那克西美尼又拒斥了他老师的理论，并转而支持一个并非更好而是更糟糕的理论——事实上，阿那克西美尼没有抓住阿那克西曼德的理论的要领，相较于阿那克西曼德的理论，阿那克西美尼的理论是贫乏的——阿那克西美尼的理论主张，大地是平坦的，而它的"平坦性是它保持世界稳定的原因；因为它……就像盖子一样覆盖着在它下方的空气"。阿那克西美尼的这个理论部分退回到了泰勒士的立场上——阿那克西美尼提出这个理论是为了对泰勒士的理论做出改进，以便于让他自己的理论优于泰勒士与阿那克西曼德的理论，但实际上，阿那克西美尼的理论甚至还没有达到后面这两种理论的居间水平。接下来的数百年间，阿那克西曼德的理论都没有得到改进，在这段时间里，甚至最有才华的人也是根据其力所不能及的立场来发展相关思想的。这种在一段跨度巨大的时期内"前进两步，后退一步"的发展模式，从那时起就在哲学史上反复出现。哲学的新手永远都不应当想当然地认为，在他们自己时代里盛行的哲学假设就是相对于先前哲学的进步：先前的哲学或许更优秀，或许具有更广泛的回旋余地。我相信，我们如今与康德-叔本华的哲学就处于这样的关系之中：我们生活在"后退一步"的时期中。

前苏格拉底时期的哲学家随后又提出了一些富有深刻见解并具备持久重要性的思想。赫拉克利特的教导是，那些在我们的思考中被当作事物的东西，应当更准确地被理解为过程：它们在开始存在时，就处于一种永久的变化状态之中，因此当它们持续存在时，它们就是一种活动；它们的形式或许是不变的，但它们的质料肯定不是不变的；它们接下来则会消逝。于是，它们并不是稳定的物体，而是某种不断发生变化的东西。德谟克利特创造了物质的原子理论，并且教导说，实在的真实基础是向我们隐藏自身的。克塞诺芬尼的教导则是，尽管我们永远不可能认识到任何事物的终极真理，随着时间的推移，我们却有可能越来越接近这种真理。毕达哥拉斯的教导是，对于自然中的一切事物，有一种比我们的感觉更为深刻的理解，而这种理解可以用数字（按照我们如今的说法，或许就是数学公式）来向我们表达。巴门尼德的教导是，在多样化的现象世界背后隐藏的实在是一。这些都是绝妙的思想，无论如何都难以夸大它们在西方思想中的重要性，即便在两千多年之后，当我们思考绝大多数的复杂概念（科学的概念与宗教的概念）时，这些思想都有可能位于这种思考的前沿。

前苏格拉底时期的最佳哲学思想不仅是意义深远的，它们还具有一种审美的价值。在哲学家用乏味的文章来表述他们的思想之前，他们的作品全都是诗篇。他们在一段时期内是以诗篇的形式写作的，其中的某些诗篇是出色的——如克塞诺芬尼的如下诗篇：

> 埃塞俄比亚人说，他们的神是塌鼻子、黑皮肤；

> 色雷斯人说，他们的神是蓝眼睛、红头发。

> 倘若牛、马或狮子都有手，
> 它们都能像人一样绘画或雕塑的话，
> 那么，马画出的神就像马一样，
> 牛画出的神就像牛一样，
> 因此，每种动物都会按照与自身相似的方式来塑造神的形体。

克塞诺芬尼在这段诗篇中说出的思想，就是让费尔巴哈名扬天下的思想，而费尔巴哈是在两千多年之后才说出这个思想的。

  前苏格拉底的哲学家被称为"前苏格拉底"的一个原因是，苏格拉底清醒地对他们的哲学做出了反叛。这与其说是由于苏格拉底不赞同他们的诸多学说，不如说是由于苏格拉底不赞同他们有所选择地提出的诸多问题。苏格拉底坚持认为，对于我们来说，最重要的并不是去认识那些有关这个世界的客观真理，而是去认识我们应当遵循的生活方式。因此，哲学的关键问题就不是"科学的"问题，而是"道德的"问题。苏格拉底在四处活动时提出了这样的问题：什么是正义？什么是勇气？什么是友谊？什么是虔诚？就我们所知，苏格拉底从未写下任何作品：他的所有教导都是通过口头传达的。这已经成为一种以他的名字命名的著名对话形式：苏格拉底式的对话。苏格拉底惯于不诚实地夸口说，他没有传授智慧，只不过向人们追问各种问题。苏格拉底通常是以这样的方式开始他的追问的：他首先会问某个人一个重要概念的意义，比方说，"正义"；接下来，无论这个人会说出什么定义，苏格拉底都会以这样的方式来对他继续进行追问，通过这种追问而变得显而易见的是，这个人所提供的定义中存在着诸多矛盾——因而正义不可能是这个人所说的东西——因此这个人并不知道正义是什么，虽然他认为自己知道。这个受害者最后会处于深深的困惑不安之中，苏格拉底毫不顾忌他的颜面，摧毁了他先前做出的假设，他不再清楚某些被他自己信奉的基本生活概念究竟意味着什么。不用说，这种过程让许多人都产生了困扰，而在某些人看来，苏格拉底的这种追问具有社会颠覆性。苏格拉底的最终结局是，他由于败坏青年的指控而被告上法庭；公元前399年，苏格拉底不仅被宣判死刑，而且还被执行了死刑。但是，苏格拉底在那个时候发起的哲学探究模式延续到了今天，如今它与西方文明这个概念已经密不可分。

  苏格拉底能力最强的学生是柏拉图，在苏格拉底去世时，柏拉图大约31岁，他不仅下决心要澄清他老师的名声，而且下决心要继续从事苏格拉底的工作，因此在柏拉图撰写并得以流传下来的对话录中，苏格拉底总是像明星那样作为表演者出场，苏格拉底的观点总是最终能够得到证明。几乎可以肯定，在柏拉图最早撰写的一些对话录中，柏拉图重复了苏格拉底真正提出的问题与论证。不过，柏拉图之所以能够真正成为苏格拉底这位大师的学生，这是由于柏拉图意识到，哲学家并不应该永远重复其他人的思想，而是应该为了自己思考各种问题，批评自己的思想与其他人的思想，质疑诸多相似的假设，等等。因此，一旦柏拉图确信，苏格拉底的最佳教诲已经令人满意地流传出去，柏拉图接下来就开始发展他自己的哲学，而柏拉图发展自己的哲学的方式，就是他已经如此成功地奠定声誉并拥有读者需求的方式，即他公开发表的那些以苏格拉底为主角的对话录。

由此可以解释这样一个事实，即在柏拉图早期对话录中的"苏格拉底"形象所表达的是一种哲学观（尽管并非全部，但这种哲学观多半是通过这个"苏格拉底"的追问暗示出来的），而在柏拉图中期与晚期的对话录中的"苏格拉底"形象又提出了另一种哲学观。事实上，它们是由两位哲学家提出的两种不同的哲学，前一种哲学是历史上的苏格拉底所持有的，后一种哲学则是柏拉图持有的。第一种哲学狭隘地关注道德问题与个人问题，第二种哲学的范围则覆盖了人类的整个经验：宇宙论、科学、数学、艺术、政治生活、社会生活、个人的道德以及其他的主题。因此，柏拉图几乎规划了哲学家此后关注的所有领域，以至于20世纪哲学家怀特海做出了这样的著名评述，即整个西方哲学就是柏拉图的注脚。柏拉图不仅欣然接受苏格拉底所拒斥的宇宙论关切，而且还将数学物理学置于他对于经验世界的解释的核心。尽管如此，柏拉图并不相信，经验世界就是存在的一切。恰恰相反，在柏拉图看来，经验世界仅仅是表象的世界，它仅仅是转瞬即逝的现象，而不是持久不变的实在。可以认为，在经验世界的"背后"，是一个没有质料的永恒实体的世界，这些实体构成了唯一的永恒实在。永恒的实在世界与我们的经验世界之间的关系是什么，这是一个柏拉图做出了大量阐述的问题，而柏拉图做出大量阐述的另一个问题则是，人类如何能够获得有关永恒事物的知识。柏拉图哲学的这些方面后来对基督教的早期发展产生了不可估量的影响——以至于某些被人们广泛认为是基督教最典型特征的观念，实际上就来自柏拉图的哲学。

在西方哲学家中，柏拉图是第一位将自己的成文作品按照其写作时的形式流传下来的哲学家。正如我已经说过的，苏格拉底没有写过任何作品——我们关于苏格拉底以及他所述说思想的绝大多数知识，都导源于柏拉图的对话录。至于前苏格拉底哲学家,其中没有任何一位哲学家的完整作品得以幸存:我们关于这些哲学家的知识,完全导源于其他哲学家作品中的引文、概述和参考文献,虽然某些这样的引文的篇幅相当长。柏拉图是第一位不仅其作品为我们所拥有,而且我们有理由相信已经拥有了其全部作品的哲学家。在柏拉图之前与之后,没有任何哲学家拥有像柏拉图那样巨大的影响(大概除了亚里士多德之外);由于亚里士多德是柏拉图的学生,柏拉图甚至能够主张,亚里士多德的某些哲学可以归功于柏拉图自己。不寻常的是,时至今日,我们拥有其作品的第一位哲学家,仍然被如此众多的人视为最好的哲学家。职业哲学家的标准观点是,在我们拥有其作品的哲学家中,柏拉图、亚里士多德与康德所处的等级高于其余的哲学家;任何沉浸于哲学文献的人,都几乎不可能不赞同职业哲学家的这个判断。当然,我也不会不赞同职业哲学家的这个判断,但倘若我必须向哲学家授予一个单独的奖项,我就会将之授予康德。不过,柏拉图的成就具有某种令人敬畏的独特之处,这是因为柏拉图创造的天才作品在公元前4世纪的上半叶就已经跨越了哲学思想的整个范围,而在那个时代,其他人都远远没有完成过任何这样的成就。自此以后,柏拉图的大量思想仍然处于(或非常接近于)西方思想的中心。

柏拉图不仅是一位伟大的哲学家,也是一位杰出的文学艺术家。长久以来,古典学者的一个公认观点是,柏拉图撰写的是古希腊最优美的文章。柏拉图的对话录展现了他精通的文学形式,柏拉图在对话录中的描述是简洁而又令人印象深刻的,他对戏剧性反讽进行了巧妙的运用,除此之外,柏拉图的对话录还拥有其他令人称道的可贵品质。柏拉图有二十余篇对话录,它们的长度不等,每篇对话录的篇幅在二十多页到三百多页。柏拉图最感人的对话录是有关苏格拉底的审判与苏格拉底之死的对话录,也就是《克里托篇》《斐多篇》与《申辩篇》。柏拉图最著名与最有影响力的对话录是《国家篇》与《会饮篇》。柏拉图几乎所有的作品都有优秀的英语翻译,如今人们轻易就可以购得这些译本,柏拉图几乎所有的作品都非常值得阅读。

某些职业哲学家并不将柏拉图视为被所有时代公认的伟大哲学家,绝大多数这么认为的职业哲学家之所以拒绝将这种荣誉授予柏拉图,是因为他们想要将这种荣誉给予亚里士多德。在有文献记载的哲学史开端,这两位哲学家象征着两条不同的研究进路,自古以来这两条进路就以各种形式彼此对峙。有一些哲学家相信,现实的世界与人类可能拥有的经验世界都不是永恒的,或者并不具备永恒的重要性,因此我们应当试图想办法用我们的心智来超越这种经验世界——倘若这是可能做到的，我们就应当去思考通达这条在我们的世界与具备终极重要性的世界之间的边界的方式，即便我们无法穿越这条边界，我们至少能够探明这条边界并确定它在何处运作——甚至有可能从外部发现我们无法进入的那个领域的形态。（参见维特根斯坦在《逻辑哲学论》4.114与4.115中做出的这个论断，即哲学"应该通过可思考的东西来从外部限制不可思考的东西。它将用明显地表明可以讲述的东西来意味不可讲述的东西"。）不同于这些哲学家，另外还有一些哲学家认为，无论经验世界是否是存在的一切，它就是我们有能力经验或认知的一切，倘若我们借助未经证实的思想的翅膀飞跃于经验世界之上，我们在这种飞行中就会讲述没有意义的废话，并且会不可避免地从高空中坠落。而且在我们探究某些值得进行哲学反思的事物的过程中，我们没有必要超越经验世界，因为经验世界本身就是好奇心、惊异感、丰富性与美的无尽源泉。我们可以用毕生的时间来尝试理解经验世界，并从中获取回报。对应于这两条不同进路的是某些在哲学史上最重大的分歧——理性主义与经验主义、唯心论与实在论（或在一种不同的意义上，唯心主义与唯物主义），等等。哲学家由于个人的性格不同，他们通常就会被其中的某个阵营所吸引：大多数哲学家发现自己在某种自然倾向的引导下，要么支持柏拉图，要么支持亚里士多德。康德独有的伟大之处就在于，他整合了这两者的思想，并在整合的过程中展示了哲学的真正道路。

对于第二条进路来说，亚里士多德既是其中的第一位哲学家，又是其中最伟大的一位哲学家，可以说，亚里士多德是最伟大的自然经验主义者。他热爱经验，他将自己的一生都致力于加深与丰富他对经验的理解，他的工作始终是从经验的内部出发，他从未试图从外部将抽象的解释强加于经验。亚里士多德毕生都坚持以这种方式艰辛地工作，在这个过程中，他这一个人就变成了一部百科全书。亚里士多德首次为基础科学划分界线，并在每门基础科学的早期研究工作中都做出了一些贡献（而且他还顺便为某些基础科学命名，而这些名称直到今日仍然为人所知）。亚里士多德不仅寻求科学的解释，他还拥有深刻的洞识来提出这样的基本问题：科学解释是什么？我们应当如何着手明确表述科学的解释？亚里士多德将所有已知的推理法则都整理成几条逻辑原理，在两千多年来，人们一直都在积极地运用这些逻辑原理。亚里士多德研究植物、动物、人类及其众多不同的政治组织形式，并对伦理学与美学做出了具备持久重要性的贡献。亚里士多德详细地对自己提出了一些最基本的形而上学问题，这些形而上学问题所关注的是心灵、同一性、形式、本质、连续性、变化与因果关系的本质，他对于每个这样的问题都说出了某些永远占据重要位置的思想。在经过了数百年的漫长时间之后，亚里士多德的研究成果已经构成了西方人所拥有的系统知识的最大组成部分。当大学在中世纪形成时，它们将亚里士多德作为大学课程的基础——这就是但丁将亚里士多德描述为"智者的大师"的原因。当现代科学在17世纪开始出现时，在那时（在亚里士多德逝世的两千多年之后）盛行的世界观，就是亚里士多德的世界观，而现代科学为了确立自身的地位而不得不与之斗争的，恰恰就是这个世界观。为了理解这段历史，就完全有必要去认识亚里士多德的世界观。时至今日，亚里士多德的世界观中有许多内容或者仍然是有效的，或者就其自身而言是有趣的。

亚里士多德准备发表的作品由于具备极其优美的风格而在整个古典时期都广受赞誉。西塞罗将亚里士多德的作品描述为"黄金河"。不幸的是，在这些作品中没有一部留存下来。我们现在拥有的亚里士多德的作品，都是根据亚里士多德的讲座而补写的笔记，这些笔记或者是由亚里士多德本人补写的，或者是由参加讲座的学生补写与传阅的。古典文献关于亚里士多德作品的参考文献的数量如此之多，以至于我们在很大程度上能够知道丢失的是什么内容，而丢失作品的篇幅大概是我们如今拥有的亚里士多德的全部作品篇幅的五分之一。亚里士多德的作品足足有十二卷之多，它们的范围涵盖了那个时代的整个人类知识，其中有许多学科是由亚里士多德亲自开创的。令人遗憾的是，这些作品是由补写的讲座笔记组成的，这就让它们读起来枯燥乏味，因此，通常只有学生或学者才会去阅读亚里士多德的这些作品。人们可以想象一个有头脑的人为了消遣而去阅读柏拉图，却难以想象一个有头脑的人会为了消遣而去阅读亚里士多德或康德。后面这两位哲学家是艰涩难懂的，倘若读者想要受益于他们的作品，就必须专注地研究（实际上是艰辛地研究）他们的作品。只有当老师要求学生必须阅读亚里士多德或康德，或者亚里士多德或康德成为大学必修课程的组成部分时，学生才会去阅读这两位哲学家，但除了这两种情况，也就只有最专注的哲学爱好者才有可能去阅读这两位哲学家的作品。这个事实让我觉得有些绝望，因为这意味着无论怎么看，在被所有时代公认的四位或五位最伟大的哲学家中，有两位最伟大哲学家的作品从来没有被绝大多数有头脑的人或受过良好教育的人读过，它们从来也没有成为这些人的思想装备的组成部分。我是个足够现实的人，因而并不期待这种情况会发生变化，但这仍然让我感到难过。

由于我无法给出充分解释的理由，我甚至无法满足于阅读其他人对大哲学家作品的解释，这种解释不足以取代我自己对这些作品的解读。无可争议的西方大哲家的数目不会超过二十四位，因此任何人只要愿意，都能在一段可控的时间内读完他们所有最为重要的作品。关于这些作品的文献数目是这些作品数目的数千倍。几乎所有的职业哲学家在他们的一生中花费在这些文献上的时间，都超过了他们进行原创性工作的时间。大致根据定义就可以知道，二手研究文献并不是都接近同一种水平；但在这种文献中，到处都可以找到诸多敏锐的评述、批评或介绍，这种文献对于它们所论述哲学的理解确实是深刻的，它们对于相关哲学论证的描述是清晰准确的，它们的批评具有深刻的洞察力，它们的评价是审慎的。既然如此，为什么高质量的二手资料无法让我们获得在原创作品中的所有那些重要的东西呢？倘若我改变这个问题的表达方式，它就会变得更加难以回答：一种关于大哲学家的真正良好而又完整的二阶阐释，缺少了什么东西？显然，读者从这种阐释中无法感受到的是大哲学家自身所拥有的文学风格与个性——但严格地说，这与哲学又有什么关系？亚里士多德与康德这两位哲学家跻身于最伟大的哲学家之列——某些人甚至认为，他们就是最伟大的哲学家——但就这两位哲学家而言，他们的哲学作品的风格是糟糕的；至少康德在他作品中几乎没有任何文学品质或文学风格。不管怎样，亚里士多德留存下来的作品仅仅是补写的讲座笔记。因此，倘若在他们论述的任何思想领域中，我都已经清晰地向某个人表明了这两位哲学家向自身提出的问题是什么，他们对这些问题提出的解决方案是什么，他们用来支持这些建议的论证是什么，他们所考虑的潜在反对理由是什么，以及他们对于这些反对理由的回答是什么，难道我还无法让这个人获得他在阅读原著的过程中可能获得的一切吗？

我与我的许多哲学家朋友们都讨论过这个问题，而我不得不说，没有人对这个问题给出令人满意的回答。然而我们都同意，相较于阅读其他某个人对原著的解释（无论解释的质量有多么优秀），阅读原著都是一种完全不同的经验。我对此只能给出一些不全面的解释。哲学在本质上就需要进行某种互动——这不仅指的是在个体与问题之间的互动，而且还指的是一个个体与另一个个体之间的互动。追问、对话、讨论、争辩、论证——在某种意义上说，这些互动对于哲学的本质似乎是至关重要的。因此，只有当我们与一位哲学家及其作品进行互动时，我们才真正"掌握"了这位哲学家。此外，无论怎样挑选出两个人，他们都不会对相同的作品给出相同的解释；因此倘若我们阅读的是A博士对X先生的解释，我们真正掌握的并不是X先生的观点，而是A博士的观点——无可否认，这个主题是X先生，但我们正在阅读的仍然是A博士，而不是X先生。无论A博士的解释多么准确与多么有说服力，情况始终是，我们正在阅读的是A博士认为在X先生的哲学中重要的东西；进而，它们是用A博士所选择的术语来进行表达的。倘若我读过柏拉图，我直接接触的对象是柏拉图，但倘若我阅读的是A博士关于柏拉图的论述，我直接接触的对象就是A博士。在前一种情况下，我与所有时代中最伟大的心灵之一发生了直接的接触，而在后一种情况下，我与一种资质相当平凡的心灵（我无意于对A博士表示不敬）发生了直接的接触。倘若我转而决定阅读B教授对这个相同主题的论述，情况将再次有所不同，而这是由于这种解释是由B教授做出的，而不是由A博士做出的。由于所有这些原因，只有当我亲自读过X先生的作品，我才能够亲自掌握X先生所论述的思想。只有在这个时候，我才能够认识到，这些是X先生真正使用的语言，这是X先生的表达方式，这是X先生表述的腔调。我用其他任何方法都无法达到这些目的。只有当我们亲自读过一位哲学家的作品，我们才能真正知道我们应当如何对他做出回应，我们应当如何考虑这位哲学家，以及倘若我们认为在他的话语中有任何重要的东西，我们应当如何分辨这些重要的东西。这是一种其他人都无法复制的独特互动。

直接接触原著是一种难以表述的经验，这就像聆听伟大的音乐或阅读伟大的诗歌。由于真正拥有这些思想并孕育这些思想的恰恰是这位哲学家本人，这些孕育过程的痕迹就遍布他的作品。当我们阅读原创性思想家的作品时，我们在某种程度上也就是与这些孕育思想的过程相遇，而不仅仅是在考虑已经完成的理论产物。由于这个原因，原创性思想家正在表述的话语在某些时候或许是探索性的，因而相较于某些人对相同的思想所给出的解释，原创性思想家的话语不那么确定，具有更多的错误或更加模棱两可，那些给出解释的人是后来才出现的，他们发现这些思想已经是现成的，他们只需要思考清晰表述这些思想的方式，而他们自身实际上并不拥有这些思想。

为了解释这个问题，还需要考虑其他的一些因素。过去的每个哲学家都是在不同的历史环境与社会环境下写作的，他们用的是某种在特定时期发展出来的语言。更为重要的是，他们的智识导向是不同的。倘若柏拉图没有完成他的工作，就不可能理解亚里士多德是如何完成他自己的工作的，倘若苏格拉底没有完成他的工作，就不可能理解柏拉图是如何完成他自己的工作的。类似地，没有康德的哲学，叔本华的哲学就是不可想象的，而没有休谟的哲学，康德的哲学就是不可想象的。时至今日，在康德的哲学出现之后，人类仅仅度过了两百多年的岁月：绝大多数"伟大的哲学"都早于康德的哲学，它们不可能吸收康德哲学的诸多深刻见解。一种原创的哲学会将它的整个历史处境（包括撰写这种哲学的语境在内）都作为它自身的组成部分，而所有这些东西都被二阶的阐释丢失了。

甚至在原创性思想家与最有能力的解释者或评论者之间，也存在着所有这些差异：我不明白的是，为什么有些人会贬低清晰表达的理性论证所具有的智识力量。尽管如此，我必须要补充一种意见，而这种意见初看起来对我的上述说法做出了限定。我有过与我在初次尝试中无法理解的哲学家进行搏斗的经验，其中的显著例证是黑格尔与海德格尔。当我第一次阅读他们时，他们的作品在我看来几乎就是天书。我坚持阅读这些作品，但我一无所获，并最终由于陷入困境而止步不前。因此我求助于注释者。通过这种方式，果然我很快就能对自己说："因此这就是这些哲学家所意指的东西！"或"因此这就是与之相关的东西！"。最后我又回到了这些哲学家的作品中并再次去理解他们的思想——令我感到惊讶的是，我发现我已经能够理解这些哲学家，尽管我对于这些哲学家所论述的思想的理解，有时不同于这些注释者的解释。这意味着，在某些情况下，人们需要阅读注释者——甚至首先就需要阅读注释者。不过，这些情况与所有的其他情况一样，我发现当我开始阅读原创性的思想家时，我就拥有了一种不同的经验——在阅读类似黑格尔与海德格尔这样的原创性思想家的作品时，我所拥有的这种感受甚至更为强烈，因为阅读他们的作品就像是在矿石中提炼黄金一样。

鉴于所有这些理由，我几乎不怎么关注哲学的二手文献，我更情愿用我的时间来反复阅读这些哲学家自己撰写的作品。我的经验恰恰是，倘若你想要加深对你阅读的那个哲学家的某部作品的理解，相较于阅读其他某个人所撰写的相关书籍，再次阅读这部作品将会给你带来更好的效果。注释会将你的注意力引向你错过的或你尚不知晓的无数细节，就其本质而言，真正重要的恰恰并不是这些细节。当然，倘若吸引你的就是某些细节，你觉得这些细节不管怎样都是相当迷人的，倘若你正在进行专门的研究或撰写有待发表的作品，那你必然需要掌握细节。在这种情况下，我也会让自己沉浸于二手文献之中。但哲学典型地例示了这样一种领域，在这个领域中占据优势的是大议题与大问题，相较之下，其余的细节完全不具备真正的重要性。花费在二手文献上的时间，就像生活于浅滩上的人生；花费在伟大哲学家的作品上的时间，就像生活于无比深邃的海洋之中的人生。

恐怕只有那些对重大问题并不真正感兴趣的人，才会习惯于欣然将他们的时间用来专注于细节。这些人肯定极为频繁地在重大事务上犯错。当然，无论你是什么人，在某些时候你都有可能犯错：对你来说至关重要的是，根据你自身之外的思想观念修正你的错误，因此你始终需要做出某种自我监督，以便于确保你自己并没有犯下重大的错误。在绝大多数情况下,这并不是一件难以做到的事情,除非你过于自满:我们确实都犯错,而我们确实都需要在很大程度上拥有自知之明。对于某些大哲学家,我反复阅读他们的著作,但在论述这些著作的书中我通常只读一本,即被人们普遍称为"论述 X 的最佳论著",而这通常就能让我充分监控我审视这些大哲学家的内在视角与外在视角,并确保我自己的心灵在私底下没有犯下荒唐可笑的错误。当然,倘若二手文献对我正在讨论的哲学家的理解犯下了大量的错误(如多年以来人们对早期维特根斯坦的错误理解),那么,判断这些二手文献是否犯错的唯一标准,则来自这些思想家自身。

完全屈从于二手文献所导致的一个最糟糕的问题是,它意味着,在我们不可避免地犯下自己的错误(这种情况已经相当糟糕)的同时,还会大规模地吸收别人的错误。我相信,人们已经公开发表了许多关于某些哲学家的重大误解,其中的绝大多数误解大概都导源于这种完全屈从二手文献的态度。也就是说,作者从二手文献中吸收了一种关于他尚未读过的某位哲学家的错误见解,接下来当他开始阅读这位哲学家的作品时,他就会根据那些在他的头脑中已经存在的预期(这些预期得到了在他眼中的"公认权威"的支持)错误地理解这位哲学家。我已经援引了维特根斯坦的《逻辑哲学论》作为这样的一个例证,我发现当我亲自阅读维特根斯坦的这部作品时,它就变成了一本不同于人们在那个时期普遍描述的书。在那时,没有对它形成正确理解的二手文献在如此广泛的范围内甚嚣尘上,以至于我多年以来都持续用这种错误的方式来阅读这本书,而没有意识到这本书本身不同于这种错误的理解。我并不相信,每一个撰写了相关二手文献的作者都是按照真正独立的方式来阅读《逻辑哲学论》,但他们都以完全相同的方式误解了这本书:我相信,几乎每个作者都先行从相同的二手资料中吸收了一种错误的观点,接下来则根据这种错误的观点来理解《逻辑哲学论》,因此,这种误解就是以这种方式让自己永久存在的。随后我又发现,二手文献对叔本华的理解也存在这种类似的情况,而我对叔本华的发现才提供了另一条理解叔本华的道路。我是在最近才开始阅读叔本华的,我在那时不怎么了解叔本华。在我看来,叔本华以一种格外清晰的方式陈述他的观点,他几乎不可能让人们对"叔本华所表述的学说内容是什么"这个问题的答案产生怀疑或分歧。接下来,我完全在我自己兴趣的驱使下,转向了研究叔本华的二手文献。我发现,几乎所有的作者都以错误的方式理解了叔本华的一个基本学说(而且他们错误理解的都是同一个基本学说),而这种错误的理解方式让他们错误地描述了叔本华的整个哲学。我仍然不认为,所有这些作者都恰好对叔本华的同一个观点做出了错误的理解。对于叔本华这位如此清晰易懂的作家来说，这是难以置信的（叔本华会不遗余力地把任何有争议的观点解释清楚）。我认为，唯一可能发生的情况是，这些二手文献的作者在他们阅读叔本华之前就认为，他们已经了解了叔本华对于这个问题必定会讲述的观点，接下来他们在阅读叔本华时就以为叔本华讲述过这个观点。

对于某些特定的哲学家来说，许多人对他们的看法都是各自对立的，在这种情况下，你不可能知道你自己对他们的想法，除非你亲自阅读了这些哲学家的作品。很多读过黑格尔的人认为，黑格尔的作品是由诸多烦琐的内容构成的，它们是用神谕式的语言装扮起来的，以便于读者对它们留下深刻印象——这就相当于一个软弱无能的皇帝，他试图通过穿着华丽的衣服，出席各种宏大的典礼来让他的臣民对自己留下深刻印象。在对黑格尔抱有这种看法的人中间有一些才华横溢的哲学家——如叔本华、伯特兰·罗素与卡尔·波普尔——因此你或许会认为，人们不可能轻易无视这种对于黑格尔的看法。但也有一些具备巨大才华的哲学家，在他们看来，黑格尔是一位深刻的与具备原创性的思想家——如卡尔·马克思、克尔凯郭尔（虽然克尔凯郭尔对黑格尔抱有好斗的敌意，但他仍然将黑格尔视为那个时代最重要的思想家）、海德格尔与让-保罗·萨特。倘若你发现，你自己就像我一样，赞同后面这一群哲学家的看法，那么你就有可能提出一个有趣的问题，即为什么那些具备了相当于叔本华、罗素与波普尔的哲学水平的哲学家无法看到黑格尔哲学中的重要内容？不过当然，这并不是一个哲学问题。

根据我们在西方世界史中恰好占据的立场，我们就会发现，可以便利地将这种历史大致划分为三个时代：古代、中世纪与现代。我们无法断定，这三个时代的区分还将持续多久，但在我撰写这本书的这段时间里，这种区分已经在多代人中深刻地确立了自身的地位。同样地，长久以来人们就习惯于根据相同的三个历史分支来审视哲学史：古代哲学、中世纪哲学与现代哲学。柏拉图与亚里士多德在古代哲学中的支配地位已经达到了这样的程度，倘若有人在大学研究古代哲学这个主题，他们很可能只需要阅读这两位哲学家的作品。对于研究古代哲学的新手来说，这种做法是相当合情合理的；但对于任何酷爱哲学的学者来说，他迟早会想要探索古代世界中的其他哲学人物。他就会发现，他自己将要面对的是在数百年的时间里出现的诸多富有洞察力的哲学家，从前苏格拉底的哲学家到新柏拉图主义的哲学家普罗提诺。

中世纪哲学有一个不寻常的特征，这让它一方面有别于古代哲学，另一方面又有别于现代哲学，即它与已经确立的宗教的共生关系。在整个中世纪（从罗马帝国的衰落到文艺复兴之间的千余年时间）里，几乎所有具备学识的西方人都是牧师。欧洲的一小群犹太人如今最接近于这种状况，而犹太人是欧洲的少数民族。当然，在那个时代里，任何公开承认自己没有宗教信仰的人，都有遭受严厉的惩罚乃至有可能被处死的风险。因此在这整段漫长的历史时期里——这段历史时期的长度是希腊历史与罗马历史的总和，是在文艺复兴与当代历史之间的时间的两倍——所有的学问与所有经过训练的智识活动，自始至终都是在牢固确立的宗教框架（绝大多数是在现实世界中的宗教机构）下进行的。由于上帝向我们揭示的终极真理不能被质疑，这就几乎不可避免地将绝大多数哲学探究归于两方面的主题：仅仅凭借理性，能够在何等范围内证实宗教的真理？如何看待柏拉图和亚里士多德的伟大作品与《旧约圣经》和《新约圣经》之间的关系？

有人或许会问：为什么人们会觉得有必要提出这些问题？关于第一个问题：倘若上帝将他的真理揭示给我们，那么我们自己的理性在未受帮助的情况下就无法抵达这种真理，而在这种情况下产生的一个重要问题是，仅凭理性能够将我们带到多远？关于第二个问题：上帝在《旧约圣经》与《新约圣经》中直接对我们给出的话语，是否必定可以取代所有其他的学术资源，并让它们成为多余的东西？严肃的中世纪思想家对这两个挑战都做出了解答。在回复第一个挑战时，他们指出，信奉基督教的国家，不断会受到周围的那些拒斥基督教的人的威胁，这些人还经常会侵略基督教国家。基督徒的一个紧迫职责是，劝说这样的人相信基督教的真理；但显而易见的是，不可能通过诉诸他们并不承认的权威，或求助于他们否认的启示来做到这一点。要实现这个目的的唯一有效手段是，用不包含任何基督教预设的论证来说服这些人，只要这种论证足够精巧，就可以迫使他们接受基督教的信仰。在这种目的的指引下，中世纪的思想家发展了那种支持宗教立场的纯粹理性论证，并在这个过程中取得了极大的进步。而那些最优秀的中世纪思想家在智识上表现出了巨大的诚实品质，他们承认了对立立场所具备的力量，也就是某些反对基督教的论证所具备的力量。

在回复第二个挑战时，中世纪思想家指出，尽管柏拉图与亚里士多德的许多学说明显与《圣经》相一致，但他们的某些学说同样明显地与《圣经》相矛盾，而在他们的学说中也有大量的内容似乎无法明确地归为以上这两种情况。因此，中世纪的思想家就没有任何理由来拒绝接管这两位哲学家的学说。不过，在将柏拉图与亚里士多德的任何学说吸收到中世纪的思想与文化之前，中世纪的思想家需要确定，从长远看，这些学说不会进而形成一些彻底对立于宗教信仰的结果；倘若这些学说会形成这样的结果，那么就应当立即拒斥这些学说。因此在可以接受任何这样的学说之前，就需要对这些学说进行大量审慎的研究：中世纪的思想家不仅需要透彻地思考这些学说的结果与含义，而且还要将这种思考贯彻到底。通过这种规划，中世纪的思想家在个别的科学与学科中完成了大量的相关研究工作，这种研究工作的范围颇为全面——远比如今通常为我们所知的范围要全面——由此导致的一个结果是，中世纪的思想家普遍确立了一种亚里士多德主义的世界观，我们如今则将在这种世界观之下的某些学科当作科学。这种具备丰富而又广阔基础的智识活动，在具备了这种活力和目的的中世纪思想家的推动下向前发展，在中世纪晚期（大约是13世纪），学术得到了繁荣发展，这种学术在某种意义上正是文艺复兴的先驱——因此，文艺复兴并不是对过去的彻底决裂，实际情况并不像它在某一段时期内所宣称的那样。不过，尽管中世纪的智识成就受到了低估，但我们仍然不得不承认，恰恰只有当人们对知识的追求从教会中解放出来，科学才重新恢复了古希腊文化所享有的那种知识增长速度。

在我们自己所处的这个时代里，在大学学习哲学的人或者是以柏拉图与亚里士多德为出发点，接下来跳过了整个中世纪哲学（除非他是在罗马天主教的研究机构中学习哲学的），并捡起了笛卡尔的思路（笛卡尔的哲学所处的年代是17世纪上半叶）；他们或者实际上就是以笛卡尔为出发点的。无论是在哪种情况下，这些学生都遗漏了中世纪哲学。

尽管我觉得中世纪哲学是迷人的与有趣的，而且它在许多方面都令人印象深刻，但我无法罔顾事实地声称，中世纪哲学如今仍然是至关重要的哲学读物。恰如古代哲学，中世纪哲学有两个地位最高的人物：圣奥古斯丁（St. Augustine, 354—430）与圣托马斯·阿奎那（St. Thomas Aquinas, 1225—1274）。阿奎那的作品——就像亚里士多德的作品一样，它们吸引了大量专家学者的关注——或许只能吸引专家和严肃的学者；事实上，阿奎那的最佳作品是两部纲要，而阿奎那撰写这两部纲要是为了给学生当教科书。奥古斯丁的情况则有所不同。他的两部最重要的论著《忏悔录》与《上帝之城》仍然是可以理解的，人们仍然可以在每一家优质书店中找到这两本书。原因很简单，《忏悔录》是一本世界文学名著，实际上它是第一部自传，它共同编织而成的是一种对作者人生的特别具有自我批判性（以此对应于这本书的标题）的解释，其中包括对奥古斯丁母亲的纪念性描述，以及某些时至今日仍然具有吸引力与重要性的深刻哲学思考，特别是奥古斯丁关于时间本质的那部分论述。

正如我先前已经讲述过的，我自己在大学学习哲学史的时候是以笛卡尔作为出发点的。在35岁至40岁的这段时间里，我自己又重新阅读了我在学生时期读过的那些大哲学家的作品，并首次阅读了其他的某些大哲学家的作品——不仅包括像斯宾诺莎这样的现代哲学家，而且还包括柏拉图与亚里士多德的绝大多数作品。我对康德的《纯粹理性批判》的第二次阅读，就像我对这本书的第一次阅读一样（不过第二次阅读与第一次阅读是彼此不相关的），仍然是在我人生中最重要的一次智识体验。我有一些朋友住在马略卡岛的中部，这个地区远非充满魅力的旅游中心，但那些朋友不断鼓动我去那里，以便于能够在一段较长的时间里和他们待在一起；于是我就随身携带《纯粹理性批判》，刚好在花费了六周时间的旅程中通读了这本书。我一天的阅读量通常不会超过二十页，我在阅读手头这本书的过程中，有时会用一整天时间来仅仅阅读先前恰好抵达的那页内容。我发现，这本书不仅阐述了我在孩童时期所面对的那些哲学困境，而且还承认它们仍然是最为重要的哲学困境。这本书对这些哲学困境的论述是如此丰富与深刻，以至于任何简要的解释都无法公正地对待它给出的论述。例如，在本书第7章中，我对康德的知觉理论提供了一个概述：就其本身而言，这个概述是准确的，但为了让概述的内容保持简洁，我完全遗漏了康德对于想象力在知觉中的作用所做的论述。这是一个让人引以为戒的例证，它表明，无论一个解释有多么清晰与准确，即便这个解释本身并没有违背任何事实，但这个解释或许仍然是有缺陷的。让我们回到康德的知觉理论，我将表明想象力是在何处进入康德对知觉的描绘之中的。

我们的正常经验是关于正在发生的事件的经验，这些事件通常处于由持续存在的其他事物构成的背景之中，无论是背景还是事件本身，它们都不可避免地存在着时间的维度。就我所知，我们不可能仅仅拥有瞬间的经验而没有持续的时间，因为在这样的情况下我们就没有任何途径来认识到这些经验已经发生。我相信，康德正是由于这种考虑才会坚持认为，时间是内在感觉的一种不可或缺的形式，所有的经验必定在时间的维度中发生。不过还要请大家进行如下的思考：倘若我看到某人从椅子中站起来或穿过一个房间，看到花朵在微风中摇曳，或观察到无论任何正在发生的事件，那么，在任何一个给定的时刻，我观察的对象就能且只能占据一个位置。在那个时刻，共同构成这个运动或这个事件的其他所有的位置必定或者目前就已经存在，或者存在于过去，或者虽然目前尚未存在，但将会在未来存在。因此，尽管当我拥有看见某个事件发生的经验时，这个相同的经验对象的过去的位置与当前的位置似乎是在单一的观察中向我呈现的，但实际情况不可能是这样的。尽管我拥有的经验是一种比方说看到某人将叉子举到嘴边的统一经验，但为了拥有这种统一的经验，我必须要在我的心灵中保留先前几段时间内我所拥有的视觉经验，并将它们都共同联结起来成为我现在所拥有的经验；进而，我必须要生动地保留过去的经验，就好像我是在现在拥有这些经验似的，因为倘若情况并非如此，我看到叉子被举到嘴边的经验就不会如其所是地具备统一的与不停顿的特征。在我对单一运动的知觉经验中，一瞬间以前的感觉输入必定几乎与当前的感觉输入一样生动，以至于在实践中，我几乎无法意识到这些经验在感觉品质上的任何变化。

相应的情况也适用于通过其他感觉获得的经验。倘若我听到一句话或一段曲调，在任何给定时刻的真实感觉输入的组成部分，都不会多于一个音符、一个停顿、一个辅音或一个元音。对我来说，为了将某个句子作为一个句子，将某段曲调作为一段曲调来聆听，我就需要在其中的每个时刻都在我的心中想起先前就已经听到的所有声音，将它们彼此联系，关联于我当前的听觉输入，接下来则将之变成某种被我理解为一个整体的东西。事实真相是，即便我只是为了听到一个词，我也需要完成所有这一切。因此，持久而又积极地运用想象力——康德用"想象力"这个概念所表达的意思是，在心中保持那些并非当前感觉输入的直接产物的感觉意象，尽管这些感觉意象拥有相同程度（或几乎相同程度）的强度与生动性——对于人们拥有任何种类的经验来说，都是必不可少的。根据这种分析而显明的实际情况是，为了从根本上拥有关于这个外在于我自身的世界的经验，我需要：(i) 拥有来自这个世界的感觉输入；(ii) 在想象力中保留有关这些感觉输入的逼真表象；(iii) 将由此保留的诸多表象彼此联结起来，并与新的感觉输入相联系；(iv) 把握这个联结起来的链条，并由此形成一个整体。当所有这一切都得到完成时，我就拥有了经验。但恰恰只有 (iv) 构成了有意识的经验，即我听到的一个词、一个句子或一段曲调；我理解的一个事件或某种持续存在的东西。尽管如此，在 (iv) 能够发生之前，(i)、(ii) 和 (iii) 需要已经发生；即便它们不仅没有而且也永远不可能以未经综合的分离形式出现于经验之中，它们也是真实存在的。经验就其本质而言是一种综合，根据这个事实就可以推导出，创造这种综合的不可或缺的要素，不可能是那种没有其他要素在其中发挥作用的经验的独立对象。

康德尽其所能地贯彻了这种分析。康德通过他的那种深刻而又详细的非凡方式，深入探究了将经验引入概念的过程，他将这种过程视为理解的功能；接下来康德又深入探究了我们使用概念的能力，他将这种能力视为理性的功能。康德的目的是，通过分析为如下问题提供一种完整的解释：理性是什么？理性能做什么？理性的所有可资利用的素材是什么？理性如何获取这些素材？由此我们就能以一种得到了充分支持的方式来理解理性的局限性是什么：对于我们来说，哪种东西是我们不可能认识的？哪种东西是我们不可能思考或理解的？作为一项智识成就，康德的哲学是令人惊叹的，自此以后，它为绝大多数有价值的哲学思考设定了详细的议题，恰如柏拉图在两千多年来为有价值的哲学思考设定了宽泛的议题一样。由于这个主题的本质，康德的作品相当难以阅读与理解。在他的作品中缺乏清晰性，因而无法轻易把握他的作品的诸多思想，无法轻易追随他的作品的诸多论证。但研究康德作品的回报是无可比拟的。我真诚地相信，既然通常只有那些严肃的哲学研究者才会去阅读和理解《纯粹理性批判》，为了能够阅读这样一本书，人们就应当去研究哲学。正如叔本华所言："康德的教导让任何领会了其教导的心灵都发生了一种根本的变化。这种变化如此巨大，以至于可以将之视为一种智识意义上的重生。仅凭康德的教导，就能够真正清除那种由于理智的初始倾向而与生俱来的实在论……心灵由此经历了一种基本的醒悟，从此以后，心灵就会按照另一种角度来审视所有的事物。"*

当我第二次阅读《纯粹理性批判》时，我所寻求的正是这种并非宗教意义上的救赎。我几乎被那种由于不可避免的死亡前景而产生的恐惧所击倒，我在寻求的过程中还抱有一点这样的希望，即我或许不会完全地或永远地被消灭，这个世界与我在这个世界中的生存或许并不是没有意义的与没有价值的。要是我愿意相信的话，康德关于时空虚构性的学说就会为我提供这种希望。因为康德的教导是，时间与空间的形式无法分离于现实的经验与可能的经验，在没有经验的地方，它们就无法获得牢固的立足点。据此可以推断，事物本身是独立于经验的，它们并不存在于时间或空间之中。没有经验，也就不可能存在经验世界。倘若所有的人类全都死去，其他所有具备类似于我们的经验形式的生物也全都死去，那么，我们的世界也就不可能在没有我们存在的情况下继续存在，因为我们的这个世界也会停止存在。康德明确地表述了这一点："我们意在说明的是，我们所有的直觉无非是对显象的表象；我们通过直觉认识的事物，就其本身而言并非按照我们通过直觉认识的方式存在，在诸多显象之间如此构造而成的关系本身，也并不类似于它们向我们显示的方式，

---

* *The World as Will and Representation*, tr. E. F. J. Payne, vol. i, p. xxiii.

倘若清除了主体，甚至仅仅清除了普通感觉的主观构成物，不仅空间与时间本身会消失，客体在空间与时间中的全部构成物和全部关系也会消失。作为显象，它们不可能凭借自身存在，而只能在我们之中存在。客体本身有可能是什么？除了我们的感官接受的所有这一切，这个问题的答案仍然对我们来说是完全未知的。我们认识到的仅仅是我们感知它们的模式——一种对我们特有的模式，它并非必定被一切存在者所共享，虽然它肯定被所有人类所共享。我们可以关注的仅仅是这种模式。"*

  康德在开始研究哲学以前就长期持有基督教的信仰，而康德的这个学说始终给我带来的一个有力冲击是，它让康德持有的基督教信仰的某个重要组成部分具备了正当性。传统的基督教信仰的一个标准组成部分是，时间、空间与物体是我们人类世界的局部特征，不过它们仅仅是人类世界的局部特征：它们并不刻画实在本身。可以认为，在人类世界的"外部"（显然，"外部"是一个空间的术语，因此不可能真正适用于并不存在空间的地方：它在这里仅仅是按照隐喻的方式来使用的），存在着一个没有时间的实在，而人类的不朽灵魂与上帝就存在于这个实在之中。这些不朽灵魂与上帝并不存在于时间或空间之中，它们不是由物质构成的，它们并不生活于物质世界之中；但它们都是永恒存在的；由于在人类的世界中没有什么东西是永恒的（其中的所有事物都会毁灭），正是这些不朽的灵魂与上帝构成了那种或许会被称为"真实"实在的东西，这种实在对立于那种由时间和空间构成的容易消逝的世界，在后面这一个世界中，没有任何东西能够永远存在。倘若人们忽略前面三句话中提到的宗教信仰，它们就成了一种对于康德的空间、时间和物体的学说的简单表述。但事实上，康德自幼年起就已经持有这种基督教的信仰。之所以会发生这种情况，是因为康德出生并成长于一个特别热忱地信奉新教教派（虔信派）的家庭，并且康德长期受到他的抚养者在这方面的影响。在他成年以后，康德创造了一种精彩而又丰富的理性论证体系来支持他的抚养者们所持有的某种信仰，但康德并不是由于这些论证而持有这种信仰的，而且他也不是由于这些论证而被导向这种信仰的；他自始至终都坚持这种信仰。当然，无论康德的这种理性的论证和批判是成功的还是失败的，这都无法证明康德哲学是无效的。不过康德的这种论证和批判，明显就是为了他成长于其中的宗教的许多信念所做的一种理性辩护（让我不断感到震惊的是，许多人在很大程度上都没有注意到这一点）。

---

* *Critique of Pure Reason*, tr. Norman Kemp Smith, p. 82.

不妨让我这么说吧。我们知道的一个事实是，在康德开始思考哲学的很久以前，他就已经纯粹地献身于基督教，对于这种信仰来说，具备空间、时间和物体的经验世界，是某种仅仅在我们这些终有一死的凡人的当下生活中存在的东西，在这个经验世界中一切都会凋零与消逝；在这个世界的"外部"存在着另一个世界，可以说，它是一个具备无限"重要性"的存在领域，在这个领域中没有时间和空间，在这个领域中不存在物体。康德就好像在那时对自己这么说道："这些事物怎么可能是这样的？倘若时间、空间和物体仅仅存在于人类的世界之中，那么，它们的本质可能是什么？鉴于它们仅仅刻画了经验世界，而没有刻画其他任何东西，难道它们就不可能仅仅是经验的特性或前提条件吗？"换句话说，康德的哲学作为一种充分完成的分析，它为康德持有的宗教信仰的真实性提供了支持的理由。我要重申的是，这并不会给康德的哲学带来任何损害。在所有的哲学活动中，最重要的一种活动就是对预设前提的研究。倘若我断定的是p，我让自己承诺的意义究竟是什么？这个问题是任何进行哲学思考的人都始终需要意识到的。甚至以这种方式对一个非常简单的陈述的诸多预设前提进行追问，立刻就会让我们陷入困境。例如，我们几乎所有人从孩提时期起就完全相信，二加二得四，然而倘若有人要求我们用演绎的方式来证明这个陈述的真实性，这就超出了我们绝大多数人的能力范围：要做到这一点，你需要拥有高级数理逻辑的知识。事实上，我们想当然地认为正确的绝大多数陈述，其实都相当难以得到证实，而许多这样的陈述甚至不可能得到证实。

康德的某些基本学说与熟悉的宗教信仰相一致，但人们通常并不评论或讨论这一点，除了这个事实之外，另一件让我感到吃惊的事情是，绝大多数研究康德学说的学生发现，康德的思想即便不是无法理解的，也是难以理解的。我现在正在谈论的并不是康德支持这些思想的论证或分析——它们确实是困难的，有时它们几乎困难得让人难以理解——而是康德用所有这些手段来证实的结论，这些结论本身是可以用相当简单的方式来加以表述的。我感到吃惊的原因是，这些学生在一个不同的语境下，即宗教信仰的语境下就已经相当令人满意地认识到了这些思想。即便他们本人没有任何宗教信仰，他们也必定完全熟悉这个事实，即成千上万具有宗教信仰的人都相信，独立自足的存在者是在空间与时间之外的，它们并不具备物体的形式；物体这样的东西仅仅归属于经验世界，无法在没有时间、没有空间的领域中发现物体的存在，在这种领域存在的都是永恒的事物。倘若这些思想在宗教的语境下对学生来说完全不是陌生的，为什么会有如此众多的学生发现自己没有领会到，这就是康德所讲述的思想。他们可能最终仅仅将康德的这些学说联系到宗教信仰之上，他们却没有想到，这位大哲学家或许认为，有可能通过理性论证来证实这种宗教信仰。

当然，讲清楚一种宗教信仰的前提条件是一回事，证实这种宗教信仰（或这些宗教信仰）的真实性则是另一回事。倘若我已经在一个特殊的情况下确定了这些前提条件，我接下来要证实的是，如果这种正在被我们讨论的宗教信仰是真实的，那么，这些前提条件就必须要得到满足；但在这个过程中所证实的仍然只是一个如果：某些东西仍然有待于证实。对于任何严肃的思想家来说，重要的是要意识到这一点，因为这适用于任何论证。对于某些人来说，当他们被告知这一点时，他们感到颇为震惊，但事实是，任何论证都没有证明它的结论的真实性。说一个论证是有效的，这并不是说它的结论是真实的，而是说它的结论是由它的前提推断出来的：倘若p成立q就成立，因此倘若p不成立，q也就不成立（-p），如此等等。没有任何论证能够确定它的前提的真实性，因为倘若它试图这么做，它就会陷入循环之中；因此没有任何论证能够确定它的结论的真实性。这个道理也适用于康德，康德的大量论证与分析是人类的心智迄今为止发展形成的一种最有力的论证与分析——但它们的结论或前提条件是真实的吗？这是一个非常不同的问题。我可以肯定一件事，康德比其他任何人都更为清晰地确定了最基本的经验问题；因此倘若我们并不接受康德提出的解决方案，康德就让我们面对这个挑战，我们就应当想出更好的解决方案。在康德之后，叔本华在哲学史上占据了一个独特的位置，这是因为叔本华比其他任何人都更为充分地理解了这个挑战，并且还比其他任何人都更为充分地应对了这个挑战。因此我相信，叔本华对待康德的态度是正确的：一方面，叔本华尊重康德，将康德作为他最伟大的哲学先驱，但另一方面，由于看到了康德所犯的错误，叔本华凭借自己拥有的巨大自由与独立心智，完成了他的绝大部分哲学。当然，我们这些人也应当采取相同的态度来对待叔本华。

第15章
中年危机

我不希望给我的读者留下这样的印象,即在我对这种彻底毁灭的恐惧中,我的目光主要固定在了书本之上。我并不指望自己能在阅读中找到摆脱死亡判决的途径。我的实际情况远非如此。在我的绝大部分时间里,我以一种粗俗而又不理智的方式思考我的这种处境让我直接面对的现实,并因此饱受折磨:我的死亡是不可避免的;从来也不曾有过一个人规避了死亡;就我所知,死亡或许是完全的毁灭,它是永恒的或在时间之外的虚无;尽管我无法肯定我自己的处境就是这样,但在我看来,这种可能性高于我所能想到的其他任何可能性,因此我觉得我自己最赞同的信念是:相较于虚无的永恒,一个人终其一生度过的时间不过是眨眼的一瞬间;倘若我将被永恒的空虚所吞没,那么我所做的任何事情都几乎不会具有任何重要性。我即便撰写了一部伟大的论著,担任了外交部长的职位,缔结了愉快或不愉快的婚姻,或根本就是一事无成——这些都不会对我或其他任何人造成最低限度的影响,因为我们所有人都是虚无的,每个人都将走向虚无,包括那些尚未出生的人;因此当我死去时,我的这些情况都不会造成任何影响,倘若我从未出生,这也不会造成任何差别;倘若我从未出生,我就永远是我曾经所是的虚无;在虚无中没有任何意义,没有任何价值;一切事物最终都将沦为虚无。

显然,某些深思熟虑的人也会赞同我在上文表述的所有这些观点,但他们是用冷静而又平和的态度来审视这些观点的。我从来也不是这些深思熟虑的人之中的一员。我由于这些想法而饱受恐惧的折磨。我感觉自己就像某个站在绞刑架上,自己的脖子已经被套上绞索,脚下的活板门随时都会打开的囚徒,或某个面对执行枪决的行刑队的人。我仿佛正处于将陷入永恒长眠的时刻。我的整个存在都想要激烈地反对自己陷入这种状态。但我又不可能对此采取任何行动,这给我带来了沮丧与恐慌,几乎让我发狂。

我过去经常会审视那些每天都快乐地过着正常生活的人,我会这么想:"他们怎么能以这样的方式生活?他们怎么会认为,他们所做的事情是重要的?他们就像在泰坦尼克号上的乘客，不同之处仅在于，他们已经知道，他们正在朝着一起完全无法挽回的海难前进。在很短的一段时间内，他们每个人都将死去，他们或者成为骨灰盒里的一堆灰烬，或者成为一具在地下腐烂的尸体，许多蛆虫在尸体的眼窝中蠕动着爬进爬出。我的处境与这些人的处境在每时每刻都完全是真实存在的；而且我们共同经历的这种处境还将持续一段漫长的时间。为什么他们就没有被这种恐惧所压垮？为什么他们看起来甚至对此毫不在意？"在我的伦敦俱乐部之中——这个俱乐部不同于绝大多数其他俱乐部的地方是，它有点像一个家族——我一边审视那些中老年俱乐部成员，一边产生了如下的想法："他们怎么还能坐享他们的午餐，讲述笑话，哄然大笑，并在眼神中露出喜色？过不了多久，他们所有人都将死去，而且他们现在就知道这一点。他们与自身的完全毁灭几乎处于面对面的状态。难道他们不在意自己的这种处境吗？"我感到困惑的是，几乎所有人实际上都知道他们最终将会死去，然而他们在生活中却仿佛不知道这种可怕的结局将会来临——或者他们就好像已经完全欣然地接受了这种结局。我尤其感到困惑的是，那些中年人实际上如此接近死亡，但他们甚至比年轻人更容易乐观地对待这种结局。我在自己心情不好的时候就会觉得，他们仿佛是一群痴呆病人，当收容院被烧毁时，他们却愚蠢地坐在那里偷偷发笑，直到大火将他们烧成灰烬。

在这些想法的影响下，我的价值观发生了重大的变化。一切被局限于此生此世的东西，逐渐显得不那么重要了。只有那些可以超越此生此世，或在此生此世之外还有其根基的事物（如美、艺术、性爱、道德、完善的人格、形而上学的理解）才可能具有某些价值。当然，与此相关的是由康德、叔本华、早期维特根斯坦构成的哲学传统所讲述的思想，不过，当这种思想以不可抗拒的方式直接冲击我的时候，它并不是一种理论的结论，而是某种被我感受到的，活生生地对我起作用的思想。只有在亲密的关系、个人的隐私、艺术的经验、理解事物的尝试中，才有可能存在某种价值。成功和名望比虚无更糟糕，因为任何追求成功和名望的人都是在积极地抛弃他们自己的生命。他们远远没有对自我进行任何反思：政治活动、商业活动与职业本身就是空虚的，日常生活与这个世界的工作恰恰充斥着大量没有意义的虚荣心。人们忙于在办公室与工厂中进行操劳的工作，或者忙于在自己的家庭与以下这些地方之间来回奔波：充斥着人群的集市与广场、交通堵塞的街道、奔驰的汽车与火车、翱翔的飞机、电话铃声大作的办公室；每一处都存在着喧嚣与噪音，压力与抗争，人们不断地在彼此间展开竞争，却因此焦虑得病，而他们在工作时则疯狂地追求安逸、快乐与财富。那么这些人的最终结局是什么呢？他们的结局完全是空虚的。事实上，无论他们是否意识到这一点，他们都只会为了自己的理由而重复地干这些事，他们会持续不断地这么干，直到他们自己与其他的一切事物都在黑暗中完全消失为止。按照荒谬这个词最严肃的意义来说，这些事在整体上就是荒谬的。

甚至根据民众自己的主张，这个世界的诸多政治活动与商业活动也将以荒谬的方式逐渐消失。某个在都市中工作的人只不过当了一周的政治家，那些热衷于飞短流长的人就会到处议论这个人的所作所为，但在六个月之后，当一场经济危机让这些人焦虑得无法上床入睡时，他们就几乎不会再去谈论这个人的所作所为。在这个时候，民众或许会谈论铁路罢工，然后会谈论地方政府的腐败丑闻，接下来会谈论民众对暴力犯罪的恐慌，进而民众又会关注政府新建议收取的某些税收并对此表达他们的愤怒，接下来民众就会以这种方式继续关注新的事件。在这些事件中，任何一件事在某个时期内看起来都显得是重要的，但接下来它们都会逐渐在公共舆论中消失。除了历史学家可能对它们感兴趣以外，几乎没有人会觉得它们是重要的。事实上，对于那些亲身经历这些事件的民众来说，绝大多数事件对他们的日常生活都几乎不会造成任何影响，甚至根本没有造成任何影响。民众就沉醉于这种不断发生变化的事件潮流之中，用他们自己的措辞来说，他们的头脑中装满了昙花一现的琐碎事件，用电子学的术语来说，民众就意味着"噪音"。

除了这些琐碎的事件，并非没有可供替代的选择。我花费时间来聆听伟大音乐、观赏伟大戏剧、思考具有持久重要性的问题，我的这些活动就不属于琐碎的事情。在我的这些活动中，我关注的对象在我的余生中都仍然是有趣的与重要的。倘若我用了一个晚上聆听马勒的第三交响曲，这部交响曲将在半年、十年乃至三十年的时间里对我产生持久而又重要的影响：它将永远成为我生命的一个组成部分。事实上，随着时间的流逝，这样的事物通常都会增添自身的魅力与价值。比方说，倘若我用两到三个月的时间让自己沉浸于莫扎特的钢琴协奏曲之中，并且在接下来的大约四年时间里不再欣赏这些钢琴协奏曲，那么当我再次聆听这些钢琴协奏曲时，我就会发现，我已经在一个比先前更为深刻的层面上与它们结合在一起。这同样适用于绝大多数伟大的艺术。我反复观看莎士比亚、契诃夫、易卜生与其他作家的戏剧，通过占有这些作品而让自己的思想在成长中不断变得更加丰富。我不仅让自己专注于公认为优秀的管弦乐作品，而且还反复观赏了二三十部最伟大的歌剧，所有这些都将在新陈代谢中被我充满活力的组织器官所吸收，并永远成为我的一个组成部分，在它们的滋养下，我将随着岁月的流逝而变得更加丰富。我不仅加深了我自己与我熟悉的艺术作品的联系，而且我还发现了一批新的艺术，第一次聆听与观赏了这些新的伟大作品。我第一次聆听了马勒与肖斯塔科维奇的交响曲，第一次观看了斯特拉文斯基指挥他自己的音乐，第一次观赏了本·琼森[1]、莫里哀、斯特林堡[2]与皮兰德娄[3]的那些我从未看过的戏剧，第一次欣赏了威尔第与理查·施特劳斯的歌剧，第一次遇到了费多[4]和雅纳切克[5]这样前所未闻的名字，通过以上方式，我在大多数情况下总是能发现大量崭新的艺术作品。在所有这些艺术作品中，存在着某种不断令人兴奋与令人感到不可思议的东西。我不时会觉得，归根结底，我的生活最终将面对死亡。许多作家也是行动果断的实干家，他们在自己的作品中曾经描述过子弹擦过他们耳边的声音，这在他们心中引发了一阵疯狂的刺激感，他们说，这种体验将他们的生存意识强化到了一种令人陶醉的高度。对我来说，当我充分意识到自己将面对死亡时，最接近于让我产生这种体验的事物是我的爱情、友谊、哲学与艺术。我对这些事物的反应，从来也没有像我在40岁左右时那么强烈，在那时，莎士比亚与莫扎特就好像在当面对我倾诉。我不时地会重新回到相同的作品之中。我发现，我几乎把自己的每一分钟都专注于这样的事物。要不是我还需要谋生，我就会让自己完全沉浸于这些作品之中。事实上，我在那时已经在我力所能及的范围内接近于这么做了。

　　这种改变让我对思想体系的态度发生了巨大的转变。如今在我看来，那些将政治、社会或历史层面的解释当作基本解释的人，似乎将外在的和表面的解释当作了基本的解释，他们肤浅地没有抓到问题的要点所在。这种人完全根据政治权力、经济利益与社会阶级来对艺术做出解释，在我看来，这似乎是一种根据较为渺小的东

1　本·琼森（Ben Jonson, 1572—1637），文艺复兴时期英国诗人、剧作家和评论家，他的作品以讽刺剧见长，其代表作是《福尔蓬奈》（*Volpone*）和《炼金士》（*The Alchemist*）。——译注
2　奥古斯特·斯特林堡（August Strindberg, 1849—1912），瑞典现代文学的奠基人，世界现代戏剧之父。斯特林堡一生共写过六十多个剧本，大量的小说、诗歌和关于语言研究的著作，并留下书信七千余封。斯特林堡的剧作对欧洲和美国的戏剧艺术产生了很大影响，并对同时代电影事业的发展也起到了推动的作用。——译注
3　路伊吉·皮兰德娄（Luigi Pirandello, 1867—1936），意大利小说家和戏剧家。为皮兰德娄赢得世界声誉的是他创作的一系列怪诞剧，他一生共创作了四十多部剧本，这些剧作采用怪诞离奇的情节或戏中戏的戏剧形式，揭示生活与形式的矛盾，阐释作者独特的哲学思想。1934年皮兰德娄因"果敢而灵巧地复兴了戏剧艺术和舞台艺术"，荣获诺贝尔文学奖。——译注
4　乔治·费多（Georges Feydeau, 1862—1921），法国剧作者，擅长撰写滑稽剧。——译注
5　莱奥什·雅纳切克（Leos Janáček, 1854—1928），捷克著名古典音乐作曲家，雅纳切克一生多产，富有创意。雅纳切克最大的成就是一系列独到的歌剧，热情洋溢而不失生动活泼，他最具代表性的歌剧是《耶奴发》。70岁以后，雅纳切克还谱写了两部最受欢迎的乐曲《小交响曲》和《格拉高利弥撒》。——译注

西来解释较为伟大的事物的可笑尝试。他们将社会与政治的外在因素当作了艺术作品的基础，却仍然没有注意到那些实际上是艺术作品基本内容的东西，正是由于这个原因，实际上对于作品进行了浅薄化的论述。与那些创作或支持此类文艺批评的人进行争辩，是一种让人凌乱的经验，因为在他们看来似乎自明的是，相较于事物的社会与政治的维度，事物的形而上的、个人的或人际间的维度仅仅是次要的。事实上，无论是对于现实还是对于艺术作品，他们经常会从根本上否认它们存在任何形而上的维度。

根据我对自己的朋友与熟人的观察，我发现，为数不少的中年人（至少是中年男人）的体验与我的上述体验有不少相似之处。这就让人们制造出了诸如"心灵的转变""中年危机""男性更年期"这样的术语，所有这些术语指的都是某些这样的现象。这种现象同样明显地存在于许多创造性艺术家的作品之中——但丁《地狱》开篇的数行诗句所指的就是这种现象。艺术家自身的生活也表明了这一点。当艺术家在自己年轻的时候，他们通常对世俗的成就与名望充满了抱负，他们或许在四处旅行时进行了大量的演出，寻求机会展示他们的作品，向公众展现他们自身的才华：在这段时期，他们的作品本身对社会保持着敏锐的意识，他们的这些作品寻求人们的认可，或旨在给人们留下深刻印象，经常直接指涉当下的社会关切。但接下来在他们中年的某个人生转折点上，这位艺术家经常会改变自己的态度，开始将成就、名望、社会抱负、世俗事务都视为不重要的东西。他与其他人断绝来往，或许会皈依宗教，但无论如何他都会在某种程度上退出这个世界，而与此同时他的艺术变得越来越超凡脱俗。我并不是说，每一位伟大的艺术家的发展历程都遵循这一种模式，而仅仅是说，人们明显可以注意到，许多伟大的艺术家都经历过某种类似的发展模式。那些自身并没有经历过这种发展变化的旁观者，倾向于将这种变化视为一种让自身变软弱的堕落。那些自身被束缚于世俗价值之中的人倾向于认为，这样的艺术家已经"选择退出"艺术创作活动，乃至已经"江郎才尽"。那些相信艺术最重要的价值在于其社会意义的人无法理解，艺术家竟然可以通过超越了社会意义的方式来发展自身——在这种旁观者看来，这些艺术家在遵循了这种发展模式之后，或许就无法回归社会，即便他们有可能在将来重新回归社会，他们的创造力也会有所萎缩，他们甚至会变得更加浅薄，而这才是真正的江郎才尽。

这种发展模式也适用于我自己，我作为艺术作品的创造者与消费者，也会产生类似于上述艺术家的感受。我对绝大多数浅薄的艺术作品都失去了耐心，甚至对绝大多数对社会保持敏锐意识的艺术评论也感到不耐烦，无论这种评论是来自重要的知识分子，来自专业学者或新闻工作者，还是就像如今越来越多出现的情况那样，来自艺术家本身。为了尽可能将时间用在我如今最关切的事物之上，我就改变了我的那个带薪工作的焦点。首先，我改变了我的电视节目的主题，从新闻时事的危机转向了私人生活的危机——通奸、堕胎、酗酒、自杀、卖淫、犯罪等。接下来我将之拓展到了艺术的领域，在商业电视台中制作了第一个有关艺术的定期系列节目，紧随其后的是一个在英国广播电台上的相关系列节目。与此同时，我成为《听众》(*Listener*) 的戏剧批评家，并为《音乐时报》(*Musical Times*) 撰写音乐评论。总之，在我能力所及的范围内，我力图通过我真心想要从事的活动来谋生：聆听音乐，观赏戏剧，亲自介入我自己与他人的私人问题。我觉得自己在某种程度上可以确定地意识到，倘若在时间与空间之外还存在着某些东西，我们就是在个人关系、艺术与反思的私密世界中最为接近这些东西，而在社会组织与政治实践的公开世界中最为远离这些东西。我放弃了（或者说我认为自己放弃了）成为议会成员的计划，并拒绝了那条可以将我自己导向议会候选人的道路。我的生活重心在各个方面都从公共生活转向了私密生活，从与个人无关的生活转向了个人的生活，远离了在这个世界上正在发生的任何事件，并转向了具有更为明显的个体本质和抽象本质、具有更为持久趣味的事物。我知道，在我的许多朋友与同事看来，我在自己的生活中退出了与他人的竞争，而这种做法对我自己来说是一场巨大的灾难。实际上，他们中的某些人告诫我，他们看到我正在疯狂地搞砸一项成功的事业。*但事实真相是，对于他们关注与考虑的那些东西，我不再认为是重要的。

　　我或许应当强调，所有这一切根本就不是一种智识的经验，而且绝对不是通过阅读就可以获得的经验。这并不是由于研究某些作家并受他们思想影响的结果。书籍和研究都不是造成这一切的原因。这是一种生存的体验，一种漫长的与不断发生的心智危机状态与情感危机状态，在这种危机状态中，我多次濒于崩溃。构成这种状态的直接体验来自我感受到的感觉和我思考过的想法，而它们都是令人烦恼的。正是在这种危机状态中，我找到了我阅读的那些作品。由于我处在一种过度紧张的状态之中，我在那时阅读的某些作品对我产生的效果，就好像赋予了我一种保护自己的外壳。例如，所有伟大的宗教与著名的圣徒、道德家、先知等，几乎都共同持有某一批特定的学说，我觉得这些学说显然是真实的与中肯的（而它们在某种意义

---

* "搞砸"或许并不仅仅是在那个时期流行的一个俚语，在大洋两岸都有一些人用这个相同的词对我说："你已经搞砸了。"（或在多年之后这么对我说："我认为你已经搞砸了。"）

上也是一些平凡的道理），它们已经对我产生了无法抵御的影响，而现实世界却对这些学说置之不理。或许我可以按照如下方式来表述这些学说。

这个世界是被虚假的价值所支配的。人们在所有的社会中似乎都急切地想要去做在他们看来合乎规范的事情，他们似乎都害怕被社会否定。他们一心想要在这个世界上取得成功，赢得他们同伴的高度评价，拥有权力，获取金钱与财富，结识"重要"人物。他们钦佩有影响的人、富有的人、有名望的人、出身高贵的人、拥有社会地位的人。但所有这些事物都与功德没有任何重要的关系：人们经常是通过不正当的方式获得这些东西的，而且为了得到这些东西，人们几乎总是需要部分地依赖于运气。它们根本无法保护一个人避免严重的疾病或个人的悲剧，更不用说避免死亡了。一个人在离开这个世界时根本无法将它们也一起带走。它们并不是这个人的固有组成部分，而仅仅是挂在他身上的外在装饰。它们是装饰人生的金属箔片，闪闪发光却又没有什么价值。对于人类来说，真正重要的是那些其重要性超越了生命本身的事物：爱与被爱，真理、诚实、勇气、同情以及按照完全不同于世俗的方式去追求的其他品质。但人们总是为了虚假的价值而牺牲真正的价值：他们为了让自己前进而做出妥协，为了赚钱而歪曲真理，在权力面前贬低自身。通过这种类似的行动方式，他们将垃圾提到了比他们自己更高的地位之上。倘若他们不再以这样的方式贬低自身，并在自己的生活中开始追求真正的价值，那么他们的人生就会变得无比有意义，变得真正令人满意。用最浅显的话来说，他们将变得更加幸福。

在印度教与佛教的经文中，在《旧约圣经》与《新约圣经》中，在我所看过的（在任何世纪与任何社会中的）先知与神秘主义者、智者与导师的诸多作品中，几乎随处都可以发现一些表述类似思想的段落。自从具有深刻洞识的人开始写作与教导以来，他们似乎就已经说过这种思想。甚至创造性的艺术家也这么说过：伟大的艺术家很少说教，当他们说教时，他们就贬损了自身的地位，不过尽管他们在自己写下的大量诗句中并未明确说过这些真正的价值，但人们可以从这些诗句的字里行间辨别出这些价值。在这个世界最伟大的歌剧与戏剧中，私人价值与公共价值的冲突，是所有冲突中最常见的冲突，艺术家总是设法让观众的同情心去支持那些私人的价值。当观众在剧院中欣赏戏剧时，或读者在阅读书籍时，他们几乎普遍会以这种同情私人价值的方式做出回应。但当他们走出剧院或合上书本时，他们就会恢复到原来的状态之中。在寺庙、清真寺、犹太会堂、基督教会中，他们确实在口头上提供了对真正价值的承诺，他们由于这么做而感到好受一些；学校有时甚至还会教导这些真正的价值；但是，一旦人们离开了教导这些价值的东西，他们就会重新按照他们过去的方式行动。比这更糟糕的情况是：倘若他们之中有任何人不再这么做——倘若他们之中的某个成员为了其他某个人而牺牲了他自己的利益，讲述不利于他自身利益的真理，拒绝向那些拥有巨大权力与财富的人谄媚——其他人就会告诫这个人，告诉他不要成为傻瓜。倘若这个人坚持这么做，他们就不再尊重这个人：他们就开始将他视为蠢货，某个不知道如何处理他自己事务的人，某个搞砸了他自己生活的人。因此，事实真相是，人们公开承认并在口头上承诺的价值，在现实中不仅被人们加以否定，而且还被人们主动地加以鄙视。我用了很长一段时间才意识到这一点，但在意识到这一点之后，我就开始以一种新的角度来理解如此众多的先知与导师通常都会拥有的那种明显沮丧乃至绝望的语气，我开始理解他们的孤独，以及他们抱怨他们认识的人没有充分关注他们所讲述思想的原因。

我发现还有一批作品特别能够让我自己与之产生共鸣，那就是归属于人道主义的存在主义的作品。在第二次世界大战刚过后那几年的欧洲大陆，它们是人们关注的中心。我在战后第二年作为交换生前往凡尔赛（我在那时的年龄是17岁），我发现无论是在各种课堂上，还是在巴黎，人们都喋喋不休地谈论着存在主义。让-保罗·萨特和海德格尔在那时还活着，他们分别是当时最为著名的法语世界哲学家和德语世界哲学家。但糟糕的是，他们的哲学与盎格鲁-撒克逊的职业哲学家对经验主义和语言分析的信仰相抵触。我在盎格鲁-撒克逊的这个哲学圈经受训练时人们告诉我，绝大多数职业哲学家都将存在主义当作自命不凡的胡说八道而对这种哲学置之不理，严肃的哲学系学生不应当去关注这些胡说八道。

人道主义的存在主义有三个对我特别具备吸引力的地方。首先，我始终相信，最重要的哲学问题并不是有关知识的问题，而是有关存在的问题。竟然有某些事物存在，哲学家是否能对此给出一种解释（或如何能对此给出一种解释）？存在是什么？倘若你愿意的话，我们还可以追问：当我们说某物存在时，我们所说的是什么意思？我们存在的本质是什么？我们是否仅仅是物体？倘若是这样，我们作为物体是什么样的？或者在我们之中是否有某种并非物质的东西，它要比我们的身体更为重要？倘若在我们之中确实存在这样的东西，它可能是什么？当我们死亡时，它是否也将停止存在，或者它是否能在任何可以想象的意义上继续存在？倘若是后者，这种意义或这种在死后延续的存在会有什么表现？这些问题是对我们至为重要的问题，或至少在我看来是至为重要的问题。正是通过与这些问题的关联，至为重要的知识问题才会开始出现。是否存在任何途径来让我们能够发现这些问题的解答？倘若存在，那么这些途径是什么？抑或是说，不同的问题要以不同的方式来进行解答？倘若是这种情况，对于某些问题来说，恰当的解答方式是什么？或许实际情况是，某些问题是可以解答的，而另一些问题则是不可解答的？倘若是这样，我们如何分辨这两种问题？对我们人类来说，这些问题是至为重要的知识问题。通过观察这些问题而得出的关键结论是，它们不相关于我们对物体的感性知识——除非我们自身只不过是物体，我们正在追问的是我们通过内在感知而获得的关于我们自身的知识。分析哲学从来也不会提出这些问题。不仅如此，分析哲学家志得意满地提供了各种理由来解释，为什么不能允许哲学家提出这些问题，任何提出这些问题的人都会遭到分析哲学家的嘲笑和冷落，因为在他们看来，这样的人不是一个严肃的哲学家。而存在主义坚持认为，这些问题是哲学的基本问题，我们对这些问题的任何严肃解答，都会对我们的生活产生影响。我觉得，存在主义的这个主张相当中肯。

其次，对于向自己提出这些问题的人来说，他们似乎都会相当自然地遵循如下思路。"尽管我不知道我自己是什么，但我确实知道，无论我是什么，我自己是存在的。其他所有存在的实体，似乎都以某种方式在我之外存在，我拥有的关于它们的知识，让我觉得似乎是来自外部的知识，在这种意义上，它们是间接的知识。但是关于我自己，我拥有一种来自内部的直接知识。在我看来，只有对于我自己，我才拥有这样的知识。因此，倘若我想要探究存在的本质，那么，一条最有前景的起始道路，即我自己最能胜任的道路，似乎就是对我自身的存在本质的探究。因此，我开始探究的方式就应当是，对于我所拥有的关于我自身存在的当下意识进行分析，并弄清这种分析可以将我们带向何方。"正是通过这种方式，众多存在主义的思想家在这种思路的引导下，对于他们自己清醒的自我意识进行了现象学的分析。以一种清晰可辨的方式，这种分析类似于我在孩提时期就对自己做过的某些分析，尽管我的这些分析是不成系统的，因此我觉得自己与存在主义是志趣相投的。

人们或许会假定，由于我们清醒的自我意识是以直接的与没有中介的方式来获取经验的，因此人们对这种意识就没有进一步可说的东西。但海德格尔在他的代表作《存在与时间》中表明，情况并非如此。海德格尔通过一种漫长的、缓慢的，而且经常是乏味的分析表明，这种在表面上统一的经验，事实上包含了一些可分离的组成部分。第一，为了让意识能够存在，就需要有某种被理解为持续存在的东西；需要存在某种让事物活动的领域，某种让事情发生的场地，无论这些领域多么模糊不清，也不管它们是感觉的领域、心智的领域、情感的领域、意象的领域、物理的领域,还是其他任何领域。需要有某种感觉,无论这种感觉多么有限,多么初始,它都与某种事件的领域有关,都与某种意识的"世界"有关,即便它或许仅仅是一种心智的屏幕。因此,在这种意义上的"世界性"(Worldishness)是这种经验的一个不可或缺的组成部分。第二,对于任何持续存在的事物,它无论如何都必定拥有一种时间的维度。没有时间,任何种类的持存性就都是不可能的,尽管这种说法并没有明确时间在其他任何方面的本质。第三,对于我们来说,要从根本上意识到任何这样的事物,就需要构造经验。因此无论如何都需要先行把握正在发生的事物的本质,先行把握时间可能拥有的本质,我可以有把握地说,我必定对正在发生的事物对我产生的影响拥有某种意识,必定对以某种方式碰巧在我身上发生、为我发生或在我内部发生的诸多事件拥有某种意识,并且在这种意义上让它们成为我的关切对象。因为没有我个人在某种程度上的卷入(involveness),对我来说就根本不存在任何事物。因此,甚至仅仅在这种分析的范围内,我们就已经认识到了对于任何清醒的意识来说都必不可少的组成部分:世界性、时间与卷入。海德格尔的整个分析对我来说过于艰辛、漫长与节奏缓慢,以至于我无法在这里进行概括,但我所说的已经指明了这种分析的本质。海德格尔所揭示的是,初看起来似乎是简单而又统一的经验,能够被分解为诸多可分离的部分,而在这么做的过程中,海德格尔就挖掘到了那些迄今被当作经验基本层面的东西的更深之处——康德也以不同的方式做过这种挖掘。

  海德格尔的阅读难度达到了令人惊骇的程度——他与黑格尔一样,都写出了一种晦涩的哲学作品——但我毫不怀疑,《存在与时间》是一部具有持久重要性的经典作品。或许可以更准确地说,我认为,它的内容对于哲学来说具有持久的重要性,因为有朝一日,这些内容或许可以被另一位作者以更为清晰而又有趣的方式表述出来,而由此带来的结果是,人们可能不会再阅读《存在与时间》。但这种情况尚未发生。尽管让-保罗·萨特想要充当海德格尔思想的普及者,但与此同时他也对海德格尔的哲学做出了误解与歪曲,并在其中掺杂了笛卡尔与马克思的哲学,更不用说还夹带了他自己的理论见解。萨特的作品展现了非凡的智慧与良好的写作水准,并具有充分的魅力来吸引读者,但它们是肤浅的与不恰当的,这就让萨特的作品在整体上拥有一种精巧的报刊文章的特点。萨特比其他任何人都更多地致力于宣传存在主义,但他并不是存在主义的一位令人满意的倡导者。他最好的小说与戏剧,要优于他的任何哲学作品:倘若萨特的作家之名能继续保持下来,我敢肯定这是由于他的艺术创造力,而不是由于他的理论工作。

人道主义的存在主义传统吸引我的第三点是，我在卷入这个思想传统的过程中逐渐追溯到了它的源头，即尼采的作品。作为牛津的大学生，我在接受权威的指导时被告知，尼采"并不是一个哲学家"。在大约十五年之后，我才意识到，在英语世界之外，尼采是自马克思以来的一位最有影响力的哲学家。正如康德以史无前例的挑衅方式成功地辨识与提出了经验的基本问题，尼采也以类似的方式提出了道德与价值的基本问题。恰如康德所遇到的情况，尼采对他自己的问题所建议的解决方案无法抵御接下来几代人的批评，但是，尼采引起我们关注的原因，主要不在于他正面提出的学说，而在于他以如此激进而又有效的方式提出的一些基本问题，严肃的思想家永远不可能继续忽视这些问题，由此尼采对我在下文提及的这些思想都提出了挑战，他的这种挑战或许可以按照如下方式来进行表述。

从历史的观点看，人类道德的发展与许多其他的事物相关，尤其是人类对于多个精灵或一个精灵的信仰、对于诸神或上帝的信仰。在人类的所有社会中，民众都曾经相信，为了满足精灵的要求，预防他们发怒并安抚他们的力量，就应当去做某些事，而不应当去做另一些事。道德就是以这种方式在历史上开始出现并被教导给民众。西方在这方面并没有什么独特之处，尽管在两千多年以来，某些思想家对于人类与这些神秘力量之间的相互关联的思考已经达到了高度复杂的水准。《旧约圣经》与《新约圣经》构成了道德的多少有几分原始的基础，它们列举了那些告诉我们应当如何生活的神圣命令：十诫恰恰来自上帝的诫条。甚至谦恭而又温和的耶稣也直接对我们下了大量的命令，告诉我们应当做什么与不应当做什么，而伴随着这些命令的是这样一种威胁，即倘若我们不服从这些命令，我们就会遭受地狱之火的惩罚。

在中世纪的一千多年里，基督教会联合世俗政权在世界各处进行统治，在此之后，整个西方文化彻底充斥着犹太教-基督教的道德与价值，补充这些道德与价值的是，来自诸如苏格拉底、柏拉图与亚里士多德这样的古希腊哲学家的相似理念，而这些古希腊哲学家同样相信某个神祇或诸多神祇。尽管如此，正如尼采颇不友善地指出的，在19世纪晚期，绝大多数受过教育的西方人已经不再相信上帝或精灵的存在。他们被争取到了所谓的科学世界观的那一边，上帝与精灵在这种世界观中没有任何地位。然而，他们的传统道德继续在充分地发挥作用，仍然支配了公共的道德与私人的道德。个人就像公共机构与整个社会那样，仍然热情地依恋着这种道德。

尼采表示，这种道德处境是不真实的与站不住脚的。你们已经不再相信自己的价值体系的基础。你们已经明确否定了它所依赖的宗教信仰，然而你们还要继续坚持这种价值体系。你们无法做到这一点。你们要为保留这种价值体系做出辩护，就只能根据一组完全不同的理由，即你们真正相信的理由。不妨请你们进行如下思考：倘若不存在上帝，不存在超验的领域，除了这个世界以外根本不存在其他任何世界，那么你们的道德和价值就不可能导源于超验的领域。它们是你们的创造产物。你们（并不是你们以个体的方式，而是人类以社会的方式在一段时间内）决定了这些道德和价值是什么，你们产生了它们并改变了它们。因此事实上，人类才是让他们自己相信的价值体系存在的原因。鉴于此，鉴于形成你当前价值基础的信仰已经崩溃了，你们可以执行的认真选择就只能是对这些价值进行彻底的重估与重建。你们需要重新评价你们的价值，也就是说，自下而上地重新创造你们的道德与价值，根据你们真正的信仰来为它们建立崭新而又牢固的基础，将它们作为你们的创造而接受由此而来的所有责任。

有证据表明，在尼采的创作生涯行将结束时，他开始计划撰写一部分为四个部分的论著，他将在这部论著中总结自己的思想，这部论著的名字是《重估一切价值》。但在1889年1月，尼采由于精神错乱而陷入了完全的崩溃。尼采并没有完成这部论著。即便如此，根据尼采为之准备的数百页素材，根据他已经发表的作品，就能清晰把握尼采会以何种方式对他自己提出的挑战给出解答。尼采要求的并不是为传统道德提供一种替代性的基础，而是恰恰相反，他几乎完全否定了传统道德。尼采相信，生命本身是真正价值的试金石——现实本身所肯定的是那些依循自然的方式成就自身的事物或人。尼采将这个观点适用于所有具备生命的事物。一只捕食小鸡的狐狸，就是一只标准的狐狸。而倘若有一只猎犬将这只狐狸撕成碎片，那么这只猎犬的行为是完全自然的。这就是事物存在的方式：倘若我们想要肯定生命，那么我们就应该肯定这种存在方式，而不应该去肯定某种实际上并不存在的自由主义幻想，我们不得不肯定生命，根据生命自身的方式来拥抱生命，一切事物实际上都自发地追求自己的自然本性。若有人说这在道德上是不可接受的，这就像是在说糟糕的天气在道德上是不可接受的一样。

所有这一切也适用于人类。历史永无休止地包含了诸多致命的冲突和斗争，从这些冲突和斗争中出现了文化与文明。文化与文明并不是在没有冲突和斗争的情况下发展起来的，而恰恰是由于冲突和斗争才发展起来的。在所有这些冲突和斗争的过程中，更强大、更聪明、更勇敢、更专注、更有想象力、更有创造性的文化和文明持久地占据优势并清除了其余的文化和文明。让强者的活动不受限制，始终有助于文明的发展。而任何压制强者的举措，都不利于文明的发展。但是在过去两千年来，大量没有才能的人所支持的价值体系，恰恰就是在压制强者，这种价值体系赞颂弱者与驯服者（换句话说，就是类似于无能者自身的人），牺牲强者与自信者（弱者所害怕的人），并要求强大勇敢的人按照法律生活，不去做他们喜欢做的事情。这个价值体系的整个关键所在是，将强者囚禁起来，通过让出类拔萃者接受束缚来让他们变得没有威胁性，夺走他们的自然禀赋与有利条件，将他们拉低到与其他任何人相同的水平之上。尼采将这些观点命名为"奴隶道德"，例如，他断言，恰恰是在古代世界的奴隶中，基督教才首次得到广泛传播。尼采经常将基督教称为一种（或那种）"奴隶的宗教"，他也用这个措辞意指任何具有奴性的宗教。

  尼采欣然利用了达尔文的进化论，根据达尔文的进化论，在残酷无情的自然世界中充斥着一切生物反对一切生物的斗争，在适者生存法则的运作下，出现了越来越高级的生命形态，而达尔文的进化论所描述的就是越来越高级的生命形态从这种斗争中出现的诸多方式。尼采对此补充说，当人类在这种进化过程中出现之后，在人类内部继续上演着这种相似的故事，也就是说，弱者被强者清除，无能者被有能力的人清除，怯懦者被勇毅者清除，愚笨者被智慧者清除。人类就是通过这种方式，借助英雄的努力将他们自身提升到了文明的水平。不过，首先是由于古希腊的苏格拉底，接下来是由于苏格拉底之后的基督教，所谓的道德主义者就开始出场了，他们谴责这种向上发展的进化过程，将这种人性与文明斥为不道德的、暴力的、残忍的、自私的，并用其他类似的废话继续进行控诉。这些道德主义者试图用他们所拥护的对立面，即奴隶道德来取代那些实际上是真正的价值。倘若人类从一开始就遵循奴隶道德，人类的文明根本就无法出现。通过类似的论证，尼采不仅拒斥了这种信仰的基础（西方已经确立的道德就是以这种信仰为基础的），而且还大规模地拒斥了这种信仰所鼓吹的道德本身。尼采的作品旨在破除这种道德，转而确立这样一种道德，它不受约束地去肯定生命，并且将出类拔萃者的胜利作为自身的基础。

  可以说，希特勒在《我的奋斗》中的任何地方都没有提过尼采，没有证据证明，希特勒曾经读过尼采，虽然我认为，我的这个说法是正确的，但不可否认的是，希特勒提出了与尼采的哲学具有显著相似性的学说，虽然在希特勒那里，他是根据种族来进行论证的。实在不难看出，尼采的哲学给纳粹留下良好印象的原因，纳粹利用了尼采的哲学，并宣称尼采是法西斯运动的哲学教父。尽管如此，除了尼采有洁癖的心智品质之外，还有其他的理由来让我们相信，尼采不会赞同纳粹的立场。首先，尼采的学说不仅与种族无关，而且也与国家主义无关。尽管尼采自己是德国人，但他以鄙视的眼光看待普通的德国人，认为他们缺乏教养、缺乏幽默感、笨手笨脚，当谈到文化或文明时，德国人远远赶不上法国人。尼采经常用俏皮话来嘲讽德国人；事实上，尼采将德国的国家主义本身就视为一个笑话。尼采拒斥了与国家主义有关的许多政治立场，其中就包括反犹主义。尼采特别鄙视反犹分子的态度，他经常对之加以嘲弄。尼采写下的最后一句得到发表的话（这也表现了他对反犹主义的一个典型态度）是："我刚刚给了所有的反犹分子一击。"* 尼采更有可能持有的想法是，纳粹应当清除他们自身，而不是去清除其他任何人。

尼采是一位卓越的作家，无论是在使用任何语言的国度里，他都是最伟大的哲学家之一——他就像柏拉图一样，是一位文学艺术家。他论述任何主题的文字（就像维特根斯坦的文字一样，而维特根斯坦的写作显然在某个方面受到了尼采的影响）都不是由论证构成的，而是由深刻的洞识构成的，他运用的部分隐喻与明喻是充满诗意的。通常的情况是，他并非以前后关联的段落，而是以格言的方式来阐述自己的思想，他的诸多评述用空行来彼此分隔。德国本地人普遍将尼采视为最佳的德语作家。毫无疑问，这就是他如此广泛地被那些并非研究哲学的人所阅读的原因之一，这也是他对创造性的艺术家拥有如此巨大影响的原因之一。

只能说，尼采的某些影响是有害的。在20世纪早期，有一些在当时拥有国际声誉的作家经常会倡导大规模杀戮普通人，以便于提高剩余人口的素质。如下这个例证出自劳伦斯的小说《恋爱中的妇女》，在劳伦斯看来，它是自己创作的最佳小说。以下这段话是由主要人物伯基所说，劳伦斯承认，这个人物是他带有自传性的创造产物。"'那么多人并不都很重要'，他回答道，被迫把话题引向更深之处。'他们还说说笑笑。最好将他们完全消灭。从根本上说，他们并不存在，他们并不在那里。'"** 我曾经用了一个上午的时间满怀敌意地与罗伯特·格

---

* 这是尼采在1889年1月6日所写的一封信的附言——尽管邮戳上的日期是1889年1月5日。尼采陷入精神失常的崩溃是从1月3日开始的。从那个月末直到尼采在1900年逝世的这段时期内，他都处于不可救药的精神失常状态。

** D. H. Lawrence, *Women in Love*（企鹅版），p. 27.

雷夫斯[1]进行论辩,因为他也拥有这种相同的感受。萧伯纳与赫伯特·乔治·威尔斯[2]也表达过这样的感受。这部分地导源于达尔文的阴暗影响,事实上这种学说逐渐被认为是社会达尔文主义。但尼采独立地成为这条思想路线的先驱,在许多情况下,他最直接地影响到了那些为社会达尔文主义发声的人,包括萧伯纳与劳伦斯在内。值得注意的是,尽管这些人公开倡导大规模的杀戮,但他们并没有使用"杀戮"这个措辞。就此而言,纳粹也没有运用这样的措辞,而纳粹却开动了这个计划,纳粹不仅设法消灭大多数在欧洲居住的犹太人,而且还设法消灭大多数属于职业阶层的波兰人。由于在现实世界中发生了大屠杀事件,对于那些倡导社会达尔文主义的人,我们绝大多数人都逐渐觉得难以用语言来表达对他们的震惊和厌恶,而我们这些人的感受显然是正确的;但在这种大规模杀戮的计划付诸实践之前,普通读者似乎并没有对他们产生极大的不安。因此,尽管尼采在写作中提到要清除反犹分子,而不是清除犹太人,但自从他那个时代以来所发生的大屠杀事实,让许多人在审视尼采哲学的所有相关内容时感受到了越来越多的惊骇。如今轻易就可以运用论证来反驳那些主张大屠杀的人,而绝大多数人都会接受这样的反驳——在我看来,我仍然认为这种反驳是正确的。但这种反驳并不会让我们抛弃尼采。尼采对我们提出的挑战是,重估我们的价值,并且在我们真正信奉的信念之中发现支持这些价值的基础,而尼采提出的这个挑战仍然是成立的。正如叔本华所说,鼓吹道德是容易的,但为道德提供基础则是艰难的。

对于哲学家来说经常会发生的情况是,他们对于我们的思维方式提出了某些重要的挑战,接下来他们对于自己提出的挑战给出了解答,但人们无法持久地接受他们给出的解答,这或许并不让人感到奇怪。但当这样一位思想家的正面学说遭受反驳时,总有某些人不知不觉地陷入了错误的想法之中,他们会认为,这位思想家已经被抛弃了。当然,实际情况并非如此。大哲学家向我们讲述的那种令人难忘的东西,恰恰就是这些永远存在的问题,而不是他们给出的那些永远成立的解答。正如尼采的情况所表明的,倘若一位哲学家让我们面对一种基本的挑战,他自己接下来

---

[1] 罗伯特·格雷夫斯(Robert Graves,1895—1985),20世纪英国著名诗人、小说家和评论者,他擅长谱写抒情诗(特别是爱情诗),并致力于用诗歌与历史文学谴责战争的残酷,批判病态的社会和文化。——译注

[2] 赫伯特·乔治·威尔斯(Herbert George Wells,1866—1946),英国著名小说家、新闻记者、政治家、社会学家和历史学家,他创作的科幻小说《时间机器》《隐身人》《星际战争》已经成为该领域的经典作品,他与儒勒·凡尔纳一起被誉为"科幻小说之父"。——译注

试图对之做出解答，但他给出的解答并没有在遭受批评的过程中幸存下来，那么，这并没有减弱他的挑战，反倒是增强了他的挑战。他自己无法应对挑战，这个事实意味着，我们仍然面对着这样的挑战。我们将继续面对尼采的挑战，直到某个人比尼采本人更为成功地应对了这个挑战。

在我们自己所处的这个时代里，上文提到的这种错误想法还会牵扯到某些相当不同的人物。例如，诺姆·乔姆斯基对于人类如何学习语言的传统观点提出了一种毁灭性的批评意见。而他自己正面提出的替代性解释并没有成功地抵御随后的批评意见；这导致了数量惊人的一批专业人士得出结论认为，我们不再需要关注乔姆斯基。但事实上乔姆斯基已经表明，对于某个事物的传统解释（哲学广泛地将这种解释当作基本原理）已经不再站得住脚，这本身就是一个重大的智识成就。乔姆斯基自己提出的正面解释并没有被我们接受，这个事实为我们带来了更多的挑战，激发我们去寻找另一种替代性的解释。乔姆斯基本人在这种探求中没有获得成功，这个事实只是这个问题的次要方面，它根本就没有贬损乔姆斯基的主要成就。因此，这也就值得让我在这里顺便谈一谈乔姆斯基的主要成就。

在一段相当漫长的时间内，传统观点认为，儿童是通过模仿，即通过重复在他们周围的语言使用者所说的话语来学习语言的。乔姆斯基指出，习得一门语言，需要掌握支配语法与句法的大量相互关联的复杂规则，接下来将这些规则恰当地适用于诸多在不同时刻都会有所不同的情境，由此生成了无数不同的语句，其中的绝大多数语句，说话者先前从来也没有有意识地听说过，甚至实际上在先前根本就没有听说过。乔姆斯基进一步指出，在这个世界上只有一半父母部分受过教育，他们根本就不知道这些规则是什么，他们更不可能拥有向自己的子女教导这些规则的能力；他们也并非完全拥有清晰表达的能力，因此，他们的子女从他们那里听到的是诸多断断续续的、粗劣的、简单的、最琐屑的谈话片段与碎片；这种语言的输入经常在不同的儿童之间有着巨大的差异，这取决于儿童成长的环境，在某些儿童周围的是一直在交谈的人，而另一些儿童几乎听不到任何交谈；当人们根据特定的角度来真正对这些语言的输入进行考察之后，他们就会完全明白，绝大多数语言的输入都不足以解释，几乎所有儿童都在实际上掌握了诸多语法规则与句法规则，进而，这些儿童令人吃惊地在他们的幼年这段如此短暂的时间间隔内就习得了这些规则（事实上，他们大致都是在相同的年龄与相同的时期习得这些规则的），而他们所接触的语言输入存在着大规模的差异，他们自身的能力水平也存在着大规模的差距。乔姆斯基合理地相信，他已经表明，我们如何学习语言的传统观点并不符合现实的情况，它们不可能是正确的。这意味着，乔姆斯基让我们面临这样一个挑战，倘若我们拒斥了他对这个挑战做出的回应，我们就必须以某种其他的方式来应对这个挑战，而我们无法忽略乔姆斯基提出的这个挑战。

对我来说，中年危机是某种灾难。它的生存挑战完全融合了我内在生命的诸多部分，而在那之前，它们彼此之间仅仅存在着松散的关系。倘若到最后，真正重要的个体活动仅仅是对生命意义的探求，那么任何对这种探求有贡献的事物，就都是这个事业的组成部分，而任何没有对这种探求做出贡献的事物，我都会将它抛到一边。哲学与艺术、我的友谊与我的性生活，我觉得它们都是一种统一生活的共同组成部分。我并不想夸大这种感受的新颖程度：正是在某种理所当然的意义上，情况始终如此——我始终觉得，我是这个世界中的某个独一无二的存在，我是由无数部分组成的，而这些部分都是一个整体的各个方面——但如今它们首次融合在一起，并聚焦于一点。通过一种生动的、当下的与直接的方式，伟大的音乐、伟大的戏剧与伟大的哲学似乎都表述了某种主题相同的东西，某种与生命意义问题有关的东西，某种根据所有深刻感受到的关系（特别是诸多性爱的关系，它们拥有不可思议的能力来孕育新的生命）的实质，以相似的方式对我说话的东西（有一种内心的声音对我说，"所有这一切实际上都与之相关"）。在我人生的这段陷入困境的可怕时期里，我终于以一种极其令人激动的方式领悟到了这一点，它并不是一种理论发现，而是某种活生生的感悟。接下来我却发现，这显然只不过是叔本华已经轻松表述出来的一个思想，对他来说，这似乎不费吹灰之力。例如，这种思想部分地包含于如下的段落之中："实际上，哲学与精致的艺术都致力于解决存在问题。因为对这个世界的一切沉思，都唤醒了一种追求理解事物、生命与存在的真实本质的欲望，无论这种欲望有多么隐蔽与多么没有被人们意识到……由于这个原因，一切纯粹客观沉思和一切艺术活动的结果，就是对事物的理解，就是对生命与存在的真实本质的更多阐述，就是对'生命是什么？'这个问题的更多解答。一切真正的与成功的艺术作品，都以它自己的方式来回答这个问题。"* 当我发现叔本华的哲学时，叔本华的哲学对我具有如此众多意义的一个原因是，我在触及它的那个时期里，就已经在我自己生活的那种未经加工的天然岩石上雕刻出了绝大多数重要的深刻见解（不过绝对不是全部），但我对其中许多见解的把握是粗略的与无序的，对它们的理

---

* Schopenhauer, *The World as Will and Representation*, tr. E. F. J. Payne, vol. ii, p. 406.

解并不全面。倘若我在没有得到帮助的情况下运用我自己的能力，我永远也不可能像叔本华那样将这些深刻见解清晰地概括为一个中心。叔本华向我表明了我自己的经验所隐含的许多没有得到理解的东西。

艺术、哲学与我自己的生命都是同一个事物的各个方面，我不仅可以作为一个向四周扩散的整体意识来体验这个事物，而且还可以在特定条件下体验这个事物。举例来说，我逐渐发现，存在主义经验与感受的最典型的精华部分，既无法在任何哲学家的作品中找到，也无法在任何戏剧或小说中找到（比方说，它们就无法在让-保罗·萨特的戏剧或小说中找到），而是可以在马勒的交响曲中找到。这些经验与感受如此有力而又精确地和我自己的某些焦虑与洞察相结合，就好像马勒亲自吸引了我的注意力。在听完他的一首交响曲之后，我会感到疲惫，我似乎并不是由于这首交响曲唤起的情绪体验耗尽了我的所有力量，而是由于我也有过这种情绪体验。事实上，我不仅在自己的生活中克服过这种情绪体验，而且还与马勒充分共享了一种在生存论意义上的深刻人格。这种音乐在某些时候甚至显得过于美好，它不仅要求听众不要去承担痛苦，而且还按照我已经有所了解的方式直接显示了生命、世界与经验。

马勒的音乐起初并没有找到广泛的听众，直到他逝世的半个世纪之后，这种情况才有所改观。在德语世界中，这或许部分归咎于如下事实，即马勒是犹太人，而犹太人的音乐在纳粹统治时期是被禁止的，但在纳粹垮台之后，年轻的听众仍然不了解马勒的音乐；或许那些遵守过这条禁令的指挥家突然发现自己的这种做法过于可耻，以至于他们不愿意向听众介绍马勒的音乐。但即便在英国，人们直到1961年才首次为马勒的第三交响曲举办了完全专业的公开演出。我观赏了这次演奏会，我发现这是一次改变自己人生的经验。在60年代这十年中，我带着难以满足的饕餮之欲，如饥似渴地观赏着伦敦可以提供的最佳音乐与最佳戏剧，但就在我的这片混乱的经验中，我发现了马勒的非凡之处并被马勒所吸引。由此又让我发现了肖斯塔科维奇，肖斯塔科维奇的音乐充满了生存意义上的内容，它们给予我的体验虽然比不上马勒的音乐，但仍然是伟大的体验。多年之后在我已经五十多岁的时候，我在自己制作的十五部关于西方哲学史的电视节目中，都是从肖斯塔科维奇的第八号交响曲中选取节目开头的主题曲的。

在剧院中，戏剧的形而上学也以一种崭新的方式向我展示了自身。在某种程度上，莎士比亚所有最伟大的戏剧（无论是喜剧还是悲剧）所关切的是作为一个整体的人生的重要意义，如今这些意义是以一种几乎令人不快的率直方式来传达自身的——与其说它们是通过话语来传达的，不如说它们是通过戏剧的内在生命来传达的，即某种存在于戏剧的内部或背后，戏剧让我们接触到的东西。戏剧并不是文学，而是一种表演的艺术，话语仅仅是戏剧的诸多要素中的一种要素，这些要素必须共同融合起来，才能构成一场戏剧；精湛的剧作家在整体上构思最终产物，而不是仅仅构思言语的信息。我开始意识到，这就是伟大的莎士比亚最为伟大的才华：这种才华并不存在于文本自身所展现的多种多样的天赋之中，而是存在于一种由既没有用语言表述过、又无法用语言表述的洞识所构成的领域之中，虽然这些洞识无法用语言表述，但戏剧仍然能够向我们呈现这些洞识。话语的符咒有助于召唤这种魔法，不过它们并不是魔法本身。莎士比亚擅长于不受约束地运用这些话语，由此可以表明，他（至少在相当大的程度上）知道自己正在做什么。在一部给人留下深刻印象的作品中，当惊人的生存面纱被舞台上正在上演的剧情所揭开时，一种严肃而又神奇的寂静就降临到了观众身上。在这种时刻，不可能用话语来表述正在发生的情况，但每个人都会对这种情况有所体验。尽管在这方面，其他任何作家都无法与莎士比亚相媲美，但最近也有两个或三个剧作者能从戏剧表演中提取出这种无法用语言表达的本质：他们是易卜生、契诃夫与皮兰德娄。他们让人们感觉到，可以根据外部的视角将生命视为一个整体，而正是根据这种视角，他们加深了人们对生命的理解与同情。

在我对艺术的独有激情中，最强烈的一种激情始终是我对瓦格纳的热爱，它甚至高于我对莎士比亚的热爱（只有瓦格纳才会在我心中占据这样的地位）。在我的孩提时期，这两位艺术家就点燃了我的想象力与激情——我要感谢自己的父亲，由于他可以从这两位艺术家的作品中享受到巨大的乐趣，由于他拥有良好的审美判断力，他让我在自己的青春期之前就已经处于这两位艺术家的影响之下。我在30岁时第二次拜访了拜罗伊特，我在此期间明确地意识到，瓦格纳的成熟作品在最深刻的意义上是一种心理的戏剧，而不管它们是否还有可能被归属于其他类型的戏剧。在此之前，我仅仅是从情感上对瓦格纳的作品有所回应，而且我几乎仅仅专注于他的音乐；但从这一刻起，我不仅开始思考这些作品，而且也开始关注在舞台上发生的一切。在我三十多岁的那段时间里，我多次重复观赏了瓦格纳的作品，我经常每年两次去观赏《尼伯龙根指环》的巡回演出。我也获得了这部作品的许多套完整录音，我已经读过瓦格纳的这部作品，并与朋友们讨论了这部作品。我最终可以感受到某些接近于这部作品核心的特征，其中有几个这样的特征即便无法令人满意地被表述出来，但至少可以用语言来指出这些特征，但迄今我们都无法在已经存在的文献中发现相关的论述——事实上,瓦格纳的作品有两个这样的特征。第一,瓦格纳的作品对每个人的情感都会产生特别的影响,即便那些不喜欢瓦格纳作品的人也不例外,他们也承认这些作品对他们自身产生了这样的影响,而这种影响部分导源于如下事实,即瓦格纳的这些作品明确有力地表达了那些已经成为禁忌的感受:对不受约束的自我肯定的贪念、乱伦的性欲激情、对于权力与控制的渴求、想要实施谋杀的憎恨。瓦格纳的作品让我们可以直接联络到那些在我们自身之中被最有力地压抑起来的东西,并从无意识中为我们带来了改变我们自身意识的启示。瓦格纳作品的这一个特征,也将我们导向了它们拥有的第二个特征。这些作品大声讲述了已经成为禁忌的东西,恰恰是这个事实,让它们有可能完整地表现情感的现实,不像瓦格纳的作品那样创作出来的艺术都不可能做到这一点。它们不仅充满活力地表现了爱、生活的乐趣、幽默、怜悯、柔情、自我牺牲、凡人与不朽者的诸多征兆、世界之美与对理想的奉献,它们还表现了残忍与邪恶、暴行、虐待狂的乐趣、必胜的信念、性欲、异化与赤裸裸的恐惧。在我的心目中,让瓦格纳与莎士比亚有别于其他艺术家的地方是,这两位艺术家实际上处理的是一切主题。他们的作品面对的是人类经验整体,并且如其所是地在整体上呈现了我们的情感生活。甚至在最伟大的艺术中,那些拥有雄心壮志来关切理想目标的艺术作品也并不多见。巴赫曾经说过,他谱写音乐,是为了服务于上帝的更加伟大的荣耀;贝多芬说过,他试图表现的是人类至高的抱负;人们可以通过援引某些最伟大艺术家的话语来成倍地加强这种情感。拥有这种动机的艺术或许是精彩的,但它们无法跨越人类感受的多个组成范围来清晰有力地表现人类感受的诸多现实。相较之下,瓦格纳的作品并没有那么大的雄心壮志,而是根据他自己的认知来讲述真相;他按照实际情况来讲述真相,包括那些被我们所否认的情绪。莎士比亚也是这么做的,他甚至跨越了一个更为宏大的背景。而瓦格纳之所以能够进入更深邃的领域,这仅仅是由于他的主要表现手段是音乐,而不是话语。

我撰写了一本小书来讲述我对瓦格纳持有的某些见解,并谈到了瓦格纳的其他某些方面的内容——事实上,我将这本书命名为《瓦格纳面面观》(Aspects of Wagner),这本书在1968年出版。就整体而言,这本书论述的是思想,而不是音乐:瓦格纳的戏剧理论、瓦格纳的反犹主义、瓦格纳对音乐家以及其他创造性艺术家的影响,人们在上演瓦格纳的作品时应当遵循与不应当遵循的规则。我还试图解释,为什么相较于任何其他的作曲家,瓦格纳的音乐在热爱者与憎恶者中都更容易引起极端的反应。由于这是一本内容并不厚重的书(人们或许会认为,这本书的主题在本质上应当得到更为详细的阐述），更不用提这本书的出版商阿兰·罗斯（Alan Ross）鲜为人知，因此我的预期是，这本书将在这个世界中悄悄地被人们遗忘，它几乎不会获得任何关注。让我感到惊喜的是，在这本书出版后，到处都可以看到人们对它的评论，它被《泰晤士报》的首席音乐评论家作为他的年度推荐读物。事实上，它成了一本深受瓦格纳信徒欢迎的书，自从这本书出版以来，我就收到了许多来自热情洋溢的读者的书信。特别有趣的是那些来自犹太人的信件，他们在信中评论了我对犹太人在现代文化中的地位的相关讨论。

这本书被多次重印，它被译为西班牙语、意大利语（意大利语的译本是由一个崇拜瓦格纳的犹太人翻译的）与荷兰语。在将近二十年之后，牛津大学出版社获得了这本书的版权，它在1988年出版了一个修订版本。自从这本书首次出版以来，我就被人们当作一位研究瓦格纳的专家，凭借着我的这种资格，我就会收到邀请去进行演说，参加会议或出席其他的活动。我可以肯定的是，这本书获得成功的一个原因是，它极其简短——即便是它的修订版本的篇幅也少于一百页。

在我看来，在那段时间里，我自己的内心生活经历了一次重建，与此同时，我也和另外一个人建立了一种亲密的感情纽带，这个人通常对思想不感兴趣，在这种意义上他并不是一个知识分子，尽管他是我所认识的最有才华的朋友之一——除此之外，他还是我所认识的知识最为渊博的瓦格纳主义者——他就是德瑞克·库克。正是我们对马勒的共同热爱，才让我们成为朋友。马勒在1911年去世，他当时正在创作他的第十交响曲，但他只完成了五个乐章中的两个乐章。马勒死后，他留下了这首交响曲其余部分的手稿，这些手稿就分散到了不同国家的不同持有者手中，因为许多人都可以接近马勒留下的这些手稿，有的人拿走了某些手稿，有的人保留了某些手稿，有的人出售了某些手稿，还有些人又将某些手稿遗赠给了其他人。由于两次世界大战，由于纳粹将犹太人驱逐出了欧洲中部，这些手稿就变得更加分散。德瑞克成功地查找到了所有这些手稿，而他在这么做的过程中，发现了一个令人惊奇的事实与一个不那么令人惊奇的事实。不那么令人惊奇的事实是，这些手稿包含了马勒曾经创作过的某些最优美的音乐，特别是最后一个乐章。而令人惊奇的事实是，当这些手稿被拼凑起来以后，它们构成了一首持续时间大大超过一个小时的交响曲的完整连续的纲要，甚至连一个小节都没有漏掉。德瑞克觉得自己无法接受的是，马勒故意用这种美妙的音乐来向这个世界告别，但除了学者，其他人迄今都不了解这首美妙的音乐。然而，要让一般的音乐爱好者了解这首交响曲，他们就必须能有机会聆听这首交响曲；为了让音乐爱好者能有机会聆听这首音乐，就必须要有乐队来演奏这首音乐；为了演奏这首音乐，就必须要让这份音乐手稿变得可以演奏。在这份手稿的某些地方，除了仅有一行音符，没有对和声、配器或速度做出任何指示；因此，为了要让这首音乐能够被人们演奏，就必须对一大堆诸如此类的问题做出指示。

在经过仔细考虑之后，德瑞克为自己设定的任务是，将马勒的这份草稿变得可以演奏。在德瑞克的心中，他从来也不认为自己"正在谱写"马勒的第十交响曲；他想要做的只不过是让人们能够了解到这份音乐素材的美妙，以及马勒在第九交响曲之后所转向的那个令人意想不到的方向。无论如何，这个任务并不需要德瑞克去自由地谱写某一小节音乐：它所要求的仅仅是，在每个地方都根据马勒亲手做出的指示来补充信息。德瑞克自然尽其所能地在各个方面都试图按照真实可信的马勒精神来完成这项任务。他发自内心地热爱这项任务，他不仅对马勒的其他所有作品都具备深刻的认识，而且还对马勒在谱曲技术上的工作手法有着深刻的了解。但德瑞克首先就表示，倘若马勒亲自将这份手稿转化为完整的乐谱，他可能会以不同的方式来完成这项工作，因为天才是完全不可预料的，在这个意义上，天才完全拥有自由来改变他想要改变的任何东西。德瑞克同样意识到，在这份手稿中，马勒的指示数量最少的地方，或许并不是马勒觉得最迟疑不决的地方，而是恰恰相反，它们是马勒已经最为确信地对他将要谱写的内容形成了最翔实细节的地方，因而他就几乎不需要做出指示来提醒自己。为了让每个人都能看到德瑞克自己所添加的内容是什么，德瑞克在每页的底部用更小的字体将马勒手稿的对应部分都完全刊印出来，在其上方则用普通的字体刊印德瑞克自己所完成的那个便于管弦乐队演奏的完整版本。

倘若允许我用自己的方式来替德瑞克说话，那么，德瑞克实际上想对我们这些人所说的意思是："我给你们的并不是马勒的第十交响曲。只有一个人能够这么做，这个人就是马勒自己，但死亡阻止了他完成这项工作。他留下的这部作品的绝大多数内容都处于没有完成的状态，他的第十交响曲是某个我们永远也不可能拥有的东西。尽管如此，马勒留下的这部交响曲的手稿包含了某些最为优美的音乐素材，它们不仅在马勒所创造的作品中算得上是某些最为优美的旋律，而且在任何作曲家创造的作品中都算得上是某些最为优美的旋律。这难道不是一个惊人的发现吗？难道我们不会想方设法地希望自己能够聆听这部作品吗？我们至少可以对于这部作品可能呈现的整体特征（它的长度与比例，每个乐章的长度与比例，每个乐章的主题素材，以及贯穿整部作品的和声导引）有一个近似的了解，这难道不比一无所知更好？所有这一切都是马勒亲自留给我们的，而在此存在的就是这样的素材。正如你们所看到的,这个素材包含了许多美妙的旋律。难道还有人会认真地主张,我们不应当想方设法去演奏这部作品吗?这种过度拘谨而又不认真的态度难道不是站不住脚的吗?任何真正喜爱马勒的人怎么可能持有这样的态度?让我来提出一种可能的演奏方式,将这份手稿提供的纲要变得可以演奏。那么我们应当怎么做呢?我已经展示了这种演奏方式,你们可以看到我完成这个演奏版本的细节。或许你们能提出一种更好的演奏方式。"德瑞克用一种完全开放的态度来对待批评与改进的建议,他在公开发表的版本中吸收了不同人士提出的大量批评建议。这正是德瑞克呈现这份纲要时所体现出来的精神。事实上,他恰恰在这部作品完整的管弦乐总谱(费伯-费伯出版社[Faber & Faber]在1976年出版了这份总谱)的封面与扉页上刊印了这样的话语:"古斯塔夫·马勒:第十交响曲手稿的演奏版本,德瑞克·库克起草。"这就是德瑞克认为自己所提供的一切。有人认为,德瑞克把自己当作了马勒的第十交响曲的合作者,或让自己充当了完成这部作品的助产士,但对于任何了解德瑞克的人来说,这种想法都是可笑的。事实上,德瑞克的谦虚态度已经到了过于敏感的程度。

对于这个演奏版本,许多国家的主要交响乐团如今都录制了相关的唱片,它似乎正在确立自身的国际声誉,它让我们最有可能接近这部伟大的未完成之作。对于德瑞克来说,这确实是一个令人愉快的成就。他给予了这个世界一部原本无法被人们拥有的伟大交响曲,虽然这部交响曲在形式上经过了很大程度的校订工作。它并不是马勒会遗赠给这个世界的第十交响曲——毫无疑问,马勒会给予我们的第十交响曲是不同的,而且它的质量会比这部作品更好——但它依然是一部伟大的交响曲。难道我们会由于马勒与德瑞克对于这部作品的某些分歧而永远不去倾听它?这种想法混淆了学术的考虑要素与艺术的考虑要素,因为这种想法也就是在主张,由于某些非常优美的音乐无法在名义上被清晰明确地归属于某位作曲家,我们就永远也不许演奏这种音乐。音乐爱好者不同于音乐理论家——音乐爱好者主要关切的是音乐,而不是可以对音乐说些什么——音乐爱好者肯定会认为这种想法是荒谬的。

我在书写这些文字时对这部作品进行了某种辩护,这是由于事实上,某些(如果不是全部的话)最擅长演奏马勒作品的指挥家,在最近几十年来基于正统的考虑,拒绝演奏这部手稿:伯纳德·海丁克[1]、赫伯特·冯·卡拉扬、伦纳德·伯恩斯

---

[1] 伯纳德·海丁克(Bernard Haitink, 1929—2021),荷兰著名指挥家,自1961年起担任阿姆斯特丹音乐厅管弦乐团的主要指挥,如今他已经成为与普列文、阿巴多、小泽征尔等人齐名的新一代世界级指挥大师。——译注

坦[1]、乔治·索尔蒂[2]都持有这样的态度。我曾经安排了一次与海丁克的会面，我公开宣称，我的目的就是想要说服他尝试演奏这部作品，但我失败了。倘若也可以容许我公开地表达自己的看法，那么我就会说，这些出色的艺术家并不是对德瑞克的成就缺乏赏识——恰恰相反，我曾经接触过其中的某些指挥家，我发现，他们显然对德瑞克的这个成就充满了真诚的钦佩之情——但他们担心，倘若他们给学者留下的印象是，他们将德瑞克发表的这个手稿的演奏版本当作了马勒的第十交响曲，这似乎就有损于他们自身在学术圈的声誉。而我感到不可思议的是，在国际巡回演出的保留曲目中，有一些非常熟悉的作品，它们的演出几乎不会遭到任何人的反对，但这些作品中都包含了几个较长的乐段，这些乐段并不是由这些作品在名义上的作曲家，而是由其他人自由谱写的——就此而言，正如我已经说过的，第十交响曲的演奏手稿无论如何都没有包含这样的乐段。当莫扎特去世时，他留下的未完成的《安魂曲》是由他的学生绪斯迈尔（Süssmeyr）完成的，如今这部作品正是根据绪斯迈尔的版本来演奏的，但我们总是将之称为莫扎特的《安魂曲》。普契尼的歌剧《图兰朵》——某些人认为，这是普契尼最伟大的歌剧——是在普契尼死后由他的学生阿尔法诺（Alfano）完成的。绝大多数音乐爱好者，包括绝大多数喜爱这两部作品（其实它们部分是由其他的作曲家谱写的）的音乐爱好者，或许都不知道绪斯迈尔与阿尔法诺这两个名字。但我从未听说有人建议，我们不应当上演莫扎特的《安魂曲》或普契尼的《图兰朵》，因为这些作品是由其他人完成的，我也从未听说有人认为，《安魂曲》不是莫扎特真正的作品，或《图兰朵》不是普契尼真正的作品。

不过，我为了德瑞克的这个演奏版本提出的抗议或许是太多了。我确信，未来将站在德瑞克这一边。他的这个版本已经多次被录制成唱片，录制这些唱片的指挥

---

[1] 伦纳德·伯恩斯坦（Leonard Bernstein，1918—1990），美国著名指挥家，1958年担任纽约爱乐乐团常任指挥。伯恩斯坦是一位兴趣极其广泛、精力极其充沛的指挥大师，他指挥的曲目十分广泛，但一般认为，伯恩斯坦对于马勒、科普兰和斯特拉文斯基等人的作品的演绎最具权威性。鉴于伯恩斯坦的崇高威望，纽约爱乐乐团在1969年授予伯恩斯坦"终身桂冠指挥家"的荣誉称号。——译注

[2] 乔治·索尔蒂（Georg Solti，1912—1997），世界著名指挥大师，20世纪60年代末索尔蒂出任美国芝加哥乐团的音乐总监兼首席指挥。作为一位曲目广泛的指挥家，索尔蒂一生录制了众多古典音乐唱片，其中最具代表性的是他指挥维也纳爱乐乐团于1958年开始录制、历时七年时间完成的瓦格纳歌剧《尼伯龙根指环》，这也是这部歌剧的第一个完整的录音室版本。——译注

家包括詹姆斯·莱文[1]、尤金·奥曼迪[2]与西蒙·拉特尔[3]（前两位指挥家是与费城交响乐团合作录制的，最后这位指挥家录制的是一次特别精彩的演出）。我认为，这个乐谱的品质确保了它注定会获得新的追随者。我希望看到的是，这个版本作为马勒的第十交响曲，能像莫扎特的《安魂曲》和普契尼的《图兰朵》那样被列为国际巡回演出的保留曲目，而德瑞克能加入绪斯迈尔与阿尔法诺的行列之中。

　　相较于他对马勒的理解与认识，德瑞克·库克对于瓦格纳的理解和认识更加令人印象深刻。他知道瓦格纳的乐谱最微小的细节，他在自己的头脑中保留的是一种有关瓦格纳的传记，它记载的是瓦格纳每年发生的事件（在某些情况下它记载的是瓦格纳每周发生的事件，在某些情况下它甚至记载了瓦格纳每天发生的事件）。"是的，这件事发生在四月的第一周。接下来在这个月的月末，瓦格纳将要……"德瑞克甚至可以确定："瓦格纳在周二下午探望了她，接下来他在周三的上午再次探望了她……"我不相信瓦格纳能如此充分地了解他自己的情况，我怀疑瓦格纳能如此清晰地记住他自己生活中的这些细节，或如此确定地按照年代先后顺序来把握自己的人生。进而让我感到惊讶的是，德瑞克的这些知识并不是僵死的：它们并不像法弗纳[4]秘藏的财富那样静静地待在德瑞克自己的头脑之中，而是始终在德瑞克的工作中发挥着作用，德瑞克总是用这些知识来做一些事。他经常做的一件事是，跨越广阔的区域将瓦格纳作品的不同细节关联起来。他会指出，在《尼伯龙根指环》的某一部歌剧的某个时刻，当某个角色唱出某段歌词时，管弦乐队内部的某个几乎听不到的部分（比方说第二巴松管）就会演奏出某段音乐旋律，而在《尼伯龙根指环》上演了两部歌剧之后，当这个角色的儿子正在以某种听起来令人绝望的声音唱出那段相同的歌词时，第二巴松管就会根据那段相同的音乐旋律，演奏出一段听起来令人绝望的变奏。不妨顺便提及的是，持续不断地将诸多几乎不被注意的细节整合到这种严密编织而成的巨大结构之中（这种结构有时似乎是无序向外扩展的），

1　詹姆斯·莱文（James Levine, 1943—2021），美国著名指挥家，自1976年起担任了四十余年纽约大都会歌剧院音乐总监，是美国本土最为杰出的指挥大师之一。——译注

2　尤金·奥曼迪（Eugene Ormandy, 1899—1985），美国著名指挥家，在费城管弦乐团工作四十余年，擅长指挥德奥音乐家与东欧音乐家的作品。——译注

3　西蒙·拉特尔（Simon Rattle, 1955—　），当今世界炙手可热的指挥家，柏林爱乐管弦乐团的首席指挥。在与柏林爱乐合作录制马勒的第十交响曲之后，拉特尔几十年来一直在全力将德瑞克·库克的这个版本推荐给世人。——译注

4　法弗纳（Fafner）是《尼伯龙根指环》中的一个巨人，为了争夺财富杀死了自己的巨人兄弟法佐尔特，后被屠龙英雄齐格弗里德杀死。——译注

这恰恰就是瓦格纳与莎士比亚的共同之处。当德瑞克注意到了这样一个例证时,这个例证就几乎很少被用来支持一种沉闷乏味的可疑观点。无可争辩的是,在瓦格纳的乐谱中充满了这样的例证。在德瑞克给定的任何实例中都或许存在某些重要的意义,对于这些意义,人们有可能做出诸多解释,但德瑞克注意到的这种例证是实际存在的,这通常是无可否认的。

德瑞克的另一个相关天赋是,对于两段先前没有人认为彼此相关的音乐素材,他通过聆听就可以断定,这两段音乐素材实际上是相互关联的;倘若他与之交谈的那个人对此表示怀疑,他总是能够展示出这种关联是什么,并表明一段音乐素材如何导源于另一段音乐素材。倘若正在讨论的作品是一部瓦格纳的歌剧,他就能表明,这种关联在音乐-戏剧中如何表现这样一种变化,这种变化或者发生于舞台上两个角色的关系之中,或者发生于同一个角色的诸多心智状态之间,或者发生于诸多事件之间,或者相关于主题中的诸多话语。这些天赋在某种程度上让德瑞克形成了一种对于瓦格纳艺术的深刻见解,而在我的经验中,他的这种天赋是无与伦比的。瓦格纳对于音乐主题的变形拥有无限的创造能力,但瓦格纳至高的成就在于将这种能力运用于戏剧的语言,让戏剧的语言在揭示心理方面具备了无限的表达力。就我所知,只有德瑞克才能准确地看到,瓦格纳每时每刻所做的就是这件事,以及瓦格纳是如何做完这件事的。在德瑞克看来,这就是他自己最独特的天赋,他觉得,他自己之所以在这个世界上诞生,就是为了让他将自己对于《尼伯龙根指环》的深刻见解传递给人们。

德瑞克计划在一部四卷本的论著中完成他的这个使命。前两卷作品要论述的是除了音乐以外的一切相关主题——文本、神话、故事、人物、所有的演出形式,等等。后两卷作品是这部论著的真正核心所在,这两卷作品将所有这一切都用细节紧密地关联于音乐,进而分析这种音乐本身。数年以来,我与他的多次对话不仅表明,德瑞克对于这些主题已经形成了一种深不可测的理解,而且还向我暗示,在我遇到他的时候,这些素材即便不是全部,也有大部分已经汇聚到了他的头脑之中。在那个时候妨碍德瑞克做出这种论述的原因仅仅是,他全神贯注于完成马勒的第十交响曲,他一直在等待他对于这首交响曲的工作产生影响。直到让那项工作自然而然地走向终结,德瑞克才能安定下来完成这项意义深远的任务,即撰写这部有关《尼伯龙根指环》的论著。令人遗憾的是,德瑞克没有等到这一天。他几乎还没有开始这项工作,就在57岁时由于中风去世,在他身后留下了一些开头的片段,但这些片段的数量少得可怜,这些片段最终被编纂成一本书出版,书名是《我看到了

第15章 中年危机

世界的尽头》(*I Saw the World End*)。差不多同样令人遗憾的事实是，瓦格纳也活得不够长，以至于他在完成了《帕西法尔》之后，没有时间去谱写他计划完成的诸多交响曲，而这对于瓦格纳的严肃爱好者来说，显然是一个最大的损失。

鉴于德瑞克所拥有的诸多卓越的能力，我的读者或许想要知道，为什么我会说，他不是一个知识分子。我这么说是因为他在概念思考的层面上根本就无法发挥良好的能力。他并不是个傻瓜，但概念思考不是他的专长。德瑞克发现，他难以追随哲学的论证，他还难以把握细微的逻辑区分。在任何处理可用言辞表达之思想的活动中，他就和其他任何人一样普通。德瑞克不仅不是一个能言善辩的人，而且比其他任何人都更不善辞令。他使用语言的方式多少有些平凡无奇，而我在这里使用的"平凡无奇"是个贬义词。德瑞克首先是一位音乐家。在整个音乐的领域中，他自如地发挥自己的能力，感觉就像在自己的家里那么自在。在这个领域中，德瑞克用稳健的步伐与确定的信心高速运作——他似乎已经吸收了一切与理解了一切，他不仅从整体上，而且还从千变万化的细节之中把握到了庞大的整体。德瑞克还表明自己精通于在细节与整体之间的每个层面，他能够将这些不同的层面彼此关联起来；而这些关联都存在于语言无法触及的领域之中，语言最多只能在远处指向这个领域，接下来则让旅行者自己去寻找通向这个领域的道路——这就是音乐的领域。德瑞克给我们带来的一个教训是，在某些现实领域中，没有语言也可以进行思考。

第16章
哲学小说

我从小就在大人的教导中得知，我们正常的寿命是70年，自此以后我就觉得，倘若某个人在70岁之前去世，他就被这种说法所欺骗，倘若他活过了70岁，他就额外又多活了几年。因此，当我活过了35岁时，我就觉得自己已经进入人生的后半部分。正如我已经讲述过的，我在那段时期的绝大多数时间里觉得，这种人生是没有意义与没有价值的。但在某些间歇期间，我似乎觉得自己的人生是有意义的，我深切地不满足于我到那时为止所完成的事业。虽然按照传统的标准，我并没有浪费我自己的时间。我已经出版了八本书，两次担任了议会候选人，而且多年以来我都在主持一个在高峰时间播出的定期电视节目。通过这种方式，我小有名气：我在大街上会有陌生人认识我，在商店与旅馆中会有人和我打招呼，并向我索要亲笔签名。但这些东西对我都没有任何价值。我发现有人认出我的时候，我就感到不好意思，我让自己尽可能避免遇到这种情况。在我看来，我最近出版的两本书只是用硬皮封面包装起来的报刊文章，它们甚至不是以恰当的方式写出来的，而是部分地通过口述的方式完成的。我始终认为，电视是一种肤浅的媒体，它就其内在本质而言是不重要的。我很感激这项工作不仅让我能够进行国际旅行，而且还给我带来了收入，让我能够招待自己的朋友，让我能够按照自己的意愿开心地消费，欣赏大量的音乐与戏剧。但我并没有完成我自己珍视的任何工作。我甚至开始觉得自己受到了某种欺骗：我的这点小小的名声并不奠基于任何坚实可靠的成就，而是奠基于自己在公众面前的曝光。我是由于众所周知才出名的。我逐渐相信，我不仅在浪费自己的才华，而且还在浪费自己的生命，我的这种信念开始在我的心中生根发芽。

我试图通过将我的媒体活动专注于更有价值的主题来弥补这种状况，但我的这个尝试是徒劳无功的，于是我终于得出了这样的结论，即我唯一能做的就是完全放弃我的媒体活动，并让自己专心从事某些我相信自己真正想做的工作。我的银行储蓄至少能维持我一年的生计。因此，我就离开了这个媒体世界（按照我那时的想法，我此后将永远不再返回这个世界）。

我想要写作，我知道自己想要撰写一部小说，但我又不知道自己要写什么小说。我觉得我需要一段时间来让自己的灵魂呼吸，我确信，在我这么做的过程中，我会突然想到自己想要写的东西。因此，我花了一段时间去做其他的事情。我用了六周在中东地区徘徊——贝鲁特、十字军城堡、耶路撒冷、巴勒贝克、大马士革、杰拉什、死海、开罗。我在这段旅行中阅读了《新约圣经》的新英译版，这个版本让我几乎能像阅读其他任何书籍那样便利地阅读《新约圣经》。

这本书最强有力地传达给我的是耶稣在道德教诲上的完全"与众不同"之处。事实上，这种道德教诲是如此独特，以至于几乎无法被人们理解。其他的某些道德家提出了诸多行为规则；而另一些道德革命家则试图推翻任何已经存在的规则，并用不同的规则取而代之；但耶稣主张，无论什么规则都与道德无关。他说，上帝的工作并不是对那些按照道德规则生活的人提供奖赏。你的善良正直无法让你从上帝那里赢得任何特殊的偏爱，你只会发现，上帝对你的爱，恰恰与他对罪人的爱是一样的（毫无疑问，这不仅会让你感到难以理解，而且会让你产生极大的懊恼与委屈）。倘若你觉得这种做法违背了你的正义感，你就没有理解耶稣的道德教诲。希望通过行善来获得上帝的奖赏，这是徒劳的：这种做法纯粹是自私自利的，因此倘若将之称为在道德上可敬的行为，就会形成一种自相矛盾的道德观。只有在没有奖赏的情况下你仍然行善，你的行为在道德上才是可敬的。但行善者在行善后确实没有奖赏：因此，善必然是它自身的根据，而无论它引发的后果是什么。无论你是否应受奖赏，上帝都会爱你。上帝爱每个人，包括那些最不配拥有上帝之爱的人，事实上，上帝就像爱你一样爱那些人。恰如上帝爱那些不配得到上帝之爱的人，你也应当爱那些不配得到你的爱的人，包括那些最不配得到你的爱的人，即你的敌人。重要的是爱，而不是某个人是否配得上这种爱，而所有的规则都是最不重要的东西。事实上，爱的重要性超越了其他的一切。爱就是终极实在，就是存在的真正本质，即上帝。完美的爱是无条件的，对于无条件的爱来说，"是否配得上这种爱"就不再是一个问题，甚至不再拥有任何重要的地位。耶稣并非反对我们按照规则来生活。恰恰相反，耶稣承认，无论人类共同生活于何处，规则都是必要的，耶稣相信规则应当被人们遵守；不过，耶稣将诸多规则视为武断的、肤浅的东西，应当让这些规则屈从于人类的需求，而不是让人类的需求屈从于这些规则。倘若我们对于彼此拥有足够多的爱与关切，那么就不需要任何规则。我们需要规则，只不过是因为我们是自私的。规则本身并不是善。

这仅仅是耶稣的一些教导，不过它们是耶稣的核心思想；至少可以这么说，在两千年前中东的荒漠区，竟然有人四处走动来宣扬这样的思想，这个事实本身就是令人惊奇的。这种思想在何种程度上是耶稣原创的，这是学者争论的一个问题，而我对此的认识，不足以让我拥有一个独立的见解；但我很清楚地认识到，这种教导本身并非显而易见，而是充满了深刻的道德洞识。耶稣还是一位深刻的心理学家，尽管由于某些原因，人们几乎没有谈到这一点。除此之外，当人们考虑到耶稣所表达的观点有多么大胆，耶稣所举出的许多例证具有多么显著的诗性特征时，耶稣或许就是曾经存在过的最卓越的道德家——他就像苏格拉底那样，是一位具备天赋的道德家；他甚至有可能像柏拉图那样，在某些方面多少称得上是一位具有创造性的艺术家。就像历史上的苏格拉底那样（但不同于柏拉图），耶稣将他的教诲局限于道德问题。这个世界的本质以及我们关于这个世界的知识的本质，似乎并不是耶稣关切的问题。因此，耶稣并没有提供任何类似于印度教与佛教认识论这样的深刻见解——在这种意义上，耶稣所讲述的教诲似乎显得是次要的和有限的。但在道德的限度内，耶稣的洞识的深刻性，在两千年来的绝大部分时间里是没有人可与之相比的。耶稣还提出了这样一个问题，即"倘若一个人赢得了整个世界，却失去了他真实的自我，那么这个人究竟获得了什么？"。这个问题所显明的生动的道德洞识是不可超越的。

当我从中东回到英国时，我决定在一段不太长的时间里做些我从未做过的事情，也就是将我自己的所有时间都奉献给音乐，音乐始终是我最主要的爱好之一，但我通常只不过是把我的业余时间花费在音乐之上。虽然我仅仅是在三个月的时间里把我自己的时间都花费在了音乐之上，但这三个月的时间对我来说是难以忘怀的。自30岁以来，我就不时拜访作曲家安东尼·米尔纳[1]，以便于让他就和声与对位法对我进行私人教学，如今我每周都会继续进修这些课程，以便于让我可以做出某些努力来专注于我自身之外的某些事物；但当我不再为了这种目的学习音乐时，在大多数日子里，我自己就不再进行那种随心所欲的谱曲。我谱写的绝大多数音乐是歌曲。它们重新确证了我在青少年时期就已经知道的某种自我认识，也就是说，我有一些谱写曲调的天赋——令人遗憾的是，它们并不是什么伟大的曲调，而是可用口哨吹出来的曲调。我在此之前就已经知道了这一点，因为当我独自一人时，特别是当我独自一人行走时，我就会用一种相当随意而又即兴的方式吹出一段口哨，而我经常会突然想到一段令人愉快的优美旋律，接下来我就会对之进行发展并赋予其

---

1 安东尼·米尔纳（Anthony Milner，1925—2002），英国作曲家、音乐教师与指挥家。——译注

具体形式。至少对于我来说可以设想的是，倘若我过去在音乐创作方面进行过认真的工作，我或许在自己年轻的时候就能通过撰写流行音乐来谋生。在最好的情况下，我或许会成为一位成功的流行音乐作曲家（尽管经常会有人用轻蔑的态度来描述这类人）。我担心的是，即便我付出了最大的努力，我的作品也不会拥有像乔治·格什温[1]或杰罗姆·科恩[2]的最佳作品的特质，更不用提他们这些作品的美妙之处了。即便如此，在我自己的最佳状态下，我或许可以设法达到他们的那些知名度较小，质量更为一般的歌曲的水准。

当然，我在这三个月的时间里谱写的作品并不是这种意义上的"流行"音乐，而是严肃的音乐。尽管如此，它们仍然是有缺陷的，根据我已经讲述的内容，人们或许可以预料到：这些音乐是多愁善感的——它们虽然旋律优美，有时甚至令人难忘，但它们容易让人伤感。它们相当于维多利亚时期室内民谣的现代对等物。它们最多听起来就像理查·施特劳斯在悲伤的时候所谱写的作品。我试图用自己的意志与思想来除掉这种多愁善感的特质，但毫无效果。我发现，在除掉这种多愁善感的特质之后，我也就让我的音乐消失了，留下的仅仅是几页呆板的练习作品。我的音乐在本质上就是多愁善感的。我谱写的要不就是一种多愁善感的音乐，要不就根本不是音乐，这些是我仅有的选择。

在这三个月中我惊讶地发现，这种工作过程本身竟然能如此有趣、如此令人满意。我早上起床时会因为期待着工作的前景而兴奋地战栗。我学到了大量音乐知识。但我同样认识到，在我自身之中并没有足够的音乐天赋来让我成为一位受人尊敬的作曲家。由此导致的一个结果是，我对其他某些作曲家的敬意有所增加，特别是对于那些令人愉快却又缺乏分量的作曲家——这些人轻易就可以创作出具有令人愉快的风格与技巧的音乐，我先前或许会倾向于用高人一等的姿态来对待这些作曲家，但如今我已经认识到自己无法仿效他们，我或许曾经觉得自己要比这些作曲家更优越，但如今我意识到他们比我自己更优越。在他们的音乐中，我不仅可以通过欣赏其明显的音乐魅力而找到自己的乐趣，而且还发现了某些其他的乐趣，比如，一种欣赏音乐创作技巧的乐趣，一种欣赏在独创性中隐藏起来的技术成就与新颖风

---

1 乔治·格什温（George Gershwin, 1898—1937），美国作曲家，格什温将德彪西和拉赫玛尼诺夫的古典音乐风格与美国的爵士乐风格结合起来，创立了独特的美国音乐风格，成为美国民族音乐的奠基人。——译注

2 杰罗姆·科恩（Jerome Kern, 1885—1945），美国音乐剧与流行音乐的作曲家，被誉为"现代美国音乐剧之父"。——译注

格的乐趣，有时则是一种欣赏其彻底的专业水平的乐趣。我从这些作品中获得的乐趣，比我已经意识到的还要多。至于真正的音乐大师，我对于他们所从事的工作有了更加深入的理解，这让我对他们所获得的成就产生了一种敬畏感。

当我在中东四处游荡的时候，当我在谱写这些音乐的时候，一部小说在我意识的边缘悄悄形成了。这个过程最令人费解的地方是，这本书最终呈现的面貌，几乎对立于它起初呈现的面貌。我起初想要撰写一部爱情小说。我的性生活永无休止地在追求一种在两个人之间彼此产生的爱情，而我从未体验过这样的爱情；我从未体验过的原因并不是我没有被人爱过，而是我没有爱过任何人。在我的内心有一片没有方向性却又强有力的情感之海受到了抑制与阻隔，无法找到表达自身的方式，无法自由地流动，即便在有人爱我的时候也是如此。这种巨大的挫折加强了我的一种强烈渴望获得宣泄的情感冲动。我突然想要撰写一部小说，并将这种情感冲动倾注于其中，而在小说中这种如大海般汹涌澎湃的感受或许会泛滥，但不会被消除，这最终将带给我某种我最为缺乏的成就，这种成就并非仅仅在我的想象之中，而是带有某种真实性，它是某种在我自身之外存在的东西。我想将这部小说命名为《爱的故事》(*Love Story*)，让我感到惊讶的是，这个标题直到那个时候为止还从未被人们使用过，至少我认识的人都不曾记得有人用过这样的标题。

显然，我至少需要两个核心角色，一个男人和一个女人。但他们在小说中将要做些什么？难道仅仅是让他们彼此相爱，并让他们试图表达这种爱情？难道我仅仅是为了这个主题而狂热地书写两百或三百页篇幅的作品？我的答案显然是否定的，我无法想象以这种方式完成的小说会获得成功；我可以想象这种成功的可能性，但只有那种不同于我的作家才能做到这一点——一部宏大的散文诗，一种静态而又持久的关于爱的礼赞。但是，为了让所有这些正在迸发的情感不至于逐渐衰弱，这种冲动就不仅必须是有力的，而且还必须在本质上是富有诗意的，我认识到，在我自己的这个特殊情况下，我的冲动拥有力量，但并不拥有诗意。在这本书背后的冲动首先是一种心理的情绪；我正在寻求的是一条引导我力比多的途径。而我的感觉是，这种对我来说自然的宣泄途径必定是戏剧性的，而不是抒情性的——它多少是重要的与有力的（我期望这种宣泄途径是有力的）。不过，这意味着在这本书中必须发生某些事情。倘若这件事是这本书的核心关切，它就必须与恋爱关系有着紧密的关联。倘若这件事不是微不足道的，它就必定是重要的。无论如何，它都必须具备戏剧性的效果。我对这件事思考得越多，我就越明确地意识到，它必定是某件挡在他们相爱道路上的事情，也就是某种障碍。我竭尽所能地思考了三角恋的众多可能性；但倘若它是任何能真正强烈影响到读者的三角恋，它就会对两个核心角色所拥有爱情的无条件本质加以限定，而这并不是我想要在小说中看到的情况。因此，我试图考虑的是某种会对他们之间的爱情构成巨大的、现实的与令人担忧的威胁的事情，但这种事情并不涉及另一个角色。我由此产生的想法是严重的疾病或意外事故。为了对他们的恋爱关系构成致命的威胁，这件事就必须能毁灭其中某一个角色的生命。通过对这件事进行仔细考虑，我意识到，倘若这个故事在经过一段时间的不确定状态之后，这两个角色最终克服了这种威胁，那么，这个故事就会成为一种纯粹是老生常谈的闹剧与无声电影；由此会产生出一种"他们从此以后都幸福地生活在一起"的感觉，在最好的情况下它会成为童话故事，在最糟的情况下它会成为言情小说。不过，倘若这种威胁没有被克服，情况又会怎样？倘若他们之中有一个人死去，情况又会怎样？于是，这本书就能坚持它的现实性与严肃性。我在此时恍然大悟，而我知道我自己正走在正确的道路上。但我想到的仍然只是一种处境，而不是一个故事，更缺少相关的情节。我需要某件逐渐发生的事情：我需要的是悬念、起伏、冲突、误解、不一致的目的、欺骗、探索、被揭露的真相。或许在这两个角色中的一个角色将要死去，而且这个角色知道这种可能性，但并没有将这种可能性告诉另一个角色。我知道在牛津大学有一个来自美国的学生，他是一位有才华的诗人，而他就曾陷于这样的处境之中。他在美国就已经患有白血病，医生在劝他回家时告诉他，他只有两三年可以存活。于是他来到牛津去做他总是渴望做的事情，但他并没有将他的这个秘密告诉任何人，他将自己同时投入到了生活的方方面面之中，并试图安排时间去做他曾经想做的一切。他对其他的学生产生了巨大的影响，其他学生相当确信，他将在接下来的人生中成为著名的成功人士，甚至有可能成为一位伟大的诗人。接下来他与另一位学生坠入爱河。终于有一天，他不得不告诉她关于自己处境的真相。她一直保守这个秘密，直到他死去为止，只有在那时这整个故事才公之于众。在他死前的那段时间里，其他人仅仅注意到，这两个人之间的关系具有某种特别强烈的激情，以至于其他人在那时议论他们的恋爱关系时都会产生大量的感触，尽管没有人猜到事实的真相。

在相当长的一段时间里，我就是根据这种处境来思考我的小说情节的，我按照我自己的需要自由地对之进行修改，我依循这些思路考虑各种变化。但接下来我突然想到了一个有力的转折。或许有可能发生的情况是，垂死的人并不知道自己将要死去，而另一个人却实际上知道这一点。我知道这种情况，因为这种情况恰巧就发生在我的另一位来自牛津的朋友身上，他在接近30岁时死于霍奇金淋巴瘤。他的医生将他病情的真实情况告诉了他的母亲，但并没有告诉他本人，而他的母亲也向他隐瞒了真实的情况；但当他坠入爱河并宣布他自己想要结婚时，他的母亲就将这个真实的情况告诉了那个女孩。因此，这位母亲与那个女孩就不得不面对他将要死亡的事实，并且她们这两个人在不同的时间按照各自的方式接受了这个事实，而他自己根本就不知道这件事。在这里存在着各种可能吸引我的逆转情节，我将这些可能的逆转作为情节的基础，而这就是我选定的道路。由于我这些意图的变化是一步步发生的，因此我在不久之后才意识到，我原先想要撰写的是一个关于两个人彼此相爱的故事，而这个最初计划已经被我所牵挂的让我自己能够面对死亡的需求所控制。尽管如此，我确实已经实现了这个计划；幸运的是，我撰写的小说已经变成了一本书，虽然它并不是我起初想要撰写的那本书。当这本书出版时，我并没有将它命名为《爱的故事》，而是将它命名为《面对死亡》——我猜想，这个标题必定会减少它的读者的数量。

　　我是以这样的方式来构建我的情节的，每个主要角色依次去逐步接受这个年轻人即将遭遇的死亡，他们将在不同的环境下这么做，最终则是这个年轻人自己去接受他的死亡；我构建这些角色，以便于让他们每个人都以不同的方式来做到这一点。这对主要角色与我在现实生活中所了解的情侣都没有任何关系，而我在自己的头脑中也从不认为会存在这样的关系；我还为了满足我自己的需要，随意虚构了可以构成这种情节的诸多意外事故。由于这些角色与故事都是我编造的，因此完全让我感到惊讶的是，大量认识我，因而或许能更好地了解相关情况的人竟然假定，这部小说是根据事实改编而来的——我以真实人物的真实生活故事为出发点，并将之转化成了小说。无可否认，我利用了真实生活中的一位母亲来塑造我在小说中的母亲角色；但除了她之外，在这本书中只有一个角色导源于现实生活中部分相似的原型，但这个角色在书中与情节无关，他知悉一切的内幕，但与此同时又是一个超然的旁观者，因此在这部小说中，这个角色自始至终都发挥了一种类似于古希腊合唱歌队的作用。我感到极其惊讶的是，人们开始用完全认真的态度向我追问，"真正"发生了什么以及相关的"原型"是什么，他们不仅追问诸多角色的原型，而且还追问这本书中其他一切事物的原型。我提到的《星期日报》所根据的原型是否为《星期日泰晤士报》或《观察家报》？抑或是说，它是二者的结合？如此这般的对话"真正"发生于哪一家真实的酒馆？对他们来说，书中所有的一切都是真实的；这本书所讲述的恰好都是在真实的地方存在的真实的人，他们完全无法接受我所说的实际情况。我告诉他们说，他们所追问的角色基本上都是我编造出来的，在这本书中只有两个角色是从现实生活的某些人那里借鉴了一些东西，小说中的任何意外事故或对话都没有真正发生过，小说中的任何场景都没有"原型"，但他们根本就不相信我。人们通常似乎无法理解，小说并非必定导源于事实。实际上，倘若小说要忠实于自身，它就不可以拘泥于事实，虽然它可以自由地利用事实，恰如它可以自由地利用其他任何东西一样。

　　我至少是按照如下方式来撰写这部小说的。我从一开始就已经看到，虽然这本书中的每个角色都可以按照各种各样的方式构建起来，但每个角色都不得不拥有某些特征，以便于让情节能够运作起来，进而让这本书的内容变得可信。重要的是，他们不应当仅仅拥有这些特征，否则他们看起来就像是在人为的操控下隶属于某些特征，这让他们太像一架机器的诸多工作部件，一些被操纵的傀儡。即便如此，他们至少不得不拥有这些特征；而无论他们拥有的其他特征是什么，我都必须让这些特征彼此相容。因此，我从诸多需要的特征出发，进一步发展这些特征，我在自己的心中将诸多角色以各种方式来加以改变，根据其他角色的观点来思考某个角色，考虑故事情节中可能发生的意外事件，将这些角色变得越来越生动饱满，尝试想象他们的过去或推测他们的未来。我会向自己提出各种诸如此类的问题：这个人真正想要从生活中获得什么？他最害怕的是什么东西？他最爱哪一个人？会让他发笑的是什么？他在不工作的时候会干些什么？他在假日会去什么地方度假？他拥有怎样的童年？我会让我自己的想象力完全自由地思考这些问题的答案，越来越深入地充实这些角色，直到我知道更多与他们相关的特征已经融入了这本书的情节之中。

　　例如，请让我们考虑核心角色约翰，他即将死去。在这本书的开头，我想要让他沉浸于每一天的生活之中，或许几乎就像人们所说的那样，他热爱每一天的生活。接下来，我希望他就像洋葱被剥皮一样，逐渐进行了这样一次节奏非常缓慢的旅行，在这个过程中，他从完全卷入他的外部世界的状态走向了发现他的内在自我的状态。在这个让他走向内心的旅程的诸多连续阶段中，我想要让他在越来越深刻的层面上去探寻生命的意义，例如，从私人的关系到艺术经验，再从艺术经验到反思的思想。正是根据诸如此类的考虑，我着手构建了他这个角色。为了让他沉浸于日常生活之中，我让他成为一个热爱自己工作的职业记者。为了让他在将要发生的事件中牵涉的范围足够广泛，我就让他成了那种几乎能够撰写一切主题的记者，他能够在政治讨论中提供有用的信息，能够以一种有趣的方式来评论戏剧和音乐，而且他还拥有在世界各国工作的经验。为了有充分的余地来进行戏剧性的反讽，我让他成为某个被人们认为具有远大前程的人。由于我的意图恰恰是，在小说随后发展的情节中，他会发现自己为了某个目的而严肃地思考这个问题，即人们是否可以说，生命拥有意义？倘若生命拥有意义，生命的意义究竟是什么？因此我就让他的教育包括了哲学的训练。但是，由于我认为，倘若他对于真正的大哲学家的诸多学说进行冗长的思考，这就会让这本书过于严肃，以至于不像一部小说，于是我给予他的那种哲学训练在很大程度上排除了关于这些大哲学家的任何知识——我让他成为了牛津大学哲学、政治与经济学专业的大学生。这转而导致的结果是，在这本书推进情节的过程中，他必然会意识到这种训练有多么不充分（你们或许会说，这是我的另一个执念），如此等等。通过这种方式，我就根据这本书自身的需要而创造出了这个角色。也就是说，就我所知，我给予这个角色的每一个特点，都是这部小说的某个地方所要求或需要的特点。

事实证明，这个核心角色的名字产生了多重的后果。就我们所知，一个关于人类处境的最基本与最普遍的实际情况是，我们都会死去；我想要在这部小说中展现的事实是，在面对死亡的过程中，这位年轻人远非处于某种特别具有创造性或悲剧性的处境之中，而是和包括读者在内的其他任何人一样都处于相同的处境之中。除了这个角色在个性与环境上偶然拥有的全部特性之外，这个故事在最基本的层面上讲述的是每个人的故事。因此，我想要给这个角色一个尽可能接近普通人的英国名。我决定将他称为约翰·史密斯（John Smith）。但我对这个名字并不满意。首先，我给予这部小说的核心角色的这个名字是空洞的、没有个性特征的——当然，许多有血有肉的人都被称为约翰·史密斯，而我自己就知道一些这样的人，但即便如此，这也远远不足以突出这个核心角色的个性……更重要的是：尽管我们每个人都是普通人，但我们每个人也都是一个独一无二的人，不同于其他任何曾经存在过或将要存在的人——我们每个人的内心都是隐秘的和奇特的，拥有大量的自相矛盾，因而是不可预测的。人格的独特性是一个重大的谜题；就我所知，这个谜题或许就像死亡本身一样重大。因此，我的约翰·史密斯就像每个普通人一样，是一个令人费解的、不确定的、不同于其他人的个体。为了与此保持一致，我想要让他拥有一个与众不同的名字，一个并非代表其他任何事物的符号，一个仅仅指称他自己的名字，即他的名字。我觉得遗憾的是，他不可能拥有两个名字——他有一个普通的名字，与此同时又有一个独特的名字。接下来我意识到：一个英国人可以通过某种方式拥有两个名字，这种情况是，这个英国人是贵族。倘若一个名叫乔·布洛格斯（Joe Bloggs）的普通人是斯诺克费雪（Snookfish）的领主，那么他就也会被称为乔·斯诺克费雪。事实上，这三个名字恰恰都是他的名字，而所有这三个名字或许都会被人们频繁地使用。因此，倘若我将约翰·史密斯变成一个贵族，我就能赋予他另外一个名字，而倘若我愿意的话，他就不仅能拥有两个名字，还能拥有三个名字。因为他如此年轻，他就只能是一位世袭贵族，而不是一位终身贵族。某些读者或许认为，我让一个正在工作的年轻新闻工作者成为贵族，这种做法有点任性，但事实上，我立即就能想起一些是世袭贵族的职业新闻工作者：韦兰·杨（Wayland Young）、约翰·格里格（John Grigg）、尼古拉斯·贝瑟尔（Nicholas Bethell）——现实生活中并不缺少这样的例证。因为这完全是现实的，我就决定在自己的写作中继续维持这样的设定，约翰·史密斯也就变成了约翰·韦恩特波恩（John Winterborne）。尽管如此，由此带来的负面效果也是巨大的。这意味着他不得不来自一个拥有特权的社会背景，他至少离这样的世界并不遥远，因此这种背景就不得不出现于这部小说之中。当然，我可以编造一些特殊的理由来让他不具有这样的社会特权，但经过再三考虑，我意识到，倘若我允许自己以这样的方式继续写作，那么接下来我就能让他处于某些个人有利条件与社会有利条件之中，以便于让他在面对死亡时发现这些东西都是没有价值的，因而就不会让这个情节显得任意武断或牵强附会。由此，这个设定丰富了这本书的可能性——尽管在最深刻的层面上或许并非如此；但在一部小说中，这种社会性的外表是至关重要的。因此，我继续以这个设定写下去，并给予了约翰一个上流社会的背景，他在某种程度上成长于这个环境并反对这个环境。这又转而产生了多方面的影响——包括对他的性格品质与诸多关系的影响，对诸多定位的影响，以及对一般情节的影响。

到目前为止我讲述的是，我以何种方式单独塑造了约翰这个角色。但几乎每一位小说作家都会发现，他自己要将一个角色与另一个角色进行对比，要将一段情节与另一段情节进行对比；因此我经常发现，我自己将某个特质归于一个角色，是由于另一个角色缺乏这样的特质，而我的主要目的甚至有可能是强调其他角色的某些特质。诸多角色不仅是根据主题和情节的需要构造而成的，而且是根据这本书整体范围内的所有其他要素构造而成的。你运用大量的细节来让每个角色都变成这本书要求这个角色去成为的一切，而不管这本书是出于什么观点和理由来做出这种要求的；你想要这么做，但又不希望让你显得是在需要的那一刻才凭空为每个角色创造出这些特征的。这就需要你拥有向前展望的计划，需要你始终将这些角色彼此整合，需要你将这些角色与他们所在的世界整合。重要的是，你应当为自己争取到完全的创作自由：为了让这本书根据自身的要求来运作，你只能构造出你需要的东西——但要记住的是,为了让这部小说产生效果,你就必须让它始终是逼真的与可信的。我在孕育这部小说的很长一段时间里都在担心,我塑造的这些角色过于随意,我合成的这些角色过于不自然;但过了某个时刻之后,他们就突然变得拥有了他们自己的生命。对我来说特别明显的是,我做梦时开始梦到这些角色,而且我做了许多关于这些角色的梦。我认为,这象征着他们如今已经逃离了我有意识的头脑的控制,他们自身已经获得了无意识的特征。事实上,我已经开始将他们当作真人来对待,而时至今日我仍然是如此看待这些角色的。

情节就像角色一样,它是根据一本书的内在要求建构起来的。《面对死亡》最重要的主题是约翰疾病的进展以及对它的治疗——在我看来(并非所有作家都会赞同这一点),需要忠实于这个故事所设定的那个年代的医学条件的真实状况。约翰感觉良好的那段时间的长度,他接下来得病的症状,他住院的那段时间的长度,他接受的治疗,他对治疗的各种反应,所有这一切都创造了一个具体的框架,在这个故事中的每个要素都不得不以自然的方式符合这个框架,包括一次怀孕在内。一旦某个角色开始怀孕,我也就无法对怀孕的诸多阶段随意进行干预。通过医生朋友的介绍,我结识了在一座伦敦教学医院中任职的关于霍奇金疾病的主治医生,他同意成为我的故事情节的实际医学顾问。对于约翰疾病进展的每个阶段,我都会与他协商讨论接下来可能实施的医疗步骤,而他就会以类似于这样的方式说道:"好吧,在那个阶段,我必定会在以下这两个方案中进行选择。或者我会这么做,在这种情况下,他就不得不为了进行治疗而住院,而他的住院期限是一周或十天。或者我会那么做,在那种情况下,他只需要在门诊中接受治疗,尽管他仍然不得不一周三次来医院注射药物……"他就是以这种方式详细地描述细节,对我的问题做出回复,并精确地介绍了各种可以选择的治疗方案,以及病人可能对特定治疗方案产生的诸多不同反应。接下来我就会选择最符合我故事需要以及我的诸多角色关系的事件进程,就好像这些事件的发展都在我的掌控之下一样。我有时会对这位医生提出这样的要求:"我想让约翰在短短几天内发生异常状况,以便于我能够令人信服地让其他角色在没有约翰在场的情况下聚到一起:在这个时刻,能否发生某些事情来让我以符合实际情况的方式将约翰暂时送到医院里去?"倘若可以发生某些事情,我就会利用这些事件;倘若无法发生这样的事情,我就会创造某些其他的理由来让约翰强制缺席,这或许是某些与他的工作有关的事情。正是以这种类似的方式,一系列的虚构事件得以产生,并组装到一起而相互关联。正是由于我严格按照这样的方式来构造情节,当这本书出版之后,有一位读者对我这么说道:"究竟是什么人在他的现实世界中发生了这些事件？"我发现自己在听到这个问题之后茫然地看着他。我试图向他解释说，除了我虚构的故事之外，并不存在"这样的"事件，我的故事并不是对任何真实事件的描述，而是我创造或编造出来的事件，而我的这番解释几乎总是会引起类似于这样的回复："哎呀，我们已经读过了这本书，我们可以断定这些事件肯定在现实中发生过——这显然是一大段真实的人生。别这样啦，现在告诉我这个人是谁吧！"对于这样的读者，倘若我没有机会在现实生活中对他们说，那么我就只能在心里对他们说："好吧，感谢你的夸奖。我努力工作以便于为这个角色赋予生命，至少对你们来说，我似乎已经取得了成功。"

　　某些读者最容易产生的错觉是，这本书所指涉的是真实人物与真实事件，而我恰恰最没有想到的是，我的朋友竟然也会这么认为。他们对我的生活相当了解，或许我因此就会期待他们认识到，我的生活并没有包含这部小说的角色与事件。在这里发挥作用的是一种有趣的心理过程。这些特别的读者不同于其他所有的读者，因为他们知道作者的个人信息，然而他们都普遍假设，这个虚构的小说是以事实为基础的，他们发现，他们自己在阅读这部小说的时候会这么想："现在这个角色所依据的原型是谁？让我来看看，这位女画家是布莱恩认识的哪一个人？"接下来他们则会做出这样的判定："这位女画家所依据的原型必定是玛利亚。"他们接下来就将现实生活中的玛利亚设想为这个虚构的画家，于是他们在这个虚构画家的所有对话中都听出了现实生活中的玛利亚的口吻，如此等等。事实上，正是他们私自在心中将这位画家变成了玛利亚的画像。他们的这种想法是他们自己将之变成事实的。在这本书结束时，他们会说，"这个角色自始至终都完全和玛利亚一模一样——每句话与每个姿势都是如此"，而他们这么认为的原因是，在他们阅读这部小说时，他们自己一直将玛利亚生动地置于他们的心中。尽管如此，不同的朋友也有可能将同一个角色归于不同的原型，接下来他们就会彼此争论，究竟谁的意见是正确的——并求助于作者来解决这个问题。有时某些朋友会向作者抱怨，这种文字描述是不精确的。"你对于玛利亚有点严厉，你知道的——她根本不像你所理解的那样以自我为中心。"倘若作者做出回应说："但倘若你自己坚决主张这个角色并不像玛利亚，那么，你又有什么必要去假定我意指的是玛利亚呢？"这些朋友通常就会进一步做出这样的回复："好吧，那在这种情况下，你用这个角色意指的究竟是谁？"对于绝大多数读者来说，他们不会动摇的假设是，小说的虚构都是以真实的人物与真实的事件来作为它的出发点。在我看来，这种假设完全无法理解小说是什么，小说做了什么，以及人们为什么要撰写小说。但我对于这个有关我自己小说的假设与人们展开了争辩，直到经过了一段漫长的时间之后才放弃了这种争辩。

现在或许有一些读者想要表达他们的那些不断累积下来的疑惑。他们会说："但根据你自己的描述，你已经说过，你曾经认识某个人在年轻时就死于霍奇金淋巴瘤，医生将这个实际情况告诉了他的母亲，而没有告诉他本人，接下来他与一个女孩坠入爱河并向人们宣告了他要与她结婚的意图，在这时他的母亲将他的这个病情告诉了那个女孩，却还是没有告诉他本人，那个女孩就不得不做出决定，她是继续举行这个婚礼，还是亲自将这个秘密告诉这个年轻人。我们听说，就像你在书中所描述的那样，她最终决定不告诉他这个残酷的真相。除了所有这些相似之处，你还承认，小说虚构的那位母亲，就是根据那个年轻人在现实生活中的母亲塑造而成的。因此，你又如何能否认，你在这本书中就是在讲述这些人的故事呢？那些完全了解你的人相信，你所做的就是这件事，难道这不是他们必定会产生的想法吗？"

对于这些疑惑，我的解答如下。在现实生活中确实有一些人认识这个年轻人或那个与他结婚的女孩，但在这些人中间，根本没有任何人有可能去设想，这本书中的这两个角色就是对这两个人自身的描述；这两个角色与这两个现实人物的相似之处相当有限。在这本书中的其他角色与我所认识的人也没有什么关系，他们之间甚至不存在任何疏远的关系，除了主角的母亲与一位医生——而这位医生，正如我先前就已经说过的，在小说中就是一个纯粹的旁观者，现实生活中没有任何人能够做到这一点。当然，我需要对我自己的这个陈述做出一种限定，但这并不是绝大多数有所误解的读者所期待的那种限定，而是一种在心理上与艺术上具有至高重要性的限定。由于我自由地创造了这些角色，并使用我的想象力与理解力所拥有的全部资源来进入这些角色的内心，以便于让我能够感受到他们的感受，考虑他们的想法，并通过他们的眼光来向外审视这个世界，因此，在所有这些角色之中都存在着与我相关的重要元素。而在这些角色之中存在的与我相关的元素，必定比我意识到的还要多，这主要是由于两个原因。第一个原因是，对我来说，无论是以有意识的方式，还是以无意识的方式，我都不可能赋予任何角色那种我不曾体验过的生活，也不可能赋予他们我不曾有过的想法、感受或洞识，因此对所有这些角色的分析，最终都局限于我的界限之内，而对于除了我自己之外的任何在现实生活中的人来说，情况显然并非如此。第二个原因是，几乎根据定义就可以知道，我无意识地投入每一个角色中的东西，必定多于我意识到的东西。当人们问我："你是约翰吗？"或"你是基尔吗？"我不由自主地会做出这样的回复："所有的角色都是我。"整本书都是我的创造产物：其中的一切事物，不仅包括诸多角色，而且还包括我没有意识到的在这本书中存在的一切,都是我所表现出来的东西。但仅仅是这本书的整体才拥有这样的特性,可以说,只有当这本书作为一个整体的时候,我才用我自己的话语来进行表达。而在这本书之中,并不存在任何必定属于我的东西:一个角色所表达的意见不一定是我的意见,一个角色的感受或体验不一定就是我的感受或体验。所有这些事物只不过是我有所理解(即便是我以想象的或无意识的方式达成的理解),而且我觉得有必要加以利用的东西,而不论我利用的方式是接受它们、抵制它们还是改变它们。

我相信,我的这种做法,就是绝大多数严肃小说作家所采纳的做法,即为了我自己的目的,充分而又自由地利用所有可以利用的素材,而不管这些素材的来源是什么。当然,我并不关心素材来自何处,这个事实恰恰意味着,这部小说的素材或许不仅包括那些有可能是完全被我虚构出来的东西,而且还包括我认识的人与我共同拥有的经验。不过,诸多素材在现实生活中有其根源,这纯粹是偶然的巧合:我关注的从来也不是现实生活,而我写作的对象肯定也不是现实生活。我的目标从来都不是传播某些有关真实人物或真实事件的信息。我的出发点从来都不是接下来被我转化为虚构小说的某个我认识的人,或某件实际发生的事。恰恰相反,我在写作的过程中采纳的是另一种方式:我的出发点是我正在撰写的虚构作品;为了让这部作品能够成长为我想要让它成长的样子,我就从所有可能的资源中为它提供养分,而无论何种形式的资源,无论我对原型做出了怎样的改动,它们都会在最大程度上受到这部小说本身的欢迎。

倘若我给出一个不同种类的例证来表明,我在这部小说中运用现实生活经验的可能方式是如何误导我的朋友的,那么我或许可以将我提出的观点变得更加清晰。假设我起初想要创作的一个主题是在一个男孩与一个年纪大得多的女人之间的恋爱关系,而根据这个男孩的心理发展的观点看,重要的是要确保,这个男孩相当了解的仅仅是这个女人。这立即就能激发我产生这样的想法,即我的故事背景应当设置于一个都是由男性构成的世界之中。我会向自己提出的问题是,对于一个十几岁的男孩来说,他可能置身其中的那个全部由男性构成的世界是什么样的?对此的回答是:教学实习船、任何种类的少年管教所、寄宿学校、特定种类的医院,等等。一位成熟的女性通常会以何种方式进入这样的世界之中?她的身份是各种员工(官员、看守、教师、医生)的妻子。(现在我已经开始想到了我的写作轮廓。)倘若我想要让利害关系与紧张状态达到最大的程度,我就会让这个女人成为那个拥有最高权威的角色(船长、主管人员、校长或其他任何拥有最高权威的角色)的妻子。这很自然就会让我想到的一个设定是，我要让这个中年男人拥有一位年龄比他小得多的妻子，以便于让这个女人与这个男孩的年龄差距不会大于（甚至可能小于）她与她丈夫的年龄差距。我可以让这个丈夫成为一个全神贯注于他自己工作的无趣之人，或者是在发生这个故事的期间由于机构危机而遭到了特殊的挑战——这个男孩则以某个特定的方式卷入了这场危机之中，这或许可以用来提升贯穿这本书的紧张氛围或危险氛围。如今开始在我的头脑中呈现出来的不仅是这种处境，而且还包括我的故事。我就是以这种方式继续进行构思的。依循这条路线，我很快就不得不选定一个让所有这一切都在自身之中发生的"世界"。这是一个可能的世界，相较于我构造的其他可能世界，我构造这个可能世界拥有巨大的优势，因为我自己在11岁到18岁就生活在一个寄宿学校之中，我根据自己的经验就可以知道，在寄宿学校中的生活是什么样的。我不仅熟悉这种生活：我拥有关于这种生活的"感受"，我精心地调整过自己对于这种生活的微妙之处的感触。尽管如此，我没有必要将我的故事背景设定在寄宿学校之中：我相当确信我自己有能力将教学实习船或少年管教所作为我故事的背景，并为这种崭新的故事背景赋予生命。但倘若我将背景设定为寄宿学校，我就能更真实与更深刻地给出背景，并根据我自己更深切的经验，运用更强大的理解力来撰写小说。恰恰是由于这个原因，我才会决定将背景设定为寄宿学校。

当我继续构思我的故事时，我可能会发现，这个故事需要我在私下里来回摸索，以便于确保诸多复杂的细节在未知状态下保持彼此的吻合；我希望在我提到诸多建筑物的相对位置以及彼此的间隔距离等因素时，我所做的假设是前后一致的。还有其他某些类似的问题，如某一扇窗户是对故事情节特别重要的，当一个人从这扇窗户向外望去时，有什么东西可能被这个人所忽略。当许多作家在将一本书发展到了某个这样的阶段时，他们都会坐下来创造他们的学校。他们会在纸上画出一张示意图（这张示意图通常并不包含在他们出版的作品之中），以便于他们能够为他们的角色设计活动，并检验这些角色的诸多活动的前后一致性与合理性。（萧伯纳习惯于在棋盘上铺几张纸，并在纸上写下诸多角色的名字。）我也会以类似的方式来这么做，而倘若我的故事需要我这么做，我肯定会采纳这种做法——例如，倘若为了让我的故事情节顺利展开，这所学校的布局就必须专门拥有某些特征。但倘若实际情况并不特别需要我这么做，我就会自己思考这样的想法："我能够让自己曾经所在的这所学校变得形象化，让它就像我虚构的任何学校一样生动鲜明，并具备更多的具体细节；这在我写作的过程中，始终能让我心灵的目光在注视这所学校时花费更少的精力。我了解这所学校的每个角落与每条缝隙,我可以毫不困难地在黑暗中找到各条通向它四周的道路。因此这就是我采纳的做法:我将书中的学校赋予了一个不同的名字,但我在写作时想到的恰恰就是我自己曾经寄宿过的那个时期的基督公学。这种做法不仅可以保证诸多角色活动的可行性,而且还可以保证这个背景的统一性与前后一致性;倘若我关于这所学校的某些根深蒂固的感受融入了这部作品(这不一定是我有意为之),这或许有助于确保我为这个故事设定的'世界'拥有它自己的生命,而不仅仅是一种缺乏深度的背景。"

  需要强调的一点是,我并非必定会做出这样的决定:我可以非常轻易地不选择这么做。它无非是一种策略,倘若我愿意的话,我就可以利用这个决定来帮助我满足这本书的某些复杂的内在要求,而在现实中没有任何对应的事物可以满足这些内在要求。这或许也是一种相当慵懒的选择,这种选择不仅让我省却了虚构背景所需要的注意力与精力,也让我节省了许多时间。不过,一旦我做出了这个选择,我就会觉得,我可以完全自由地利用自己的学生时代的任何素材,只要它们能够服务于我撰写这部小说的目的。倘若我想要对这个背景给予额外的实质内容,我或许就会利用那些让我终身都留下深刻印象的人与事件;倘若我觉得这本书需要一些幽默发笑之处,我就会借鉴一位古怪滑稽的校长,人们讲述了许多关于他的精彩故事;倘若我的情节需要在某些场景中发生一次同时袭击了整个学校的戏剧性事件,就像一次火灾或一次轰炸,我就一定会回忆起我在那里就读时降临到这所学校的一次空袭,并为了这部小说而尽可能地利用我自己的这些回忆。

  我可以确信,在这本书出版时,许多完全了解我的成年生活的人会认为,整个故事揭示的是某个人的部分私人历史,甚至有可能是我自己的历史。他们会相信,我必定在那所学校里有一段风流韵事,这段风流韵事即便不是与校长的妻子有关,至少也是与其他某位老师的妻子有关;即便这段风流韵事与我本人无关,卷入其中的也必定是我所认识或我所听说的某个男孩。某些曾经是我校友的读者会说:"这本书恰恰忠实地描述了那所基督公学,它甚至描述了那位古怪的校医,他是一位共产主义者,他过去经常向那些从礼拜堂中走出来的人分发无神论的小册子。"当其他的读者听说了这些事情之后,他们就会将之作为证据而进一步确信,这本书的基础(请你们注意,他们在这里所主张的是基础)是在现实生活中存在的人物与事件——于是他们就可能产生一个特别有趣的问题:这些原型是谁?这个男孩实际上是我吗?校长的妻子实际上是那个女人吗?(我现在才想到,我在校期间的那位校长是一个中年男子,而他的妻子远比他年轻。)倘若某人对我说:"好吧,如果这个故事的主要部分都不是真实的，那是什么让你想要撰写这个故事的？"（令人感到奇怪的是，人们通常都会这么说。）而我只能做出这样的回答："我有一种强烈的欲望想要这么做。我觉得有必要在那个特别的处境下进行创作与探索。倘若你坚持要追问我这么做的动机，那么或许就需要一位精神分析学家来回答这个问题。而这位精神分析学家会说，这恰恰是由于我在童年无人喜爱，我在这个世界上最想获得的体验是一位年长女性对自己的爱，这位年长女性是我在自己的婴幼儿时期唯一认识的女性，即我的母亲。当然，有可能根本不是由于这个缘故，而是由于某个完全不同的缘故。但我并不知道真正的缘由是什么。"

在我小说的诸多核心角色和核心事件与我本人及其现实生活经验之间确实存在的关联，就处于这个隐蔽的层面之上。这些关联并不是自传性的；"自传"这个词或许是完全不正确的：这些关联产生于我的一种想要体验某些东西、理解某些东西、忍受某些东西或祛除某些东西的根深蒂固的需求——抑或是说，这些关联就是我的这些需求的结合体。即便在这个隐蔽的层面上，我的写作方式也直接对立于绝大多数人的假设：我并不是首先感知或经验到了某些事物，接下来才在写作中围绕这些事物进行虚构；我在写作中进行虚构，其目的是获得洞识与理解。正是写作带来了这些洞识与理解，而不是这些洞识与理解驱使我进行写作。在这种迫切想要写作的需求背后，是一种具有心理情绪本质的力量，它多半是无意识的。我在撰写《面对死亡》这部小说时发生的实际情况（正如最终的结果表明，当我着手进行这项规划时，我就已经违背了我原本的意图）是，我发现自己的写作动机来自我想学会接受死亡这个极其深刻的内心需求。我最终将不得不充分地与明确地面对死亡，而且就像我在自己的想象中多次经历的那样，我将无可逃避地经历死亡的过程；恰恰在这个吞噬生命的内在过程中，我不得不对自己提出的问题是："鉴于所有这一切都是不可避免的，生命的意义究竟是什么？"

除了这部小说之外，我迄今为止仅仅出版过另一部小说，即《在险境中生活》，它有一个不同的目的，而我的心灵显然更容易停留在这个目的之上，不过为了服务于这个目的，我仍然是以完全相同的方式来创造这部小说的诸多角色与事件的。在这部小说中，我想要表明，甚至对于最正派的情报工作者来说，哪怕他仅仅是在最普通的层面上参与了这项工作，他也会以某种既定的方式在道德上受到腐蚀；我认为，这个事实实际上以两种不同的方式对我产生了困扰：第一，我曾经就受过这种腐蚀的影响；第二，情报工作呈现的就是这种现实，它相当不同于我津津有味地读过的那些间谍小说。这部小说的结论是我根据自己在情报公司从事军队服役的经历而得出的结论。这部小说就带有了自传性的要素，我利用了个人的经验来填补我的故事的现实背景，对于相关的工作程序进行了精确的描述。我再次自由地利用了现实生活来塑造某些次要的角色。但这部小说的主要角色与我或我的任何同事都没有什么关系。尽管如此，当这本书出版后，我的绝大多数朋友都以为这本书包含的主要故事就是我用薄纱掩盖的自传，他们并没有因为我的否认而改变他们的看法。他们的这种反应根本与实际情况毫不相干，以至于我花费了很长时间才意识到他们持有的是这样的看法，而当我意识到这一点时，我感到难以置信。

显然，不同小说作家的工作方法在很大程度上有所不同，对于这个主题，我谈论的只是我自己的情况。不过多年以来，我对小说的关切让我接触了许多小说作家，我从他们那里听到的相关评述就类似于我已经反复表述过的这个观点。然而，不管我多么清晰明确地讲述这些实际情况，我周围的朋友们似乎从来也没有相信过我的这个说法。他们充满自信地直接拒绝相信这一点，至少对我来说，他们的这种态度在某种程度上是令人困惑的。甚至最伟大的小说家托尔斯泰，也成为这种信念的受害者。托尔斯泰公认的最佳译者与最佳传记作者是艾尔默·莫德（Aylmer Maude），他翻译的《战争与和平》由麦克米伦出版公司（Macmillan）与牛津大学出版社共同出版。这卷作品将托尔斯泰的"对于《战争与和平》的某些评论"作为附录，托尔斯泰的这个评论最初发表于1868年出版的《俄国档案》（*Russian Archive*）杂志之上，托尔斯泰在其中写道："倘若在虚构的名字与真实的名字之间有任何相似之处，倘若人们以为我想要用这种相似之处来暗示，我描述的是这个或那个真实人物，那么我应当特别向他们表示我的歉意，因为虽然某些文学活动是对目前存在的或已经存在的人的描述，而我所从事的文学活动与这样的文学活动没有任何共同之处……其他所有人都完全是虚构的，对我来说，他们在传统或现实中没有任何确切的原型。"虽然托尔斯泰在自己的评论中提出了这个主张，但莫德添加了一个与托尔斯泰的主张相抵触的脚注。在这本书的前面，他提供了一份主要角色的列表，这份列表以这样的话语写道："薇拉·罗斯托娃伯爵夫人，老罗斯托夫伯爵的长女（她的原型或许是托尔斯泰的大姨姐莉莎·贝尔斯）"，如此等等。倘若我没有从我的朋友们那里了解到这种完全相同的想法（相较于莫德对托尔斯泰的了解，我的朋友们对我的了解更为彻底），我是无法相信莫德会做出这种大胆揣测的。我由此想到的一个令人不安的结论是，许多读者虽然就像莫德一样聪明、有才华、知识渊博，但他们根本无法理解创造性的作品是什么，或创造性的作品完成了什么工作。人们会怀疑，他们并不知道艺术是什么。他们的行为表现得就像这样一些绘画爱好者，他们想当然地认为，有关圣母与圣子的每一幅绘画，其实就是创作这幅绘画的艺术家对他的模特的描绘，这些模特通常都是这位艺术家的情人或与情人所生的孩子，而他们会安然地忽略艺术家本人对这个想法的否认立场；他们还相信，倘若画廊上的标签告知我们，这幅画中的圣母是现实生活中的某个人，那么艺术家所描绘的圣母就真的是这个人（我需要补充的是，在关于圣母与圣子的绘画中，圣子的模特在现实生活中往往有可能是一个女孩，而不是一个男孩）。

在这四年时间里，我持续地让自己的精力专注于写作《面对死亡》这部小说。在心理情绪的意义上，它是我自愿经历的一次最为费力的体验。它是我与中年危机的漫长斗争的一个高峰，在写作的过程中，我为了让自己不被死亡以及对死亡的恐惧压倒而战，我为了让自己从对这些事物的恐惧中解脱出来而战。我最终经受了这次危机的考验，而我觉得自己已经安然度过了这次危机。恰如在我所认识的人中间，有两三个人就曾经处在这样的状况之中，他们即将死亡（显然，他们的死亡并不是其他某些人一手造成的），他们的死亡似乎不可避免，但他们还是活了下来。此后，他们告诉我，他们的这段经历永远治愈了他们对于死亡的恐惧——可以说，他们曾经让自己置身于死亡之中，让他们感到惊讶的是，他们发现自己已经不再害怕死亡——在一种想象的层面上，这种相同的事情也发生在我身上。我并不是说，我治好了自己对死亡的恐惧，但我已经竭尽所能地坦然面对死亡，而直到目前为止我仍然活在这个世界上。如今我不再像以前那样害怕死亡。这种恐惧不再继续增加，反而有所减弱。而我认为，出现这种转变的最大原因是，我撰写了我的这部小说。

在这部小说中，我将我自己在那个时候的能力发挥到了极限，以便于确定生命在不同层面上的最终意义，无论是有意识的现实体验、个体独特的自我意识、诸多人际关系、亲子关系与家庭归属感、更广泛参与的社会活动、工作满足感、创作艺术与享受艺术，还是沉思默想。无论沿着其中哪一个方向探索，我都能有所成就，但这些成就是远远不够的：在探索的道路中，虽然任何方向的探索活动在早期阶段都会给我带来某种兴奋感，但这种兴奋感都将逐渐耗尽并转变成一种挫败感。任何方向都无法将我带往阿拉丁洞穴的大门，也不会给我钥匙来解开那个安静地被锁在这个洞穴之中的生命之谜。可以肯定的是，它们最终只不过会让这个谜题显得更加不可理解。任何方向甚至都无法在原则上赋予生命一种凭借自身就足以面对死亡的重要意义。因此，当我逐渐要写完这本书的时候，我觉得虽然自己尽可能让我对于生命意义的探求向更广阔的领域发展，但我仍然会拥有一些困惑感与挫败感。正是在这样的整体背景下,《面对死亡》所关切的一个主题就是哲学的局限性。两位主要的男性角色都曾在牛津大学研究哲学,而他们也是在那里相遇的,但二者在面对人生的基本问题时都发现,他们研究的哲学对他们并没有任何实际的用处。相较于基尔,约翰花费了更长的时间来发现这一点,在某段时期内,他们都认同的观点是,他们所学到的哲学本身有其不足之处,但对于这种不足之处的本质,他们有所分歧。基尔用这样的话语来表达了他与约翰的分歧:"你认为,牛津哲学的技术构成了一整套美妙的工具,但这些哲学家用这些工具来完成琐屑的任务。我认为,这些工具本身就是错误的工具,而正确的任务是不可能用它们来完成的。"

牛津哲学所使用的诸多工具的典型特征是,它们往往被用来从事琐屑的任务,而实际情况恰恰就是这样的,但我不敢肯定的是,它们是否还可以服务于一种有价值的用途。当我完成了《面对死亡》的初稿时,我不可抗拒地想要从我如今已经抵达的视角来重新阅读将近二十年前我在牛津大学研究的哲学,我想要看看,我是否可以将这种哲学投入应用,我是否可以从这种哲学中得到什么东西。我大致进行了一次估算,倘若我把这项阅读工作当作我的首要任务,这将花费我六个月到一年的时间来完成这项任务。但这又会让我产生收入方面的问题:我在撰写《面对死亡》时,我的生活开支部分地依靠我先前的存款,而如今这些存款已经用完了。倘若我不希望自己经常为了谋生的需要而离开这项阅读工作,那么,我又如何能够在阅读哲学的这一年中维持自己的生计呢?我找到的解决方案是:从这项阅读工作中获得报酬。正是因为我的这种想法,让我产生了一个主意,即制作一部有关20世纪中期英国哲学的长篇系列广播节目。英国广播公司肯定会同意这个计划,准备这样的系列节目需要进行大量的阅读,而且在与英国广播公司协商费用时,我还可以将支持阅读工作的津贴包括在内。在20世纪60年代那段时间里,几乎乃至完全不可能在电视上看到任何这样的系列节目,但广播节目的情况就完全不同。我已经为英国广播公司的第三频道制作完成了大量的节目,实际上我还制作完成了我自己专门介绍艺术的一系列节目。因此,我向第三频道广播网的负责人霍华德·纽比(Howard Newby,即小说家P. H. 纽比,他是布克文学奖的首位获奖者)提出了这个建议,而他批准了我的建议。由此我就开始关联于哲学节目,我没有预见到,我参与的这项活动持续了多年时间,这最终让许多国家成千上万的人都认识了我的这张脸。我也因此回到了主持节目的定期工作之中,并将这种工作作为我的一种谋生手段,而这是违背我原本意愿的。

当我在广播电台主持节目的时候,我主持的第一个哲学系列节目被称为《与哲学家们的对话》（*Conversations with Philosophers*），但以这个节目内容为基础出版的书名则是《现代英国哲学》（*Modern British Philosophy*），而这也是如今大家知道的书名。我更愿意将这本书称为《20世纪中叶的英国哲学》（*British Philosophy in Mid-Century*），但那时已经出版了一本名为《20世纪中叶的哲学》（*Philosophy in Mid-Century*）的书。因此，我建议的书名是《当代英国哲学》（*Contemporary British Philosophy*），但塞克与瓦伯格出版社的出版商弗雷德·瓦伯格（Fred Warburg）说服我放弃了这个书名，他认为，"当代"是一个随意的词语，它拉低了精神，而"现代"所指的意思多少是相同的，但它是一个可以激发读者兴趣的鲜明词语。我自己在考虑之后就赞同了他的这个意见。就像绝大多数年轻人一样，我在那时并没有意识到，我所了解的这个世界会多么容易消逝，"当代"与"现代"这两个词会多么快速地让我的书名变得相当过时。我担心，多年以后，《现代英国哲学》这个书名将成为一个并不准确的标签。

这个系列是由十三期时长为四十五分钟的节目组成的，每期节目与其说是一次对话，不如说是一次采访。我采访的人物是在这个专业中得到高度评价的哲学家，而每期节目采访的哲学家都有所不同。十三这个数字仅仅是由以下这个事实，即英国广播公司是按照季度来规划它的广播节目日程安排的，由于一个季度包含了十三周，于是多年以来，对于一个每周播出的时间跨度较长的系列节目，英国广播公司进行规划的常见做法是，让它由十三期节目组成，而不管它的主题是什么，都几乎不会对这种规划有什么影响。我的目的是，向听众介绍英国最近的哲学——告诉他们哲学的每个主要分支目前正在研究什么，并向他们介绍那些在当前发挥主导作用的哲学人物。我意识到，只要给予听众某些背景信息，尤其是有关罗素、摩尔、奥斯汀与维特根斯坦的背景信息，这些哲学就会变得容易理解，因此，介绍这些哲学的背景信息，也就成了这个规划的组成部分。我在进行准备的过程中，就逐渐想到了这个规划的总体模式。少数几期节目将用来提供对于其余的节目来说是必要的背景知识。在某几期节目中，哲学这门学科的诸多重要分支的当前动态，将分别由一位涉及某个分支的哲学家来进行讨论——伯纳德·威廉斯讨论道德哲学，阿拉斯戴尔·麦金泰尔讨论政治哲学与社会哲学，尼尼安·斯马特讨论宗教哲学，理查德·沃尔海姆[1]讨论美学。最后几期节目将邀请在当时仍然在世的英国哲学家中最

---

[1] 理查德·沃尔海姆（Richard Wollheim，1923—2003），英国哲学家，以其在心灵哲学与情感哲学的原创性工作而著称，在1992年至2003年担任英国美学学会的主席。——译注

重要的几个人物——A. J. 艾耶尔、吉尔伯特·赖尔、彼得·斯特劳森和卡尔·波普尔，他们的作品本身就已经成为研究的对象，他们将在节目中阐述各自的思想，并对批评做出回应。

我对英国广播公司提出的要求是，自己能够完全控制这个系列节目的制作工作，而我获得了这个控制权，对于节目制作人承担的每个任务，我都是亲自完成的——决定节目的长度、主题与参与者；进行采访；编辑录音磁带；将所有细节都整合与记录下来。我甚至在《广播时报》(*Radio Times*)上撰写了十三条广告。这个节目名义上的制片人是乔治·麦克白（George MacBeth），我在牛津就读时就已经对他有所了解，如今他作为一个诗人，获得了令人敬畏的声誉，他非常乐于让我做出所有的决定并完成所有的工作，与此同时他就可以享有一年几乎完全自由的时间来继续从事他自己的写作。当这个将他视为制片人的系列节目获得成功时，他就更加高兴了。他自己经过了牛津哲学的严格训练，并在古典人文学科的最终大考中获得了第一名的优异成绩，因此他就成为这个系列节目恰当的"制片人"；但他并没有为了这个节目的内容或参与者而与我进行过任何交谈。他出于职责所做的仅仅是，提供我需要的演播室与其他装备设施，通过官僚机构审查合同与开支，一般性地实施单位管理的任务；几乎所有这些工作，都是由他的秘书德鲁希拉·蒙哥马利（Drusilla Montgomerie）来完成的。这就为我接下来制作的哲学电视系列节目设定了这样一种工作模式：我在着手制作这样的系列节目之前，总是会向公司提出一个明确的条件，即我应当有权力完全控制这个节目的制作工作，尽管我从来也不曾享有制片人的荣誉。

当这个广播系列节目的录音完成之后，接下来的问题是，如何将它们的内容变成一本书。人们只要对文字记录看一眼，就足以发现，不应当原封不动地按照这些记录下来的文字来公开发表。每个人都自然而然地说出他们想要讲述的语句，他们在没有底稿的情况下发言，无论他们进行过多么仔细的考虑，这些话语都是他们的即兴发言，因此相较于良好的书面语言，这些语句的构造就没有那么精密与准确：这些语句很容易拉得太长，因为他们在说话时会不假思索地添加或插入附加的条件。他们自然也用到了固定的绰号、常见的习语、为了强调而做出的重复，而且他们在说话时还表现出了其他各种日常的说话习惯，所有这一切被印刷成书面文字后看上去似乎是品质低劣的。他们经常采纳的做法是，提出一个不令人满意的表述，接下来改进这个表述，以便于取代第一个表述；有时他们会提出一个观点，接下来则会在立场上有所退让或对之进行严格的限定，由此导致的结果是，他们可能会再次回到第一个表述。人们在事后考虑中会想到他们希望讲述的话语，并想将这些话语插入先前的文字记录之中。由于这些原因与其他各种原因，不用底稿的发言，无论其中蕴含了多么高深的智慧，其品质都不足以构成一部严肃的论著。因此无论如何，我都不得不要求我的参与者为了正式出版而修改他们谈话的内容。在这种情况下，我觉得应当全力以赴地敦促他们，让他们尽可能充分地改进他们的文字记录的质量。我要求他们在篇幅上保持几乎相同的长度，以便于不让这本书各部分的比例失去平衡，并且要求他们保持谈话的语气，这不仅有助于增加这本书的吸引力，而且有助于让这本书的内容变得清晰。我意识到，这本书的绝大多数读者或许是那些尚未听过，乃至永远也不会去听这个广播节目的人，这让我想要尽可能完美地让这本书成为一个独立的作品，而不管我们在广播节目中说了些什么——当然，必须承认的是，恰恰是这些广播节目为这本书提供了它的计划大纲与文字的口语风格，倘若没有这些广播节目，这本书也就不会存在。

在制作这些节目期间，我试图拓展我对哲学的理解，而我所采纳的方式是，进入我的参与者所在的专业世界。我加入了他们的两个专业协会，亚里士多德学会（the Aristotelian Society）与皇家哲学研究所（the Royal Institute of Philosophy），并开始参加会议与阅读专业期刊。我还开始参加伦敦经济学院的研究生讨论。偶尔我也会去参加哲学会议——例如，我开始参加诸多学会举办的联合会议，它们是由亚里士多德学会与《心灵》协会（the *Mind* Association）联合举办的会议，所有这些学会的年度聚会的参与者（那些想要前去聚会的人）都是在英国从事哲学专业工作的人。这些会议通常在七月的第二个或第三个星期召开，会议召开的时间是三天或四天。这些会议每年都是在一个不同的大学里举办的，出席人数通常在两百人左右。我在1970年或1971年开始参加这样的会议，在此后的多年里都坚持这么做。如今我在联合会议上已经结识了一些好朋友，但我只能在联合会议上才能遇到他们，这些朋友在英国的边远地区或国外教学，所以我只能期待在每年的夏天与他们会面。这些会议的另一个意外收获是，在大多数主要的国立大学中，我有机会体验了一下暂时居住于学生公寓的感受。所有这一切在总体上发挥的作用是，将范围广阔的当代学院哲学引入了我的生活之中，以便于补充我通过阅读当代学院哲学而获得的相关印象。由此导致的结果是，这让我对当代哲学家及其作品背景的理解变得更加充实。

然而，让我的这种理解变得更加充实的最有效做法是，与这些哲学家一起工作。为了完成这个主题的节目制作，我与这些哲学家的漫长合作对我具有不可估量的价值。我不仅精力充沛地阅读或重新阅读了英国主要哲学家的诸多作品，而且我如今还有机会当面与他们讨论他们自己的工作；我可以探究他们的论证并让他们详细论述他们的观点，让他们准确地解释：他们通过撰写一段文字或运用某个术语想要表达的意思是什么？对于他们研究工作的最常见的批评意见，他们的回应是什么？他们彼此之间又有什么批评意见？倘若他们赞同我对于他们所撰写的某些文字的解释，那么我会意识到，此后我就拥有了权威去断定这种解释——当然，我并没有权威去断定这些文字是真实的，而是拥有权威去断定这些文字的意思是什么——在分析哲学这个领域中，从事研究的人总是要为"讲述某种话语所要表达的意义 X 是什么"这个问题而进行争论，而我现在拥有的权威则成为一项有价值的资本。倘若他们告诉我，我的解释是错误的，并向我说明了他们的理由，我由此就避免了一些错误，倘若我没有亲自接近这些哲学家，我就会长期保留这些错误的理解，因为我很可能坚持主张这些错误的理解，并反对其他人所论证的正确见解。不管怎样，相较于我通过正常研究以及与他人的讨论而形成的理解，我通过这些采访与谈话，在整体上获得了某种关于这些哲学家思想的更为深刻复杂的理解。而这加强了我最终得出的这个结论，即除了波普尔的研究工作，这些哲学家的研究工作构成了一个濒临破产的传统。

在我看来，这个如今正在死去的哲学分支远离哲学主流的关键时刻，就是专业学者沿着错误的方向离开罗素和摩尔的那段时期。对日常语言陈述的逻辑分析以这两位哲学家为先驱，但其他哲学家在研究的技术与研究的主题上都让这种分析发生了完全的转变，非常明显的是，这两位教父本身不会赞同与支持这样的转变。罗素强烈反对这种发展，摩尔则由于他自己的性格原因，他在不理解这种转变的情况下，就选择中途停止这种哲学研究。维特根斯坦首先以拐弯抹角的方式造就了这个灾难性的转变，他最终支配了剑桥的哲学，奥斯汀接下来则以更为直接的方式造就了这个转变，他最终支配了牛津的哲学。至于斯特劳森，他虽然是奥斯汀的学生，但他早年是一位形式逻辑学家，罗素与奥斯汀对他的影响，似乎在他那里造成了某种程度的冲突；我认为，奥斯汀对斯特劳森的影响最终获得了胜利，而随着斯特劳森的年纪越来越大，他就越来越远离哲学的中心地带，转而走向了语言学的前沿（事实上，这也是奥斯汀的做法：倘若奥斯汀没有在49岁时去世，我猜想，他或许也会完全退出哲学）。艾耶尔始终对罗素保持忠诚，但他的忠诚或许有点过了头，以至于他从未提出任何原创性的思想。在牛津哲学的所谓的兴盛时期，艾耶尔几乎都不在牛津大学，他起初由于第二次世界大战前往军队服役，接下来在1946

年到1959年这段时间里，他成为伦敦大学学院的哲学教授。直到1959年艾耶尔才重返牛津——但艾耶尔在多年以后对我说道："我回到牛津的目的仅仅是为了要胜过奥斯汀，而我一回到那里，奥斯汀就去世了。"作为罗素的后继者，艾耶尔是英国普通公众最为熟悉的一位严肃哲学家，*但在第二次世界大战之后的那段时期内，他对于牛津与剑桥的职业哲学家的影响被维特根斯坦、奥斯汀和赖尔所超越，而在20世纪50年代起，他对这些职业哲学家的影响又被斯特劳森所超越。

赖尔的经历是古怪的。他首先发表了一些论述胡塞尔和海德格尔的论文，并在英语世界中开辟了新的研究领域。他注意到，这两位哲学家的工作包含了某些新颖而又具备实质重要性的思想，这些思想或许会在未来经历重大的发展。在这个阶段，年轻的赖尔相当钦佩胡塞尔，他是胡塞尔的热烈支持者。赖尔曾经向胡塞尔写信询问，自己能否前往德国并到胡塞尔的家里来拜访胡塞尔，赖尔随后就实现了这个心愿。接下来赖尔突然完全背弃了这条哲学进路，而在他的余生中他似乎有意忽略这条哲学进路，转而成为日常语言学派的"施洗者约翰"。赖尔的这个完全出人

---

* 在20世纪40年代，伦敦大学的伯贝克学院有一位名叫C. E. M. 乔德（C. E. M. Joad）的高级讲师，由于他每周都在英国广播公司的广播节目《智囊团》（*Brains Trust*）中进行表演，他的名字就在英国家喻户晓。他的性格迷人，但具有欺骗人心的本性。乔德的通俗性哲学著作反复利用了罗素的研究工作，他却没有相应地承认这一点；有人曾经请求罗素为乔德的一本书撰写推荐语，罗素回应说："谦虚禁止我这么做。"乔德从来也没有当过教授，但他总是将自己称为乔德教授。乔德的职业由于一次公开的丑闻而终结，有人证明，他不断偷逃火车票款。在某种意义上，他完全是一个骗子，他从来也没有获得严肃哲学家的声誉，然而，在某段持续了数年的时间里，他肯定是英国最有名的哲学家。在我看来，他完成了一项极有价值的事业，他让普通公众熟悉了这样的想法，即当面对一个困难的问题时，重要的出发点是弄清楚这个问题本身的意思，并做出某种必要的区分。因此，倘若一个问答主持人所提出的问题是："你支持审查制度吗？"他开始几乎总是会用这样的方式进行回答："这取决于你用'审查制度'来表达的意思是什么。"接下来，乔德就会做出一些基本的区分，并且有可能说出某些类似于这样的话语来结束他的回答（这些话语是我杜撰的，但乔德在回答中完全有可能讲述这样的话语）："倘若你的意思是，我们应当拥有一种制度来删改我们在繁华商业街区的电影院里看到的每一部电影，那么我就会反对这种审查制度。但倘若你问我，我是否认为，人们可以自由地在拍摄色情照片时将儿童作为模特儿，那么我就会给出否定的回答，我不认为人们应当拥有这样的自由。"他一周又一周地按照这种方式来回答大量范围广泛的问题，而我确实相信，绝大多数人首次得知，分析哲学按照惯例处理的澄清工作，还可以用这种高效而又毫不迂腐的方式来贯彻执行。乔德产生了巨大的影响，这可以被如下事实所证明，即"这取决于你用……来表达的意思是什么"已经成为一个在全国范围内流行的惯用语，而人们将乔德的名字添加到这个惯用语之上，在半个世纪之后，在老一代人中仍然可以相当普遍地听到这个惯用语。因此，乔德的这个教诲被人们保留了下来，人们在自己的记忆中仍然将乔德作为传播这种教诲的老师。在我看来，这是哲学在整体上向公众提供的一项其价值几乎无法估量的宝贵服务。

意料的转向，或许是他的一种投机取巧的决定：赖尔既是诚实可靠的，又是大胆无畏的。不过他也是易受影响的，赖尔后来被维特根斯坦的哲学思想所支配，即便在赖尔已经强烈地厌恶维特根斯坦时，他仍然被维特根斯坦的哲学思想所支配，这也可以证明赖尔的这个易受影响的特点。或许难以让人们相信的是，赖尔原本可能已经拥有了具备根本重要性的深刻见解，但他接下来又丢掉了这样的深刻见解，但我相信，这就是在赖尔身上实际发生的情况。在赖尔的人生中有一个广为人知的事实，相较于其他的事实，这个事实远为重要。赖尔在他的学生年代就已经读过叔本华的作品，而在他50岁的时候（赖尔以为，他自己在那时已经完全忘掉了叔本华），赖尔出版了一部让他成名的论著《心的概念》(*The Concept of Mind*)，不仅这本书的核心论题，而且这本书的那些最为知名的辅助论题，都直接导源于叔本华的哲学思想。尽管赖尔自己一直真诚地相信，他在这本书中提出的是他自己的思想。某些人在他出版这本书之后向他指出了这个事实，赖尔在那时才意识到，他完成的这部论著回收利用了叔本华的许多思想。在所有去世已久的哲学家中，对维特根斯坦影响最大的哲学家也是叔本华；但赖尔不太可能知道这一点。

赖尔的经历在其他方面也是非同寻常的。赖尔是第一个以明确而又公开的方式表述日常语言哲学的研究纲领的人。赖尔是一位杰出的教师，在他的指导下，他的学生A. J. 艾耶尔比他自己更为知名，甚至比赖尔的任何同事都更为知名。赖尔拥有牛津大学最有声望的哲学教授职位。多年以来，赖尔都是《心灵》期刊的编辑，对于几代人来说，《心灵》都是英语世界的主要哲学期刊。《心的概念》广受赞誉，在短短几年的时间里，它就成为最流行的哲学论著之一。赖尔让牛津大学的哲学学士学位成为哲学家的职业资格，在一段很长的时间内，他不仅成为牛津大学的学院要职的主要任命者，而且还成为整个英国所有大学的学院要职的主要任命者。人们难以看出，赖尔还能拥有更加成功的职业经历（除非他想成为一位大哲学家）。然而，尽管赖尔获得了所有这一切的成就，奥斯汀仍然让赖尔黯然失色。奥斯汀从未出版过任何论著，奥斯汀也没有任何成果来对抗赖尔所获得的绝大多数其他成就。奥斯汀之所以胜过赖尔，这主要是由于奥斯汀坚定自信的人格，但并不是每个人都会觉得奥斯汀的这种人格具有魅力。我认为，赖尔对整个这样的状况感到恼火与困惑：我知道他怨恨这种状况，我也知道他憎恶奥斯汀。赖尔战后在牛津的绝大多数工作都是在给奥斯汀充当副手，而赖尔永远也无法甘心接受这样的事实。

在赖尔的晚年，我有大量的机会与他会面。我制作了《与哲学家们的对话》这个节目，接下来将之转变为《现代英国哲学》这本书的内容，在这个过程中，我与这些哲学家建立了长期合作的关系，由此顺便产生的一个结果是，我与某些参与者形成了持久的友谊——如A. J. 艾耶尔、安东尼·奎因顿与大卫·皮尔斯[1]。其他的某些参与者早就已经成为我的朋友——如尼尼安·斯马特、卡尔·波普尔、伯纳德·威廉斯。彼得·斯特劳森是我的博士论文指导老师。其他的参与者和我的关系，或许可以称得上是友好的相识关系——如阿兰·蒙特费尔[2]、阿拉斯戴尔·麦金泰尔、杰弗里·沃诺克、理查德·沃尔海姆与斯图亚特·汉普夏尔[3]。制作这个系列节目的结果是，它让我进入了英国主要哲学家的更为广阔的私人世界与社交世界：我对于他们来说已经变成了一个熟人，成为他们已经习惯于在自己身边看到的某个人，而我拜访过其中的绝大多数哲学家，并在他们的家中做客。当然，我不同于他们的地方是，我并不是一个职业哲学家；但我觉得，在那个时期的英国，其他任何并非哲学专业的人士都不可能像我那样频繁地参与到哲学研究之中。自此以后，我就已经有一只脚踏进了哲学世界，我觉得自己已经成为在哲学世界与哲学外部世界之间的一根纽带。或许可以借用一个与体育有关的类比，我是体育运动的解说者，而不是运动员；但相较于任何运动员，解说者能够更好地观察与审视这个游戏。

正是由于我处于这个非同寻常的位置上，牛津大学的贝利奥尔学院向我发出求助，因为它发现需要某个人来教授两个学期的哲学课程，以便于让这个人在一个永久任职的教师已经离去，而永久任职的新教师尚未被选定的这段时间内完成相应的教学工作。我乐于接受贝利奥尔学院的这个邀请，并在1970年的最后一个学期与1971年的第一个学期成为牛津大学的一位哲学教师。在这段时间内，《与哲学家们的对话》首次在第三频道播出，这个节目的播放时间持续了三个月。在这个系列节目播出时我恰好成为贝利奥尔学院的哲学讲师，这个事实让英国广播公司感到高兴，因为他们觉得，这让我在这个学科中获得了一个已经得到公认的地位，但事实上，当我们在制作这个系列节目时，无论是对于贝利奥尔学院的负责人来说，还是对于我来说，都没有想到这样的任职。

---

1 大卫·皮尔斯（David Pears，1921—2009），英国哲学家，以其对维特根斯坦的研究著称。——译注
2 阿兰·蒙特费尔（Alan Montefiore，1926— ），英国哲学家与牛津大学贝利奥尔学院的荣休研究员，他曾经担任欧洲哲学讨论会的主席。——译注
3 斯图亚特·汉普夏尔（Stuart Hampshire，1914—2004），英国哲学家与文学批评家，他是反理性主义的牛津思想家之一，为二战后的道德思想与政治思想给出了一种新的发展方向。——译注

这些节目虽然是在那时播出的,但我在很久以前就已经对这十三期节目的内容进行了录音,因此当除了我之外的其他人收听这些节目时,制作这些节目的整段经验已经成为我的过去,我已经转而从事其他的某些工作(在贝利奥尔学院执教),当我在广播中收听这些节目时,我就能够以某种超然的态度来对之做出回应。在我看来,这些节目的基本表现足够令人满意,但我对于这些节目还有一个重要的保留意见,而这个保留意见肯定与它们的那种可以让听众理解的程度有关。我在收听这些节目时反复发现,我自己心中呈现出了类似于这样的想法:"并非每个人都会意识到,我们讨论这个观点的原因:我应当在进行讨论之前提示这个原因",或者"我原本可以更为清晰地表述这个论证:为什么我当时不这么说呢?"。归根结底,我的所有这些反应几乎都是由于我意识到,这些发言者多半没有或完全没有任何经验来与非专业人士进行交流。他们中的绝大多数人都习惯于仅仅与这个专业的严肃学者讨论哲学;无论如何,他们都不是经验丰富的节目主持人。相较之下,我不仅在主持广播节目的工作中,而且还在政治实践中都拥有多年的经验与非专业人士交流严肃的主题。然而,在这些节目中,我说得非常少——我让其他的发言人来完成介绍哲学思想的任务,但说实话,我自己能够更好地完成这项任务。倘若我自己来完成这项任务,不仅这些节目的内容会变得更加清晰,因而能让更多听众理解这些节目的内容,而且这些节目在本质上会变成两个人之间的讨论,而不再像一种访谈,因而它们就能在某种程度上变得更加充实、更加生动与更加有趣(而我的希望就是想让这些节目变得更加有趣)。我意识到,这些节目的成功足以为它们自身的正当性进行辩解,但我看到了许多方式来让它们变得更好,而这改变了我接下来制作这类节目的做法。

我感到惊讶的是,这些节目的收听状况良好。我曾经想当然地认为,对于这种有关分析哲学的长篇系列节目,只有少数听众才会感兴趣,它在播放时就会像一条小河流那样,在流向某个偏远而又人口稀少的内陆地区的过程中慢慢消失。实际情况则恰好相反,这些节目被媒体称赞为广播史上的一座里程碑,收听这些节目的听众数量之多颇为罕见。《听众》是英国广播公司每周发行的一份拥有广大读者的杂志,它刊登了每期节目的长篇摘录,因此在这三个月中,在这些节目中出现的每个问题都在这份杂志上占据了数页篇幅。阅读这些摘录的读者的数量,肯定要比这些节目的听众的数量更多,尽管许多人是在首次收听了这个节目之后才开始特别留意它们并阅读相关摘录的。《听众》的编辑卡尔·米勒(Karl Miller)允许我亲自选取与编辑这些摘录,每周都在这个杂志上给了我不同的篇幅来刊印这些摘录,篇幅的长度取决于这些材料的趣味性与这个杂志同时刊登的其他主题。他特别关注细节的准确性——据说，他会为了改变一个逗号而给大西洋彼岸的人打长途电话——他的这种态度在很大程度上打动了我，因为我也是这种人；事实上，就像他一样，我也曾经打过这样的长途电话。因此我们可以愉快地在一起工作。

学院哲学家群体的普遍反应真是让我大开眼界。先前经常有哲学家在第三频道讨论哲学，他们试图将这个学科的当前动态呈现于普通听众面前，但这些讨论在任何方面都比不上我的这次为期超过三个月时间的大规模尝试。学院哲学家整体上对这些节目所引发的关注感到高兴，他们不仅认为这些节目的内容是有趣的，而且还热衷于讨论这些节目的内容。不过，学院哲学家的以上这些反应并不是主要的：显然，他们最强烈关注的是哪一位哲学家被邀请参加了这些节目，以及这会在何种程度上提升他们的个人声望。由于其中的绝大多数哲学家都不熟悉广播的技术手法（相对而言，如今他们更加熟悉这些技术手法），他们就倾向于假设，这些正在播出的节目将一周又一周地制作下去；在牛津北部的不少餐桌上，这些哲学家激烈讨论的一个问题是：谁将受到这些节目的邀请？X是否会被选为下一个节目发言人，或X是否会发现自己由于Y而被忽略？这些哲学家每次看到有某位哲学家被挑选出来，他们接下来就会讲述一些针对这位哲学家的诽谤，但相较之下更为严重的是，这些哲学家每次看到有某位哲学家被忽略而洋溢出来的欢快之情——实际上，这些哲学家在彼此之间打电话，他们根据最新递送的那几份《广播时报》来向对方转告新消息。我从目击者那里了解到的实际情况是，在这个哲学家群体之中发生了大量这样的事件与对话，而人们经常会用质疑的腔调向我追问我自己对于将来的打算，而这些追问又进一步增加了这种事件与对话的数量。整个牛津哲学家群体对这个系列节目议论纷纷。许多人想当然地认为，我已经成为一个拥有权力的人物，在为我选择支持的那些哲学家赋予声望的过程中，我尽情享受到了极大的乐趣。我试图向他们解释，实际情况完全不是这样的，我仅仅是试图找出那些最有助于我制作每期节目的哲学家，在我的头脑中甚至根本就没有想到，出席这些节目是一件值得骄傲的事，我讲述的这些话经常与那些激发了节目发言人积极性的价值观相抵触（这些发言人假定，那些价值观也激发了其他人的积极性），这些发言人觉得，我讲述的这些话毫不掩饰地表现出我自己对他们的怀疑。事实上，我不再给出这样的解释，而是让这些与我有关的错误假设慢慢地被人们遗忘。所有这一切让我深刻地认识到了这样一个简单的真相，即哲学如今处于这样的状态，这至少部分是由于这些哲学家大体上就是这样的人。

这个系列节目产生了如此巨大的影响，因此英国广播公司几乎立即就在1971年的夏天重播了这个系列节目。瑟克与瓦伯格出版社调整了这本书的出版时间，让这本书的出版与这次重播时间相一致，因此大量听众如今就能够手里拿着这本书来追随这些节目的思路。我的观点是，英国哲学在20世纪应对罗素遗产的过程中产生了两条不可调和的道路，为了让听众深刻认识到这个观点，我在这个系列节目中插入了一次讨论，在我的安排下，这次讨论独立于其余的部分，它同样是在第三频道播出的。这次讨论的主题是罗素对牛津哲学的敌意，而在这次广播节目中进行辩论的一方是彼得·斯特劳森与杰弗里·沃诺克（二者都是奥斯汀最有才华的弟子），他们捍卫的是牛津哲学，另一方则是卡尔·波普尔，波普尔在这个主题上赞同罗素的观点。在我看来，波普尔轻易就能在这场辩论中占据优势，尽管双方的人数对比是二比一。（作为主持人，我谨慎地不显现出自己偏好的立场，但事实上在这个系列节目中，我自始至终都带有我自己的偏好：倘若这种偏好对我的行为产生了什么影响，那就是我竭尽全力避免不公正的倾向，并经常在谈话中故意持有与发言人相反的意见。）让我感到遗憾的是，由于维特根斯坦已经去世，我就无法策划一场维特根斯坦与波普尔的论辩，我完全可以肯定，只有这两个对手才有可能对哲学的这种分裂产生持久的兴趣。

　　对于那些仅仅在英国生活与工作的哲学家来说，维特根斯坦与波普尔是在罗素之后的两位最重要的哲学家，但他们都不是在英国本土出生或长大的，而是都来自维也纳。在这两位哲学家年轻的时候，他们都经常在维也纳学派的边缘活动，尽管他们自身所持有的观点并不相容于逻辑实证主义。在我看来，这些事实并非偶然，这两者所接受的教育都稳固地扎根于数学（正如罗素所接受的教育也稳固地扎根于数学）与自然科学，他们在青少年时的早期哲学经验，都是通过沉浸于叔本华的作品而获得的，这种经验对他们产生了终生的影响。这两者的生存都卷入了哲学之中，因而相较于那些通过以人文学科为基础的教育体制转向哲学的人，他们不仅拥有不同的品性，而且也不像英国的哲学家那样对诸多科学抱有过时的敌意。这两位哲学家向来都认为，积极参与哲学的主要方式不是阅读书本，哲学也不可能与科学理解这个世界的方式切断联系。

　　从某种意义上说，这个系列节目的成功让人们错误地理解了我的立场。我自己的观点是，我在这个系列节目中给了当时最好的分析哲学家一根足够长的绳索，而他们已经用这根绳索绞死了自己。历代哲学所试图追求的是对这个世界、经验、生命与我们自身的理解，直到20世纪情况才发生了变化；分析哲学家蔑视传统哲学的所有这些追求，并拒绝关注这些追求。分析哲学家主要关注的是对诸多命题的分析，尤其是对我们说话时使用的基本概念的分析——他们倾向于认为，即便这种分析没有对实在本身进行探究，没有对实在形成更为深刻的理解，它也对经验进行了探究，并对经验形成了更为深刻的理解（就好像实在问题与经验问题主要都是语言的问题）。在我看来，我的这个系列节目展示了分析哲学是一种鬼鬼祟祟的活动——当然，分析哲学并不是毫无魅力，它肯定是有难度的，因而对于那些足智多谋而又才华横溢的人来说，他们就有机会在这种哲学活动中崭露头角，但从本质上说，分析哲学是不重要的。这个系列节目将罗素、早期维特根斯坦与波普尔的那条在整体上更为重要的研究进路作为背景，并在节目结束时告知听众，其他任何地方的哲学几乎都从根本上不同于英国的哲学。按照我的想法，这个系列节目不仅揭露了分析传统的琐碎性，而且揭示了分析传统是没有未来发展前景的，它还强调了哲学的其他某些有可能实现的发展方向。但听众通常不是按照这种方式来理解这个系列节目的。听众着迷于弗雷迪·艾耶尔[1]与伯纳德·威廉斯这样的哲学家在驾驭困难的抽象思想时明显表现出来的技巧与轻松态度：他们在论证与批评其他人意见的过程中所展示的时尚风格，他们清晰而又细致地做出区分的能力，他们的简洁表述，他们在智识上的自信态度。听众的理解力越强，就越有可能对这些事物留下深刻印象，并欣赏这些事物。在这些听众看来，这些事物不仅为这个系列节目的正当性提供了辩护，而且也是这个系列节目的重点所在。这种智识上的享受证明了这些哲学家有多么才华横溢，而这足以让这个系列节目不同于普通的广播节目。这个系列节目所展示的智识技巧不仅本身就足以令人满意，而且也让绝大多数听众感到满意。而这个系列节目的内容——无论是这个系列节目所关切的主题，还是这个系列节目所支持的观点——则完全没有获得听众的关注：他们满足于将这些内容视为超出他们可理解范围的东西，对于他们来说这些想法是聪明过头了，于是他们就可以放松下来欣赏那些如烟花般绚烂的技巧。我自己因为主持这个系列节目而收到了大量的称赞，人们将我当作这样一群显赫明星的表演指导者。倘若我对此提出异议，并表达我对分析哲学的看法，人们通常会认为，我正在不真诚地表现自己的谦虚姿态。而在某些不常见的场合下，人们会谴责我的这种做法是欺骗行为："倘若这就是你的真实想法，那你究竟为什么要在公众面前以如此巨大的规模，如此有吸引力的方式来安排所有这些宣传这种哲学的节目，却又没有做出丝毫暗示来表明，

---

[1] 弗雷迪·艾耶尔（Freddie Ayer），即A. J. 艾耶尔，弗雷迪是朋友对艾耶尔的昵称。——译注

你自己并不认为这种哲学是有价值的？"我猜想，实际上，在听众中流行的这种态度与在牛津哲学家中始终流行的态度是一样的，而这些哲学家的学生所持有的态度就更加投机取巧：他们关注的都是光彩、表演、提升名望，却没有在自己的生存中真实地卷入真正的哲学问题。在这本书出版之后，只有一位评论家凯思琳·诺特（Kathleen Nott）像我那样来看待这本书所呈现的观点，并相应地撰写了一篇书评。其他的评论家则根据他们错误理解的价值称赞了这本书。

瑟克与瓦伯格出版社同时以精装和平装这两种方式出版了《现代英国哲学》。随后，帕拉丁出版社（Paladin）出版了一个更为便宜的平装本，在这本书首次出版的十五年后，牛津大学出版社也出版了这本书。美国的出版商独立发行了这本书，这本书还有一个意大利的译本。因此，这本书拥有的是一段还算过得去的有效期。学生频繁地使用了这本书——可以毫不夸张地说，我看到这本书在不同大学图书馆的许多副本由于被频繁使用而发生了书页脱落的情况——由于对话的形式让这本书的内容变得容易理解，而相较于主要哲学家的论著，他们对于自己工作所给出的解释轻易就可以被学生理解。不可避免地会出现的情况是，许多学生把这本书当作了那些论著的替代品，这也是某些教师对这本书感到恼火的一个原因；但其他学生则在自己能够把握原著之前将它作为一个介绍性的导论。这是我出版的第十本书，但在我出版的书籍中，它是第一本被归类为"哲学"的书。正是在这个系列节目、这些广播以及这本书的共同作用下，我的名字才在哲学世界与哲学家之中为人所知。

第 17 章
学院的道路

我在26岁时离开了耶鲁,而我在40岁时到贝利奥尔学院教授哲学,在我从26岁到40岁的这段时间里,我与学院没有任何直接的联系,尽管我肯定有一些在学院中的亲密朋友。当我重返牛津时,我无意中碰到了一些熟悉的友人,他们是我在读大学时认识的,而在我毕业离校之后,他们继续留在大学里谋求他们的职业发展。我曾经对弗雷迪·艾耶尔说过,与这些朋友的见面让我确信,在这些年来,我宁可以我自己的方式来度过这段时间,也不愿以他们的方式来度过这段时间,艾耶尔则说,一个人倘若考虑其他任何不同的生活方式,都必定会被认为是疯狂的。艾耶尔的这个回复让我感到吃惊,因为除了在他自己的战时服役期,他始终是一个全职的学者。尽管如此,在我更好地了解了我的某些老朋友之后,我发现,他们在表面上的志得意满通常是一种保护色,而在这层保护色背后的是大量的自我怀疑。在他们中间普遍存在的特殊感受是,在大学之外存在着一个他们从来也没有进入其中的"现实世界";由于他们从未进入这个世界,他们就觉得自己在某些方面是存在缺陷的。有一两位学者吐露过这样的担忧,即他们在成年以后的整个生活都是在大学的高墙之内度过的,他们现在或许已经没有能力来应对现实的世界。

我自己在离开学院世界之前也抱有这种态度,但如今我已经不再抱有这样的态度。在我看来,大学的生活世界恰恰与我所进入的政治世界、商业世界、传媒世界或其他任何世界一样"现实",而且肯定与这些世界一样有价值,而大学生活世界比不上其他世界的地方在于其眼界的狭隘性。学院世界的最大缺陷并不在于它的不现实(我不相信它是不现实的),而在于它的琐碎:不知何故,学院世界始终让人觉得有点小家子气。由于诸多我无法确切指出的原因,专业学者似乎通常都生活在一个简化的世界里,正是他们自己对这个世界的简化理解,产生了我刚刚描述过的那种感受,即现实生活存在于某个别的地方,他们并没有参与到这种生活之中。然而,专业学者的这种疏离于现实生活的状态是他们自己招致的。迄今为止,倘若我前往牛津大学或剑桥大学举办的一个聚会,几乎每个在聚会房间中的人都是来自"大学"的，但倘若我前往的是人们在伦敦举办的一个聚会，其中就会有政治家、商人、律师、外交官、银行家、作家、出版商、建筑师、演员、音乐家、播音员——当然，也会有专业学者。在以上这些行业的人员之中有许多有趣的人物，他们恰恰就住在牛津大学与剑桥大学之中或周边地区，但其中只有少数人才在这些大学的社交世界中受人欢迎；事实上，大学教师在与这些人相处时经常会觉得略微有些不舒服。倘若召集各种行业的有趣人物来丰富大学的社交世界、文化世界与智识世界，这或许会是一件好事。

我不久就注意到，极少数大学教师（包括某些最有魅力与最有能力的大学教师）的生活方式已经超越了这些局限。他们在伦敦过着积极的社交生活（他们有时在伦敦生活，虽然这是违反规定的），成为国家艺术机构或私人公司的董事会成员，成为政府委员会的成员，承担顾问工作，为报纸与广播节目撰写文章，为政党提供帮助。但是，只有少数大学教师才会这么做——而他们的同事非但不会称赞他们参与的范围广泛的活动，反而会厌恶他们的这种做法并对之做出不友善的评论。这些同事提出的两种最常见的抱怨是，这样的大学教师"过于浅薄地宣传他们自身"，他们是"沽名钓誉者"。事实上，这种大学教师的学术工作通常与他们同事的学术工作一样值得称赞；只有在极少数的情况下，追求名声才显得是他们行动的一个重要动机。对他们来说，更为重要的一个动机通常是，想要寻求一种更加有趣的生活。

我突然想到，中年学者与老年学者经常会带着某种局促不安的态度承认，他们在自己的人生中获得最大享受的时期是第二次世界大战。他们谈论这段时期的经历时将之作为一次解放。其他某些专业的学者也经常暗自期望，他们体验过这种经历。弗雷迪·艾耶尔曾经完全出人意料地对我说："你是否想过，我应当成为一位法官？"而当我就此对他追问时，艾耶尔承认，他频繁地发现，他期待的就是自己去从事这样的工作。彼得·斯特劳森希望他自己是一位诗人。艾丽丝·默多克在担任牛津大学哲学教师的十五年之后放弃了这个教职，转而成为一位全职的小说家。玛丽·沃诺克[1]公开说过，倘若她的人生可以再来一遍，她会去从事商业宣传或广告宣传的工作，而不是过一种学院生活。我听到许多大学的哲学教师都说过，他们曾经教过的某些最聪明的学生，在毕业后从事的是各种并不隶属于学院的工作，这

---

1 玛丽·沃诺克（Mary Warnock, 1924—2019），英国心灵哲学家、道德哲学家和教育哲学家，1984年至1991年，她担任过剑桥大学格顿学院的院长。——译注

些哲学教师在谈论个别这样的学生时容易不自觉地流溢出嫉妒之情。根据在学院中流行的非正式看法，在人们现存记忆中最杰出的两位获得一级荣誉学位的学生，如今都已经投身于政治实践活动——这两位学生是哲学、政治学、经济学专业的哈罗德·威尔逊和古典文学与古代史专业的昆汀·霍格[1]。

  对于任何熟悉哲学史的人来说，这种反思注定会激起他们回想起这样一批哲学家：斯宾诺莎与莱布尼茨都拒绝成为学究，他们推辞了学院为他们提供的教授职位，而尼采为了让自己成为一位哲学家，放弃了他的教授职位并完全离开了学院；笛卡尔喜欢将他自己视为一个精通世故的人，他总是更乐意与实干家交往，而不是与学者交往；洛克参与过政治活动与医学研究活动；贝克莱为了教会和教育而放弃了哲学，而休谟曾经为了撰写历史论著而丢下了哲学，接下来又积极地投身于外交活动与公共服务；约翰·斯图亚特·穆勒担任过下院的议员；罗素在他的前半生经常会觉得，他自己应当参与政治活动，而在他的后半生则经常会感到，他自己应当成为科学家；维特根斯坦打算永远丢掉哲学，他只是在不情愿的状态下才以不彻底的方式回到了哲学之中。对于绝大多数最优秀的哲学家来说，学院生活显得不够有趣或不够令人满意。就我所知，其他学术研究领域的情况似乎也与哲学基本相同。

  我发现，我自己也开始对学院生活持有这个同样的态度。当我环顾我周围的情况时，我意识到，那种将全部时间都局限于学院的生活似乎是令人不快的，这甚至适用于诸如卡尔·波普尔这样具有高度原创性与创造力的人。以波普尔为例，在我看来，尽管波普尔确实拥有大量的才华，但自从他放弃了他自己在年轻时参与的大范围活动时，他的性格就变得过于狭隘；这已经对他的思想（特别是他关于社会问题的思想）造成了不利的影响。我所指的并不是《开放社会及其敌人》，因为这本书是波普尔积极的政治关切与积极参与的政治活动的直接产物；我的意思是，波普尔在撰写这本书之后，对各种批评所做的回应都表现出了一种过于狭隘的态度。

  当我沿着这些思路，以试图避免冒犯的诚恳而又谨慎的方式，向我的某些同事试探性地表达这些想法时，让我感到吃惊的是，他们经常会有力地赞同这些想法，他们有时甚至会沿着这些相同的思路比我走得更远。他们几乎都感受到了这一点，即便没有感受到，他们也看到了在其他领域中存在的这种现象。因此我意识到，这就是现实，而不仅仅是我的主观态度。这让我更强烈地感到，我自己不想要成为一个全职的专业学者。尽管如此，自从我毕业以来，我就形成了某些严肃的学术兴

---

1 昆汀·霍格（Quintin Hogg, 1907—2001），英国著名律师与保守党政治家。——译注

趣，如今我下决心去追求这些学术兴趣，而这意味着我至少在某些时候能够与其他的专业学者探讨这些学术兴趣；于是我发现自己已经有一只脚踏入了学术世界，这丰富了我的生活，我也欢迎这样的状态。自此以后，这就成了我对学院生活所抱有的态度。我与各所大学保持长期的联系，但我并没有完全成为学院的一个组成部分，只有在我愿意的情况下，我才会去参加学院召开的会议、讨论、研讨班或演讲报告；我并不经常上课，而我上课时的主题是由我自己来选择的。在我担任大学全职工作的那段时期内，我就致力于撰写我自己的论著（包括这本书也是在这样的时期内完成的）。甚至当我实际上居住于牛津的一所学院时，我也始终会在其他地方（特别是在伦敦）继续度过我的部分生活。

不过，在贝利奥尔学院的最早一段时间里，我不得不教授学院所要求的任何内容，包括科学哲学、心灵哲学、哲学逻辑、两部论著（约翰·斯图亚特·穆勒的《功利主义》与伯特兰·罗素的《哲学问题》）以及那种被认为是由笛卡尔、洛克、贝克莱和休谟构成的"哲学史"。显然，对我来说最有价值的事情是，这种教学工作让我阅读了或重新阅读了我正在教授的哲学。我还阅读了大量的二手文献，而这是我从来也没有养成习惯去做的事情。我之所以会这么做，是因为考试要求我的学生表明自己熟悉大量这样的论著，它们研究重要的作品，但就其本身而言并没有那么重要，而我为自己制定了一条私人规则是，我永远都不会要求一个学生去阅读一本书，除非我不仅能与这个学生讨论这本书，而且还能回答相关的问题。有时这就意味着，在我让一个学生去阅读一本书之后，我就要在他的下一次辅导时间之前阅读这本书。这种做法起初让我愉快地感到，我们两个人都在共同探索这本书。然而，绝大多数二手文献的水平都要远远低于它们所研究的那部论著的水平，因此我就对这样的教学感到恼火，并开始批评这样一种教学制度——或许我应当说，我批评的是这样一种考试制度——它要求学生将更多的时间花在二手文献之上，而不是初始文献之上。

这个事实以一种新的方式让我深刻认识到，水平较低的二手文献作者所从事的并不是那种与初始文献作者相同的活动，他们从事的是一种不同的活动。大哲学家并不撰写有关其他人作品的论著（或许偶尔有一些例外）。他们直接面对的是关于这个世界以及我们对这个世界的理解的诸多基本问题。"我是否直接感知物体？这种感知可能意味着什么？"以及诸如此类的问题。他们确实抱有这样的问题，他们深受这些问题的折磨，并且与这些问题进行斗争。二手文献的作者并没有卷入这样的处境，而且他们所做的某些事情，通常不会让那些心存哲学问题的人特别感兴趣。这两种作者的差别被以下这个事实所掩盖，即这两种作者所完成的作品一般都会采纳相同的文献形式：哲学论著与研究哲学论著的论著都属于哲学类的书籍，它们可能具备相同的篇幅，可能被相似的标题划分为诸多章节，可能用相同的术语来撰写，等等。在图书馆与书店里，它们都被放在类别为"哲学"的书架之上。另一个学科的相应状况则可以更为清晰地显露出这种差别。英国文学的专业学者对于伟大创造性作家的作品的研究，显然就类似于哲学的专业学者对于伟大哲学家的作品的研究。但论述戏剧、小说与诗歌的学术作品本身，并不是戏剧、小说与诗歌。这个事实让这两种活动之间的差别变得显而易见。无论一位文学批评家多么受尊重，多么有影响，多么具有国际著名声誉，他都不可能长期怀有这样的幻想，即他所从事的是与莎士比亚、弥尔顿或狄更斯相同的创造性工作。文学批评家所从事的显然是某种完全不同的事业，而他的这个事业远远没有像伟大作家的创造性工作那么重要。在那些被称为创造性哲学家的作品与那些撰文论述此类哲学家的专业学者的作品之间，也存在着这种相同的差别。但是，在哲学的领域中，专业学者容易生活在这样的幻觉之中，即他们的工作正是他们研究的那些哲学家所从事的同一种工作。

在学院生活中，人们对二手文献的沉迷是一种让人困扰的现象（这最起码是人文学科的普遍现象），因为绝大多数二手文献都是转瞬即逝的。这种二手文献不仅在时间的意义上是狭隘的，而且在空间的意义上也是狭隘的。牛津的学生总是专注于本土的专业学者，而在比方说美国的主要大学里，学生则几乎总是有可能表现出相反的倾向，本土的专业学者甚至很少会在人们的意识边缘出现。牛津的教学工作欺骗了自己的学生。这些学生并没有沉浸于他们自己的学科的那些不朽杰作，没有发展他们的独立思考能力以及相关的判断和批评能力，而是用他们的一半时间来学习这样一些作品，在三十年之后几乎没有人会认为这些作品值得一读，甚至在如今的绝大多数其他学校中也几乎没有人去研究这些作品。关于这种并非不可或缺，总是在发生变化的二手文献的知识，经常被视为那些有地位的专家的标志，这些专家独自仅有的智识财产就是这些二手文献，而这些专家主要关注的也是与这些二手文献有关的东西。

我在这段教学生涯结束时才首次意识到，将哲学作为一门课程的主题，这种做法有多么自相矛盾，而我在这时得出的结论不同于我在自己的学生生涯结束时所得出的结论。似乎只有那些心存哲学问题的人，才能理解哲学是什么，而这些人就会想要（实际上是不得不）研究他们存有的哲学问题。没有什么事物能够阻止他们去研究哲学问题。其余的人则不可避免地将哲学视为其他的某种东西。在意识到了这一点之后，人们就会发现自己正在打交道的那些专业学者错误地理解了他们所从事事业的本质，而且由于他们无法感受到这些哲学问题，他们就永远也不能弄明白哲学的本质。恰恰是更加有头脑的学生才会发现哲学是困难的。对于不那么有头脑的学生来说，他们通常会觉得哲学是相对容易的，而对于这些不那么有头脑的学生，我想要完成的一个最困难的教学任务是，让他们看到，这些哲学问题是现实的问题与困难的问题。不那么有头脑的学生审视哲学问题的典型方式让他们认为，任何可以用来表明支持与反对某个哲学学说（比方说功利主义）的真正重要的东西，都可以在三刻钟的时间里说明白，接下来实际上是由个人根据自己的印象来决定那种对待这个哲学学说的可取态度。

我特别强烈支持的一个教学原则是，倘若你真正想要帮助学生发展他们内心的思想观念，而不仅仅是帮助学生获取大量外在的过时学说，你就必须以学生自身的处境，或这个主题的处境作为出发点，而不是以你自己的处境作为出发点。我在自己的辅导班上既可以让自己的学生学习约翰·斯图亚特·穆勒的《功利主义》或伯特兰·罗素的《哲学问题》，又可以让这一批学生对他们特别感兴趣的思想观念进行概念分析并认真关注其中的逻辑论证，但我发现，运用后面这种方式，我能够将更多的东西教给这些学生。

这种智识批判态度必定会打开学生的心智，将学生导向诸多可供选择的思维方式，让他们好奇地去阅读那些他们先前不予理会的作家。事实上，我的观点是，这种理解应当成为每个受过良好教育的人的心智装备的组成部分。

无论是对于我自己还是对于其他人，我的哲学态度始终是一种生存论意义上的态度。除非哲学相关于你的现实问题（或有可能成为你的现实问题），除非哲学相关于你实际怀有或可能怀有的问题，除非哲学相关于你的真实思维方式或你的真实选择，否则哲学在生存论的意义上就是空洞的，因为它无关于你对于自身或对于你所处的这个世界的理解。此时哲学就变成了一种心智的游戏，一种有关抽象概念的工作，或最多也不过是一种试图理解其他人的思考方式或思考内容的努力尝试。倘若哲学变成了一种理解其他人的努力尝试，哲学就会成为社会学、人类学、历史学、传记、文化研究或社会心理学的某方面主题。当然，这种研究本身是有趣的和有价值的，而且我在自己的人生中已经花费了数年时间来研究这些主题，因此人们不能指责我没有理解这种研究的重要性。不过按照某些人的理解，哲学问题仅仅局限于这些主题，这些人与那些从未去过中国，却成为中国专家的人一样不可靠。

尽管我在日常生活中与学生形成了良好的关系，但我很快就厌倦了这种正规的教学工作。在正规的教学工作中存在着各种让我感到厌倦的理由。首先，你要为了你的学生进行教学，教导他们将在考试中遇到的各种主题，而不管在你看来对这些主题的选择有多么不恰当。教学大纲并不让你自己来选择教学的主题。当然，你也可以教导教学大纲之外的各种东西，但你至少必定会为了你的学生和你自己而教导教学大纲的内容，其他的东西都是额外的选修内容。其次，你需要了解与你的教学主题有关的二手文献的最新动态，而这就意味着你永远要花费自己的部分时间来沉浸于转瞬即逝的琐屑文献。最后，即便你怀有在这个世界上最美好的心愿，你也不可能避免重复。根据这里的教学制度，你需要个别地教导学生，而这种教学制度以极端的方式将这个规定强加到你身上。当我开始指导学生时，我向自己承诺，我永远不会采纳我年轻时遇到的某些声名狼藉的大学教师的做法，永远不会像他们那样对不同的学生重复同样的话语，但我很快就打破了我的这个承诺。比方说，倘若你教导的是笛卡尔的哲学，那么你就有责任确保每个学生都已经严格把握了笛卡尔思想的某些基本方面；因此，鉴于这是一种一对一的教学关系，你会发现自己至少在某些时候会对不同的学生重复某些同样的话语。这种倾向又由于以下事实而得到了强化，即这些学生容易犯下相同的错误，接下来你就不得不纠正这些相同的错误，这些学生容易陷入相同的误解，接下来你就不得不帮助他们找到走出这些误解的道路。最让我感到失望的一个地方是，我从自己的辅导教学工作（我指的是这些辅导课本身，也就是我与自己的学生在一起的教学时间）中学到的东西如此有限。我有几个聪明的学生，其中的两个学生在进修后成了职业哲学家，我始终希望他们会提出某些我没有想到的有趣问题，或者会做出某些我没有想到的深刻评论；但他们从来也没有做到这一点。他们所说的一切都完全属于我已经熟悉的领域。我为了准备这些辅导教学工作而通过阅读学到了大量的东西，但我在这些辅导教学工作中几乎没有学到任何东西——这或许是因为，对于这些学生（特别是有头脑的学生）来说，他们对于教学大纲要求他们去做的事情缺乏基本的兴趣。

我相信，我让自己的学生学会的最有价值的东西是批判性的分析，但批判性的分析远非目的本身，而仅仅是一个开始。我有一个学生上交了两篇精心设计的关于笛卡尔的论文，他对"我思故我在"进行了具有毁灭性的有效批判，他确切地表明了笛卡尔的那个所谓的上帝存在证明的弱点，指出了这个论证在整体布局上具有循环论证的特征。在他看来，笛卡尔犯了许多错误，他自己对这些错误的看法不仅是敏锐的，并且在整体上是准确的，而他的论文写作风格是精致的，他的论文结构是可靠的。在得出了这种结论之后,他希望继续用相同的方法来处理下一位哲学家。这就是最优秀的学生所完成的研究工作,这种研究工作被认为是牛津最为精致复杂的智识训练。但我对他说:"倘若你对笛卡尔的所有批评都是有效的——就整体而言我认为它们是有效的——那么我们为什么如今还要在这里花费我们的时间来讨论笛卡尔呢?为什么你会用自己人生中的两周时间来专注于阅读他的主要作品,并撰写与之有关的两篇论文呢?更为重要的是:倘若在笛卡尔的所有这些思想中都存在错误——我认为其中确实存在错误——为什么在笛卡尔去世的三个半世纪之后,今日西方世界的每一个受过良好教育的人都会知道他的名字呢?为什么恰如你和我如今在这里研究笛卡尔,在这个世界的任何主要大学中都有学者在研究笛卡尔的作品呢?为什么那些拥有更高智慧的人也仍然愿意用他们人生中的数年时间来撰写论述笛卡尔的论著呢?"

这位学生马上就看到了问题的关键所在,但他不知道如何做出答复。在那一刻他意识到我曾经说过,相较于他已经思考过的东西,笛卡尔的哲学中必定存在着某些更加丰富的内容,否则我们就不会继续讨论笛卡尔了;但他弄不清楚这些东西可能是什么,因为他已经对笛卡尔所有最著名的论证都做出了批判性的分析,在经过了这种批判性的分析之后,似乎没有留下任何有待完成的研究工作。我对他说,笛卡尔有计划地将整个实在区分为观察者与被观察者、主体与客体、心灵与物质,这种区分几乎已经成为西方人在几百年来审视一切事物的重要方式,特别是科学审视事物的重要方式;在近代科学的开端,笛卡尔在没有依靠任何权威的情况下,独自通过思考发展形成了一种系统构造出来的探究方法;笛卡尔是这个世界上的一位伟大的数学家,他将数学视为物质实在的固定结构的一个组成部分;根据笛卡尔的规定,心灵在这个世界上运用他发展形成的探究方法,也就意味着探究那些在物理学上可测量的现象,如物质与广延,而这自然就导向了那种将数学物理学作为基础科学的思想观念;笛卡尔相信,他已经表明,这样一门科学不仅是人类有能力来研究的,而且还是符合实在的,正是在这种意义上,这门科学是有可能成立的;连同弗朗西斯·培根与伽利略等人,笛卡尔说服有教养的西方人相信,发展这门科学是可行的,而在这个说服的过程中,笛卡尔发挥了重要的作用;笛卡尔认为完全可以确定的信念是,数学将构成这门科学的基础,事实上,数学不仅追求的就是这种特别确定的知识,而且实际上也表现为这种特别确定的知识;因此,笛卡尔比其他任何人都更强有力地将"确定性的寻求"作为西方科学与西方哲学的中心,而这个中心延续了三百年之久。在向我的这个学生提示了所有这一切之后,我要求他考虑的是，即便单独审视笛卡尔的某些成就，它们也代表了西方思想的重要发展阶段。尽管笛卡尔真正的重要性存在于他的概念和论证之中，但通过分析笛卡尔的论证或笛卡尔对某些概念的用法，几乎不可能认识到笛卡尔真正重要的思想。因此，一条将自身仅仅局限于批判性分析的研究进路，就会把笛卡尔的绝大部分思想都遗留在黑暗之中。

依循这样的思路，我有意识地制定了一条我自己的教学原则，即无论教学的主题是什么，首先应当让学生去学习必要的知识，并让他们完成细致而又必要的分析工作与批评工作，接下来则向他们提出这样的问题："好的，但学习所有这一切的意义是什么——为什么我们要从事这些工作？"学生几乎总是会发现，恰恰只有在他们抵达这个阶段时，他们所学知识的真正令人振奋的魅力与重要性才展现在他们眼前。许多学生告诉我，在他们的大学老师中，只有我才会这么做；而在我对牛津的教育传统（不仅包括牛津的哲学教育传统，而且还包括牛津的一般人文学科的教育传统）的所有批评意见中最为重要的一条批评意见是，牛津教育传统的一大缺陷表现为，它将分析与批评作为目的本身，因而将这些活动的训练准备当作了目的本身，因此这种教育传统止步于分析与批评的活动之中，却没有思考这些活动本身的意义是什么。多年以来，许多人告诉我（特别是在他们对我后来主持的电视节目的回应中告诉我），他们在牛津学习哲学时从来也没有真正理解哲学究竟与什么东西有关。他们默默地想要知道，他们为什么要研究他们正在撰写的论文所论及的作者——他们为什么要阅读洛克或休谟，而他们的父母甚至从未听说过这样的作者，他们的老师带着相信自己拥有巨大智识优越性的神态，亲自拆解每个哲学家的论证，表明这些哲学家的观点是站不住脚的。这些哲学的价值何在？然而，他们的老师对这个问题始终保持沉默，因为这些老师假定，学生都已经理解了哲学究竟在做什么。他们希望理性之光最终会照亮这些学生，因此他们仅仅从事学校期待他们去做的分析工作；而某些头脑较好并且获得了一流成绩的学生，却从来也没有理解他们学习哲学的意义何在。

鉴于所有这一切，或许并不让人感到奇怪的是，在所有学科的诸多教师之间似乎都有一个普遍的共识，即最优秀的学生有时在考试中的表现并不出色。造成这种情况的主要原因并不是那些显而易见的原因：成问题的运气因素，学生考前的私生活状况，学生由于不同的性格因素而对考试做出的不同反应（某些学生对考试感到兴奋，某些学生对考试感到很不自在），不同的考官会给出不同的分数，等等。对此有一个更有趣的原因，它要比上述这些原因都更为深刻。考官恰恰更倾向于将最高的分数给予那些擅长完成他人期待自己完成的工作的应试者——那些阅读备受赞许的书籍,并以备受赞许的方式来讨论这些书籍的应试者——而这些应试者很容易成为一种缺乏原创性的人。在思想上更为独立的学生通常并不按照这样的方式行动;他们越富有创造力,他们的智识个性就越与众不同,他们就越不可能按照这样的方式行动。这些充满创造力的学生更容易带着非同寻常的强大激情去追求他们自己感兴趣的主题,与此同时却忽略那些无法让他们产生兴趣的主题,通常而言,他们并不怎么关注考试的结果。因此,一流的成绩总是被那些高度具备公务员的心智品质的学生获得,而许多独立思考、具有天分和想象力的学生获得的往往是二流的成绩。有两个人在我自己就读的牛津大学中以二流成绩通过了哲学、政治学与经济学专业的毕业考试,但在牛津大学的这个专业中,他们或许是在学术的意义上最著名的两个人物,他们是约翰·希克斯[1](他是诺贝尔经济学奖得主)与彼得·斯特劳森。这所大学的一个政治学高级讲师过去经常说,他教导的那些最优秀的学生所获得的成绩都是二流的。英语学院的某些人指出,在牛津大学接受教育的那些仍然在世的杰出作家——W. H. 奥登、格雷厄姆·格林[2]、伊夫林·沃[3]、罗伯特·格雷夫斯、安东尼·鲍威尔[4]、威廉·戈尔丁[5](他后来获得了诺贝尔文学奖)——没有任何一个人获得过一流的成绩,而其中有一半作家获得的是三流的成绩。一所学院的院长曾经对我这样说道:"我已经理解了我们为什么要教导学生,但我无法理解的是,为什么我们要用考试的方式来考查学生。"

在大学老师所承担的工作中,我感到最满意的是类似牧师的那方面工作。某些学生的私生活产生了诸多严重的与令人不快的困难。他们只有在极少见的情况下才

---

1 约翰·希克斯(John Hicks, 1904—1989),1972年诺贝尔经济学奖获奖者,一般均衡理论模式的创建者。——译注
2 格雷厄姆·格林(Graham Greene, 1904—1991),英国作家、剧作家、文学评论家,他的作品探讨了当今世界充满矛盾的政治问题和道德问题,被誉为"20世纪人类意识和焦虑最卓越的记录者"。——译注
3 伊夫林·沃(Evelyn Waugh, 1903—1966),英国作家,被誉为"英语文学史上最具摧毁力和最富有成效的讽刺小说家之一"。——译注
4 安东尼·鲍威尔(Anthony Powell, 1905—2000),英国小说家,他在1951年至1975年陆续出版的12卷长篇小说《随着时间的音乐起舞》(A Dance to the Music of Time),是英国文学史上篇幅最长的小说之一。——译注
5 威廉·戈尔丁(William Golding, 1911—1993),英国小说家、诗人,1983年获得诺贝尔文学奖。他的小说富含寓意,广泛地融入了古典文学、神话、基督教文化与象征主义。戈尔丁出版的第一部小说《蝇王》突出了人类野蛮的天性与人类理性的文明之间的斗争,这部小说也为戈尔丁奠定了世界性的声誉。——译注

会请求老师与他们讨论这些问题。更经常发生的情况是，我会从某个学生的研究工作或言谈举止中意识到，他们的生活出现了某些问题，接下来我只要温和地向这个学生提出一个小小的问题，这就可以让他对我倾诉他自己遇到的麻烦。有时学生需要的是专业的建议，我就努力确保让他们获得这样的建议。在其他的情况下，学生需要的仅仅是自由地获得年长者的赞同，这种赞同可以让他们保持自信，学生需要的仅仅是年长者为他们提供日常建议，而他们觉得自己可以随意忽视这样的建议。我有两到三个学生，我在这方面的工作上所给予他们的帮助，已经超过了我的任何教学工作可能给予他们的帮助。这些工作不仅比教学工作拥有更多的用处，它们还给予了我更多的满足感。

  在教学工作中让我产生最大兴趣的是最有能力的学生与最没有能力的学生。因为这两种学生都需要特殊对待，而且他们都对老师的工作构成了一种挑战。在这里，对于每个这样的学生，我都觉得是某个我能够给予帮助的人，而在某种意义上，我的帮助或许会对他的余生都产生影响。其余的学生或许会被我称为普通的学生（实际上我在想到他们的时候从来也不认为他们是普通的，因为我与每个学生都形成了一种独特的关系），他们既不会从我额外付出的努力中获得那么多好处，也不会由于我没有对他们付出额外的努力而招致严重的损失。基于这些教学经验，我得到了一个有趣的发现，即学生研究哲学的能力与他们的智力并没有直接的关系。哲学在这方面就像音乐一样：某些最聪明的学生就像哲学上的"音盲"，他们会不安地意识到，他们并没有领悟到哲学论述的是什么思想，而其他某些不像他们那么聪明的学生却在论述哲学的文字中找到了弦外之音，他们自身在这个理解的过程中获得了享受。这个发现给我带来的教训是，对于任何一个人，无论他有多么聪明，我都不能想当然地认为，他有能力看到哲学问题的意义，而且由于他没有能力做到这一点，倘若他认为哲学是相当没有意义的东西，我也不能因此而感到恼怒。

  我不仅乐于与自己的学生建立友好的关系，而且也喜爱教师联谊活动室的社交生活。这与我的性格有关。我由于同样的理由喜爱伦敦的俱乐部，我是某些俱乐部的成员，就像我是某些学院的成员一样。在不同的情况下，我喜欢俱乐部都是由于以下这个事实，即这些俱乐部为一个人提供了个人的自由，又没有让这个人陷于孤立的状态。倘若你想要独自待在一边，你就能够做到这一点，然而，你总是可以获得范围广泛的有效服务，你可以随意地享用这些服务，也可以无视这些服务。每个人都尊重你的隐私，没有人会打扰你，倘若你愿意，你可以连续几个月不与俱乐部中的任何一个人聊天，而没有人会认为你的这种做法有什么毛病。但在俱乐部里始终会有一些人愉快地陪伴着你：你可以在你想要交流的时候进行社交，而且你可以自由地控制社交的时间，你也可以在你不乐意的时候不参与社交，而且你还可以同样自由地决定不参与社交的时间。家庭生活与普通的友谊都与此不同，但这种俱乐部的生活是许多人在内心深处需要的某种东西，而人们的这种深刻需求可以通过如下事实来获得证明，即在人类的文明史中，自始至终都存在着某些提供了这种生活的机构。相较于女性，男性或许会更广泛地感受到这样的需求：我对此并不确定。但我知道，我自己就强烈地拥有这样的需求。

这所学院教导的主要学科的诸多专家都有可能在教师联谊活动室中出现，尽管在这些专家中，许多人只不过是负责成人教育的老师，但几乎肯定会有某些具有更开阔视野的人，因此我在那里始终会建立起一些良好的伙伴关系——在就餐时或喝咖啡时我会与他们进行有趣的谈话，这些伙伴会陪伴你喝到深夜。你会发现自己与一位教俄语，当然也懂得俄罗斯文学的人谈论俄罗斯的小说；或者与一位经济学家谈论经济的衰退，与一位医学研究者谈论报纸最新刊登的关于艾滋病的骇人报道，与一位撰写过关于某位剧作家论著的作者谈论戏剧。同样地，你也会发现自己与某个拥有其他相关知识的人谈论你自己的学科——比如对我来说，就是与科学家谈论形而上学，与历史学家谈论政治哲学，与数学家谈论逻辑。倘若我一周又一周地与这些人进行这种谈话，那就会让我精神生活的土壤变得更加丰富。我发现这种谈话在一种深刻的意义上与我意气相投：它给了我一种源自内心深处的满足感；它不仅滋养了我的心灵，而且还滋养了我的精神。因此，我必须得说，我极大地享受着贝利奥尔学院的教师联谊活动室的社交生活，并且在其中交到了许多朋友，自此以后他们都与我保持了友谊。

学生在理解一所大学的目的时会采纳一种以学生为中心的看法，由此他们就对大学形成了一种扭曲的概念。他们认为大学是由学生组成的，而大学教师装模作样地教导学生，此外或许还有一些研究者。因为这是学生就读大学时对大学形成的看法，当他们不在大学时他们就保留了这样的看法，并且通常会在他们的余生中都持有这样的看法。尽管如此，倘若你成为一所重要大学的高级成员，你就会以一种相当不同的视角来看待这所大学。在你周围的都是同事，数以千计的同事，他们撰写论著并在科学中进行原创性的工作，许多同事拥有国际声誉。与此同时，某些同事还不得不管理你与他们都在其中工作的大规模机构，即学院、研究所和实验室，这些机构都拥有自己的职员，它们每年的预算开支会达到数百万英镑。他们连续几十年都在这些机构中工作。当然，这些同事不仅承担以上这些工作，而且也拥有自己的私人生活、自己的家庭与自己的子女。除了这一切之外，他们还要负责他们的教学工作。在这个巨大的金字塔形组织结构底部的是学生。在这些学生中很少有人待在学校的时间会超过三年或四年，因此这些学生永远在这个系统的底层流动，始终发生着变化，他们抵达学校与离开学校的速度似乎越来越快。他们作为个体而逐渐消失，这让他们这个群体在大学中的存在显得没有那么具有实质的重要性，而在牛津大学，这种情况又由于如下事实而得到了强化，即三个由八周时间组成的学期加在一起，也不到半年时间，因此即便一个学生正在牛津大学念书，他在一年中也有超过一半时间并不在这所学校里。但你自己的工作与你同事的工作一年四季恰恰都是按照相同的方式进行的；通常而言，你越有创造性，你就越想把更多的时间用来从事创造性的工作，把更少的时间用来从事教学工作。因此倘若你能够做到的话，你除了负责教导你的那些最有价值的学生之外，会把所有其他的教学工作都委托给别人来做。大多数优秀的专业学者都乐意做一点教学工作，因为正如他们通常所言，教学工作会让他们保持警醒——教学工作迫使他们在更为广阔的前沿去了解他们学科的最新发展情况，而在没有教学工作的情况下他们就未必会这么做。教学工作也让他们与年轻人保持联系，更为重要的是，教学工作让他们与有头脑的年轻人保持联系，他们出于各种理由而乐意与这样的年轻人交流。然而，倘若教学工作过多，他们就会倾向于认为，教学工作妨碍了他们"真正的"工作。因此最杰出的学者根本就不承担大学生的教学工作，他们承担的仅仅是研究生的教学工作——因此某些更有头脑的大学本科生及其父母总是会抱怨这一点。

在这些有关大学的普遍状况之中，牛津大学特别有力地表现出了其中的某些倾向。尽管过去的与现在的大学本科生都容易假定，大学的存在就是为了教导他们，但无论是历史还是现实，这种假定都不符合实际情况。牛津大学最初是一个学者的共同体，每个学者都在从事他自己的工作；仅仅是在随后的发展阶段，学生才到这所大学来接受学者的教导。这所大学在今天已经拥有七个研究生院，在这些研究生院中，每个学者都在从事他自己的研究，无论是人文学科的研究还是自然科学的研究；在其余的学院中，研究生的比例也一直在增长。许多观察家相信，牛津大学正在缓慢地发展成为一个研究机构，申请就读牛津大学的学生将不得不拥有某个学位才有机会进入这所大学。我认为，牛津大学很有可能在21世纪发生这样的变化。

第 18 章
对哲学普及的赞颂

在我担任牛津大学哲学教师的那段时间里,知识分子在整个社会乃至整个世界掀起了罕见的骚动。宇宙学的进展推翻了人类曾经确立的宇宙观。相对论与量子力学尽管仍然在持续不断地产生精确的结果,但二者之间的不一致仍然构成了一个不可思议的谜题,这个谜题直接切入了经验实在的实质。生命科学正在进行一次变革。历史学家则在反抗他们的前辈在数千年来确立的专业惯例,即在历史学家论述的任何社会群体中仅仅追溯其中一小部分人的故事,通过反抗这种惯例,新一代的历史学家正在彻底改造过去的历史。社会学家与人类学家正在大量提出新的思想观念——社会学应当是在那时的英国发展速度最快的学科。文学理论的整条新研究进路(虽然在我看来它是错误的)正在大学中确立自身;与此同时,在这些学科之外,人们广泛地对传统左翼思想打消幻想的第一波浪潮,就像正在来临的潮汐的第一个并不强劲的浪头那样,逐渐影响到了那些在这个世界上迄今都将自己当作左派的人的意识。自第二次世界大战以来,凯恩斯主义的经济学就以空前成功的方式设法管控了西方的经济活动,而如今这种经济管理模式却陷于危机之中。全世界对于环境和生态的关注首次得到了有效的组织安排。在英国,最近的文学和戏剧已经摆脱了年代悠久的审查制度所带来的束缚,在人们之中得以牢固确立的是一种对于生活与艺术的宽容态度:年轻人的行为似乎已经从以往的群体中解脱出来。整个社会首次认真对待了女性与某些少数民族的平等权利,而古老的阶级差异显然正在不断瓦解。这个国家正在逐渐终结自己的居民与欧洲大陆的隔离状态。总而言之,从20世纪60年代晚期到70年代早期这段时间是一个非凡的历史时期,其中,多个世代以来被确立的诸多根本性的重大观念被质疑、被推翻、被取代。然而,倘若你试图让20世纪70年代在牛津教授哲学的绝大多数学者对这些事情产生兴趣,那么你的这种尝试就会是徒劳的。

不同寻常的是,相较于大学中的职业哲学家,在大学之外的聪明人却能够更清晰地意识到这些新颖而又伟大的思想浪潮。这反映了人们的某种新需求,即他们希望有人能够对这些思想浪潮进行具有智识严肃性，却又并非技术性的阐述与讨论。虽然以往总是有一些由某个特定领域的杰出人士撰写的普及读物，但大多数的普及读物仍然是由新闻工作者撰写的；如今这种情况发生了改变，由著名的专业人士撰写的高水平普及读物已经成为一个获得公认的出版类别，从那时到现在，这类出版物的发行数量都一直有所增长，并且这类出版物还包括了许多质量较高的论著。诸如《纽约书评》（New York Review of Books）这样的跨文化刊物得到了茁壮成长，它成了许多受过良好教育的人共同参考的智识背景的一个组成部分。人们在此时可以找到一个被称为"现代大师"的平装本系列套书，这个系列套书的目的是，对于影响了现代生活的新近思想家做一些介绍。整个普及新思潮的运动不仅在内容上是明确无误的，而且在智识上是令人振奋的——在我看来，它不仅在智识与文化上具有重要的意义，而且还在社会与政治上具有重要的意义。

在某种程度上，我的广播系列节目《与哲学家们的对话》以及根据这个节目内容出版的那本书，或许可以被视为这些普及新思潮活动的一个组成部分。这个系列节目的智识严肃性与规模都是前所未见的，它恰恰反映了这个时代的精神。它也顺便为我带来了这样的声誉，即我能够运用抽象的思想观念来成功地主持节目。这种声誉马上就对我的未来产生了影响。我停止在牛津大学的教学工作之后所做的第一件事就是，长期主持一个在电视上讨论的系列节目，在某种程度上，我仍然认为，这是我在电视媒体上所做的最佳主持工作。

直到那时为止，英国的电视节目从未对思想观念进行过任何真正严肃的讨论。在类似《智囊团》（Brains Trust）这样的节目中，三个或四个人会在单独一期节目中谈论若干不相关的主题，因此他们每个人平均只能用两三分钟来谈论一个主题。甚至当整个节目都被用来讨论一个主题时，节目中总是会有几个人来参与讨论，而这就让其中的任何一个人都不可能长时间地发展一条论证思路。支撑这类节目的，从来都不是任何在智识上严肃的东西。时事节目的访谈是简短的，即便在摄像机前面端坐的是一个在这个世界上最有权力的人物，情况也是如此。这类节目从来都没有认真探索过这些人物，就像它们从未认真探索过思想观念一样。由于所有这些讨论都如此简单草率，这些讨论就始终流于表面。由于这些讨论是草率肤浅的，参与这些访谈的广播主持人与新闻工作者就只需要弄明白，如何在这种肤浅的层次上将这些主题变得有吸引力。人们或许会假定，随着电视的问世，像卡尔·波普尔和以赛亚·伯林这样的人物会经常被邀请到电视节目中登场，因为对于一个复杂社会的所有成员来说，他们在历史上首次既有可能看到，又有可能听到他们的那些最伟大的思想家与最有才华的演说家。但实际情况根本就不是这样的；由于媒体以如此轻佻琐碎的方式来处理思想观念，那些对思想观念做出了最大贡献的人就会疏远媒体；在我们这个社会中的思想领军人物或者很少看电视，或者根本就不看电视。当然，这是由于节目制作者对于电视观众做出了这样的判断：电视观众的专注时间不长，电视观众的智力水平以及他们能获取的信息的层次都不高，绝大多数电视观众都无法忍受长时间的严肃讨论，倘若遇到这样的情况，他们就会将电视切换到另一个频道的节目上。

我主持的一个名为《有话要说》（Something to Say）的系列节目，就对这样的判断提出了挑战。在其中的每一期节目中，两个高水平的对手对于某一个问题进行长达一小时的辩论，而我承担的是一个不出风头的主持人工作。这是一条具有高风险的道路。为了让这个节目产生影响，每个主题都需要在整整一个小时内长时间地紧紧抓住观众的注意力，参与者需要在滔滔不绝的论辩中以引人注目的方式表现他们的活力并诉说他们的想法。正是这种简单的形式，让这个节目有可能失败。在普通的讨论节目中，倘若关于一个主题的讨论开始出现步调不一致的情况，主持人可以转向另一个主题；倘若讨论的一个参与者令人失望地处于精神不振的状态，主持人在没有这个参与者继续发言的情况下（这个参与者不再继续发言或许更有利于这个讨论），也能让这个讨论继续进行下去。但对于这个系列节目来说，倘若观众无法对某期节目的主题持续产生兴趣，那么这期节目在结束之前就会失败；只要有一个参与者在整个讨论中的表现不够恰当，这期节目也会失败。在这个系列节目中，一切事物都必须始终保持正常的运作。

幸运的是，这个系列节目获得了成功。在电视节目中第一次出现了某些重要的知识分子，他们用严肃的态度长时间地为了某些真正重要的问题而展开争辩。雷蒙·阿隆是自由主义在那个时期的国际知名代表人物，他与罗伊·詹金斯[1]就"欧洲联邦是否可取"这个问题进行了辩论。F. A. 冯·哈耶克与乔治·奥威尔的传记作者伯纳德·克里克（Bernard Crick）论辩的是民主社会主义的功过得失。约翰·肯尼思·加尔布雷思[2]与安东尼·克洛斯兰德交锋的问题是，西方的经济体制是否应当追求经济增长的目标。以赛亚·伯林与斯图亚特·汉普夏尔争论的问题是，民族主

---

1 罗伊·詹金斯（Roy Jenkins，1920—2003），英国政治家，曾在1977年到1981年担任欧盟委员会主席。——译注
2 约翰·肯尼思·加尔布雷思（John Kenneth Galbraith，1908—2006），美国经济学家、外交家和公共知识分子，20世纪美国自由主义的主要支持者，新制度学派的领军人物。——译注

义是否可以被视为一种美好的事物。约翰·休谟[1]与康纳·克鲁斯·奥布莱恩[2]就北爱尔兰的未来进行了争辩。著名行为心理学家B. F. 斯金纳讨论了自由意志的可能性。两位得过诺贝尔奖的生物学家雅克·莫诺（Jacques Monod）与约翰·埃克尔斯（John Eccles）对于人类灵魂存在的可信性进行了争辩。而A. J. 艾耶尔与罗马天主教会的主教就上帝存在的可信性进行了争辩。

在1972年2月到1973年8月，我制作了三十九期这样的节目。由于我是在荧幕上主持这些节目，我就获得了这些节目带来的绝大多数声誉，但幕后的制作人乌迪·埃希勒（Udi Eichler）对这些节目做出了同等重要的贡献。我们这个系列节目的其他参与者不仅包括了晶体管的共同发明人威廉·肖克利（William Shockley）（在这个系列节目中，我邀请了一些诺贝尔奖得主）和环保运动先锋巴里·康芒纳（Barry Commoner），而且还包括赫尔曼·卡恩[3]、玛格丽特·米德[4]、詹姆斯·鲍德温[5]、芭芭拉·伍顿[6]、C. V. 韦吉伍德[7]、丹尼斯·希利[8]、伊诺克·鲍威尔[9]、阿兰·沃尔特斯[10]、基思·约瑟夫[11]、德夫林勋爵[12]、雷蒙·威

1　约翰·休谟（John Hume, 1937—2020），爱尔兰民族主义政治家，他被认为是北爱尔兰近代历史上最重要的政治人物，也是北爱尔兰和平协议的缔造者。——译注
2　康纳·克鲁斯·奥布莱恩（Conor Cruise O'Brien, 1917—2008），爱尔兰政治家、作家与历史学家，曾担任欧盟议会议员。——译注
3　赫尔曼·卡恩（Herman Kahn, 1922—1983），美国物理学家、数学家、未来学的先驱，他也是乐观主义未来学派的代表人物。——译注
4　玛格丽特·米德（Margaret Meade, 1901—1978），美国人类学家、心理学家、文化心理学派代表人物之一，以研究太平洋无文字民族而闻名。——译注
5　詹姆斯·鲍德温（James Baldwin, 1924—1987），美国黑人作家、散文家、戏剧家和社会评论家。——译注
6　芭芭拉·伍顿（Barbara Wooton, 1897—1988），英国社会科学家、犯罪学家和工党政治家，是英国上议院首批女议员之一，1958年成为首位被封为终身贵族的英国女性。——译注
7　C. V. 韦吉伍德（C. V. Wedgwood, 1910—1997），英国最杰出与最有影响力的历史学家之一，她专门研究的是17世纪英国与欧洲大陆的历史。——译注
8　丹尼斯·希利（Denis Healey, 1917—2015），英国政治家和经济学家，曾经担任工党国际部部长、下院议员、国防大臣、财政大臣、工党副领袖兼发言人，以推行国家预算的强硬政策而闻名。——译注
9　伊诺克·鲍威尔（Enoch Powell, 1912—1998），英国政治家、古典学者、语言学家与诗人，曾经担任下院的保守党议员与卫生部长。——译注
10　阿兰·沃尔特斯（Alan Walters, 1926—2009），英国经济学家，曾经两次担任英国前首相撒切尔夫人的首席经济学顾问。——译注
11　基思·约瑟夫（Keith Joseph, 1918—1994），英国保守党的理论家，英国前首相撒切尔夫人的导师，提倡激进的自由市场政策。——译注
12　德夫林勋爵（Lord Devlin, 1905—1992），英国上议院大法官与法哲学家。——译注

廉斯[1]、安东尼·奎因顿和伯纳德·威廉斯。泰晤士电视台拒绝我将所有这些节目中的最佳内容编写成一本书的请求，这是一件让我感到悲哀的事情。这样一本书或许不会成为畅销书，但这种财务风险是由出版商来承担的，而不是由泰晤士电视台来承担的；考虑到这些参与者的水平以及讨论问题的重要性，我认为，这些节目所包含的某些素材具有重要的历史影响：这些节目的某些参与者是在我们这个时代发挥引导思想作用的知识分子与公众人物，他们所辩论的问题，就是那些让他们的同时代人感到迷惑不解的问题。令人遗憾的是，绝大多数磁带如今已经被抹消了内容；只有一小部分磁带幸存下来，但这些幸存的磁带通常都不是记录了最精彩内容的磁带。

这就是电视台自身典型的规划方式，或者可以说，它们自身通常都没有能力来进行合理的规划工作。某些人物的思想对我们这代人产生了最深远的影响，在我看来不言而喻的是，对于这些人物，电视台应该拍摄几十个小时的相关素材，这么做并不是为了马上播出这些素材，而是为了将它们归入档案之中——尽管人们可以相当容易地从这些素材中编辑出节目，而通过立即播映这些节目，电视台就可以获得收入并支付这些任务的开销。倘若我们能够用录影带记录我们与伏尔泰、亚当·斯密、卡尔·马克思等人的持久而又严肃的思想访谈，即便是想象一下这种可能性，也会让我们激动起来。尽管在很久以前我们就已经能够用录影带记录关于我们这个历史时期的伟大公众人物的访谈，而且我们在未来也始终拥有这么做的技术能力，但是，我们并没有开始以这样的方式来使用这些技术。我们目前的做法正好相反，虽然我们已经拥有了我们这个时代的某些历史人物的录音，但我们摧毁了其中的绝大多数磁带。

在类似《有话要说》这样的节目中，主持人良好的访谈能力与主持能力的一个重要表现是，按照正确的次序提出正确的问题。但是，这位采访者与主持人在能够知道任何给定领域的最有趣、最有挑战性或最重要的问题之前，他必须首先去把握这些问题。因此，我的工作方式多少是按照以下这种方式进行的。我会研究一个主题或一个问题，找出公认的专家，获取他们的阅读建议，进行相关的阅读，接下来与专家讨论这些读物。（到目前这一步为止，我作为大学教师时所使用的教学方法，也适合我的这种工作需要。）这些准备工作能让我设法理解，在我所处的位置上，

---

[1] 雷蒙·威廉斯（Raymond Williams, 1921—1988），20世纪中叶英语世界最重要的马克思主义文化批评家，文化研究的重要奠基人之一。——译注

我需要讲述的最重要的话语是什么。然后我会试图找出，哪一个人能在电视上最令人印象深刻地阐述这些主题。在找到这个人之后，我就会前去与他讨论这个主题。此后我们就会前往电视演播室，我在那里会当场提出一些问题，让他能够说出最有必要讲述的思想，并确保他能以最令人印象深刻的措辞、最清晰的次序来讲述这些内容。而这就意味着，我将花费大量的时间与精力来考虑我提问的次序，因为这将决定这期节目的整体框架和结构：我的目的始终是，我安排问题的方式，应当让每一个回合的讨论都显得是自然地导向下一个回合的讨论，由此导致的结果是，这个主题似乎是在讨论中自然地呈现出来的。由于我采纳的是这种工作方式，我在提出一个问题时几乎都会知道这个问题的答案。倘若是由我自己来选择节目的主题与参与者，那么当我走进演播室的时候，我至少就会大致知道，我在这期节目中与之对话的参与者是谁，我会以怎样的措辞与次序来谈论这个主题。

在《有话要说》节目中，我就是按照这种方式与乌迪·埃希勒相处的。我随后主持的两个有关哲学的电视系列节目，则是我独自完成的。时至今日，埃希勒仍然是一位有才华的电视节目制作人，但他并未获得他自己应得的声誉，这多半是由于节目经销商并不想让他去制作他最擅长的节目，而他最擅长的节目的优秀质量已经超出了经销商的理解水平。就这一点而言，经销商也低估了观众的水平。《有话要说》赢得了一批异常热情的忠实追随者，在四分之一个世纪之后，我发现自己仍然会遇到一些完全不认识的人，他们告诉我，在他们看来，这个系列节目是他们曾经看过的最有助于激发思想的电视节目。

乌迪会与我不断地进行思考与讨论，而我们这么做是为了找到这样一种问题，这种问题能够在整整一个小时之内紧紧抓住观众的注意力，让他们产生足够强烈的兴趣，以便于证明电视台在节目表中安排我们的节目是合理正当的。我们也会关注我们选择的参与者，我们不仅关注他们阐述思想的能力，而且还关注他们作为表演者的品质，他们与并不是专家的观众进行沟通交流的实际效果，他们的人格魅力，以及他们在漫长讨论中始终保持活力的能力。乌迪比我更为强调要让参与者的生存卷入到他自己述说的思想之中，而不仅仅是确保他们像熟练的记者或大学老师那样用清晰而又客观的方式来阐述这些思想（接下来我也转变了自己的想法，按照类似乌迪的方式来完成这些工作）。乌迪经常谈到讨论的"心理温度"，这是某种不同于可用言辞表达的内容的东西。他相信，这极其有助于为节目赢得观众。乌迪在这方面肯定是正确的，而我们的节目就为观众提供了这样的心理温度；所有的数量指标与质量指标都向我们表明，我们的节目从我们的观众那里获得了非同寻常的回应。

由于每期节目都需要我完成我刚刚描述过的准备工作，这个系列节目的制作时间就超过了十八个月，我在这个时期的许多重要社会关切和智识关切中学到了广泛的教训。可以说，我已经把握到了在大学之外的聪明人正在思考的某些问题。只有在我人生的这段时间里，我才能在规模如此庞大的范围内系统地做到这一点。我阅读了（在某些情况下是重新阅读了）当时最有影响力的论著，与各种相关领域的专业人士讨论这些论著——在许多情况下，我还会与这些论著的作者进行讨论：与加尔布雷思讨论他的《富裕社会》(*The Affluent Society*)，与哈耶克讨论他的《自由宪章》(*The Constitution of Liberty*)，与马尔库塞讨论他的某些主要论著，与以赛亚·伯林讨论民族主义，如此等等。倘若参与者就像许多工作人员那样来自海外，那么我承担的部分工作就是，安排他们访问伦敦，并且当他们抵达伦敦时招待他们。由此自然导致的一个结果是，其中的某些人成了我的朋友，此后我会不时地与他们见面。正是在我人生的这段时期内，我需要的是这种整体经验，它能帮助我从学院哲学走向其他的世界，而许多极其重要的思想恰恰充满活力地在这些世界之中流传。

毋庸置疑，对于在《有话要说》中讨论的绝大多数社会问题来说，不同的个体可能持有许多不同的立场。但我慢慢意识到，大部分有头脑的人的观点，可以被归结为四种获得广泛承认的立场。许多人总是会或多或少地为现状辩护。某些人则想要看到现状沿着自由主义的方向，根据民众的共识来获得变革（即便仍然会有一些不赞同这种共识的少数派存在）。还有一些人则想要通过不宽容的"必要"手段来完全清除现存的状态，并用某种彻底不同的东西来替代现状——他们似乎始终确信，这种替代现状的东西更好。在英国的20世纪70年代早期，这三种观点的大多数现实代表，无疑可以分别被视为保守主义者、自由主义者与马克思主义的同情者（我在这里是根据传统的意义，而不是根据党派政治的意义来使用这些词语的）。在大多数具体的问题上，我自己的观点归属于自由主义的范畴。就我对于其他两种立场的态度而言，我在智识上感到相当自信，在我看来，它们位于我自己立场的两边，一种立场是相对于我而言的右派，另一种立场是相对于我而言的左派。终其一生，我都熟悉这两种立场，而且我认为自己已经理解了这两种立场。对我来说，按照它们的方式来理解各种事物，这似乎是人类的一种自然的（其实是正常的）态度。

但在那时我在自己的人生中首次认真地面对第四种立场，即极右翼的立场，我先前就知道这种立场的存在，但我从来也不觉得它是一种值得尊重的立场。事实上，我不仅将之作为准法西斯主义而不予理会，而且我从来也没有认真考察过这种立场。在《有话要说》的各期节目中，某些参与者各自以不同的方式为这种立场进行了论证，他们是哈耶克、阿兰·沃尔特斯、基思·约瑟夫、伊诺克·鲍威尔、布莱恩·考克斯[1]（论教育）、约翰·斯帕罗[2]（论审查制度）、安东尼·弗勒欧[3]（论犯罪的诸多原因）、彼得·鲍尔[4]（论对发展中国家的援助）、佩里格林·沃索恩[5]（论种族主义）。大致说来，这种立场主张，现状是不可接受的，它应该有所改变，但现状不应当沿着自由主义或社会主义的方向来发生变化，因为这会让问题变得更加糟糕。这种立场坚持认为，西方国家在这几代人的时间里，正在沿着这样一种方向走下坡路，即政府越来越多地干预个人的自由：无论过去有什么理由来支持这种做法，这种干预如今已经成为导致主要的社会问题与社会弊端的一个原因。自由主义者和社会主义者想要通过更多的政府干预来治疗这些弊病，但这种做法只会增加麻烦。民众所需要的是更少的管制，而不是更多的管制；民众所需要的是更少的政府干预，更多的个人自由——而这种个人自由在每个层面上都有所表现：在经济领域中表现为私有制、自由市场与企业的自由；不仅如此，这种个人自由在社会生活中也有所表现，即相应地开放各种机会，让个人能够在他们的人生中找到自己的道路，让个人的成败取决于他们自身的优缺点；而在类似教育、公共医疗卫生服务和养老金这样的具体领域中，则通过个人的责任与私人的供给来实现这种个人的自由。由此带来的一个重大后果是，这种立场坚定地信奉机会平等，与此同时则坚决拒斥结果平等。右翼极端分子用这些措辞所表达的整个态度，会让人们想到美国，人们因此或许会认为，这种态度既不陌生，也会让人产生同情，但是在20世纪的英国，这种立场并没有获得大量的追随者，直到20世纪60年代晚期，支持这种立场的追随者的数目才开始增加。这种立场在那段时间里得到有力支持的主要原因在

---

1 布莱恩·考克斯（Brian Cox, 1968— ），英国粒子物理学家，英国皇家学会研究员，曼彻斯特大学教授，他也是英国广播公司广受欢迎的电视系列纪录片《太阳系的奇迹》和《观星指南》的科学主持人。——译注
2 约翰·斯帕罗（John Sparrow, 1906—1992），英国学者、律师、藏书家，曾经在1952年到1977年担任过牛津万灵学院的院长。——译注
3 安东尼·弗勒欧（Anthony Flew, 1923—2010），英国哲学家，他的哲学属于分析哲学的证据主义流派，他最著名的研究工作与宗教哲学有关。——译注
4 彼得·鲍尔（Peter Bauer, 1915—2002），英国发展经济学家，他明确主张，国家控制的对外经济援助并不是帮助发展中国家的最有效手段。——译注
5 佩里格林·沃索恩（Peregrine Worsthorne, 1923—2020），英国新闻记者、作家和主持人，曾经多年担任英国《星期日电讯报》的编辑。——译注

于，人们普遍承认，那些可供替代的立场都遭遇了失败。

在回顾这段历史的过程中，人们轻易就可以看到，战后的工党政府犯下了大规模的错误。它应当像法国政府与德国政府那样，第一优先考虑对经过战争破坏的经济实施重建与现代化。但工党政府的实际做法却恰恰与之相反，它将资源分开，转移到了那些既无法实现又不相关的目标之上——保护英国货币作为一种世界货币的地位，维持英国在战前拥有的全球军事力量的地位，让英国的军队遍布这个世界，保持英国独立进行核威慑的实力，等等。在经济领域中，工党政府第一优先考虑的是充分就业，而为此付出的代价则是通货膨胀，工会过高的权力，以及一定程度上的人员过剩，由此造成的结果是低生产力以及让这个国家不断走向贫困。工党政府对绝大多数基础产业进行了国有化，但工党政府随后的经营工作表现出了令人难以置信的无能，许多基础产业会定期发生严重的亏损，而这就会导致纳税人也不得不定期弥补这些亏损。在所有这些错误中最严重的一个错误是，工党政府创造了一个不断发展壮大的福利国家，却没有一个对于维持这种福利国家来说必不可少的创造财富的部门。所有这一切自然都是在最美好的意图下完成的，但这些做法是灾难性的。而在玛格丽特·撒切尔夫人执政之前，战后保守党政府所犯下的最大错误是，没有做出任何尝试来撤销这些政策。保守党每次恢复权力时，他们都专注于管理他们所承袭的现状，仅仅满足于在这里或那里做一些小修小补。因此，每届工党政府在错误的道路上将这个国家进一步推向深渊，而每届保守党政府则接受了由此造就的新国家状态，保守党政府在其中发挥的作用，被基思·约瑟夫称为国家衰落过程中的齿轮效应。就本质而言，右翼极端势力的复苏是对这整个局势的反叛，其基础是一种想要扭转这个局势的愿望。

我无论在那时还是在此后的时间里，都没有转而信奉这种极右翼的立场。这主要是由于我无法赞同右翼极端分子正面提出的建议，而我在下文对这些建议还要做出更多的评论。但我发现，右翼极端分子以令人生畏的方式对其他三种替代立场进行了批评，他们的这些批评是令人印象深刻的。当他们用特定的术语清楚地解释他们对社会主义和共产主义的批评时，他们的这些批评简直可以说是毁灭性的。让我感到不快的是，他们对我自己的立场的批评也是有效的。他们反复提出的挑战，恰恰就是我发现最难以应对的挑战。我能够顺利地回答主张维持现状的保守主义者提出的问题，我也能顺利地回答马克思主义者提出的问题；但我经常发现，我在摆脱了与某个右翼极端分子的争辩之后，我会觉得我自己并没有应对他提出的反驳。我或许没有在这场辩论中失败——我给出的支持自己的论证或许就像对手反驳我的论证一样好,但对手反驳我的论证也和我给出的支持自己的论证一样好,而我因此感到自己已经受挫。我逐渐认识到,极右翼的立场代表的是我自己立场的一个最强有力的竞争者。我觉得,它提出的理由是我必须要做出回答的理由,它提出的主要论证是我必须做出应对的论证,而它提出的批评则可能是我最难以处理的批评。在我看来,有三个原因特别增添了极右翼立场的力量。第一个原因是它在智识上的诚实态度,这种符合实际的常识与左派的意识形态和虚假的道德说教形成了如此鲜明的对比。由此可以推断出来的第二个原因是它真正的平民主义,它接近普通人所拥有的观点、价值、感受与渴求,而这正是民主社会主义者始终极力想要实现的成就,民主社会主义者经常欺骗自己相信,他们已经做到了这一点,但他们实际上从未做到这一点。(让英国的许多民主社会主义者彻底感到震惊的是,伦敦东区的码头工人组织的示威游行是为了支持伊诺克·鲍威尔,他是英国在那个时期支持极右翼立场的重要政治家——由此可以表明,这些英国的民主社会主义者完全不理解民众所持有的真实见解。)第三个原因是,它能够指出实现了它正在提出的诸多建议的现实例证,即美国——一个我热爱、钦佩,并在其中感到舒适自在的国家。自从我在耶鲁大学的那几年以后,我就一直相信,倘若一个成年人不受约束地来到地球这颗行星上,并且可以自行决定在哪里居住,那么他显然会选择美国——事实上,相较于其他任何国家,国际流亡者似乎更多地将美国作为自己的首选项。

我不赞同右翼极端分子正面提出的政治纲领的主要理由是,他们所倡导的那种程度的经济自由主义实际上会造成一种不受限制的混乱状态,而我对此有许多反对的理由。在一个早已达到先进水平的技术社会中,大多数居民在其中都会有相当良好的表现,有些居民的表现实际上极其令人满意,但也有许多居民表现得比较糟糕。有些居民不得不应对严重的生理健康问题或精神健康问题,这些问题或者是他们自己造成的,或者是由他们亲密的家庭成员造成的;有些温顺谦恭,身无一技之长的居民根本就不擅长那种遵循丛林法则的斗争;同样不擅长此类斗争的居民还包括智力低下者、孤独的老人、需要抚养若干子女的单身母亲、缺乏教育的移民、不幸的人——这些人与其他拥有各种不利条件的个人在类似英国这样的国家里的数量,通常就高达数百万之多;他们会构成一个下等阶层,其中充斥着罪犯、吸毒者、患病者与贫民区的居民。考虑到他们不充分的购买力(他们不充分的购买力是无法得到提高的),相当明显的是,自由市场不会为这些人充分提供教育、健康和养老等方面的服务。事实上,国民生活的某些领域虽然具有根本的重要性,但它们的需求与影响市场的力量无关。国防就是这样的一个领域,智识生活与艺术生活则呈现了其他一些这样的领域——倘若这些领域都让影响市场的力量来自由运作,那么,我们的国家大剧院、芭蕾舞团队与歌剧团队、我们的公共美术馆与图书馆,以及我们重要的大学(更不用提在大学中持续运作的研究机构)都会被毁灭。通过这些方式与许多其他的方式,这样一种不受限制的混乱状态有可能导致的结果是,摧毁了绝大多数有利于共同体与文化之连贯性的最为重要的纽带与活动。我坚定地相信,成本-收益的原理适用于公共支出,我还相信,对商品和服务的供应商来说,私人的供应商通常要比公共的供应商更为合算,但我也相信,我在上文提到的任何领域中,让影响市场的力量来决定供给的总体水平,这种做法是不合理的。

虽然如此,我不得不承认,极端右翼分子对于集中的计划和其他许多政府行为的批评是中肯的。当我首次意识到这一点时,它代表的是我的基本观点的一次突然转变,因为我迄今为止所支持的并不是公有制,而是透明的公共管理,也就是说,民选政府在主要是私有制经济的社会中所实施的管理——这是一种"民主社会主义",至少就这个方面来说,瑞典是这种社会主义的一个范例。我在制作《有话要说》的系列节目中形成的工作经验,有助于激发我沿着一种"社会市场"的方向来重新评价我的政治态度。我逐渐弄清的一个观点是,在最后的分析中,宏观经济决策必定或者是由市场做出的,或者是由一个提供指示的规划者或一批这样的规划者做出的;前者在绝大多数的情况下都比后者更为民主。因此我确信,任何经济活动都需要某种市场的基础,即便这种经济活动是政府资助的;我想找到某种途径来将这种立场与教育、艺术和科学的繁荣相协调,并且确保对于这个社会最穷困成员的福利能够维持在一个可接受的水平上。当玛格丽特·撒切尔夫人代表右翼极端势力执政时,我形成了这样一种习惯的说法,即我相信的是"附加上福利的撒切尔主义"(Thatcherism plus Welfare)。在现代民主制中协调这两种立场的困境,已经成为许多西方政府所面对的一个首要的国内政治问题。

我对自己的政治观点的重新思考,不仅受益于我在《有话要说》这个系列节目中所做的工作,而且还受益于我与此同时重新对波普尔全部作品所做的系统阅读工作。在完成了《与哲学家们的对话》这个系列节目之后,现代大师系列丛书的编辑弗兰克·柯默德(Frank Kermode)约请我撰写一本关于某位思想家的书,我可以选择任何一位思想家,只要出版社尚未订约让其他的作者来撰写这位思想家。我对之做出的第一个回复是,在我充分了解其作品的人物之中,没有恰当的人选来让我撰写一本书,更不用说是一本篇幅不长的书了。我对之做出的第二个回复是,或许存在一两个这样的思想家,我对他们的作品有充分的兴趣,这足以让我撰写一本篇幅颇为简短的书。我的建议是弗洛伊德或马克思。弗兰克说，他已经委托了别的作者来撰写这两位思想家。我在那时无法选定其他的思想家，但弗兰克敦促我继续尝试，并让我继续考虑这个约请。这个约请在我的头脑中挥之不去，而在两到三个月的时间之后，在我心中浮现的想法是，撰写一本关于卡尔·波普尔哲学的篇幅简短的书。在那个时期，绝大多数受过良好教育的人都不太了解波普尔，甚至不知道他的名字，而我认为，不会有许多人想阅读这样一本书；不过，一旦我在自己的头脑中确定了这个计划，这本身似乎就已经值得让我去完成这个计划，因此我向弗兰克·柯默德提出了这个建议。他接受了这个计划，并鼓励我开始为这本书工作。鉴于这本书随后所创造的历史，我如今在回忆自己的往事时总会想到，在我们形成了这个构想的不久之后，这本书差点夭折，这就让我感到颇有些讽刺的意味。

现代大师的系列丛书是由柯林斯出版集团公司出版的，很快就有人向我透露，在那个公司中没有人听说过波普尔。他们要求销售代表去书店试探摸底，而销售代表在返回的报告上说，除了专业书店，其他书店里也没有人听说过波普尔，他们似乎不愿为了并不是专家的读者订购一本关于波普尔的书。柯林斯出版集团公司向维京出版社（这个系列丛书在美国的出版商）咨询，维京出版社做出了同样的回复。这两家出版商接下来达成的共识是，它们都不想要委托作者来撰写这样一本书，它们将这个意见传达给了弗兰克·柯默德。由于作者的合同是与这些出版商签订的，而不是与他个人签订的，这就让他进入了一种棘手的处境之中。我并不认为，他的系列丛书是否包括一本有关波普尔的书，这会对他本人带来多大的影响，但柯默德看到，他自己对这套丛书的掌控权已经受到了威胁。他在口头上已经委托我去撰写这本书，而根据他的这些口头承诺，我已经开始了这方面的工作；我认为柯默德担心的是，倘若他现在撤回了他的约请，这套丛书的实际控制权就会从他手中转移到出版商的手中，委托作者的决策权从此以后就会基于商业因素的考虑，而这会有损于这套丛书的质量与声誉。因此柯默德提出抗议，他争辩说，这套丛书已经相当成功，因此能够出版两三本并不那么畅销的书——倘若这套丛书还想继续获得成功，出版商就必须允许他行使自己的判断。我相信（尽管我并不确定），柯默德让出版商担心的是，倘若他受到压制，他就会辞去职务并完全放弃这套丛书。无论如何，这两家出版商做出了让步，而我写完了这本书。维京出版社从一开始就故意刁难这本书的终稿，在没有征求我意见的情况下，这家出版社的编辑们在修改稿件的那段时间里，按照一种类似《时代周刊》的风格完全改写了我的文字，他们希望以这种方式让这本书变得畅销；但我坚持主张，他们应当把全部文字重新改回来，于是在我和出版社之间再次发生了冲突，但结果仍然是出版社做出让步。这本书最终是按照我撰写的方式出版的。

所有这一切都意味着，我需要在制作《有话要说》这个系列节目的同时撰写这本书：每当电视台不需要我工作时，我就把时间用来撰写这本有关波普尔的书。这本书最终在1973年4月出版，此后它马上成了这个系列丛书中最畅销的作品之一，仅次于约翰·里昂（John Lyons）撰写的关于乔姆斯基的书。在两年之内，它的销量就超过了那本关于乔姆斯基的书，自此以后就始终一路领先。刻薄的维京出版社任由这本书在美国绝版，但美国的另一家出版商马上就购买了这本书的版权，自此以后它就处于常销状态之中。这本书被翻译成德语、荷兰语、丹麦语、瑞典语、意大利语、西班牙语、葡萄牙语、波斯语、日语和汉语，而在东欧，它的译本作为地下出版物秘密流通，有时在一个东欧国家里会存在两个译本。在这些国家的语言中，某些语言为了翻译"可证伪性""科学主义""历史主义"等波普尔使用的术语，不得不创造出新的词汇。在某些国家里，我的这本书的出版，激发了那里的人们开始翻译波普尔撰写的作品，或者激发他们去翻译更多波普尔撰写的作品，而这是我最乐于看到的发展趋势。但即便就其本身而言，在我迄今所撰写的作品中，这本书成功地获得了最大的利润。我必须承认，我就像那些出版商一样，对此感到颇为惊讶。

首先，这表明在大学之外广泛存在着这样一些热心的读者，他们想要了解那些仍然在世的哲学家的某些最为重要和最有成效的思想。这径直打破了许多学院哲学家（包括某些优秀的学院哲学家）的假设，他们相信，20世纪哲学在自身的发展过程中已经变得如此专业化与技术化，于是就没有必要去期待那些并不是专家的人来阅读哲学——因此就没有必要设法改变自己的写作风格，以便于让那些并不是专家的人也能够阅读自己的作品。相应于这个假设，如今大多数哲学针对的是学院的读者或观众，它们并不期待拥有其他的读者：哲学家为了其他的专业学者与全日制的学生而写作和对话。波普尔自早年起就谴责了这种研究进路。他相信，哲学家不仅有责任去处理重要的问题，而且还有责任以这样一种方式去处理问题，对于任何有头脑的人来说，只要他愿意付出努力并用心专注于哲学，他就应该能够理解哲学处理问题的方式。对波普尔来说，让自己的作品拥有最大程度的清晰性，这是一个有关职业道德的问题，波普尔坚决不赞成那些让自己作品的难度超出必要限度的哲学家，或那些如此喜爱运用暗示性的写作方式，以至于只有开创了这种风格的人才能够理解这种作品的哲学家。而在这些哲学家中，波普尔尤其鄙视那些为了提升自己的学术地位而刻意制造难度或引经据典的人。波普尔虽然自己从来也没有做过暗示，但对他来说显而易见的是，他自己不仅在认识论与科学哲学中提出了具有历史重要性的新思想，而且还在非常广泛的范围内论述了社会哲学与政治哲学，即便像他这样具有高超水平的哲学家，也能用并非他自己母语的语言来设法让他的文字达到这种程度的清晰性，那么，那些水平不如他的哲学家或许就无法声称，他们所从事的研究工作是如此深刻与如此复杂，以至于他们没有选择，只能以这种迂回曲折的方式来撰写哲学的论著。因此，当代一流的哲学实际上并非必定会呈现出如此艰深的难度，以至于让有头脑的普通读者也无法理解它们。

由于波普尔证实了这一点，因此在职业哲学家中存在着大量反对他的怨恨情绪，因为波普尔妨碍了职业哲学家获得他们自己渴望获得的政治影响。他们在整体上没有兴趣撰写那些被有头脑的人士普遍关切的问题，因此，他们并不想要为了有头脑的人士而写作。但是，这与其说是对哲学的批评，不如说是对这些职业哲学家的批评。我有一些朋友曾在大学时期学过哲学，并以优异的成绩毕业，随后他们从事其他的职业，并与哲学切断了联系，但他们总是习惯于对我提出这个问题：他们听说X或Y在学术界引起了轰动，他们是否应当去阅读X或Y所撰写的书籍？在绝大多数情况下，我只能给他们一个体现了我真实态度的回答："别在意这种事情。倘若你认为自己欣赏这本书，你就去读这本书。但倘若你认为自己并不欣赏这本书，那它就不会对你或你的生活造成什么影响。"对于任何并不属于哲学专业的人来说，这些书籍所包含的那类哲学不太可能拥有多于智识消遣的价值。与之形成鲜明对比的是波普尔的哲学，我关于波普尔的那本书的开篇段落就刻意强调了这一点，而我的这段文字致力于阐明的事实是，在波普尔哲学施加的影响下，波普尔已经改变了多个领域中的某些最有才华的人的生活与工作。

这本书的意外成功让我个人领悟到了一个重要的教训：它让我清晰地认识到这样一个事实，即倘若你撰写的是某种你特别热衷的主题，那么，相较于你撰写某种在你的期待中或许更为流行但你并非同样热衷的主题，你撰写前一种主题更有可能广泛获得人们的好评。我在六年前口述《二十分之一》和《电台采访者》时，我期待这两本书能给我带来丰厚的收入。这并不是我撰写这两本书的动机，但我期待它们或许带来这样的收入，而这仅仅是因为这两本书的主题是同性恋和电视。但事实上，《电台采访者》所带来的收入从来没有超过出版社预付给我的稿费；因此，在我口述这本书的第一个词的时候，我就得到了我用这本书赢得的所有收入。尽管《二十分之一》的销量要好一些，但《波普尔》的销量也远远超过了《二十分之一》

的销量。然而，我在撰写《波普尔》这本书的时候，我预计的情况是，这本书几乎不可能引起广泛的关注：撰写这本书是我心甘情愿从事的工作，在我看来，由于波普尔思想的内在价值，这就值得让我来为少数读者完成这项工作。这也让我意识到，即便对于一个觊觎高销量与丰厚经济回报的作者来说，倘若他的写作是出于内心的冲动与坚定的信仰，而不是刻意创作他认为有可能获得成功的主题，那么他就更有可能实现他追求的那些目标。

在我着手写作《波普尔》这本书的时候，波普尔仅仅出版了他的四本著作：《科学发现的逻辑》《开放社会及其敌人》《历史主义的贫困》和《猜想与反驳》。当我的这本书准备出版时，波普尔才出版了他的第五部著作：《客观知识：一个进化论的研究》(*Objective Knowledge: An Evolutionary Approach*)。由于波普尔极其不情愿将他的作品交给出版社发表——波普尔的这种不情愿的态度，部分是由于他的完美主义，但他的完美主义已经接近于神经质的程度——波普尔后来在他论著中发表的许多材料，先前已经以某种论文的形式发表过，而波普尔让我自由地获取这些材料，因此我就能在自己撰写这本书的过程中考虑到这些素材。可以认为，这让我能够认识到波普尔的未来发展方向。尽管如此，在我关于波普尔的那本书出版时，与波普尔的关系并不亲密的人，只能读到我刚刚提到的波普尔的这五部论著。甚至在1983年之前，它们也只不过是波普尔创作的一半作品。然而，当我开始特地与人们讨论这些作品时，我根据人们随后对我的那本书做出的某些反应来看，人们在很大程度上只是对这些作品一知半解，而没有对这些作品形成深刻的理解与认识，特别是职业哲学家，他们对波普尔的这些作品的理解也并不深刻。许多人声称自己读过《科学发现的逻辑》，但他们向我表述的意见，实际上表明他们基本误解了这本书关于可证伪性的诸多建议，而他们似乎没有意识到的是，波普尔已经预见到了这些误解，并且已经在《科学发现的逻辑》这本书中纠正了这些误解。其他人则会提出一些异议，但他们显然不知道，波普尔已经在这本书中考虑到了这些异议，并对它们做出了解答，因此这些人现在所需要的，恰恰是反对波普尔的这些解答的论证：当然，在没有提出这种论证的情况下，他们或许就需要提出新的异议。那些声称自己已经读过《开放社会及其敌人》的人通常似乎都没有认识到这本书的核心论点，他们看起来只知道这本书对柏拉图、黑格尔和马克思的批评：他们似乎经常会认为，这本书就是对这些哲学家的批判。当然，对于波普尔关于这些哲学家的论述，他们已经准备好了相关的反对理由。

长期以来，让波普尔声名狼藉的是，当人们对他的作品发表批评意见时，波普尔总是带着一种缺乏耐心的愤怒来做出回应；但我根据自己的经验发现，绝大多数反复出现的针对波普尔的批评意见的智识水平如此低劣，以至于不值得对之进行认真的讨论，在这个时候，我有点同情波普尔的愤怒情绪。同行的职业哲学家固执地将波普尔并不信奉的观点归于波普尔自身，虽然波普尔在自己已经发表的作品中对他们的批评意见做出了回应，但他们并没有考虑这样的回应，既然如此，人们又怎能指望波普尔回应这些批评意见呢？波普尔只能得出这样的结论，即这些人不仅没有足够认真地对待他的作品，而且也没有恰当地阅读他的作品，因而波普尔拒绝在这些人提出的"批评意见"上浪费他的时间。我相信实际发生的情况是这样的：波普尔就像绝大多数的大哲学家那样，他们的哲学基础具有高度的科学性。但是，波普尔在英语世界的绝大多数同时代哲学家对科学是无知的，因此他们没有能力在同等水平下与波普尔进行论战。尽管如此，他们在与波普尔论战时几乎并未感受到任何不妥。波普尔对逻辑实证主义和日常语言分析先后分别造成的智识时尚的敌意，意味着他坚持让自己成为那种不合时宜的哲学家，因此他新出版的作品就不是其他哲学家觉得有必要阅读的东西。无论如何，波普尔撰写的并不是同时代的哲学家所撰写的那类主题，进而，波普尔显得并不关注那些哲学家的研究工作；由于知道当前哲学实际发展动态的哲学家都不可能采纳像波普尔这样的行动方式，人们就确信波普尔已经与当代哲学断绝了联系，他不再处于哲学主流之中，因而不再有必要去关注波普尔当前出版的作品。最后，波普尔公开拒斥这些哲学家的整个哲学研究进路，而这些职业哲学家只会将波普尔的这种做法归咎于他的傲慢态度，并让他们也不理睬波普尔的哲学；实际上，这些职业哲学家不想理睬的恰恰是波普尔的这种态度，倘若波普尔不持有这种傲慢的态度，这些职业哲学家在经过思考后也会承认，在波普尔的哲学中存在着某些有价值的东西。因此，这些职业哲学家在整体上共同形成了一种对待波普尔的态度。在他们看来，波普尔在很久以前对哲学做过某些重要的贡献，但是，这个学科的历史发展如今已经把波普尔甩在了后面。这让他们既能承认波普尔是一个重要的人物，又能不去关注他的作品。由于波普尔的贡献属于这门学科的历史，它们已经成为每个职业哲学家的背景知识的自然组成部分，每个职业哲学家通过潜移默化，而不是通过正式阅读波普尔的论著才对波普尔有一些了解：每个职业哲学家都知道，波普尔代表了某些立场——可证伪性、反归纳主义、嚣张地摒弃柏拉图等人——每个职业哲学家都知道为什么波普尔对这些立场的表述是错误的。当然，人们可以充满信心地断定每个人都知道的东西，因为这是众所周知的。经常让我感到震惊的是，那些显然没有读过波普尔作品的人，竟然能够如此确信地对波普尔的作品做出论断，这种确信所依据的是这样一个通常而言是正确的假设，即在他们的同事中，没有一个人会质疑他们所讲述的这些论断。当他们对于波普尔这个人的态度被牢固确立之后，这种态度就变得难以被改变，因为持有这种态度的人会为了自己的既得利益来维持这种态度。不断的重复让这些论断变得如此熟悉，它们获得的认同让持有者容易将这些论断等同于事实真相。只有在经过了相对漫长的一段时间（通常是数代人的时间）之后，在知识风尚发生了改变的时候，这群人对波普尔的评价才有可能发生改变。

我预期的情况是，在20世纪的这一小撮哲学家都去世之后，波普尔的作品仍然会具有自己的生命力。不同于绝大多数的思考者，波普尔选择了一个自己想要讨论的主题之后，不会满足于仅仅做出某些希望能让大家感到有趣的评论。波普尔总是致力于提出一个问题，而不是抛出一个话题，这是一个让他感到困惑的问题，一个被他察觉到重要性的问题。波普尔分析这个问题的方式拓展了他的读者对于这个问题的看法，接下来波普尔就会考虑其他思考这个问题的人所建议的可能解决方案。在绝大多数的情况下，他会批评这些解决方案，而在批评的过程中，波普尔会评价这些解决方案的得失，并从这些解决方案中获得诸多启发，然后他才会提出他自己的解决方案。波普尔运用这样的方法，这意味着他的作品针对的始终是观点，它们富含各种论证与范围广泛的参考资料，其思想发展超越了（或试图超越）这个领域中其他人已经完成的绝大多数有趣的工作。波普尔对这些问题的看法通常是宽厚的，他所引用的参考资料包含了广博的知识。波普尔从不发表他关于任何问题的研究工作，除非他相信自己的研究工作确实推进了相关的讨论，因此，波普尔发表的所有作品都包含了其论述问题的新思想；而这些新思想触及哲学的许多基本问题。但除了这些新思想之外，波普尔相信，一位严肃的哲学家所承担的社会职责不仅要求他亲自提出他这个时代的重要问题，即他的同时代人所经历的问题，而且还要求他确保，无论他取得了什么成就，他都应当让人们尽可能顺利地理解他的成就，他都应当尽可能清晰地写作。由此导致的结果是，波普尔将他自己研究的问题范围从概率理论拓展到了现代战争，其中还包括了民主制、社会主义、语言、音乐、社会学、历史学、身心问题、生命的起源、达尔文的进化论、量子理论、爱因斯坦的相对论、科学方法论、知识理论、数学、逻辑学与许多其他的主题，波普尔甚至还评价了大量个人的论著。对于所有这些问题，波普尔都有新鲜的、有趣的、有时则具有深刻原创性的东西要说。倘若我必须选择一个词来描述波普尔的论著，那就是"丰富"。他的作品在主题、思想、论证、建议、参考资料与学术资源上都是丰富的。它们是用清晰而又有力的英语写作的，这种书写风格让读者乐于阅读这些作品。

然而，当我写下这些文字的时候，时间已经到了20世纪90年代中期，对于英语世界的绝大多数职业哲学家来说，他们仍然不了解波普尔的绝大多数作品，如今这些职业哲学家甚至都不佯装读过这些作品。在他们的头脑中，波普尔仍然仅仅被关联于他早期论著中的某些思想（波普尔甚至没有被关联于他早期论著中的所有思想）。令人感到诧异的是，这些职业哲学家倾向于用这样的论断来为他们不阅读波普尔晚期作品的做法进行辩护，即波普尔只不过是在不断重复相同的东西，他并没有新的东西要说——人们总是易于相信，他们自己知道的就是全部的真相。这些职业哲学家对于波普尔晚期作品所做的这个论断，就是一个极好的例证。

由此导致的一个最严重后果并不是波普尔没有获得他应得的地位和荣誉，而是职业哲学家在智识思想上遭受了损失。职业哲学家没有将这位近来最伟大的哲学家的研究工作作为他们自己的研究工作的基础，因而没有实现他们可能实现的进步。职业哲学家如今没有任何约束地发表有关身心问题或维特根斯坦这类特定主题的作品，却不知道波普尔对这些主题曾经说过什么；因此职业哲学家经常不可避免地会发生这样的情况，即他们或者重复了在波普尔已发表作品中的某些基本观点，或者提出了已经遭到波普尔有效批评的诸多立场，而他们并没有认真考虑过波普尔的这些批评意见，或者在讨论一个主题时并没有参考在波普尔作品中出现的相关思想，而事实上它们是近来最为精彩的思想。其他职业哲学家对波普尔作品的批评与发展，几乎都配不上这些作品本身的价值。在我撰写《波普尔》之后发行的第一部获得公认的研究波普尔的重要出版物，是两卷本汇编而成的厚重论文集《卡尔·波普尔的哲学》(*The Philosophy of Karl Popper*)，它被收录到了《在世哲学家文库》(*Library of Living Philosophers*)的系列丛书之中，并在我那本书出版后的第二年问世。《卡尔·波普尔的哲学》包括了三十三篇批评波普尔研究工作的文章，波普尔在那里对这些批评意见都做出了回应，但这些已经是二十多年前的思想观点了。必须得说，在这些批评意见中，许多批评意见并不是特别犀利。

《卡尔·波普尔的哲学》还包括了一部波普尔的思想自传，它的篇幅已经达到了一本书的长度，在两年之后，这部思想自传被冠以《无尽的探索》之名，作为一本书独自出版。这部思想自传包含了与波普尔的思想发展有关的诸多引人入胜的素材。令人感到惊讶的是，在这本书的核心内容中有波普尔对音乐做出的某些评论，但结果证明，波普尔的这些音乐评论在他自己的思想发展过程中发挥了重要的作用，而很少有人会料想到这一点。波普尔认为，一般而言，包括音乐在内的艺术主要并不是一种表现活动，而是一种解决问题的活动。波普尔在研究音乐历史发展的过程中想到，要将这种解决问题的构想与哲学联系起来，而这就成为他哲学的一个基石。

波普尔接下来出版的一部重要作品是探究身心问题的《自我及其大脑》(The Self and Its Brain)，它是由波普尔与诺贝尔奖得主、神经生理学家约翰·埃克尔斯合作撰写而成的。波普尔在这本书中回顾了唯物论者与二元论者关于人类个体概念的冲突史，并为二元论进行辩护。在此之后，波普尔又出版了三本书，它们是以《科学发现的逻辑》为基础而进一步做出的思想发展。这三本书出版的次序也就是波普尔期待读者阅读这些作品的次序，它们是《实在论与科学的目标》《开放的宇宙：赞成非决定论的论证》与《量子理论与物理学的分裂》。《实在论与科学的目标》的主要文本在波普尔的作品中是最缺乏新意的，只有这本书才可以让人们谴责波普尔进行了没有任何真正重要意义的自我重复。这本书的部分内容给读者留下的感觉似乎是，某个没有被人们恰当理解的作者在重复他自己的观点，他期望通过这种方式让他的文本所传递的信息被人们理解。这本书的其余部分所详加阐释的是一个读过波普尔早期作品的聪明读者就可以预料到的思想，这个读者完全可以预料到波普尔接下来继续讲述的是什么内容。波普尔最佳论著的显著特征是令人震惊的意外与发现，崭新而又惊人的原创性思想，而这本书显然只部分表现出了这样的特征。尽管如此，相较于大多数人的标准，这本书的许多内容仍然展示出了这样的特征。这本书所表述的思想不仅具有极大的重要性，而且这本书表述思想的方式颇为精巧。它肯定是值得一读的作品。

波普尔出版的下一本书的书名是《开放的宇宙：赞成非决定论的论证》，就像波普尔的许多书名一样，这个书名不仅指出了这本书的内容，而且还指出了这本书的研究纲领。多年以前，波普尔在一篇发表于《英国科学哲学杂志》(British Journal for the Philosophy of Science)的论文《在量子物理学与古典物理学中的非决定论》中就已经提出了这样的观点，即人们对未来发现的预测，不可能通过科学的方式来获得辩护。波普尔接下来就把这个论点应用于社会科学，他据此表明，以科学的方式对未来做出预测的社会学是不可能存在的。因此，在波普尔的绝大多数读者的心目中，这个论点总是被关联于《开放社会及其敌人》这部作品。但波普尔仍然想在他首次表述的自然科学的语境下来详细而又充分地阐明这个论点，于是他做出的这些阐释就成为《开放的宇宙》这本书的部分内容。因此，这个书名不仅表明了它的研究纲领,而且还强调了这样一个事实,即在某种意义上,这本书可以与《开放社会及其敌人》相提并论。

《量子理论与物理学的分裂》这个书名指的是在20世纪物理学家中的诸多巨人关于量子理论的"意义"所展开的一场斗争。其中的一个阵营包括了爱因斯坦、德布罗意和薛定谔,另一个阵营则包括了海森堡、尼尔斯·玻尔和马克斯·玻恩。随后几代物理学家普遍将胜利判给了后面这个阵营的物理学家,但波普尔相信这是一个错误。他说,这种做法为了接受一种对于量子理论的解释,就将这个世界变得不可理解,而实际上完全没有必要这么做。

在关于量子理论的众多问题中有这样一个问题,即量子理论虽然形成了诸多前所未有的精确结果,但它也包含了许多自相矛盾的东西。某些科学家对此的实际反应是:"量子理论是有效的,但它不可能是正确的。"其他的某些似乎更激进的科学家则认为:"量子理论是有效的,而这个事实表明,它必定是正确的,因此根据我们迄今都接受的融贯性标准,实在是自相矛盾的。正是在这种我们做梦也想不到的意义上,实在是古怪离奇的。因此,我们过去关于融贯性的标准已经无法适用于实在,这种融贯性的标准已经让我们误入歧途。"还有一些人则采纳了某种致力于弥合分歧的立场,如希拉里·普特南就主张:"我认为,我们并不想要完全放弃我们关于可理解性的标准。我们要说:'量子力学是有效的,而这个事实意味着它含有某种基本上正确的东西。'至于可理解性,我们宁可说,我们关于可理解性的标准或许有某些部分是错误的,我们不得不改变我们的直觉。尽管如此,在这个理论中存在着诸多真正的悖论,我认为重要的是为这些悖论找出令人满意的解决方案。"*在《量子理论与物理学的分裂》中,波普尔提供了一种解释,他相信,这种解释能够让我们充分理解量子理论获得的成功,却又不会迫使我们放弃常识的实在观。

对于这个主题,我觉得自己并不是特别有自信来为我独立提出的意见进行辩护,但我必须要说,我不像波普尔那样尊重常识与喜爱常识——事实上,我确信,常识的实在观不可能是正确的——因此,量子理论不相容于我们的常识世界观,这虽然对波普尔来说是一个问题,但对我来说不是什么问题。与波普尔相反,我确信的是,实在就像任何永远无法为人所知的东西那样,它必定比我们所能形成的任何设想都更为古怪。因此,倘若将来得出的结论是,波普尔的这本书并没有成功地贯彻它的研究纲领,我也不会感到惊讶。不过,在这个问题获得解决之前,这本书仍

---

* *Men of Ideas*, pp. 230-231.

然是对这个问题的一个清晰介绍,它包含了一个有挑战性的任务,即试图调和两个或许彼此不可调和的思想体系。这本书之所以会成为任何对波普尔感兴趣的人的重要读物,是因为它包含了一个形而上学的结论。这个结论在波普尔的作品中是独一无二的,波普尔在他自己处于创造力巅峰的时候试图在这个结论中表达他最终的形而上信念。我并不试图在这里概括他的这些信念,而仅仅想表明他的这些信念所指出的方向。

波普尔首先是一个实在论者。他相信,实在并不是精神,他的宇宙以独立于人类的方式存在,这个宇宙将我们、我们的心灵与我们的知识都包括在内。波普尔相信,人类知识的增长是一个无尽的过程,它将拓展我们对这个独立实在的理解,我们会发现自己就处于这个实在之中,而人类知识所采纳的就是先前已经描述过的形式:我们构想假说,然后检验假说,我们将持续使用那些最好地承受了检验的假说,直到这些假说不再能够承受检验为止,换句话说,直到我们能够用更好的假说来取代现有的假说为止。根据这种观点,我们的知识完全是由我们的理论构成的,而我们的理论是我们心灵的产物。(这个世界并不是我们心灵的产物,我们的知识才是我们心灵的产物。)在20世纪物理学的两大革命(相对论与量子物理学)之后,我们知道,不像许多人先前所相信的那样,这个宇宙最终不可能是由物质构成的,因为基本粒子是由能量构成的。我们同样拥有极其有力的根据来支持我们相信,这个宇宙并不是按照决定论的方式运作的。波普尔将我们所理解的科学的这两个含义都吸收到了这样一种观点之中,这种观点主张,最终的解释需要呈现出概率的特征,我们的概率理论的基本要素最为恰当地"相关于"诸多倾向。《倾向的世界》(*A World of Propensities*)就是波普尔晚期出版的一部作品的书名。波普尔在《量子理论与物理学的分裂》的某个地方就曾经说过,可以暂时采纳亚里士多德的方式来谈论这些事物:"存在既是一种先前已经实现了的倾向,又是一种正在生成的倾向。"* 在这本书的这部分内容中,波普尔将他有关事物存在方式的观点推到了可理解的范围之外。不过,根据波普尔的知识增长观,他几乎肯定会认为,相较于我们如今对他的这个学说的理解,在未来的某个时刻,某个人或许能对他的这个学说形成更好的理解。

---

* *Quantum Theory and the Schism in Physics*, p. 205.

第 19 章
哲学的局限性

当我完成了那部介绍波普尔的论著时,电视系列节目《有话要说》也结束了,而我觉得自己此时进入了某条死胡同。《面对死亡》这部小说的书写工作,至少缓解了我在中年危机中经历的一种最糟糕的状态,并让我尽可能透彻地理解了人类的境遇。但我仍然对生存感到困惑,仍然不知道如何进一步获得对生存的洞识。我不清楚自己将前往什么方向或将去做什么事情。我发现,这个令人沮丧的处境本身已经达到了几乎无法忍受的程度。

我现在已经四十多岁,我认为这个事实助长了我产生这样的感受。而实际情况是,我从40岁到50岁这段时间,恰恰是我人生中最幸福、最多产的十年时光,但我在刚进入40岁的时候并不知道这一点。我在那时首先看到的是,我不再是一个年轻人,这个年龄让我直接面对中年,随后还将面对老年,我期盼、渴望与寻求的是理解人生,而我在那个时候并未达成任何与此相关的预期目标。我表面上似乎过得还不错:我已经出版了一些获得良好评价的书籍,我愉快地通过主持电台节目与电视节目来为自己赚取生活费用。但潜藏于这种表象背后的是我的那种无法让自己满意的空洞感受。我不知道我要到哪里去。我肯定不想成为一个节目主持人,尽管人们提供给我的经济报酬会诱使我从事这项工作。当我大致回顾了我自己的处境之后,我似乎在所有的道路上都抵达了尽头。

《面对死亡》这部小说仍然没有获得出版,它大概曾被十五个出版商拒绝过,虽然每个出版商都花费了几个月的时间来阅读这部书稿,但它们最终都拒绝了我的出版请求。不过我并没有为此而感到困扰:我知道这本书的基调是真诚的,而我虽然没有合理的根据,但坚定地相信这本书迟早会找到合适的出版商。无论如何,我并不是为了出版才撰写这本书,我撰写这本书是因为我感到自己有一种冲动要去创造这样的作品;而根据这本书具备的品质,它已经满足了各种出版的要求。我原本以为,我会想要继续撰写另一部小说,但在那段时间里创造冲动并没有真正在我身上降临:我完成了这部新小说的起始部分,但结果证明,我根本就不应该这么做。

在哲学中，我似乎也四处碰壁。康德为我提供了一种对于认知局限性的本质的理解，而这种理解如今已经成为我的思想整体的一个组成部分。康德在许多问题上都犯了错误，某些错误造成了大规模的缺陷，但在我看来，康德对于经验基本问题的分析的某种修正版本必定是有根据的；康德所建议的许多解决方案都没有让我信服，这个事实意味着，康德提出的诸多问题仍然摆在我的面前——倘若康德的诸多构想归根结底是错误的，那么我就需要弄明白它们为什么是错误的。我在上文提过，我偶然发现托尔斯泰说过这样一句话："哲学的真正使命是回答康德的问题。"我认为这是非常正确的。我在阅读中仍然没有找到任何哲学家能够以令人满意的方式处理康德的问题，我也不会突然幻想自己拥有这样的能力来形成可行的解答。自康德以来的一些哲学家对哲学做出了许多有价值的贡献，但他们的工作局限于康德所描述的感觉界限之内；就我所知，他们之中没有人反对这些边界。在我看来，在可知事物与不可知事物之间的边界（在某种限定条件下）仍然位于康德划定界限的地方——这条边界将始终保持不变，直到下一位其才华可与康德比拟的哲学家出现为止。倘若让我做出选择，我就会选择研究可认知领域中的哲学问题，而且无疑我会做一些有趣的研究工作，但即便在那段时期结束之时，我也没有对这个最重要的问题做出任何贡献，我甚至没有致力于研究这个最重要的问题。

我找不到任何在世哲学家有可能去从事这项工作。我试图劝说波普尔专注于这个问题，但他并没有在我的诱使下去研究这个问题。实际上，我根本不需要说服波普尔相信康德的基本问题的核心地位，因为他自己就相信这一点，但让波普尔感到茫然的是，他不知道如何去回答这些问题；他总是严格地遵守这样一条规则，即对于一个问题，除非他确实有东西要讲述，而且确实知道些什么，否则他就不会去撰写与这个问题有关的文字。波普尔必然会意识到，在他可能做出贡献与提出解决方案的问题之外，还存在着其他的问题，但对他来说，更有价值的工作是处理那些他有希望获得某种成就的问题。我个人认为，在我自己周围没有什么人的才华可以与波普尔相媲美；无论如何，在我所了解或听说过的其他地方最有能力的哲学家中，也没有任何人像波普尔那样对各种问题保持如此开放的态度。

我对自己在其中获得培训的哲学传统进行了重新评价，这些重新评价如今被改编成了《现代英国哲学家》这本书而得以发表，这些重新评价再次确证了我的这个信念，即这个哲学传统已经破产。美国哲学比英国哲学内容更为充实，更加丰富，更加多样化，但美国最优秀的哲学家似乎也受限于一种分析的研究进路，我认识到，美国哲学家亲自提出的那些问题不可能仅仅凭借分析的手段来解决。而我了解的那种欧陆哲学似乎是多愁善感的与自我放纵的——实际上，它肯定需要一点分析哲学的自我约束。显然，欧陆哲学根据有限的理解而对人类处境所做的狂想就需要这样的约束，更不用说欧陆哲学在当代的政治活动、巴黎当前的艺术现状与分析心理学派等领域发明的诸多可笑流行术语了。许多欧陆哲学仅仅是围绕着马克思与弗洛伊德的漫谈。仍然在世的最著名的欧陆哲学家是让-保罗·萨特，他的作品在我看来确实是机智的与有吸引力的，但这些作品在本质上具有一种报刊特有的风格，而萨特的许多潜在假设是令人厌恶的。

我倾向于认为，我们需要的或许是这样一位哲学家，他运用经验传统和分析传统的规范来专注于康德的问题，但又没有局限于这些传统。我乐于看到的是，这位哲学家将艺术放到接近他思想中心的地方：在我看来，艺术在生活中的重要性仅次于人本身，我感到困惑的是，哲学家对艺术的关注为什么如此有限？这个问题也适用于性欲：既然性欲显然是让每个人降临到这个世界上的手段，我就无法理解，哲学家对性欲的考虑为什么会如此有限——当然，我的意思是，为什么几乎看不到有关性欲的形而上学。性欲的形而上的至高权威就摆在哲学家的面前，然而哲学家几乎没有对性欲讲述过任何东西。尽管哲学家拥有智慧的力量，但他们甚至没有思考过性欲，而且当哲学家面对任何建议他们反思性欲的人时，他们还会为此感到不知所措。对于在那时发表作品的分析哲学家来说，任何这样的想法都是遥不可及的。康德自己也没有对性欲讲述过什么——而在康德对于艺术所阐述的诸多观点中，唯一对我真正有帮助的重要思想是，当我们将某个对象视为优美的东西时，美并不是这个对象的特性，而是我们对这个对象的理解方式的特性。

所有这一切的工作都要由一位拓展了康德边界的哲学家去完成。倘若我能够用更加具有创造性的方式来阐述这些思想，我自己就会成为这样的一位哲学家，但我知道自己无法成为这样的哲学家。不过，我能够看到（哲学的）诸多重要而又新颖的问题，我希望能有某位哲学家去面对这些问题，并且修正康德在解释由本体引起的现象时所呈现的那些声名狼藉的自相矛盾。我觉得自己就像在休谟与康德之间出现的某个这样的人，他感到休谟哲学提出的挑战是令人信服的，但他自己又没有能力提出类似康德那样的解决方案。可以说，我正在等待着下一位康德，下一位足够伟大的哲学家，这位哲学家能够改变这些问题的状况并将整个学科置于一个不同的基础之上。我一点也不相信，伟大的哲学会像许多人所说的那样已经走向终结，恰如我同样不相信，伟大的音乐会像某些人所说的那样已经走向终结。在哲学中有如此众多的基本问题虽然被表述出来但没有获得解决，严肃的哲学不可能宣告终结。

不过，在亚里士多德与康德之间就流逝了两千年的时间；因此可以推测，在下一位与他们的实力相当的哲学人物出现之前，或许还要再等两千年时间。与此同时，我仍然按照常规的方式生活，我需要活在当下。我开始认为，我在实践中或许被迫要按照哲学似乎已经走向终结的方式来生活，而这仅仅是因为，对我自己来说，哲学似乎已经终结了。我或许到那时才发现，无论我多么努力地试图以哲学的方式来进行思考，无论我阅读了多少哲学，我的那种令人沮丧的困惑状态仍然会持续存在。毋庸置疑，我能够从二流的大师那里继续学到无数思想——我对哲学这门学科拥有足够的兴趣，以至于无论如何我都可以继续学到各种思想——但我已经读过了所有真正伟大的哲学家的论著（至少我是这么认为的），而我不再期待，我的世界观有可能被其他任何哲学家改变。

在这种情况下，我不可避免地开始在哲学之外寻找一条理解事物存在方式的可能道路。相较于哲学，音乐与戏剧在我的人生中总是占据着更为重要的地位，因此，我自然首先就会求助于音乐与戏剧，特别是因为我从它们那里获得了许多经验，这些经验都暗示着某种在经验世界之外的东西，某种规定时间而又不受时间影响的东西。这并不是一种"仿佛"是经验的东西，它们就是一种经验。这些经验意味着，存在着其他的某种东西，某种与这个世界相关的永恒而又普遍的事物。尽管音乐与戏剧不得不——只能——存在于这个世界之中，但一部伟大作品的精彩演出所揭示的是永恒的本质（*sub specie aeternitatis*）。有一次，我曾经全神贯注于这样一场演出，我完全出离于我自身之外并迷失于这部作品之中。这部作品和我在那时都独立于时间和空间：但这部作品的具体实例呈现于此时、此处与仅此一次的演出之中，一方面是超越于时间和空间的事物，另一方面则是存在于时间和空间之中的、特定的、具体的和明确的独一无二的事物，这部作品就在这两种事物之间的关系中表现自身。不知何故，与这种状态一起出现的是我的这样一种感受，即所谓的存在就类似于这样的方式；这是一切事物的本质。这是我直接认识到的，不会弄错的那类知识，就像我通过品尝获取的知识一样。当我产生这样的经验时，这些经验几乎总是来自艺术，但也并非始终如此。我在童年时代曾经观望过牧场上的某些马匹，我有一次看到它们静静地待在牧场之中，另一次则看到它们在奔跑，而这是同一批马在不同时间和空间里的不同表现。我偶尔也会在自然环境中拥有类似的经验，但最伟大的艺术作品（如莎士比亚、瓦格纳或莫扎特创作的艺术作品）则表现了我生命的一种永恒的维度。

于是我想要知道，我能否通过艺术来继续探索与扩大可知事物的界限，拓展我对这个世界的理解，并窥探某些或许在这个世界之外的东西。但问题在于，我先前就已经这么做过。我从少年时代起就沉浸于音乐和戏剧之中。在绝大多数的日子里，我的整个上午和下午都会进行不间断的工作，而到了晚上则会去观赏戏剧、音乐会或歌剧。在正常的情况下，我每周大概都会去观赏五次演出，有时则会观赏更多的演出；我在一周中观赏的演出通常都不会少于四次。这些演出就像我每日食用的面包一样，它们为我提供滋养，我几乎相信，没有这些演出，我就无法生活下去。我最钟爱的与朋友打交道的方式是，和他们一起去观赏戏剧或音乐会，在散场后与他们共进晚餐，就先前数小时的演出交换意见、喝酒、谈话、做爱。我无法想象还有其他的生活方式可以比得上这种生活方式，我也无法设想自己会用这种生活方式来换取其他任何事物——举例来说，我无法设想自己会接受这样的工作，它们需要我生活在伦敦的郊区，或者要求我按照正常的作息时间起床，因而我上床睡觉的时间会让我自己无法享受夜生活。无论这种职业可能给我带来什么结果，它们会让我付出巨大的代价，而这就意味着因小失大；在我看来，任何认为我拒绝这么做是态度轻率的人，他们本身恰恰是用轻率的态度来对我做出判断。但由于我多年以来如此充满激情地沉浸于这种生活方式之中，以至于我对音乐和戏剧的着迷程度，已经达到了我所能承受的最大极限。我不相信，有任何人能比我更热爱音乐和戏剧，我在自己能力许可的范围内，最大程度地从音乐和戏剧之中获得了许多启发。因此我看不出来，音乐和戏剧能比先前给我带来更多重要的帮助。

当然，除了前去欣赏现场演出之外，我也可以投入到对戏剧和音乐的研究之中，我可以让这种研究在我的人生中占据与哲学研究相同的地位。但就这种研究的本质而言，它并不是一种艺术活动或审美活动，而是一种概念活动与智识活动。无疑，对于我体验到的那些艺术作品，这种研究能够为我增添相关的有趣知识，但我不认为它能够对这种经验本身做出贡献，因为对艺术的整个本质来说，至关重要的经验并不是有关概念的经验——除非表象的符号也能被视为概念。同样地，许多伟大的文学作品都相关于恋爱的经验，但人们不可能弄明白，阅读这些书籍会以怎样的方式来加深坠入爱河之中的人们的恋爱经验，尽管也有些读者确实奇妙地做到了这一点。倘若人们期待这种关联，那他们就对这种审美经验（实际上是对审美经验和恋爱经验两者）的整个本质都做出了错误的理解。阅读伟大的文学作品本身是一种具有极高价值的经验，人们从中可以获得许多启发，但由此并不能加深一个人对他所爱之人的爱情。众所周知，在由文学滋养的爱情中包含了某些不真实的东西。人们很容易就能看到，某些正在经历爱情的人，或许想要阅读描述其他同样经历过爱情的人的经验，或许特别容易对他正在阅读的这些与爱情有关的内容产生回应，但他真正从阅读中获取的经验是一种文学的经验，或许还包括某些认知的经验，但很少是恋爱的经验。这个关键的类比对于所有的艺术都适用：对于真正的艺术作品的创造与回应，并不是概念化的智识活动，智识理解的增长，并不会在重要的意义上有助于人们对真正的艺术作品的创造与回应。

或许我在这里所做的论断过于绝对——我应当论证的或许并不是智识理解没有增进艺术经验，而是无论智识理解增进了什么艺术经验，这些艺术经验都是次要的。不过，至少我自己就确信这样的论断。无论如何，由于我对音乐的热爱，我已经阅读了相当多与音乐有关的书籍。我写过一本论述瓦格纳的书，而这项工作需要我专注于相关的文献。因此至少就我个人而言，通过阅读相关的文献，即便我从这种研究中得到的收获不算最多，那也为数不少；对于不同艺术的诸多研究之间本来就存在着相似性，而我正是以此为根据，得出了这样的结论：就这种研究所发挥的作用而言，它们不可能延续哲学研究的智识工作，更不可能成为哲学研究的取代者，无论这种研究在其他方面可能拥有多大的价值与魅力。

在我能够想到的范围内，只剩下一个方向还可以让我来继续审视，那就是宗教。我对待宗教信仰的整个态度先前显得有点漠不关心与缺乏同情。我不关心宗教的主要原因是，我从来也没有看到任何理由来让我严肃认真地对待宗教的诸多主张：这些主张本身并不值得我关注，对于我自己遇到的问题来说，我无法将任何宗教的主张视为可能的解决方案。不过，或许我应当重新审视这些宗教的主张。我缺乏对宗教的同情态度，这是由于在我看来，宗教信仰始终是一种逃避。宗教信仰并不直面未知的事物，不会努力去克服未知事物所引发的恐惧，也不会努力让我们接受我们的无知所造成的种种令人恐惧的后果，更不会让我们用某种诚实的生活态度来面对我们的无知处境，宗教信仰认为我们并不在这样的处境之中——它声称，我们对所有这一切其实并不是无知的，对于这些处境，我们不仅可以拥有某种类似于知识的真理，而且还能进而认识到，我们可以从这种真理中获得某些慰藉。宗教信仰的这些主张都无视了我的生活试图恪守的最基本价值：我下定决心要竭尽所能地在形而上的层面上弄明白这种真理是什么，这种真理与什么东西相关；我自己应当对这种探求及其结果抱持诚实的态度；我坚决拒绝在宗教的诱惑下背离这种诚实的态度，坚决拒绝提供任何用来缓解未知事物所带来的恐惧与沮丧的安慰剂。我将宗教视为一种逃避；我肯定不会认为自己是勇敢的（恰恰相反，我曾经由于形而上的恐惧而走向了心理疾病乃至自杀的边缘），但我认为宗教是怯懦的。陷入宗教信仰的人放弃了对真理的探求。无疑，这让他们在自己的心中感到更加舒适自在，但就我个人而言，宗教信仰让他们关于真理这个主题所讲述的任何话语都变成了多余的东西。

　　因此，这就是我对待宗教信仰的态度。但我知道，总是有一些具备最高才智的人，他们却持有宗教信仰，包括某些最伟大的艺术家、哲学家和科学家。我知道，在这些人中间，有些人从不相信宗教的状态转变为信奉宗教的状态——如圣奥古斯丁，我不仅尊重他，而且还与他颇有共鸣。可以认为，托尔斯泰曾经按照他自己的方式辛勤地探究哲学，但托尔斯泰发现，无法指望哲学能找到终极问题的答案，于是托尔斯泰就在幻灭中背离了哲学并转向了某种宗教。我也知道，维特根斯坦也做过这种类似的事情，尽管在他的情况中，这个转变的过程更为隐蔽、更为模糊与更加不坚定。在后面这两个实例中，托尔斯泰与维特根斯坦仅仅是由于发现了哲学的缺陷，他们才会去考虑宗教。或许在我人生的这一刻，我恰好可以在宗教中发现我先前无法看到的某种东西。无论如何，我认为宗教是值得去探索的事物。

　　当然，我意识到，任何在智识上严肃的宗教研究大概都会花费我数年时间，而我远远不想做出这样的承诺。但我觉得，我至少可以缓慢而又谨慎地去干这件我先前没有干过的事情。这主要是一个态度问题：我首次觉得自己愿意在开放的心境中认真思考宗教的学说。我决定在一段时间内从容不迫地研究基础性的宗教文本，我或许还会研究人们对这些文本所做的某些公认的经典注释，并且与那些相信宗教的人讨论这些文本与注释。按照我先前采纳的策略，在我从事这些研究的同时，我将通过主持节目来保证自己拥有必要的收入。英国独立电视公司的节目表规定，每个周日傍晚都有一段时间要播放宗教节目——这个节目在同行中被称为"上帝时刻"(The God slot)。在这些同行看来，这个节目带来了这样一个危险的问题，即在设计这个节目的过程中，他们应当如何既让节目的严肃性满足英国独立电视公司的要求，又不会导致成千上万的观众转而观看英国广播公司的电视节目，从而避免在夜间节目的剩余时间里流失大批的观众？根据我在自己的心中所构想的"上帝时刻"，我为伦敦周末电视公司设计了一个名为《辩论》(Argument)的系列节目，每期节目都由我与另一个辩手的辩论组成。我与罗马天主教在英国的领袖、红衣主教赫南(Heenan)辩论的是，上帝的存在能否得到证明——在那个时期，天主教的官方意见是能够证明上帝的存在。我与坎特伯雷大主教辩论的是教会与国家的关系。我与伊诺克·鲍威尔争论的是，他的基督教信仰是否会让他相信应当对国内外的财富进行重新分配，因而会让他信奉那种或许会被称为福利政治学的东西，而他本人其实根本就不相信福利政治学。这个节目形式的一个非同寻常之处在于，没有主持人，因此在两个辩手之间不存在其他任何人：可以说，这个节目将那些未经整理加工的论证呈现给了观众。这是相对于《有话要说》这个系列节目的一大进步。我会直接在摄像镜头前花费大约一分钟的时间来进行演讲，介绍这个主题，然后介绍另一个辩手，接下来我就通过提出质疑来开始这场辩论——比如，我会对红衣主教赫南说："我不知道上帝是否存在，进而我也不相信你知道上帝是否存在。"我的任务还包括从论辩的一个立场来提供某些不显眼的主持工作——例如，让这场论辩从容不迫地向前推进，永远不要让它深陷于某一个观点的困境之中；在节目进行的过程中确保辩手提出所有最重要的问题；努力让原本只被少数观众理解的东西都获得充分的解释；总是让我的对手能够花费更多时间来阐发他的观点，以便于永远不会出现我在这方面滥用自己职权的问题。我学会了如何从论辩的一个立场出发来公正有效地主持讨论，事实证明，这是非常宝贵的经验，多年以后，我终于制作了我的那个以哲学为主题的电视系列节目，在这个系列节目中，我有意识地运用了我在《辩论》节目中开始形成的那些技巧。

在这个系列节目中，有一期节目是关于犹太教的，还有一期节目是关于佛教的，但其余的节目都致力于讨论基督教的话题。在回顾这些节目的安排时，这种在基督教与其他宗教之间的不平衡看起来似乎是古怪的，尤其是缺少一期论述伊斯兰教的节目，但这与我耗费在不同宗教上的时间是一致的；事实上，这个系列节目倘若呈现出了一种极其不同于现状的平衡性，那看起来才是古怪的，因为在上帝时刻的节目中探讨除了基督教以外的任何宗教，这种宗教宽容态度已经被人们视为达到了某种冒险的程度。在这些节目中，最好的一期节目是我与红衣主教赫南的论辩。红衣主教赫南用非同寻常的力量，准确而又清晰地提出了他支持上帝存在的主要经典论证，而我提出了反对上帝存在的主要经典论证（我在这场讨论前就已经完成了必要的准备工作）。结果是，这个论辩可以被当作大学生的典范，让他们明白这个持续了千年之久的争论的两个对立立场是如何进行论证的。多年以后，我试图想要获取这一期节目的磁带或文字记录，但让我感到失望的是，有人告诉我，整个系列节目的磁带都被抹掉了信息，而且这些节目也没有留下任何文字记录。倘若得到恰当的编辑，这些资料会成为一本有价值的小册子。伊诺克·鲍威尔非常明智地留下了他自己的文字记录，并将这些文字记录包含在了他的论著《与天使摔跤》（*Wrestling with the Angel*）之中，这本书在1977年出版。除此之外，这个系列节目的内容就消失得无影无踪。

对我来说，尽管我是一个节目主持人，但我工作的主要目的通常并不是为了主持节目，而是将这种主持工作作为一种通向我确定的某个目标的手段，以便于我能够从事我想让自己专注的那项工作，而在目前这种情况下，这项工作就是宗教研究。我所需要的准备阶段的时间总是比观众设想的更长。正常情况下，关于一个广播系列节目的第一次办公室讨论，通常是在这个节目开始播出的数月之前举行的。广播公司需要在相当长的一段时间之前预先对它的节目表做出规划，并需要讨论许多实际的问题——临时调派的职员、预算的资金、商议的合同；甚至在讨论所有这一切之前，就需要确定这个节目的负责人，并在负责人之中就"他们将要制作的是何种类型的节目"这个问题达成共识。甚至对于在技术上并不复杂的电视讨论系列节目来说，也需要设立一个工作室，并让这个工作室的设计、色调搭配、光线和装饰与这个特定的系列节目相适应；因此，负责人就不得不对这组设定进行讨论、构思、形成共识，并建造、试用与改造这个工作室，直到他们觉得满意为止。绝大多数观众从来也没有考虑过这样的事情，而节目制作人也不希望观众去考虑这些问题，但不管怎样都需要在节目播出前完成这些工作，专业人士正确地认为，这些都是重要的工作。无论如何，从事这些工作是要花钱的：对于这个系列节目在每一个方面上花费的金钱，人们都必须经过仔细的考虑与大量的讨论。因此，在任何系列节目首次播出之前，都要花费数周或数月时间来从事相关的工作。由于我制作的这个系列节目的特点，我自己所做的这部分准备工作是不容易被察觉到的，也就是说，我需要预先阅读大量的相关文献资料；这同样耗费时间，而这段时间同样需要广播公司为我提供报酬。因此，像我这样的人就不可能签订这样的合同，让我仅仅在节目播出时才获得报酬；广播公司必须要在一段更长的时间内为我提供报酬。

正是由于这个事实，让我能够在自己人生的绝大多数时间里，实际上成为一个从事自由职业的学者。对于一个类似《辩论》这样的系列节目，我会在几个月的时间里将之作为自己的全职工作，并将其中的绝大多数时间都专门用来在图书馆中学习研究相关的资料。在我接下来制作的以哲学为主题的十五期系列节目中，我总共花费了两年半的时间来为每期节目的内容做准备工作——而且我还花费了额外的六个月时间把这个系列节目的内容都改编成了一本书的内容。在整整六年的时间里，我总共用了四年半的时间来独自进行研究。对于大学的哲学老师来说，他相当不可能去这么做——除非他是一个没有任何教学任务的研究员，而这样的研究员并不多。因此，与常理相悖的是，由于我并不是通常意义上的职业哲学家，我却能比几乎所有的职业哲学家花费更多时间来专注于哲学研究。如下事实进一步增强了我的优势，即我能够比他们更自由地选择我研究的对象。我已经强调指出，倘若你从事哲学的教学工作，你就不得不去了解你所教授的主题的最新发展情况，这在很大程度上是通过教学大纲与考试布置给你的任务。在实践中，你不得不花费你的绝大部分时间来阅读同时代的作者所撰写的那些转瞬即逝的二手文献，对于这些作者，你认识其中的大多数人；因此，无论你读什么，还是你在什么时候去读，这都不是由你来决定的。而我已经能够忽略所有这一切干扰。我的阅读是为了满足我真正的需要——因此是由我自己来决定我想要读什么，是由我根据自己的感觉来决定，我需要在什么时候去阅读，至少我应当有意愿去探索这个主题。

人们从这两种阅读中获得的东西存在着天壤之别，这种差别也体现了人们的不同理解水平。对哲学来说，倘若按照职业哲学家的方式来阅读哲学作品，人们就有可能在错误的时间里遇到某些学说。我们许多人都拥有这样的经验，即我们会试图阅读某个特定的小说家，但我们感到自己无法继续读下去——接下来又会在数年之后回过头来继续阅读这个小说家，并着迷于他的作品。在哲学中也存在着类似的情况，而这极大地取决于你自己所持有的问题是什么，以及在你与这些问题的关系中你已经达到了什么水平。一个在你所处的水平上阐明这些问题的哲学家，将通过对这些问题的论述为你的人生带来光明。倘若你尚未达到那个水平，你就无法充分理解你正在阅读的作品；倘若你已经超越了这个水平，这部作品就对你几乎没有什么用处。倘若一个哲学家正在撰写的并不是你自己持有的问题，他就无法用对这些问题的论述来成功地打动你，你或许会理解他的想法，但不太可能会发现他的魅力。

我的这种以自我为本位的倾向，总是会为我不断与之斗争的那些问题找到新的线索。由于只有少量哲学家论述过与我的这些问题相关的思想，并不奇怪的是，在任何给定的时代中通常都只有一两位这样的哲学家，因此如今也就只有一两位这样的哲学家仍然在世。我不应当不合情理地去期待，还有其他这样的哲学家仍然活在这个世界上。因此，我自己致力于研究的哲学家，自然几乎都是过去的人物。当然，我也确实读过一定数量的新近哲学，但在我看来，"继续与当前的哲学研究保持联系"是毫无意义地浪费时间（而我已经耗费了多年时间来这么做）。出于诸多显而易见的理由，深受哲学研究者欢迎的见解是，无论"现在"指的是什么时候，现在正在从事的哲学研究，都要比过去从事的哲学研究更为优越，甚至必定"领先于"二十年或三十年之前人们所从事的哲学研究，但这恰恰是一种胡说八道。哲学并不是按照技术进步的方式来发展的。在柏拉图与亚里士多德之后的两千年时间里，没有任何哲学家达到这两位哲学家的卓越水平；在康德之后的两百年时间里，没有任何哲学家能比康德更为优秀。这个评述的普遍真实性是如此不言而喻，以至于人们或许会认为，没有任何严肃对待哲学的人会做出一个错误的假定，即今日的哲学必定要比以往的哲学更加先进；但许多人恰恰都接受了这个错误的假定，包括大量专业人士。事实真相是，无论是哪一个人，无论他的年纪有多大，无论他还读过其他什么东西，这个人在（比方说）第一次阅读斯宾诺莎或叔本华的过程中获得的深刻见解，会多于这个人在阅读过去三十年来发表的任何哲学作品的过程中获得的深刻见解。任何不理解这一点的人，都没有从根本上理解哲学的本质。

因此数十年来，我自己都沉浸于人类最伟大的哲学作品之中，而几乎不关注短暂的智识时尚。我为《辩论》这个系列节目所做的工作，对我的哲学研究做出了意想不到的贡献。我对于基督教信仰的研究，迅速使我转向了中世纪哲学，而我先前几乎没有读过圣奥古斯丁之后的任何中世纪哲学家（我指的是中世纪哲学家亲自撰写的文本——但我读过哲学史中对中世纪哲学家做出的常见解释），我出乎意料地发现了中世纪哲学的丰富性、广泛性与"现代性"。中世纪哲学中有许多观念预示了我原本以为在随后的年代才开始发展的思想。我如今才意识到，我过去实际上根本就不认为中世纪的哲学家是哲学家，我只是把他们当作基督教的辩护者与宣传者。然而，大量的中世纪哲学根本就不是论述有关宗教的主题，而是论述有关逻辑、概念分析、心理学、力学与其他各种各样的主题。中世纪哲学在当前被忽视的主要原因是，在中世纪哲学中存在着许多以科学为导向的组成部分，而它们使用的逻辑技术已经被随后的发展所超越；但大量的中世纪哲学包含了一流的思想，从这些思想中才自然地孕育了随后的哲学发展。在中世纪哲学家心中的某些形而上学，或许深刻地关联于这些哲学家的宗教信仰，但根据分析就可以发现，它们并非在逻辑上依赖于这些宗教信仰。例如，公元9世纪时苏格兰的约翰（John the Scot）是一个不可思议的人物，虽然他在时间和空间（他这一辈子生活在爱尔兰）上都被孤立起来，但他是在5世纪的奥古斯丁到11世纪的安瑟尔谟之间欧洲仅有的一位"伟大的"哲学家，他形成了特别深刻的思想，这些思想在千年之后也能给像我这样没有信仰的人带来启发。

在约翰做出的许多贡献中，他给出了两个永远具有重要地位的论点。第一个论点的大意是，任何有感知能力的存在者都不可能在理解的意义上认识到它自己的本质。我相信这是真的，而这个论点对于人类来说极为重要，尽管这个论点仍然没有得到广泛的赏识。在八百年之后，康德才完全令人满意地设计出了对这个论点的证明。第二个论点是第一个论点的直接后果，它主张，甚至上帝也无法认识到他自己的本质。约翰由于说出了这个论点而遭受了大量嘲笑，许多人也因此不再理睬他，但这仅仅意味着他的那些嘲笑者并没有理解他的论点。而我认为，约翰的这个论点也是有效的，这意味着倘若存在上帝，这个论点也适用于上帝。上帝或许拥有无法被我们理解的其他属性，而这个关于上帝的事实，或许并没有我们通过推断自然想到的那种重要的地位或重要的结果。或许有理由认为这个事实已经偏离了要点，或许它已经被其他考虑所淹没，并迷失于其中，以至于这个事实根本就不具备我们假定它拥有的意义；尽管如此，但这个事实必定是真的。约翰是一个拥有惊人才华的人，更不用提他必定还拥有其他的性格品质，而我对他这个人感到好奇。至于约翰的宗教信仰，我仍然是不相信的。在约翰那里的是一种令人振奋的哲学，这种哲学对我来说是新颖的，至于这位哲学家所相信的那些伴随哲学的过时宗教信仰，就我个人而言，我仍然固执地无法对它们产生大量的兴趣。

我的某些读者或许会发现他们自己已经形成了这样的想法，即无数人（包括许多拥有极高智慧和深刻思想的人在内）都坚定地持有宗教信仰，仅凭这个事实本身，就是人们应当严肃认真地在思想上关注宗教信仰的一个理由——当然，人们并不一定要去相信宗教信仰，而是应当去发现宗教信仰的魅力并用尊重的态度来对待宗教信仰。我会赞同这一点，倘若他们能够为他们所提议的尊重态度给出理由。但我迄今都没有遇到这样的理由。那些被称为证据的东西，并不是证据，所有那样的"证据"很久以前就已经丧失了它们的信誉，而其中最重要的证据恰恰就是由诸如康德这样的基督徒亲自摧毁了它们的信誉。然而，这些同情宗教信仰的读者继续以如下的方式来给出支持他们自身立场的理由：在没有证据的情况下就做出论断；大量相互矛盾的主张；藐视历史知识；到处存在的错误翻译；使用语言时暗中摇摆于真正的意义与隐喻的意义之间；整个语言都依赖于诸多不可靠的假定。人类对迷信与魔法的信仰恰恰就像人类对宗教的信仰那样常年存在，而迷信与魔法在人类之中几乎是普遍存在的；为什么会出现这样的情况，这或许是一个有趣的问题，但至少对我来说，在绝大多数的情况下，宗教本身缺乏有趣的内容。

人们广泛信奉宗教，仅仅根据这一点，无法推断出这种信仰值得尊敬，更无法推断出这种信仰是有趣的，不过，人们广泛信奉宗教这个事实，或许也给予了人们思考的养分。在我所研究的宗教中，我发现，在智识上最不值得尊重的宗教是犹太教。我不想冒犯我的任何一位读者，但实际的情况是，当我阅读犹太教的基础文本时，我经常发现自己会这么想："怎么可能会有人相信这一点？"当我向我的犹太朋友提出这样的问题时，他们总是说，任何有头脑的犹太人都不会相信这些东西。

我可以在这里准确地引用其中一位朋友的原话:"在这个国家中,没有一个有头脑的犹太人会相信这种宗教。"他们告诉我,他们真正相信的是,至少需要让某些犹太人继续保持传统的仪式,因为相较于其他的手段,这些仪式能更有效地给予犹太民众一种身份认同,从而激发犹太民众的凝聚力;但是,他们不会指望那些有头脑的民众用完全严肃的智识态度来对待犹太教学说的内容或仪式的含义。

  我发现最有吸引力的宗教是佛教。佛教有许多不同的种类,我对于这些不同种类的佛教的了解相当有限,因此无法对它们做出大量的评述,但在我看来,某些佛教不仅真正富有洞察力,而且具有真正的深刻性。这些佛教并不断言上帝、灵魂或不朽的存在,但它们将常识实在论的主张视为琐屑的与错误的,并据此抛弃了常识实在论。倘若我可以这么表达的话,我无意中发现,佛教是一种赞同不可知论的宗教,它通常都公正地对待人类所面对的诸多基本问题的困难和复杂性(而常识实在论则注定无法做到这一点),却又不试图将教条的解答强加于人。在哲学中经常会发生的情况是,对一个问题的表述,要比对这个问题的任何解答含有更多的深刻见解;在我看来,承认这一点是佛教的一个独有的特点。在这方面,佛教对立于我终生都颇为熟悉的基督教。我拒绝相信基督教的一个最根深蒂固的理由是,基督教给出的解释如此糟糕,以至于无法摸清它意在阐明的那些未解之谜的底细:基督徒提供的是头脑简单的人构想出来的解释,但我们所遇到的是那种几乎无法逾越的无知而又困惑的状态。不过,我对于所有的宗教都会产生这样一些问题(即便对于最有魅力的佛教,我也会以较温和的方式提出这样的问题)。诸多宗教的教徒都告诉过我们一些东西,但我发现自己的想法是:"他们是怎么知道的?或许他们所说的是真实的。我也希望如此。倘若他们所说的是真实的,那就太美好了。但他们有什么理由来支持他们的这些说法?"对于这些问题,我从来没有听到任何有说服力的回答。人们由于许多不同的理由而持有宗教信仰:他们或者是由于深刻地确信宗教信仰的真理,或者是由于宗教信仰为他们的经验提供了广受欢迎的解释,或者是由于宗教信仰让他们拥有了更好的感受,或者是由于宗教信仰给他们带来了慰藉,或者是由于宗教信仰让他们成为一个充满同情心的社会群体的成员,或者是由于他们在没有批判力的年龄就接受了这样的宗教信仰——只有上帝知道还会有多少其他的理由;但根据这样的理由,无法推断出宗教信仰是真实的。尽管我经常对这些教徒施加足够充分的压力来让他们回答这个问题,但在我得到的回答中,没有一个是真正的回答。最终,这个问题都被归结为这样一个理由:人们就是想要去相信某种宗教信仰,但这与真理没有任何关系。我在各种场合下多次说过,无知并不是我们相信我们想要相信的东西的借口：正是由于无知，才让我们想要去相信那些缺乏正当理由的信仰。

我在这段研究宗教的时间里取得的两个主要的正面收获是：其一，我通过学习找到了我通向中世纪哲学的道路；其二，我充分发现了佛教，而且在我看来，佛教在世界三大宗教中最令人印象深刻，比基督教还要更令人印象深刻，通过与佛教的比较，基督教就显得是粗陋的。而我从中获得的一个重要的反面教训是，我在自己的人生中无法做到，承认哲学的固有缺陷并转而拥护宗教思想（我或许无意识地期待着发生这样的转变）。有人告诉我，在中世纪的大学里，学生首先学习的是哲学，接下来倘若学生被权威认定具备足够的智慧，他们才可以转向神学的研究。我的人生并没有发生这样的转变。对我来说，我既没有这样的愿望去做出这种转变，也没有看到任何迹象表明，存在支持这种转变的正当理由；即便我可能拥有这样的愿望，但仍然没有任何迹象表明，存在让我这么做的正当理由。

因此，对于我在前文提到的那个最重要的问题，我无法再做出进一步的推进。更糟糕的是，先前被我认为或许是可选项的宗教，不再是一种可行的解决方案。我不知道是否还有某些我尚未读过的哲学家能将我带往思想的新国度。我的才华不足以在没有得到协助的情况下完成这次旅程——我的才华不足以让我自己成为下一位伟大的哲学家。尽管相较于哲学，我远为珍视艺术的价值，并始终以这样的方式来评价艺术，但艺术不可能取代哲学。由于宗教附带的所有具备欺骗性的价值，我在审视宗教时仍然不由自主地将它视为一种本质上的逃避。因此，如今我在生命之海中既没有方向舵，也没有指南针，而是平静地处于不动的状态之中；我无法看到任何前景，或许我将在此后的几十年时间里始终停留于这块无名之地，直到我去世为止。

言语无法表达这种战胜了我并让我感到惊骇的可怕情绪。这种情绪主要是一种精神上的幽闭恐惧症：我感到自己被限制、被扼杀、被约束、被束缚、被堵塞、被捆绑，无法行动，甚至连扬起自己的眉毛都做不到。这是令人毛骨悚然的。事实上，这也是无法忍受的，我感觉，这是那种真正意义上的无法忍受：那时已经完全控制住我的信念是，我无法继续按照这种方式生活下去。我的意思并不是指我要去自杀：我并没有自杀的意愿。我只不过感觉到，我的人生已经达到了生存的极限，我的人生将要自然地走向终结，就像在人们停止供应燃料之后火焰逐渐熄灭一样——我或许会由于心脏病发作或某种类似的疾病而去世。在我看来，这是一个事实，而不仅仅是一种可能性。在1972年的初夏时，我已经42岁，我在那时就深切地意识到，我或许不会活过即将来临的那个冬季。

　　自此之后，我又读到了这样的主张，即心脏病发作可能是由于身心失调造成的，心脏病或许恰好就会发生在这类人的身上，他们对自己生存的核心信念是，他们无法继续存活下去。而我读到的例证是在北极的苦役劳改营中的某些囚犯，他们生活于隆冬最恶劣的环境之中。我的读者甚至会对我在私下里告诉他们的这个对比一笑置之，但我相信，倘若我没有很快地找出一种逃脱的途径，我就不会活得很长久。沿着某条隐藏很深的道路，我已经来到了我自己能够忍受这种人生的尽头，我的生活视野已经被这个世界牢牢地束缚了起来。我由此产生的幽闭恐惧症将要超出我可以承受的极限，我能够感觉到自己的精神将窒息而死。在最后一刻改变了所有这一切的是，我读到了留待我去阅读的最后一位所谓的大哲学家的作品。在所有的哲学家中，他是留给我的最后一位这样的哲学家，而更奇特的是，这并不是我第一次试图阅读他的作品：我在六年前就已经做出了这样的尝试，我坚持了一段时间，但一事无成，于是就放弃了对他的阅读。

第 20 章
发现叔本华

1966年5月的某一天,我在逛书店的时候恰巧看到了帕特里克·加德纳(Patrick Gardiner)撰写的一部名为《叔本华》(Schopenhauer)的论著。这本书属于一套由主编A. J. 艾耶尔编辑的介绍哲学家的系列丛书。我已经读过这个系列丛书中的其他论著,因此我知道这本书的品质应该是可以信赖的。我突然想到,我完全不了解叔本华,而这一点让我感到惊讶,因为每个受过良好教育的人都知道叔本华的名字,虽然我读过了其他所有的大哲学家的作品,但我从来也没有读过叔本华的作品。因此我认为,现在是时候去学一些有关叔本华的哲学了。我捡起这本书,短时间地浏览了一会儿,发现它的风格是清晰的,它的语调是令人愉快的,于是我就买下了这本书。

这本书所蕴含的深刻见解,恰恰让我为自己对于叔本华的无知而感到愧疚,我之所以感到愧疚,则是由于一个先前没有被我想到的理由。自孩提时代起,我就对瓦格纳特别感兴趣,几乎每一本关于瓦格纳的书都强调指出,除了音乐之外,叔本华的哲学对瓦格纳的人生产生了最大的影响。但我读过的所有这类书在强调了这一点之后,都没有试图告诉读者,叔本华对瓦格纳的这种影响体现在什么地方——因此我并没有认真地设想过这种影响究竟是什么。甚至研究瓦格纳的资深学者,欧内斯特·纽曼在他的作品中都没有做出任何尝试去认真刻画叔本华的哲学。事实上,正是由于他的作品,我才形成了一个有关叔本华的错误印象,即叔本华是那种类似于谢林的德国形而上学家,这些德国形而上学家是顽冥不灵的和令人厌烦的,而我现在发现,自己持有的这个印象是错误的。我在多年前就已经知道,谢林影响了从韦伯[1]到柯勒律治[2]的范围广泛的浪漫主义艺术家,尽管我喜欢这些浪漫主义艺术家

---

1 卡尔·韦伯(Carl Weber,1786—1826),德国作曲家,他的代表作是歌剧《魔弹射手》,被认为是德国第一部浪漫主义歌剧,对瓦格纳和柏辽兹等浪漫主义音乐家的影响甚为深远。——译注
2 塞缪尔·泰勒·柯勒律治(Samuel Taylor Coleridge,1772—1834),英国诗人和文学评论家,英国浪漫主义文学的奠基人之一。——译注

的作品，但这并没有让我产生想要阅读谢林的愿望（我后来阅读谢林的作品，并不是由于这方面的缘故），我对待叔本华的态度也是如此：我已经接受了他影响瓦格纳的事实，但这并没有在我的意识中激发出任何想要去阅读他的作品的好奇心。而我突然觉得，我对自己的这种态度不仅感到愧疚，而且还感到困惑。如今我虽然已经下决心要去了解叔本华，但让我感到无法理解的是，我先前何以没有产生足够的好奇心去阅读叔本华的作品，对于我自己竟然缺乏这样的好奇心，我不仅感到丢脸，而且对我自己也造成了困扰——这似乎是出乎意料的。归根结底，我相信，这必定与我对艺术的总体态度存在着某些关联。

我并不将艺术视为一种智识活动，我不相信，概念思维与艺术作品中最重要的东西存在着大量的关联；换句话说，我并不认为，概念思维与艺术作品的好坏有任何关系。当然，艺术家在创造他们作品的过程中以概念的方式进行思考。但艺术家作为概念思想家的好坏，与他们创造的艺术作品的好坏无关。诸如"学院画家"与"学院艺术家"这样的熟悉措辞所暗示的，就是那种对于其艺术的理论、历史、美学等博闻广识的艺术家，他们或许是教导这些知识理论的优秀教师，但他们自身并不是非常有才华的艺术家。这样的人并不少见。进而，意在传达宗教信息或政治信息的艺术或许是由一个极其有头脑的人创造的，他不仅真正相信相关的思想体系，而且在智识的意义上精通相关的思想体系，但这样的艺术仍然有可能是贫瘠的艺术。而我认为，在这类艺术中，绝大多数都是贫瘠的艺术；这样的艺术也为数不少。艺术家经常会信奉某些理论，特别是某些美学理论；但我并不相信，艺术的品质能够导源于这些理论。事实上我相信，在艺术家对理论的依恋态度与艺术家自身的品质之间，通常存在的是一种反比的关系：他们对理论的依恋态度越强，他们作为艺术家本身的品质就越糟糕。我还相信，艺术家的理论几乎总是事后的合理化，只要他们的艺术是真正的艺术，它们就应当是以艺术的方式激发而成的，而不应当是以概念的方式激发而成的，艺术家想要根据语词和思想来表达他们艺术创造的尝试是多余的，而且经常会犯错误。让艺术家感兴趣的思想是那些满足了他作为艺术家的需求的思想，因此，即便艺术家是在创造艺术作品之前就已经表述或采纳了这些思想，仍然是艺术决定了他的这些思想，而不是相反的情况。这就是为什么你不需要阅读谢林就可以理解柯勒律治，虽然柯勒律治私自挪用（我并没有说"剽窃"）了谢林的大量思想。柯勒律治所利用的那个谢林，是柯勒律治为了他自己的目的所需要的谢林，而这些目的是柯勒律治通过他自己的作品来实现的。

所有这一切就是我对于叔本华与瓦格纳所持有的感受。我并不相信我可能错过了任何对于瓦格纳的艺术具有重要意义的东西，即便我并不了解叔本华。就此而言，这同样可以适用于其他对瓦格纳施加过影响的人，甚至包括那些对瓦格纳施加过影响的艺术家。我恰巧知道，埃斯库罗斯的《俄瑞斯忒亚》(Oresteia)对于瓦格纳有关《尼伯龙根指环》的构思产生了某些影响，但我并不认为人们为了要理解和欣赏瓦格纳，就必须去了解埃斯库罗斯。在瓦格纳之前的德国浪漫主义戏剧的整个传统在韦伯那里达到了巅峰，这种传统为瓦格纳的作品提供了巨大的养分，但为了享受瓦格纳的歌剧，人们完全没有必要先去观赏韦伯的歌剧。这部分地属于我所持有的艺术观，部分地属于我对于影响本质的看法。它不仅适用于艺术，而且还适用于智识生活。例如，卡尔·马克思的哲学明显是黑格尔主义的一个变种，但许多人虽然没有读过黑格尔的一个字，他们也能对马克思主义形成一种可靠的理解。

不管我为了给自己先前对待叔本华的态度进行辩护而说出了什么理由，但我已经直接认识到了自己长期缺乏对叔本华的好奇心，而我仍然觉得这是难以理解的。毕竟，大多数论述瓦格纳的作家是音乐专家，而不是哲学专家，人们倘若期待他们研究过叔本华，那是不合情理的，而我对哲学的热爱，仅次于我对音乐和戏剧的热爱。多年以来，我都在积极地寻找某些新的哲学家，我可以在他们那里学到新的思想。即便这些可能让我发现叔本华的因素都结合了起来，它们先前也没有将我导向叔本华，这个事实让我怀疑，我是否在无意识中不情愿按照哲学的方式——那种真正意义上的哲学方式——来对瓦格纳的作品做出诠释。这就好像我在同一时间爱上了两个女人——尽管我自己相当不愿意承认——以至于我不希望与这两者见面。

在20世纪中后期的牛津哲学家中，帕特里克·加德纳是一个独特的人物。他的智识生活的自然家园经常被人们（我想，这既不是被我，也不是被他自己）称为德国浪漫主义哲学——费希特、谢林、黑格尔与叔本华的哲学。加德纳的精致复杂的知识并不仅仅局限于这些哲学家：他对康德有着大量的了解，而上述哲学家的哲学正是导源于康德的哲学，而且他对某些持有反对立场的哲学家也相当了解，尤其是克尔凯郭尔。但在这些作者之中，除了康德，他的绝大多数同事从来也不会去阅读他们的作品；在加德纳的职业生涯中，他甚至在大多数的时间里都没有获得基本的尊重——事实上，在牛津哲学家看来，克尔凯郭尔根本就不是一个哲学家。因此，加德纳在孤立的状态下以非凡的方式追随着他自己的爱好。不过，他经过了哲学逻辑的训练，并且擅长运用他那个时期在牛津盛行的哲学逻辑，因此他的独特贡献是，将分析哲学的思想宝库与这些特定的哲学家关联在一起。加德纳按照他在论述赖尔或维特根斯坦的作品时可能会运用的那种方式来分析、阐释与批判他所研究的这些哲学家。我猜想，正是因为加德纳按照这样的方式来写作，他撰写的有关叔本华与克尔凯郭尔的书籍才能在他的哲学同事那里找到广泛的读者：加德纳为他研究的这些哲学家所做的重大贡献是，让那些原本可能会忽视这些哲学家的人去关注这些哲学家。不过，尽管加德纳是有才华的，但他的作品受制于分析哲学的研究进路所固有的局限性：它们的内容多半仍然停留在语言与逻辑的层面之上。

对于哲学与论证的关系，以赛亚·伯林曾经说过某些至为重要的见解。"大哲学家的核心观念本质上都是简单的。对它们的详细阐述，并不是为了解释那种被我刚才或许以过于简约的方式称为他们的世界模型的东西，也不是为了解释他们用来审视自然、人生与世界的模式，而是为了反对诸多现实的或想象的异议，并以此捍卫他们自己的那些构想。当然，在这种详细的阐释中也存在着大量的独创性与技术用语；但这些东西仅仅是精致的武器，架在城垛上的机枪大炮，它们是用来抵挡一切可能存在的对手的。但城堡本身并不复杂：一般来说，论证的逻辑力量是为了进行攻击与防卫，它们并不是核心观念的组成部分。"*我从来都不认为，比方说，斯宾诺莎与康德的核心观念在本质上是简单的——恰恰相反，我认为，他们是极其难以理解的两位哲学家——尽管如此，伯林在他接下来的陈述中说出了一些重要的见解，即几乎所有的概念分析与逻辑分析，以及一般的详细论证，都不是哲学这门学科的核心内容，但那些算不上大哲学家的人很容易让自己专注于这些东西。这样的哲学家与这样的论证都在城堡之外、城垛之上，以多少有点熟练的方式使用着大量错综复杂的武器。恐怕这种说法也适用于加德纳的这部关于叔本华的论著。它清晰地提出了诸多论点与对立的论点，思考了诸多异议以及对异议的反驳，展示了叔本华的反对者或许会大声说出的某些没有抓住要领的批评意见，接下来则对它们做出了回答——但由于某种未知的原因，它并没有呈现出叔本华的核心观念。根据加德纳的这本书，我无法看出，叔本华以何种方式让瓦格纳这位如此伟大的创造性艺术家的人生发生了转变，以何种方式让尼采这位如此激进的原创性思想家的人生发生了转变，以何种方式让托尔斯泰折服，以何种方式对屠格涅夫、普鲁斯特、康拉德与哈代这样的天才所撰写的作品施加了巨大的影响。艾丽丝·默多克曾经抱怨说，由吉尔伯特·赖尔所构想的世界，并不是人们会在其中坠入爱河或加入共产党的世界：叔本华所构想的世界，实际上就是一个如此充满激情的世界，但加德纳论述叔本华时所构想的世界则并非如此，它是一个赖尔式的世界。

---

* *Men of Ideas*, p. 41.

或许部分由于这个原因，这本书中的诸多引文紧紧抓住了我的注意力，以至于让我产生了在此之前与在此之后都从未有过的经验：这些文字就好像直接从书本中飞到了我的面前，其中有这样一段引文，"只有通过将外在经验与内在经验恰当地联系起来，才有可能解决世界之谜"，当我读到这些话语时，就像有人在我的头脑中点亮了一盏明灯。我变得兴奋起来，尽管我继续仔细地阅读这本书，但我也开始不断期待看到下一段引文的出现。在我看来，叔本华对某些特定的哲学家做出了一些非凡的评论；例如，叔本华对斯宾诺莎的评论是："将这个世界称为'上帝'，这并没有对这个世界做出解释，他只不过是用一个与'世界'同义的多余词语来丰富了我们的语言。"叔本华对人类的心理有着深刻的洞察力："为了欺骗自己，人们预先准备了一些看起来鲁莽急躁的实例，但人们实际上暗中已经考虑过自己的行动。"叔本华对于人类自身形象的描绘，与莎士比亚一样深刻："我们发现自己就像一个空心的玻璃缸，从中会发出一种空洞的声音。"叔本华会说出一些精彩的类比："一个有才华的人就像一位能够击中其他人无法击中的目标的神射手，而一个天才就像一位能够击中其他人甚至无法看到的目标的神射手。"叔本华会恶毒地谩骂许多他看不上的人，例如，他会谩骂那些热衷于模仿的艺术家："他们就像植物的寄生虫，从别人的作品中吮吸营养，他们就像水螅一样，让他们的颜色变成了他们食物的颜色。"这些话语点亮了我的天空，我冲出家门去购买了叔本华的各种作品；在我读完加德纳的这本书之后，我就沉浸到了叔本华的著作之中。

令人遗憾的是，我在那时并没有获得任何进展。一旦我开始阅读叔本华本人的作品时——他公认的杰作《作为意志和表象的世界》——理解他的思想就完全变成了一件困难的任务：庞大的段落和难以理解的论证，让我的阅读变得越来越艰难。在加德纳书中的引文就像一股向我吹来的劲风，它来自一个不同于康德所构想的世界，但如今在我直接阅读叔本华的论著时，我觉得自己似乎又回到了康德的世界，但相较于康德给我带来的进展，叔本华似乎并没有让我做出任何推进。我还是无法对我的这种感受做出任何解释。我如今已经有所理解（而我在那时并未形成这样的理解）的是，叔本华的哲学以康德为出发点，对于康德的哲学，叔本华抛弃了在他自己看来是错误的东西，保留了他自己认为是重要的东西，并按照他自己重新表述的方式继续完成了康德的研究纲领；因此，在叔本华哲学的早期阶段，它不可避免地多半是康德的东西。我仍然无法理解的是，这为什么会对我构成一种障碍，因为我如此熟悉康德的工作；我也无法理解，为什么我会觉得叔本华的作品难以阅读。但我在那时确实就是这么认为的。我试图让自己重新振作起来，而我采纳的方法是，从其他资源那里来吸收有关叔本华思想的论述：哲学史、辞典与百科全书、论文；通过这些二手文献，我逐渐对叔本华的思想熟悉起来；但这仍然不足以激发我内心的动力。最终我放弃了阅读叔本华。我对此可做的推测仅仅是，我在六年之后发现自己确实对叔本华产生回应的时候，我回应的与其说是一组哲学观念，不如说是一件标准的艺术作品，而我先前并没有为自己接受叔本华做好准备。对于我们来说，这种没有做好准备的状态更为熟悉地存在于我们与艺术作品的关系之中，而不是存在于我们与智识作品的关系之中。我们也会更常见地发现这种状态存在于创造性的工作之中，而不是存在于学习之中，我或许已经在自己的潜意识中形成了一种想要亲自撰写叔本华的哲学思想的需求。不管是出于什么原因，我在接下来的数年时间里将叔本华放到了一边。在这段时期内，我将叔本华视某个我多少对他的思想有所了解的哲学家，因此他的作品不再包含任何让我感到惊讶的东西，尽管事实上我并没有读过他的诸多论著。

　　1972年春，我正处于上一章的结尾所描述的状态（绝望的状态）之中。我沮丧的感受导致了我的身体产生了一些负面反应，我需要飞离我的所在之处，而不是被各种约束固定下来，我需要在没有任何限制或旅程计划的情况下去旅行，而这仅仅是为了让我变得自由。我用各种东西装满了我的手提箱，带着它前往希腊的一个岛屿，我认识的朋友家在那里有一间房子。在与他们共同生活了一段时间之后，我就前往法国南部，在艾耶尔的那座经过改装的风车房里拜访了这位哲学家。此后我又去拜访了我的一位前女友，她在那时正和她的孩子们在不远处的一座废弃农庄中度夏。（我需要赶紧补充的是，所有这些朋友都曾经恳切地邀请我与他们共同生活一段时间。）当我离开这位前女友所在的农庄之后，我自己就开始在法国南部闲逛。

　　我已经提过，当我持续进行一段漫长的旅行时，我的习惯是随身携带一部厚重的，并经常是艰涩的论著，于是我就可以在这段漫长而不间断的时间里找机会阅读这部论著。我觉得，在这次旅途中我或许应当再次尝试阅读《作为意志和表象的世界》：在我审视这本书之后已经过去了六年时间，于是我将这两卷本的《作为意志和表象的世界》放入了我的手提箱。我在旅途中就开始阅读这部作品，而我这次的经验完全不同于先前的经验。我不仅感到我自己对这本书产生了兴趣，而且我还觉得似乎只有我自己对这本书产生了兴趣。

　　在我的人生中，我只有另一次经验才可与之相比，而我的那次经验是如此相似，或许我应当在这里花费一些篇幅来讲述那次经验。当我还是一个孩童的时候，我在第一次听说马勒这个名字时，我的父亲就告诉我，只有一位指挥家真正适合演奏马勒的作品,那就是布鲁诺·瓦尔特[1]。随后我发现,这是一个得到人们公认的看法,恰如几乎所有人都会同意,比彻姆[2]是仅有的一位真正适合演奏戴留斯[3]作品的指挥家。因此,我就去聆听瓦尔特指挥马勒作品的广播。然而,瓦尔特指挥的这些音乐在那时根本就没有对我呈现出任何意义,它们仅仅是一段没有意义的乐句跟随着另一段没有意义的乐句:在我看来,这些乐句本身似乎没有任何内容,仅仅是一连串随机组合的音符;我也无法在这些乐句之间听出任何关联。对我来说,这种音乐听起来具备了一种真正意义上的不连贯性。偶尔我会回过头来再次尝试欣赏这种音乐,但就我而言,它们听起来仍旧像是没有内容的与不连贯的,直到我在自己将近30岁的时候,这种情况才发生了转变。某一天,我欣赏了一场全场演奏马勒作品的音乐会,这场音乐会是由奥托·克伦贝勒[4]指挥的。当时的情形就像克伦贝勒重新整理了这些音乐作品,以便于让它们适合于我的智慧一样:这些乐句具备了形式与意义,它们具有敏锐而又深切的表现力,每一段乐句都以完全贴切的方式关联于前后的乐句。一切事物都完全是融洽的,这种音乐是连贯的,它们的美好令人惊异。正是在那场音乐会中,马勒的音乐凭借着不同于其他任何音乐的声音,第一次让我产生了兴趣。这让我惊呆了。我的这次经验虽然在整体上局限于听觉,但它

---

1 布鲁诺·瓦尔特(Bruno Walter, 1876—1962),美籍犹太裔指挥家、钢琴家和作曲家,是20世纪最重要的指挥家之一。瓦尔特的指挥风格柔和优美,将管弦乐的各声部都处理得富于歌唱性。他继承和发展了德国的指挥传统,他特别擅长于指挥贝多芬、勃拉姆斯、马勒的作品。1901—1907年,瓦尔特与马勒共同工作的经历,让瓦尔特成为20世纪最重要的马勒诠释者之一,他也是马勒第九交响曲和《大地之歌》的首演指挥者。——译注

2 托马斯·比彻姆(Thomas Beecham, 1879—1961),英国指挥家,19岁首次登台指挥哈莱乐团,获得成功。1909年创建"比彻姆交响乐团",1920年指挥了一系列歌剧的演出,奠定了他在英国指挥界的地位。1929年在伦敦创办"迪利亚斯音乐节",1932年创建了伦敦爱乐乐团,1946年又创建了皇家爱乐乐团,因此被称为"英国交响乐团之父"。比彻姆是一位即兴性极强的指挥家,他强调表情与音乐的感染力,他不仅是埃尔加、戴留斯等英国作曲家的权威诠释者,而且对比才、西贝柳斯、理查·斯特劳斯的解读也极具特色。——译注

3 弗雷德里克·戴留斯(Frederick Delius, 1862—1934),英国作曲家,作品深受德彪西和格里格等音乐家的影响,具有晚期浪漫主义和印象主义的风格,他的代表作有交响诗《布里格的集市》《河上的夏夜》《巴黎,伟大城市之歌》等。——译注

4 奥托·克伦贝勒(Otto Klemperer, 1885—1975),德国著名指挥家。克伦贝勒是诠释德奥作品的公认权威,他的指挥有着庄重深刻的特点和高雅理性的风格,因此常被人们视为德奥传统指挥艺术的正统继承者。克伦贝勒在指挥时最大的特点是善于挖掘作品的内涵,使听众通过他对乐曲的演绎,最大限度地品味到作品的深邃精神内容,他指挥的贝多芬、勃拉姆斯、瓦格纳、布鲁克纳和马勒的作品都具权威性。作为马勒的助手和主要诠释者之一,克伦贝勒还撰写了一部名为《回忆马勒》的极有价值的论著,这本书有助于加深人们对马勒的作品和思想的理解。——译注

就相当于一个人在除去眼罩之后发现自己面对着一片绝妙的风景。时至今日，那个夜晚仍然是我一生中最难忘的夜晚之一。自此以后，我就四处走动搜寻我能够找到的马勒的所有唱片。他的音乐成为我所拥有的最珍贵的财富。接下来我发现自己无法理解，究竟为什么在这么多年以来，马勒的音乐对我毫无影响。如今布鲁诺·瓦尔特演奏的马勒交响曲甚至也能对我产生一些影响，尽管我从未特别喜欢他指挥的这些演出。而当我听过了雅沙·霍伦斯坦[1]指挥的马勒的那些伟大的交响曲之后，我发现霍伦斯坦指挥的这些交响曲听起来就像已经达到了音乐所能达到的美好极限。

类似的情况也发生在我对待《作为意志和表象的世界》的态度上。我在那时就好像恢复了我的听觉。我与这位作者形成了如此直接而又生动的私人联系，而我从来也没有过这样的感受：阿瑟·叔本华好像就在我居住的房间里，坐在我的面前对我说话，他一边将自己的手掌亲切地放到我的胳膊或膝盖上，一边大声说出了他创造的每一个崭新的警句。随着这种效果的缓慢发展，叔本华的这部著作逐渐吸引住了我：我在希腊几乎是断断续续地阅读了这本书的某些部分，随后在阿维尼翁[2]阅读了这本书的更多内容——接下来我在普罗旺斯地区的艾克斯市（Aixen Provence）度过了超过一周的时间，在这段令人难忘的时间里，我每天都坐在我旅馆的客房里阅读这本书，仅仅在午餐的就餐时间与餐后的散步时间短暂地进入外部世界，而在晚上，我还会花费数个小时的时间在露天咖啡馆的桌旁消磨时光，我会在夏夜的黑暗中不断消化我读过的内容。除了康德的《纯粹理性批判》，其他任何书都没有像这本书那样对我产生过如此巨大的影响——康德通过叔本华，给予了我一次新的生命。叔本华的意图是，《纯粹理性批判》与《作为意志和表象的世界》这两本书应当共同呈现与形成一种单一的哲学，而对我来说，这两本书确实做到了这一点。我出于交流的目的而会有意识地对这两者做出区分，但在我的心中，康德的哲学与叔本华的哲学不再是两种彼此分离的哲学，而仅仅是一种康德-叔本华的哲学，我将之视为人类心智迄今为止所锻造的最有助于拓展思维、最宽广、最有启发性与洞察力的哲学思想体系。换句话说，我是按照叔本华的方式来审视康德哲学的，而且叔

1　雅沙·霍伦斯坦（Jascha Horenstein，1898—1973），美国犹太裔指挥家，1959年与伦敦交响乐团合作演出的马勒第八交响曲，确立了霍伦斯坦在英国音乐界的崇高地位，对英美两国马勒音乐的复兴起到了举足轻重的作用。——译注

2　阿维尼翁（Avignon）是法国东南部城市，沃克吕兹省首府，这座城市的旅游业颇为发达。——译注

本华也希望其他人按照这样的方式来审视康德的哲学；正是由于这个缘故，当叔本华的哲学与康德的哲学发生抵牾时，我有时就会匆忙地用叔本华的术语来讨论康德的哲学——而这恰恰是我不得不有意识地努力加以避免的事情。

与自康德的那个时代以来的其他许多哲学家一样，叔本华相信，康德最重要的洞识是，无论如何，我们人类能够思考、感知、认识、经验或意识到的东西，不仅依赖于我们不得不做出应对的实在，而且还依赖于我们拥有的用来干这些事情的装备——我们人类的具备各种感觉的身体、神经系统与大脑。倘若这种装备能够处理某些东西，这恰恰是因为相关的事实是我们可以经验的对象。这种对象并非必定是物体：它们也有可能是其他各种东西——其他某个人谈话的内容、一段音乐旋律或数学运算、一种鱼的味道、一种想法、一则记忆、一个意图、一种信仰，或者是在实际生活中的其他无数事物中的任何一种东西。但是，无论这些东西是什么，它们在整体上构成了对于我们能够拥有的任何想法或意识的外部界线。不过，据此并不能推断出，这也是存在的事物的外部界线。我相信，事物的存在方式，恰恰独立于我们以及我们恰好发现自己所配备的那些装置；无论怎样，我们都没有任何根据来相信，实在，即事物存在的整体，与我们所能够理解的事物相一致——我们从来也不可能拥有任何根据来相信这一点，因为这需要我们能够看到这条界线两边的情况，而这条界线本身恰恰就如我们刚才说过的，是我们所能看到的事物的外部界线。

任何可能存在的事物，或许存在于我们所有可能形成的理解的界线之外，而我们永远也无法认识这些事物。我们所能认识的仅仅局限于那些可以被我们的身体居间传达的东西。人们或许也会像我那样认为，倘若可以被我们理解的事物，恰好符合存在的事物整体，这就会成为一种完全难以置信的巧合。而要相信这个观点，就会违背所有的常识、所有的理性与所有的差异。人们不可能根据进化生物学来对之做出一种简单明确的解释，因为我们仅仅是在无数不同物种中的一种生物，在我们地球表面（或地下浅层）的那种相对宇宙而言并不宏大的相同物理环境中，不同的物种为了生存而广泛发展形成了各种不同的身体装备。其他许多物种都拥有我们所不具备的感觉装备；而其中的某些物种拥有与我们相似的感觉，但它们的感觉能够更加有力地分辨出诸多形式。除了所有这些装备之外，我们根本没有其他的途径来认识那些位于我们的天文学所能触及的限定范围之外的东西，而且迄今为止我们人类的装备也没有任何可能来改造自身以适应这个任务，尽管人类有朝一日或许能够做到这一点。让实在完全符合我们对实在构想的唯一貌似合理的可能性，取决于以下这样的可能性,即实在本身或许类似于心灵,或许有可能是由一个心灵或诸多心灵创造而成的。令人感到自相矛盾的是,正是那些最坚定地不相信这一点的哲学家,也就是说,那些信奉经验主义传统的哲学家,他们却最顽固地坚持用认识论的标准来审视实在。这是他们立场中的一个不融贯之处。

人类知识的有限性不仅体现于那条划定我们理解事物能力的界线上,而且在这条界线之内,我们对实际事物能够形成的理解同样具备有限的本质,尽管这是一种不同意义上的有限性。倘若我突然看了一眼位于自己对面的帝国大厦,或许我就会觉得,我几乎马上可以直接接触到这座帝国大厦——帝国大厦恰恰就存在于我的面前,我现在看到的就是帝国大厦——但事实上,帝国大厦并没有进入我的大脑。在我大脑中存在的并不是帝国大厦,而是一组视觉材料,而我将这些视觉材料理解为帝国大厦。这同样适用于触觉材料。一个人感觉到一个物体(乃至无意中碰到一个物体)的过程,会让这个人产生某种特别真实的印象,这轻易就能诱使我们相信,我们感觉到的就是独立存在的世界的纯粹实在,它们就是实际存在的事物;不过,这种碰到物体的感觉就像视觉材料那样是存在于大脑之中的,它们的经验模式是依赖于大脑的。

我们对于外部世界的所有感官知觉都具有这样的特性。直接而又当下的意识存在于我们的大脑之中,为了要成为完全可被意识到的素材,它们必定会采纳一种依赖于大脑的形式。经验就是这样的东西:它是某种存在于我们的大脑与中枢神经系统之中的东西。但是,倘若有一种独立存在的实在(我们所有人几乎都相信这一点),那么它就不可能采纳依赖于大脑的形式而存在——尽管这些依赖于大脑的形式,是我们能够理解实在或形成有关实在的任何概念的唯一途径。我们的经验世界必定以某种符合基本范畴的方式,彻底不同于独立的实在。因此,就我们关于客体的知识而言,必定至少存在两个领域,一个领域是由通过我们的诸多装置对我们显现的东西构成的,另一个领域则是由真实存在的东西构成的,它们并不依赖于所有这些与我们的大脑和身体有关的操作。我们能够对之形成任何知识或意识的,仅仅是向我们显现的事物:无论这些事物是什么,它们本身必定永远无法为我们人类所通达。

康德的这些精彩洞识构成了所谓的先验唯心论的核心。当然,自康德的时代以来,人们就对这些洞识进行了大量的研究,进而以建设性的方式对之做出了批评与发展。最接近于康德的著名后继者是费希特、谢林与黑格尔,他们所采纳的观点是,倘若所谓的实在本身已经超越了可被人们理解的范围,那么我们就永远不可能拥有充分的根据来断定存在这样的事物。与这种观点相一致的是，费希特通过发展出这样一种哲学来将康德的哥白尼革命推向极致，在这种哲学中，整个现象世界并没有被解释为对独立实在的显示，而是被解释为自我的创造，自我既是一种进行感知的主体，又是一种为了自身而创造世界的道德行动者。这是一种激进的唯心论，或许是著名哲学家所创造出来的一种最为彻底的唯心论立场。费希特的绝大多数文字几乎已经达到了难以理解的地步，但他确实尝试在一本以普遍受过良好教育的公众为对象的书中表达他的核心思想，这本书就是出版于1800年的《人的使命》，这本书是简短的——在绝大多数的版本中，这本书的篇幅都不到200页——在我看来，它是一本好书，其中充满了让每个人都可以学到某些东西的深刻见解，即便是那些并不赞同费希特的哲学要旨的人也能从中获益。

　　谢林作品的标志是一种不必要的晦涩，这种晦涩不同于费希特的绝大多数晦涩。在那段历史时期就和如今这个时代一样，德国的学院哲学家的写作方式倘若不仅可以让非专业人士理解，而且还可以让非专业人士产生想要阅读的兴趣，这些学院哲学家就担心会失去他们这个专业的同事的尊敬。其实，费希特只不过是由于被他的学院解雇了工作，他认为自己从此以后将靠写作来谋生，他才写下了《人的使命》。谢林没有写过这样的书。更为糟糕的是，谢林不断改变他自己的观点，因此，谢林并非只有一种哲学，而是谢林用自己的同一支笔写出了一连串不同的哲学，其中最著名与最有影响力的哲学是他的自然哲学（*Naturphilosophie*）。谢林的自然哲学的核心思想是，经验世界是一个单一的、不断发展的实体，其中的有机生命首先是从无机自然中产生出来的，接下来，有机生命相继发展成为植物的生命、动物的生命与人类的生命。谢林在这里的主要观点是，实在并不是一种事态，而是一种永无止境地进行变化的动态过程，人类完全是在这个过程中，作为这个过程的内在组成部分出现的。人类是物质，但人类在变化中具备了精神。不过，尽管谢林由此可以将人类视为精神化的物质，但他也可以将自然视为物质化的精神或潜在的精神。这个单方面向上发展的过程的目标是通过具有自我意识的自然来实现的，因此这个过程是在人类最高级的活动中实现自身目标的。在人类生活的领域中，恰恰是创造性的艺术才能实现最高层次的自我意识，包括根据其余的存在者对人类的本质统一性的理解。因此，一切事物的存在的最终目的是在创造伟大艺术作品的过程中被实现的，伟大的艺术家是整个实在的最高组成部分的化身，伟大的艺术家亲自揭示了自然存在的理由。

　　谢林的自然哲学对浪漫主义运动产生了巨大的吸引力，它与这种运动属于同一个时代。17世纪与18世纪最具时代特色的思想将自然世界视为一种屈从于人类的对象，而将人类视为认知的主体与未来的主人，将理智赞颂为一种获取自然知识与征服自然的手段。但与此同时也存在着一种意在颠覆上述思想的反叛。在这种反叛中，人类被视为与自然相一致，在人类的内心深处与自然共同分享着精神性，事实上，人类的精神性导源于自然；理智被罢免了它的王权；数学、科学与技术的价值被贬低；艺术被断定为"最高等级的事物"，它实际上成为宗教信仰的对象；创造性的艺术家不仅被视为英雄，而且还被视为上帝般的存在者。在贝多芬与拜伦的时代里，人类对于第一次工业革命无节制的灾难做出了精神上的反叛，而谢林的自然哲学就是某些反叛者所等待的哲学，它不仅被主要的德国浪漫主义者——歌德、韦伯、荷尔德林、诺瓦利斯——所利用，而且也被英国的柯勒律治所利用，他大规模地挪用了谢林的工作成果。因此，谢林成为浪漫主义运动的标志性哲学家。在许多浪漫主义的艺术家看来，谢林将浪漫主义的思想观念组织成了一个哲学体系，也就是说，一个概念思维的体系，它用一种有别于艺术作品的方式表达了浪漫主义的基本真理。

谢林的自然哲学将物质与心灵（或精神）视为相互融合的，是对相同事物的两种可供选择的表现，是同一个世界进程的两个方面。黑格尔的哲学在许多方面都类似于谢林的哲学，但黑格尔更为明确的是一元论者。在黑格尔看来，实在在本质上也是一种过程，但这是某种统一的东西所经历的过程，这种东西类似于心灵或精神，而不是物质。用黑格尔的术语来说，构成实在的材料是绝对精神（*Geist*），不幸的是，在英语中并没有与这个术语意义相同的词；不妨说，绝对精神是心灵与精神的折中产物：它比精神拥有更多的理智，比心灵拥有更多的精神。我们用德语词*Zeitgeist*所意指的是时代精神（*Zeit*这个德语词意味着时代），至少以这种形式，绝对精神在说英语的人中间是众所周知的。我猜想，绝大多数具有宗教信仰，并严肃地对待他们的宗教信仰的人都会认为，所有的实在最终都是精神性的；在我们中间的那些没有宗教信仰的人对在该语境下的这种思想也不会感到陌生——反过来这或许有助于我们把握黑格尔哲学中的类似想法。黑格尔相信，整个实在是由某种单一的东西，即绝对精神构成的，绝对精神经历的是一种以自我认识为目标的变化发展过程。但是，黑格尔在这里与谢林有一些重要的区别。首先，黑格尔有一个关于发展模式的明确学说；按照黑格尔的说法，这种发展模式是辩证的。每个运动都创造了它自身的对立面，每个行动都引起一种反动，在对立的力量之间发生的每次冲突，都可以在第三种新的事态中找到解决方案，而第三种新的事态推动了这种过程向前发展——由此就不可避免地引起了一种新的反动。因此，倘若用黑格尔自己的技术性术语来描述这些前后相继的发展阶段，就可以按照如下方式来表达黑格尔的教诲，即每一个正题都会产生它自己的反题，在这两个论题之间的不一致孕育出了一种冲突，而这种冲突可在合题中获得解决——由于合题接下来又会形成它自己的反题，于是就会形成一组新的三元论题。黑格尔提出的与这种辩证过程有关的两个重要观点是，第一，这种辩证过程表明，变化尽管是无休止的，但并不是随意的，而是采纳了一种可以理解的合理形式；第二，这种辩证过程表明，变化内在地包含了冲突。相较于谢林，这种世界进程所趋向的自我认识目标，在黑格尔那里具有更强的哲学认知性：恰恰是心灵（或精神）最终将它自身确认为终极实在。在真正抵达了自我认识的巅峰之前，精神仍然在某种程度上是异化的，它错误地将事实上是它自身的诸多方面当作了对立于它自身的要素。

作为黑格尔的直接影响后果或间接影响后果，这些观念对西方思想的意义是无法估量的：作为历史过程的实在概念、变化的辩证观念、异化的概念，是在过去两百年的时间里最有影响力的一批观念。在他生命的剩余时间里，马克思继续像他年轻时那样用黑格尔的术语来表达自己的思想。马克思将他的哲学称为"辩证唯物主义"，对于任何熟悉黑格尔主义的人来说，他们都会觉得，这是一个经过精心提炼的描述。

叔本华在就读大学时发现了哲学，而在那时仍然在世的著名哲学家是费希特、谢林与黑格尔。叔本华在21岁时被哥廷根大学录取——录取叔本华的恰巧是医学系，但叔本华在就读大学的第二年，就将自己的专业改成了哲学。在他就读大学的第三年，叔本华变更了自己就读的大学，前往柏林大学去学习哲学，因为费希特当时就在那所大学任教。在两年时间里，叔本华参加了费希特的诸多讲座（在其中的第二年里，叔本华还参加了施莱尔马赫的讲座，施莱尔马赫作为神学家的声誉甚至在当今这个时代里也受到了普遍的承认）。叔本华最终得出的结论是，费希特并不是一个真正的哲学家，而是一个假行家，他利用哲学来让自己在这个世界上出名。叔本华断定，费希特察觉到了这样的事实，即康德的哲学过于困难，以至于绝大多数人都无法理解康德的哲学，但康德的哲学普遍都被认为是深刻的，这就为某些人创造了机会，让他们沿着康德哲学的路径提出一些过于晦涩，以至于无法理解的哲学，而这样的哲学也会被认为是深刻的；这样的哲学过于晦涩，无法理解，由此掩盖的事实恰恰是，这些哲学的内容多半是空洞的。人们实际上或许会认为："这就是另一个康德"或"这就是康德的后继者"。叔本华相信，费希特的目的恰恰就是要达到这样的效果：费希特是一个骗子、一个诡辩家、一个表演家。当然，为了完成这个诡计，费希特必然需要拥有广博的哲学知识，因此在费希特的哲学中确实存在着一些知识，但并不多；而所有这些知识都被用来服务于一个堕落的目的。

随着时间的流逝，叔本华逐渐对谢林与黑格尔也同样产生了这样的感受。在他出版于1851年的两卷本论文集《附录与补遗》中，叔本华写道："依我看来，费希特、谢林与黑格尔并不是哲学家，因为他们缺乏成为哲学家的首要条件，也就是说，他们在探究时缺乏严肃与诚实的态度。他们仅仅是想要让自己显得多少有些分量的诡辩家，而不是真正重要的人物。他们寻求的并不是真理，而是他们自己的利益与他们在这个世界中的职位晋升。来自政府的任命、来自学生与出版商的酬金与版税——他们的哲学赝品是通向这些目的的手段，而这是他们最有可能向人们展现的整体感受——这样的东西就是这些所谓的追求智慧的门徒的指路明灯和振奋人心的守护神。因此，他们无法通过入门考试，也不可能被允许进入由那些值得尊敬的人类思想家组成的行列之中。尽管如此，他们都擅长干一件事，即擅长运用技巧来欺骗公众，并让他们自己充当他们根本配不上的那类哲学家；毫无疑问，这种技巧需要才华，但它并不是哲学的才华。"*

我已经对费希特、谢林和黑格尔做出了一些简要的评论，这些评论已经足以阐明他们的思想，但我并不完全赞同叔本华对这些哲学家的看法。然而在叔本华的这些看法中，有许多看法是符合实际情况的。叔本华提到的这三位哲学家是职业学者，他们为了谋求生计而在大学工作，这些大学是由政府官员来进行管理的。普鲁士并不是一个自由的国度。倘若我要在自己生活的这个时代里为他们找到一个大致类似的职位，那么最接近的职位或许就是集权社会的学者，而不是民主社会的学者。毫无疑问，他们对自己的学说进行过炒作，而且也与那些掌握权柄的人进行过合作；但他们确实存在于一种真正艰难的处境之中，他们不择手段地运用各种方式来发展他们的思想，而人们不应当据此就过于轻易地去谴责他们。在我看来，这三位哲学家都说出了真正有价值的思想，都表达了真正有价值的洞识——或许费希特比其他两位哲学家说出了更多有价值的洞识——而这些洞识不仅都具有内在的价值，而且也都具有重要的历史影响。人们多少都应当对这三位哲学家有所了解。在说出了我的这些想法之后，我又不得不承认，叔本华为了反对他们而在思想上提出的三个主要论点都是有效的。

---

* *Parerga and Paralipomena* (English edition), vol. i, p. 21.

第一，叔本华谴责他们败坏了语言。这三位哲学家非但没有尽其所能地以清晰的方式写作，反而故意选择晦涩的写作方式，因为他们想要令人印象深刻。他们无论表达的是什么，他们都必然会说出那种充斥着抽象名词与技术性术语的冗长复杂的语句，甚至对于那些最有头脑的读者来说，他们也难以按照自己的方式来清晰透彻地弄明白这些语句——尽管当他们做到了这一点的时候，他们经常会惊奇地发现这样的结果，即这些语句讲述的东西并不多，而它们讲述的那点东西实际上相当普通。叔本华断言，无论是德国的语言，还是哲学的主题，都无法为这种晦涩难懂的写作方式来进行辩护。康德恰好是一个糟糕的作者，他缺乏一对精通音律的耳朵，康德在他死前匆忙地用潦草的文字写下了自己的思想，他不顾一切地试图找到表达深刻思想的方式，因为这些思想从根本上不同于任何人先前表达的东西，而康德此时使用的语言，在此前从来也没有服务于这样的目的。在康德之前只有一位伟大的德国哲学家，那就是莱布尼茨，而莱布尼茨在写作时总是使用拉丁语或法语。因此，康德不仅被迫成为哲学的先驱，而且还被迫成为哲学专业术语的先驱。结果是，康德撰写出了这种可怕的文体，尽管如此，康德的这种在文体上的晦涩，并不像费希特、谢林与黑格尔那样在修辞上表现出了祭司魔咒般的晦涩（倘若这两种晦涩有什么区别的话，那就是康德在文体上的晦涩带有几分枯燥无味），而仅仅是非常难以理解的。在哲学中，困难与晦涩根本就不是同一回事。休谟的文体风格如此清晰，因此在他之后，不止一位哲学家将休谟作为文笔清晰的典范，然而，休谟用这种典范的文体风格所表达的某些思想如此难以理解，甚至在两个半世纪之后的今天，人们也经常会没有把握到休谟的这些思想。康德的那些最基本的思想，是以休谟的思想作为出发点的。康德的这些思想甚至更加难以理解，但康德根本就没有休谟的那种阐述思想的才华。在康德那里，并没有任何不真诚的东西，没有任何神谕，没有任何表演，没有任何装腔作势。康德所追求的目的本身是正直的。但康德不擅长沟通交流，他的心智在这样一种抽象层面上活动，绝大多数读者都觉得难以在这样的层面上获得一种稳固的立足点。因此，康德的晦涩根本就不应该成为其他任何哲学家的榜样，而且最重要的是，康德的晦涩也无法成为其他任何哲学家的一个借口。对于任何正在寻找写作榜样的人来说，叔本华是这样一位哲学家，人们可以将他与休谟都视为一种典范，他们都懂得如何用最理想的清晰简洁的方式来撰写最为深刻与最为困难的问题，而叔本华也有意识地设法让他自己按照休谟的英语写作方式来撰写德语作品。结果是，叔本华创作出了一种在清晰与机智的意义上无可比拟的散文，其中的某些散文在德语世界中普遍被视为最佳的德语作品。

叔本华在思想上对费希特、谢林与黑格尔提出的第二个控诉是，他们就像败坏了语言那样败坏了逻辑。他们狡猾地刻意利用了他们晦涩的风格，他们试图通过这种方式让他们做出的虚假论证避开读者的注意力，哄骗读者相信他们的某一个论点是从另一个论点中推断出来的，但在他们清晰陈述的时候，读者并不会接受这样的推断。这三位哲学家断定这个论点是从另一个论点中推断出来的，但他们的这种论断不仅通常是不真实的，而且经常是荒谬的。在逻辑论证的层面上，打个比方来说，他们的写作并不是以a、b、c、d这样严格依照先后次序的方式推进的，而是按照a、k、d、z这样跳跃的方式前进的；但这样的逻辑论证在费解的语句中给读者造成了如此巨大的障碍，以至于当读者或许有些惊讶地发现自己已经理解了z时，他会宁愿相信z是真实的，并相信他自己是通过正当的逻辑步骤才抵达这个论点的，而不会试图在这种令人厌倦的论文中去追溯整个论证过程。这三位哲学家同时利用了在逻辑和语言上的双重混淆，而这种做法激怒了叔本华：叔本华将之视为最具备破坏性的思想犯罪。叔本华尤其感到痛心的是，这种做法对年轻人与学生所产生的作用，让他们终生处于头脑混乱的状态。叔本华为此特别痛恨黑格尔，他将黑格尔描述为"一个笨拙的与令人作呕的江湖骗子，一个极为有害的人，他完全搅乱与毁灭了整整一代人的心智"。*某些头脑足够敏锐的年轻人或许会识破他们碰到的这些把戏，但他们由此而让自己陷入的最大风险是，在这样的训练中形成了某种在思想上不诚实的品性，变成了小扒手道奇[1]，成为了随后那代人进行思想犯罪的组织策划者。叔本华坚持认为，低劣的思想驱逐了优秀的思想，由于低劣的思想给人们带来了各种危害，人们就不可以忽视它们，而是应当与它们战斗到底。在他所有作品的几乎每一个地方，叔本华都有可能突然爆发出一阵狂怒，并在谩骂中放出对这三个人的诅咒。"愚昧与无意义的东西立刻就在晦涩的阐述和语言中找到了自己的避难所。费希特首先抓住与利用了这样的特权；谢林在这方面最多与费希特处于同等的水平，大量饥渴的三流作家既没有智慧，又没有诚信，但他们很快就在这方面超越了费希特与谢林。不过在黑格尔那里最终出现了一种最厚颜无耻的态度，他提供的纯粹是一些胡说八道，他通过胡乱涂写拼凑了一整套没有意义的与令人恼火的话

---

* *Parerga and Paralipomena*, vol. i, p. 168.
[1] 小扒手道奇（Artful Dodgers）是英国著名作家查尔斯·狄更斯的小说《雾都孤儿》（*Oliver Twist*）中的人物。道奇是一个儿童犯罪团伙的领导人，因其在该职业中的技巧和狡猾而闻名。——译注

语，人们先前只有在精神病院才能听到这样的话语。"*叔本华说，黑格尔"是一个陈腐的、空洞的、令人作呕的、讨厌的与无知的江湖骗子，他用一种前所未有的厚颜无耻，汇聚成了一个由疯狂的蠢话构成的体系，这个体系被他的那些唯利是图的追随者当作不朽的智慧，通过吹嘘传播到了海外……"**。

我认为，在整个哲学史中，一位如今已经举世闻名的哲学家以这样的方式来谩骂另一位同样举世闻名的哲学家，这恐怕是绝无仅有的，特别是人们还应当考虑到，他们不仅几乎是同时代的人，而且还是同事。（倘若我们试图想出一个与之类似的可靠例证，我们就会谈到波普尔这个更接近于我们这个时代的哲学家，他在写作中就曾以这样的方式来评论海德格尔，但这种做法肯定损害了波普尔的声誉，而不管人们对海德格尔会抱有怎样的想法。）在19世纪20年代初，为了将年轻人从黑格尔的影响中解救出来，叔本华在柏林大学张贴通知说，他要在黑格尔上课的同时举办自己的讲座课程。对叔本华来说，遗憾的是，这些学生仍然去聆听黑格尔的授课。没有人来参加叔本华的讲座，于是他的课程就无法继续进行下去。叔本华作为大学教师的职业经历就仅限于此。尽管如此，叔本华相信，世人看透黑格尔并赏识他自己著作的时代终将到来。倘若人们告诉叔本华，至少在2000年之前，这个世界仍然是对黑格尔的著作更感兴趣，而不是对他的著作更感兴趣，叔本华或许会觉得这是难以置信的与令人沮丧的。

但至少在我看来，实际情况是，叔本华谴责费希特、谢林与黑格尔刻意制造的晦涩，确实存在于他们的作品之中，而这是一种巨大的不幸。进而，他们的晦涩确立了一种在我们这个时代里盛行的传统。毋庸置疑，正如叔本华很快就察觉到的，这种传统与哲学的职业化有关。一旦哲学研究者的生活与事业最终依赖于为他们支付薪酬的大学工作，他们中的绝大多数人就不再能在他们的研究工作中忘掉自身的利益。他们不得不说服别人相信哲学的重要性；这就意味着他们要确保这种研究工作本身看起来是重要的，或显得是重要的。这还意味着作者要在研究工作中确立自己的名声，并在这些研究工作中打上自己的烙印。实际上，在任何学科中都有许多这样的学术工作，人们可以从中辨认出研究者的类似愿望，而这些愿望不仅是有助于学术研究的动机，而且还经常是学术研究的主要动机。但哲学之所以有可能以这种方式被滥用，还存在着一个特殊的原因，也就是说，相对于其他学科而言，人们

---

* *The World as Will and Representation*, vol. i, p. 429.
** *Parerga and Paralipomena*, vol. i, p. 96.

缺乏一种评价哲学研究工作的公认标准。一个研究历史的学者或许只不过就是一个从事枯燥乏味工作的学者，但他仍然可以完成有用的工作：例如，他可以编辑与出版中世纪英国国库的财务记录。倘若他的编辑工作满足了公认的标准，他的这些工作就为这门学科做出了真正的贡献，这些历史材料将来总是可以被其他的学者使用。但从事枯燥乏味工作的哲学几乎对任何人都没有什么用处，除了或许可以短暂地作为一种教科书，或作为关于某个特定主题的最新概述，对这门学科的教师有一些帮助。在这里，通过与创造性的艺术进行对比，哲学的这种情况就会变得更加显著：除非一个诗人或一个作曲家的作品拥有明确无误地刻画真实事物的闪光点，否则他所进行的艺术创作就是根本没有意义的。倘若艺术作品拥有这样的闪光点，它就值得吸引我们的注意力，而不管它的缺点是什么。在20世纪的英语世界中出版的绝大多数哲学论著，就像学院派的绘画一样：它们明确无误地展示了作者的才华与专业能力，它们是漫长的学习过程、应用过程与劳作过程的结果；在这些画作中的每件事物都应当精准地位于正确的位置之上；但是，它们存在与否几乎不会对这个世界产生任何影响。而在所谓的欧陆哲学中盛行的仍然是由费希特、谢林与黑格尔所确立的传统。哲学的晦涩仍然普遍存在，甚至是那些确实有某些东西要说的哲学家，也仍然在他们的作品中保留了这种晦涩；而对于那些并没有什么东西要说的人来说，哲学的晦涩提供了一块烟幕，他们在这块烟幕之后让自己在这个世界上获得晋升。令人遗憾的是，对于那些缺乏原创性的人来说，他们会更加愉快与更加轻易地放纵自己采纳晦涩的写作方式，而不是采纳更为清晰的写作方式；这么做也可以让他们所讲述思想的琐屑性变得不那么明显，借此就能更好地掩盖他们的平庸；由此导致的结果是，这种欧陆传统如今已经侵入到了盎格鲁-撒克逊的世界之中。在整个大学的诸多院系中，那些缺乏创见与令人厌烦的人都在追求虚假的深刻性，而这并不是一种进步。

叔本华如今已经成为著名的哲学家，他率先发起了这场反对虚假的哲学深刻性的运动。就像休谟一样，叔本华在这方面显得更有资格成为一个典范。他的作品甚至比休谟的作品更加优秀，因为虽然叔本华的作品与休谟的作品一样清晰，但叔本华的作品显著地具备了更加丰富的审美特质，其蕴含的意象就像优秀的诗歌所蕴含的意象那样，具有令人震撼与令人难忘的价值；此外，叔本华的作品还包含了许多精彩的格言，美学的特质与精彩的格言这两个特征相得益彰。

叔本华在思想上对费希特、谢林与黑格尔做出的第三个重大指控是——他们不仅败坏了语言与逻辑，而且还败坏了康德的遗产。正如我们已经看到的，叔本华认为，康德的最高成就是在现象与本体之间划出了区分。叔本华相信，康德的这种区分开辟出了一条导向那些具有最高价值的发现的道路，叔本华自己就可以继续发现以下这些事物：伦理学的基础、艺术的本质（特别是音乐的本质）、宗教的真实本性乃至真正的哲学。但费希特、谢林与黑格尔各自以不同的方式否定了这种区分本身。他们不仅没有让哲学沿着康德所开辟的某一条道路发展，而且还让哲学沿着错误的道路发展，由此就抛弃了康德的成就。由于费希特相信，自然世界是自我的创造，而自我位于空间与时间之外，因此费希特并不相信，在自然世界的"背后"或"之中"有任何隐蔽的实在，他写道："自然仅仅为了我和我的缘故而存在，倘若我不存在，自然也不存在。"按照费希特的观点，我是一种非物质性的自我，这种自我在空间与时间之外就"已经"存在，这种自我为自己创造了一个位于空间与时间之中的世界。当我由于自己的死亡而停止这种创造时，我在时空世界也会终止存在，但我仍然是我始终所是的那个人。对于其他人来说，我会死去，但对于我自己来说，我不会死去。对于其他人来说我会死去，这是因为我将在他们的时空世界中终止自身的存在，但当我死去时，我的时空世界也会随着我的消亡而终止存在。永远存在的是一种由诸多自我组成的团体。但这些自我都是"已经"存在的，我们每个人都是这样的一个自我。并不存在"物自体"，现象世界是诸如我自己这样的自我创造而成的产物；费希特没有为我们留下任何余地来假定一个在现象世界中表现自身的本体实在。

谢林在他的《自然哲学》中则采纳了一个截然相反的观点：自然并不是完全由我们创造而成的，我们才完全是由自然创造而成的。但对谢林来说，他相信的基本原理是，所有事物在整体上是一种单一的过程：不存在任何隐蔽的实在。只有一个自然世界，即作为一个整体的自然过程，它就是一切。尽管如此，对于我们来说，只有头脑简单的人才会错误地认为，自然是由在空间与时间中的惰性物质组成的；自然更类似于一个具有丰富的生命和潜能的巨大有机体，它永远在变化、进化、发展，而我们是自然的一个组成部分，在自然之外没有任何东西存在。

可以说，黑格尔至少部分地合并了这两种思想。在他看来，至关重要的是在现实世界中存在的自我。对黑格尔来说，他就像谢林（但不同于费希特）那样认为，自我的存在在本质上可被视为在时间中发展进化的过程，在这种过程之外不存在任何东西。于是，整个实在就是独立存在的心智实体或精神实体朝着自我认同与自我认识的方向成长的过程。自然的历史与整个自然世界就是这样的过程（这让罗素将黑格尔的物质观称为"糊状的思想"）。尽管如此，黑格尔就像费希特那样（但不同于谢林）认为，精神始终是存在的，精神并不是某种在自然秩序中显露的东西——倘若有可能存在自然秩序，这种秩序至少必定部分的是由某些其他的东西构成的。

为了拒斥康德关于本体实在的信念，所有这三位受到叔本华指责的哲学家都提供了这样一个论证，即康德觉得我们注定要将本体实在假定为我们经验的原因，但与此同时，康德提出，有关因果性的观点只有在现象世界中才能有意义或牢固的立足点。这显然就是一种自相矛盾。倘若康德关于因果性的一般学说是正确的，那么在现象世界之外就不可能存在任何事物的原因。叔本华赞同这个对康德的批评意见，而我相信，每个人都必定会赞同这个批评意见：这个错误如此显眼，因此我永远无法理解，康德怎么会犯下这样的错误，而他在犯下这个错误之后，又怎么会没有辨认出这个错误。但正如叔本华所指出的，即便康德关于因果性的学说被人们接受下来，也不能据此推断出，不存在本体的领域，据此只能推断出，倘若在本体领域与现象领域之间存在任何关系，那么这种关系就不可能是因果关系。

叔本华转而创造了这样一种理论，它如今被称为"双面理论"。叔本华认为，本体并不是现象的原因，本体与现象是相同的事物，而这个相同的事物被人们按照不同的方式来理解。双面的概念可以用如下例证来清晰地加以阐明。一个原子物理学家或许会将我现在正在上面书写的桌子视为一系列相关的原子，而在每个原子之中，诸多亚原子粒子或许以几乎是最高的速度在不断地进行着运动。这个由诸多粒子构成的微型宇宙用接近光速的速度进行运动，但它并不是我正在凝视的这张桌子的原因，它就是这张桌子，恰恰就是这同一张桌子，但原子物理学家构想这张桌子的方式，完全不同于我通常构想与考虑这张桌子的方式。这个相同的对象按照两种完全不同的方式来获得理解，然而，这两种理解方式都是有效的——倘若你愿意，也可以说，二者都是"真实的"。随着我们对于这个世界的认识越来越多，我们就会越来越多地发现这样的现象，它们只有根据这些可以相互替代而又同样有效的描述才能得到充分的解释。倘若有人要问："好吧，但这张桌子实际上究竟是哪一种东西呢？这张桌子实际上是那些几乎以光速移动的无色粒子的集合，还是我们正在将自己的胳膊肘倚靠于其上的那个棕褐色的坚固对象？"那么这个人就完全没有抓住问题的要领，或许这是由于他混淆了描述与实在。"这张桌子"无论是什么，它"实际上"都不是这两种东西——或者说，它同样可以被描述为这两种东西；毫无疑问，此外还有许多东西也是这种情况。

叔本华并不是第一个提出用双面理论来理解我们的整个实在的大哲学家。斯宾诺莎在叔本华之前就已经提出了这个理论，主要是由于这个原因，叔本华对斯宾诺莎评价很高。斯宾诺莎认为，无论存在者整体有可能是什么，仅仅对它来说才存在的情况是，人们不可能通过参照其他的事物来对它做出解释。存在者整体是——它必定是——独立自存的，它是唯一的一个自身没有原因的原因。因此，倘若实体被定义为一种只需要自身就能存在的东西（这是一种按照笛卡尔的方式做出的定义），那么，存在者整体就是唯一真实的实体。一切事物的存在都依赖于它，但它自己的存在并不依赖于它自身之外的任何事物。因此它本身并不是被创造出来的，也不可能是被创造出来的，因为其他任何事物都不可能把它创造出来；但是，在它自身之中，它大量地与不停地孕育了所有已知的创造过程。按照这种方式来审视，已经变得显而易见的是，这种对于存在者整体的描述符合人们通常用"上帝"这个词来意指的东西。上帝是唯一真实的实体，而且上帝是独立自存的；一切比上帝等级更低的事物，仅仅是上帝的某个属性或某个方面，在没有上帝的情况下，它们不仅不存在，而且也不可能存在。通过这种理性论证的方式（而不仅仅是一种神秘的方式），斯宾诺莎最终将上帝等同于存在者整体，正是由于这一点，斯宾诺莎此后在哲学家中为自己赢得了伟大的泛神论者的声誉。对斯宾诺莎来说似乎显而易见的是，没有任何理由可以认为，整个实在不应当拥有数目无限的属性或至少是数目不确定的属性，尽管人类的理解力可以通达的只是其中的两种属性。这两种属性是思维与广延（斯宾诺莎在这里用的仍然是笛卡尔的术语），这两种属性意指的是意识与占据空间的事物——换句话说，它们就是心灵与物质。斯宾诺莎在这里提供了一种有关心灵与物质之关系的双面理论。对于笛卡尔来说，这些属性是实在的两个彼此不可还原的不同组成部分——这就是著名的"笛卡尔的二元论"——但对于斯宾诺莎来说，它们并不是以这样的方式彼此分离的，它们并不是在整个实在中的两个基本不同乃至有可能彼此对立的要素：它们是按照不同方式理解的同一个事物，它们是同一个实体，即唯一真实的实体的两个方面。自然世界——在空间中展开，并按照特定方式运动的物质——是诸多相互关联的知觉与观念的世界，这些知觉与观念构成了精神生活，而精神生活则是对同一个实体的一种不同的描述。

叔本华将这个理论称为哲学认识的一个划时代的进步，但在叔本华看来，斯宾诺莎的这个理论仍然达不到叔本华自己提出的要求。叔本华认为，这个理论最大的缺点是，尽管它为我们提供了一种对于我们的物体知觉之本质的基本真实的解释（这是叔本华从斯宾诺莎那里吸收过来并加以丰富的一种解释），但它仍然全都局限于自然世界。在斯宾诺莎哲学中划出的区分并非存在于本体世界与现象世界之间，而是存在于现象世界之中，这最终就让它变成了一种辅助的理论。叔本华认为，作为一种有关现象世界的哲学，斯宾诺莎的哲学不可思议地具备了丰富的信息与深刻的见解，而康德在斯宾诺莎的时代与叔本华的时代之间进行的研究工作取得了诸多进展，叔本华就是根据这些进展，在很大程度上推进了斯宾诺莎的哲学。但在叔本华说完与做完了所有这一切对斯宾诺莎的介绍之后，在叔本华看来，康德在现象世界与本体世界之间做出的区分，仍然远比斯宾诺莎所做的区分更为重要。叔本华认为，哲学最重要的使命是描绘康德的这个区分并追溯这个区分的诸多后果，因为这就能发现与明确可理解事物的边界。叔本华认为，他自己的成就恰恰是，成功地完成了这项使命，叔本华慷慨地承认，正是康德将叔本华置于一条正确的道路之上。

叔本华赞同康德的这个观点，即我们可能拥有的任何经验所采纳的形式，都必然依赖于我们为了形成经验而拥有的诸多装置，因此，所有现实的与可能的经验世界都是一种依赖于主体的世界，这些世界以经验的形式来到我们面前，它们不可能以那种独立于我们经验的方式而存在。与此同时，我们几乎注定会把实在关联于我们所经验到的东西，即便实在本身不可能以独立于我们经验的方式，与诸多经验的范畴相符合，换句话说，实在本身不可能与诸多认知范畴相符合。因此，理智拥有一种趋向某种幻觉（实在论幻觉）的固有倾向。但实际情况是，在向我们显现的世界与本体世界本身之间，必定存在着一种无法用概念来表述的差别。叔本华赞同康德的这个基本观点，但他对于康德详细阐述哲学的方式提出了许多批评意见。

叔本华认为，康德也会为了系统化哲学而牺牲具体的考虑。康德反复阐述细节来填补他的哲学体系中的空隙，而在那里存在的空隙仅仅是由于康德的思维模式所造就的。倘若康德的那个巨大而又壮观的哲学体系需要有十二个规范经验的先验范畴，那么，康德就会假定这十二个范畴。叔本华让康德的这方面哲学遭受了毁灭性的详尽批判。叔本华在继续列举了康德先验范畴的问题之后，最终完全拒斥了康德的范畴学说——因此也就更加彻底地拒斥了康德在范畴与感性之间做出的区分。叔本华认为，最终的分析表明，我们是根据已经存在的框架结构，让我们的经验变得对我们自身来说是可以理解的，因而让我们变得能够拥有自己的经验，而这种已经存在的框架结构在数目上只有三个：时间、空间与因果关系。所有其他的框架结构都可以被还原为这些框架结构。例如，我们无疑倾向于将物体视为一种占据了空间的物质；但我们也可以根据能量来理解物体，根据力量来理解能量，并根据因果性来理解力量。这顺便也充分说明了康德与叔本华这两位哲学家的洞察力，他们通过纯粹的认识论分析，都抵达了这样一个结论，即物体就是一种充斥着力量的空间，所有的物质都可以被还原为能量，物理学家在科学探究的道路上得出这个观点的一百年以前，康德与叔本华就已经得出了这样的结论。当这些物理学家在20世纪最终得出这个结论时，他们相信这个发现的革命性几乎到了无法理解的程度，但他们并不知道，这两位最伟大的哲学家在很久以前就已经形成了这样的观点。这让人们想起了英国人斯科特努力想要成为第一个抵达南极点的人，但当他抵达南极点时，挪威人阿蒙森早已抵达并离开了南极点。

康德的《纯粹理性批判》导言的第一句话是："毋庸置疑，我们所有的知识都起始于经验。"毋庸置疑，这就是康德哲学的基本信念。虽然实际情况是这样的，但出人意料的是，康德几乎没有对直接经验做过详细的论述。相反，在康德的作品中，他似乎倾向于认为，直接经验是某种低级劳工，他们将未经加工的原料呈送给高级的理智，高级的理智则用这些原料来制造概念与判断，而恰恰在这个时候，整个过程才开始变得有意义与有趣味。康德精彩的研究工作的核心问题是："哪种东西有可能被我们所认识？"而康德据此又可以提出这样一个问题："哪种东西不可能被我们所认识？"康德对这些问题的讨论与分析，几乎都发生在普遍概念与概括性知识的层面之上，人们可以在学院与大学中教导这种知识，也可以在神学院中教导这种知识，倘若神学院的老师会教导知识的话。但这也意味着，康德探究的哲学主题是抽象的，即我们的知识以及认识与推理的过程，而我们正是通过认识与推理的过程才能获取知识。康德相信，哲学家的主要使命是让概念思维服从科学的探究，康德甚至将哲学定义为大量导源于概念的科学知识。

叔本华指责康德的恰恰就是康德的上述想法。叔本华说，我们想要发现的是真实存在的事物、实在和这个世界。而在这个世界中的任何事物都具有独一无二的特殊性。它们是具体的，而不是抽象的。即便我们在探究过程中也会发现，对于我们直接意识到的东西，更可取的是根据我们的经验来进行交谈，而不是根据我们经验的对象来进行交谈——或许可以认为，我们的经验对象是祛除了我们经验的东西，它们的本质更容易给我们带来困难的问题——实际情况是，每个经验都是特殊的与独特的，倘若它们存在于时间之中（通常它们都并非仅仅存在于时间之中），它们就可以与其他的经验相区分。因此，倘若我们想要理解的是那些具有独一无二的特殊性的事物，这种独一无二的特殊性难道就不应当成为我们关注的首要焦点吗？或者用一种较为温和的方式说，我们试图理解的是那些具体的、特殊的、独特的东西，但我们为了分析那些抽象的、一般的和普遍的东西，让我们的注意力离开了那些具体的、特殊的与独特的东西，这种做法难道不让人觉得古怪吗？而这恰恰就是康德的做法。康德在推进研究的过程中，让推理、思想、判断、概念显得能比直接的经验提供更多有用的信息，康德自己坚持给予前面这类事物更多的关注，而不管在前后这两类事物之间有什么相互关联，因此，对于康德来说，对前面这类事物的分析，而不是对直接经验的关注，才能让人们认识到实在的本质。但叔本华说，康德在这方面犯下了错误。康德相信，有意义的经验概念只能导源于经验。然而，正是在形成这些概念的过程中，人们不得不放弃那些作为概念根源的经验的独特性。因此，我们如今正在寻求的独特性必定会被概念所遗漏，因为只有当诸多概念脱离了与独特而又具体的事物的关联之后，它们才能够履行它们为之服务的任务，即存储信息与交流信息。相较于它们从中导出的经验，经验概念所包含的关于实在的信息必定更少。因此，即便概念分析得到了完美的贯彻实施，它也永远不可能充分给予我们有关实在的知识。

叔本华在他的哲学中普遍持有的一个独特观点是，就我们理解这个世界而言，相较于他人根据自己的经验，在谈话、学习、阅读、研究与其他方式中通过概念来向我们传达的东西，我们的直接经验（在叔本华看来，直接经验不仅包括感官经验，而且还包括真正属于我们自己的思想与情绪）具有更大的价值。"通过感觉，通过让诸多事物亲自对我们说话，通过理解与把握这些事物之间的新关系，通过将所有这一切都沉淀到概念之中而让概念具备确定性，我们就获得了新的知识。尽管几乎每个人都有能力在概念与概念之间进行比较，但将概念与知觉进行比较，这是少数天选之人所拥有的才能。根据其不同的完善程度，这种才能分别可被称为智慧的条件、判断力、睿智与天赋。而运用比较概念的能力所形成的结果，永远也不可能极大地超越理性的反思。每一种真实知识的最深刻基础都导源于知觉；每一个新的真理也是知觉的结果……由于这个原因，对现实事物的沉思与观察，一旦揭示了某种对于观察者来说是新颖的东西，它们就比相关的阅读与聆听所获得的一切都更加具有启发性。倘若我们弄清了这个问题的真相，那么我们就会明白，所有的真理与智慧，乃至事物的终极秘密，其实都包含于现实的事物之中，不过它们肯定仅仅包含于具体的事物之中，就像隐藏在矿石之中的黄金一样。问题是如何将它们提炼出来。相较之下，我们从书中最多只能获取二手的真理，而且我们经常完全无法从中获取任何真理。"*

通过将他自己的研究进路与康德的研究进路进行比较，叔本华写道："所有知识的源泉自始至终都与我的知觉相伴随……诚然，普遍概念应当是哲学在其中放置

---

* *The World as Will and Representation*, vol. ii, p. 72.

与存储知识的材料,而不应当是哲学从其中提取知识的来源;普遍概念是终点,而不是出发点。哲学并不像康德所定义的那样,是一门源自概念的科学,而是一门在概念之中的科学。"*叔本华以这种方式激烈地批评康德,这是因为康德在做出了整个哲学中最重要的区分(在现象与本体之间的区分)之后,他在随后的论述中似乎认为,我们可以通过概念分析来获得对于现象世界的最深刻理解,而概念分析实际上不可能做到这一点。

然而,倘若我们可以获得的最深刻理解无法通过概念来进行交流,这是否就意味着,每个人为了让自己获得这种理解的方式,仅仅是这个人在未受他人帮助时的个人努力,而这种理解在任何时候都是无法交流的?幸运的是,对于我们来说,情况并非如此。当然,根据叔本华的观点,确实可以推断出,我们从个人知觉中获得的诸多基本洞识,有可能比我们通过其他任何方式获得的洞识更有价值。但这是一个人们通常都会持有的观点,它几乎就是一种日常的看法。对当前的讨论来说更为关键的是,叔本华事实上相信,尽管对于独一无二的特殊性的洞识无法用概念来进行交流,然而,这种洞识本身是可以沟通的。归根结底,沟通存在着诸多并非概念的形式,这种沟通形式的范围包括了从"动物伙伴之间无声的共享信息"到"具备复杂结构的交响音乐"的所有精致而又广阔的领域。叔本华相信,艺术的特定功能就是表现概念在交流中不足以表达的那些深刻而又独特的洞识。即便某些伟大的艺术作品是由语词构成的(如诗歌、戏剧或小说),但这些艺术作品也不可能用语词来说出它们的"意思"是什么。用在叔本华所处时代之后才出现的术语(尽管这些术语最终还是导源于叔本华自己的思想)来说,一件艺术作品的意义是这件作品表现出来的某种东西,而不是这件作品能够陈述出来的某种东西:它是凭借表象的符号才将这些意义表现出来的,但由此表现的意义是被显示出来的,而不可能被说出来。因此只有艺术作品本身,才确实表现了或能够表现作品本身的意义,这不仅适用于语言的艺术,而且由于相同的原因,也恰恰适用于其他形式的艺术。艺术是一种媒介,是一种传播工具:艺术作品表现的是在艺术作品"背后"的某种东西,而这并不是在艺术作品中讲述出来的任何东西,即便在语言的艺术作品中情况也是如此。

由于叔本华持有这样的观点,因此相较于其他任何重要的哲学家,叔本华用来细致思考艺术的那部分哲学所占据的比重更大。叔本华花费了大量篇幅书写的另一

---

* *The World as Will and Representation*, vol. ii, p. 41.

个主题是性欲,几乎没有其他哪位大哲学家能比叔本华更多地提到这个主题。由于性欲是让人们来到这个世界的一种手段,叔本华感到惊讶的是,哲学家并没有理所当然地在他们关注的中心附近为它安排一个恰当的位置。对于每一个人的生存的决定因素是怀孕与死亡。哲学家无休止地撰写了大量与死亡有关的文字,但他们几乎都没有关注怀孕——最起码可以这么说,怀孕不仅对我们是重要的,而且怀孕的过程从头到尾对我们都是神秘的。

叔本华对人类的生活持有这样的见解:直接的经验远比抽象的思想更有力地影响着人类的个体,性欲在人类的生活中占据着核心的位置,艺术在人类的生活中不仅具有独特的价值,而且发挥着重要的作用,这种生活与绝大多数其他的大哲学家所书写的生活相隔数个光年的距离,但我立即就可以辨认出,这就是我自己经历并了解的那种生活。迄今为止,虽然我们尚未抵达叔本华哲学的核心,但我可以在这里说,相较于其他任何哲学家,叔本华在某种程度上是无与伦比的,他书写的恰恰就是与我相遇的那个世界,恰恰就是与我相遇的那种生活。除此之外,他总是将自己对于这个世界与这种生活所讲述的见解,放到他自己的知觉、感受与思想中进行重新创造。不同于其他的哲学家,叔本华与我共享一种同伴般的精神,他会用充满人情味的声音直接对我说话,他就像一位思维敏捷、洞察力强的朋友。在阅读他作品的时候,他仿佛在对我说话,一边将他的一只手放在我的胳膊肘上,一边在他的眼睛里闪烁着智慧的光芒。尽管我经常会不赞同他所讲述的观点,但我总是会聆听他的话语。

第 21 章
叔本华的哲学

叔本华相信，他的哲学应当被理解为对康德哲学的修正与完成，叔本华在自己的这个信念背后所主张的见解是，康德正确地将整个实在划分为现象领域与本体领域，但对于现象与本体分别是什么，康德的观点是错误的。对于现象领域，尽管康德说过，我们所有关于现象的知识都必然导源于经验，但在绝大多数情况下，康德将他那个宏大的研究事业导向了概念思维的本质，而不是导向经验的本质。这种探究事业本身具有无与伦比的深刻性与价值；然而，它在很大程度上没有考虑到我们关于现象的经验的独特现实性，而生活多半就是由这种具有独特现实性的经验构成的。叔本华在他的哲学的某个部分中，试图通过将这种研究推进到我们体验、认识与交流的那些独特而又详细的实际方式，来改造康德的整个工作；并以类似的方式，弄清我们的经验所具备的这种独有的特性究竟是什么。

对于本体领域，叔本华认为，康德犯下了两个基本错误：第一，在康德看来，本体领域本身是由如其所是的诸多（复数形式）的事物构成的；第二，康德将本体视为我们知觉的原因。第二个错误我先前已经有所论述。至于第一个错误，叔本华是按照某种类似的方式来进行推理论证的。

对于任何不同于其他事物的东西，必须为之先行假定空间或时间的存在，甚至必须为之假定这两者的存在。对于物体来说，这完全是显而易见的。对于一个不同于另一个事物的客体来说，它必定或者在不同的时间占据了相同的空间，或者在相同的时间占据了不同的空间，或者在不同的时间占据了不同的空间；倘若它在相同的时间占据了相同的空间，那么，这两个事物就是相同的客体（人们最终会发现，这种情况恰如暮星与晨星，或小说《威弗利》的作者与瓦尔特·司各特爵士[1]之间

---

[1] 瓦尔特·司各特爵士（Sir Walter Scott, 1771—1832），英国著名历史小说家和诗人，他的创作对欧洲历史小说做出了开创性的贡献，被尊称为历史小说的创始人。1814年，司各特匿名发表了一部历史小说《威弗利》，深受读者欢迎，司各特便化名接连撰写了许多部历史小说，直到1827年才公开承认自己是这些小说的作者。——译注

的关系）。然而，相对不那么明显的是，这个道理同样适用于抽象实体。你或许会说，自然数虽然彼此不同，但它们并不存在于空间或时间之中。然而，数这个概念在没有连续这个概念的情况下是不可能存在的；而连续的概念或者预设了空间的概念，或者预设了时间的概念，甚至有可能同时预设了两者；因此，只有在可以将空间或时间形成概念的话语领域中，自然数才有可能存在。你或许会说，诗歌、戏剧或交响乐并不存在于空间之中，而在恰当的理解下，它们也并不存在于时间之中；然而，在没有连续这个概念的情况下（例如，没有语词或音符的概念），它们仍然是无法形成概念的：这种艺术基本组成要素的排序对于确定作品的身份来说是至关重要的；事实上，没有这种排序，艺术作品所是的表象符号甚至都不可能存在；不过，任何这样的连续概念不是预设了空间概念，就是预设了时间概念，或者同时预设了两者。因此根据这样的分析，叔本华坚持认为，只有当我们接受了空间概念与时间概念的重要性与相关性的时候，区分事物的概念才可能拥有意义。不过，正如康德已经表明的，空间与时间是感性的形式。它们在主体不存在的领域（本身以独立于经验的方式存在的任何领域）中没有任何可靠的立足点。因此，只有在经验世界中才能区分不同的事物，而在本体领域中不可能存在这样的区分。因此，就不可能存在本身以独立于被经验的方式如其所是地存在的诸多（复数形式的）事物。

叔本华说，这意味着，无论在所有可能的经验范围之外存在的是什么东西，我们都会认识到，它是不可区分的。如果你愿意的话，你可以说，它就是"一"（或"太一"），但这可能让人误入歧途，因为"一"这个概念只有相对于诸如"多"或"多于一个"（当然或许也包括"少于一个"）这样的概念时才是有意义的，而这些概念在本体领域中也没有任何可靠的立足点。本体领域只有在以下这种意义上才可以被说成是"一"，即区分事物的概念无法适用于这样的领域。

除了康德给出的理由之外，这个论证也为叔本华提供了另一个理由来让他相信，我们永远不可能直接拥有关于本体的知识。知识就其本质而言是二元的：必定存在着一个认知对象与一个认知者。倘若存在的仅仅是某种无法区分的东西，它本身就是不可能被认知的。由于知识预设了诸多区别，据此可以推断的是，只有在现象领域，才有可能存在诸如知识这样的东西，而那种自身以独立于被经验的方式存在的事物是不可能形成任何知识的。尽管我们能够知道有关本体领域的某些情况，例如，本体是不可区分的，但我们永远也无法认识它。

在认识与知道相关的情况或状态之间的这种区别，在日常谈话中并不陌生，而且也没有导致任何混淆。我可以知道有关某个人的许多情况，因而也就能知道，这种说法、那种说法或其他说法是否适用于这个人，但我根本就不认识他：他或许在我出生以前就已经去世了。我们所有人都具备有关实体的大量知识，不管这种实体是抽象的还是具体的，但我们并非都能直接认识这些实体。我会认为，我们的绝大多数知识都属于这样的类型：我们所"知道"的绝大多数情况都是由别人告诉我们的，或者是我们通过推断或阅读而获知的。在"我们知道本体是如此这般的情况"与"我们无法直接认识本体"这两种说法之间，并不存在任何自相矛盾的地方，除非对于本体的这种情况来说，只有当某人直接认识这种情况时，它才可以被归属于本体领域。我强调这一点，是因为人们普遍会用一种拙劣而又错误的方式来谴责叔本华在这一点上是自相矛盾的。叔本华确实告诉了我们某些有关本体的情况，而与此同时，叔本华也确实说过，我们无法直接认识本体，但他的这两种说法并没有包含任何自相矛盾的立场。

因此，叔本华对于整个实在所持有的观点是，它是一种并非物质的、无法区分的、没有时间与空间的东西，我们永远无法直接认识这种东西，但它在一个可以区分的现象世界中向我们显示自身，这个现象世界是由空间与时间中的物体（包括我们自身在内）构成的。引人注目的是，叔本华的这个结论类似于印度教与佛教的主流传统所采纳的观点，但叔本华在抵达这个结论时并不知道这一点。叔本华并不是一个笃信宗教的人：他并不相信个人在死后还能继续生存，他也不相信上帝或灵魂的存在。他是根据西方哲学的核心传统中的理性论证才最终得出了他的这些观点，这个传统在前苏格拉底哲学家与柏拉图发起的讨论中得到了推进，后世的笛卡尔、斯宾诺莎、莱布尼茨、洛克、贝克莱、休谟与康德又对这个传统做出了大量的贡献。叔本华后来发现，印度教与佛教的思想家已经得出的结论类似于康德和他自己的观点，他就带着极大的兴趣研究了他们的作品，并开始在他自己的作品中提到这些思想家，这导致人们认为，叔本华被印度教和佛教的思想家所影响，但这种流行的常见说法并不是真实的：叔本华的任何重要思想都并非导源于这些思想家。尽管如此，叔本华确实接受了这样的观点，即在相距甚远的历史时期，在遥远大陆兴起的一些与欧洲无关的文化中，某些思想家按照诸多根本不同的方式得出了这些相同的结论，这个事实本身就是一个很好的理由来让人们认真严肃地对待印度教与佛教的思想。当基督徒认为叔本华的哲学与他们的宗教不相容，并以此为根据来反对他的哲学时，叔本华则会相当愉快地指出，那些赞同他的宗教信徒的数量已经超过了基督徒的数量。

就像许多佛教徒一样，叔本华最后得出的结论是，本体的不可区分性给了我们一把钥匙来解释道德的基础（但叔本华仍然是以独立于这些佛教徒的方式得出这个结论的）。我们人类是在空间与时间中的物体（人类或许还是其他的某种事物，但这对于这个论证来说并不重要），而这意味着，我们就像其他在现象领域中的客体一样，我们是某个无法区分的、既不在空间中也不在时间中的、因此必定不是物质的东西的显现。在现象世界中，我们作为个体而存在：我们作为占据了空间并在时间中延续的物体而存在于这个世界中；但是，这种区分只有在现象世界中才有可能实现。作为我们生存的最终基础的本体世界，它存在于空间或时间的具现化范围之外，我们在那里是不可能被区分的。因此，在先行规定的意义上，我们必定全都是"一"。因而在最终的意义上，倘若我伤害了你，我就不仅伤害了你，而且同时也伤害了我自己；倘若我对你做出了不公正的事情，那我不仅对你犯下了罪行，而且同时也对我自己犯下了罪行。叔本华说，这就是对道德的解释，因为这解释了我们对于其他人的那种同情的、无私的、感同身受的关切，可以说，这种关切就位于我们和道德之间，它是道德的基础，倘若你和我最终是分离的，这就会成为不可理解的事情。道德是由我们的道德行为的诸多后果组成的，而我们的道德行为就是被这种有关人类处境的终极真理所激发的，在这种意义上，这个终极真理是一种实用的形而上学。道德扎根于现象世界之外的地方，扎根于我们的形而上的统一性这个事实之上。根据这个立场，叔本华自己背弃了康德的那个将合理性作为伦理学基础的学说；在他作品最深刻的几页内容中，叔本华批评了康德的绝对律令并提出了他自己的颇为不同的观点。

对于我们有关物体的知识，康德详细阐述了一个精彩的理论，但他没有做出任何阐述的是，我们在充分意识到自己是物体这个事实之后可能带来的影响。一个人就是一个从内部认识自己的物体。对于这个事实，人们会产生某种惊讶的感受。在叔本华看来，这个事实或许能让我们在一定程度上有效地理解我们这种物体的内在本质，因而也让我们能够有效地理解并不是我们的物体的内在本质。

我们都是从外部来理解任何并非我们自身的事物的。我们看到与感觉到在空间中存在的物体，我们看到与听到它们正在运动，如此等等；倘若我们并不拥有从内部获取的关于我们自身的知识，我们就会完全根据这样的感觉输入来逐步建立一种对于外部世界的构想。我们对于其他人的理解，就只能导源于他们的外表与行为（包括他们所说的话在内）；我们会像对待其他所有的物体那样，在观察中将他们也当作物体，我们会按照理解其他物体的同一种方式来理解他们（或试图理解他们）。

我们确实充分地利用了所有这样的信息来源。但除了这些信息来源，我们还有一个相当不同的信息来源。在我们的认识范围内，有一种在各方面都独一无二的物体，对于这种物体，我们从内部就拥有一种直接的、当下的、并非来自感官的知识。实际发生的情况是，在这种物体的内部，正在发生的各种事物（诸如想法、感受、情绪与记忆这样的东西）都无法被看到、听到或接触到，但尽管如此，我们立即就可以理解它们，而其他任何人都无法做到这一点。我们从自身内部形成的关于这种物体的直接知识，在品质上如此彻底地不同于我们从外部形成的关于其他所有物体的间接知识，以至于我不知道如何用语言来表达这种差别。但我们之中的每一个人对这种物体都不感到陌生，每个人都可以根据自己享有特权的直接知识了解到，内在经验就像外在经验一样，也有可能是多变的，具备多种性质的，复杂的与难以理解的，而且它的影响与意义或许也像外在经验那样是深刻的。

　　在这种情况下，叔本华说，倘若我们想要理解这个世界的内在本质与意义，那么我们肯定需要不仅沿着外在经验的道路，而且还要沿着内在经验的道路来从事我们的研究，因此，我们应当采纳这两条研究的路线，而不是试图仅仅以外在经验为基础来构造一种世界观。在我们对于其他人的理解中，我们已经发现，我们能够理解他们在空间与时间中的活动，能够理解他们的某些活动所发出的声音，而这仅仅是因为我们假定，他们拥有内在的生命，这种内在的生命虽然在内容与细节上有所不同，但其采纳的诸多模式与形式明显与我们相似（尽管这既不是我们直接观察到的，也不是我们能够观察到的）。通过将他们与我们自身进行类比，我们就会知道（倘若"知道"是一个过于强硬的词，那么或许可以说，我们就会推断出），他们绝大多数可观察的行为，就是我们通常所认为的那些具备某种意志的行为。可以说，我们"从内部"知道这种行为是怎样的（尽管我们在这里仍然只是运用了类比的方法）。倘若坐在我对面的一个人的身体离开了他的座椅，站起来走过地毯来到一张桌子旁边，用他的一只手打开位于桌子上的银色盒子，从里面取出一支雪茄，并将雪茄塞入嘴中，那么我就会知道，发生这些事件的原因是，这个特定的人物想要一支雪茄。我知道雪茄是什么，我对想要抽雪茄的心理状态也有一些了解，虽然我自己从来也没有抽过雪茄，但我仍然对这样的状态有一些了解。倘若我对这些情况没有任何概念，我先前观察到的这个物体在时间和空间中所做的这些活动就会让我无法理解。在这些环境下，我或许应当从事的有益思考是，推断这些活动的意义有可能是什么。

　　在最近的几个世纪中，相当多的西方人相信，我们应当竭尽所能，从那些可以在主体间进行观察的东西中构造出有关事物存在方式的整体概念,他们经常将这种信念作为一种原则。这样的研究纲领所承诺的是一种科学的整体实在观。在叔本华看来,它几乎就是一个荒唐的谬误,这并不是由于叔本华有任何理由来反对科学,而是由于这种研究纲领显然具有诸多不必要的局限性。就像自前苏格拉底时期以来的几乎每一位大哲学家一样,叔本华对于科学具有强烈的兴趣,他在科学领域中的知识是渊博的,叔本华认为,在我们试图洞察生命意义的努力尝试中,科学是我们可以获取的信息与知识的最重要来源之一。(在大哲学家中不这么认为的人并不多见,而最著名的例外是苏格拉底。)就像康德一样,叔本华相信,科学的方法与科学的标准对于它们自身的领域必然拥有无可争辩的管辖权,对此做出任何否定,都是无知的、蒙昧的或不合理的。在叔本华看来,科学知识的增长可以被列为人类历史的少数荣耀,这是人类能够为之感到骄傲的少数几种成就之一。科学不断让我们感到惊讶,它以令人震惊的方式揭示出,这个世界不同于我们先前所做的猜想,并且在各种方面反复向我们揭示出这种令人震惊的不同之处。那些科学研究的领军人物是具有深刻的原创性与洞察力的天才。尽管如此,科学所给出的解释虽然具备惊人而又丰富的价值和魅力,但这些解释并不是面面俱到的,因为科学的特征恰恰是,它解释事物的依据是那些本身还有待解释的东西。例如,物理学倾向于根据科学定律来给出解释,而科学定律涉及的是诸如质量、能量、光、重力、距离和时间这样的实体与概念。倘若在物理学给出的这些解释中,我们迫切要求对其中的某个解释再做出解释,我们就有可能根据其他的解释来给出这样的解释。因此,在这些解释的基础层面,这些解释是循环的。物理学不会比这样的解释更加深刻:它终止于这样的解释之中。倘若你所追求的是对所有这些被整合起来的事物(这个世界本身)做出解释或理解,那么,就科学的本质而言,它恰恰无法提供这样的解释或理解。科学能够极为有启发与极为有效地告诉我们在现象世界中发生了什么,但它无法告诉我们"世界是什么"这个存之谜,当科学终止解释时,这个谜团和它在科学开始解释时一样令人困惑——它事实上甚至变得更加令人困惑,因为我们在科学探究的过程中发现的有关这个世界的事实真相越多,我们就越会发现这个世界是令人不安与令人震惊的。

  因此,人们无法在科学中寻求最终的解释。那种坚持认为科学提供了最终解释的信念,并不是一种科学的信念,而是一种对于科学的信仰,一种形而上学的信仰,一种信仰的活动,我认为,如今相当容易就可以证明这种信仰的不恰当性。在最粗劣的状态下,这种信仰会采纳一种唯物主义的形式,叔本华曾经将唯物主义描述为"主体忘记了考虑他自身的哲学"。令人遗憾的是,许多人似乎都拥有这样的特点,他们让自己信奉这样一种信仰活动,他们相信科学具有最终解释一切的能力,并且将任何否定这一点的人都理解为对科学抱有敌意。但实际情况根本不是这样的。康德是一位非常有能力的物理学家,他对宇宙学做出了具有深刻原创性的贡献;其他的一些大哲学家是具有原创性与创造力的数学家,某些大哲学家甚至在这门学科的历史中赢得了最为著名的声誉:实际情况根本不是这些哲学家无法理解科学的本质与重要性,或想要贬低科学(尽管这种说法对于人文学科的某些专业学者来说或许是真的,而且对于那些所谓的文学知识分子来说或许也是真的)。在绝大多数的大哲学家看来,为了理解这个世界,对于科学的兴趣与科学知识都是不可或缺的。毋庸置疑,在从柏拉图到波普尔的整个哲学史中,西方哲学都与科学,特别是数学物理学紧密地关联在一起。然而,所有的大哲学家都清楚地懂得这个道理,即根据科学的术语无法解释一切。叔本华明确地表示了这一点。在他看来,非常清楚的是,在我们理解这个世界的努力尝试中,我们不仅必须充分而又热忱地运用科学的所有资源,而且还应当充分而又热忱地运用其他的资源。

为了让关于某个事物的科学知识成为公认的资源素材,经验就必须在诸多主体之间都是有效的。倘若任何人想要求助于只有他自己能够完成的观察来作为科学的诸多论断的基础,那么这种做法就是无效的。但根据我们主体的内在经验的本质,每个个体恰恰只能通达于他自己的内在经验。正如我们已经看到的,为了要寻求对这个世界的内在本质的更深刻理解,尽管我们只有在自己的内部才能形成对于物体的直接知识,但由于这种知识的非同寻常而排除掉它们,这种做法对于我们来说显然非常自相矛盾。这会成为康德所犯错误的一个更为深刻的版本,因为康德的错误在于,他试图通过对我们的抽象概念与普遍概念的形成过程进行分析,而不是通过让自己专注于个别事物与具体事物本身来理解事物的本质。我们每个人或者是一个独特的物体,或者在一个物体中有所表现,这取决于你对人类本质所采纳的观点,而在这两种情况下,对于大量在特定的物体内部发生的事情,我们每个人都具备专门的途径来获取直接而又当下的相关知识。在这种条件下,通向对事物内在本质的更深刻理解的坦途,必定不仅需要对外在经验的探究,而且还需要对内在经验的探究,倘若要得到更多的深刻理解,就更需要借助对内在经验的探究,而不是对外在经验的探究。不过倘若实际情况是这样的,这些探究的对象就不会是科学探究通常意指的对象。正如叔本华在他的一则笔记中所表达的:"长久以来,哲学的探求都是徒劳的,因为它是按照科学的方式,而不是按照艺术的方式来进行探求的。"

我们已经看到，尽管我们最深刻的内在经验无法用一般的概念语言来表达，但它们或许可以用艺术作品来表现，而每个这样的艺术作品都是独一无二的。因此，以艺术作品这种方式表现的，恰恰就是哲学需要理解的某种东西。根据这个观点，叔本华继续论述了如下这些问题，相较于其他任何大哲学家，叔本华对这些问题的论述更加充分，也更加富有深刻的洞察力：艺术表现的究竟是什么？艺术究竟是如何表现的？艺术究竟为什么要进行这样的表现？艺术对艺术家及其观众的意义是什么？为什么艺术对艺术家及其观众如此重要？不同于其他任何哲学家，叔本华用一种非常不同的旨趣来论述这些问题。但叔本华的这些论述在各方面都是对科学的补充，而绝对没有表现出一种对抗科学或对科学缺乏赏识的态度。尽管在叔本华的那个时代里还没有人谈论"两种文化"，但相较于其他任何哲学家，叔本华更为充分而又协调地将两种文化结合起来。不过，在我更为详细地探究这方面主题之前，我还需要更多地评述叔本华在内在经验的本质上的诸多发现。

叔本华持有的观点是，倘若我们尽可能深刻地向下挖掘我们的内心，我们最终得到的是某种想要生活与生存的意志，而这正是一种追求存在的意志。在叔本华看来，确证这一点的是对于其他人的行为方式的外在观察，特别是当他们处于压力或极端处境时，他们所持有的最终动机就可以揭示这种意志。但在表述了这个观点之后，叔本华对各种情绪与感受的考察越多，他就越是倾向于认为，所有这些情绪和感受都是意志的变化形式。叔本华远远没有将这个观点当作自己的一个发现，他看到，这个观点已经被诸多著名的思想家认识到，它甚至可以追溯到圣奥古斯丁："意志存在于所有这些感情之中；事实上，它们仅仅是意志的诸多倾向。因为让我们感到满足与欢欣的，只不过是意志与我们所欲求的事物相一致；让我们感到害怕与难过的，只不过是意志与我们所憎恶的事物争执不休。"[*]因此，我们的整个内在生活或者是由意志的各种表现构成的，或者是被意志的各种表现所支配的。

用最简短的方式说（这种说法不仅是粗略的，而且带有隐喻的意义），这意味着，尽管人们在外部观察中将他们自身呈现为诸多在空间与时间中的物体，但他们的内在本质是一种意志，一种无法以外在的方式进行观察的意志。在人们观察彼此的时候，他们所能看到和听到的仅仅是诸多物体，以及这些物体在空间与时间中的运动；人们根据自己的内在经验认识到，他们自己的身体在空间与时间中的运动是具备意志的行为，正是仅仅由于这一点，他们就能够将其他人所展示的运动理解为

---

[*] *The City of God*, Book XIV, chapter 6.

具备某种意志的活动，因而将它们理解为行为。与这个事实有关的一个要点是，它证明了对于空间与时间中的物体来说，那些可以在主体间观察到的信息，并没有向我们提供所有可资利用的相关信息，它们也没有给予我们所有必要的信息来让我们理解其他人。

某些人在追随叔本华的哲学研究达到这一点时或许会轻易地妄下定论，他们会说："叔本华打算说的是，我们从内部获得的关于我们自身的知识，就是关于物体的知识，关于事物本身的知识，因此也就是关于本体的知识；我们由此发现，事物的内在本质，即本体，就是意志——而最终的分析表明，这种意志就是追求存在与追求生存的意志。"有好几代仓促阅读叔本华或道听途说的人都轻率地得出了这样的结论，这已经造成了无尽的混淆与误解。因为叔本华不仅没有说过，而且也并不相信，我们从内部获得的关于我们自身的知识，就是关于本体的知识。事实上，叔本华明确地否定了这一点，他给出了三个理由来表明为什么不可能是这种情况，而这些理由是如此有力，以至于其中的任何一个理由都是决定性的。

第一，我们的内在感觉存在于时间的维度之中，没有时间，内在感觉就是不可想象的。康德教导，而且叔本华也同意的一个观点是，时间正是内在感觉的一种形式。然而，时间只能存在于现象的领域之中。因此，我们在内在感觉中形成的关于我们自身的知识所展示的是现象世界，它并不构成关于本体的知识。

第二，任何种类的知识从根本上只能存在于现象的领域之中。正如我已经说过的，这是因为任何知识必定具备二元的结构：必定存在某种认知的对象与某种认知者，即某种被理解的事物与某种进行理解的事物。由于知识具备的这种结构，由于本体是无区别的与不可区分的，因此人们永远也不可能认识本体的领域。这是当前语境下的一个最基本的要点，因为这意味着就其本质而言，永远都不可能存在关于本体的知识。叔本华清楚、明确而又反复地论述了这个观点；然而，自从他开始写作以来，他就在这一点上被人们误解。在解释叔本华的哲学时，倘若将"我们已经或终究能够对本体有所认识"这个观点归于叔本华，那么，任何这样的解释都对叔本华整个思想体系中的某些基本观点做出了错误的论断。

叔本华的第三个理由导源于经验的观察。叔本华对内在经验的研究，以及他对我们从内部获得的关于我们自身的知识的研究，将他导向了这样的结论，即我们的大多数知觉、愿望、期待与恐惧都没有在有意识的经验中呈现它们自身。甚至在弗洛伊德诞生之前，叔本华就已经详细阐述了通常被认为是弗洛伊德的压抑理论的东西，而弗洛伊德宣称，压抑理论就是精神分析的奠基石。进而，叔本华在这个论证中还提供了所有必要的关联：通过那些详尽给出细节的例证，叔本华清晰地讲述了我们自己的内在生活的绝大部分内容，而这些内容对我们来说是未知的；我们不知道这些内容，因为它们受到了压抑；它们之所以受到压抑，是因为倘若我们勇敢地面对这些东西，这就会让我们产生在一定程度上无法处理的困扰；之所以会出现这种情况，是因为它们并不符合我们希望维持的那个关于我们自身的看法；之所以会造成这种不符合的情况，是因为诸如性动机、追逐私利、攻击性、嫉妒、恐惧和残忍这样存在于我们内心的东西已经达到了极高的强度，但我们不希望承认这些东西的存在，甚至不希望承认它们存在于我们自己想法的隐蔽之处；因此我们就欺骗自己，隐瞒那些与我们自己的性格和动机有关的东西，仅仅允许我们能够处理的那些对于自身性格和动机的理解出现于我们有意识的心灵之中。这就意味着，我们远远不了解我们的内在自我，因为我们的内在自我是无意识的，即便这种知识在理论的层面上是有可能存在的，我们也不可能认识我们的内在自我；此外，即便我们拥有了这样的知识，我们也没有能力来处理应对这样的知识——事实上，我们许多人都会在这样的认识中崩溃。因此，我们将永远不知道我们内在自我的真实本性，即便我们内在自我的某些部分如此接近于我们的意识，以至于它们激发了我们的想法、我们的言语、我们的决断与我们的行为，但我们仍然永远不会知道它们的真实本性。因此，我们从内部获得的关于我们自身的知识不仅远远没有构成关于本体的知识，而且它们甚至不能被当作关于现象领域的详尽知识。

这也就意味着，无论是在我们自身之外，还是在我们自身之内，都始终存在着一个向我们隐藏自身的潜在实在，它永远不可能在经验中与我们相遇。我们永远不知道它本身究竟是什么。就其本身而言，任何种类的知识从根本上只有通过某种特定的装置（我们会发现自己在这种装置中表现为现象领域的存在者），只有在这种装置决定其本质的诸多形式中，才能被我们认识。除非我们以某种方式成为所有这些被经验到的现象的创造者——我们大多数人都会觉得，这个命题是难以置信的，但费希特就相信这个命题——否则这些分离的现象就不可能都来自我们自身：在某种意义上，它们必定是除了它们自身或我们自身之外的某种东西的显现，这种东西的存在是导致这些现象的原因，但我们永远无法与这种东西发生直接的接触。

这就是康德的信念，叔本华也相信这一点。康德似乎让人们假定他真诚地相信（尽管康德明白自己不可能知道），那些不可知的与不可经验的事物秩序不仅包括了作为创造者与立法者的基督教上帝，而且还包括了人的不朽灵魂；但在阅读康德作品（特别是康德传记）的过程中，我逐渐形成的印象是，相较于康德给人们留下的对他自身立场的看法,他更像是一个不可知论者。特别是他似乎已经看到了笼罩在我们死后生命这个问题之上的不确定性。我并没有暗示康德在智识上不够诚实:我认为,在关于上帝的存在或灵魂的存在问题上,康德并不确定他自己相信什么,或在这个语境中至关重要的是,康德并不确定他自己不相信什么。康德热情而又坚定地相信基督教的伦理。他所采纳的观点是,这种伦理的真实基础在于理性,而不在于信仰或启示,因此事实上,信仰或启示在这种重要的意义上是多余的,尽管康德并没有这么说过。他确实采纳了这样一个观点,即对于"道德包含了什么"这个问题,人类已经获得了一种多少是正确的见解,而几乎早在两千多年前,人类就已经用宗教学说的方式做到了这一点,随后人类才以理性证明的方式做到了这一点——事实上,前面这种方式帮助与推进了后面这种方式。无论是按照哪种方式,康德似乎都认为,基督教是一种重要的美好事物,虽然它具备的能力不够充分;当然,康德从来也没有明确地断言过基督教所具备的能力的不充分性。当人们考虑到康德生活的那个时代与那个国家,就会发现,在那时对基督教信仰的任何公开质疑,都会招致刑事诉讼与刑事处罚;甚至康德在自己作品中的立场也由于宗教的缘故,与官方的审查制度发生了冲突;为了避免遭受审查,康德不得不向他的国王承诺,他不会再发表任何论述宗教主题的作品;康德最关心的是,让他论述批判哲学的主要作品能够畅通无阻地得到传播,因此他不应当助长审查机制对它们的非难;而康德的行为看起来就像人们对他合理期待的那样开明。

叔本华公开表露自己就是一个无神论者,他是第一个这么做的西方大哲学家。其他诸如霍布斯与休谟这样的大哲学家或许事实上也是无神论者,但他们不可能在自己的作品中明确表示这一点,否则就会招致法律的制裁。叔本华公开表明的观点是,既不可能存在一个人格化的上帝,也不可能存在不朽的灵魂,因为这两个概念本身就具备了固有的矛盾。叔本华的论证是,我们的人格概念导源于在空间与时间中具体呈现自身的人类,由此导致的结果是,没有任何意义可以附加到那种归属于在空间与时间之外的非物质实体的人格之上。特别是我们无法在没有诸如感觉、想法与态度这样的特征的情况下来设想人格;对于这些特征来说,无论我们可以将什么意义附加到指称它们的语词之上,它们都依赖于大脑与中枢神经系统。而且人格化的上帝概念也需要涉及个体化。灵魂概念也存在着类似的情况:在没有指称类似知觉意识这样的特征的情况下,不可能将任何意义附加到灵魂这个术语之上,而知觉意识的意义又依赖于它们可以适用于其上的一种物体,即大脑的存在;在没有个体化概念的条件下,同样不可能将任何重要意义附加到灵魂这个概念之上。对人格化上帝或不朽灵魂的谈论也是不融贯的，因此这些谈论可以说是没有意义的。虽然叔本华也确实说过，恰恰由于本体并不是物质，它在所有可能的空间、时间或因果关系之外，它是不可知的与不可概念化的，对于这种事物肯定成立的真实情况是，我们几乎不可能形成与它有关的任何概念，我们永远都不应当忽略这一点，虽然对于这种事物的本质而言，我们几乎说不出多少东西。

在很大程度上，我们对于本体的认识是否定性的。由于时间与空间是感觉的形式，我们就知道，实在本身独立于经验，它不可能拥有时间或空间的特性。由于对事物的区别不是预设了时间，就是预设了空间，或者预设了两者，本体就是不可区分的。由于物体只能存在于时间与空间之中，本体就不可能是物质。由于因果关系预设了连续性，而连续性不是预设了时间，就是预设了空间，或者预设了两者，本体就不可能涉及任何因果关系。由于知识需要有所区分，本体就是不可知的。由于知觉与认识的所有范畴都依赖于主体，本体自身的存在就明确地不可能符合我们的范畴。

至于我们对本体所知道的肯定的、最基本的，同时也是最直接的情况是，现象世界（经验世界）是本体世界的显示。"显示"这个术语所指示的并不是一种因果关系。尽管康德错误地做出了这样的假定，实际上不可能发生的情况是，本体的对象是我们所经验到的诸多现象的原因。我们在这里关注的是两个方面：多是一的显示。它们之间的关系是神秘的，这种神秘的意义不仅表现在人们不可能在诸如当前的理论说明框架下对这种关系给出一个恰当的解释，而且说得更确切些，它还表现在人们不可能在生活中对这种关系给出一个恰当的解释。我们发现，甚至当我们最直接的经验（如现象世界本身）就是本体的直接显示时，我们自己也无法对这些经验的诸多方面给出解释——众所周知，不可能证明外部世界的存在，也不可能证明道德的绝对律令的存在或音乐中的美的存在。我们都熟悉这些事物，在这种意义上，"这些事物是神秘的"这个事实本身并不让人们感到惊讶：叔本华所给予我们的是，他对于这些事物无法得到解释的原因做出了一种解释。

叔本华讨论了对本体采纳一种语言形式的困难。本体永远是不可知的与不可概念化的，从表面上看，这个事实似乎意味着，无论采用什么术语，这种术语都仅仅是对 x 的一个加长的替代物。但叔本华主张，我们知道有关本体的某些情况，而这个事实或许会产生的结果是，我们能比仅仅表述一个 x 做得更好一些。我们所寻求的是一种在存在中显示自身的基本驱力的名称。叔本华考虑的第一个术语是"力"（在德语中的词是 Kraft）。但在讨论这个术语的过程中，叔本华逐渐得出的结论是，这个概念与自然科学有着特殊的关系；由于科学的适用范围仅仅被局限于现象世界，力就是一个不恰当的术语：它会背负太多相互矛盾的关系。因此叔本华考虑到了第二个术语，意志（Wille）。经过反思之后，虽然叔本华仍然有些犹豫与不情愿，但他还是采用了这个术语。他采用这个术语的部分原因是，在我们试图从内部探究自身的过程中，我们在最终层面上遇到的就是某种追求生存的意志，它看起来就像是这种追求生存的形而上驱力在经验中的最基本显示，而这种形而上的驱力就被我们视为本体。而且我们会发现，对于我们拥有独一无二的特权从内部通达的那些物体来说，它们在空间中的那些可在外部观察到的运动，实际上就是具备某种意志的活动——根据分析，我们就会意识到，在实际情况中，意志活动并不是身体行为的原因，这两者是相同现象的两个不同方面。"我说的是，在意志活动与身体行为之间，无论如何都不存在任何因果关系；恰恰相反，二者直接就是按照两种不同的方式来理解的同一个事物，也就是说，在自我意识或内在感觉中，它被当作意志活动，而在大脑形成的外部知觉中，它被当作身体行为。"* 当然，不应当遗忘的是，无论我们从内部获得的有关我们自身的知识有可能是什么，我们永远不可能拥有关于本体的知识。即便如此，我们仍然可以得到一个暗示，即所有这些没有自我意识的、构成了物理宇宙的绝大部分内容的物体运动，都例示了没有意识到自身的意志的某种显示。

整个宇宙是由大规模不断运动的物质（拥有一定数量和大小、具备特定的速度、占据广阔的宇宙空间的天体）组成的，这种物质已经超出了人类的所有想象范围；我们只能认为，这些在数额上不可想象的能量必定是在"某个地方"产生的。然而，能量并不是在"另一个"世界中产生的。根据更为彻底的考察，构成一切物质的能量必定是存在的。物理学家如今亲自告诉我们，能量是宇宙的最终组成成分，所有的物质与运动都仅仅是能量的不同形式。因此，无论本体是什么，能量都是本体在现象世界中的直接显示，它构成了各种各样具有无限差异的物体及其运动。倘若我们想要用一个词来指称本体，我们所寻找的就是指称这样一个事物的词，这个事物在现象中显示为一种无边无际的、没有意识的、不具人格的、并非生命的、没有意图的、完全没有目的的驱力。

叔本华最终的设想是，本体是某种没有自我意识的、就其本身而言没有区别的驱力，它在经验世界所展示的各种不同现象中显示自身，但它们都是同一个事物。

---

* *The Fourfold Root of the Principle of Sufficient Reason*, tr. E. F. J. Payne, pp. 114-115.

生命将在其中某些现象的发展道路中出现，某些具有生命构造的物质进一步按照这样的方式发展，以至于他们形成了人格与心灵。在这个过程中，心灵、与心灵有关的一切以及所有有意识的生物，都属于第三代的产物。在根基处存在的是本体，而不管本体是什么；接下来存在的是物质现象，本体在物质现象中显示自身；然后才是某些拥有心灵的现象。换句话说，心灵是某种刻画了物体的某个子集的特征，而这个子集的规模并不特别大。心灵更直接地与物质关联在一起，而不是与本体关联在一起，事实上，心灵显得或者是物质的活动，或者是物质的随附现象：我们所知道的心灵，都是在物体中具现化的。因此，倘若我们最终将在诸多存在者中显示自身的原始形而上驱力称为"意志"，这并不意味着我们将它理解为与意识、心灵或任何种类的自我意识有关的东西：它无关于目的、愿望或意图，它并非必然与生命有关，生命是极其偶然的，它轻易就能永远都不再存在。意志所意指的是某种不仅先行于生命，而且先行于物质的东西，它是一种盲目的、并非物质的、不具备人格的、没有生命的力量。在一潭水、一块石头或一颗死星中，与在一个人或一次人类行动中，都具备了同样多的意志。当然，人类也是在这种意义上的意志的具现化——形而上的意志、本体的意志的具现化——但正是在这个相同的意义上，所有的物体也是这种意志的具现化。在拥有任何生命之前的宇宙，也只不过是这种意志的具现化。我们或许会在我们自身之中意识到一种追求生存的意志，但这种意志本身并不是本体的意志，而是本体的意志在现象世界中的显示，因此实际上，本体的意志所显示的一切才有可能成为知识的对象。

在决定以这种方式来使用"意志"这个词之后，叔本华对读者做出了一个严肃的警告："任何人倘若无法领会这个概念所要求的外延，他就永远会陷入误解之中。"* 令人遗憾的是，虽然叔本华非常正确地意识到需要做出这样的警告，但他的这个警告是徒劳无效的。尽管叔本华明确地反复强调了这一点，但他的哲学更多的是被人们误解，而不是被人们理解，这仅仅是因为：好几代读过叔本华与没有读过叔本华的人都认为叔本华说过，本体就是意志，而这种意志类似于我们通常用意志这个词所指的那种东西，因此我们作为行动者，从内部获得的关于我们自身的直接知识，就给予了我们关于本体的知识。尽管可以用大量的引文表明，人们所持有的这两个基本的误解就是误解，但人们撰写的许多研究叔本华的论著在整体上都表现出了这些误解，而且人们还在撰写这样的论著——更不用提在辞典与百科全书中论

---

*   *The World as Will and Representation*, vol. i, chapter 22.

述叔本华的条目和在一般的研究中论述叔本华的章节了。正如在休谟与康德这两位人们更熟悉的哲学家那里经常发生的情况，当哲学家的说法如此对立于我们惯常的想法，聪明的读者甚至都有可能在他们不够慎重的情况下，根据他们更加熟悉的观念来理解哲学家的话语，而这些观念会让他们误入歧途。

叔本华得出的结论是，最终的实在必定是不可区分的一，但叔本华并不是第一个得出这种结论的西方大哲学家。事实上，这种思想屹立于有记载的西方思想史的那扇大门的入口之处。巴门尼德就持有这样的观点，而他被描述为在苏格拉底之前的所有哲学家中最有原创性与最为重要的一位哲学家。叔本华有好几次提到了巴门尼德，并且令人信服地诠释了巴门尼德的思想，他的诠释表明，在某种意义上，巴门尼德与他自己的思想是一致的——例如，叔本华援引了巴门尼德的这个观点，即爱欲（*Eros*）是最终的原则，其他一切事物都是从这个原则中出现的，以此方式，叔本华就将巴门尼德的这个观点关联于他自己的那个有关形而上学意志的学说。（在这个观点上，巴门尼德在弗洛伊德之前就已经考虑到了力比多这个概念，但这个概念更为直接地导源于叔本华。）柏拉图为我们描述了一场大约发生在公元前450年的哲学讨论（柏拉图或许虚构了这场讨论），这场讨论是在老年的巴门尼德、中年的芝诺与在那时"非常年轻的"苏格拉底之间进行的。可以肯定的是，苏格拉底从巴门尼德那里学到了一些东西。因此就此而言，柏拉图也从巴门尼德那里学到了一些东西——除了其他的许多观念，柏拉图从巴门尼德那里学到了这样的观点，即最终的实在必定是某种无法被人类的感觉所辨识的事物，尽管如此，人类可以通过他们的抽象思维能力来认识最终的实在。

在柏拉图的作品中，这种观点逐渐发展成了他著名的理念学说，毫无疑问，这个学说是柏拉图哲学的核心，以至于"柏拉图主义"这个词很快就被专门用来指称这个学说，自此以后人们都沿袭了这种做法。柏拉图的信念恰恰是，最终的实在是由永恒不变的抽象形式构成的，这些抽象形式存在于任何有关空间或时间的考虑要素之外，它们在所有的个别事物中显示自身，而这些个别事物都在我们的感官知识与感觉经验的世界中产生与消逝。在经验世界中，没有任何事物能够保持不变，实际上也没有任何事物能够保持到最后：所有的事物永远都在变化，并最终衰败。但是，作为这个世界的组成部分的短暂事物是某些永恒事物的退化复制品：它们仅仅是转瞬即逝的复制品，它们永远在取代彼此；它们是没有变化的、永恒的、并非物质的持存者的复制品。（这个学说在基督教的发展中起到了至关重要的作用；历史事实恰恰表明，早期的基督教思想家有意识地从柏拉图那里接受了这个学说。）按照柏拉图的观点，人类可以抵达的最高意识状态是对理念的直接认知，在这种状态中，心灵在物质之上展翅高飞，并与不受时间影响的抽象理念保持一致。柏拉图相信，数学是一条通向这种理解模式的高贵道路，这种理解模式能够把握那些构成最终实在的无限而又永恒的实体。这就是为什么柏拉图在他的学院入口处放置了这样的文字："不懂数学者不得入内。"柏拉图相信，理解经验世界的关键就是数学物理学。自此以后，这个信念就成为西方哲学的基本信念，并成为西方哲学有别于其他哲学传统的主要特征，由此导致的一个事实是，数学物理学的每一次革命都在哲学中引起了一次相应的革命。

在这两种革命中的主要人物是柏拉图与康德这两位哲学家，叔本华对这两位哲学家的尊敬超过了所有其他的哲学家。叔本华的第一本书是以如下这个多少让人有些吃惊的语句开始的："神圣的柏拉图与令人震撼的康德……"叔本华出于许多理由而采纳了这两位哲学家的观点，特别是由于叔本华可靠地把握了这两位哲学家的如下理解，即经验世界，甚至包括我们最为直接的知觉和经验的对象在内，都不是最终的实在，甚至都不是独立的实在。叔本华意识到，这个洞识几乎不可避免地会违背直觉，但这也是他如此赞许地尊重这两位持有该洞识的哲学家的原因之一，叔本华相信，获得这个洞识是哲学中最为重要的一步，可以认为，它是人们形成任何哲学理解的名副其实的必要条件。尽管如此，在叔本华看来，柏拉图就像康德一样，错误地让他的最终实在观成为一种多元的实在观，而实际情况不可能是这样的：康德假设的是诸多物自体，而柏拉图假设的是诸多理念。叔本华在对柏拉图的这个假设做出的回应中并没有否定柏拉图理念的存在，他甚至没有否认这些事物是多元的，但他否认这些事物是最终的实在。这些事物不可能是最终的实在，这不仅是由于它们是多元的——尽管凭借这一个理由就已经足够——而且还是由于它们与认知不可割裂地关联在一起。在知识或任何可以认知的事物之中，没有任何东西是最终的实在。

在叔本华将柏拉图的理念引入他的形而上学的方式中，存在着某些令人不安的东西。叔本华是在阐述自身哲学的后期才这么做的，直到那个时候为止，读者被导向了这样一个可以预料到的观点，即叔本华持有的是一种关于构成了本体的整体实在的二元观，叔本华用符合他专门意义的"意志"这个术语来指称本体，而现象世界是由感觉与理智的诸多表象构成的——因此这也就是叔本华的杰作《作为意志和表象的世界》的书名由来。但如今，叔本华突然用柏拉图理念的形式引入了整体实在的第三个组成成分。这些理念是多样的与可知的，因此它们不可能是本体，但它们也不是现象，它们是居间的事物。恰恰只有通过它们在诸多现象中的显示，我们才能从根本上知道它们的存在，但即便如此，它们的现象显示的也不是它们自身。以一个科学定律为例：比方说，在恒常的温度下，任何气体的压强与体积成反比。只有通过观察在现实的空间与时间中的实际气体的活动，并根据这些观察资料做出推论，人类才能获得与这样的定律有关的知识。这个定律本身并不是某种独立而又抽象的实体，而是可以被我们用某种方式直接"认知"。不过，这个定律的每次个别表现所显示的都不是这个定律。这个定律本身是抽象的与普遍的。即便如此，若称这个定律在现象世界之外有任何可靠的立足点，在这个世界之外也存在着空间、气体、热量与压强，这显然是荒谬的。只有在它的具体显示中，也只有通过它的诸多具体显示，这个定律才存在。于是，我们在这里拥有的是某种抽象的、独立于时间与空间的、普遍的东西，而这种东西又在与时空中的物质相关的现象世界中显示自身——在所有这些方面，它都共同享有本体世界的本质——尽管与此同时，它仅仅是众多科学定律之一，无论如何，这个定律的适用范围都无法超出现象世界，它都无法在现象世界之外存在，而是存在于现象世界的物质材料的诸多组成部分之中。

　　叔本华似乎认为，他需要这种形而上的居间范畴来解释由一变成多的方式（而不是由一变成多的原因——这样的问题不会有任何意义）。科学定律就是柏拉图的理念，柏拉图的理念不仅位于时空中的物质结构与运动的背后，而且位于某些作为有机体的物质发展的背后。种与属就是柏拉图的理念，根据这些理念，每个有生命的个体得以确定自身：这是一只猫，那是一根草，如此等等。叔本华同样需要某些这样的形而上范畴，以便于解释那个作为一种盲目的，不具人格的、没有方向的力的本体太一，何以没有在一堆缺乏形式或结构的客体中显示自身，何以没有在一切事物都彼此不同的混沌状态中显示自身。现象世界（从单细胞到无法想象的巨大银河系，以及居于这两者之间的其他事物）在每个层面上都展示了一种深刻而又复杂的结构，既在客体本身之中，又在客体的行为之中展示了这样的结构。可以说，柏拉图的理念是一种深层语法，通过这种语法，本体在现象的语言中找到了表达自己的方式。

　　不过，叔本华似乎认为，他在另一个语境中也需要寻求柏拉图的理念的帮助，而这个语境就是他的艺术理论。除了音乐之外的所有艺术的特征是，它们描绘了包括人们在内的现象世界的个别内容，然而，它们的描绘方式让我们通过特殊的事物，有意识地接近某种普遍的事物。我们在这里讨论的艺术作品或许是这样一幅绘画，它描绘了在极其寒酸的卧室地板上的一对旧靴子，但这对靴子几乎没有任何装饰，然而，在我们看来，这幅绘画仍然能够表现某种具有普遍重要性的东西。叔本华说，在此出现的情况是，我们通过对柏拉图理念的一次独一无二的实例化而理解了柏拉图的理念，因此我们就在真正的意义上，在特殊的事物中理解了普遍的事物。柏拉图相信，对理念的直接认知是人类能够拥有的最高认知形式；叔本华在一定程度上同意柏拉图的这个观点，叔本华给出的解释是，通过艺术作品，我们才有可能拥有这样的认知。在这个问题上具有讽刺意味的是，柏拉图持有的是反对艺术的立场，叔本华也相当了解这一点。在柏拉图看来，艺术作品是对诸多客体的虚假表象，而这些客体本身则是对诸多理念的不断在衰败的、转瞬即逝的表象，因此，艺术作品就是对于虚假表象的虚假表象；艺术作品越是有吸引力，它们就越是严重地让我们的注意力与理想背离于理念本身，而对于理念的认知应当成为我们的最高目标。在柏拉图看来，艺术以这种方式对我们的灵魂不朽构成了一种具有致命诱惑力的威胁。按照柏拉图的观点，理想的国家应当禁止艺术。

无论如何，叔本华真正赞同柏拉图的观点是，柏拉图的理念是模具，本体用这种模具在这个世界的货币上打下了烙印，创造了无数这样的客体，它们都拥有彼此相似的个体：这也就是为什么每一只苍头燕雀都类似于其他任何苍头燕雀，每一颗星辰都类似于其他任何星辰，每一片草丛都类似于其他任何草丛。叔本华同样赞同柏拉图的观点是，人类有可能获得关于这些理念的直接知识，尽管在获取的方式上他们发生了分歧：根据柏拉图的观点，这种知识是通过一种理智的神秘主义来获得的，由于这种知识是一种具备智识高度的思想，那就只有超凡的心灵才有可能获得这样的知识；而根据叔本华的观点，这种知识是通过艺术作品来获得的。除了以上这些观点之外，在柏拉图与叔本华之间就只剩下分歧。柏拉图相信，理念不仅是最终的实在，而且还是神圣的，这就让关于理念的直接知识变成了一种神秘的经验；叔本华则相信，理念是在这个世界与那个实际上是最终实在的世界（本体世界）之间的居间事物，而本体是不可知的、不可理解的、并非理智的（部分由于这个理由，它被称为"意志"），本体是不可区分的一。

叔本华说，我们自然会逐渐看到，如此创造出来的现象世界是由四个等级的客体或实体构成的——在最底层的是没有生命的物质，接下来往上的等级依次是，植物、动物和人类——我们以不同的方式将我们自身关联于任何一个这样的等级。叔本华说，人类总是与其他的等级存在着各种关联，在考察了我们自身之后，我们就会发现，我们不可能不与这些等级发生关联。叔本华赞同谢林的以下这个观点，即其中的第二等级、第三等级、第四等级都是从一种源于第一等级的连续过程中出现的。在叔本华看来，在这些等级中的一个最大差别并非存在于第四等级（人类）与其余等级之间，而是存在于第一等级（没有生命的物质）与其余等级之间——换句话说，就是存在于生命与无生命的物质之间：亚里士多德所设立的准则认为，自然从不以跳跃的方式前进，而这种差别恰恰是对亚里士多德的这个准则的独有例外。在第二等级、第三等级与第四等级中客体化的意志，仅仅由种与属构成（每个种与属都是柏拉图的理念）。在这些等级中始终存在一个发展的过程，这个过程朝着在结构上更为复杂精致的方向发展，因而也就朝着更大程度上的个体化方向发展，直到这个发展阶段达到了人类为止，在这个发展阶段中，每个个体（他自身或她自身）都是柏拉图的一个独特理念的实例化，因此人们或许可以将之称为具备普遍性的个体。

通过将刚才表述过的这两个思想（第一个思想是，艺术的功能就是通过表象那些例示柏拉图理念的个别现象，向我们提供关于柏拉图理念的知识；第二个思想是，现象世界是对柏拉图理念的实例化，它由四种可区分的等级构成）结合起来，叔本华向我们提供了一种将艺术进行分类的方法。他说，不同的艺术可以根据自身的特征关联于意志客体化的不同等级（尽管诸多艺术特征并非排他性地只关联于某一个等级）。这给予我们的是一种艺术的等级制度。在最底端，我们所拥有的艺术主题是客观化的意志的第一等级与最低等级，即没有生命的自然要素：大量的石块、土壤、水以及其余的东西。这就是建筑艺术。没有其他的艺术表现方式能像建筑艺术那样艺术性地运用诸多自然要素：开放的外观、真实的空间、真实的光线、真实的物质，而不是人们可以在绘画或语言中发现的那些对于这些东西的象征性表现。尽管如此，倘若我们想要在意志客体化的第二等级（鲜花、树木以及更为一般的植物生命）中描述客体，建筑艺术就不是一种恰当的艺术表现手法。对于这些事物的"自然"表现手法是绘画。不过，当我们前往第三等级，即动物生命的等级时，绘画的二维性就成了一种局限性。动物的身体，它的质量、体重、体积、平衡性、稳定性，都可以在雕塑中更为有效地表现出来：任何关于一匹马的绘画，都无法在这些审美效果上比得上关于一匹马的雕塑。但当我们前往第四等级，也就是最高的等级时，甚至三维的艺术表现手法也是不够的。肖像雕塑与肖像画都是精致的艺术，但是，由于它们缺少时间的维度，它们表现人类的能力就是有限的。它们表现了固定的瞬间；但我们同样需要一种艺术表现手法，能够有力地表达人类的生命与感受的起伏,情绪、个性与关系的发展,诸多冲突之间的动态平衡,危机的逐步形成与解决,个人命运的整个过程与顶峰;为了实现这些目的,对于语言的运用就是不可或缺的。情绪上的一次飞跃,或许可以在一首抒情诗中得到表达。但是,对于人类生活的那种不断发生变化的全面景象来说,最恰当的艺术表现手法是戏剧,戏剧同样能够利用诗歌的所有资源。正是在诗剧[1](如古希腊的伟大悲剧,尤其是莎士比亚的所有戏剧)中,艺术家攀登到了文学可能占据的巅峰之上。

几乎可以肯定的是,在20世纪或21世纪阅读叔本华的人立即就会想到某些例外。为什么叔本华在他的艺术理论中没有提到小说?我对这个问题的回答是,在叔本华发展自己思想的那个时代的已经写完的小说中,几乎很少有什么作品可以被我们视为"伟大的小说"。当然,对于那些小说家,叔本华也并非全都了解。小说这种艺术表现手法在那时仍然处于它的发展初期,它的伟大时代尚未到来。叔本华热爱斯特恩[2]的《项狄传》(*Tristram Shandy*)与歌德的《威廉·迈斯特》(*Wilhelm Meister*),他明确地将这两部作品视为天才之作;但即便人们将伏尔泰、卢梭与塞万提斯的虚构作品添加到小说之列,那也完全无法与诗剧的庞大文库相比,诗剧已经跨越了从埃斯库罗斯到席勒之间超过两千年的历史时期,它不仅包括了希腊与德国的最伟大作品,而且还包括了拉丁语、英语、法语、意大利语与西班牙语的剧作家所创作的最伟大作品。小说与戏剧在那个时代是没有可比性的。因此,叔本华自然会将诗剧作为文学艺术的典范。但是,对于任何想要将小说归入叔本华的艺术理论的人来说,也不会存在任何特别的障碍。

当代读者或许会提出的另一个异议是,叔本华的艺术理论有一个前提,即我们迄今为止所提到的所有艺术在本质上都是表象的艺术,那么抽象绘画的情况是否符合这种艺术理论呢?抽象绘画也是一种叔本华在撰写其作品的时代里尚未产生的艺术。即便是现在,抽象绘画也不像20世纪上半叶某些人所期待的那样,它尚未拥有接管视觉艺术的权力;相较于抽象绘画曾经产生的影响,如今它的影响所涉及的时空范围都显得更为有限。但尽管如此,我仍然相信,抽象绘画是叔本华的这些规则的一个例外。我认为,叔本华或许不得不将这种艺术吸收到他关于纯粹装饰的艺

---

1 诗剧(poetic drama),是指用诗体写成的剧本。诗剧的创作,不仅要求语言凝练、含蓄、流畅,讲究韵律和节奏,还要符合戏剧舞台性的特点。——译注
2 劳伦斯·斯特恩(Laurence Sterne,1713—1768),18世纪英国最伟大的小说家之一,他在46岁开始创作的小说巨著《项狄传》共写了九卷,其叙事的混乱、倒错以及对联想原则的运用,开创了意识流小说的先河。——译注

术理论之中——但相较于70年前人们所承认的状况，人们如今则可以更为轻易地做到这一点。

直到目前为止，在我对叔本华的艺术理论所做的解释中，最为明显的遗漏是音乐。这是因为在叔本华看来，他的上述理论并不适用于音乐。在诸多艺术中，叔本华仅仅将音乐视为并非表象的艺术。当然，叔本华知道，某些音乐模仿了自然的声音，恰如贝多芬的《田园交响曲》与海顿的清唱剧《四季》，但在他看来，这是"声音的效果"，而不是正规的音乐，叔本华认为，这两位如此伟大的作曲家却在品位上犯下了令人遗憾的过失。真正的音乐是纯粹抽象的，它并不表现现象世界中的任何事物——因此，音乐并不通过描绘具体的特殊事物来给予我们关于柏拉图理念的知识。事实上，音乐完全绕开了柏拉图的理念与对现象的表现。叔本华说，它恰恰是对本体的直接显示。恰如现象世界是经验中的本体的自我显示，音乐也同样如此。它是这种形而上意志的声音。（这个学说对瓦格纳产生了巨大的吸引力，这尤其是因为它将瓦格纳在直觉上已经相信的某种观念诉诸语言。）音乐向我们展示的是一切事物的内幕。"当与任何场景、行动、事件或环境都相配的音乐被人们演奏时，它似乎向我们揭示了这个世界的最为隐秘的意义。"*这就让音乐成为一种与其他的艺术都判然有别的艺术类型，让它成为一种所谓的"超级艺术"（super-art）。音乐远非对这个世界中的任何事物的描绘，它本身就构成了另一个世界，它向我们揭示了人类能够表达或理解的最深刻的形而上真理，尽管我们当然无法以概念的方式来理解这些真理。"作曲家揭示的是这个世界的内在本质，他们表达的是最深刻的智慧，他们运用的是一种无法被他们的推理能力所理解的语言。"**

叔本华意识到，他在用这种方式谈论时，他被迫按照并非字面意思的方式来使用语言，而从字面上看，这些说法是自相矛盾的；但这种对语言的形象用法（这种用法有时几乎算得上是富于诗意的）是叔本华所能想到的仅有方式来表达他希望表达的思想。显而易见，叔本华不同于费希特、谢林与黑格尔，后面这三位哲学家倾向于掩饰自己做出的虚假证明，而叔本华则不辞辛劳地既让他的读者注意到自己缺少任何可以用来证实自己观点的论证，又让他的读者注意到自己所讲述的观点中的自相矛盾。"我承认，在本质上不可能证明这个解释，因为它在作为一种表象的

---

* *The World as Will and Representation*, vol. i, p. 262.
** *The World as Will and Representation*, vol. i, p. 260.

音乐与那种在本质上永远无法被表象的事物之间假定和确立了一种关系，而且它还断定，音乐是一种原型的复制品，但这种原型本身又是不可能被表象的……至于我对音乐的大致看法，以及我在这部作品中所表达的整体思想，我只能让每个读者自己来决定是接受它们还是否定它们。"*叔本华在此处提出的诉求，恰恰就是艺术本身所提出的那种相同的诉求，但他并没有试图通过欺骗来让读者或他自己相信，这种诉求可以用某种方式来替代逻辑推理的过程。叔本华的作品充满了丰富的理性论证，这一点几乎是独一无二的——没有哪个哲学家可以在这方面超过叔本华——然而，他有时确实会安排某种形式的顿悟来帮助他表述自己的思想，虽然他在这么做的时候通常都会让读者注意到这种做法与理性论证的区别。

我先前就已经提过，在我对叔本华的哲学产生的诸多反应中，某些反应是我自己会对哲学产生的惯常反应，除了这些反应之外，还有一些反应在某种程度上则是我自己会对艺术产生的惯常反应。叔本华的哲学本身就是一件艺术作品，除了叔本华和柏拉图的哲学，其他哲学家的哲学都算不上是艺术作品。我这么说的意思是，除了观念、洞识、论证、学说、分析等所有这些可以被我们用来构成任何体系哲学，并可以被我们进行智识评价的东西，叔本华的哲学在整体上就是一种表象的符号，而它象征的就是整体的实在。我认为，叔本华自己已经认识到了这一点，我相信，这可以对叔本华的一个困扰了许多人的陈述做出解释。恰恰在《作为意志和表象的世界》的第一版序言的开头，叔本华对这本书做出了这样的评论："在这本书中传达的是一个单一的思想。尽管我竭尽全力，但除了用这整本书之外，我无法找到更为简捷的方式来传达这个思想。"大多数读者对这个陈述的反应似乎是假定，叔本华在这里提到的这个思想必定与如下论断有某种关系，即形而上的意志构成了最终的实在。某些读者试图用一句话来表述这个思想。但我相信，这个思想是一个整体，它是按照成功的艺术作品表现一个思想的相同方式来表达一个单一思想的。在这种情况下，叔本华的哲学是事物存在方式的一种表象符号（举例来说，它并非完全不同于瓦格纳的《尼伯龙根指环》，后者也是对事物存在方式的一种表象符号）。甚至在纯粹的智识层面上，相较于其他任何哲学家，人们更有必要将叔本华的作品解读为一个整体——它在这方面的必要性甚至超过了斯宾诺莎的哲学——这是因为，在没有完整地读过叔本华作品的情况下，就不可能恰当地理解叔本华的作品所传达的那一个学说。我担心，我目前正在试图做出的解释，可能会对人们理解

---

* *The World as Will and Representation*, vol. i, p. 257.

叔本华的学说产生不利的影响。

　　对于富有想象力的作者来说，为了让他们的读者成功地理解他们刚刚谈到的某些东西，他们通常都会试图运用"这就仿佛……"这样的措辞，接下来紧跟这个措辞的是一个隐喻，而这个隐喻或许就能让读者首次把握到这位作者真正意指的观念。在文学中某些最著名的段落就是这种类型的文字，经由作者设计的那些范围广泛的隐喻，并不能被理解为符合事实的真实描述，而是应当被理解为类似符号的事物，它们阐明了某些东西，但它们又必定相当不同于任何真正的描述性话语。在日常交谈中我们也会做这种相同的事情，我们如此频繁地运用隐喻，以至于某些最熟悉的例证已经成了老生常谈，就好比"如坠深渊"。人们经常说，一种经验越有力，或一种情感越深刻，我们就越有可能觉得需要依靠隐喻来为它给出一种恰当的表述。隐喻显得似乎比如实的言说更加深刻。这必定是诗歌比散文更加深刻的一个原因。这或许也是在哲学中用"仿佛"这个措辞表达的隐喻要素占据了如此重要地位的一个原因。

　　在柏拉图的《理想国》中所谓的洞穴神话，即便不是在整个哲学中的一段最著名的文字，那至少也是在柏拉图作品中的一段最著名的文字。这个意义有所延伸的隐喻所指的是这样一个基本的真理，即我们会不由自主地将我们直接感知的对象错误地当作独立存在的真实客体，而事实上它们并不是这样的东西：不妨说，它们只不过是暂时存在的影子；但人类的周遭处境是这样的，以至于我们不可能在每个日常处境中都知道那些认识论意义上的对象真正是什么，或它们是如何存在的。在《蒂迈欧篇》（数百年来，人们都认为，这是柏拉图对话录中最为重要的一篇作品）中有一个创世的神话，它讲述的是，一个神圣的工匠将秩序强加于混沌之上。正如我们最重要的柏拉图研究者之一，迈尔斯·波耶特（Myles Burnyeat）所表述的："柏拉图想要将整个宇宙视为神明将秩序强加于无序的产物，而柏拉图用秩序所表达的意思首先是数学的秩序。当然，这相当不同于《创世记》。柏拉图的神圣工匠让数学才能在这个世界中发挥作用……毫无疑问，这样一个相当普遍的命题，它作为一个命题所主张的是，整个宇宙就是通过将秩序强加于无序之上所形成的产物，而对于这个命题，你既无法用通常的方式来加以证明，也无法根据它衍生的诸多复杂结果来加以证明。柏拉图非常清楚地意识到了这一点；这也是柏拉图用神话来包装这个命题的深层缘由。这个神话还是充当了一种具有指引作用的启示，它导向的是某种确实让柏拉图极其严肃对待的东西，即一种研究纲领，由于这个研究纲领，柏拉图在他的学院中招募了他那个时代最重要的数学家。"*然而，柏拉图的《会饮篇》中有另一个令人难忘的神话，这个神话所讲述的是，人类曾经是一种男女同体的受造物，但后来被劈成两半，由此分别产生了女人与男人，自此以后，在这些不完整的受造物中，每一个人都拼命地去寻找自己的另一半，以便于让自己恢复原先拥有的整体状态。

其他许多哲学家都创造过长期存在的神话或诗意的隐喻：赫拉克利特与那条你永远不可能两次都以同样方式踏入的河流；毕达哥拉斯与天体的音乐；笛卡尔与恶魔；霍布斯与他的自然状态；卢梭与他的高贵的野蛮人；黑格尔与他的那个关于主人和奴隶的寓言；维特根斯坦的那只困在捕蝇瓶中的苍蝇。在哲学中存在着许多这样的隐喻。但对于试图用语言把握实在的任何描述性与系统性的哲学来说，在一种更为深刻的意义上，它们都具有隐喻的性质。哲学家会说，"这就是事物存在的方式"，但或许至少可以将这种说法理解为包含了这样的意思："某些事物就仿佛……"，而这种说话方式远非展示了逃避的态度，而是让哲学能够比它在其他的说话方式下显得更为深刻。对于许多著名的哲学学说来说，人们显然并不清楚，哲学家在提出这些学说时是确实将它们当作真理，还是将它们作为具有启发作用的隐喻。一个众所周知的例证就是洛克与他的社会契约：没有人能完全确定，洛克将社会契约视为一种真实的历史事件，还是一种法律的虚构。而我对此的看法是，这两个备选答案几乎没有什么差别：洛克所说的是，只有当政府获得了被统治者的同意时，政府才是合法的，而政府的合法性就仿佛依赖于统治者与被统治者两方自由签订的契约一样。洛克表示，这就是人们应当如何审视与探索政府的方式；这也就是人们对政府的最佳理解方式。（在我看来，）无论在很久以前的历史时期中是否真正存在过这样的契约，这都无关于洛克的核心要点。洛克的核心要点所关切的是，大多数人如何审视这个关于政府合法性的问题。

但这同样也可以适用于形而上学。叔本华说，人类按照他们的方式发生互动与关联，因为根据他们隐藏的内在本质，在彼此分离与有所差异的欺骗性外观背后，他们都是一体的，但没有任何方式能让我弄清楚，叔本华的这个说法究竟是真的还是假的。但我能够看到，人类的行动仿佛表明，这个说法是真实的——一个人认识到了这一点，也就加深了这个人对人类行为的理解。尽管叔本华的学说或许是一种隐喻性的思想，但它甚至也具备了某种预见的能力：倘若你认为这种说法仿佛是真

---

* Bryan Magee, *The Great Philosophers*, p. 27.

实的，并按照这种说法来审视人们，你就会发现，自己能更加熟练地知悉人们将要做出的行动。在我看来，这表明叔本华的这个说法包含了在某种状态或形式下的重要真理，虽然这种状态或许并不是完全真实的，这种真理或许并不是完整的。毕竟，我们试图理解的并不是哲学，而是实在。任何增加了我们理解力的事物都可以将我们推向前进。因此，倘若一个哲学思想虽然对我们理解实在有启发性，但由于它在逻辑上或在其他某些方面存在争议，某些人就背弃了这个哲学思想，那么可以认为，采纳了这种做法的这些人已经遗忘了哲学的目的是什么，因而他们会在自己行进的道路上迷失方向。这些有启发性的学说倘若是不可接受的，那么它们就仿佛是在地图上表明宝藏藏于何处的叉号一样；它们能告诉我们应当在哪里开始挖掘宝藏，因为在这种情况下它们会告诉我们，对于某些被我们重视的东西，我们在何处犯下了错误。不过当然，这些有启发性却又不可接受的学说，只有对于根据这些学说来审视实在的人来说才是有启发性的；而对于仅仅审视这些学说，并将他们自身局限于分析这些学说的人来说，他们只能发现这些学说的不可接受性，却无法获得任何启示。

　　对我来说，叔本华哲学所拥有的这个特点比它拥有的其他任何特点都更为明显。对于叔本华的许多学说（包括他的某些最主要的学说）是否为如实的真理这个问题，我都持有一种不可知论的态度，但是，对于叔本华的这些学说提供启发的能力，我没有任何怀疑。在某些时候我会发现自己接受了叔本华的第一步与第二步的推断，认为它们完全是真实的，但在接下来的第三步推断上，我就会保留自己的判断。例如，叔本华相信，康德错误地认为，理性是伦理学的基础。叔本华说，伦理学的基础是同情；我们怜悯他人与彼此同情，我们认同彼此的一个理由是，我们在本体的层面上其实是属于一体的。我如今赞同的观点是，康德确实错误地将理性作为伦理学的基础，伦理学的基础应当是同情：在我看来，这两个命题完全是真实的。但我并不清楚的是，叔本华对于"我们经验到了同情"这个明显矛盾的事实的解释，是否在相同的意义上是真的。正如我已经说过的，我发现叔本华的这个解释具有出人意料的启发性：包括我自己在内的人类确实倾向于按照这样的方式来行动——我自己对其他人的揣摩仿佛表明这个解释是真的一样。倘若我根据这个解释来审视人际关系，我发现自己可以更好地理解这些人际关系。不过当然，并不能据此推断出，这个解释是真实的。或许它并不是真的，并不是完全真实的。因此我对这个解释的态度仍然保留在"仿佛为真"的层面上。这种态度比拒斥它或不相信它更加积极，因为它极大地增强了我的理解力，但我仍然无法将它等同于我的真实信念。

我对叔本华的关于形而上意志的学说也持有这样的态度。我的这种态度甚至适用于在现象与本体之间的某方面区别——我的这种态度与认识论无关，而是与价值问题有关。对我来说，我直接看到与感受到的东西都让我认为，我们的道德感、审美感与我们想到的生命意义，仿佛都来自这个被我们观察到的经验世界的外部，而我不由自主地认为，用生物学、历史学、社会学或心理学的术语来对这些事物做出的世俗解释是内在不充分的，它们在本质上是错误的。生命的意义和价值就仿佛扎根于一种相当不同于我们这个世界的秩序，这个领域是我们永远无法参透的，它注定永远对我们保持神秘。维特根斯坦在《逻辑哲学论》中如此说道："这个世界的意义，必定位于这个世界之外……而在这个世界中不存在任何价值——倘若在这个世界中确实存在价值，那这个世界就不会有任何价值……显然，伦理学是不能用语言表述的。伦理学是超验的……对于在空间与时间中的人生之谜的解决方案，位于空间与时间之外。"维特根斯坦用语言表达了事物向我显现的方式：但它们是否在实际上类似于此，我迄今都没有找到任何方式来确定这一点。因此，我度过自己人生的方式，就显得仿佛存在一个有关意义和价值的本体领域，这个本体领域在现象世界之外，我却并不知道这个本体领域是否存在——事实上，我知道我并不知道这一点。生活在这样的处境之中是令人不满的，但我就是生活在这种处境之中，我并不知道如何从这种处境中走出来。我拒绝采纳宗教的步骤将我的这些仿佛为真的理解当作启示，并相信它们好像就是真理。在我看来，这是没有根据的。对它们的真实解释，或许是我永远无法想象的某种东西，或许确实是我没有能力去想象的某种东西。若认为我知道这种解释是什么，也就是认为我恰恰知道我所不知道的东西。

因此，在哲学中自始至终都有一种现成的隐喻性理解在运作，这种理解或许并不是如实的，但拥有巨大的价值，一方面，既不能将这种理解混淆于宗教信仰，另一方面，又不能将这种理解混淆于知识。哲学在这方面接近于艺术。不过，对于那些采纳了在本质上以逻辑为基础，或在本质上以语言为基础的哲学研究进路的人来说，他们通常似乎都不会察觉到这整个维度的问题。

存在着许多严肃的哲学研究进路，但特别常见的似乎是这两条研究进路。在一条研究进路中，人们寻求的是揭示实在的真相，形成对于实在的新颖理解：他们所追求的是阐释实在的新洞识与新真理。在另一条研究进路中，人们并不期待从哲学中获得这样的东西：他们对于事物存在方式的见解导源于其他的来源，如常识、科学、宗教，或以上三种来源的混合体（当然还存在其他的来源）。这些人从哲学中寻求的是对他们已经持有的某些最重要信念的澄清或辩护。对这些人来说，分析哲学就可能特别有吸引力，因为分析哲学的核心活动就是对概念的阐明。但我属于第一种类型的人：我致力于哲学研究，是希望能够揭示事物存在的方式。分析在一种次要的意义上是足够有趣的，我已经用了相当多的时间来专门从事这样的分析，但分析作为一种哲学概念，则具有一种不可救药的缺陷，这尤其是因为它无法解决任何实质性的问题。那些重要而又有趣的问题的解决方案总是需要新的思想观念、新的解释理论，而我们期待哲学天才给予我们的恰恰就是这些东西，而不是分析。许多哲学家是可靠的专业学者，他们能够对任何给定的一组论证或概念进行技术娴熟的分析：这种任务所要求的仅仅是时间、专注力、周密性与勤勉刻苦的态度，除此之外还需要某种最低水准的专业能力。它肯定是一种艰辛的工作，那些能够用特别敏锐的眼光与超常的洞察力来从事这种分析工作的人，就能为自己在这个研究领域中赢得个人的声誉。但在从事这种工作的哲学家与形成新思想的哲学家之间的差别，就像在音乐理论家与作曲家之间的差别一样。

在我的预料中，那种从事分析研究进路的哲学家会注意到，比方说，叔本华对于音乐本质的说法中存在着自相矛盾的地方，他们会由于这种自相矛盾而拒斥叔本华的观点，进而不再考虑叔本华的哲学。但叔本华自己清楚地表明，他就像其他任何人一样意识到了这种自相矛盾。他对此试图想要去做的是，通过某些话语来表述一种无法用语言充分表达出来的感受，因此，叔本华不仅需要他的读者的宽容，而且还需要读者在积极的配合下努力去理解他所说的那些观点。事实上，叔本华所理解的思想是深刻的。自从他写下这些思想的那个时代以来，至少有两位最伟大的作曲家（瓦格纳与马勒）认为，叔本华对音乐的理解是迄今为止用语言表述出来的最深刻与最真实的见解。

这就为可以普遍适用于大哲学家作品的那两个真理提供了一个出色的例证。其中的一个真理是，任何难以理解的哲学思想都需要人们付出努力，因而需要我们努力去理解它们——而这就需要我们拥有善良的意愿，没有这种善良的意愿就不可能获得任何理解。因此仅凭理智本身，不足以完成理解哲学思想的任务：人们必须想要去理解，尝试去理解，并心甘情愿地支持这种努力。倘若一个人是以怀疑的、警惕的、批判的态度来着手理解哲学思想，这个人就经常会主动地妨碍自己的理解活动。我并不是在倡导一种没有批判性的理解方式，我是在两个阶段之间做出必要的区分：在一个人能够明智而又有效地对某些哲学思想进行批判之前，这个人首先需要对这些哲学思想形成一种良好的理解；在批评一种哲学思想之前，首先必须要理解这种哲学思想。一个人正在尝试理解某些哲学思想，根据这个事实根本无法推断出，这个人在理解的过程中就必定会赞同他理解的哲学思想。因此，理解哲学思想所需要的善良的意愿仅仅要求人们对批判性的判断进行暂时的搁置，但它绝不要求人们放弃批判性的判断。

第二个重要的真理是，对于大哲学家给予我们的最有价值的东西，我们并不是通过分析他们论证的逻辑或他们的概念用法来获得的，而是通过根据他们所说的思想审视实在来获得的。例如，值得注意的是，叔本华说过，他只能让读者自己来决定究竟是接受还是拒绝叔本华关于音乐的说法，而读者不仅要根据叔本华的作品对自己的影响来做出判断，而且还要根据音乐对自己的影响来做出判断：叔本华期待读者根据他的这个哲学建议来重新思考音乐。因此，对我这个读者来说，这个问题就转变为：倘若我根据叔本华关于音乐的说法来审视音乐，我能否加深自己对音乐本质的理解，倘若能有所加深，那么它能让我的这种理解加深到何种程度？（而我对这个问题的回答是，能在"相当大的程度上"加深我对音乐的理解。）这同样适用于所有的哲学学说，或至少适用于绝大多数的哲学学说，而且还适用于作为一个整体的哲学："倘若我根据X对实在的解释来审视实在，这是否为我理解实在带来了启发？"在哲学中几乎不存在可以绝对确定其真实性的命题。事实上，某些哲学家甚至相信，哲学中根本就不存在这样的真理。与哲学有关的多半是审视事物的诸多不同的可能方式：哲学的目的与其说是获取知识，不如说是获取理解。原创性的哲学家对我们说的其实是："倘若你按照这种方式来审视事物，你就会发现自己能够更好地理解事物。"倘若一个人在经过一段时间之后彻底理解了某个特定的哲学，这个人到了这个阶段再求助于分析，这才是一个好的主意，但很少有人能够达到这个阶段。而在这个理解的过程中首先应当出现的是智识上的共鸣、共享的憧憬、富于想象力的洞识以及审视外部世界的某个"仿佛为真"的特定角度。

叔本华极其敏锐地认识到，哲学在这方面或许类似于艺术。当我们观赏一部戏剧或阅读一部小说时，艺术作品经常将我们带往它自己的那个世界。我们不仅会在那个世界里向内窥探不同于我们自身的角色人物的精神、心灵与生活，而且在这种意义上会开始理解他们究竟是什么样的；我们还会发现自己通过他们的目光向外审视那个世界的其余部分。因此，我们就会开始理解，一切事物以何种方式看起来不同于它们通常向我们呈现的面貌，而这种新的面貌看上去似乎仍然是自然的与真实的。托尔斯泰的小说向我们呈现的是一个就其自身而言独特的世界，陀思妥耶夫斯基的小说向我们呈现的是一个不同的世界，而屠格涅夫的小说向我们呈现的仍然是一个与前两者有区别的世界。当我阅读这些小说时，我就被吸引到了某个特殊的世界之中，我通过作者的眼光来审视那个世界，并对作者的感受产生回应。这并不意味着我，布莱恩·麦基，按照与陀思妥耶夫斯基相同的方式来审视这个世界，或我在最重要的事情上都赞同陀思妥耶夫斯基，乃至我在任何事情上都赞同陀思妥耶夫斯基。我或许确实认为，在陀思妥耶夫斯基的小说中的世界相当不同于现实的生活世界，他的人物不同于真实的人物，他无法理解许多重要的东西。但当我在阅读他的书籍时，我就处于他的身体与心灵之中。由此导致的结果是，我提升了对我自己的世界与经验的感知和理解，丰富了我自己的视野。这一点也恰恰适用于那些哲学天才。倘若你借助笛卡尔的眼光、洛克的眼光、斯宾诺莎的眼光或康德的眼光，你会怎样看待实在呢？每一种眼光都将为你呈现出一个不同的世界，你自己或许会认为，通过其中的某位哲学家的眼光所呈现的并不是真实的世界，但你仍然能够从所有这些哲学家的眼光中学到某些东西。即便是从那些你认为已经犯下了灾难性错误的哲学中，你或许仍然可以学到大量的东西。一个人从一种哲学中获得的东西，在很大程度上并不是真实的命题，而是比真实命题更为重要的东西，即审视事物的方式，看待事物的方式。某些人仅仅满足于那条在分析论证的逻辑或概念用法的层面上挖掘哲学思想的研究进路，他们必定只能顽固保守而又心胸狭隘地停留于这门学科所提供的最低生存水平之上。

　　哲学家的形而上学观是无法用经验来证实的，这不仅适用于经验主义者的形而上学观，而且也适用于其他任何哲学家的形而上学观。洛克像笛卡尔那样，向我们呈现了这样一种宇宙观：宇宙是一台无比巨大的机器，它是由诸多相对较小的机器构成的，所有的机器都服从相同的科学定律，但这并不是一个能够让观察者探究与验证的科学理论，它是一种对事物存在方式的见解；但它对任何接受了这种宇宙观的人产生了无数的实际影响。相较之下，谢林所提出的观点是，实在与其说像一台机器，不如说更像一种单一而又庞大的有机体，因此对实在的更为恰当的理解是，将实在作为一种类似生命的有机发展过程，而不是作为某种机械的事物，而在人类心智的最高产物中，这个过程获得了对它自身的理解。对于具备科学心智的观察者来说，他无法借助判定性实验在谢林的观点与洛克的观点之间做出判定，无法凭借这种手段确定哪一个观点是"真实的"（倘若这两个观点中确实至少有一个是真实的）。尽管如此，倘若据此就得出结论认为，这样的世界观仅仅是一些话语，因此是大量异想天开的胡说八道——它们实际上是大量没有意义的形而上学——那么，这就犯下了极大的错误。正是这些形而上学观孕育了我们的研究纲领，正如它们在柏拉图与两千年后的经验科学家那里所做的贡献那样。与以上这两个形而上学观有关的问题是：倘若以这种方式来审视实在，你是否得到了启发，即便仅仅是暂时的启发？倘若你能得到启发，这种形而上学观就是有价值的。倘若你发现这两个模型都有启发，那么这两者就都是有价值的。但这两者彼此之间并不一致，倘若其中的一个是真的，那另一个就必定是假的，不过这个事实不会改变这两者都具备的价值。顺便提一句，这种情况无论是在哲学中还是在所谓的"硬"科学中都是成立的。在我们自己所处的这个时代里最著名的例证就是在相对论与量子物理学之间的不相容性，它们两者都产生了精确的结果，这两者都被同一批科学家所运用，这些科学家并不考虑"两者不可能都是真的"这个事实。对于我在这本书中讨论的诸多哲学，我没有将其中的任何一种哲学完全接受为如实的真理，我也不接受任何哲学对它自身的评价，但所有的哲学都根据各自独特的角度，为我们审视事物的诸多存在方式提供了某些线索。

很难有人比我自己更清楚地意识到，我对每个哲学所给出解释的不充分性。这就是为什么我会主张，本书只不过是对各种哲学的初步介绍。尤其是叔本华的哲学内容如此丰富，以至于我单独撰写了一本有关叔本华哲学的论著，而那本论著也只不过是对叔本华哲学的初步介绍。我尚未探究叔本华哲学的一个最重要的方面是，叔本华所确定的认知现象的本体论地位：倘若认知现象不仅并不是独立于我们的经验而存在的对象，而且也并不是我们心智创造的产物，那么，它们究竟有可能是什么？叔本华在这里的思考形成了某些最为深刻的哲学探究，而其他任何人都不曾进行过这样的哲学探究。但在没有先行做出大量阐述的条件下，我在这里就不可能对之给出一种融贯的解释，这尤其是因为叔本华的这个哲学探究所依靠的基础，正是叔本华对康德做出的某些篇幅最长与难度最高的分析。我不得不让我的读者到别处去寻找这样的哲学探究，他们或许可以在我的其他论著中寻找这样的哲学探究，或许可以采纳一种更可取的办法，即到叔本华自己的作品中寻找这样的哲学探究。

在我撰写有关叔本华的论著时，我处在一个非同寻常的位置之上，它让我能够通过与天才哲学家卡尔·波普尔的对比来讨论叔本华的哲学；但这种做法并没有像我所期望的那样有用。波普尔已经有许多年没有读过叔本华，对于我和波普尔之间产生的每个有关叔本华的主要分歧，波普尔最终都转向了我的观点。尽管如此，波普尔确实做出了一两个值得记录的评述。就像在维特根斯坦那里的情况，叔本华也是波普尔阅读的第一个哲学家。这两位哲学家都是在自己的青少年时期阅读叔本华的，他们这么做的理由是相同的，即他们是在维也纳这座城市中长大的，而叔本华是在维也纳那里得到最多讨论的、最流行的哲学家。波普尔的父亲是一位著名的律师，他在自己书房的墙壁上就悬挂了一幅叔本华的肖像画（凑巧的是，他还悬挂了瓦格纳与托尔斯泰的肖像画），并对当地的共济会会员做过有关叔本华的演讲报告。正是因为叔本华嘱咐他的读者要阅读康德，波普尔才会去阅读康德，于是康德就成为了给波普尔指引方向的北极星，直到波普尔适应了新的环境并找到了自己的道路为止。但波普尔确实曾经对我说过，正是从叔本华那里，他才有意识地采纳了他终生都坚持的一个方法，即通过哲学问题的历史来着手处理每一个哲学问题：首先，你应当回顾过去有价值的思想家对于这个问题说过的一切有趣的东西，从他们那里获得一切可以学到的东西，但也要对他们进行批判，特别是要清晰地表述出过去的思想家无法解决这个问题的诸多缘由；接下来你就应当提供你自己的解决方案，并尽你所能地为这个解决方案提供论证。波普尔还说过，恰恰只有通过叔本华，他才能最终恰当地理解康德。（值得指出的是，最后这一点也适用于我的情况。）波普尔曾经评论道，相较于除柏拉图以外的其他任何哲学家，叔本华拥有更多"好的想法"。在波普尔的生命行将结束时，他向我表达的忧虑是，他自己的作品就像叔本华的作品一样，会同样遭到职业哲学家的忽视。在波普尔死后，他将自己拥有的《作为意志和表象的世界》的第一版赠送给我，他在这本书中写道："赠给我挚爱的好友布莱恩，请不要忘了阿瑟与卡尔。"我知道波普尔对叔本华这个主题所拥有的那些感受，这让我备受感动。

第22章
哲学上电视

我的那本关于叔本华哲学的论著，是我出于对叔本华的热爱而完成的工作成果，这项工作总共花费了十年时间，虽然在这十年里我并非仅仅从事这项工作。我是在1973年开始撰写这本书的，我在那个时候是牛津大学万灵学院的客座研究员，这本书在1983年出版，那时恰好是我失去了自己在英国下议院席位的一个月之后，而我担任下议院的国会议员的时间已经有九年零四个月。我撰写这本书的主要目的并不是为了与其他人交流叔本华的思想，而是为了让我自己从根本上弄清叔本华的思想。这段时间里我自始至终都在撰写这本书，而我与此同时或许也做过其他的一些事情，但这些事情都是在我沉浸于叔本华的状态下完成的。在某种程度上，这是我的智识生活中最幸福的一段时光，因为我最终发现了让我惊叹的哲学思想的中心地带。这项工作让我卷入的研究主题远非仅仅局限于叔本华：其中让我着迷的一个研究主题是探究叔本华对其他人的影响，这让我可以用相当新颖的眼光来再次审视其他的某些思想家（如尼采、弗洛伊德与维特根斯坦），并让我重新回到了瓦格纳以及包括屠格涅夫、康拉德与哈代在内的一些小说家那里。我阅读了那些被叔本华在充满了憎恨的恶意下加以攻击的哲学家——费希特、谢林与黑格尔——我尤其从费希特那里学到了许多东西。我重新阅读了《奥义书》，叔本华每天晚上入睡前都会阅读这本书。我再次阅读了康德，我这次着眼于康德对叔本华的影响。在我撰写的其他书籍中，除了《面对死亡》之外，没有哪一本能像撰写这本书那样给予我如此丰富的经验。在这本书最终出版时，相较于英语世界到那时为止有关叔本华的其他研究，这本书关于叔本华对维特根斯坦和瓦格纳的影响所做的论述最为全面。而且这本书关于叔本华对瓦格纳的影响所做的论述，要多于我在《瓦格纳面面观》这本书中做出的整个相关论述。

我是在自己担任国会议员期间设法完成这项工作的，在那段时间里，我通常都会在每个工作日的上午在家专注于这本书的写作。在午餐时间之前，我很少会去下议院，但在午餐之后，我就会待在那里，并且经常一直待到第二天的凌晨（当然，所有的国会议员都这么做过）。我与国会秘书的所有工作都是在下午完成的：她在上午将我前一天口述的命令用打字机打出来，在午餐后我会到办公室签署命令，接下来则会处理当天的邮件。我对收到的每一封信都会在24小时之内做出回复。在周末，我通常会花费更多的时间来撰写我的文学作品，而在国会休会期间，撰写我的小说就成了我的主要工作——我的第一个漫长的夏季休会期间，就被我用来重新撰写《面对死亡》的初稿，这本书出版于1977年。

在那个时期，我用工作日的上午来从事与我的国会议员的职责无关的工作，这并不是什么不寻常的事情。在下议院的许多律师就是这么做的，而许多在伦敦城内有工作或商业利益的国会议员也是这么做的。许多国会议员都是自己拥有公司的小商人，对于他们来说，至关重要的是要让自己的这些公司保持兴盛的状态。我在国会工作之外所从事事务的唯一不同寻常之处在于这项工作的性质——尽管如此，在那时也有许多国会议员撰写各种类型的书籍。英国国会议员通常都有可能去写书，而且他们撰写的并非只是政治类的书籍。

我在担任国会议员期间所完成的另一项工作是，制作我的第一个关于哲学的电视系列节目《思想家》（Men of Ideas）。在那时，英国广播公司第二频道的主管奥布里·辛格（Aubrey Singer）在读过我论述波普尔的书籍之后，他发现自己意识到，这就是他自己的电视联播网应当向更为广泛的公众传播的那种主题。他在后来告诉我，他的第一个想法是邀请我制作一部时长为一小时的有关波普尔及其作品的纪录片。但接下来在某一天早上洗澡时，他发现自己又想到：为什么仅仅制作一部有关波普尔的纪录片？在这个世界上还有其他的著名哲学家：让-保罗·萨特与海德格尔享有国际声誉，而在英语世界中，还有诸如A. J. 艾耶尔、以赛亚·伯林、乔姆斯基这样的人物……为什么不让这个电视系列节目专注于当代哲学，将某些这样的人物详细地介绍给公众，概述他们的工作，解释哲学在当前所取得的那些最有趣与最重要的进展呢？当他将这个规划告诉我时，他所想到的就是这样的节目形式。

讽刺的是，起初对这个规划充满热情的恰恰是奥布里·辛格，而我却对这个规划提出了异议。我在那时并没有看到可以实现这个规划的方法。在我看来，倘若我忠实于哲学的主题，那么这个节目对于电视观众来说就总是难以理解的——或者相反，倘若我让这个节目变得对于电视观众来说是容易理解的，那么这个节目就不可避免地会过于简化这个主题，以至于在某种程度上会歪曲哲学思想。因此，我拒绝了奥布里的邀请。但是他坚持要这么做，并且鼓动我在一期试播节目中尝试他的这个想法。我的回复是，在一期试播节目中获得的一次性成功，并不意味着十五期这样的节目能够持续获得成功。于是他说，好吧，那我们就做两期这样的试播节目——虽然由于财政方面的原因，我们不得不以这样的方式来制作这个系列节目，即倘若这两期试播节目获得成功，它们就会被用来作为这个系列中的两期正式节目。

我难以拒绝这个邀请——但要接受这个邀请，也就意味着我首先需要决定这个系列节目整体内容的大纲。我要求对这整个系列节目拥有完全的编辑控制权，而从那时开始，我实际上就获得了这种权力。正如结果所显示的，我的那两期试播节目在这个系列的十五期节目中并不突出；但或许就是由于这个原因，它们成了可靠的指标。就我而言，衡量这些节目的决定性标准是，它们对于那些并非专家的人来说是可以理解的与有趣的，而它们又没有歪曲哲学主题。和我的预期相反——事实上，我始终没有充分意识到，我是如何做到这一点的——我发现，我自己在无法理解与过于简化之间精巧地划出了一条界线，并且我引导其他参与者也沿着这条界线所指示的方向前进。

这个系列在播出时是由十五期时长为四十五分钟的节目构成的。由于我会花费数周时间来为每一期节目做准备工作（绝大多数的准备工作是阅读相关的文献），于是我就用了两年半来制作整个系列节目。每一期节目都是在1975年到1977年被录制到磁带上的，而从1978年的1月到4月，这个系列节目每周都会被电视台播放两次——每期节目都是在星期四晚间播放，接下来则在三天后的星期日下午重播。在这个系列节目开始播出后不久，《泰晤士报》就写道："任何普通的电视联播网先前都没有播出过如此严肃与知识广博的节目。"而当这个系列节目结束时，《星期日电讯报》则说："它已经吸引了全世界的关注。"

这个系列节目可以被分成几个不同的种类。比方说，某些节目为马克思主义、逻辑实证主义与维特根斯坦的工作在当前的发展提供了某些必要的历史背景——人们倘若没有在某种程度上把握这些历史背景，就不可能理解当前的哲学研究。某些节目对于诸多著名的哲学分支给出了最高水准的阐述——道德哲学、政治哲学、科学哲学、语言哲学。某些节目提供了诸多著名哲学运动的最新消息——法兰克福学派、存在主义、日常语言学派。某些节目的内容则是某些杰出人物对他们自己的思想所做的介绍——乔姆斯基、蒯因、A. J. 艾耶尔、以赛亚·伯林、马尔库塞。这个系列节目在整体上想要达到的效果是，按照可以对电视系列节目合理期待的方式，完整而又生动地概述哲学在当代场景下的发展动态。当然，这个系列节目并不完美。哲学这个学科的某些领域（如逻辑学）不得不被完全排除，因为对于电视观众来说，它们的技术性太强。就海德格尔与萨特而言，他们无法用英语说话，因此我没有邀请他们，这是我感到最无奈的事情，不过，我与其他的某些人讨论了这两位哲学家的工作。最让我感到遗憾的是，由于个人的原因与健康的原因，苏珊·K.桑塔格与卡尔·波普尔无法来参加这个节目。波普尔的情况确实有一些讽刺性，因为起初正是那个要将他的某些思想放到电视节目上的提议，才让我们决定制作这个系列节目。又由于我将波普尔视为最好的在世哲学家，我觉得，这就好像在上演一部没有丹麦王子的《哈姆雷特》。不过在我看来，即便没有波普尔，这个规划仍然是有价值的；因此尽管我有些失望，但我仍然坚定地投身到这项工作之中。

在这个系列节目中，我花费数年沉浸于哲学的经验与花费数年沉浸于电视节目制作的经验以某种方式彼此融合起来。我在生活中沉浸于这两项活动的时间如此漫长，以至于我已经能够在同一段时间内轻易地在这两项活动之间来回切换状态。从一开始，我对于节目内容所做的每个决定，都注意到了电视观众的兴趣，我就以这样的方式选择主题与参与者。由于这个系列节目所需要的仅仅是一种介绍的水平，就根本没有必要让每个特定领域中的世界级人物来担任节目的主角：倘若某个不那么有名的人能够在忠实于这个主题的情况下可靠地给出一种更为有趣的介绍，那么，他就会成为我邀请的对象。无论如何，电视观众都不会听说过这些人。令人吃惊的是，许多职业哲学家如此关注学术地位（他们坚持认为，必须邀请最重要的专家，即那些"权威"，他们还想当然地认为，由于已经成为权威，他们就可以迫使观众去关注自己），如此不关心演播的实际考虑要素，以至于根本就无法理解这一点。正如某位职业哲学家对我所说的："为什么那个发表了过去二十年来的最佳斯宾诺莎研究论著的人，就不能成为你邀请制作有关斯宾诺莎的电视节目的正确人选呢？"许多可选的参与者虽然在其他方面都非常有才华，但对我来说他们是不合格的，因为他们用如此漫长的时间来专注于提升他们自身的名望，而他们提升名望的方式是让公众将他们视为精通困难、精妙与复杂学说的大师，因此他们变得几乎无法按照简单、直接与清晰的方式来表达他们自己的想法——事实上他们经常害怕做出这样的尝试，因为他们担心这会让他们失去自己已经获得的地位。真正的大人物（乔姆斯基、蒯因、伯林、艾耶尔乃至马尔库塞）就不是这样，但不如这些大人物那么自信的次要人物通常都是这样。乔姆斯基在录制完节目之后明确地表现出了他的满意态度，因为他认为，他已经按照他所能做到的最为简洁的方式表达了他的核心思想；蒯因同样说过，他在其他任何地方，都不可能像在这个节目中那样以如此清晰而又直接的方式来表述他的基本哲学研究进路。

想要尽可能广泛地与人交流和被人理解的愿望，经常直接与想要给人留下深刻印象的愿望相冲突。这让许多人形成了一种不想清晰表述思想的动机，因为他们不得不说的东西并没有什么了不起的地方，因此表述得越清晰，这个事实就会变得越显著。他们只有一种机会才能为自己所说的话语赋予举足轻重的重要性，即避免使用完全清晰的表达方式，与此同时则使用一种听起来令人印象深刻的语言。倘若他们在生活中获得的成功依赖于他们获取的名望，倘若他们并没有什么特别的东西要说，那么，对于他们来说真正困难的是抵制自己采纳这种做法的诱惑，甚至当他们意识到他们正在这么做的时候，他们也难以抵制这种诱惑（实际上，这还牵扯到某种程度的自欺）。

在去影棚摄制节目的几天前，我就会与参与者进行多次长时间的会面，而在这些会面中，我们将决定我们的节目时间的最佳利用方式——不仅要决定我们讨论的问题与提出问题的顺序，而且还要决定以何种框架与词汇来表达那些最难表达的东西，以便于让讨论的清晰度达到最大化。甚至在最终录制这些讨论时，我也会经常在必要时毫不犹豫地对各种细节进行干预，以便于确保参与者所说的话语尽可能对更多的人来说都是清晰透明的。我所追求的清晰度不仅仅是一种语句的属性；实际上它主要不是一种语句的属性，而是一种结构的属性。它的具体表现是：观众在每一刻都恰恰能够理解我们正在讨论的问题是什么，为什么这个问题会在讨论的这个特殊时刻被我们思考，以及这个讨论是如何抵达这一点的。正是这种结构，而不仅仅是诸多语句内部的清晰性，才让观众清楚地认识到我们正在讨论的是什么——当然，我也希望这些语句是清晰的。

公众对这个系列节目的反应是非同寻常的。在这个系列节目播出的将近四个月的时间里，我在街道、地铁站台、商店、餐馆、剧院大厅与其他各种公众场所都有可能被迫停下脚步与人们交谈，这样的情况一天中会发生好几次，即便是在我主持时事节目，并拥有更多观众的时候，我也不会如此频繁地遇到这样的情况。人们对我说话的态度显然可以表明，他们热衷于观看这个系列节目，他们的这种热情不仅是少见的，而且甚至可以说是前所未见的——许多人说，这个系列节目是他们曾经观看过的最好的电视节目。让他们如此兴奋的，并不是这个节目邀请到的名人及其在节目中的表现，而是这个系列节目所介绍的各种思想。对他们来说，不仅这种激烈的思想讨论是新颖的，而且这些思想也为他们带来了启发。许多人请我为他们特别感兴趣的主题提供阅读建议。这又一次证明，存在着大量喜爱哲学的潜在观众，他们支持的是按照严肃方式展现的严肃哲学思想。

在这个系列节目播出的许多年以后，我在大学的朋友们告诉我，他们的许多招生候选人在被问及他们想要研究哲学的原因时承认，这恰恰是由于他们看过我的这个系列节目。在学术共同体中，这个系列节目也深受好评。当然，同样也存在一些对它的批评意见。有一种批评意见认为，我应当向人们展示如何从事哲学，我向人们展示的却是如何谈论哲学，这些批评者的意思是，我应当在节目现场完成的是对概念与论证的分析。这是基于他们的哲学观得出的结论，而他们的这种哲学观恰恰是我始终拒斥的：正如《思想家》这个标题所意在表明的，在哲学中主要让人们感兴趣的是哲学的思想，而不是哲学的分析，尽管这种分析显然也是重要的，但同样明显的是，这种分析必定始终从属于这些哲学思想。无论如何，在我看来显而易见的是，电视观众不仅不太可能对一段漫长的分析保持兴趣，而且肯定不可能对十五段这样的分析感兴趣。要是这些节目完成的仅仅是这样的分析，这个系列节目所获得的成就会多么有限！观众会对哲学的当代背景几乎一无所知，除了对哲学分析留下一种类似斯托帕德[1]剧作的印象。

有一些哲学家的问题在于，他们由于自己的专业地位而对我产生了嫉妒。他们发现自己难以忍受的一个事实是，尽管他们在这个专业中的声誉是显赫的，但公众在整体上仍然对他们一无所知，而众所周知，公众已经普遍将我的名字与哲学关联在一起。他们觉得，公众应当将他们的名字，而不是我的名字与哲学关联在一起；这就让他们想要挫败我的锐气。有三四个这样的职业哲学家就为此而采取了行动，但我有理由相信，他们随后就会感到后悔。其他批评我的职业哲学家则用讽刺的幽默承认了他们的嫉妒。还有一两位职业哲学家并没有诉诸这样的批评，而是也像我那样亲自去制作关于哲学的电视节目。这些职业哲学家竭尽全力去制作这样的电视节目，但问题的关键在于，他们缺乏对制作节目与电视交流所需要的认识，他们的制作效果就让他们大失所望。他们的节目并没有让公众留下深刻印象。其中的一个职业哲学家相信，由于我的节目几乎完全是由讨论构成的，我没有恰当地利用电视媒体，于是他打算按照更类似于其他电视节目的方式来制作自己的哲学节目。他成功制作了节目，但结果是，在他的节目播出期间，人们就已经开始忘记这些节目的存在了。另一位职业哲学家如此迫切地表现自己，以至于在节目中陷入了令人尴尬

---

[1] 汤姆·斯托帕德（Tom Stoppard，1937— ），英国剧作家，他的作品不仅包括了从形而上学和量子力学到道德哲学和月球登陆这样范围广泛的主题，而且还充斥着作者刻意编造的词汇。——译注

的境地。倘若这两位职业哲学家制作的节目从根本上会产生任何效果的话，这个效果就只能是减少观众对于与哲学相关的电视节目的需求。

然而，英国广播公司对于《思想家》这个系列节目十分满意，它请求我制作另一个系列节目。但制作《思想家》这个系列节目占据了我的许多时间，而且这项工作还持续进行了一段如此漫长的时间，因此我拒绝让自己接下来马上陷入另一项这样的任务。不过，我们进行了一些探索性的讨论，而这些讨论又使得他们公开邀请我制作一个被分成十五个部分的介绍西方哲学史的系列节目。对于这个邀请，我在数年的时间里都没有做出积极的回应。但是，当我在1983年6月失去了下议院的席位，并发现自己不得不从事其他某项工作来谋生时，我就主持了一个名为《脱口而出》(*Thinking Aloud*) 的长篇电视讨论系列节目，接下来在1985年的春天——这恰好是在我开始制作《思想家》这个系列节目的工作之后的第十年——我才开始制作《大哲学家》这个系列节目。就像先前那个系列节目一样，我也花费了两年半的时间来制作这个系列节目，并且这个节目以同样的方式在1987年到1988年的那个冬季里连续播出。

在《思想家》中有三期节目是专门用来讲解三位已故哲学家的工作的，这三位已故哲学家是马克思、维特根斯坦与海德格尔（海德格尔在这个系列节目的制作期间去世），而我在那时觉得，我有自信运用自己的能力来做好这整个系列节目。但说得更确切些，我在制作先前那些节目时所获得的经验（特别是那些节目所采纳的诸多并不让我感到满意的特定形式），为我带来了许多制作这种节目的教训，而这就导致了《大哲学家》的个别节目要比它们原本可能呈现的质量更为优秀。事实上，这个系列节目的整体制作水平要优于《思想家》，或许是由于这个原因，它也比《思想家》更为成功。《大哲学家》这个系列节目以柏拉图为出发点，以维特根斯坦为终点，其间的节目则分别讨论了亚里士多德、中世纪哲学、笛卡尔、斯宾诺莎和莱布尼茨、洛克和贝克莱、休谟、康德、黑格尔和马克思、叔本华、尼采、胡塞尔和海德格尔、美国实用主义者、弗雷格和罗素。

我意识到，在每一期节目没有暂停休息的四十五分钟里，不可能期待观众去不断地吸收一连串始终有所变化的、新颖的、通常又有难度的思想。倘若我在一个研讨班中对一群人演说，当观众仔细考虑我所讲述的思想时，那我就会暂停演说，让他们休息一段较长的时间，或许还会让他们向我提出相关的问题；但电视节目并不允许存在较长的休息时间，也无法让观众向屏幕提问并获得相关的解答。我对这个问题的解决方案是，在特别选定的地方进行重复。我在讨论中会试图确认这样的时刻，观众在那时最有可能想要停下来休息、反思或评价刚刚接触到的思想，每到这个时候，我都会对观众讲述这样的话语来暂停节目："在我看来这特别重要。让我们就在这里暂停片刻，在我们做出任何推进之前确保我已经弄清了您所说的意思。"接下来，我并不是对另一个人刚刚所讲述的思想进行概述，而是会对正在讨论的哲学学说给出我自己的解释；因此我在此时实际所做的，恰恰就是另一个人刚刚做过的事情，只不过这是按照我自己的方式来完成的；而这就意味着观众在得到了一种关于某个哲学学说的解释之后，接下来马上就可以获得关于那同一个学说的一种不同解释。因为相较于我的共同参与者，我对于这种交流的经验更为丰富，我给出的解释通常就会比他给出的解释更容易追随；无论如何，在紧跟着一种对于相同主题的可选解释之后给出自己的解释，这也让我处于有利的地位。因此对于观众来说，他们经常会感受到的一种体验是，他们无法理解另一个人所说的意思，但能理解我所说的意思——在此后的许多年里，这个事实无论是在私人谈话中还是在新闻媒体中都变成了一个标准的玩笑主题。我收到了数百封观众的信件，他们言简意赅地向我提出了这样一个问题：我为什么不省掉另一个参与者，并完全由我自己来解释这些哲学？由于我已经意识到观众可能做出这样的回应，我也就认识到，我对清晰性的执着追求，有可能让我在节目中说得太多，因此，我为自己制定了这样一个私人的规则，即在任何一期节目中（除了讨论叔本华的那期节目之外），我的谈话都不应当占据整个节目三分之一以上的时间。由于我在这十五期节目中都会出现，而我在每一期节目中的对话者都是不同的，倘若我在每一期节目的谈话时长恰好与其他的对话者一样，这就会给观众留下我仿佛一直在说话的印象；但当其他人在每一期节目中的谈话时长超过我的谈话时长两倍时，结果显示，这种平衡是恰当的。

  所有重要的英语国家都播出了《大哲学家》与《思想家》这两个系列节目，而美国则是个例外，因为美国人觉得这两个系列节目太不切实际了。我敢肯定，这是一个错误的判断，因为无论这两个系列节目在其他任何地方播出，它们都能在观众中间引发强烈的与赞成的回应——甚至在某些母语并非英语的国家里，如荷兰与丹麦，情况也是如此。这两个系列节目的内容都被改编成了书籍，这两本书都拥有了自己独立的生命，前者的精装本是由英国广播公司出版的，后者的精装本则是由牛津大学出版社出版的。在此期间，这两本书被翻译成日语、汉语、韩语、西班牙语、意大利语、葡萄牙语、希伯来语和土耳其语。《大哲学家》这本书连续数周都进入了畅销书排行榜，而迄今为止只有九本书曾经达到过这样的销量。

  在《思想家》出版的几个月之后，我受到土耳其总理比伦特·埃杰维特

（Bülent Ecevit）的邀请，作为他的客人，我在安卡拉与他就这本书进行了数日的讨论。他说，这本书例示了一种批判理性，而他想要将这种批判理性传播到土耳其，但在土耳其，所有最强大的传统都反对这种批判理性。土耳其的家族拥有等级制的结构——甚至父母在自己的家族做出某项决策时，他们也要服从更年长的家族成员。在各种等级的教学活动中，学生毫无批判地遵照老师的说法进行复述，而不敢去做其他任何事情。总理埃杰维特觉得，倘若他被认为想要干涉家族的生活，或想要与有组织的宗教权威进行持久的斗争，这都会给他自己带来灾难性的后果；而他真正能够系统地施加影响的对象是教育体制。因此归根结底，埃杰维特真正的问题是，怎样才能将批判理性的价值观念引入土耳其的教育体制。

我并没有幻想自己相当了解土耳其的实际情况，因此我的绝大多数回复都与教学的问题和建议有关，我用了两天时间与内阁成员及其顾问讨论相关的实例。除了听取我的其他建议之外，他们还请求我推荐应当翻译为土耳其语的重要书籍的书单，我也做出了相应的推荐。然而，我们的良好意愿并没有产生任何成果，或最多也只不过产生了一些微不足道的成果。六个月后，一场军事政变剥夺了埃杰维特执行这些政策的权力，而他此后也没有成功地重新夺回权力。（在我访问土耳其的那段时间里，每天都会发生两三起政治谋杀，我在任何地方都会有一个贴身的私人保镖陪同，他甚至会站在洗手间的门外。）不过，对我来说，这段经验本身就是迷人的和有启发的，而且多年以后，某些东欧国家请求我提供可在这些国家中应用的类似建议，结果证明，我访问土耳其的这段经验的价值是无可估量的。

第23章

当代哲学的主要派别

被低估的哲学家R. G. 科林伍德（R. G. Collingwood）经常强调，任何给定的历史时期都有可能存在诸多被同时代人所共享的深层假设，同时代人甚至没有意识到它们是假设，因此理所当然地认为它们是成立的；而这些假设有时并没有被随后的那几代人所接受。由于这个原因，在同时代人之间进行的伟大智识争论有时就并不是那些参与者所理解的争辩。这些人相信，他们自身为了彼此矛盾的立场而进行斗争；倘若情况是这样，那么，至少可以概括地说，无论真理是什么，它都必定存在于其中的一个立场之上。然而，在他们的后代眼中，他们双方有时都是错误的，因为他们双方都接受的某些基本假设是错误的。

反思在我们自己所处的这个时代里，这种假设有可能是什么，这或许是一种有益的做法。我曾经向一位具有非凡智慧的朋友提出了这个问题，他立刻给出了这样的回答："这种假设就是，我们拥有理智。"他的回复如此迅速，以至于让我在深思后认识到，这种假设更有可能是他尚未想到的某些东西。

在一种不那么深刻的层面上，这种假设更多地被范围广泛的运动参与者所持有，尽管这些运动本身在它们的那个时代里并不是被普遍认可的。在具有最强烈的思想性、艺术性或宗教性的运动中，都存在着某些这样的假设，任何严肃地想要保持该运动成员身份的人，都不能认真地去质疑这种假设。直到最近，这种说法也适用于众多不同种类的基督徒对上帝与耶稣神性的信仰。虽然基督教的不同教派在彼此之间进行斗争，它们甚至达到了折磨和杀戮彼此成员的程度，但每个基督教的成员都必定信仰上帝与耶稣的神性，只要他从根本上还将自己当作基督徒的话；与此同时，许多不与他们共享这些信仰的人，就会被他们与他们发起的战争所肃清。

我相信，不同历史时期的哲学专业世界也存在着这样的斗争，当然，这种斗争表现得较为温和。大概是在20世纪中期的这几十年时间里，在英语世界的许多国家中，一位哲学家倘若想要被他的同事视为严肃的哲学家，他必定会被认为与他的同事共同享有一种分析的研究进路——尽管在分析哲学家中持续进行着诸多激烈而又残酷的斗争，但在这些斗争中，分析哲学的所有阵营都赞同的观点是，欧陆哲学家（他们在英国通常被冠以这样的称号）并不是正规的哲学家，实际上他们绝大多数都是骗子，他们的哲学甚至都算不上是值得关注的错误，因此不应当从事这样的哲学研究。而在分析传统的智识时尚中反复出现的情况是一个学派推翻另一个学派——在本书中，我先前已经叙述了逻辑实证主义支配分析哲学的那段时期的相关状况，以及接下来它如何逐渐被日常语言学派所取代。这两个哲学运动如今已经成了过去的历史，对于此后支配分析传统的其他智识时尚来说，这段过去的历史足够遥远，但这些智识时尚也会轮到自身消亡的那一刻。在我亲自经历了这些变化并以特别的兴趣观察过这些变化（虽然我总是根据这些学派之外的视角来观察它们的）之后，我感受到了一种想要讲述它们的故事的诱惑，但实际上，只有少数经过专业化训练的学者才会对这样的叙事产生兴趣。我回想起了英语世界杰出的现代哲学史家、澳大利亚哲学家约翰·帕斯摩尔（John Passmore），他重新阅读了那个时期的哲学界领军人物的论著，从而能够为公众解释这些领军人物的哲学。帕斯摩尔曾经对我说道："即便所有这些作者在既让他们自己满意，又让我满意的情况下解决了他们致力于研究的那些问题，难道我会从中获得什么启发吗？"帕斯摩尔对他自己的这个反问的隐含答复是："这样的启发并不多。"而我发自内心地赞同帕斯摩尔的这个见解：在我看来，这些作者的论著恐怕几乎就没有给我们带来任何启发。这并不是因为他们缺乏能力，而是因为他们的诸多假设是错误的。实际上，恰恰是他们在其中工作的那个传统，即分析传统是空洞的。我并不相信在这样的传统中能够孕育伟大的哲学；而这就是我不相信任何实质性的问题可以通过分析来解决的原因。（你或许会说，实质性的问题也无法由分析哲学家来解决。）

我已经叙述了在摩尔与罗素抛弃新黑格尔主义的唯心论（他们自己就是在这种哲学传统中成长起来的）之后，他们接下来所开创的分析研究进路如何在大学的哲学中确立自身地位的过程，这种研究进路所确立的地位已经达到了如此根深蒂固的程度，以至于人们广泛持有的信念是，这种研究进路就是哲学。人们逐渐认为，哲学仅仅是对我们诸多有趣的或重要的信念的分析、澄清和辨明，因而仅仅是对我们的推理和论证、我们的概念用法与我们的方法所进行的分析、澄清和辨明。从那时起直到现在，对于在分析传统中的所有相互竞争的学派与智识时尚来说，这都是基本的观点。这是它们共同享有的假设，而恰恰是这种假设让它们所有的努力都变得徒劳无功。因为它们做出这样的假设，也就是承诺这样的观点，即并不存在任何一阶的哲学问题，即便存在这样的问题，它们也仅仅是一种在哲学之中与有关哲学的技术性问题。除了这些问题之外，倘若哲学仅仅在于对问题的分析和对理论的澄清——以及对于我们有关这些问题和理论的观点的辨明——那么，这些问题和理论是来自哲学自身之外的。

根据摩尔的观点，大多数通常被称为"哲学"的问题，都是由于无法认真对待常识而导致的，它们可以通过求助于常识与果断运用常识而被消除——摩尔的假设（虽然他并非始终承认这个假设）是，常识的世界观必定在本质上是正确的，那些被我们认为是哲学问题的东西，是由于某种过度的理智化而人为创造的产物。摩尔曾经说过，这个世界本身向他呈现的问题，并没有让他想要进行哲学反思——仅仅是由于哲学家所谈论的废话，才让他变成了一个哲学家。

罗素采纳了一种相当不同的观点。他鄙视常识，根据他的理解，常识不仅是肤浅的，而且通常没有把握到关键所在，他相当正确地看到，最有趣的真理是不明显的，许多这样的真理是违背直觉的。罗素认为，数百年来，有关我们自身与我们世界的有趣而又有用的真理的最丰富来源是科学，科学无止境地让我们认识到诸多发现，而绝大多数的科学发现是我们预料不到的事实。但罗素同样意识到，诸多科学（绝大多数科学都广泛运用了数学的方法）并没有实现自我确证，而且永远无法自我确证。正是由于这个原因，罗素绝大多数重要的哲学工作都试图为我们的数学信念与科学信念进行辩护，其辩护的方式是细致考察与揭示数学与科学的理性基础。（罗素一度相信，数学是大量有关实在的知识，直到年轻的维特根斯坦说服他确信，数学真理是一种重言式的论断。）罗素、摩尔与他们之后的那些分析哲学家达成一致的信念是，我们的许多话语都是在一种语法形式中表达的，而我们将这种语法形式误解为它们的逻辑形式，以至于后者（以及我们陈述的意义与真值）只有通过分析才能被清晰地揭示出来；由此也就表明了分析的重要性，但罗素从来也没有主张过，分析是"哲学的唯一的与全部的功能"（这是赖尔的说法）。在他生命的最后时期，罗素相信，主张这种说法的人已经放弃了哲学的核心使命，即尝试理解这个世界。由此也可以推断出，他们在本质上已经不再是哲学家了。

年轻的维特根斯坦相信，关于这个世界的所有真正的知识都导源于观察和经验，而最丰富的知识库包含于科学之中。尽管如此，维特根斯坦按照一种非常类似康德的方式（他主要是通过叔本华来吸收康德的哲学思想的），将对我们最重要的东西当成了不可知的事物——伦理与价值的本质、生命与死亡的意义、这个世界整体的重要意义。他在某种程度上是以一种神秘主义的态度来对待这些事物的——他自己为这种神秘事物所提供的例证是，这个世界竟然是存在的。但部分的是由于弗雷格的逻辑的影响，维特根斯坦相信，无法明确地表述融贯的解答，就无法提出融贯的问题，因此在任何知识的可能范围之外的事物，也就超出了哲学探究的范围。然而，倘若哲学能够提出的有意义的问题仅仅是那些能够解答的问题，那么，哲学就被局限于可知领域中的澄清工作；事实上，这就是年轻的维特根斯坦的信念。他将这种澄清工作视为在原则上可以完成的任务，他相信自己"在所有重要的问题上"都已经完成了这项任务——但他立即承认，"当这些问题得到解决时所获得的成就相当有限"。因此，维特根斯坦所持有的是一种最低限度的哲学观，而且他也是有意识地持有这种观点的。

逻辑实证主义者欣然接受了年轻的维特根斯坦的哲学，但他们没有注意到这种哲学的神秘维度，因而他们就没有意识到这种维度的存在，这恰恰让他们无法认识到，这种哲学的局限性有多大。逻辑实证主义者相信，现实世界与可能的经验就是唯一存在的实在，其中的一切事物都可以被科学探究所征服。这让他们将所有有意义的话语都等同于科学的话语，因此他们将自己支持的哲学作为科学的婢女，将这种哲学的任务理解为对科学话语的澄清，特别是对科学所使用的概念与论证、方法与步骤的澄清。哲学本身并不能给予我们任何有关实在的知识；它所提供的是澄清与辩护。由于逻辑实证主义者显然将科学作为一种常识——这种常识在科学探究的过程中变得更加遵循规则与更加具有自我批判性——他们就确信，他们的分析进路可以适用于日常对话中的诸多命题，事实上，由于这些命题的表述规则通常所表现的自我批判水平较低，它们就特别需要进行哲学分析。因此，在逻辑实证主义者看来，可以应用哲学分析的那些命题，则是导源于科学与日常生活，而这两种命题都是重要的；但逻辑实证主义者坚持认为，对于这两种命题而言，清晰与真实的科学标准才是恰当的标准。逻辑实证主义者所持有的一个声名狼藉的观点是，他们倾向于将价值陈述与道德陈述当作一种想要成为事实，却又缺乏令人信服的证据的论断。

日常语言学派所拒斥的观念是，所有的话语形式都可以被同化为科学的话语形式，他们断定，我们使用语言的目的丰富多彩，多种多样，而科学的话语仅仅服务于其中的一种目的。这导致他们去考察语言的不同用法，并表述分别适合每种目的的不同的意义标准与正确标准。这转而又让他们将语言作为他们的主题，他们实际上逐渐相信，哲学问题就是与我们语言的用法有关的问题。伯特兰·罗素对此的评论是："和［后期的维特根斯坦］之前的哲学家一样，我的基本目标是，尽可能充分地去理解这个世界，将诸多有可能算作知识的东西与诸多被斥为没有根据的意见的东西区分开来。要不是因为[后期的维特根斯坦]，我本来以为没有必要来陈述这个目标，我本来以为这是理所当然的。而如今却有人告诉我们，我们试图理解的恰恰不是这个世界，而仅仅是诸多语句……"*牛津学派的日常语言哲学家在奥斯汀的领导下，将被他们称为"日常用法"的东西采纳为他们的哲学事业的标准。"在什么场景下人们才会实际上说出诸如此类的话语？在这些场景下人们通常会把这样的话语理解成什么意思？倘若你要问的是它的意义，那么这就是它的意义。倘若无法设想人们会在任何真实的场景下说出这样的话语，那么它就没有任何可能存在的用途，因此就是没有意义的。"按照日常语言哲学家的观点，哲学问题导源于以下这个事实，即我们按照与通常有意义的用法相抵牾的方式来运用我们的语言，因而让我们自身陷入困境：这些概念的混乱状态就是哲学的问题，而哲学分析的功能就是解决这些混乱状态。这些哲学家的特别之处在于认为，当这些混乱状态被阐明后，就不会留下任何哲学问题。

我最终发现，这种观点是不能成立的，这是基于以下两个理由。没有任何一个真正深思熟虑的人会渴望为推崇日常语言与日常用法的立场来进行辩护。人们仍然会倾向于赞同罗素的如下评论："恰恰相反，我确信日常语言充斥着暧昧与不精确之处，想要让日常语言变得精密准确，就需要修正日常语言，既需要修正它的词汇，又需要修正它的句法。"**除此之外，即便一个人解决了由于语言的误用而产生的诸多混淆，但只有当他是一个完全没有哲学头脑的人时，他才会觉得自己所面对的世界并没有向他呈现任何哲学问题。人类逐步增加的需求会支持这样的哲学观，在这种哲学观看来，哲学更为关切的是某些对于男人与女人来说都至为重要的东西，而不是对语言用法的精致区分。逻辑实证主义者所采纳的哲学观至少还有一点值得称赞，即它在批评与重新阐述科学的方法与步骤的过程中，给予了哲学一种有待完成的富有成效的工作；但日常语言学派通常都不关心科学，其中绝大多数人明显对科学是无知的，有些人则彻底对科学抱有敌意。他们的活动倾向于采纳的形式是，纯粹为了做出区分而做出区分，而且还是在日常语言的琐碎细节中做出区分。

正是这一点，在最大程度上激起了人们对抗分析哲学的反应。甚至在哲学学科中的一些专业学者也将分析哲学判定为一项无足轻重的事业。与此同时，这也招致了局外人用前所未有的力量表达了他们对于分析哲学的不赞成态度。在这段时期

---

* *My Philosophical Development*, p. 216.
** *My Philosophical Development*, p. 241.

内出现的一种很难在其他时期看到的情况是，有头脑的人恰恰由于哲学自身的从业者而抛弃了哲学。年轻人想要到大学来研究哲学，但当他们听过了哲学家的讲话之后，他们最终得出的结论是，哲学就是在浪费时间，于是他们决定去从事其他的研究工作。其他学科的著名专业学者发现自己被迫得出这样的结论：他们的哲学同事所从事的事业已经不配获得智识上的尊重。这门学科（而我会说，这门由职业哲学家从事的学科）的声誉已经达到了最低点。

令人遗憾的是，当这种对抗的反应出现以后，人们走得还不够远。人们对于分析的研究进路的最可取态度是，抛弃这种研究进路。倘若人们觉得在抛弃之后需要某个替代性的哲学研究典范的话，那么这样一个现成的典范就是卡尔·波普尔的研究工作，他在那时的能力已经达到了顶峰，甚至日常语言哲学家也承认，波普尔是一位杰出的人物。但实际情况是，他们一方面在口头上不断奉承波普尔，另一方面却忽略了他的研究工作。恰如先前的那代哲学家（逻辑实证主义者）对波普尔提出的批评意见漠然视之，但他们随后发现，他们的立场已经由于波普尔所给出的理由而被人们抛弃，日常语言哲学家如今也在这种类似的处境之中。在这两个时期里，这些顽固不化的哲学家紧紧抓住维特根斯坦在智识上的领导地位；先前的那一代哲学家紧紧抓住的是维特根斯坦的《逻辑哲学论》，接下来的那一代哲学家紧紧抓住的是维特根斯坦的《哲学研究》。以一种粗略的方式，20世纪中期的哲学悲剧可以被概括为如下这种说法，即职业哲学家普遍接受了维特根斯坦的领导，而倘若他们接受的是波普尔的领导，波普尔就会对哲学发挥更好的引领作用。甚至当哲学最终离开了那些阵地之后，它自身仍然背负着分析的累赘。

在这个更加自由的新发展时期里，许多哲学家（包括某些最有能力的哲学家在内）所从事的是关于意义、指称与真理之本质的逻辑学研究和语言学研究。不仅意向性获得了大量的关注，而且同一性问题也获得了大量的关注。在所有这些范围内的问题一起被认为构成了一个可被称为心灵哲学的领域，它逐渐被视为当代分析哲学的中心地带。某些哲学家有志于将分析哲学的技术应用于其他的非科学学科的核心概念，而这些哲学家的数量也在逐渐增加。最近已经接受分析哲学技术的一个领域是法理学；语言学、心理学、福利经济学与其他一些学科如今也开始接受分析哲学的技术。还有一些哲学家将分析的技术应用于诸多特定的社会问题——堕胎、婴儿器官试验、基因工程、人口政策、安乐死、核武器的使用甚至交通管理。社会的信息化在哲学中产生了一个完全新颖的主题，即人工智能研究，就本质而言，这种研究试图增进我们对于人类心智的运作方式的理解，其方式是将之与那些经常得出相同结果的电脑的运作方式进行比较。从表面上看，哲学如今已经摆脱了它以往的限制，并发现了新的自由；随着这种发展趋势而出现了崭新的多样性。哲学家正在撰写一系列主题，其内容涵盖了从音乐到性别的宽泛范围，逻辑实证主义者乃至日常语言学派从未想到将它们作为有前景的哲学研究主题。当前的哲学家越来越自信地将哲学与其他学科融合起来。他们重新恢复了以往的那些伟大哲学人物的声誉，而先前的分析哲学家将他们抛到阴暗处置之不理——其中最显著的哲学人物是黑格尔与尼采。对于许多人来说，这种哲学场景显得具有无比多样化的发展趋势——相较之下，在以往那段糟糕的时日里，哲学不与其他学科交流，在很大程度上忽略了自己过去的历史，它起初让自己从属于一种短暂的智识时尚，接下来又让自己从属于另一种短暂的智识时尚。

　　但所有这些活动拥有的共同之处仍然是分析的研究进路。这就足以让它们变得无法令人满意，而不管它们是否还有其他的缺陷。分析能够澄清问题，这或许有助于提出解决这个问题的方案，但澄清本身不可能是解决方案——只要问题拥有任何实质性的内容，澄清就不可能是解决方案。只有当它们根本就不是真正的问题，而仅仅是一种混乱或混淆的产物时，澄清才有可能清除掉那些显得具有实质内容的问题。否则澄清最多也不过是通向解决方案的辅助工作，而永远不是解决方案本身。但这也就产生了一个严重的后果，即分析哲学家不仅被迫到哲学之外去寻找他们的问题，而且还被迫到哲学之外去寻找他们的解决方案。如此构想的哲学就变成了一种不重要的中介，它既不是严肃问题的可能来源，也不是对它们的解决方案的可能来源。日常语言哲学家公开声称，并不存在任何哲学问题，存在的仅仅是伪问题，而他们自己所提供的所谓的解决方案仅仅是追踪这些误解的来源。但让各种分析哲学家都遭受诟病的是如下这个观点，即诸如此类的哲学问题可能仅仅是与分析有关的问题，因此它们是一些可以获得澄清的问题，而不是一些可以获得解决的问题。这就是大量的分析哲学家实际上想要表述的意思：哲学的功能是将我们的话语变得对我们清晰易懂，尤其是将诸多有关我们的信念与问题的陈述变得对我们清晰易懂。

　　解决问题的方案需要涉及某种解释，而这种解释是真正发挥了解释功能的解释。要拥有任何这样的解释，我们就需要一种可以检验的解释理论，而且这种解释理论在经过检验后还要令人印象深刻地存活下来。换句话说，这需要的是诸多新的思想，这些思想拥有解释的力量，并能够经受批判性的评价，不管是在理论意义上的批判性评价，还是在（恰当之处的）实践意义上的批判性评价。要解决一个问题，最需要的是解释、理解与洞识。哲学思想的核心价值在于它们进行解释的力量。这种解释理论是在智识上严肃的哲学的主要内容,是我们在大哲学家的工作中最为珍视的东西。在分析哲学家的工作与他们前辈的工作之间的最显著的区别,就在于分析哲学家的工作缺乏这样的东西。

澄清若要让自己能够名副其实,它甚至也在双重的意义上需要拥有某个目的:它应当拥有一个目的,以便于让一个问题变得清晰,或让一个解释理论变得易懂,而且它还应当决定让这个解释在何处终止。原则上,始终存在着可以做出更多澄清的空间:每一种区分都可以获得进一步的改进,每一个解释都可以获得进一步的阐述(从这个意义上说,每一个解释既可以变得更加详细,又可以得到进一步的拓展),倘若人们追求的这些活动超出了手头问题所要求的范围,那么,这不仅会让它们变成没有目标的活动,而且也没有任何东西可以阻止所有这些活动变成无限后退的解释。于是我们就是为了编造术语而编造术语,为了逻辑分析而逻辑分析。因此我们应当在方法上做出规定,不允许毫无目的地做出区分,也就是说,我们所做出的区分不应当超出理解我们正在考虑的问题所需要的范围,或者不应当超出用来给出解决方案的解释理论所需要的范围;这也同样适用于对诸多解释的详细阐述。倘若还需要进一步的区分或解释,那么人们始终可以在需要的时候再去寻求这样的区分或解释。在不需要的情况下做出区分或解释,这种做法的不明智之处在于,它们不仅没有服务于任何目的,而且实际上妨碍了理解,因为不必要的区分或解释降低了理解的清晰度。正是由于这一点,任何真正寻求解释的人都不会按照这样的方式来行动。采纳这种做法的人最常见的动机是,为了证明自己的能力,为了在这种技巧训练中获得乐趣,为了纵容自己沉溺于这种活动本身,而在他们的这些动机中,没有任何动机想要去理解这个世界。

伯纳德·威廉斯或许是从事分析哲学的年青一代中最著名的人物,他在反思分析哲学发展到日常语言学派的阶段时所讲述的这些话语如此重要,以至于尽管我在本书的先前章节中已经有所引用,但仍然值得让我在这个不同的语境中加以重复:"当人们抱怨区分的增多时,[奥斯汀]指出昆虫就被区分为数千个种类,并且问道:'为什么我们就不能发现有关语言的同样数量的区别呢?'对这个问题的回答当然是,我们区分甲虫种类的基础植根于某种对于造成物种差异的东西的理论理解,这种理解是由进化论给出的。但除非你已经拥有了某些相关背景的理论理解,任何事物都会和你随意挑选出来的其他某个事物有所不同。"* 正是在这同一页的内

---

* *Men of Ideas*, p. 144.

容中，威廉斯还说出了其他一些重要的话语，我先前也引用过，但这些话语仍然值得在这里重复："我认为分析哲学的基本局限性在于低估了理论的重要性。它尤其低估了在哲学之内的理论的重要性（尽管在维特根斯坦那里，这几乎不能称之为低估——更确切地说，是全盘拒斥）。此外，它还倾向于低估其他学科中的理论的重要性。我认为，甚至对于科学中理论的重要性，它都没有一个非常清晰的意见。"

倘若某位哲学家表述的哲学观拒斥了理论，那么他也就否定了哲学最重要与最有价值的内容，否定了哲学自身存在的目的（raison d'être）。这就相当类似于将历史观奠基于这样一种立场，它否定了人们有可能对于过去的历史做出有意义的陈述。维特根斯坦不仅设法坚持这样的观点，而且还将这样的观点与他拒绝使用论证的做法结合起来。相应地，他的后期作品既没有包含解释理论，又没有包含论证，而他如今最为知名的恰恰就是这些后期作品。毫不奇怪，伯特兰·罗素会对这些作品做出如下的评论："在我看来，它们的那些积极肯定的学说是琐碎的，而它们的那些消极否定的学说是没有根据的。我在维特根斯坦的《哲学研究》中没有发现任何对我来说是有趣的东西，我无法理解为什么这个学派整体上都会在这本书中找到如此重要的智慧。从心理上讲，这是让人感到惊讶的。我熟知早期的维特根斯坦，他是一位充满激情地致力于艰辛思考的人，他深刻地认识到了那些困难的问题，而我与他一样都觉得这些问题是重要的，他在那时具备了（或至少我认为他具备了）真正的哲学天赋。后期的维特根斯坦则恰恰相反，他似乎逐渐厌倦了严肃的思考，并发明了一个学说，这个学说把严肃的思考活动变成不必要的东西。我完全不相信这个会产生怠惰后果的学说是真实的。尽管如此，我也意识到，我自己不可遏制地对这个学说持有强烈的偏见，因为倘若这个学说是真实的，那么，哲学在最好的情况下也不过是为词典编纂者带来些许帮助，而在最坏的情况下则变成了茶余饭后闲来无事的一种消遣。"* 毫不奇怪，卡尔·波普尔也曾公开对罗素的这种态度表示赞同。**

不同于罗素和波普尔，在绝大多数的分析哲学家看来，他们自己主要从事的研究工作并不试图理解这个世界，并不试图理解并非语言的实在——当然，除非他们相信，要理解我们语言的用法，就需要理解并非语言的实在。当他们遇到一个具有哲学本质的解释理论时，他们通常的反应并不是急切地去审视这个理论，他们不会

---

* *My Philosophical Development*, pp. 216-217.
** *Modern British Philosophy*, pp. 169-177.

带着希望与同情的态度，根据这个理论去重新考察他们的经验，以便于确认这个理论能否加深他们的理解，而是会去考察这个理论的探究过程。他们不仅总是采纳这种做法，而且现在仍然采纳这种做法。换句话说，他们并不试图根据这个理论所追求的目的（启发我们认识这个世界的某些方面，或启发我们理解我们关于这个世界的经验）来评价这个理论：他们已经忽视了理论的这种功能。他们关注的是，这个理论的概念是否得到了良好的表述，它的逻辑是否无懈可击——探究这些内容，才是他们感兴趣的对象。他们认为，他们所从事的分析工作就是哲学。按照他们的想法，一个困难的哲学问题就是一个在分析上的艰难挑战，而一个有才华的哲学家就是某个擅长分析的人。在他们看来，形成新思想并不是他们所关切的：这是其他人的工作。他们经常拒斥深刻的见解，甚至当其他人将这些深刻的见解提供给他们时，他们也会拒斥这些深刻的见解。他们拒斥的方式是暗示他们并不真正相信有可能存在这样的见解，或者他们会认为这样的见解是危险的，因此他们就带着怀疑的态度来审视这些见解并与它们保持疏远的距离。人们可以在这些职业哲学家中发现一种并非罕见的人格结构，它或许会被精神分析学家称为防御型的人格结构：它并不乐意采纳新的思想与新的洞识，而是会竭力回避这些东西，并与它们保持距离。

正是通过这些方式，所有的分析哲学都设法在自己的活动中排除了哲学最重要与最有价值的内容，而哲学最重要与最有价值的内容是这样一些解释理论，它们能够加深我们对于我们所面对的哲学问题的理解，并能够为解决这些哲学问题做出贡献。实际上，那种谴责分析哲学根本不是真正的哲学，从事分析哲学研究的人根本不是真正的哲学家的熟悉指控是有根据的。我根据自己数十年的经验得知，人们甚至不能理所当然地认为，某些个别的分析哲学家一定会对哲学的基本问题（我指的是，诸如康德问题这样的哲学问题）感兴趣。人们同样不能假定，他们会对杰出的哲学家主要致力于这些问题的研究工作感兴趣，无论这些杰出的哲学家是诸如叔本华这样多年以前的人物，还是诸如波普尔这样属于我们这个时代的人物。当前的职业并不要求他们严肃地对待他们自己的学科，而这个事实为他们省去了大量的麻烦。在人们推荐学生从事分析哲学的研究时最为频繁地提到的一点是，任何有头脑并有兴趣从事分析工作的人，就都可以去从事分析哲学——而我想要说的是，只有那些有思想的人才能从事真正的哲学。

当然，恰恰也是由于这个原因，整个哲学专业不可能都是由真正的哲学家构成的，因为有思想的人是寥寥无几的。在整个西方世界里，那些研究工作得到了普遍而又持久关注的哲学家在每个世纪的数量，都不可能超过五六个人。这就意味着，一旦哲学被职业化，这个职业的绝大多数成员就不可避免地需要将他们的工作时间花费在其他的某种活动上，而不是用来创作优秀的哲学。这仅仅是因为他们不可能全都在现实中成为优秀的哲学家。他们最明显的选择是，教导那些有才华的哲学家所创造的哲学，而这就是绝大多数职业哲学家所从事的有价值的工作。但倘若他们将自己局限于这样的工作，他们就只能从大哲学家的声望中派生出让他们获得个人声誉的机会，倘若他们想要拥有一种成功的职业生涯，他们就必须拥有这样的个人声誉。他们不得不找到一条途径，来让人们认为他们为哲学做出了个人的贡献。而分析哲学就是达到这个目的的理想途径。主要存在着两种通过分析哲学来吸引关注的方式：或者你可以按照这种智识时尚的观点来从事任何研究，因此人们就会易于关注你的工作，或者你可以在这个领域中找到某个角落，人们先前在那里几乎没有或完全没有做过任何工作，而你就可以冒险主张自己拥有占据这个角落的权利。在这两种情况下，人们都会注意到你；接下来，倘若你的表现令人满意，你或许就会在学院的世界中获得晋升。在这种情况下，你的工作就将获得它旨在追求的结果；在这样的环境下，人们必定会将之视为成功的结果——你与其他以类似的方式寻求晋升的人，都会将你与你获得的这个结果视为成功的表现。

每当我们在教导某种创造性在其中发挥必要作用的事物（无论是艺术、音乐、虚构类的作品，还是包括哲学在内的其他任何事物）时，就会产生一个对我们来说并不陌生的问题：它应当被视为一门学科，还是应当被视为一种活动？人们并不希望把学生仅仅训练成一种对于伟大事物的被动崇拜者。至关重要的是，学生应当亲自在这种创造性的活动之中来获得训练，在训练中学会如何从事这种活动与如何做出这样的创造。然而，就这种情况的本质而言，绝大多数学生都并非特别擅长这样的活动——只要一个人的态度还是认真的，他就不会指望陌生人会对这些学生的作品产生兴趣。而且也只有数量很少的一部分人才懂得如何教导学生完全擅长这种创造性的活动。由此带来的危险是，教师与教授将以他们在日常生活中所接受的事物为基础来形成诸多标准；在他们的这种教学活动范围内，他们就会失去与他们的教学活动应当为之服务的那个目标的联系，而那个目标是创作、吸收与鉴赏那些已经存在的最优秀作品。事实上，他们轻易就能形成这样一种生活方式，最优秀的作品在其中几乎没有发挥任何作用。自此以后，他们的视角就会陷入迷途，正如在某些中小学教师身上经常能够看到的熟悉情形，这些中小学教师真诚地向他们的朋友保证，他们的学生在上演莎士比亚戏剧时的表现，就像英国国家剧院中的演员那样精彩。要避免以这种常见的方式来严重败坏标准，最有效的途径是用已经存在的最优秀作品来教导学生，以便于让学生与这些作品一起生活，并重新塑造他们已经形成的标准。

在我刚刚所说的话语中提到的这两种方法所代表的是，教导创造性活动的不同标准；一个研究机构或大学院系或许会倾向于以极端的方式采纳其中的某一种方法。让我们暂时审视一个在哲学之外的例证。音乐学院最终可以采用其中的一种方法来指挥自己的教学工作。音乐学院可以将自己的教学工作扎根于伟大作曲家的作品，鼓励它的学生通过模仿来进行学习：在教授作曲的课程中，这些学生能够学到这样的音乐，他们也能够作为演奏家来演奏这些音乐。这种方法的优点是，学生能够让自己充分地沉浸于伟大的音乐之中，能够相当令人满意地了解某些伟大的音乐作品，从这些音乐作品中获得自己的标准与典范，借助这些音乐作品发展自己的技巧。但是，批评这种方法的人会提出异议："你们的学院即便不是一个殡仪馆，也是一个博物馆。你们仅仅演奏死人的音乐。你们的年轻人是死人的奴隶，你们所忽略的事实是，音乐是一种生机盎然的艺术。在学院中拥有才华的人应当让自己成为进步的先驱，应当走在音乐发展的前列。你们应当鼓励在世的作曲家；你们这些年轻的演奏家应当演奏他们同时代人的音乐。创作音乐才是你们所有工作所围绕的核心。你们与你们的学生都应当在创新实践活动的那种令人振奋的崭新氛围中呼吸。"

这种说法听起来似乎是合理的与有吸引力的，它与20世纪绝大多数时期的现代艺术运动和现代智识生活所鼓励的态度息息相关，这种态度的根据恰恰就在于一种要推陈出新的想法。由于这种态度，在我大半辈子的时间里，那种更为传统的方法都被视为过时守旧的，它似乎约束与禁锢了个人的创造力。然而，在这种更为"现代"的方法被付诸教学实践的任何地方，学生会发现自己几乎在所有的时间里都沉浸于平庸与乏味的音乐——这无非是由于除了少数例外，任何一个时代创造的音乐大都是平庸的与乏味的，这也包括那些老师自己创造的音乐在内。老师们不仅会被鼓动去谱写他们自己的作品，而且还会演奏自己的这些作品，并会用最有实效的方式来确定自己的这些作品拥有巨大的价值。当然，他们会发现，在这个学院之外几乎没有人想要去听他们谱写的绝大多数作品，甚至几乎没有人会长时间对他们创作的音乐产生持久的兴趣；但对于音乐学院中的师生来说，在他们心中非常有可能形成一种对于普通的音乐爱好者的蔑视态度，在他们看来，普通的音乐爱好者没有冒险精神，顽固保守，被过去的传统所束缚，相当吹毛求疵与故步自封，因而对实际上仍然在世的作曲家所完成的音乐作品不感兴趣。于是，在音乐学院的专业学生与音乐爱好者之间出现了一种分歧，而且这种分歧还在不断扩大。音乐系的专业学生会狭隘地将他们的眼界局限于那些恰好在当下盛行的音乐时尚，他们将越来越多地为了彼此与少数赶时髦的爱好者而创作与演奏这种成为当下时尚的音乐。另一方面，普通的音乐爱好者将继续聆听他们能够找到的最优秀的音乐，不管这些音乐是在何时谱写的，也不管最时尚的学院权威或许会对这些音乐做出什么评论。

在经过了一代人的时间之后，这些学生借助他们在职业上获得的成功而达到了权力的顶峰，他们在那时将发现，他们在青年时代所赞赏的音乐中，几乎没有任何作品能被他们自己牢记，当他们在怀旧的情绪中回想起这些音乐时，其他人对这些音乐都没有太大的兴趣；而大师的音乐作品仍然像先前的时代那样获得频繁的演奏与众人的热爱，或许热爱的人数还变得更多，而且他们最为频繁地被要求演奏的仍然是大师所创作的音乐作品。倘若他们还能有意识地去审视相关的教学情况，他们将发现，那些被认为是最现代的音乐学院在这一段时期内并没有比老式的音乐学院培养出更多或更好的作曲家，或者说，如今的重要演奏家并没有比过去的演奏家具备显著的优势。最糟糕的是，他们自己的人生沉浸于由没有价值的音乐构成的"防腐剂"之中，而这不可能是任何热爱音乐的人想要去做的事情。事实上，热爱伟大音乐的人如今都倾向于回避这样的音乐学院，他们认为，在这种地方不容易发展对音乐的热爱，他们将选择另一条道路来追求他们所热爱的音乐，有时他们多半会选择这样一种方式来发展这种爱好，即以个别的方式在家里学习与创作。

在这个对比中的每一点，都能在学院哲学的世界中找到对应之处。有一个听起来显得相当精彩与宽厚的说法，它主张，哲学指的并不是一批伟大的论著，也不是对诸多哲学学说的概述，而是一种活动，因此教导哲学的关键并不在于让学生去研究过去的大哲学家，而是让他们亲自去从事哲学，学会按照哲学的方式来进行思考，并与那些同样按照哲学的方式进行思考的同时代人进行对抗。这种说法带来的麻烦是，绝大多数依循这条路线来从事哲学的人的研究工作并不特别优秀，他们对抗的绝大多数同时代人的研究工作也并不特别优秀。通过学习大哲学家的论著，他们将会更多地学到哲学思考的方式；进而，这些作品将在他们的余生中成为他们宝贵的财富，在他们与这些作品初次相遇的三十年之后，这些作品的每一点内容都会变得更加富有启发——而倘若他们将自己沉浸于那些恰好成为当代文献的作品，他们将在三十年之后发现，甚至他们自己也不再对绝大多数这样的文献感兴趣。最糟糕的是，一直以来，他们拥有的精神世界始终是一个转瞬即逝的三流世界，而他们原本轻易就可以拥有一个具备持久价值的精神世界。

在这两种情况下，这种所谓的更为现代的方法都奉承与抬高当前的从业者，因此当前的从业者注定会产生一种对自己有利的感受。这种感受助长他认为，在他那个时代发生的事情，他个人所从事的事业，才是真正重要的。这种感受鼓励他去创作，而不管自己作品的质量如何，他仍然会确信自己创作的作品具有重要的价值。他在这种感受的引导下相信，他与他的同时代人站在过去所有哲学家的肩膀之上，因此比先前的任何哲学家都站得更高——他们不仅理所当然地拥有更高的个人能力，而且还拥有更高的理解力。因此他或许会相信，自己的作品比先前所创作的任何作品都更为先进。但严酷的真相是，他其实是一位新闻记者，只不过他比绝大多数新闻记者所关注的时间范围更宽泛，他撰写的是与当下关切的主题有关的文章，但在数年之后就根本无法让人们对他的作品产生任何兴趣。所有这一切再加上他对以往哲学的贬低，最后就会扭曲他的视角，并败坏他的标准。最有可能发生的情况是，他将完全抛弃掉那些实际上是真正的哲学标准与哲学成就的东西，而这些标准与成就已经跨越了如此漫长的历史时期，甚至适用于他自己的那一代人的哲学（无论他自己是否意识到这一点）。他有可能终生都生活在同时代人所鼓吹的氛围之中。

我在哲学中已经看到，在连续几代学者中都存在这样的情况，根据我的预期，这种情况还将继续存在下去。当然，这些智识时尚将不断发生变化；而作为某些前后连贯的传统基础的潜在假设也将不断发生变化，当然，后者不像前者那样频繁地发生改变。如今分析哲学的诸多潜在假设恰好也发生了这样的变化。显然，它们获得公认的时代将要结束了。由于这一点，分析哲学即将成为一种过时的传统。一种对抗分析哲学的反应正在哲学专业中扩大影响。然而就像过去发生的情况那样，这种反应所采纳的形式仍然不是我希望看到的。我希望看到的是职业哲学家重新信奉哲学并重新承担这样的哲学使命，即试图去理解这个世界的最基本与最普遍的特征——空间与时间的本质，物体与因果关系的本质，所有这些事物与经验主体之间的关系；经验主体及其意识（包括它的自我意识）的本质；伦理道德与价值的起源。哲学家肯定应当去完成这些使命，他们可以通过如下这种方式来实现这种追求，即将自我批判的意识拓展到我们对于语言与概念、逻辑与论证的用法之上；但这种方式必定永远是辅助性的方法。哲学活动在整体上不可能以分析为主导，不可能以逻辑为主导，不可能以语言为主导，不可能以概念为主导，也不可能以话题为主导，它只能以问题为主导。这些问题是通过实在的所有困扰理性的基本特征而向我们呈现出来的问题。我们所寻求的解决方案最初只能采纳这样一种解释理论的形式，这种解释理论比先前任何解释理论的适用范围都更为深刻或更为广泛，因而能够形成一种具有前所未有的解释范围与解释力量的新思想，除非我们求助于权威或启示，否则就难以看出，我们所寻求的解决方案最初还能采纳何种其他的形式。最优秀的解释理论就像艺术作品，二者的相似之处在于，它们都是探求真理的尝试，它们都试图去理解与阐明基本经验的本质，而达到这种目的的途径则要求它们的创造者拥有创造性的想象力与非凡的原创性——因而要求这些创造者即便不是天才，也应当是具有高度才华的人。最优秀的哲学就类似于此，它主要是一种创造性的活动——正是在这种意义上，它是一种综合的活动，而不是一种分析的活动。当然，当这种最优秀的哲学被放到我们面前时，我们既可以用批判的精神来分析它，也可以用鉴赏的精神来分析它，就像我们对艺术作品所做的分析那样；但分析与哲学的关系，就类似于音乐学家与音乐的关系，或者就像艺术批评家与艺术的关系。正如艺术批评家并不是艺术家，分析哲学家也不是哲学家。

这种如今在英国和美国的大学中蓬勃发展并让分析哲学遭受损失的哲学，（至少在英国）通常被称为欧陆哲学。欧陆哲学是一个涵盖了若干不同传统以及在这些传统中的不同流派的总称。从某些使用这个术语的人的观点看，所有这些传统与流派的主要共同之处是，它们并不是分析哲学。在这种哲学所拥有的特征中，赋予它们统一性的是如下这个事实，即这种哲学导源于康德之后的德国哲学，或者深受康德之后的德国哲学的持久影响，在这种意义上，它们与康德之后的德国哲学的关系，就大致类似于分析哲学与英国的经验主义传统。正如分析哲学家不断地回溯到洛克、休谟与霍布斯，欧陆哲学家不断地回溯到尼采、黑格尔与马克思。就像今日的分析哲学家倾向于将维特根斯坦与罗素视为他们在20世纪的杰出先驱，欧陆哲学家则倾向于将海德格尔与胡塞尔视为这样的人物。欧陆哲学一点也不像分析哲学的许多流派那样以科学为导向，一点也不像分析哲学那样对数学与逻辑学感兴趣，而且（或许由于以上这些情况）一点也不像分析哲学那么技术化。欧陆哲学更感兴趣的是弗洛伊德主义（与后弗洛伊德主义）的心理学、文学与当代的社会政治运动。

由于欧陆哲学对分析心理学感兴趣，大量的欧陆哲学家都分别参考了弗洛伊德以及从弗洛伊德到当代的精神分析传统中的其他主导人物。由于欧陆哲学对文学感兴趣，在某些形式的欧陆哲学与文学理论之间就存在着广泛的重合之处；欧陆哲学的某些作者在这两个领域中都具有同样显赫的名声，大学的文学系与哲学系恰恰都大量研究与引用了这些作者的作品。又由于欧陆哲学对当代的社会政治态度感兴趣，它就不仅大量涉及诸如女权主义这样的当代政治运动，而且还普遍关切包括同性恋在内的性别问题；不仅如此，欧陆哲学还关注种族的问题，以及关于反种族主义（反种族主义先前采纳的是反殖民主义的形式）的同类问题。

这些特征共同赋予了欧陆哲学这样一个形象，这个形象让分析哲学家感到厌恶，分析哲学家之所以会产生这种感受，除了欧陆哲学没有采纳分析的研究进路之外，还有许多其他的原因。在分析哲学家看来，欧陆哲学是一种流行的智识时尚，它充斥着诸多盲目崇拜的态度，通常与左派的偏见有关，而这些态度与偏见滋生了政治正确的议程。由于这一点，又由于欧陆哲学普遍缺乏分析的自律，分析哲学家认为，欧陆哲学已经放纵任性到了可笑的地步，它最典型的话语是一种修辞——也就是说，欧陆哲学家在对一个立场或观点给出论断的时候，他们几乎就没有用理性论证的方式来对之做出恰当的支持，欧陆哲学家依靠他们在使用术语的过程中产生的混淆与威胁恫吓，并暗中求助于他们的聆听者未曾公开承认的愿望，才赢得了人们的赞同。所有这一切都与分析哲学家的职业标准背道而驰，而分析哲学家的职业标准恰恰是公正与客观，他们决心要让他们所说的一切都清楚明白，而且还承诺要进行理性的论证。欧陆哲学家经常大声倡导他们的"承诺"，但他们的承诺所指的是社会事业，而分析哲学家唯一认可的承诺是，至少在他们的专业能力所允许的范围内，以公正而又严密的方式来运用逻辑和语言。鉴于此，分析哲学家明显倾向于把绝大多数欧陆哲学当作一种喜欢卖弄的修辞与无聊的废话。R. M. 黑尔在与我交流的过程中，为我给出了分析哲学家对欧陆哲学所持有的这种态度的一个典型例证。对于欧陆哲学家，黑尔是这么说的：

> 他们有更多的话要说，就此而言，他们的话特别多，他们的书通常都特别冗长。尽管在这些学派中存在着某几位非常优秀的哲学家，但那些最常见的欧陆哲学家除了吹出各种形状与颜色不同的气球之外几乎一无所成，这些气球中充斥的仅仅是他们自己呼出的气息，它们飘过英吉利海峡或大西洋来到我们这里；倘若你用一根尖针戳破它们，除了那些或许可燃而肯定令人陶醉的气体之外，很难说在其中还可能有些什么。我并不认为这些人在解决实际问题上做出了任何贡献。他们或许略微增加了人们头顶上的蒸汽数量，而人群自然拥有的攻击性无论如何都会产生这样的蒸汽；但由于这些人的错误探索，绝大多数这样的蒸汽都遮挡住了人们的眼睛。

麦基：换句话说，你认为这种竞争性的哲学研究进路倾向于成为生动的修辞，但这些修辞缺乏可以传输的内容。而这部分是由于它们还缺乏逻辑的严密性。

黑尔：严密性是个关键词。*

缺乏严密性，这让欧陆哲学的研究进路对于那些用情感来推动某项事业的人有着显著的吸引力。这种研究进路能够让他们通过极其充满感情而又激动人心的话语来令人满意地宣泄自身，却又没有将批判理性的基本要求强加到他们身上。怎么都行，只要它披上这样一种语言的外衣，这种语言让学生与一定范围内的公众留下深刻印象，让他们以为这种语言说出了深刻的东西。结果就是一种导源于黑格尔、谢林与费希特的最糟糕传统的僧侣哲学，但它又没有像这些大哲学家的学说那样可以在内容上让读者获得补偿。某些欧陆哲学家倾向于用神谕的方式来写作，就仿佛在模仿尼采、弗洛伊德或马克思，但他们根本没有这些大哲学家的品质与风格，更不用说他们的天赋了。即便如此，由于不确定他们究竟说了什么，这让每个人都形成了这样的错觉，即这种哲学是难以理解的，因为它们是深奥的，因为它们严肃地研究这个时代的大问题。倘若这些欧陆哲学家栖居于学院之中，那么他们就可以享有这些好处，而不必费心让自己去增加更为广泛的投入或承担更为广泛的政治责任。在智识上诚实的聪明人倘若接受过某些分析哲学的训练，他们或许就不会接受这样的影响，但那些在文学研究中接受训练的人，就会理所当然地习惯于这种与逻辑严密性几乎无关的标准，他们更容易受到欧陆哲学的这种做法的伤害。倘若一位作者用真正的修辞力度表达出了强大的情感关切，那么他就有可能在这些欧陆哲学家中间一举成名。

就我自己而言，我对欧陆哲学的异议，与分析哲学家对欧陆哲学提出的绝大多数异议相同。但除此之外，我还有一个对欧陆哲学的异议，而这个异议也是我反对分析哲学的主要理由。在我看来，欧陆哲学同样放弃了哲学的核心使命，它不再试图去理解诸多存在者。欧陆哲学家的兴趣显得狭隘地局限于人类的事务，他们甚至还将自己理解的人类事务局限于极度肤浅的层面。在绝大多数情况下，这违背了他们自己所持有的更为宏大的信念；按照我的理解，绝大多数欧陆哲学家都会同意，人类是一种渺小而又局部的现象，他来到这个星球表面的时间并不算长，相较于整个宇宙，无法想象这段时间是多么短暂，甚至这个星球上的一粒灰尘在人类出现以前就有可能已经存在了数十亿年。但欧陆哲学家并没有兴趣付出艰辛的努力来理解这样的问题。他们感兴趣的是那些恰好成为人类局部的、当下的与短期的关切对象

---

* *Men of Ideas*, p. 156.

的东西，而且似乎将它们当作了一切。他们更感兴趣的是去进行评论，而不是去进行理解。所有这一切就让他们的许多作品都显得带有新闻报道的特征。即便哲学应当关注这些主题（而我认为哲学或许应当关注它们），但哲学探究的宇宙之谜仍然应当是时间与空间的本质，以及时间与空间似乎包含的物体本质，而对于这些宇宙之谜的解答从根本上相关于经验主体的本质，这就需要哲学家去探索人类的结构属性。这种探索所涉及的层面远比欧陆哲学家所研究的层面更为深刻，欧陆哲学家是在这样的层面上描述人类的，他们拜访自己的心理医生，前往电影院，投票选举，阅读书籍与报刊，或滔滔不绝地讲述文化主题、社会主题与政治主题——换句话说，他们是在稍纵即逝的社会关切层面上来描述人类的。作为一种哲学观，它是琐碎的，与任何严肃的思考都不相称，只能吸引那些对于真正的哲学问题并没有多少兴趣乃至根本没有兴趣的人。我并不反对这样的人撰写这些问题（他们声称自己正在解决的就是这些问题）——事实上，我根本不反对人们撰写任何问题（我希望自己没有必要来专门澄清这一点）。倘若遇到了相关的情况，我自己也会撰写大量与这种问题有关的文章，但这些文章几乎无关于任何严肃的哲学构想。

　　由于它自身的肤浅性，乃至得益于它自身的肤浅性，欧陆哲学侵入了英语世界中许多大学的哲学系，甚至接管了其中的某些哲学系。欧陆哲学还对这些大学的文学系产生了影响，而且侵入了心理学系、人类学系、社会学系与其他的学科。在某些地方，在欧陆哲学的思想家与分析哲学的思想家之间不断进行着彼此对抗的派系斗争。颇为引人注目的是，许多被欧陆哲学所吸引的个人，曾经也被马克思主义所吸引。欧陆哲学的诸多派别经常抱有同样的团伙心态，欧陆哲学家经常以同样令人讨厌的方式行动——除了别的令人讨厌的行为方式之外，他们还会威胁异己与清除异己。在我的眼中，我更喜欢的是分析哲学，这部分是由于分析与哲学有某种相关性，而且分析在哲学中是有用的，部分是由于分析哲学的训练有可能具有真正的教育意义。作为一种形式的心智训练，欧陆哲学产生的恰恰是相反的效果：它教导学生用非本真的方式来表达自身（也就是说，用僵死的术语，而不是用灵活的语言；用盛气凌人的方式，而不是简单的方式；用晦涩的方式，而不是清晰的方式），它教导学生放弃理性论证，并用修辞取而代之。它并没有积极地训练学生思考，而是积极地训练学生造假；在这么做的过程中，欧陆哲学让学生的心智变得堕落。

　　尽管如此，抵制欧陆哲学影响的方式，并不是通过回归分析哲学来反对欧陆哲学。分析哲学不可救药的空虚——它无法明确表述任何种类的基本哲学问题，它对于任何种类的基本哲学问题都无法明确表述出可能的解决方案——是让欧陆哲学在英语世界获得发展的主要外在因素。对欧陆哲学的影响的唯一有效的抵制来自真正的哲学——或者来自诸如文学研究这样的领域，某些人会在那里不屈不挠地坚持以本真的方式进行表达与回应。在短期内，我对这个问题抱持一种悲剧主义的态度，但从长远看，我对这个问题又抱持一种乐观主义的态度。所有大学的哲学系都有可能被欧陆哲学所占据。但真正的哲学永远不可能从有头脑的人所关切的领域中被驱逐出去，而这仅仅是因为反思者的直接经验总是会让他们面对诸多哲学问题，他们不可抗拒地会去积极地关注这些哲学问题。

  我认为，无论如何，永远不可能清除掉智识废话中的诸多时尚。据我所见，它们存在的时间就像人类存在的时间一样悠长；我想，只要人类还存在，它们就会继续存在下去。它们满足了人们如此众多的强烈欲望，包括那种挥霍无度地追求情感放纵的欲望。它们向我们给出了所有的解答——这又让我们产生了这样一种感觉，仿佛我们已经征服了我们所面对的那些问题，仿佛我们要比那些外行更为优越。真正的思考是艰难的——真正的思想不仅需要付出艰辛的努力，而且通常并不成功，这让我们沮丧地感到自己的能力不足，愚昧无知，更不用提我们将自己的这些思想暴露给其他人时所引起的惊奇与非难了。沿着安全的方向逃避这样的思考，始终是我们更容易去做的一件事，而这种方向之所以是安全的，是因为它已经获得了人们的认可。我们缺乏自信，这让我们总是倾向于相信，倘若我们所想到的东西与许多有头脑的人所说的东西不一致，那么这些有头脑的人更有可能是正确的。当然，这种信念所忽略的一个事实是，原创性的思考永远只能由个体来完成，而不可能由社会来完成，尽管对这些原创性思想的批评有可能是由社会来完成的。倘若我们放弃了独立思考的权利，我们就永远不会拥有自己的洞识或理解。但我们由此将获得安全，感到稳定，甚至感受到高高在上的优越性。而在实践中，诸多抽象信念的主要可取之处，通常并不能表明它们就是真理。

第 24 章
遗留的困惑

自康德与叔本华以来存在着诸多大哲学家,其中有不少是名副其实的大哲学家。这群杰出的哲学家包括克尔凯郭尔、马克思、尼采、穆勒、弗雷格、罗素、维特根斯坦、海德格尔、卡西尔与波普尔:克尔凯郭尔反复坚称,存在的仅仅是独一无二的个性,以至于真实的存在者都是个体性的,因此,真实的存在者无法被抽象思想的普遍体系所把握;尼采所呼吁的对我们价值的重估,对于任何相信现象世界就是全部存在的人来说,是所有挑战中的最大挑战;穆勒最为有效地宣扬了个人的自由;弗雷格用逻辑的基础来取代哲学的认识论基础,他以此试图让哲学去心理学化;罗素比近来的其他任何人物都更多地致力于用科学、数学和逻辑的内涵来构成我们的日常世界观的某个部分,并将之吸收到我们语言的日常用法之中;年轻的维特根斯坦根据弗雷格的研究工作重新思考了叔本华;海德格尔为了发现当我们说"存在"时,我们真正言说的是什么,就对"当我们意识到自身的存在时我们的经验究竟是什么"这个问题实施了一种准康德式的分析;卡西尔看到,我们多半是通过自己创造的符号来度过我们的人生的,这些符号下至作为概念与感觉形象的基础要素,上至理性本身、逻辑、语言、社会思想和政治思想、习俗、礼仪、宗教,所有的艺术与科学都是人工制造的符号系统,借助这种符号系统,我们试图学会面对经验、理解经验、储存经验并交流经验,因此,对哲学家来说,最有回报的做法是,不要将人类视为一种理性的动物或一种使用语言的动物,而是要将人类视为这样一种动物,其与众不同的特性是符号的创造与使用;波普尔根据先验实在论的假设重构了康德的思想,通过将康德的研究进路与经验主义的研究进路相结合,波普尔发展出了一个迄今为止最有成效与最有启发性的经验知识理论,尽管他首先就会说,这个理论几乎注定要被一个更好的理论所取代,而且它或许很快就要被取代。

所有这些哲学家都是值得尊敬的,倘若一个人通过阅读他们的作品而理解了他们的思想,这个人的视野就永远不会再像原先的样子,因为这些哲学家不可不说的诸多话语不仅注入了这个人审视事物的方式之中,而且成为这个人审视事物方式的一部分，扩展与复杂化了这种审视方式。对于这些哲学家，我不仅向他们学习，而且在这么做的过程中我都发现了一次智识上的转折点。然而，在某种意义上，他们在康德与叔本华（不用说，休谟为他们提供了某种预备性的帮助）已经绘制了海岸线的大陆中都做出了某些探索并有所发现。这三位哲学家以薪火相传的方式发展的似乎是一种对于人类理解的可能界限之本质的基本洞识，因此也是一种对于可理解性的界限的基本洞识；大体上说，这一洞识似乎仍然是有效的。我在此处没有必要卷入的论证是，在绘制海岸线的过程中，是否需要在海岸线的这一点或那一点上进行改造。不管这种论证是什么，这块巨大的陆地似乎仍然大致位于康德与叔本华所说的位置上（通过全局性地审视他们的作品就可以发现这一点）。过去一百五十年来的某些最好的哲学已经探究了这些界限，因而暗含了这样一种期望，即更精确地描绘它们的特征并更好地理解它们的可能后果。当然，这些哲学始终留存的期望是，让自己就像康德的哲学那样引人注目，它们期待发现一条抵制这些界限的途径，它们甚至会期待发现一个让它们共同摆脱这种界限束缚的关键点。除此之外，它们几乎永无休止地在对康德与叔本华进行批评与修正，并且指出了在这两位哲学家绘制其海岸线的大陆上存在的大量发展余地——实际上，它们是创造整个崭新主题的空间——在这块大陆上，仍然包含着诸多具有迷人的前景和魅力的未经探索的领域。因此，哲学不仅目前并不缺少真正有价值的挑战与使命，而且将来似乎也不会缺少真正有价值的挑战与使命。但在我说完与做完所有这一切之后，事实仍然是，我们对于人类处境的最基本的形而上理解是由康德与叔本华留下来的。

这并不意味着，我们的理解将永久保持这种状态。这两位哲学家的最大错误之一是假定，我们的理解必定永久保持这种状态。但恰如他们对哲学进行过变革，原则上就没有理由认为，不会出现某个其他的人或某些其他的人再次对哲学进行变革，也没有理由认为，这种变革不会多次发生。康德与叔本华认为，他们有好的理由相信这不可能发生，但是，他们的理由密切关联于这个假设，即由牛顿的物理学给予我们的宇宙知识是不可修正的，而这个假设已经被证明是无效的。我无法预测以后的哲学天才们将做些什么；倘若我能预测，我就会成为他们中的一员。但在迄今为止的数百年来，仅在欧洲，每个世纪都至少见证了一位富有革新精神的伟大人物在哲学中出现，而我认为，这种情况将继续发生——似乎不太可能的是，这种人物将相当突然地以无法解释的方式不再出现（尽管这当然也是一种可能性）。在亚里士多德与处于相同能力水平的哲学家康德之间，逝去了超过两千年的时间。在下一位能力相当的哲学家出现之前，或许也将有一段不亚于该长度的时间。这位哲学家也有可能已经诞生。在他公布自己的作品之前，我们并没有认识到这一点，甚至在公布作品之后，我们也有可能不承认他——毕竟，叔本华在他一生的绝大部分时间里都被人们所忽视。

无论在何时发生，无论以何种方式发生，只要从根本上有可能发生这种情况，那么，在下一个按照康德的方式改变了一切事物的哲学家出现之前，我们其余的这些人将不得不在一个与我们如今大致相同的环境里竭尽所能。我们对此会产生某种几乎无法忍受的挫败感，而正是这种挫败感导致了一种诱惑。由于哲学至少迄今仍无法解答我们的终极问题——诸多对我们来说或许最为紧迫的问题，因为它们涉及我们的生存或毁灭——我们就在诱惑下到别处去寻找答案。最好的办法难道不是去审视某个可以提供此类答案的地方吗？这就是一条追随托尔斯泰的道路。托尔斯泰带着令人振奋的责任感投入到康德与叔本华的哲学之中，他正确地察觉到，哲学的真正使命是回答康德的问题；但接下来托尔斯泰发现，沿着这条路径无法获得任何最终的答案。因此，他对哲学丧失了信心。托尔斯泰抱怨道，倘若哲学无法告诉我们生存的意义何在，哲学又有什么价值？于是他不再理睬哲学并皈依（我很想用"反而皈依"这个表述）了宗教。但是，这种替换是不合理的。虽然托尔斯泰是一位极其富有创造力的艺术家，他也没有权利从无知中召唤出信仰。在弗洛伊德的《一个幻觉的未来》中，有一段辛辣的文字描述了这样的过程："如果连固执的怀疑论者都承认，宗教的诸多说法不能被理性所反驳，那么，既然那么多东西在支持它们——传统、人类一致的意见以及它们产生的一切慰藉——我为什么不应当相信它们呢？确实，为什么不相信呢？恰如不能强迫一个人相信一样，也不能强迫一个人不相信。不过，切不可自欺欺人地认为，有了这些论据，我们就遵循了正确的推理路径。倘若曾经有过一种轻率的论证，这就是它的一个实例。无知就是无知；人们没有权利从中推导出任何信仰。"*这就是关键所在：不知道就是不知道。任何借此来开启信仰之途的谈论都是一种玩弄文字的危险游戏。无知并不是对任何信仰的辩护。面对这个事实并承受这个事实，面对死亡并承受死亡，这是我们在此生中不得不努力克服的一个最令人畏惧的生存挑战。对于某些无法让他们的心灵从这些问题的束缚中解脱出来的人来说，在恐惧与挑战的支配下，在一切诱惑中的最大诱惑是，朝着某种宗教或准宗教信仰的方向脱缰而出。对其他人来说，最大的诱惑是回避对这些问题的思考，而我相信，这就是绝大多数人的做法。

---

*　*The Future of an Illusion*, p. 56.

自康德与叔本华以来的某些最好的哲学家继续致力于探究他们能够取得进展的中等水平的哲学问题，与此同时他们也自觉而又审慎地提出了诸多备用的终极问题。尼采与波普尔都这么做过。他们由此得到的回报是有目共睹与超乎寻常的，即这两位哲学家的哲学作品。然而，在这两个例证中，他们并非意在让自身专注于最大与最令人困惑的哲学问题。他们意在——我不知道如何令人满意地表达这一点——满足于更少的东西（甚至在尼采的情况中也是如此）。作为人类，他们或许应当耗费自己的生命来设法解决最重要的哲学问题，即便他们对这些哲学问题没有说出任何新颖的东西。值得反思的是，具备极高智慧的人倘若这么做，其中就会有许多人无法留下他们思想的记录，甚至无法留下他们生存的记录。鉴于我们所考虑的这两位哲学家的天赋，他们确实有可能在这些环境下获得某些崭新的洞识；但即便他们没有做到这一点，他们仍然有可能以更有价值的方式度过他们的人生，或至少在我看来有可能是这样的，尽管我们这些人就会因此而变得更加贫乏。

那么，我们应当做些什么呢？这与其说是一种智识挑战，不如说是一种生存挑战。花费毕生的时间来以头撞墙，这并不是一个有吸引力的前景。多年以来让自己陷于无法表述的困惑，并因此增加自己的挫败感，这同样不是一个有吸引力的前景。就我个人而言，我并不是那种能够用忽略问题的方式来处理问题的人：这或许是一个与性格有关的问题，但对我来说，这些明显无法解答的问题变得更为尖锐，它们不断地让我的头脑产生困惑。自从我的童年时期以来，我几乎没有一天不在思考这些问题。事实真相是，我整个人生都被这些问题所束缚。在我看来似乎显而易见的是，它们是最重要与最有趣的问题，在我内心深处我确实无法理解，为什么并不是每个人都以这样的方式来看待这些问题。不过，我对这些问题最终也没有找到任何解决方案。如今我对于大量与我生存有关的形而上学问题的困惑，不下于我在自己的童年时期对这些问题形成的困惑——实际上，我目前的困惑更为严重，因为我现在对于这些问题本身的深度与难度拥有了更加充分的认识。

任何阅读我这本书的人或许都有可能设想，我将在最后一章结束前出人意料地给出对这些基本哲学问题的解决方案。但我最多可以期待自己在本章中完成的是，让读者就像我那样，能比自己在刚开始时更好地理解某些这样的问题。我向卡尔·波普尔的自传所推荐的标题是《无尽的探索》，而这个标题或许对我的这本书更为合适，我在一种包罗万象的，因而更加具有形而上学色彩的意义上，在这本书中贯彻了无尽探索的精神。我仍然走在我自己的这段哲学之旅的道路上，毫无疑问，我将始终走在这条道路之上，无论我将来还会活多久。我甚至并不特别清楚，我自己在抵达终点时会发生什么情况，或者终点本身会呈现出什么样的面貌。倘若我试图通过想象来理解这个世界以及它的诸多存在者，那么我就会发现，自己遇到的是一种几乎等同于神秘经验的思想，在一种彻底而又完全的意义上，我充分意识到，这种经验与永恒状态中的一切事物都有关——于是，这种经验就不可能用语言或包括艺术在内的其他任何媒介来进行明确表达。我从未拥有过这样的经验，或许这种经验从根本上就不像我所想象的那样。我完全不认为自己有朝一日将拥有这样的经验，我并不相信这一点，但我仍然相信，其他人或许会拥有这样的经验，因而能够确信（而我自己并不确信）这种经验存在的可能性。

在本书的第一章中，我已经告诉读者，我的童年经验将我抛入了那个终生探求更为伟大的哲学理解的事业之中。由于在本书中并没有得出任何固定的与最终的结论，我无法在完成这本书的时候向读者宣告，在经过我的毕生探索后，这个征途迎来了胜利的结局。因此，这本书的结尾并不包含这样的结局，而仅仅是这本书自身的结束，这既不意味着其他任何意义上的终结，也不意味着其他任何事物的终结。但它至少或许是这样一种意义上的结尾，我将在其中告知读者，对于我在开始撰写这本书时提出的某些哲学问题，如今我所信奉的立场是什么。我不会对每个这样的问题都做出详尽的论证——这将需要与本书同样长的篇幅——而我在这里只满足于讲述我自己相信的真理所指明的那些方向。

我这段论述的最佳出发点或许是我持有的如下观点，即我如今比以往更为确信，任何将实在等同于真实的或可能的经验的哲学都不可能是正确的，它们甚至不可能走在正确的道路之上。在我看来，这整个研究进路就相当于地球扁平论，如今仍然有很大一批人对此深信不疑——对于一双没有充分具备洞察力的眼睛或一些没有充分具备探究能力的心灵来说，这种信念的真实性或许是不证自明的，但这种信念所犯下的错误是不可救药的。至于为什么还会有人相信这种哲学，存在着许多原因。由于我们认识物体的所有途径，无论是感官的途径，还是心智的途径，都直接或间接地依赖于经验，因此它们都依赖于主体，在我们的任何认知方式中，这样的客体都不可能独立于我们与我们的经验而存在。倘若这些存在于时间与空间之中的客体归根结底具有独立的真实性，那么时间与空间也必定在某种意义上具有独立的真实性；而这就让时间与空间的概念产生了一个难以解决的自相矛盾。包括时间与空间在内的整个宇宙或者是从无中生有的，或者始终存在于没有开端的时间之中；整个宇宙本身即便不是由数目无穷的客体构成的，它也会存在于无限的空间之中。这些极为神秘的概念就是常识实在论所产生的最为直接的后果，难以看出，一个深思熟虑的实在论者何以始终能让自己没有意识到这些后果。然而实际上，实在论者倾向于不理睬这些后果，而我觉得他们的这种冷漠态度令人费解。

我觉得，在这里起作用的是某种按照如下方式运作的心理机制。由于先前已经有所讨论的诸多原因，我们人类必定拥有一种倾向去信奉实在论的幻觉，而这种倾向是不可抗拒的。它甚至在生物学的意义上成为我们的一个组成部分：或许我们对于实在的标准理解所产生的回应，让它们显得就好像是实在本身，因为我们的存活如此频繁地依赖于我们为了回应这些理解而做出的即时行动。倘若实际情况是这样的，那么一个人停止将这些理解当作真实的，就会威胁到这个人的生命，反过来这也会让我们难以解释，我们为什么会以这种方式来对这些理解做出回应，其难度几乎达到了无法做出解释的地步：作为活着的生物，我们已经形成了那种首先服务于生存目的的应对方式，违背这种根深蒂固的回应方式是违背直觉的。因此，那种认为实在或许实际上不同于它自己向我们呈现的面貌的思想本身，看起来就像梦境一样是不现实的，人们不可能认真对待这样的想法，无论支持这种思想的理性论证有多么强大。由于我们心中的这种态度是根深蒂固的，倘若有任何人向我们指出，我们的这种观点将会造成无限后退、二律背反与自相矛盾，我们就会觉得，相较于我们放弃自己审视事物的这种方式，我们更加倾向于搁置所有这些考虑因素。倘若我们拥有的这个世界观必定是正确的，那么我们当然就可以由衷地确信，这个世界观所产生的任何在表面上似乎不可解决的问题，都会在未来的某个时刻得到解决，或者实际上我们可以毫无顾虑地让这些问题永远处于未解决的状态。这就是实在论者的行为方式。尽管他们无法回答怀疑论者提出的许多质疑，怀疑论者毫无困难地就可以用他们自己提出的反对理由来动摇实在论者所做的诸多假设，但实在论者仅仅象征性地关注这些反对理由。实在论者以宽厚的态度欣然接受了其他人对实在论立场提出的几乎所有严肃的反对理由。但对实在论者来说不证自明的是，实在必定按照实在论者所理解的方式存在，这种自明性已经达到了这样的程度，以至于这种自明性并不会由于实在论者没有能力形成支持这种观点的论证而有所影响。由于这种情况在整体上导源于我们的人性，显然就给实在论者留下了足够的余地去猜测，正是由于我们作为人类的本性，才让我们没有能力来解决这些问题。倘若我们采纳实在论这个被广泛持有的观点，我们就为自己提供了一个借口来停止为这些问题感到困扰。由此我们就能抵达这样一个立场：我们将把这个充斥着难以解决问题的世界观当作不证自明的，而且即便面对某些反对实在论的在本质上令人信服的论证，我们也仍然会保持无动于衷的态度。

许多在其他方面都挺有头脑的人却无法通过思考离开这条在表面上不证自明的实在论道路，由此导致的一个结果是，他们无法理解以下这种说法，即诸多客体不可能按照它们向我们显现的方式存在。为数众多的职业哲学家说，他们并不理解这一点；他们经常用曲解的方式来描述这个观点，因此显而易见的是，他们确实不理解这一点。他们所采纳的一种最常见的曲解方式是，将反对实在论的观点描述为"诗意的放纵"或"神秘的隐喻"，他们显然没有意识到，这是通过无懈可击的理性论证得出的结论，常识实在论拥有诸多更加难以置信的神秘后果。

　　在这种语境下思考波普尔的情况是有启发的，因为波普尔是一个康德主义者，但他又是一个先验的实在论者。在他看来，经验主义哲学家有一种错误的倾向，他们容易把知觉问题视为知识问题的基础。他将这个错误归因于如下事实，即经验主义者易于成为归纳主义者，他们易于相信，我们将我们的知识奠定在直接经验的基础之上：我们进行观察，并根据我们的观察所得，运用归纳法概括表述出综合性的观点，无论它们是常识的综合性观点，还是科学的综合性观点。在这个模式下，我们知识的真实性取决于以下这两个因素：我们的归纳步骤的有效性与我们的观察陈述的可靠性，可以说，后者是我们所有其他陈述的权重最终依赖的基础。波普尔否认归纳的有效性，相应地他也否认我们的知识是或可能是以归纳的方式从观察陈述中推导出来的。他提出了一个完全不同的知识图式，其中具体的观察报告不再为经验知识提供基础，而是发挥了一个不同的作用。根据波普尔的观点，我们是在诸多预期的引导下接近实在的，这些预期的来源广泛而又多样，其中包括了大量的猜想与直觉；我们一直都在用经验来检验这些期望。尽管一个类似定律的预期不可能通过任何基于观察报告的逻辑步骤而获得证实，但是它可以通过单一的观察报告而被反驳；由于这一点，我们一直都在根据经验来调整或重新调整我们的预期。在这个图式中，那种永远倾向于去修正自身对于某些事情或某些实际情况的预期的知识，被视为"我们拥有的最好知识"；观察报告并非在知识形成之前就先行存在，知识似乎也不是导源于观察报告的某种东西，观察报告实际上在知识的后面追随着知识，知识则是观察报告检验的某种东西，而且知识将根据观察报告而被修正乃至被抛弃。根据波普尔的这个观点，我们所拥有的并不是知识，而是我们的假说或理论，这些东西都是我们心智的产物，而不是我们感官的产物。这在很大程度上恰恰是一种康德主义的见解。正如叔本华对康德的这种见解的攻击所表明的，任何继续持有这种见解的人似乎都在主张，感觉经验在事物的发展过程中并不占据首要的地位，不管感觉经验有多么不可或缺。波普尔持有的恰恰就是这种见解。就我所知，波普尔从来也没有致力于研究认知现象的本体论地位问题，因为他的知识理论并不要求他这么做。

波普尔将所有的知识都视为永远可以进行修正的理论知识，根据这个事实可以推断出，我们永远没有根据来支持知识的确定性，但波普尔能成功地证明，也不存在任何替代性的知识理论来为我们提供支持知识确定性的恰当根据。确定性只不过是我们无法获得的东西。笛卡尔错误地将对确定性的追求作为西方认识论的核心任务，三个世纪以来他为西方认识论分派的任务是徒劳的，在这个过程中，甚至康德与叔本华也受到了笛卡尔的误导。然而，一旦你接受了那个认为我们无法获得确定性的结论，你也就会接受，我们永远无法确定实在是什么，因而实在永远会向我们隐藏它的本质。因此，波普尔是一个实在论者，他相信，实在并不是我们能够直接"认知"的某种事物，但随着时间的推移，我们的知识或许会以渐进的方式越来越接近实在。这就是波普尔哲学的一个特征，这个特征让他的哲学获得了绝大多数的经验主义所不曾拥有的深度：波普尔的哲学被先验唯心论的某些最有价值的洞识充实起来，它自身却没有变成唯心论的哲学。而在实在论的范围内，波普尔的哲学恰恰处在对立于逻辑实证主义的立场之上，因为逻辑实证主义最著名的倡导者之一，奥托·纽拉特所宣称的哲学口号是："存在的一切都是表面现象。"我认为，倘若我是一个实在论者，我就会是某种波普尔式的实在论者：我肯定将这种波普尔式的实在论视为最接近真理的实在论。但这仅仅是因为波普尔回避了我们关于个体知觉认知物体的问题，他才能够坚持从根本上把自己视为实在论者。实际上，甚至波普尔式的实在论——我认为，这是一种得到了最佳论证的实在论——也不可能是正确的。

就像康德与叔本华那样，我是一个经验实在论者，但我也是一个先验唯心论者。年轻的维特根斯坦在他所接受的框架下，试图在《逻辑哲学论》中仓促地完成经验实在论的哲学。他抱怨说，若他完成了这种哲学时，他获得的成就会相当少，但无论如何他都没有做到这一点。波普尔在这方面的研究工作更接近于成功——在我看来，事实上，波普尔的这种研究工作要比维特根斯坦更为优越，而波普尔也根本不会认为，当他完成了自己的这些研究工作时，他获得的成就却那么少。这是因为在波普尔的论述中，经验世界似乎就是整个实在，即便如此，他也没有将认识整个实在作为一个可以完成的任务。波普尔之所以这么认为，并不是因为他相信经验世界就是存在的一切，而是因为在他看来，我们没有任何途径来确知经验世界就是存在的一切，我们也无法对或许位于经验世界背后的事物形成任何概念（任何在智识上值得重视的概念）。根据波普尔的观点，甚至在经验世界之中，我们也几乎无法以确定的方式认知任何事物：究竟是哪种愚蠢的念头才会让人们去追求经验世界之外的知识，而在那里我们并没有任何可靠的基础？我就像其他人一样，经常从波普尔的嘴里听到这样一句话："我们一无所知。"波普尔将这种对无知的领悟的历史追溯到苏格拉底，在他看来，这种领悟是最重要的哲学洞识，应当用这种领悟来引导我们所有的哲学活动。波普尔用这种领悟来引导他自己的哲学研究的一种方式是，他禁止自己考虑在经验世界之外是否存在任何东西的思辨问题（我逐渐认识到，波普尔甚至在他的私人见解中也禁止这样的思辨活动）。结果是，在他的一生中，波普尔的哲学思考似乎都表明，他是一个先验实在论者，而他确实也将自己视为这样的哲学家。我曾经试图让波普尔意识到，经验实在可能并没有包括一切事物，但我的尝试是徒劳的。波普尔马上就会在没有论证的情况下赞同这也是一种可能性，但他总是会补充说，任何人对经验世界之外的事物都无法说出任何见解，我们在自己的思想中无论如何都无法利用这样的见解，因此我们就应当在沿着自己的道路前进时不考虑这样的问题。

我发现，无论是从历史上看还是在现实中看，波普尔的这个观点都是站不住脚的。对于人类局限性的本质以及这种局限性对我们思考的影响，对于在我们理解范围之外可能存在什么，一些哲学家已经说出了某些最有趣与最有洞察力的见解，在这些哲学家中，康德与叔本华或许是最伟大的，但绝不是只有这两位哲学家才说过这样的见解。他们通过自己的例证已经证明，一个人不仅可以在没有背离诚实与公开的理性论证，没有试图表达不可表达的东西，没有试图上升到神秘主义，没有诉诸诗意的话语或宗教的论断，没有主张自身见解享有特权的情况下撰写这样的主题——而且还可以对这个主题讲述出某些颇有价值的见解。既然这些哲学家能够做到这一点，那么其他人也可以做到这一点。（"好吧，但我自己无法做到"，波普尔曾经这么说过。）

我们相信，实在无限地超越于我们的理解力，我们所拥有的支持这个信念的根据，可以被分成以下几组不同的理由。其中的第一组理由与我们用来理解的身体器官的那种偶然而又有限的本质有关。第二组理由则与我们在时间中的定位有关，这种定位不可避免地让我们产生了大量的无知和误解：当我们考虑到人类关于自身与这个世界的知识在仅仅四百年的时间（这段时间仅仅相当于前后相继的四代长寿个体的寿命总和）里所发生的变革，当我们想到包括思想变化在内的这些变化的速度正在不断加快时，我们就几乎不可能不相信，在接下来的四百年中，我们将会看到至少与先前那些时代同样广泛与同样令人震惊的变化。第三组理由则与主体的局限性有关：所有的知觉、所有的经验、所有的理解、所有的洞识，或许都仅仅是对一个主体而言的——正如薛定谔曾经说过的，"意识从来不是在复数中被经验的，而只是在单数中被经验的"。*第四组理由与我们配备的文化的狭隘而又碎片化的有限本质有关，但我们又不得不试图通过这些文化来让我们的经验变得对我们清晰易懂。总之，尽管存在着许多无法确定的情况，但可以肯定的是，我们所理解的实在不仅在很大程度上不同于整个实在，而且这种不同是无法用概念来表述的，因为整个实在是以独立于我们的方式存在的（恰如我们这些并非唯我论者的人所相信的那样）。

　　这立即就会让我们明确地去反思那些恰恰是由我们形成的概念与理解。这意味着我们所有的科学体系或哲学体系，都无法按照我们通常所理解的方式那样对整个实在给出充分的解释：或者它们是错误的，或者它们是更为巨大的整体图景的某些组成部分，我们迄今为止无法对这个图景形成一种设想，但在将来的某个时刻，这幅图景或许会变得清晰易懂。毫无疑问，在科学与哲学中存在着大量这样的情况。这肯定是从过去直到现在为止都遵循的模式，而常识暗示我们，这种模式还将继续进行下去。在我们现存的记忆中，任何一门科学都经历过彻底的修正或大量的补充；每种著名的哲学都拥有常见的缺陷。我们可以获得的仅仅是片段的知识与部分的理解，倘若我们真正把这个事实吸收到了我们的思想之中，我们就不会继续错误地认为，一切事物都能够根据我们在当下恰好可以利用的理解范畴来进行解释——因此我们也就不会继续错误地认为，任何无法以这样的方式加以阐释的东西在某种意义上都是超自然的。有一种想法认为，我们如今已经拥有了理解一切事物所需要的全部解释方法，但通过严格的考察就可以表明，这种想法如此愚蠢，以至于让我感到困惑不解的是，何以会有人相信它，然而，这种想法仍然是一种被人们广泛持有的假设，而在所有人中最自信地持有这种想法的，恰恰是就像哲学家与科学家这样的人。

　　超自然的概念处于一种混乱的状态，这并不是由于存在的仅仅是经验实在，而是由于整个实在不管怎样都仅仅是它所是的东西：某部分实在已经被我们理解，某部分实在仍然没有被我们理解，但它们可能在将来被我们理解，而某部分实在永远也无法被我们理解。倘若我们愿意，我们可以将这部分永远无法被我们理解的实在

---

* Erwin Schrödinger, *What is Life?*, p. 95.

称为"超自然",但倘若这么做,也就意味着与之相关的是某种神秘的、宗教的、魔幻的或隐秘的东西,而这种含义并没有任何明显的根据。当然,这部分实在无法被我们理解的那种原因,恰恰就像视觉世界无法被天生失明的人理解一样(我们缺乏理解所需要的装备),这两种情况显得具有明显的相似之处,但就像视觉世界一直在"那里"存在(尽管盲人无法感知到它)一样,我们无法理解的那部分实在也一直在"那里"存在。作为实在的日常组成部分,它并不比实在的其他组成部分具有更多的神秘性或宗教性。我们无法理解它,这是一个与我们相关的事实,而不是一个与它相关的事实。事实上,看起来或许相当明显会发生的情况是,倘若我们确实理解了这部分实在,这就会让我们按照一种有所改变的角度来审视我们已经理解的事物——或许我们会将这些已经被我们理解的事物作为我们目前还无法形成任何设想的事物的一个组成部分。

无法理解的实在并不是不同寻常的,这似乎就是我曾经产生的一个最生动梦境的重点所在,这个梦境对我造成的那种有力而又难忘的影响无法用语言来表达。我在这个梦中与一个普通人进行交谈,他是一个留着胡子的中年人,穿着一件蓝色西装(这种蓝色是在少儿读物的插画中常见的颜色),并拿着一根手杖;我知道他在几天前就已经去世了。我诧异地发现自己竟然见到了他,我马上意识到,我在此刻就有机会弄明白,当我们去世时会有什么事情在我们身上发生。因此我对他说:"发生了什么事?""我们都活了下来,"他说道,"[短暂的停顿]我们作为个体活了下来。[短暂的停顿]我们作为灵魂活了下来。[短暂的停顿]""这是一件非常了不起的事情吗?"我问道。他一边耸肩一边说道:"好吧,你可以这么想,但这并没有什么特别的。"这个梦到这里就结束了……在一种显而易见的逻辑意义上,这个梦告诉我们,永恒的存在者不可能是非同寻常的例外。这个梦对所谓的死后生活所暗示的见解,也被其他的某些人讲述过。萧伯纳就曾经写道:"在天堂中,天使绝不是什么特别的人物。"

尽管我自己并不是一个虔诚的宗教信徒,但我相信,绝大部分的实在可能永远都不会被人类所认知,我发现非常有必要对这种不可知的事物进行去神秘化的处理。在我看来,大多数人或者倾向于相信,所有的实在在原则上都是可知的,或者倾向于相信,诸多事物都拥有宗教的维度。第三种可选的信念是,我们对于实在的认识或许相当有限,但我们也几乎没有什么根据来支持宗教信仰。人们对于第三种信念的考虑并不多,但在我看来,真理恰恰就在第三种信念之中。尽管这种信念是简单的,但难以说服人们在心中接受这种信念。我在实践中发现,信奉理性主义的人文主义者经常将我视为某个暗中渴望宗教的柔和的人，而在有宗教信仰的人看来，我表面上承认先验的事物，但实际上仍然极度信奉理性主义。这意味着每一方都将我视为另一方的同情者——实际上我赞同的是否定这两种信念的第三种立场，他们似乎都没有看到这种可能性。我非常希望看到这两种信念都发生了大规模的变化，信奉理性主义的人文主义者能够摆脱浅薄并了解事物的神秘，信奉宗教信仰的人能够摆脱束缚并真正了解我们的无知。

那些接近于世界之谜的核心区域的谜团必定与时间的本质有关。无论关于时间的真理有可能是什么，时间都不可能是它在表面上显现的东西。无论是常识实在论的时间，还是牛顿物理学的时间，都不是，也永远不可能是在经验中给予我们的时间，因为这种时间可以向前与向后无限延伸，而在观察或经验中永远不可能包含无限的东西。这种时间必定是一种观念，某种可以被我们思考，却永远无法被我们观察或经验的东西，它是我们心智构造的产物，无论它是一种数学的演算结果，还是我们的诸多感官判定所做出的富于想象力的假定。同样的考虑也适用于空间：常识的空间可以沿着所有方向无限延伸，它不可能是观察或经验的对象——它也是一种投射，某种构造的产物，恰如牛顿物理学的欧几里得三维空间也必定是这样的东西一样。这种空间或时间不可能是现实的，因为现实的存在与同一性要求具有界限。爱因斯坦的空间是没有界限的，即便它是有限的，它也永远不可能在经验中被给定。

因此，无限的时间与无限的空间并不是被给定的，它们并不是可被我们经验的实在。那么它们究竟是什么呢？在我看来，康德和叔本华对这个问题的解答在某种程度上指明了解决这个问题的正确路线，虽然我无法接受他们明确表述的某些特定立场。他们相信，我们所经验的实在的时间与空间就是我们的感觉形式，正是在这种感受能力中它们显现为经验的诸多维度。在没有经验的情况下，它们就没有了可靠的立足点，就没有了可以去刻画的对象。我知道，这种观点有多么违背直觉——但是其他还有许多关于我们处境的最基本的真理也是违背直觉的，恰如我先前就已经提到的那个真理，即我们生活在一个巨大星球的表面，这个星球不仅正在宇宙空间中快速运动，而且还围绕着它的自转轴以每小时1000英里的速度进行自转。遇到这种思想的第一代人觉得它是疯狂的，觉得自己完全不可能去相信它——接下来当民众被迫相信它时，他们发现自己不可能将它吸收到他们思考这个世界的日常方式之中，而且他们如今也仍然没有做到这一点。当然，据此并不能推断出，时间与空间在某种程度上是依赖于主体的，但这确实表明，这种违背直觉、无法令人置信的观点恰恰就适用于日常实在（日常实在的另一种不同的面貌或许是不可理解的）。

我倾向于相信，时间中有某种东西是依赖于主体的，但我的这种信念并不主要依赖于在本书中迄今所呈现的那些考虑因素。完全有可能形成一种客观的时间概念，它让时间结构的任何方面都不依赖于任何人的经验，在我们所从事的许多科学研究工作中，我们恰恰就理所当然地持有这样的时间概念。而在这种客观的时间概念中，"现在"不占据任何位置。所有瞬间（不管测量时间的单位可能是什么）都并不比其他任何瞬间更加享有特权。倘若我们要拥有一种有关某些事件的客观排列组合，这完全没有任何问题，因此对于任何一个事件或任何一组事件来说，人们可以客观公正地说，在这些事件之前与之后都有其他的事件存在；但其中并没有任何一个事件或一组事件享有特权，可以根据它们在这个序列中的位置来给其他所有的事件进行时间定位——当然，除非我们为之做出规定，而这正是由我们来完成这样的规定的。关键在于，在这种由我们做出规定的时间之中不可能存在任何客观的现在，因而也不可能存在任何客观的过去或客观的未来。倘若我们愿意，我们可以说，在时间中所有的瞬间都同样可以被当作是现在，尽管我并不确定这种说法想要表达的意思是什么——我们恰恰也可以说，这些瞬间都同样可以不被当作是现在——但无论如何，这么做就是放弃了把任何这样的瞬间都当作一段时间。倘若所有的时间都是现在，或倘若所有的时间都是当前，那么，通常在我们看来，某些作为我们的时间本质观基础的事物——时间沿着单一维度的运动，时间的"流动性"——就缺失了。当然，某些哲学家与宗教人士所教导的恰恰就是这个观点，也就是说，一段时间是不真实的，是一种幻觉，在实在中所有的时间都是当前。我不知道这是否是真理，但我相当确信的是，在一个没有主体的世界中，就不可能有"现在"存在，恰恰只有根据一个享有特权的立足点，如一个主体经验的立足点，才有可能存在现在、过去或将来；因此只有相对于某个这样的立足点，才能让诸如"一段时间"这样的东西存在。我想要让我正在讲述的意思变得清晰明确而又没有歧义：就目前的这个论证而言，由于可能存在没有主体的时间序列，那么就有可能存在没有主体的时间，但既不可能存在没有主体的"现在"，也不可能存在没有主体的一段时间。

对我来说，在波普尔与爱因斯坦的争论中，最让我着迷的是关于一段时间的客观实在性的问题。波普尔赞同极端的客观主义，他在整体上将自己的哲学刻画为这种客观主义，他坚持认为，一段时间在客观的意义上是真的，存在着一种独立于经验主体而存在的"现在"。爱因斯坦认为这是不可能的，爱因斯坦坚持认为，倘若以独立于任何经验主体的角度来思考时间，时间就必定是没有时态的。在私下的讨论中，波普尔努力试图改变爱因斯坦在这个问题上的看法，但波普尔没有成功。我不得不说，对于这个问题，我总是站在爱因斯坦这一边。在我与波普尔的论辩中，对于波普尔的观点所产生的诸多反对理由，我从未成功地从波普尔那里推导出令人满意的解答。在我看来，波普尔在这个问题上就像他对待其他问题那样，他过于轻易地将主观性的考虑要素从他的哲学观中清除出去。我所考虑的并不是个人的主观性，而是那种或许会被称为"客观的主观性"的东西，也就是以下这个事实，即我们人类永远不可能从我们的心灵中走出去，我们永远不可能根据任何比主体间性的角度更为客观的视角来审视任何事物。客观性的概念就像如此众多的其他概念一样，它们都是构造的产物：关于任何事物的真正客观的观点都不可能出现于经验之中，它们始终都不是由经验给予我们的。这种客观性的概念在科学中拥有不可估量的价值，然而，它是我们的心灵在形而上学中创造的产物。我始终认为，波普尔对这个概念的使用似乎过于缺乏批判性。倘若波普尔遭到了质疑，他总是会承认，客观性是一种无法在经验中实现的规范性理想；但实际上，波普尔在推进论证的过程中似乎倾向于认为，在思考时间时不仅可以无视自我，而且应当无视自我。

倘若现在或一段时间都不可能在没有主体的情况下存在，而且存在着或有可能存在一种独立于主体的时间，那么这就暗示着，只有在经验中才存在现在、过去或未来，因而只有在经验中才存在一段时间，然而在经验之外，所有的时间都是并存的。这个结论的一个惊人之处在于，我们并不是由于考虑到主观经验中内在固有的局限性，而是由于考虑到在时间中独立于经验的客观事态及其次序，才被引导到这样的结论之中的。就我的情况而言，我是由于诸多纯粹哲学的考虑因素（我希望它们也是理性的）才被导向这样的结论的。就爱因斯坦的情况而言，他所考虑的因素即便并非完全来自科学，也主要是来自科学。这让我对康德的敬佩之情提升到了几乎无法估量的程度，他在安乐椅上的理论思考能够如此深刻地看透经验的本质，以至于他清楚明白地预见到了20世纪物理学的某些最具革命性的后果，他在哲学上要比那些物理学家更为深刻。这以实际的例证告诉我们，哲学能够在它的最佳践行者的心中完成什么成就。

刻画经验与经验对象的仅仅是无限的空间与流逝的时间，这个结论最令人沮丧之处在于，我们只能用经验来检验我们的经验知识。正如我刚刚说过的，我们没有任何途径来走出我们的这个经验世界并从外部来审视它，一个拥有足够强大的望远镜的天文学家，他或许并不想要试图观察这个宇宙，而是想要试图观察宇宙之外的事物，但我们不可能像这样的天文学家那样，在完全外在于宇宙的条件下引导自己的目光去凝视宇宙。然而，仅仅在此生的界限之外来看，人类的经验就有可能对立于任何并非人类经验的东西。这就可以让充满想象力的人相信，死亡给予了人类一种可能性，让人类实际上有可能在此生的界限之外来审视人生。但我没有看到任何根据来支持我相信这一点。无论如何，留给我们的事实仍然是，在此生的范围内，在可经验的事物与不可经验的事物之间的关系是无法理解的。关于我们处境的事实真相是这样的：它永远无法为我们提供任何肯定的根据来让我们相信，必定存在着其他某些已经超越了我们理解范围的处境，它更无法让我们相信，即便存在这样的处境，我们人类只要在死亡之后，就必定能够获得某些理解这样的处境的途径。在我看来，这是一厢情愿的想法。

  倘若在我们的这个经验世界之外存在着一种没有时态的时间，那么就必定可以假设，对于这种没有时态的时间来说，我们经验世界中的一切事物都是并存的。在某些人的头脑中，这个想法似乎暗示着不可能存在任何自由意志。比方说，倘若当前的事实是，在未来的某个时刻（相对于我当前的经验），我将在冲动下邀请一位朋友共进午餐，那么对于这种没有时态的时间来说，现在就可以确定我在将来会这么做，在这种情况下让当前这个事实成真的条件，并不是在将来的那个时刻才开始存在的；因此我接下来按照自由意志的方式行动的感觉就是一个幻觉。我可以提出许多理由来表明，为什么这些人的担忧是没有根据的。

  首先，预知并不等同于（在决定论意义上的）预先决定。倘若一个存在者（比方说，上帝）知道在未来将发生什么，那么他知道在未来的某个特定时刻，我将完全根据我自己的自由意志来决定做出某件特别的事情，这并没有什么问题，就像他知道在未来将会发生的其他任何事情一样。未来的自由决断、未来的自由选择，恰如未来发生的其他事件一样都是未来的：倘若完全有可能存在有关未来事件的知识，那么有关未来选择的知识就不会产生任何特别的问题。类似地，倘若我们能够将任何给定的这类行为序列在其中发生的时间框架视为没有时态的，那么，在其他各种事件中的选择或决断的客观时间次序就不会呈现出任何特别的问题。我认为，这两种意见足以平息那些有关自由意志的特殊疑虑。但我还能看到第三种足以平息这种疑虑的意见。

  由于休谟、叔本华与维特根斯坦以特别难忘的方式讨论过的那些理由，自我就显得不可能是观察或经验的对象，因此自我也不可能是经验知识的对象。这倘若是事实的话，包括我在内的许多人都会深深地感到困惑。许多人据此得出的结论是，并不存在自我这样的实体。但倘若我们考虑到以下这三种想法——第一，经验观察与经验知识仅仅在经验可能存在的范围内才有可能存在；第二，时间与空间仅仅在经验可能存在的范围内才有可能存在；第三，几乎可以肯定的是，经验可能存在的领域并不是整个实在——那么，似乎仍然有可能存在的一种情况是，整个实在包括了自我或诸多自我在内，但这样的自我并不存在于空间或时间之中，也不存在于观察或经验可能存在的领域之中，因此不可能是经验知识的对象。倘若这种逻辑的可能性可以成为现实，那么由此就会形成一种关于自由意志的解释，这种解释可以应对我们正在思考的那些对于自由意志的疑虑。

  一种显而易见的可能性是，我们的身体并不是我们的全部。我们的身体就像其他所有的物体一样，都可能是观察与经验的对象，因而可能是经验知识的对象，这些身体都栖居于空间与时间的领域之中，都受制于与物理学、化学、生物学以及其他科学有关的所有因果进程，对我们的身体来说，无法逃避上述因果进程的束缚。但除了我们的身体之外，我们也有可能是或拥有并非物质实体的自我，这种自我在空间与时间的范围之外，并不受支配经验世界的因果关系的影响，由于上述的所有这些原因，这种自我就不可能是经验知识的对象。我们的物质身体受制于自然规律，换而言之，受制于科学定律。倘若结果最终表明，我们的选择与决定完全是由我们的身体来实施的——比方说，我们的选择与决定仅仅是对遍布于我们的大脑与中枢神经系统的空间中的诸多微观物理属性的重新分配，那么这个事实就不相容于我们认为自己拥有自由意志的常见想法。但倘若结果最终表明，我们的选择和决定是一种非物质的自我所发挥的功能，那么在我们的自由（"自由"意味着并不受制于自然规律，并不受制于科学定律）与科学定律对于我们的身体活动（这些身体活动由于我们的决断而产生）的限制之间，就不会存在任何不相容性。在这些处境之中，对于我们做出决定的自由的最大限制就会是，我们身体随之产生的任何活动都不能违背科学定律；我们无法实现任何需要我们打破科学定律的决定。但我们显然可以自由地选择或决定去做任何并不会产生这种后果的事情。由于随着我们的决定而产生的身体活动会受制于科学定律，我们的这些活动通常是可以预测的，这些活动通常在它们开始时就已经对诸多可预见的后果承担了责任。由此我们在逻辑上就有可能对行动的自由与道德责任的归属做出解释：一个在空间与时间之外的非物质自我让在空间与时间之中的物质身体开始进行（某些）活动，而我们对于这些活动的诸多后果所承担的道德责任也是可以预见的。

  令人吃惊的是，按照这种可能性呈现的某种模型与我们的大量经验都相容，因此倘若人们能够以一种同情的方式来描述这种模型，就能让它变得似乎是合理的。但这种模型也产生了诸多基础性的难题。一个非物质的自我如何能让一个物体产生运动？这种非物质的自我在本体论上的地位是什么？它的存在是否依赖于一种物体（我们的身体）的存在？倘若是这样，这种自我是如何产生的？倘若不是这样，在它的本质与特定的身体之间形成的这种明显特别的关系是什么？在它们之间是否有可能只存在一种这样的关系，还是说有可能存在多于一种的关系？当一具身体死亡时，以独特的方式依附于这具身体的非物质自我会发生什么情况？这种自我是否在某种程度上是（或至少是）联结经验世界与经验之外的世界的某种关系？倘若在空间与时间之外的自我存在的逻辑可能性成为现实，那么这些问题就会成为哲学的基本问题。

　　许多读者会发现，他们自己正在考虑的是，作为逻辑的可能性，我在上面几段文字叙述的命题之中蕴含了某些主要的世界宗教的核心思想。他们或许开始怀疑我在哲学的掩护下倡导宗教的主题。但这既不是我现在正在做的事情，也没有反映我自己的态度：我并不笃信宗教，在我看来，接受宗教信仰，就无法与对真理的开放态度保持一致。我所做的是指出某些特定的可能性，无论这些可能性能否变成现实，这都是我们无法知道的。这就是在我眼中的事实。考虑到我们并没有充分的根据来支持任何这样的信仰，我肯定不想通过主张这些命题的真实性来倡导信仰。但尽管如此，无法排除这些命题是真实的可能性。有人或许会认为，这些命题导源于宗教，可实际情况远非如此，我反而相信，这些命题在历史上相关于其他的事物，由于这些命题可能是真实的，宗教的学说才会同样得出了这样的命题。正是因为它们有可能是真实的，人类拥有非常有力的理由来支持他们相信这些命题的真实性，但这些命题本身不可能得到理性论证的充分支持，它们才变成了宗教信仰的诸多条款所表述的内容。在这种动机背后的冲动很明显地来自我们对死亡的恐惧。我们的身体是可以被毁灭的，而且可以相当肯定的是，我们的身体迟早会遭到破坏，我们对这个结局多少略有所知。倘若我们仅仅是我们的身体，这就意味着我们面临的肯定是彻底的毁灭。这种前景是令人恐惧的。在某种意义上，追求生存的意志是所有动机中最强有力的一个动机，因此我们或许就拥有最强有力的动机来相信，我们不仅仅是我们的身体，"我们"真正的本质是某种非物质的与不可摧毁的事物，它们将在身体毁灭之后仍然存活下来。我认为，这必定是最接近实际情况核心的解释，它可以被用来说明为什么在各种年龄中的绝大多数人都会相信某种类似的信念，而且他们通常会以相当激动的方式（甚至经常是粗鲁的方式）来回应任何暗示这种信念可能是不真实的人。我们可以相信，这种说法可能是真实的信念，这不仅是有根据的，而且是正确的，但我们没有任何根据来支持我们相信，这种说法就是真实的信念。

我相当确信，我正在谈论的这种可能性能否成为现实，这是某种永远无法被我们人类知道的事情。据此可以推断出，不仅这种可能性或许无法成为现实，而且我们永远也不会知道这种可能性无法成为现实。或许我们在死亡时将彻底毁灭，或许我们在死后永远都不会知道任何新的东西。在人类的整个处境中，直到我们去世为止，这都有可能是一个无法解决的谜题，据此根本无法推断出任何东西。根据我们所拥有的这些知识，这肯定是一种可能性。这种可能性或许是真实的，但我觉得，至少在如今的生活实践中，许多人相信这种可能性是真实的，但同样也有许多人相信这种可能性不是真实的。

然而，尽管我们必须承认所有的可能性，而且我们也确实承认了所有的可能性，但并非所有的可能性都同样应当被我们接受。对于某些可能性，我们是在理性的考虑要素与理性论证过程的引导下才导向它们的。其他的可能性则纯粹是我们随意做出的假定。例如，我可以声称，我们拥有灵魂，灵魂在我们死亡时会从我们的身体中获得解放，它们立刻就会变成诸多无声无形，无法为人所见的河马，它们接下来会居住在世界机场的候机室里面，成群的活人将穿过这些灵魂，但他们永远也不会意识到这些灵魂的存在。这可能是真实的，没有人能够证明这种可能性不是真实的。事实上，我多少可以用半开玩笑的方式断言，它无非类似于某些人实际持有的宗教信仰与迷信。但任何人都没有任何理由去浪费片刻时间来思考这样的信念。（事实上，这就是我对许多宗教信仰的感受。）但相较于这种可能性，有一些可能性或许会宣称自己有权获得我们的关注，而这通常是由于人们可以提出严肃的理性论证来支持这些可能性。其中的一种可能性是，人类永恒的自我、灵魂或心灵这样的对象是不存在的，我们每个人在自己的身体死亡之后，也将迎来所有有意识的生存的终结。我相信，这有可能是真实的。其中的另一种可能性是，这些自我并不完全存在于空间或时间之中，它们将在身体死亡之后以某种方式继续存在。这同样有可能是真实的。还存在着其他的可能性，对于那些可能性，都可以发展出一些明智的论证。我认为，在这个问题上排除其他任何可能性，这都是一种自欺。任何宗教的或准宗教的信仰倘若主张的大致意思是，自己的信仰是真实的，其他所有的信仰都是虚假的，那么在我看来，考虑到我们的无知状态，这种信仰就已经达到了荒谬的程度，它在任何严肃的思想中都不会占据什么位置。

某些人或许会对我说:"你说的非常有道理,但你肯定不可能在这种问题上冷淡地保持中立吧?你不可能用完全客观而又超然的方式去审视'你自己是谁'这个问题。当这个问题涉及你自己的本性时,'你自己在这个世界中存在'这种经验恰恰必定会让你倾向于某些信念,以反对其他的某些信念。这难道不是不可避免的吗?"是的,至少对我来说这是不可避免的。我确实更倾向于相信某种信念,而这种倾向让我感到不安,这就像某个将自己的全部赌注都下到一匹马上的人,但他知道,其他的某匹马也完全有可能获胜,接下来由于自己的焦虑不安,这个人几乎无法承受压力去观看比赛,他担心很快会发现自己已经失去了一切,于是就双手抱着脑袋步履蹒跚地逃离了赛马场。

在我看来,我可以对我的某些身体活动形成某种形式的直接控制,这种直接控制需要我的自由选择。我仍然和我在自己的童年时期那样不知道我是如何做到这一点的,但我认为我自己知道的是,我确实做到了这一点。就像我对其他任何事物的认识一样,我是在没有中介的条件下直接认识到这一点的——这种没有中介的直接认识,就像我能够认识到,放在我面前的红色对象是红色的一样。或者反过来说,倘若我并不知道这一点,我就不会知道任何东西,就不会知道我自己究竟知道些什么。我熟悉决定论者的论证,他们的这些论证或许是相当精致复杂的,但这些论证大致想要表达的意思是,我的所有活动都是被决定的,其中没有任何活动是自由决策的结果,但对我来说,决定论者的这些论证似乎与我的直接经验相抵触。因为我不仅直接地经验到了自己对决策的判定,而且还直接经验到了自己对诸多可能性的理解,这些可能性对我的行动是开放的,我首先进行权衡的经常是,在某些特定的选项之中,它们是否全都是我可以选择的选项,接下来我就对诸多可选的行动过程的赞成理由与反对理由分别进行权衡,然后我才在它们之中有意识地做出选择——有时我还会改变自己的主意。决定论者或许会争辩说,每一个这样的过程都是被决定的,而我也熟知他们的这种论证;不过,这就像有人对我说,我的所有视觉经验都是光学的幻觉,我根本就没有真正看到任何东西:在一种显而易见的意义上,这种说法或许是真实的,但它否定的恰恰是我拥有经验的可能性,而对于决定论者的论证来说,它们否定的恰恰是我作为施动者的经验。我自身拥有能动性,我以如此直接的方式认识到了这个事实,以至于即便我对所有认为我不具备能动性的论证都经过了最为审慎的考虑,我仍然会坚持相信自己拥有这样的能动性。这就非常类似于你用在表面上严格的证据,向一个拥有十根手指的人证明他其实拥有十一根手指,这个人会怀疑你给出的证据,而不会怀疑他自己拥有十根手指。

我坚定地拒绝接受决定论,对此我还有另一个完全不同的理由。倘若决定论是正确的,那么我们之中的任何人就永远不可能制止自己去做任何事情。在这种情况下,有关善与恶、正确与错误的任何概念都无法适用于人类的行为。而将赞扬或谴责、罪过或责任归于任何人的做法,就都成为错误的做法。不仅"应当"这个词永远无法适用于人类的行为,而且诸如"义务""正义""公平"这样的概念也永远无法适用于人类的行为。良知就成为一种幻觉。对于每个决定论者来说,倘若他是真诚的话,他就不仅必定会在他的人性观中清除掉所有这些概念,而且还必定会在他对于人类的活动、安排与制度的全部见解中清除掉所有这些概念。我从来也没有看到任何人做到了这一点。当然,在我所遇到的那些自称是决定论者的人中,也没有任何人做到了这一点。而实际情况(或我所相信的实际情况)是,人们无法做到这一点。倘若可以做到这一点,那就会给我们留下这样一个关于我们自身的概念,这个概念不承认我们的人性,我们完全无法认为这样的概念描述了我们自身的形象。倘若决定论是正确的,就必定会产生这样的概念,如果是这样,那么在我看来,决定论就不可能是正确的。

我注意到,我自己不仅相信,而且知道我不时地做出自由的决定与选择。正是根据这个事实——并不是根据那种将我的自我作为一种认识论对象的理解,我从未产生过这样的理解(我似乎来也无法形成这样的理解,不管我付出多大的努力)——我认识到,我或者就是一个自我,或者拥有一个自我。这个自我显然永远不能被当作对象,而是在我的直接认识中被当作一种施动者。这个事实产生了诸多重要的后果,因为它告诉我们,自我或许确实存在,但自我显然并不是在这个世界中作为对象而存在的那种实体。(自我存在,但它并不是一个对象,这个观点是海德格尔在《存在与时间》中所论证立场的基础。)无论是休谟,还是从洛克到赖尔的其他哲学家,他们都做过类似的熟悉论证,这些哲学家为之论证的大致观点是,自我不仅并不是,而且永远不可能是一种认识论的对象,我不得不说,我相当肯定地确信,这些论证是有效的。倘若这些论证确实是有效的,倘若我们判定自我是否存在的唯一途径是,获取那种将自我当作一种认识论对象的相关知识,那么我们就有可能永远也不知道自我是存在的,我们实际上就会没有任何根据来相信自我是存在的,因而就会面对自我并不存在的可能性。仅仅是由于我们作为施动者而存在,我们才能确信我们拥有自我。我直接经验到的事实是,我(无论这个"我"是什么)引导了作为我自己身体的某个物体的某些活动,我根据经验认识到,我一旦开始实施这些活动,我就会在经验世界产生诸多后果,由于这些后果都是由我引起的，我就觉得自己要对这些后果负责。通常它们是我希望产生的后果，这就是为什么我起初会实施这些活动的原因：我永远会根据我的意愿创造或改变物质世界中的诸多处境，在我处于清醒状态的那一段时间里，这是一种完全正常的事态。

但这意味着在此存在的是一种二元论。我拥有的是我的肉身，它是在其他物体中的一种存在于空间与时间中的物体，它就像其他的物体一样受制于相同的因果律，它在物质宇宙中产生与消逝，而在这个物质宇宙中，没有任何事物永远保持不变；我拥有一个自我，或我就是一个自我，这个自我并不是作为经验世界中的自我而存在的，而是作为一种施动者而存在的，它引导了作为我的身体的物体的某些活动。这个自我并不是一种经验的对象（因而也不可能是一种认识论的对象），倘若它是经验的对象，它就会与时间和空间（特别是时间）形成一种成问题的关系。正是根据这个自我的立场，才可以让过去、现在和未来存在，因而才可以让一段时间存在。正是对于这样一种自我，才可以将道德责任归属于它。

我认为，所有这一切都适用于在我自己周围的其他人。我发现的一个显著的，实际上是不可抗拒的事实是，不可能将其他人视为仅仅是由他们的身体组成的存在者。无论我做出什么样的尝试，甚至仅仅是在思想实验中，我也不可能接受这样的想法，即另一个人就像沙发或石头一样，是一种碰巧拥有了自动控制的能力与有意识的反思的物体。这种见解如此对立于对我呈现的实际情况，以至于我无法说服自己相信这种见解：这种见解成真的可能性是微乎其微的。在我与其他人打交道的所有过程中，我发现自己似乎不得不相信，他们并非仅仅是物件，对于他们的那种并非身体的本质来说，还存在某种不可或缺的东西。我观察到，他们就是以这样的方式来对待彼此的，而这也是他们对待我的方式。一个人在与其他人打交道时倘若将别人当作物体，仿佛其他人只具备这样的重要性，那么这个人就是一个精神病患者：人们都广泛认为，这样的人是一种最邪恶与最可怕的存在者；而我赞同人们广泛持有的这个观点。

将一个人仅仅当作一个物体，这是一种反常的做法，因为我们绝大多数人都无法做到这一点，对于这个事实，还有另一个相当不同的实例（这个实例多少有点意味深长）。倘若我们进入一间巨大而又昏暗的房间，其中堆满了家具，我们以为只有自己在这个房间里，我们对于我们与周遭环境的关系会产生某种感受；但倘若我们突然意识到，在某个角落中的一个黑影是一个在扶手椅中沉睡的人，那么，我们原先的感受在整体上就会转变成一种相当不同的感受。显然，这种情况似乎并不是仅仅在房间中又增添了一件家具，而是有关空间的形而上学仿佛发生了转换。可以认为，我们现在已经让自己的一只脚伸进了某个属于其他人的空间之中：这个房间不再仅仅是我们的处所，不再仅仅是我们与某些并非我们自身的东西进行互动的背景。这与另一个人的观察或回应无关：这个人正处于熟睡的状态之中。我们突然意识到我们并非独自一人，正如我刚刚所说的，随着我们意识到这一点，我们发现自己处于一种在形而上学的意义上有所不同的空间之中。

某些读者或许认为，虽然我没有明确表述，但我谈论的恰恰就是人类生存的道德维度，不过实际情况并非如此。我现在正在谈论的是纯粹作为认知对象的人类。当然存在一种道德的维度，但甚至在我们想要忽略这种道德维度时，我们也无法忽略它，这种道德维度确实构成了一个无法逾越的理由来支持人们不应当仅仅按照对待物体的方式来对待其他人；但这并不是我当前在论证的观点。我在这里想要论证的观点是，我们认识人类的方式，有别于我们认识其他任何事物的方式。我们不仅没有，而且也不可能将人类辨识为与其他物体相同的物体，即那些仅仅受科学定律完全支配的物质性的东西。为了说明这一点，不妨以我们回应其他人目光的方式为例。根据物理学的定律，任何人的眼睛里都没有发出任何东西。光线射进眼中，让一个人的内部产生了各种情况，如视觉与头疼，但这个人的眼睛根本就没有射出任何东西到周围的空间之中。根据我们拥有的所有科学知识，当我注视着某个人的眼睛时，我不仅通过周围的空气，看到了从这个人的眼球表面向我反射回来的光线，而且还看到了在这个人的外部，通过我们之间的空气而向我反射回来的光线。倘若在黑暗的状态下，我无法看到这个人：只有通过周围的光线，我才能看到他眼球的表面，无论我可以看到的清晰度有多高。根据科学，这就是发生的全部相关情况。但谁会真正相信科学的这种主张呢？谁能相信科学的这种主张呢？我们绝大多数人每天都拥有的明确经验所展示的实际情况是，当我注视另一个人的眼睛时，在某种可靠的意义上说，我们所关切的多半是这个人内心所产生的大量状态——而他关切的则是我内心所产生的大量状态：感受、情绪、想法、意图、踌躇、疑虑、恐惧、希望以及其他许多高度富于变化的内心状态，连同那些想要隐瞒或掩饰任何这样的内心状态乃至全部内心状态的企图，绝大多数的内心状态是容易消逝的，它们在弹指一瞬间就一闪而过，这些内心状态在整体上都是以一种微妙而又复杂的方式有所差异与有所变化。难道会有人相信，这种并非固定不变的双向信息流动在我们眼球的表面以物理的方式被编码处理，其方式就像交响乐队的声音流那样每时每刻都发生众多的变化（如果是这样的话，这种信息流是如何被编码的？），观察者通过读取周围光线中的信息来进行及时而又精准的解码，而在这信息流两端所发生的是一种在本质上类似电脑计算的过程？我迄今都未听说有人相信以上这些想法。这仅仅是如下事实的一个例证，即在我们的日常生活中，特别是在我们的人际关系之中，我们一直在进行着认知，而且这种不断进行的认知是不容置疑的，但这种认知无法被迄今已知的任何种类的科学说明所解释。我们完全熟悉这种认知，我们对其他事物的了解几乎没有比对它的了解更好，我们通常也并不把这种认知视为神秘的。这阐明了一个事实，即我们始终在思考、感受与行动，而这个事实在某种程度上不相容于如下假设，即其他人可以根据我们当前的认识，被解释为诸多受科学定律支配的物体；不仅如此，它还阐明了另一个事实，即我们一直都拥有经验，而这个事实不相容于如下假设，即科学告知我们的经验世界就是我们所知道的整个实在。让我感到极其不可思议的恰恰是，在系统阐述我们有意识持有的世界观时，我们之中有那么多人都忽视了我们这方面的知识——如此丰富、如此直接、如此普通，而且我们通常根本不会认为这种知识是神奇的或神秘的。一般人在这方面犯下的过错就相当于一种最非同寻常的双重思想[1]：对于思想家来说，他们在审视事物存在的方式时，也几乎很少认真考虑我刚刚论述的那些知识，事实上，我们每天都会运用这些知识，没有这些知识，我们就无法生存。我们试图用我们已经知道是不恰当的事物来建立世界观的方式中，存在着某种执迷不悟的态度。

我觉得自己已经可以肯定，我们的处境至少在大致上就像我到目前为止所做出的这个描述那样。因此我觉得自己已经可以肯定，与我迄今的描述相抵触的地方不仅仅限于细节的那些哲学体系与思想体系是错误的。在我正在思考的这个语境中，最重要的一件事是，我觉得自己已经可以肯定，我们人类并不仅仅由我们的身体组成；除了拥有身体之外，我们同样拥有自我，或者我们就是这些自我，而这些自我并不是自然世界中的经验对象；我还觉得自己已经可以肯定，道德与价值并非仅仅存在于人类的世界之中，因此它们就像其他的许多事物一样，也并非完全是人类的心理、社会与历史的产物，尽管它们或许在某种程度上就是这样的事物。

尽管如此，我在这一点上仍然怀有犹豫与困惑的态度。由于我自己不可能是经验知识的对象，我就永远不可能直接认识我自己。实际上，我甚至并不相信自己有可能知道自我是什么东西，在这样的情况下，我将在无知的状态下死去。对于自我

---

[1] 双重思想（double-think），指的是同时接受两种相互矛盾的信念的行为。这个词导源于乔治·奥威尔的反乌托邦小说《一九八四》："一个人的脑子里同时具有两种相互矛盾的信念，而且两种都接受。"——译注

的本质，或许已经有至关重要的线索放在我的面前，它们甚至有可能存在于我已经写下的文字之中，但我并没有察觉到这些线索：我只能希望，我在自己死前可以有机会最终弄明白这个问题的答案。或许我们需要从头开始做出假设，自我存在，但它并不是一种对象，接下来我们或许应该沿着一条完全不同于海德格尔所指方向的道路前进。

在我看来，这个谜题的关键必定在于并非对象的自我与经验世界的关系。事实上，我试图让自己相信，最终的谜题就是这种自我与经验世界的关系。叔本华凭借着他一贯的敏锐洞察力，也想到了这一点。"为了解决这个世界之谜，只有通过将外在经验与内在经验以恰当的方式联系起来，人们才有可能抵达正确的观点。"我首次读到这些文字时，就像全身都通过了一道电流那样感到莫大的兴奋，我在那时就知道自己会去阅读叔本华写下的所有作品。在他的代表作中，叔本华详细地说明了他认同的那种解决方案。就整体而言，这个（经常带有大量限定条件的）解决方案给我留下的印象是，它就像我先前偶然遇到的大量论述事物存在方式的观点一样看起来是合理的；但我仍然对它抱有一种不可知论的怀疑态度。某种类似的观点确实有可能是真的。但事实真相也有可能根本不是这样。在这里的麻烦不仅仅在于我的无知，而且还在于我不知道将要如何去寻求相关的答案。尽管我确信，存在一种并非物质的自我，但我远远无法确定的是，它除了在与身体的关系之中存在外，是否还有其他形式的存在。我自己的这个特殊的自我或许是在我的身体形成时或形成之后才开始存在的，我的这个特殊的自我或许在我的身体死后就停止了存在。它或许是进化了数百万年之后才产生的某种东西，它与大脑形成了某种无法分割的关系，在离开了我的大脑之后，它或许就无法以任何方式存在。这就是某些哲学家相信的观点，例如，波普尔就持有这样的观点。他确信这个观点的真实性，而且他也没有为这样的观点感到困扰。但我并不确信这个观点的真实性，而且还为这个观点深深地感到困惑。

倘若我们确实永远都无法知道这些问题的答案，那么这些问题就勾勒出了哲学的某些界限。倘若确实是这样，那么，仅限于在这些问题划出的边界之内来从事哲学研究，在这条边界之外则离开哲学并从事其他的某些事业，这或许就是一种合理的做法。而这也是年轻的维特根斯坦的信念，他试图完成的就是这样的事业。但即便如此，维特根斯坦也没有成功地逃离哲学，当他重新回归哲学时，他并没有努力克服这些基本问题，而是试图去消解那些被他当作伪问题的东西，在他看来，这些伪问题仅仅是阻碍我们严肃思考的谜题。维特根斯坦最终相信，我们没有任何选择，只能限定我们的提问范围，限定我们的理解范围，因而在某种程度上将我们的生活限定于那些存在着可理解答案的领域之内，因为在不可能存在任何可理解答案的地方，就有可能存在无法理解的问题。

我并不赞同这一点。首先，哲学史让我无法最终确定地相信，某些问题是哲学家永远没有能力来解答的。它们或许尚未被解答，我们现在或许还没有能力看出解答这些问题的方式，但据此无法推断出，它们在未来的任何时代都无法获得解答。尽管在我们看来，我们或许拥有无懈可击的理由来相信，我们已经抵达了人类永远无法超越的极限，但我们应当想到的是，诸如康德与叔本华这样无比卓越的哲学天才也曾经对于他们的哲学持有这种相同的信念，但在一个世纪之后哲学所孕育的诸多成果却表明，他们由于在他们那个时代无法理解的诸多原因而在这个问题上犯了错误。我们或许也会由于相同的原因而在这个问题上犯下错误。其次，即便某些问题是无法获得解答的，也不能据此推断出，这些问题无法得到清晰的表述。我认为我能够表明这一点，而我表明这一点的方式是，将那些人类或许永远都无法解答的前后融贯的基本形而上学问题确切地表述出来。请让我在这里对此做出一些尝试。

无论整个实在可能是由什么东西构成的，它必定会在其中包括我们这些拥有个体自我意识的人类。我们似乎有很好的理由来相信，这些意识本身构成的并不是整个实在：倘若它们构成了整个实在，那么所有的存在形式就毫无例外地必定是意识与精神的内容。但倘若我们的意识本身构成的并不是整个实在，那么，在这些有意识的自我与实在的其余部分之间的关系是什么呢？

这就是我的第一个问题。

倘若有人用这样的问题来对我提出异议，即"为什么你会认为这是一个特别的问题呢？为什么你不接受我们自身恰恰就像自然的其余部分那样，都是自然世界的一个组成部分呢"，那么我的回复就是，我有许多理由不这么认为，而其中的某些理由相当独特。一个理由是，似乎没有人能够将自我确定为这个世界的客体——甚至没有人能够将他自己的自我确定为这个世界的客体，虽然人们或许认为自己拥有特殊的途径来通达与他自己有关的知识。另一个理由是，虽然我的自我明显不是这个世界的客体，但我的自我却有能力控制某个属于自己的特定客体的运动，这是非常奇怪的。而在所有这些理由之中最有力的一个理由是，时间只有在与我自己所是的那种正在进行体验的自我发生关联时，现在才有可能存在，因而过去与未来才有可能存在，因此才有可能存在一段时间的流动。倘若人们思考的是除了诸多自我之外的已知实在，那么这部分的实在就显得没有任何方式来刻画被诸多自我体验到的一段时间。因此自我就显得似乎寓居于一个具有时态的时间框架之中,而其他任何事物似乎都并不寓居于这样的时间框架之中。不过,这种说法符合实际的情况吗?倘若是这样,那么在自我所体验到的这种具有时态的时间与那种似乎刻画了其他一切的没有时态的时间之间的关系究竟是什么?

难道现在就可以肯定,这些都是无法理解的问题吗?我们或许并不知道如何去解答这些问题,但它们的重要性几乎是无可置疑的——甚至可以说,它们具有根深蒂固的重要性。当然,毋庸讳言,由于我的无知,我或许是在错误假设的基础上对这些问题做出了表述,在探究的过程中我或许就能发现这些假设的错误;但人们期待的恰恰就是这种进展:发现错误是产生智识进步的一种途径;而我们只有从我们所处的立场出发,才能有所进步。倘若我对于这些问题所表述的诸多可信而又有说服力的解答或异议可以被我们利用,那么,我们对于人类处境的理解就会变得比先前更为深刻,即便我提出的某些特定的解答或异议最终被证明是错误的;因为几乎可以肯定,它们加深了我们对于这些问题的理解。

在20世纪的哲学家中,海德格尔以一种最有趣的方式提出了这些特别的问题。他得出的一个结论是,具备时态的时间构成了人类的存在——海德格尔的代表作《存在与时间》的标题最终所指的论断是,自我意识是在时间中存在的,而这就是解释为什么自我恰恰不是客体的关键所在。没有什么"存在的基础"——作为具备时态的时间性,存在根本不以任何事物作为自己的基础。这个令人困惑的结论或许是一条通向重要真理的途径。但即便它是一条通向重要真理的途径,它也不是海德格尔自己所走过的道路。海德格尔自己从来也没有致力于研究在(据他说)构成了所有有意识存在的具备时态的时间与似乎刻画了其余一切事物的不具备时态的时间之间的关系。这并不是因为海德格尔就像经验主义者那样,错误地将存在等同于那种成为意识经验对象的能力,因而错误地将那种刻画经验的具备时态的时间性归于所有的存在,而是因为海德格尔将"在世存在"作为他探究的出发点,并以此展开他对存在结构的研究。他坚持认为,倘若想要存在,我们就必定在世界中存在;当然,我们实际上在现实世界中存在。海德格尔相信,在西方常见的人性观中存在着某种灾难性的错误,这种观点将人视为在客体世界中的一个主体,可以认为,客体从这个人的外部对他产生影响,因此他审视客体的方式,就好像他正在透过不可见的玻璃窗来审视外部世界,于是这种观点就试图将主体理解为一种旁观者。这个模型有助于产生西方哲学的许多经典问题,其中包括:我们如何能够知道这个世界与我们所形成的世界观相符合?我们如何能够知道这个世界的不依赖于我们的经验范畴的真实本质是什么？——倘若我们实际上无法解决后面这个问题，那么我们又是如何知道这个世界是存在的？海德格尔拒绝接受这个模型，他建议用一种替代性的方式来审视这些问题，（他断言）在他所建议的审视方式中不会形成这样的问题，这些问题只能被视为某些具有欺骗性的迷误。

在海德格尔得出以上这个观点之前，我都赞同海德格尔的这条研究进路，但对于这个观点，在我看来，海德格尔似乎没有面对那部分并非自我的实在的本质问题（包括与时间有关的那部分实在的本质问题），因此他也没有面对在那部分实在与由具备时态的时间构成的自我之间的关系（包括暂时的关系）问题。换句话说，海德格尔并没有避开他想要规避的问题：他的模型产生了他无法处理的那种问题。海德格尔得出的结论是，有意识的自我最独特的特征是，它们是由具备时态的时间构成的，而这个结论则暗示着某种这样的后果，即实在的其余部分并不是由这样的时间构成的（海德格尔至此为止的论证都是优秀的），但海德格尔并没有对由此产生的理解问题做出任何论述。他写下的作品所关切的仅仅是有意识的自我的存在：海德格尔在开始论述的时候与得出结论的时候都承诺于这样的见解，即存在着一个并不包括有意识的自我的世界，这个世界不是或并非必定是由具备时态的时间来刻画其特征的。尽管如此，海德格尔在论述的过程中似乎认为，有意识的自我的存在就是他的全部问题。在我看来，恰恰是在自我与并非自我的事物之间的关系，才向我们呈现出了哲学的基本问题（当然，我几乎肯定会同意，这个问题紧密关联于在具备时态的时间与并不具备时态的时间之间的关系）。不仅如此，倘若只考虑自我，人们就无法理解自我的本质。由于本书先前所给出的那些理由，只有当不仅根据某个事物本身的视角，而且还要根据在它之外的视角来审视这个事物时，人们才有可能理解这个事物；因此只有当我参照相对于并非我自己的事物的关系来审视与把握自己时，才有可能理解我自己。海德格尔很有可能持有的观点是，我们简直没有任何途径来洞悉那些独立于意识经验而存在的事物的本质。这肯定是一个难以进行论证的观点；但要接受它，这就会让人们仍然回到康德所确立的基本立场之上，尽管这个立场（恰如海德格尔所做的那样）已经获得了重要的澄清（或者用海德格尔的话来说，这就是"林中的澄明之境"）。

死亡是否就是自我的终结？这个问题的答案或许取决于自我的本质，尽管这个问题或许可以更准确地被理解为某种与时间的本质有关的问题。首先让我们来思考第一种可能性：倘若自我是经验世界的一种客体，那么或许可以假定，它就像经验世界的其他所有客体一样是短暂易逝的，因此我们就可以确定地意识到，我们将会面对自己的彻底毁灭。只有当自我并不仅仅是经验世界的客体，才有可能存在这样一种可能性，即我们或许不会从根本上彻底毁灭。我自然期望这种可能性成为现实，因为自身彻底毁灭的前景让我感到害怕；但我至今还没有发现令人满意的理由来支持我相信这种可能性。事实上，倘若死亡是自我的终结，就不太可能有非常好的理由来让我相信这种可能性，而这或许也解释了我如此难以发现这种理由的原因。人类的实际处境或许就是这样。

倘若死亡是自我的终结，那么我们任何人在自己活着的时候都不会经历死亡，因此我们任何人也都不会体验到死亡。正如维特根斯坦的精彩话语所表明的，死亡并不是在我们的人生中发生的一个事件。对于我们来说，有可能存在的仅仅是我们现在拥有的这种人生。它就是我们能够认识到的一切，这种人生在终止前将永远按照这样的方式进行下去，而在生命终止时并不会发生某个可以完全归于其他类型的事件：正是由于我们不会体验到这种结局，死亡就不是我们在生命终结时的经验。我们生命的界限就像我们视野的界限一样，它们并不像一条划出来的清晰界线（这仍然是维特根斯坦提出的一个类比）。同样地，倘若死亡就是自我的终结，那么人类的生命就具备了某种荒谬的东西，正是在这种意义上，法国的存在主义者运用了"荒谬"这个术语——人类的生命没有终极的意义或重要性，它最终是没有意义的。除了死亡所带来的恐惧之外，这个思想本身也是相当令人恐惧的——或许它是以一种陌生的方式让我们感到更加恐惧——但我们的这种恐惧感不会将这个思想本身变得无效或不真实。我仍然不得不承认，实际情况或许就是这样，不管我们是否喜欢这种可能性：没有任何宇宙的法则表明，事实真相必定是某种被我们喜爱的东西。由于思考这种可能性过于痛苦而去否定这种可能性，这在智识思想的意义上是一种完全不严肃的做法。

倘若死亡是自我的终结，那么绝大多数对于我们来说是重要的问题，我们应该都已经有所知晓，尽管如此，我们却不可能知道这种情况是否属实。但倘若死亡并不是自我的终结，那么我们也不知道自己在那个处境中的诸多最重要的特征。自我或许在某种可理解的意义上继续存在下去，或者按照我们无法想象的方式改变了自身。一种并不在空间与时间的物体中有所体现的自我，是某种我们能够形成某些设想的东西，但我们不仅没有任何途径去认识它的可能存在模式，而且也没有任何途径去了解它以何种方式关联于那些并非它自身的事物（实际上，我们没有任何途径知道，除了我们与我们的世界之外，并非是它自身的事物有可能是什么）。我们所有的人格概念（其实是任何种类的个体存在者的概念），都导源于我们的经验世界——众所周知,甚至那些相信无所不能、无所不知、无所不在的上帝的人,除了将人类的特性归于上帝之外,也无法进一步想到其他可以归于上帝的特性。或许这就是如此众多的人相信转世再生的原因——因为他们唯一可以想象到的让一个人的自我在他死后继续存在的方式,就是让这个自我在另一个人之中继续存在。或许这样的转世确实会发生。或许就像基督徒所相信的,每个个体的灵魂在时间与空间的范围之外以非物质的方式继续存在。或许就像印度教徒与佛教徒所相信的,整个个体都获得了超越,自我融入了其他存在的事物之中,恰如雨滴汇入了大海一样。或许发生的是某种难以辨认的事件,它们不同于以上所有这些设想。但对于这些事件,我们甚至无法形成最模糊的概念。

当然,无论关于死亡的真相有可能是什么,它都表明了我们如今的处境,对于我目前正在经历的这次人生,它做出了部分的最终解释。这个真相与我们的关系,或许就类似于视觉世界与天生的盲人之间的关系,视觉世界始终都在盲人的周围存在,但盲人没有任何途径去理解这个世界——在这种情形之下,死亡或许就相当于让我们获取了自己的视力,当然,就此而言,它向我们揭示的无非是自始至终都在那里存在的事物。我们的处境就是这样的,在我们死亡之前,我们没有任何途径来了解死亡时发生了什么。甚至在死亡时,我们或许会发现,或许不会发现相关的真相,这取决于在死亡时发生了什么。这意味着我们有可能始终都无法发现相关的真相。我知道的最后一件事或许是,我在这个世界的最后一刻的知觉意识,而我的知觉意识在那时非常轻易地就会被某个特别琐碎的东西所占据,如我在那一刻掉到地上的手表。在这种情况下,我对掉到地上的手表的短暂关注,就将成为我这一生的终点。对我而言,此后就根本不会再发生任何事件。

倘若相较于其他的理解方式,根据某种与时间本质有关的东西,就可以更为精确地理解关于我们处境的真相,那么我提出的建议就会少得多。因为自从我的童年以来,我都拥有这样一种源自直觉的感受,即一切真实的事物——每一起在现实中发生的事件,或每一个在现实中存在的人——永远是真实的;任何真实存在的事物都不会完全消失。这并不是一个假设,而是一种感觉,即一切事物都永远在当下共存。我不由自主地拥有这样的感觉——它并不是我能够摆脱的某种东西,也不是我能够说服自己不去感受的某种东西。不过,我非常清楚地意识到,这种感觉并没有因此而成为知识,它可能具有欺骗性——例如,产生这种感觉的根源与其说是实在,不如说是我的某个一厢情愿的想法。无论如何,我不知道如何将这种感觉适用于现实的例证或现实的问题。举例来说,我不知道这种感受能如何帮助我解答以下这个问题:"当我死亡时,在我身上将发生什么?"倘若我所有的生存形式都已经终止了,那么"我曾经在这个世界上存在过"这个事实就成为一个不受时间影响的永恒真理,但在这个世界中,存在着两种与我有关的事实真相,一种是关于作为主体的我的生存的事实真相,另一种是关于作为客体的我的生存的事实真相,虽然这两种事实真相都可以不受时间影响(或永久成立),但它们彼此之间也是完全不同。在我死后,"我曾经在这个世界上生活过"这个事实肯定仍然是一个事实,但我想要知道的是,作为主体的我到那时将会变成什么?人们或许会用一种伤感的方式谈到,我们将活在其他人的记忆之中,而这个世界的其他一切事物也都是如此,但这仅仅是一个用来逃避的隐喻:当我们不再活着的时候,我们或许会被其他人追忆。

当下是所有存在者的一种生存形式。在具备时态的时间中,并非现在的时态则不是存在者的一种生存形式。现在是现实的,而过去就像未来一样,它们是某种只能被概念化的东西。在任何一种包括了现在在内的时间里,它的任何时刻都只能是现在,因为它的任何不是现在的时刻永远都有可能成为现在;因此在任何具备时态的时间里,存在的始终是现在,是一种持存的当下,但这种当下排除了过去与未来。只有在不具备时态的时间里,才能让过去、当下与未来都同样是现实的,并让它们在严肃的意义上是并存的。不具备时态的时间则意味着,我死后的那段时间与我尚未诞生的那段时间,而这两种处境对我来说都是同一个处境。

倘若我们考虑在我们这个时代之前就已经死去的某个人与我们的关系,我们或许就可以多少理解我上面这段话所表达的意思。让我们以拿破仑为例,在1769年之前的那整段时间里拿破仑都没有出生;1769年到1821年是拿破仑生活的年代;1821年拿破仑逝世,而在此后的时间里拿破仑始终是一个已经过世的人。但在拿破仑的生活年代之前、之中与之后的这三段时期,将以相同的方式同时展现在我们今日的历史学家眼前。比方说,某些中世纪的历史学家将他们的一生都致力于研究一个并不存在拿破仑的世界,在这个世界中永远不会让这个人存在,更不会有人认为存在这个人。其他的一些历史学家研究拿破仑,还有一些历史学家则研究那些被拿破仑打下了印记的社会。所有这些研究领域都是并存的,所有这些研究都同样是有意义的与有效的,人们同时在所有这些研究领域中积极工作。诸多的差异并没有让我们产生任何理解问题。倘若我们愿意,我们恰恰可以按照自己的意愿,为了某些特定的目的而将它们放到一起来进行比较研究。在拿破仑逝世之后的那个时代与如今这个时代之间的那段时期,拿破仑是完全无知的,对拿破仑来说,这是他一无所知的一片空白，但我们这些现在还活着的人对这段时期的了解，要超过我们所知道的其他任何历史时期。不言而喻的是，在生活于当今时代的我们与生活于未来世纪的人们之间成立的关系，恰恰就是拿破仑与我们之间成立的同一种关系。那些人同样能够同时审视我们死后的那段时期，我们活着的那段时期，以及我们出生前的那段时期，而对于那些人的后代来说，情况也是如此。倘若有什么区别的话，那就是他们对于我们死后的那段时期（那段时期对我们来说仍然是未来）的了解，要比我们自己对于我们过去时代的了解更多。注定会有这样一些尚未出生的历史学家，他们将把自己的整个职业生涯都用来研究那些迄今还不存在的时期。

　　这个例证本身并不是我想表达的观念，而是我想表达观念的一个隐喻，这个隐喻自始至终都使用了具备时态的时间；但这或许可以让我们更好地理解不具备时态的时间会表现出什么特点，在这种不具备时态的时间中，时间是连续的，但时间的所有内容都是并存的。倘若存在上帝，他或许会按照一种不具备时态的方式来理解我们的时间，也就是说，所有的时间都是同时的，而且依据的都不是任何特定的时间视角。这肯定是自爱因斯坦以来如此众多的物理学家所构想的时间，因此人类通过科学的方式已经拥有了这种时间概念，并对这种时间概念做出了实际的运用。充分确立在具备时态的时间与不具备时态的时间之间的关系，这有可能构成哲学理解中的下一次具有启发性与革命性的伟大变革，而可与康德革命相媲美的下一次哲学变革有必要阐明的是在主观与客观、经验与并非经验的事物、内在与外在、有意识的自我与无意识的自我之间的诸多关系。

　　另一方面，诸多不同的时间框架有可能最终是不可通约的，恰如诸多不同的价值有可能最终是不可通约的一样。或许结果会证明，这种最终的不可通约性是我们众多不同的与无关的生活要素的一种特点，我这么说的意思是，不可通约性或许存在于许多不同的与无关的领域之中，而不仅仅存在于价值的领域之中。我相信我们已经知道，这一点也适用于意识现象与在知觉上有差异和不一致的自我意识。尽管有许多迹象表明，一个人的意识经验不同于另一个在相同处境下的人的意识经验，但我们没有任何途径来完成这种比较。意识的多样性不可能是从经验中得出的结论，但我们知道这就是意识的实际情况。倘若我们将意识与时间这两个例证结合起来，这个观点甚至有可能变得更加显而易见：人们轻易就可以理解，对于一个人来说，虽然他梦到了一种时间框架，但他根本没有任何途径来将之关联于另一个人梦到的时间框架；然而，这两种时间框架都是存在的。

　　考虑到不同意识的不可通约性，我发现自己的形而上学思考有一个让我感到惊讶的特点，而我仍然没有充分地理解这个特点，那就是我几乎始终都是用复数的第一人称来进行这种思考的，我迄今仍然是这么思考。我发现自己似乎不假思索地就会思考这样的问题："当我们死去时会发生什么？"而不是思考如下问题："当我死去时会发生什么？"或者我会提出这样的问题："我们拥有的是否是那种并非经验对象，但无论如何都以某种方式存在的自我？倘若是这样，它们有可能是什么？"如此等等。当我为了交流的目的而想要让某个观点变得更为尖锐时，我经常会把这个观点变成我个人持有的观点，而在这个过程中我就会使用单数的主语，但我在独自表述这个思想时，我使用的几乎从来也不是单数的主语。为什么会出现这样的情况，我对此感到迷惑不解。对自身毁灭的恐惧是我进行哲学思考的动机之一，我对于我自己的死亡的恐惧，根本不像大多数其他人对于死亡的恐惧。我进行哲学思考的一个更为重要的动机是，我对于自身经验的困惑，特别是那种对我来说是独特的经验：我专注于自我的知觉意识并试图理解它是什么；我困惑地审视某个物体，试图把握我所拥有的关于这个物体的经验的精确本质；我还会不断地由于其他对我来说独特的经验而感到困惑。我将所有这些强烈的专注力聚焦于仅仅属于我自己的经验之上，既然如此，为什么甚至在我个人的思考中，我也会用"我们"这个词，而不是"我"这个词来表达我的这些问题呢？在我看来，由于我思考的是我可以直接利用的处境的诸多事实，我的这种做法就不仅是奇怪的，而且还是没有根据的。

推动我进行哲学思考的经验是一种直截了当的个人经验，它有时还让我感到困扰，因此按照对应于这些经验的个人方式来追问这些经验，似乎也就成为一种自然的与合乎逻辑的做法。我对于我自己的想法、感受与理解有一种无中介的直接认知，但我对于其他任何人的想法、感受或理解却没有，也永远不可能有这种无中介的认知；因此至少在一开始就有必要用恰当的方法将我的追问限定于我直接认知的事物。由于我的心中有了这样的想法，我就试图让自己聚焦于我的那些个人的与独特的经验，并用"我"这个词来提出我关于这些经验的问题；但这让我产生了一种勉强的与不自然的感受，我只有强迫自己才能做到这一点；一旦我停止有意识地去这么做，我就会再次在自己提问时使用"我们"这个词。这似乎表明了我无法解释而又无法摆脱的一种理解，即我们大家都是某种东西，而我们共同拥有的东西就是我们的本质所在，我的诸多形而上学问题就是与这种东西相关的。我试图为这种信念寻求辩护，但我在这方面的尝试并没有获得成功，不过我现在已经拥有了一种这样的辩护。叔本华为之提供了一种解释，这种解释的大意是，我们类似于经验世界中的其他一切事物，无论是作为现象还是作为本体都是如此，又由于本体是不可区分的，根据我们的内在本质，我们所有人最终必定都是同一种事物；但我无法看到，这种解释的有效性可以用何种方式来加以检验。这种解释似乎是符合事实的；倘若它是真实的，它就能解释事物为什么可以按照如其所是的方式存在；但还有无数其他的替代性解释也可以做到这一点：我们如何在这些解释之中做出选择呢？在诸多智识问题上，我几乎从来都不会由于我在实际上无法想出更好的解释而认为我就有正当理由来接受某个现成的解释，因为我想不出更好的解释，这仅仅是一个与我自己有关的偶然事实——或许还有各种更好的解释在等待着我们，只是目前还没有人想到而已。对于我已经描述过的那种信念，唯一合乎情理的应对方式是，在不同的场合下以不同的方式来对待它：有时让它在众多解释中占据首要的位置，倘若它可以导向诸多有价值的深刻见解，但不时也要以高度怀疑的态度来对待它，将它作为一种可能是错误的观念。

有许多理由可以解释为什么我们无法认识整个实在的本质，以至于我可以毫无困难地通过这些解释而将我们的这种无知状态确定为一个事实。认识整个实在本质的困难在于，我们就生活在这个实在之中。倘若你们问我，为什么我会对某种我无法认知的东西如此惶惑不安，我的回答是，我的生存或毁灭都取决于这些问题。倘若你们接下来就像卡尔·波普尔那样问我，为什么我会认为自己的生存是至关重要的，我只能说，它对我自己来说就是至关重要的。终其一生，我都充满了一种几乎无法抑制的追求生命的强大欲求。我觉得，它是一种始终存在的冲动、渴求与欲望，我自从童年时期起就无可逃避地意识到了它的存在。在我能够冷静地接受自己的死亡之时，这种欲求肯定会以某种方式破灭，这就意味着，我在那时已经接受了这种原本不可接受的结局，已经甘心忍受这种原本无法忍受的结局。然而迄今为止我仍然无法接受自己的死亡结局，因此我继续不顾一切地试图加深我对于这种在我自己活着时不可能发生的处境的理解——我猜想，我这么做是希望自己对这种处境形成一种更为深刻的理解，以便于让我更容易甘心忍受这样的结局。尽管如此，我不应当歪曲我自己的想法——我所关切的不仅仅是我个人的生存：我同样拥有一种热切而又敏锐的好奇心，想要知道诸多事物是如何存在的，这是一种对理解的迫切需求，这种需求从未让我感到轻松；与这种理解相关的是某种并非属于个人的客观事物。我相信，即便我是不可毁灭的，我也仍然会怀有这样的好奇心。

或许本书应当在一句话的中间结束自身，因为我的哲学之旅不存在任何终点。如今我虽然已经到达了这里，但我恰恰还会继续产生困惑与反思问题，而我并不认为我的哲学之旅会抵达一个自然的终点——也就是说，我并不认为我在自己抵达自然的结局之前，会让我的哲学之旅抵达终点。我有朝一日有话要说的那些哲学问题，主要与人类理解的局限性，特别是与主体性的边界有关，但这最起码也是另一本书的主题。而在这本书中，我的主要关切是想要表明，虽然人生是由许多并非哲学的事物构成的，虽然绝大多数人的人生不会专注于哲学这门专业，但哲学仍然通过某种方式成为层次多样、丰富多彩的人生画面的一个不可或缺的组成部分。向我们提出基本哲学问题的是生活，而不是书本或教育体制。那种认为只有在大学中研究哲学的人才有能力进行哲学思考的想法，就相当于认为，只有那些在学院中研究文学的人才有能力阅读经典文学——这两种观点都同样是愚蠢的，但在大学中研究文学的人在实践中就可能持有这样的观点（尽管他们永远都不会这么说出来），而其中持有这个观点的人数比例之高让人感到意外。我在这本书中试图表明，生活本身以何种方式将哲学的基本问题抛到我的面前，我试图以何种方法去解决它们，我如何发现了诸多哲学天才对我的那些问题所做的评述，以及他们所表述的各种思想给我带来了什么帮助。尽管这不可避免地让我大量讨论了诸多论著与诸多作者，但这本书所讲述的并不是研究、阅读、写作或教诲，而是关于我自己的这一段经历，即我在自己的人生苦恼的驱使下，专注地理解我遇到的所有这些最重要与最困难的人生问题，而我的这些人生问题与道德无关。

　　我有充分的理由来略过诸多道德问题。纵观我的一生，我相信我自己知道我在什么时候做了错事。在这些情况下的问题并不在于知道什么是正确的，而在于去做正确的事情。因为即便我想要知道什么是正确的，我也没有必要去处理任何基本的理论问题，我从未对伦理学的理论辩护产生很大的兴趣。不用说，我也不会为伦理学提供一种理论辩护，恰如我不会为"贝多芬的音乐要比门德尔松的音乐更为深刻"这个我所持有的观点提供一种理论辩护一样；在以上这两种情况下，我都不觉得有任何必要去做出这样的辩护。我相当谦逊地意识到，我自己足够幸运，直到我的人生如今抵达的这个时刻为止，我所不得不面对的那些为我带来创伤的实际困境最多也不过是两三个。而生活在我们这个世纪中的许多人就不得不做出诸多最艰难的选择。倘若一个盖世太保的军官在我面前一边挥舞着一把枪一边对我说："你知道那些犹太人藏在哪里。倘若你不告诉我，我首先会对你的女儿开枪，然后会对你的妻子开枪，接下来还会对你开枪。"我认为，我在这种情况下会告诉他答案——而在我的余生中，我都会发现自己在生活中不得安宁。我从来没有面对过这样的处境，这完全是由于我的好运，而不是由于我自己的功劳。但成千上万的人都遇到过这样的处境。然而我认为，甚至在这种情况下，我也知道正确的做法是什么。正确的做法是不把真相告诉盖世太保。事实上，恰恰就是由于我知道正确的做法是什么，自此以后这件事才会永远打破我心灵的宁静：我知道，我所做的这件错事是丑恶的。因此，在这里的问题仍然不是一个理论的问题，不是一个与认识有关的问题；这里的问题恰恰在于，去做自己知道是正确的事情。在我看来，道德问题尽管或许是艰难的，但它们本身并不是哲学问题，它们是实践的问题。与道德和伦理有关的最为重要的哲学问题是，为它们提供一种合理的解释；但这并不是一种道德的问题，而是一种智识的问题。

  对于我们的道德信念，恰如对于我们的逻辑信念或我们关于外部世界真实性的信念一样，我们之中很少有人是通过理性的过程来得出这些现实的结论的。实际情况并不是我们发现了推理的正确规则，接下来通过运用这些规则而得出了我们的结论。恰恰相反，至少在逻辑与道德中，我们对于正确推理规则的诸多见解，导源于我们所确信的实际情况。这意味着，我们既无法证明逻辑规则是有效的，又无法证明我们的道德信念是有效的，恰如我们无法证明在我们自身之外的实在是存在的一样。在所有这样的情况下，我们最多可以期待的是让自己用心去理解诸多事物的存在方式；而这个问题极其不同于证明的问题。正如我刚刚暗示的，我认为我自己知道，贝多芬的音乐比门德尔松的音乐更为深刻，但没有人能够证明这一点。我们的目标不是或不应当是去证明任何事物，而是或应当是去发现和恰当理解关于某些事物的真理是什么。终其一生，我都专注于思考诸多与经验有关的形而上学问题。这本书讲述的就是这个故事；倘若这本书向读者传达了那些可以从过去最伟大的哲学家那里获取的帮助，那么我就多少偿还了自己对这些哲学家所欠下的那一小部分债务。

译后记

一

随着哲学在学院中的职业化、专业化和建制化，哲学在当代人眼中显得越来越像一门专业的客观知识，这种客观知识与人的生活经验和生活智慧显得并没有特别紧密的关联。然而，在西方哲学传统中，还存在着另外一种对哲学的理解。正如尼采指出，迄今为止的种种伟大哲学都是其缔造者的"自我告白"，都是"一种无意为之和未加注意的回忆录"。[1] 哲学表面上或许显得是一种抽象而普遍的客观知识，但哲学仍然隐秘地导源于个人的生活视角、生活经验与生活世界，并对个人的生活方式产生着深刻的影响。事实上，这种对哲学的理解并非完全是尼采的原创，而是可以追溯到苏格拉底的古代哲学传统之中。尽管苏格拉底没有亲自将他自己的学说写成文字，但他那种出类拔萃的生活方式却备受古希腊人的推崇，因为对于古希腊人来说，"哲学首先是一种生活的方式"，真正的哲学家并不满足于提出各种理论与思想，应当致力于将自己的哲学理论应用于生活实践，成为一种可以解决实际问题、塑造卓越品性与博大灵魂的生活智慧。因此在这种语境下，哲学就不是一种纯粹的理论，而是"作为一种生活方式"，哲学活动包括各种精神修习、身体层面的实践与话语层面的实践，它们都"致力于促使实践这些活动的主体发生一种改变或转变"。[2] 根据福柯对塞涅卡、马可·奥勒留与普鲁塔克等古代哲学家作品的考证，哲学书写是古代哲学家用来塑造自我的一种生活艺术，哲学书写将哲学家自己看到或听到的东西转变为自身的"组织与血液"，将其中的真理据为己有，进而将哲学家自身的灵魂构建到他自己的书写作品之中，"作为自我训练的一个要素"，哲学书

---

[1] 尼采：《善恶的彼岸》，赵千帆译，北京：商务印书馆，2015年，第14页。
[2] 皮埃尔·阿多：《作为生活方式的哲学》，姜丹丹译，上海：上海译文出版社，2014年，第44—45页。

写"具有一种形塑性格的功能；它是将真理转变为气质的一个动因"。[1]

应当说，这种致力于自我塑造的生活艺术，并不仅仅存在于古代哲学的传统之中。虽然自中世纪经院哲学以降，学院哲学一度削弱了这种生活艺术在哲学研究中的影响，但在近现代哲学中，包括帕斯卡尔、蒙田和卢梭在内的许多大哲学家仍然在他们的哲学书写中积极践行着这种塑造自身生活方式的生活艺术。在存在主义、实用主义与哲学解释学等当代哲学思潮的影响下，这种书写自我的生活艺术在当代哲学中获得了一定程度的复兴，许多著名的当代哲学家都会在他们生命的晚期撰写一部思想自传（如尼采的《瞧，这个人》、罗素的《我的哲学的发展》和波普尔的《无尽的探索》），追溯他们的生活与哲学思想的互动和关联，展现他们的哲学思想如何在生活中塑造他们的自我，而布莱恩·麦基（Bryan Magee，1930—2019）的《哲学如何塑造了我》也是一部可以归属于这种哲学传统的作品。

初看起来，这本书是麦基所撰写的一部思想自传，然而这种思想自传的形式仅仅是一种手段，麦基想借助自传的方式来清晰晓畅地阐释古往今来的诸多大哲学家的主要学说与重要思想，进而表明这些学说与思想是如何帮助自己认识与理解那些最重要与最重大的人生问题，如何塑造自己的生活方式，并如何成为自己人生画面中的一个不可或缺的组成部分的。因此，麦基的这部作品也可以被视为一部哲学史导论，但它不同于通常的哲学史导论的地方是，它并没有按照编年史或学派史的方式来梳理各种哲学理论与哲学学说，而是根据作者麦基的智识发展经历与生活体验中出现的各种普遍存在的人生问题来介绍相关的哲学的。由于采纳了这种将思想自传与哲学史导论相结合的方式，麦基总是带着各种能够让读者广泛产生共鸣的人生问题来解读诸多重要的哲学学说，哲学不再是远离生活、高高在上的抽象理论，而是成为一种能够塑造我们的品性与人格，能够帮助我们加深理解这个世界与人性的生活智慧。因此，麦基的这部作品在问世之后就获得了读者的大量好评，并取得了不俗的销售成绩。

麦基的这部思想自传与哲学史导论获得成功并非偶然。事实上，纵观麦基的一生，他影响最大的智识成就大概就是向公众普及传播哲学思想。他在英国广播电台等重要媒体成功地主持了一系列介绍哲学思想的节目，打破了一个曾经在电视节目制作人中间广为流传的偏见，即介绍严肃思想理论的电视节目无法获得引人注目的

---

[1] 米歇尔·福柯：《自我书写》，张勇译，载《自我技术：福柯文选Ⅲ》，北京：北京大学出版社，2016年，第225页。

收视率。而麦基根据他主持的介绍哲学思想的系列节目内容改编的诸多书籍，不仅成了被翻译为多国文字的学术畅销书，而且还吸引了一大批读者与观众下决心进入职业哲学研究的学术殿堂。鉴于麦基在向公众传播哲学思想的工作上做出的杰出贡献，他也被誉为"哲学界的卡尔·萨根[1]"。

二

麦基之所以在普及传播哲学思想的工作上取得了这样的成就，这与他具备的几个得天独厚的优势有关。对麦基的私人生活多少有些了解的人都知道，麦基有一位美丽的母亲，然而这位母亲的美貌并没有让她的性格变得美好，反倒是助长了她的自我中心与自我骄纵。麦基的母亲性格暴烈，说话刻薄，她与麦基的父亲经常发生口角，对她的子女也没有表现出多少柔情。在麦基的童年时代，她经常在麦基玩得开心时呵斥麦基，甚至会在她自己心情恶劣的时候对麦基加以体罚。为了逃避父母的吵架，麦基通常会跑到他家附近的街道与集市之中，并在那里结识了一批来自社会各个阶层的朋友与伙伴。麦基的原生家庭并没有带给他正常人都会拥有的亲情，而是让他遭受了来自他亲生母亲"极具毁灭性"性格的折磨。对于脆弱的心智来说，这或许会成为他一辈子无法摆脱的心理阴影，让他在自己新组建的家庭中继续折磨自己与自己的爱人。然而，麦基的性格犹如燧石，他遭受命运的敲打越厉害，发射出的光辉就越灿烂。现实的打击激发出了麦基强大的求生欲，促使他前往精神世界寻求庇护所。在他父亲的影响下，麦基对莎士比亚与瓦格纳的艺术作品产生了强烈的兴趣，这些经典作品不仅使他的意志变得刚强，而且让他的心智变得敏锐。正如麦基在本书中所描述的，他凭借着自己对于生活中的各种意识现象与心理体验的敏锐洞识，在没有接触到哲学论著之前就已经在日常生活中感受到了诸多哲学基本问题，而这一切都让他产生了深入了解智识世界的渴求。凭借优秀的成绩，麦基进入了"分析哲学四大重镇之一"的牛津大学深造，他的博士论文导师是彼得·斯特劳森，斯特劳森的学术地位在分析哲学界可与蒯因相提并论。在斯特劳森的严格

1　卡尔·萨根（Carl Sagan, 1934—1996），美国康奈尔大学天文学教授与世界著名的科普作家，他的优秀科普作品《伊甸园的飞龙》曾获美国普利策奖，美国国家科学院对他的评论说："没有任何人像他那样如此成功地向公众讲明科学给人类带来的智慧以及那些令人惊奇不已、令人激动不止的发现和愉悦……他能够成功地启发数以百万计的公众的想象力，用简单易懂的语言向他们解释清楚复杂的科学概念，他在这方面取得了巨大的成功。"

指导下，麦基娴熟掌握了分析哲学的诸多技术与方法。在就读博士研究生期间，麦基又获得了一个在耶鲁大学学习哲学的机会，而耶鲁的哲学教育拓展了麦基的哲学视野，让他接触到了诸多具有欧陆哲学背景的理论思想。在毕业之后，麦基不仅多年从事于时事新闻节目的主持工作，而且还花费了将近十年时间在国会担任议员，不时需要向公众发表演说以及与竞争者进行公开的论辩，这些媒体工作与政治实践活动都为麦基积累了大量有用的社会经验。

正是由于麦基的这些生活经历与学术经历，让他在向公众传播哲学思想时游刃有余。无论是在麦基的生活中还是在麦基的工作中，他都有丰富的机会来了解公众的诸多想法、趣味、关切、思维习惯以及对哲学学说产生的各种成问题的理解，这就让麦基可以根据公众实际关切的视角和旨趣来有针对性地解读各种哲学理论。虽然麦基对分析哲学的许多观点与立场都不赞同，但他在哲学写作中仍然充分运用了分析哲学的方法与技巧，清晰晓畅地解释各种晦涩的哲学理论。麦基广博的涉猎面与阅读兴趣，让他能够生动地阐明许多哲学思想兴起的历史背景与文化语境，这进一步增添了他的作品的可读性与趣味性。更为重要的是，麦基在写作这些哲学作品时固然对读者的兴趣与关切有所考虑，但他写作的主要动机是帮助自己更清晰与深刻地理解大哲学家的思想与学说，并据此寻求有助于解决他深感困惑的哲学问题与人生问题的诸多思路。不同于某些为了吸引公众注意而不断用哲学家的绯闻八卦来吸引眼球的哲学畅销读物，麦基的写作丝毫无意于迎合低俗的趣味，而是极力在他的作品中突出哲学的理论深度、精神高度与思想的锋芒。麦基更想成为一个真正理解哲学，真正懂得如何能够运用哲学的智慧来解决人生困惑的人，而不想让自己仅仅在公众的眼中显得像是一个懂哲学的人。颇为有趣的是，麦基在撰写自己作品的过程中越是不刻意追求销量，销量就越是在他作品之后紧追不舍。

三

在博士毕业之后，麦基有机会留在英国高校成为职业哲学家，但他并没有做出这样的选择，这是因为麦基对支配英国高校哲学系的分析哲学存在着诸多不满。在麦基接受哲学教育的那段时间里，分析哲学先后出现了两个占据支配地位的学派，即逻辑实证主义与日常语言学派。麦基与这两个学派在对哲学的整体理解上存在着重大的分歧。逻辑实证主义者虽然乐于将自身标榜为遵从理性的哲学家，但是他们经常以非理性的态度狂热地推崇科学，力倡"科学的世界观"，主张按照他们所理解的自然科学或实证科学的范式来指导与规范哲学。逻辑实证主义者为了贯彻这一纲领而提出的一个具有代表性的主张是：根据他们信奉的经验证实原则来判断哲学陈述，无法通过这个标准的哲学陈述就是没有意义的形而上学废话，这些形而上学的废话并不包含真正的智识论断，最多只不过具备表达情感的价值，因此就应当通过对语言的逻辑分析将这些形而上学从严肃的哲学研究中清除出去。然而，任何一个像麦基那样熟悉哲学史，并阅读了大量哲学经典作品的人都会发现，严格贯彻逻辑实证主义的这个提议，会清除掉哲学传统中许多充满智慧与启发的文字。在阅读不同时代的大哲学家的各种经典文献时，读者轻易就会遇到类似以下这四段文字这样的论述：

> 最高境界的不正义就是看起来是正义的，实际上却并非如此。完全不正义的人在干最大的坏事时仍旧能够取得最正义的好名声，即使露出了破绽，也要承认他有补救的能力。他能够鼓起如簧之舌，说服人家相信自己是正义的，如果需要动武，那么他有的是力气和本事，还有朋党和金钱的支持……在这种人得势的情况下，正义的人尽管没有做任何坏事，却必定拥有最不正义的名声。他将受到严刑拷打，戴着镣铐，烧瞎眼睛，受尽各种痛苦，最后他将被钉死在十字架上。[1]

> 公开的谄媚任何一个人都能识破，除非他是一个地地道道的傻瓜；而狡诈隐蔽的谄媚者则是我们应当加以小心防范的。识破这种人的谄媚当然不是世界上最容易的事情，因为这种人往往假借反驳来掩盖其奴颜婢膝，假装争论来掩饰其谄媚，最后表示屈从，自甘服输，以便使对方误以为自己英明。[2]

> 意大利有句令人不快的谚语：对谁都行善则无善可言。要避免这种危险，就应该懂得如何才能不误施善心。必须追求为他人造福，但不可被他人的厚颜和妄想所支配，因为那样只会是讨好或软弱，而讨好和软弱会让诚实的人作茧自缚。也不要把宝石给伊索那只公鸡，因为它大概更高兴得到一把麦粒。

---

[1] 柏拉图：《国家篇》，王晓朝译，载《柏拉图全集》（第二卷），北京：人民出版社，2003年，第317—318页。

[2] 西塞罗：《论老年 论友谊 论责任》，徐奕春译，北京：商务印书馆，2003年，第82页。

上帝创下的先例便是最正确的榜样：他让阳光照好人，也照坏人，他降雨给善人，也给恶人。但他从不把财富、荣耀和德行平均地施予芸芸众生，因一般的恩惠应该人人分享，但特殊的恩惠则须有所选择。[1]

每一种权力，只要它是在合法性假象中对暴力的设置，它就需要谎言、伪装，需要掩盖自己的意图，也就是要以表面上得到争取的、能使被征服者喜悦的目标为幌子把自己的意图掩盖起来。[2]

以上这些陈述显然不可能根据人人皆可通达的经验来予以证实，事实上，倘若在和平盛世中，一位循规蹈矩的学者足够幸运，终生生活于远离各种冲突、斗争与动荡的学院温室之中，那么他这辈子大概也不会拥有可能证实上述论断的经验。然而，对于有着丰富的人生经验与社会阅历的人来说，这些话语绝不是什么廉价的情感表达，而是充满了真知灼见的人生智慧，这些人生智慧将有效地帮助人们在诸多恶劣的环境中规避各种危险乃至致命的陷阱与阴谋。

逻辑实证主义者认为哲学应当根据在主体间普遍可以得到证实或确证的经验来做出论证，在他们看来，哲学上许多逻辑不相容的立场和观点之所以长期处于无结果的争论状态，是因为不同立场所关注的是没有意义的形而上学主题，因此正确的处理方法是消解这些形而上学主题。但事实上，不仅不同哲学家拥有的经验是异质的，而且哲学家审视经验的视角是多元的，这导致了不同哲学家审视同一个哲学问题时经常会得出不同的结论。例如，以卢梭与叔本华为代表的哲学家倡导同情，甚至认为同情构成了伦理学的基础，而以尼采为代表的哲学家则强烈反对同情，尼采甚至认为，一个人的最大危险就在于同情。[3]之所以产生这种分歧，与这两派哲学家不同的经验视角和人生处境有关。倘若一个人过的是一种没有严酷的生存压力与竞争关系的稳定安逸的生活，那么这个人完全可以以同情为基础，建立起一整套值得称道的道德行为模式。然而，倘若一个人卷入了残酷的生存竞争或政治斗争之中，那么恰如马基雅维利所言，对待冷酷无情的竞争者的正确态度就是："对他们应当加以爱抚，要不然就应当把他们消灭掉；因为人们受到了轻微的侵害，能够进

---

[1] 弗朗西斯·培根：《培根随笔集》，曹明伦译，北京：人民文学出版社，2018年，第44页。
[2] 海德格尔：《尼采》（上卷），孙周兴译，北京：商务印书馆，2015年，第654页。
[3] 尼采：《快乐的科学》，黄明嘉译，上海：华东师范大学出版社，2007年，第260页。

行报复，但是对于重大的损害，他们就无能为力进行报复了。所以，我们对一个人加以侵害，应当是我们无须害怕他们会报复的一种侵害。"[1] 古往今来的历史反复给予人们的一个教训是，在极端恶劣的或充满了激烈竞争关系的生存环境下，一个人的多余同情，通常总是会给他自己与他的盟友招致毁灭性的结局。由此可见，不同哲学家对于同情的对立观点，并不是没有意义的抽象理论争辩，而是导源于不同的生活体验与生存处境，它们反映的是不同的生活方式与生活世界。逻辑实证主义者仿效科学，想要建立一种类似科学知识那样具有普遍有效性的"科学世界观"，然而麦基认为，"哲学的目的与其说是获取知识，不如说是获取理解"，从某位大哲学家的眼光中呈现的或许并不是一种对于这个世界的普遍真实或普遍正确的理解，但"所有的哲学都根据各自独特的角度，为我们审视事物的诸多存在方式提供了某些线索"。哲学虽然关注科学知识，也注重理论思辨，但哲学在许多场合下提供给人们的是具有高度境遇性特征的实践智慧，这些实践智慧培养了人们在具体处境下进行选择的能力，即在应该的时间、应该的境况、应该的关系、应该的目的下采纳应该的行为方式。[2] 逻辑实证主义者根据他们的意义标准排除了这些服务于生活的实践智慧，恰恰贬损了哲学的魅力与价值。毫不奇怪，逻辑实证主义者的哲学论著中也几乎看不到论述这种智慧的精彩文字。

日常语言学派虽然不再像逻辑实证主义者那样推崇科学，而是将研究聚焦于日常语言，然而它依旧采纳了这样一种研究进路，即通过分析将传统的哲学问题都转化为与语言或语言学有关的问题。在麦基看来，虽然语言在人类的文明与生活中都发挥了极其重要的作用，但语言本身就是在漫长历史长河中不断演化发展的，我们目前掌握的语言并不是尽善尽美的，它并不能将人们认知、经验或感受到的一切重要事物都充分地表述出来。正如尼采曾经敏锐指出的，一位思想家在表述自己思想时由于所用语言的普遍性与抽象性，他恰恰有可能"减掉了最个人性的和最富有价值的东西，而且通过一般化也把这种东西公共化了。如此一来，一位引人注目的人物的完全表达出来的哲学，就可能并不真的是他自己的哲学"。[3] 麦基对此也深有同感，他在本书中试图通过大量论证来表明，语言既无法充分地将人们独一无二的体验和感受翻译成公共语言，又无法充分地表述与描绘实在的所有特征与存在方式。

1　尼科洛·马基雅维里：《君主论》，潘汉典译，北京：商务印书馆，1985年，第9—10页。
2　参见亚里士多德：《尼各马科伦理学》，苗力田译，载苗力田主编：《亚里士多德全集》（第八卷），北京：中国人民大学出版社，1994年，第36页。
3　尼采：《权力意志》，孙周兴译，北京：商务印书馆，2007年，第62页。

正如音乐、绘画与戏剧等艺术作品所表现的意义与思想无法仅仅通过语言来完全表现出来，聚焦于语言分析的日常语言学派也并不能真正有效地解决或消解传统哲学的基本问题。

麦基发现，传统哲学追求的是可以加深人们对世界和人性的理解的各种思想，而以逻辑实证主义与日常语言学派为代表的分析哲学对这样具有启发性的思想并不特别感兴趣，它专注于通过逻辑分析和语言分析澄清各种哲学概念、哲学陈述与哲学理论的意义。对于许多分析哲学家来说，他们不仅不关切那些可以为人们的生活实践带来启发的思想和洞识，而且还深深地怀疑这些思想和洞识存在的价值，并竭力与之保持距离。麦基认为，正是在这个意义上，柏拉图、亚里士多德、康德等大哲学家所从事的哲学研究与分析哲学家所从事的哲学研究其实是两种并没有重要关联的智识活动。在麦基看来，分析哲学家多少也意识到了这一点，然而他们在英语世界的高校和研究机构获得的巨大成功，让他们逐渐形成了一种志得意满的傲慢态度。

正如以赛亚·伯林在个人回忆中所坦承的，许多分析哲学家既不愿意承认在他们的学术圈子之外有哲学家能给自己带来大量教诲，也不愿意在少数受到他们认可的哲学同事之外去发表他们的观点，他们的学术交流主要局限于他们欣赏的同事之中，这表现出了不少分析哲学家"自我中心"的自负态度。虽然伯林觉得正是这种自负的态度让他们意识到了真正的智识乐趣，但麦基表示，借助精神分析理论的视角，就可以看出某些分析哲学家拥有回避来自陌生的现实世界的诸多挑战的防御型人格，这种宁愿安稳地待在学院生活的舒适区中的封闭心态，明显对立于以往的大哲学家不断将自己的哲学思想推向陌生领域，积极地与各种不赞同自己观点的人交流论辩的开放心态。恰如歌德所言，"要求旁人都合我们的脾气，那是很愚蠢的，我从来不干这种蠢事。我把每个人都看作一个独立的个人，可以让我去研究和了解他的一切特点，此外我并不向他要求同情共鸣。这样我才可以和任何人打交道，也只有这样我才可以认识各种不同的性格，学会为人处世之道。因为一个人正是要跟那些和自己生性相反的人打交道，才能和他们相处，从而激发自己性格中一切不同的方面使其得到发展完成，很快就感到自己在每个方面都达到成熟"[1]，正所谓"泰山不让土壤，故能成其大；河海不择细流，故能就其深"，一种真正强大的哲学思想，能够通过不断征服新的智识领域来提升自己的智识影响力；一种真正成熟的人

---

[1] 爱克曼辑录：《歌德谈话录》，朱光潜译，北京：人民文学出版社，2018年，第39—40页。

格,能够通过不断吸引各种性格不同的杰出人物来拓展自己的社会影响力,而这些恰恰就是许多分析哲学家所欠缺的精神品质与智识态度。当然也应该承认,为数不少的分析哲学家所拥有的这种封闭心态,或许有助于他们在最大程度上集中精力,以最有效的方式来赢得与维持他们在现代高校体制中的学术地位,但是这种心态也让他们的写作更像是在小圈子内部的自娱自乐,而无法在学院之外的政治实践、社会实践与文化实践中产生广泛的影响。

四

这些分析哲学家志得意满的心态也在他们对待哲学史的态度上有所体现。正如麦基对他自己在牛津大学接受的哲学教育的回顾所表明的,分析哲学家所接受的哲学教育注重学习各种论证与分析的技巧,但并不强调学生阅读与深入钻研西方哲学史上的大哲学家的经典论著,即便他们被要求阅读这些经典文献,他们更多地会求助于当代分析哲学家所撰写的二手文献。在麦基看来,学生选择通过二手文献来了解大哲学家的学说,这一方面是因为这些二手文献介绍的思路比较清晰易懂,另一方面则是因为这些在当代盛行的二手文献代表了分析哲学界对许多哲学家与哲学学说的主流观点,掌握了这些观点会让学生相当轻松地通过考试与学术论文的评审。但问题在于,这些二手研究文献严重依赖于分析哲学的理论视角,它们在阐释中难免会遗漏哲学经典文献中的许多重要的洞识与深刻的思想,甚至会给出许多带有误导性的错误评价。因此麦基坚决反对学者在研究哲学史时随波逐流地屈从于二手文献的立场,即便二手文献代表的是当前学术界的主流观点,但一个人仍然应当有足够的勇气与独立精神,在了解当前的主流观点之后,亲自去接触这些被主流观点解释的哲学经典文献,并根据自己的体验与智慧所形成的视角,到原创性思想家的经典作品中与这些伟大的心智进行对话。"花费在二手文献上的时间,就像生活于浅滩上的人生;花费在伟大哲学家的作品上的时间,就像生活于无比深邃的海洋之中的人生。"即便这些经典文献有如黑格尔或海德格尔的作品那样晦涩高深,但读者在努力追随这些伟大思想的过程中,也会体验到一种"在矿石中提炼黄金"的智识成就感。

接受分析哲学教育训练的学生对哲学史的轻慢态度,导源于他们的指导老师。当然,并非所有的分析哲学家都会否定研究哲学史的意义和价值,被誉为"当代罗素"的丹尼尔·丹尼特(Daniel Dennett)就曾经明确地为哲学史研究进行辩护,他认为,"哲学史实际上是记录了一大堆非常有智慧的人犯下一大堆非常有诱惑力的错误的历史,如果你不了解它,就注定会再次犯下那些倒霉的错误"[1]。不过丹尼特虽然在表面上肯定了研究哲学史的重要性,但他将哲学史仅仅理解为一部记录过去哲学家错误的历史,这显然是片面的和狭隘的。实际上,大哲学家提出的诸多重要理论思想已经成为人类文明的基石与人类智识成就的精髓,它们曾经塑造出了人类历史上最博大而又高贵的英雄品性,并提供了关于人性和生活的诸多最精致敏锐的洞识。虽然根据当今的科学成果,人们可以发现这些大哲学家犯下的许多错误,但正如叔本华在评价康德哲学时所说的:

> 在一个精神伟大的人物的作品里指出一些缺点和错误,这比明确而完备地阐发这作品的价值要容易得多。这是因为这些错误总是个别的、有限的,所以是可以一览无余的。与此相反,天才打在他作品上的烙印却正是这些作品的优越性,既不可究诘,又取之不尽。这些作品因此才成为连续好些世纪不衰的导师。一个精神上真正伟大的人物,他的杰作对于整个人类每每有着深入而直指人心的作用;这作用如此广远,以至无法计算它那启迪人心的影响能够及于此后的多少世纪和多少遥远的国家。这是经常有的情况:因为这种杰作产生的时代是那么有教养而丰富多彩,而天才好像一棵棕树一样,总是高高地矗立在它生根的土地上面。[2]

阅读哲学经典作品,更应当像麦基那样采取一种积极的态度,通过吸收他们的思想来加深理解他自己的生活世界与他自己的心灵,进而把这些大哲学家当作"提升生命的同伴与向导"。麦基相信,没有这些经典作品的帮助,他无法独自获得这些重要的人生智慧与生活洞识。然而,一大批分析哲学家并不重视哲学经典作品中的这些智慧与洞识,而是致力于运用现代数理逻辑的工具来批判性地揭示经典作品中存在的种种错误,以表现他们高超的学术能力与论证技巧。麦基指出,这些分析哲学家之所以总是抱有这样的学术兴趣,这是他们为了在学院中获得更高地位而采纳的一种研究策略。受到自然科学的研究模式的影响,当代哲学学院或哲学研究机构在

---

[1] 丹尼尔·丹尼特:《直觉泵和其他思考工具》,冯文婧、傅金岳、徐韬译,杭州:浙江教育出版社,2018年,第1页。
[2] 叔本华:《作为意志和表象的世界》,石冲白译,北京:商务印书馆,1982年,第562页。

不同程度上都要求学者在自己的研究工作中体现出某种超越前人的创新之处。某些分析哲学家也就形成了一种按照哲学学科当前盛行的主流意见来批评哲学传统，以便于在同行评议中顺利地获得学界权威的认同，成功地申报课题、发表论文并获得职称的晋升。

作为职业哲学家的谋生之道，这些做法或许无可厚非，但麦基表示，这些做法也助长了某些浮躁的智识时尚。"在批评一种哲学思想之前，首先必须要理解这种哲学思想"，但某些分析哲学家为了自我表现，在没有很好地理解大哲学家的学说与思想的情况下就仓促地对它们进行批判，这就造成了很多批判并没有抓到问题的要害。许多职业哲学家紧紧追随分析哲学的主流意见和观点来批判过去的哲学，他们却不加批判地接受了分析哲学的许多颇成问题的智识时尚，没有清醒地意识到这种智识时尚本身蕴含的种种偏见、不足与局限性。麦基敏锐地指出，一部哲学论著是否能够成为一部具备持久影响力的伟大作品，"这完全取决于并不是它自己的那些时代所推崇的价值。革新、新奇、赶时髦、当代性、与当下关切的相关性，它们都是那些一闪而逝的作家的典型特征。它们并不是价值，它们是无关于品质的特征。一部作品可以拥有所有这些特征却又是微不足道的，一部作品可以完全没有这些特征却又是伟大的"。由于既无法意识到当代智识时尚的种种局限性，又无法超越它们的这些局限性，在分析哲学中就经常能够看到一种颇具讽刺意味的现象，即某些分析哲学家在激进地批判了某位大哲学家的重要哲学思想的多年之后，仍然有大量的读者阅读这位大哲学家的理论学说，而这些分析哲学家曾经提出的相关批评文献作为历史档案却罕有人问津。

五

不难看出，在某些分析哲学家内心深处根深蒂固地相信这样一种流行的说法，即在哲学史研究与哲学理论创新之间存在着不可调和的矛盾，哲学史研究得越多，就越没有精力和时间来从事原创性的哲学研究工作。虽然在分析哲学界内确实存在着许多并不特别了解哲学史的原创性哲学家，但倘若考虑的是整个西方哲学史，人们轻易就可以发现，诸如黑格尔、尼采和海德格尔等在社会文化中产生了巨大影响的大哲学家对哲学史有着娴熟而又深刻的理解，而像马基雅维利、休谟与伏尔泰这样的大哲学家甚至还撰写过经典的历史学论著。因此，妨碍哲学创新的并不是哲学史研究，而是以一种颇成问题的方式展开的哲学史研究。也就是说，哲学家根据自己先行得出的理论观点来曲解哲学史，将哲学史研究仅仅视为证实自身倡导的"绝对真理"的手段与工具。尼采在论述历史对人生的利弊时，专门针对这种缺乏真诚态度的历史研究做出了犀利而又深刻的批判：

> 只有通过这种真诚，现代人的内在需要和不幸才会被揭示出来，艺术和宗教才会取代惯俗和可悲的伪善，成为真正的援助者，培植出一种符合真正需要的普遍文化，这种文化不会像现存的"自由教育"那样，教会人们如何就这些需要撒谎，从而把自己也变成一个会行走的谎言。
>
> 在这样一个受"自由教育"之苦的时代，哲学，这门所有科学中的最诚挚者，这位神圣的赤裸女神，必定生存于多么不自然、多么虚伪而毫无价值的环境之中啊！在这样一个强制的、表面上整齐划一的世界之中，她只能是孤独的漫游者深刻独白的主题，或是任何一个猎人无意中的捕获物，是房间中黑暗的秘密，或是大学里老人和孩童的日常话题。没有人敢于彻底践行哲学法则，没有人怀着那种一心一意的强健信仰过一种哲学的生活。[1]

显然，缺乏真诚态度的哲学史研究不仅让哲学研究误入歧途，而且也让人们不再真诚地去践行一种哲学的生活方式。反过来说，只有以一种真诚的态度来面对哲学史与人生体验，哲学史上的诸多哲学思想才有可能真正成为人生的导师，才能真正为我们在人生中遇到的各种困惑提供解决的思路，而这正是麦基撰写这部论著时所采纳的基本态度。麦基毫不避讳地记录了他生活中遇到的各种令人不快的经验，毫不避讳地直面他在研究哲学史时遇到的各种令人不快的残酷真理，麦基用生动的笔触描述了他在童年时期遭遇的幽闭恐惧症般的焦虑，他对生命意义的执着追寻，他在中年危机时对人生意义和价值所产生的虚无感以及他自己对于死亡的恐惧，进而又通过清晰而有说服力的思路向我们展现了他如何借助自己喜爱的大哲学家的哲学思想来克服与超越这些人生困境的，而在这个过程中，麦基所阅读与理解的这些大哲学家的理论思想，也就以未曾明确察觉到的方式逐渐成为他灵魂的血与肉，对他这个人的人格与人生洞识产生了点点滴滴的影响，并帮助他塑造出了更加智慧、坚毅与高贵的精神品质。尼采曾为年轻人寻找自我与塑造自我提供了如下的建议：

---

[1] 弗里德里希·尼采：《历史的用途与滥用》，陈涛、周辉荣译，上海：上海人民出版社，2020年，第52—53页。

年轻的心灵在回顾生活时不妨自问：迄今为止你真正爱过什么，什么东西曾使得你的灵魂振奋，什么东西占据过它同时又赐福予它？你不妨给自己列举这一系列受珍爱的对象，而通过其特性和顺序，它们也许就向你显示了一种法则，你的真正自我的基本法则。不妨比较一下这些对象，看一看它们如何互相补充、扩展、超越、神化，它们如何组成一个阶梯，使你迄今得以朝你自己一步步攀登；因为你的真正的本质并非深藏在你里面，而是无比地高于你，至少高于你一向看作你的自我的那种东西。

可以认为，麦基正是用《哲学如何塑造了我》这部作品来详尽地展示尼采在以上这段文字中所倡导的生活艺术是如何塑造自我的。麦基在自己的生活经历中意识到了各种与哲学的基本问题有关的人生困惑，大哲学家的哲学思想不仅让他明确了导致这些人生困惑的哲学基本问题，而且帮助他形成了审视世界、人性与生活的各种视角，以及超脱人生各种烦恼与焦虑的种种思路。麦基在论述这个过程时不断向读者强调，大哲学家之所以能够帮助他摆脱与超越人生的种种迷惘与困惑，并不是因为他们对各种哲学基本问题给出了永远成立的答案，而是通过有条理的论述，让他意识到自己对世界、人性和自我的无知以及自己的认知、语言和生存的局限性。正是由于这种对自身无知与局限性的意识，麦基不再执着于各种虚妄浮躁的追求，而是开放自己的心胸，不断去接触与吸收各种新思想与新智慧，走上了一条逐步抛开各种琐碎的生活烦恼并享受着思维乐趣与思辨幸福的哲学道路。

六

尽管麦基在这本书中主要阐述的是他自己在哲学道路上的心路历程，但他自己也承认，通过这些阐述所呈现的并非仅仅是与他个人有关的紧迫问题，而是与人类本身的处境有关的紧迫问题。因此，麦基从自身的哲学之旅中最终获得的教训是一种具有一定普遍性的人生智慧，而在我看来，古希腊历史学家希罗多德所记录的一段历史典故可以很有说服力地向人们表明，这种意识到自身局限性的哲学智慧究竟可以在多大程度上改变一个人的人生。

吕底亚国王克洛伊索斯在当政期间逐渐把哈里斯河以西几乎所有的民族都征

1　弗里德里希·尼采：《作为教育家的叔本华》，周国平译，南京：译林出版社，2012年，第5页。

服了，吕底亚的国力大增，首都萨迪斯的繁华达到了极致。克洛伊索斯的野心不断攀升，想要出兵征服波斯帝国。克洛伊索斯派出使者到阿波罗神庙奉献礼物之后请示神谕，神谕对他的答复是："如果克洛伊索斯进攻波斯人，他就可以摧毁一个大帝国。"克洛伊索斯得知这个神谕之后大喜过望，率领大军攻入了波斯帝国，结果却铩羽而归。波斯皇帝居鲁士乘机大举反攻，攻陷了吕底亚的首都。他将已经成为自己俘虏的克洛伊索斯放到火堆上，打算把他活活烧死。克洛伊索斯在火堆将要点燃前打破了许久的沉默，呻吟着三次呼唤"梭伦"的名字。居鲁士听到后感到很奇怪，就命令翻译询问克洛伊索斯呼唤的人究竟是谁。克洛伊索斯原本不想回答，但禁不住居鲁士的连番追问，最终道出了事情的原委。

在克洛伊索斯权势如日中天之时，他特别喜欢通过宴请各地的杰出人物来炫耀自己的财富。有一次，他邀请了"希腊七贤"之一，雅典著名政治家与哲学家梭伦来自己的宫廷做客，并让他的仆从带梭伦去参观自己的宝库。在炫耀了自己的财富之后，克洛伊索斯得意扬扬地问梭伦："在你所见过的所有人之中，你认为谁是最幸福的？"梭伦无意于谄媚这个傲慢的国王，他根据自己真实的感受提出，雅典勇士泰鲁斯、阿尔戈斯青年克列奥比斯和比托可以称得上是最幸福的人。克洛伊索斯听后恼怒地抱怨说："难道你认为我这个富有的国王还不如那些普通人幸福吗？"梭伦平静地回答道："一个人纵然家产万贯，但除非好运眷顾他，他的所有财富一直享用到生命的终点，否则他还不能说是比那些仅能维持日常生活的普通人更幸福。因为许多最富有的人是常常会遭遇不幸的，而许多只拥有中等财产的人却经常交好运……无论是什么事，我们都必须认真关注它的最后结果。因为神祇常常给人一个幸福的幻影，随后就把他推向毁灭的深渊。"[1]克洛伊索斯听了这番话后非常生气，没有给梭伦任何赏赐就把他打发走了。但如今克洛伊索斯在成为战俘即将被烧死时，才真正领悟到了梭伦这番话中的人生智慧。

居鲁士被这段话深深地打动了，他觉得自己目前的处境恰恰与克洛伊索斯曾经的处境完全相同，他现在正在烧死一个和自己一样好运连连的人。居鲁士深深地感受到了人事无常，他害怕自己也遭到报应，就下令将克洛伊索斯和其他吕底亚人从柴堆上解救下来，并安排克洛伊索斯在自己的左右提供建议。颇为讽刺的是，在居鲁士的恩准下，克洛伊索斯事后还去追问阿波罗神庙的祭司，为什么怂恿他去攻击波斯人。而克洛伊索斯得到的来自阿波罗神的答复是：如果克洛伊索斯足够明智，

---

[1] 希罗多德：《历史》（详注修订本），徐松岩译注，上海：上海人民出版社，2018年，第70—71页。

当时就应该再派人去询问他将要摧毁的是他自己的帝国，还是居鲁士的帝国，而他既没有弄明白神谕的真实内容，又不肯就其中的疑难来问个明白，那么他落到今天的这个下场就只能怪他自己了。

不难看出，由于缺乏对自身局限性的意识，克洛伊索斯从一个高贵的国王沦为阶下囚，由于意识到了自身的局限性与世事的无常，克洛伊索斯才让自己在被处决前死里逃生。大概再也没有比克洛伊索斯的这段戏剧性经历更能体现出意识到自身局限性的哲学智慧的重要性了。正如马基雅维利所言，"伟人有着处变不惊的胸怀。命运纵有千变——让他们飞黄腾达，或让他们一败涂地——他们也不会改变，他们心如磐石，生活一如既往，使每个人很容易看到，命运的力量奈何他们不得。弱者的自处之道则不然，一遇到好运，他们便有虚骄之气，变得飘飘然，把他们得到的好处，归因于不为他们所拥有的德行……一看到厄运临头，他们立刻就会暴露出另一种缺点，变得卑躬屈节"[1]。一个软弱的人总是更倾向于将自己的成功归因于自身，将自己的失败归咎于时运，在好运中过高估计了自己的实力与智慧，而这种建立在虚假自我认识基础上的自信心一旦遭遇挫折，就会轻易走向自我怀疑与自我否定的颓丧状态。而哲学反思能够帮助一个人更好地认识自己，认识到自己的诸种实际拥有的能力，认识到自己的各种局限性。意识到自身局限性的哲学智慧并不助长逆来顺受和随波逐流的人生态度，恰恰相反，这种智慧能让人们更清醒地避免在追求那些好高骛远的人生目标中挥霍自己的时间和生命，让人们把精力集中在更加务实，真正能让自己变得强大的事业与活动之中。由于对自身能力的局限性有着清醒的认识，人们就可以预先估计到自己在前进的道路上可能遇到的种种艰难险阻，就不会对这个世界的残酷抱有不切实际的美好幻想，因而能够做到"泰山崩于前而色不变，麋鹿兴于左而目不瞬"，即便身处逆境却仍然可以鼓起勇气去坚定地追求自身有可能赢得的那一份权利、自由和尊严。

虽然翻译这本书花费了我两年多的时间，但由于这本书包含了诸多颇有启发性的思想，翻译的过程不但不枯燥乏味，反倒不时让我体会到了哲学思考的许多乐趣。此外，这本书在阐述各种哲学理论的历史文化背景时提到了许多富有影响力的文学作品与历史作品，在翻译工作之余对这些作品的阅读，让我更生动地领会到了哲学理论所包含的许多生活智慧与人性洞识，而单纯靠阅读哲学文本的抽象论证，

1　尼科洛·马基雅维里：《论李维》，冯克利译，上海：上海人民出版社，2005年，第402页。

这些智慧与洞识却未必能给我留下如此深刻的印象。由此我也深深地感到，借助历史与文学的经典作品，可以在很大程度上丰富、拓展和加深人们对哲学的理解。一个真正热爱哲学的人，或许反倒是不会将自己的阅读范围仅仅局限于哲学文本与哲学研究文献之中。在翻译的过程中，我的家人一如既往地理解、支持与包容我的这些工作，尤其是我的妻子姜妍，她不仅在生活的各个方面给予我支持与配合，而且颇为冷静、从容而又高效地解决了新冠疫情为我带来的诸多困扰和麻烦，倘若没有我的妻子，这些困扰对我来说即便不是不可克服的，也是难以轻松搞定的。虽然我很明白，无论是我的妻子，还是我的其他家人，他们都不是想要为了获得我的一声道谢才给予我鼎力支持的，但我还是希望能在此向他们表示我的衷心感谢。其次，我也想对我在现实世界与网络上的那些老师和朋友表示感谢，他们与我的沟通和交流，即便并非都与哲学有关，也经常开拓了我的视野，并让我意识到了许多在写作中有必要澄清的观念与问题。最后，我还要感谢李佳女士以及三联书店的其他相关工作人员为本书的出版所投入的辛勤劳动。希望通过本书的译介与出版，中国读者能够有机会对这种蕴含于西方哲学传统之中的生活艺术形成一种更为生动而透彻的理解，并在这种生活艺术中找到让我们从各种人生困惑和苦恼中解脱出来的启发与思路。

郝苑

2021年1月